AF322378

EXERCICES
ORTHOGRAPHIQUES

D'ANALYSE GRAMMATICALE, D'ANALYSE LOGIQUE
DE STYLE ET DE NARRATION

DIVISÉS EN TROIS PARTIES

en rapport

AVEC LA GRAMMAIRE FRANÇAISE ÉLÉMENTAIRE
ET LE PETIT TRAITÉ THÉORIQUE ET PRATIQUE DU STYLE

A L'USAGE DES ÉCOLES CHRÉTIENNES

Par F. P. V.

OUVRAGE APPROUVÉ PAR LE CONSEIL DE L'INSTRUCTION PUBLIQUE

Nouvelle Édition.

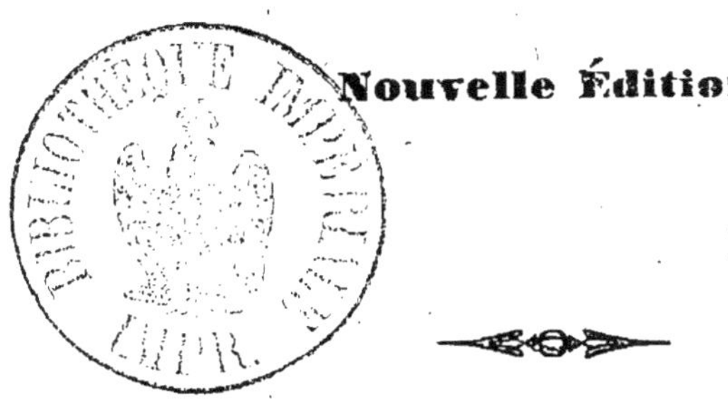

CHEZ LES ÉDITEURS

TOURS	PARIS
A⁴ MAME ET Cⁱᵉ	Vᵉ POUSSIELGUE-RUSAND
Imprimeurs-Libraires.	Rue Saint-Sulpice.

1858

Tout exemplaire qui ne sera pas revêtu des trois signatures ci-dessous sera réputé contrefait.

Les Éditeurs,

Les ouvrages suivants, par F. P. B., se trouvent aux mêmes adresses.

Abrégé d'Arithmétique décimale, 1 vol. in-18.
Abrégé de Géographie, 1 vol. in-18.
Abrégé de Grammaire Française, 1 vol. in-18.
Abrégé d'Histoire Sainte et d'Histoire de France, 1 v. in-18.
Abrégés réunis, 1 vol. in-18.
Chants pieux (Texte), 1 vol. in-18.
Le même livre (avec Musique), 1 vol. in-18.
Cours complet d'Histoire, 1 vol. in-12.
Cours d'Écriture, 1 vol. in-4º.
Dictées et Corrigé des Exercices Orthograph., 1 vol. in-12.
Dictionnaire de la Langue Française, 1 vol. in-8º.
Exercices Orthographiques, 1 vol. in-12.
Géographie (Abrégé de), 1 vol. in-12 de 220 pages.
Géographie (Nouvel Abrégé de), 1 v. in-12 de 652 pages.
Géométrie pratique, avec 400 gravures, 1 vol. in-12.
Grammaire Française élémentaire, 1 vol. in-12.
Lectures Instructives (autographiées), 1 vol. in-12.
Le même, caractères d'imprimerie en regard, 1 vol. in-12.
Nouveau Traité d'Arithmétique décimale, 1 vol. in-12.
Nouveau Traité des Devoirs du Chrétien, 1 vol. in-12.
Petit Traité du Style en général, 1 vol. n-12.
Solutions des Problèmes d'Arithmétique, in-12.
Syllabaire, in-18 de 144 pages.

AVERTISSEMENT.

Cette nouvelle édition des *Exercices* en rapport avec la *Grammaire à l'usage des Ecoles
chrétiennes* est divisée en trois parties, lesquelles
correspondent aux trois cours de cette grammaire.

La *première partie*, presque semblable à celle
du maître, doit servir à l'élève pour copier, soit
chez lui, soit en classe, la dictée du lendemain ;
plus tard, pour lire seulement ce qu'on doit lui
dicter, et pour lui faire connaître dans quel
ordre il doit conjuguer les verbes.

La *deuxième partie* contient des verbes com-
binés à conjuguer ; des traductions du singulier
au pluriel, du pluriel au singulier, du présent
au passé, ou du passé au présent ; des lettres
dans lesquelles on doit remplacer certains mots

ou certaines phrases, et même, vers la fin, elles devront être composées d'après un simple canevas.

Enfin, dans la *troisième partie*, les élèves auront à faire des analyses grammaticales ou logiques, des lettres, des actes civils, des narrations, etc.

Ils devront toujours lire attentivement les notes qui se trouvent dans le cours de l'ouvrage; car, presque toujours, elles indiquent la manière de faire le travail avec plus de profit.

EXERCICES

PREMIÈRE PARTIE

EXERCICES EN RAPPORT AVEC LE COURS DES COMMENÇANTS.

PREMIER EXERCICE. — DISTINCTION DES NOMS.

Le nom est un mot qui sert à désigner une personne ou une chose. (Grammaire, n° 31 ; Extrait de la Grammaire, n° 15.)

Dieu a fait de rien le ciel, la terre, le firmament, le soleil, la lune, les étoiles, les anges, les hommes, les animaux, les plantes, les arbres, les fleurs et les fruits. Il a aussi créé l'air que nous respirons, la lumière qui nous éclaire, les aliments qui nous nourrissent. Pour tous ces bienfaits, nous devons l'aimer de tout notre cœur, de tout notre esprit, de toute notre âme et de toutes nos forces.

Les élèves copieront pour demain l'exercice suivant ; il en sera de même jusqu'au 23°.

2. — DISTINCTION DES NOMS.

Les élèves, afin de se préparer à bien faire la dictée, copieront l'exercice ci-dessous ; il en sera de même jusqu'au 23°.

C'est Dieu qui nous donne le pain, le vin, l'eau, et les autres choses nécessaires à la vie ; c'est lui qui fait

1

pousser les arbres, les fleurs, les fruits, le blé, la vigne, les herbes; c'est lui aussi qui fait couler l'eau des fleuves, des rivières, des ruisseaux, des torrents; c'est encore lui qui fait tomber la pluie, la neige, la grêle; c'est lui enfin qui, après avoir créé toutes choses, les gouverne et les conserve.

3. — DISTINCTION DES NOMS.

C'est Dieu qui nous a donné un père, une mère, des frères, des sœurs, des oncles, des tantes, des cousins, des cousines et tous nos autres parents; c'est lui qui nous a donné un corps, et qui a formé nos mains, nos pieds, nos yeux, nos oreilles; c'est lui encore qui nous a donné une mémoire, une volonté, un jugement; c'est lui enfin qui nous donne la santé et nous conserve la vie.

4. — DISTINCTION DES NOMS.

Je vois dans ma classe des murs, une porte des fenêtres, des tables, des bancs, des tableaux, des mages, des livres, des modèles, des cartons, des armoires. J'y vois aussi une horloge, une chaise, un bureau, des livres, des cahiers, des plumes, du papier, des crayons, des règles, des transparents, des points, des sentences. On enseigne aux élèves les prières, le catéchisme, la lecture, l'écriture, l'orthographe, l'arithmétique, l'histoire, la géographie, le chant, la civilité, le dessin et les autres choses nécessaires aux usages de la vie.

PREMIÈRE COMPOSITION. — DISTINCTION DES NOMS.

Les élèves copieront la composition comme les dictées ordinaires.

En jetant mes regards sur la nature, je vois le soleil, la lune, les étoiles, des plantes, des arbres, des fleurs, des fruits, des animaux; je vois aussi des maisons, des habitations, des villages, des bourgs, des villes, des champs, des vignes, des blés, des jardins, des prés, des chemins, des routes, des rivières, des bois, des forêts, des plaines, des montagnes, des collines, des vallées; et, dans toutes ces choses, j'admire la bonté, la puissance, la sagesse et la providence de Dieu, qui a tout fait pour l'homme, et l'homme pour lui.

5. — PLURIEL DANS LES NOMS.

La règle générale pour former le pluriel dans les noms est de mettre une *s* à la fin du singulier. (Gr., 58 ; Extr., 33.)

Ce qu'on appelle *bouche* dans le *bœuf*, le *mulet*, l'*âne*, l'*éléphant*, se nomme *gueule* dans le *lion*, le *léopard*, le *tigre*, le *chien*, le *chat*, le *loup*, le *renard*, le *serpent*, le *lézard*, la *carpe*. Les *bœufs*, les *mulets*, les *ânes*, les *chiens*, les *chats*, les *vaches*, sont comme nos *domestiques* et nos *serviteurs* ; au contraire, les *lions*, les *tigres*, les *loups*, les *renards*, les *leopards*, sont nos *ennemis*, et ils nous fuient. — Les grandes *dents* des *éléphants* se nomment *défenses*. Les *bœufs*, les *vaches*, les *chèvres* ont des *pieds* ; les *chats* et les *tigres*, des *griffes* ; les *vautours*, les *aigles*, les *éperviers*, des *serres*. Les *cerfs*, les *daims*, les *sangliers* abondent dans plusieurs de nos forêts.

6. — PLURIEL DES NOMS TERMINÉS PAR S, X, Z, AU, EU.

Les noms terminés au singulier par *s*, *x*, *z*, ne changent pas au pluriel ; ceux qui sont terminés par *au* et par *eu* prennent ordinairement un *x*. (Gramm., 59, 60 ; Extr., 34, 35.)

L'enfant pieux a auprès de son lit un *crucifix* ou une *croix*. Respectons les *crucifix* et les *croix*. — L'homme a un *corps* et une âme. Les *corps* des saints seront des *corps* glorieux dans le ciel. — Le bon *fils* honore son père et sa mère. Mes enfants, soyez bons *fils* et bons frères. — Le *gaz* pour l'éclairage se tire de la houille ou charbon de terre. Bien des *gaz* nuisent à la santé. — L'*oiseau* de paradis ou *oiseau-mouche* est très-petit et très-beau. Les *oiseaux* appelés *moineaux* ou *passereaux* sont quelquefois blancs en Angleterre. — Un *vœu* est une promesse faite à Dieu. Soyez fidèles aux *vœux* de votre baptême. — La force de Samson résidait dans ses *cheveux*. Les *moyeux* sont les *noyaux* des roues ; ils sont percés pour recevoir les *essieux*. Nos *jeux* doivent être innocents.

7. — PLURIEL DANS LES NOMS EN OU, AL, AIL.

Les noms en *ou* suivent la règle générale pour la formation du pluriel, excepté : *bijou*, *caillou*, *chou*, *genou*, *hibou*, *joujou*, *pou,* qui prennent un *x.* Ceux en *al* forment leur pluriel en *aux,* excepté : *bal, carnaval, cérémonial, régal,* etc., qui prennent une *s.* Ceux en *ail* prennent une *s,* excepté *bail, corail, émail, soupirail, travail, ventail,* qui changent *ail* en *aux.* (Gr., 61 à 63 ; Extr., 36 à 38.)

Le *sou* d'or valait environ huit livres cinq *sous.* — On emploie le *chou* rouge contre la *toux* et les *maux* de poitrine. Les *choux* poussent mal au milieu des *cailloux.* — Beaucoup d'enfants font un *joujou* d'un simple *caillou.* Les *cailloux* servent souvent de *joujoux* aux enfants. — Le *canal* du Midi est le plus beau des *canaux* de France. — On appelle *amiral* le *général* en chef d'une flotte. Les *maréchaux* et les *généraux* sont les premiers chefs de l'armée. — Le *portail* de la cathédrale de Reims est un des plus beaux *portails* anciens. — Les *cérémonials* indiquent la manière d'exécuter les cérémonies. Les *soupiraux* sont nécessaires dans les caves et les *caveaux* où l'on conserve le vin. Les *cardinaux* sont divisés en trois ordres. Les *régals* et les *carnavals* changent avec les pays. Les chameaux naissent avec des durillons sur la poitrine et sur les *genoux.* Les *animaux* et les *végétaux* diffèrent des *minéraux* par l'organisation et la formation. Les plus beaux *émaux* se faisaient à Limoges.

8. — ARTICLE.

L'article perd l'*e* ou l'*a* devant un mot qui commence par une voyelle ou une *h* muette. *De le* se change en *du,* et *à le* en *au,* devant un mot qui commence par une consonne ou une *h* aspirée. *De les* se change en *des,* et *à les* en *aux,* devant tous les mots pluriels. (Gr., 68 à 71 ; Extr., 39 à 42.)

La jalousie produit *la* haine, l'envie et *les* autres passions qui causent *le* malheur de *l*'homme. *La* science et *l*'honneur sont ordinairement *la* récompense *des* études, *des* fatigues et *des* travaux de *la* jeunesse. Dieu donne à tous *les* moyens de salut, *aux* hérétiques comme *aux* infidèles, *au* barbare comme à *l*'homme civilisé, *au* sauvage comme à *l*'habitant *des* cités. L'enfant docile est *la* joie de sa mère. *La* Providence prodigue surtout ses grâces *aux* hommes qui ont *la* volonté droite et *le* cœur bien disposé. *La* corruption *des* mœurs, *la* perte de *la* foi et *l*'irréligion sont *la* source de *la* plupart *des* maux qui affligent *les* humains. *Le* monarque *du* plus grand empire *du* monde est sujet *aux* douleurs, *aux* peines, *aux* afflictions, aussi bien que *le* dernier de ses sujets ; comme tous *les* autres hommes il sera cité *au* tribunal *du* souverain juge *des* vivants et *des* morts.

IIe COMPOSITION. — NOM ET ARTICLE.

Le *Globe* ou la *Terre* offre à sa *surface* des *hauteurs*, des *profondeurs*, des *trous*, des *précipices*, des *champs*, des *mers*, des *marais*, des *fleuves*, des *gouffres*, des *volcans* ; à la première *inspection*, nous ne découvrons en tout cela aucune *régularité*, aucun *ordre*. Si nous pénétrons dans son *intérieur*, nous y trouverons des *métaux*, des *pierres*, des *cailloux*, des *cristaux*, des *sels*, des *terres*, des *eaux*, placés aussi sans *ordre*. Tout y est dans une *confusion* qui nous présente un *amas* de *débris* et un *monceau* de *ruines*. Cependant nous habitons ces *ruines* ; et les *hommes*, les *animaux*, les *végétaux*, se succèdent sans *interruption* sur cette *Terre* qui semble un *chaos*, mais où tout marche avec un *ordre* et une *régularité* qui nous font voir la *puissance* et la *sagesse* du *maître* de l'*univers*.

9. — DISTINCTION DES ADJECTIFS.

On reconnaît qu'un mot est adjectif quand on peut y joindre les mots *personne* ou *chose*. (Gr., 73 à 76 ; Extr., 43 à 46.)

Les Lapons sont *petits*, *laids*, *difformes*, *paresseux*, *ignorants* et presque *sauvages* ; ils passent l'été dans de *pauvres* cabanes, et l'hiver dans des souterrains *humides* et *malsains*. Les habitants de l'intérieur de l'Afrique sont presque *tous* de couleur *noire*, de mœurs *dépravées*, et d'*une* cruauté *brutale* ; ceux qui habitent les côtes ont le teint moins *noir*, ou seulement *basané* ; leurs mœurs sont *adoucies* et *polies* par les rapports qu'ils ont avec les marchands *européens*. *Une* lumière trop *vive*, *un* feu trop *ardent*, *un* trop *grand* bruit, *une* odeur trop *forte*, *un* mets *insipide* ou *grossier* nous blessent où nous nuisent ; au lieu qu'*une* couleur *tendre*, *une* chaleur *tempérée*, *un* son *doux*, *un* parfum *délicat*, *une* saveur *agréable*, nous flattent délicieusement.

10. — FORMATION DU FÉMININ DANS LES ADJECTIFS.

La règle générale pour former le féminin dans les adjectifs est d'ajouter un *e* muet au masculin ; ceux qui en ont déjà un ne changent pas. (Gr., 78, 79 ; Extr., 47, 48.)

L'homme *circonspect* et *prudent* agit d'une manière *circonspecte* et *prudente*. — Au jour *préfix* et *convenu*, vous paierez la somme *préfixe* et *convenue*. — L'homme est rendu *complaisant*, *humain* et *indulgent* par la bonté, qui est elle-même *complaisante*, *humaine* et *indulgente*. — Le sage est *modéré*, *réglé*, *retenu* ; sa conduite est *modérée*, *réglée*, *retenue*. — Le Dauphiné est adjacent au Piémont. La France est *adjacente* à l'Espagne. — Un mot *utile* et *agréable* est souvent une leçon *agréable* et *utile*. — Le bonheur qui n'est pas en Dieu n'est ni *durable*, ni *possible*, ni *tranquille*. — Hors de Dieu, la félicité n'est ni *durable*, ni *possible*, ni *tranquille*. — Le verre est *transparent*, mais non *mobile*. L'eau est *transparente* et *mobile*. — Un homme *avare* est *dur* et *défiant*. L'avarice est *barbare* et *défiante*. — Une culture *soignée* et des amendements bien *entendus*, rendent souvent *fertile* et *fécond* le sol le plus *stérile*. Une conscience *pure* est *calme* et *paisible*.

11. — FÉMININ DES ADJECTIFS EN AS, EL, EIL, EN, etc.

Les adjectifs terminés par *as*, *el*, *eil*, *en*, *on*, doublent la dernière consonne avant de prendre l'*e* muet du féminin, excepté : *complet*, *concret*, *discret*, *inquiet*, *replet*, *secret*, qui font *complète*, *concrète*, etc. *Beau*, *nouveau*, *fou*, *mou*, *vieux*, font quelquefois au masculin *bel*, *nouvel*, *fol*, *mol*, *vieil*, devant une voyelle ou une *h* muette ; ils forment leur féminin de cette terminaison, en doublant la dernière consonne. (Gr., 80, 81, 83 ; Extr., 49 à 51.)

L'homme *cruel* se venge souvent d'une manière dure et *cruelle*. — L'*ancien* Testament contient la loi *ancienne*. — Un discours *bouffon* est le fait d'une humeur *bouffonne*. — Le *p* du mot sculpteur étant *muet*, il est dit lettre *muette*. — Un an est *complet* quand il embrasse une série *complète* de douze mois. — Un nombre *concret* exprime une quantité *concrète*. — L'homme *discret* a une conduite *discrète*. — L'air chagrin et *inquiet* peut venir de la jalousie, passion chagrine et *inquiète*. — La fièvre trouve à se nourrir dans un corps *gras* et *replet*.

Une figure *grasse* et *replète* n'est pas toujours la preuve d'une santé florissante. — Un entretien *secret* et caché annonce presque toujours une intention *secrète* et cachée. — Philippe-le-*Bel* avait un *beau* maintien et une *belle* tenue. C'est un *bel* esprit que Racine. — Le *nouvel* Adam nous a donné le *nouveau* Testament, ou la loi *nouvelle*. — Un *mol* abandon, une tenue lâche et *molle* dénote un être *mou* et indolent. — Le péché *mortel* mérite une peine *éternelle*, et le péché *véniel*, une peine *temporelle*. La grâce *habituelle* est un don *surnaturel*.

12. — FÉMININ DES ADJECTIFS EN F, EUX, EUR.

Les adjectifs en *f* changent au féminin cette consonne en *v*; ceux en *eux* changent *x* en *s*. Les adjectifs en *eur* qui font *eure* au féminin sont ceux en *érieur*, et *majeur, mineur, meilleur*; les autres font *euse*, quand on peut changer *eur* en *ant*. (Gr., 84, 85, 90, 91; Extr., 52 à 56.)

L'*a bref* est une voyelle *brève*. — L'enfant simple et *naïf* parle d'une manière simple et *naïve*. — Un champ resté inculte est appelé ensuite sol *neuf* ou terre *neuve*. — Le Rhône a un cours rapide et *impétueux*. La colère est une passion violente et *impétueuse*. — Le soleil est *lumineux* par lui-même. Pendant que Constantin assiégeait Maxence dans Rome, une croix *lumineuse* apparut dans les airs. — L'*audacieux* est souvent *ambitieux*, insolent, *furieux*, fier et emporté. L'*audacieuse* est souvent *ambitieuse*, insolente, *furieuse*, fière et emportée. — Le plaisir *intérieur* est bien préférable au contentement *extérieur*. Une satisfaction *intérieure* vaut mieux mille fois que la joie *extérieure*. — La grandeur est un songe *trompeur*; la jeunesse, une fleur *trompeuse*. — Le vice est *faux* et *menteur*. La vertu n'est ni *fausse* ni *menteuse*. — On a bien de la peine à vivre avec une humeur *soupçonneuse*. Un acte est *défectueux* quand il contient une clause *vicieuse*.

IIIᵉ COMPOSITION. — FÉMININ DES ADJECTIFS.

LE LION.

Le lion, *né* sous le soleil *brûlant* de l'Afrique ou des Indes *orientales*, *fort*, *fier* et *terrible*, est justement *surnommé* le roi des animaux. Il n'est pas *avide* de carnage:

au contraire, il est *sobre*, *généreux* et même *susceptible* d'attachement. Il est *long* de deux et quelquefois de trois mètres, et peut vivre jusqu'à soixante-dix ans. Il a l'air *imposant*, la démarche *noble*, la voix *terrible*. Sa *large* tête est *ombragée* d'une *épaisse* crinière; son œil *étincelant*, *vif*, *farouche*. Le poil de la partie *postérieure* ou *inférieure* du corps est *court*, *soyeux*, et sa couleur, communément *jaunâtre*. Son cri est un rugissement *creux*, *coupé*, *réitéré*, surtout quand cet animal est en fureur.

13. — PLURIEL DES ADJECTIFS.

Pour former le pluriel dans les adjectifs, on ajoute une *s* au singulier. (Gramm., 95; Extr., 57.)

Un conte est une histoire *plaisante*, *vraie* ou *fausse*, *faite* pour amuser. Les contes sont des histoires *plaisantes*, *vraies* ou *fausses*, *faites* pour amuser. — L'Italien est *civil*, *hospitalier*, *spirituel*, *apte* aux arts et aux sciences, mais *dissimulé* et *vindicatif*. Les Italiens sont *civils*, *hospitaliers*, *spirituels*, *aptes* aux arts et aux sciences, mais *dissimulés* et *vindicatifs*. — Le Russe est de *moyenne* taille, *fort*, *robuste*, *bon* soldat et assez *spirituel*. Les Russes sont de *moyenne* taille, *forts*, *robustes*, *bons* soldats et assez *spirituels*. — La Géographie et l'Histoire sont deux sciences *inséparables*. La simplicité des mœurs *antiques* est *admirable*. L'homme *mondain* prend les biens *apparents* pour les *véritables*. Les Suisses sont *robustes*, *fidèles* à leurs promesses, de mœurs *simples*, et fort *attachés* à leur patrie. Les Belges sont *braves*, *probes*, *courageux*, et d'une propreté *remarquable*.

14. — PLURIEL DES ADJECTIFS TERMINÉS PAR S, X, Z, AU, AL.

Les adjectifs terminés au singulier par *s*, *x*, *z*, ne changent pas au pluriel. Ceux en *au* prennent un *x*, ainsi que *hébreu*. Ceux en *al* font *aux*, excepté : *amical*, *bancal*, *fatal*, *filial*, etc., qui prennent une *s*. (Gr., 96 à 98; Extr., 58 à 60.)

Le Suédois est *poli*, *généreux*, *laborieux*, et *jaloux* de son honneur. Les Suédois sont *polis*, *généreux*, *laborieux* et *jaloux* de leur honneur. — Le diamètre est *égal* à deux rayons. Les cercles *égaux* ont les diamètres *égaux.* — Un peuple *oriental* habite notre levant; un *méridional*, notre midi; un *occidental*, notre occident; un *septentrional*, notre nord. Les peuples *orientaux* habitent au Levant; les *méridionaux*, au Midi; les *occidentaux*, à l'Occident; et les *septentrionaux*, au Nord. — Le *Nouveau*-Monde s'appelle Amérique. Les vins *nouveaux* sont ceux de la dernière vendange. — Les descendants des douze patriarches ont formé le peuple *hébreu.* Les mots primitifs *hébreux* n'ont guère que trois lettres. — Les jeux *natals* étaient ceux qu'on célébrait tous les ans au jour *natal* des grands hommes. — On appelle les sons *an, on, un*, des sons *nasals.* Coup sur coup, de temps en temps, sont des locutions *adverbiales.*

15. — ACCORD DE L'ADJECTIF.

L'adjectif doit être au même genre et au même nombre que le nom auquel il se rapporte. (Gr., 99 ; Extr., 61.)

LES FRANÇAIS.

Les Français sont *gais, polis, spirituels, actifs, vaillants, généreux, magnanimes;* ils ont l'imagination *vive, ardente,* parfois *frivole* et *enjouée.* Les étrangers *riches* viennent chez eux apprendre les *belles* manières et le *bon* ton. La prospérité ne les rend ni *fiers,* ni *presomptueux,* ni *arrogants;* il y a peu de peuples au monde qui sachent supporter d'aussi *bonne* grâce les *grands* revers et les adversités *ordinaires.* Ils sont *habiles* et *courageux* dans la guerre, *industrieux* dans la paix, et cultivent avec un succès *remarquable* les arts et les sciences. Enfin, on peut dire que les Français sont encore aujourd'hui ce qu'ils étaient dans les siècles *passés:* *prompts* à se résoudre, *ardents* à combattre, *impétueux* dans l'attaque; c'est le peuple le plus *civilisé* de l'univers. (GUTHRIE.)

16. — ACCORD DE L'ADJECTIF SE RAPPORTANT À PLUSIEURS NOMS.

Quand un adjectif se rapporte à plusieurs noms, on le met au pluriel; si les noms sont de différents genres, on le met au masculin pluriel. (Gr., 100, 101 ; Extr., 62, 63.)

L'homme sage a une douceur et une égalité d'âme *merveilleuses*. Le riche et l'indigent sont *sujets* aux mêmes lois. Dieu pourvoit à nos besoins avec une puissance, une sagesse et une bonté *incompréhensibles*. Que d'hommes ont leur vie et leur bonheur *attachés* ou *réservés* à un succès! Avec une gradation lente et ménagée on rend l'homme et l'enfant *capables* de tout. La sagesse et la science sont *bonnes*, *utiles*, et même *nécessaires*. La paresse et le mensonge sont *odieux* et *avilissants*. Le riche et le pauvre sont *égaux* après la mort. Fénelon et saint François de Sales étaient *bons*, *doux* et *affables*. L'enfant et l'homme doivent être *fidèles* à Dieu. La Beauce et l'Orléanais sont *riches* en blé. Le lion et la lionne sont *courageux*, *forts* et *intrépides*. Quand on a l'humeur et le caractère *bizarres*, *difficiles*, on doit travailler à se corriger. Les poissons, dans les lacs du Canada, sont d'une beauté et d'un éclat *admirables*.

<h3 align="center">IVe COMPOSITION. — ACCORD DE L'ADJECTIF.</h3>

Le lilas, *venu* des Indes, est un arbrisseau dont les tiges sont *menues*, *droites*, *rameuses*, et *remplies* d'une moelle *blanche*; ses feuilles sont *opposées*, *larges*, *pointues*, *lisses*, *molles*, *vertes*, *luisantes*; ses fleurs sont *petites*, *disposées* en *longues* grappes, de couleur ordinairement *bleue*, quelquefois *blanche* ou *cuivrée*, et d'une odeur *douce* et *agréable*. On bénit les cierges *pascals* le Samedi *saint*. Il y a sept péchés *capitaux*, trois vertus *théologales*, et quatre vertus *cardinales*. Dans la Laponie la ronce, le genièvre et la mousse font *seuls* la verdure de l'été. Les aurores *boréales* sont *fréquentes* dans les régions les plus *septentrionales*. La chauve-souris et le crapaud sont *laids* et *hideux*. Le loup et le chien sont *ennemis*. Le cerveau et la moelle *épinière* sont d'une tendresse et d'une flexibilité *extrêmes*. Les ouvrages de la nature ont tout le fini, toute la perfection *imaginables*.

<h3 align="center">17. — ADJECTIF DÉMONSTRATIF ET POSSESSIF.</h3>

(Gr., 107, 110; Extr., 66, 67.)

L'adjectif démonstratif masculin *ce* ou *cet* a pour fé-

minin *cette*, et pour pluriel *ces*. Aime *ton* âme, *tes* parents, *ta* famille, *ton* ami et *ta* patrie. Les adjectifs possessifs sont, pour le masculin singulier: *mon*, *ton*, *son*; pour le féminin singulier: *ma*, *ta*, *sa*; pour le singulier des deux genres: *notre*, *votre*, *leur*, et pour le pluriel des deux genres: *mes*, *tes*, *ses*, *nos*, *vos*, *leurs*. Avant d'agir, consultez *votre* esprit et *vos* forces. *Mes* enfants, le soin de *notre* vie est de répondre à *notre* vocation. L'homme vertueux s'applique à régler *ses* désirs, *ses* goûts, *ses* travaux, *ses* plaisirs, *ses* affections, en un mot, toute *sa* conduite sur la loi de Dieu. La Religion est la seule lumière de *notre* esprit, la règle de *notre* cœur, le fondement de *nos* espérances, et le remède à toutes *nos* peines. *Notre* sort éternel est entre *nos* mains.

18. — ADJECTIFS NUMÉRAUX ET INDÉFINIS.

Les adjectifs numéraux sont toujours invariables; cependant *vingt* et *cent* prennent la marque du pluriel quand ils sont multipliés, et qu'ils sont suivis d'un nom exprimé ou sous-entendu. (Gr., 112 à 117, 120; Extr., 68 à 74.)

Les adjectifs numéraux cardinaux simples sont au nombre d'environ *vingt-trois*; les voici: *un, deux, trois, quatre, cinq, six, sept, huit, neuf, dix, onze, douze, treize, quatorze, quinze, seize, vingt, trente, quarante, cinquante, soixante, cent, mille.* — On forme les adjectifs numéraux ordinaux en ajoutant aux adjectifs numéraux cardinaux la terminaison *ième*: ainsi on a *unième, deuxième, troisième, quatrième, cinquième*, etc. — *Vingt* et une dizaines font deux *cent* dix. Moïse a vécu *six-vingts* ans, c'est-à-dire *cent vingt* ans. Le bon grain rapporte *cent* pour *cent*. Deux *cents* ans d'oisiveté ne valent pas une heure bien employée. On veut que la plus proche étoile soit à plus de *cinq trillions* de lieues de nous. — Les adjectifs indéfinis sont: *aucun, autre, certain, chaque, maint, même, nul, pas un, plusieurs, quantième, quel, quelconque, quelque, tel* et *tout. Quel* courage, *quelle* foi, *quels* sentiments généreux dans *tous* les saints!

19. — PRONOMS PERSONNÉLS ET POSSESSIFS.
(Gr., 125, 127, 128, 129, 131 ; Extr., 78 à 82.)

Les pronoms de la première personne sont: *je, me, moi* et *nous ;* ceux de la deuxième: *tu, te, toi* et *vous ;* ceux de la troisième: *il, ils, elle, elles, le, la, les, lui, leur, eux, se, soi, en, y.* Je *me* dis souvent à *moi*-même : Courage! mon âme, avec le secours de la grâce *nous* arriverons au ciel. Garde-*toi*, tant que *tu* vivras, de juger les gens sur les apparences. Les méchants osent *se* promettre qu'*ils* seront toujours heureux ; *ils se* trompent *eux*-mêmes, et bientôt *ils s'en* apercevront, mais *il* sera trop tard. — Les pronoms possessifs sont, pour le masculin singulier : *le mien, le tien, le sien, le nôtre, le vôtre, le leur ;* pour le féminin singulier : *la mienne, la tienne, la sienne, la nôtre, la vôtre, la leur ;* pour le masculin pluriel : *les miens, les tiens, les siens ;* pour le féminin pluriel: *les miennes, les tiennes, les siennes ;* et pour le pluriel des deux genres : *les nôtres, les vôtres, les leurs.*

20. — PRONOMS DÉMONSTRATIFS, CONJONCTIFS ET INDÉFINIS.
(Gr., 134, 136, 139 ; Extr., 83 à 85.)

Les pronoms démonstratifs sont, pour le masculin singulier : *celui, celui-ci, celui-là ;* pour le féminin singulier : *celle, celle-ci, celle-là ;* pour le masculin pluriel : *ceux, ceux-ci, ceux-là ;* pour le féminin pluriel : *celles, celles-ci, celles-là ;* et pour les deux genres : *ce, ceci, cela.* La vertu et le vice ont des fins bien différentes : *celui-ci* mène à la mort ; *celle-là* conduit à la vie. — *Lequel, duquel, auquel,* sont les pronoms conjonctifs du masculin singulier ; *laquelle, de laquelle, à laquelle,* ceux du féminin singulier ; *lesquels, desquels, auxquels,* ceux du masculin pluriel ; *lesquelles, desquelles, auxquelles,* ceux du féminin pluriel ; *qui, que, dont* et *où* s'emploient pour les deux genres et pour les deux nombres. Le temps est un trésor *dont* nous avons hérité, et *que* le Seigneur nous laisse par miséricorde. — Les pronoms indéfinis sont: *autrui, chacun, l'un, l'autre, on, personne, quelqu'un, quiconque, qui que, qui que ce soit, quoi que, quoi que ce soit*, et *rien* selon quelques auteurs.

V° COMPOSITION. — ADJECTIF DÉTERMINATIF ET PRONOM.

Le péché est le plus grand de *nos* ennemis ; c'est *celui dont il* faut le plus *se* défier, et contre *lequel il* faut prendre les plus grandes précautions. C'est à tort que *nous nous* plaignons des défauts d'*autrui ; les nôtres* doivent *nous* occuper bien davantage. *Quiconque* veut arriver au ciel doit *en* prendre les moyens. L'éternité est *tout*, le temps n'est *rien ;* cependant, *nous nous* portons plus volontiers vers *celui-ci* que vers *celle-là*. *Je vous* adore, ô *vous qui* pouvez *tout! je me* soumets à *vous*, pour ne vouloir que *ce que vous* voulez. La souffrance est *une* des choses *auxquelles il* faut le plus s'accoutumer, si l'*on* veut être heureux.

21. — DISTINCTION DES MOTS QUI SONT VERBES.

On reconnaît qu'un mot est un verbe quand on peut le placer après *ne pas*, ou entre *ne* et *pas*. (Gr., 142, 143 ; Extr., 86, 87.)

Nous *devons aimer* Dieu, *écouter* sa parole, *observer* ses commandements, et *éviter* avec grand soin tout ce qui *pourrait l'offenser*. Nous *devons aimer* notre prochain, le *secourir* dans ses besoins et le *consoler* dans ses peines. *Aimons* à *connaître* nos défauts, si nous *voulons* nous en *corriger*. Nous *dépendons* de Dieu en toutes choses, nous *venons* de lui, nous ne *pouvons trouver* notre bonheur qu'en lui, nous *retournerons* à lui, et bientôt nous *paraîtrons* en sa présence. Les saisons *suivent* leur marche ; les corps célestes *parcourent* régulièrement la route qui leur *est tracée*, et *obéissent* ponctuellement à la main qui les *conduit ;* la terre *donne* les récoltes, et les débris de ses productions la *fertilisent* encore : chaque jour, de nouveaux prodiges *s'accomplissent ;* à chaque instant, les bontés de Dieu se *renouvellent*.

22. — DISTINCTION DES VERBES DE CHAQUE CONJUGAISON.

Les verbes de la 1re conjugaison sont terminés par *er*, ceux de la 2e par *ir*, ceux de la 3e par *oir*, et ceux de la 4e par *re*. (Gr., 68 ; Extr., 103.)

Apercevoir veut dire commencer à *voir, découvrir* de loin; *appauvrir, rendre* pauvre; *arrondir, rendre* rond; *demolir, abattre* pièce à pièce; *ensevelir, envelopper* un corps dans un linceul; *fleurir, pousser* des fleurs; *rasseoir, asseoir* de nouveau. *Souffrir signifie sentir* de la douleur. *Entendre*, c'est *recevoir* l'impression des sons par l'organe de l'ouïe. *Etudier,* c'est *appliquer* son esprit, *travailler* pour *apprendre. Limiter,* c'est *assigner* des limites; *borner,* c'est *circonscrire, déterminer, donner* des bornes, *prescrire* des conditions. *Louer* quelqu'un, c'est lui *donner* des louanges, le *combler* d'éloges; *louer* quelque chose, c'est *affermer, donner* à bail, à loyer, ou *prendre* à bail, à loyer. *Entrevoir,* c'est *découvrir* un peu, *voir* imparfaitement. *Médire,* c'est *dire* du mal, pour *ôter* ou *diminuer* la réputation de quelqu'un.

23. — VERBE AVOIR.

Avoir est un verbe transitif de sa nature; on le nomme auxiliaire quand il aide à conjuguer les autres. J'*ai* faim; *ayez* pitié de moi, dit le pauvre. L'homme recueillera ce qu'il *aura* semé. Les premiers fidèles *avaient* un grand respect pour les restes des martyrs. Nous n'*aurions* jamais *eu* de fautes à regretter, si nous *avions* toujours suivi la voix de notre conscience. *Aie* soin de faire ta prière du matin et du soir. Si chacun faisait le bien qu'il peut faire, il y *aurait* peu de malheureux. L'argent est comme le temps : n'en perdez pas, vous en *aurez* assez. Les Lapons n'*ont* jamais *eu* d'autre bétail que le renne.

Les élèves copieront le verbe avoir *comme il est conjugué dans la Grammaire.*

24. — VERBE ÊTRE.

Pour *être* vertueux, il faut le vouloir. Tout *est* en la main de Dieu. Combien vous *serez* heureux, si vous *êtes* sages, pieux et instruits! Si Dieu *est* pour nous. qui *sera* contre nous? Dis-moi qui tu fréquentes, et je te dirai qui tu *es. Soyez* le moins curieux, et vous *serez* le plus discret. Nous *fûmes* repris sévèrement, parce que nous *étions* coupables; cependant, si nous *étions* coupables, c'*est* bien parce que nous avions *été* mal conseillés. Parmi les enfants, les uns *sont* vertueux, les autres ne le *sont* pas; ceux-là *seront* toujours plus heureux que ceux-ci. Le papier, dont l'usage *est* à présent si commun et si répandu, *fut* inventé il y a environ sept cents ans. Tu *seras* vrai et sincère, afin d'*être* cru en tout et partout. Si tu *étais* docile, tu *serais* aimé. Il *est* impossible qu'une chose *soit* et ne *soit* pas.

Verbe être, à copier.

VIe COMPOSITION. — VERBE.

Pour *obéir* à l'Evangile, pour nous *rendre* agréables à Dieu, nous *devons exercer* les œuvres de miséricorde corporelles et spirituelles : ainsi, *corriger* ou *avertir* charitablement ceux qui *manquent* à leur devoir, *instruire* les ignorants, *ramener* à la vertu ceux qui s'en *écartent*, *donner* de bons conseils à ceux qui en *ont* besoin, *consoler* les affligés, *pardonner* les offenses, *souffrir* les injures, *supporter* avec patience les défauts du prochain, *prier* pour ceux qui nous *aiment* et pour ceux qui nous *haïssent*, *donner* à *manger* à ceux qui *ont* faim, à *boire* à ceux qui *ont* soif, *donner* ou *procurer* des vêtements à ceux qui en *manquent*, *visiter* les malades et les *soigner*, enfin, *prier* pour les vivants et pour les morts.

EXERCICE CORRESPONDANT A LA VIe COMPOSITION.

Les élèves, après avoir copié les phrases ci-dessous, souligneront les verbes.

Immoler veut dire offrir en sacrifice. *Interdire* une chose, c'est la *défendre*. *Créer, c'est faire* quelque chose de rien. *Abroger,* c'est *rendre* nul ; *abolir,* c'est *mettre* hors d'usage. *Acquérir* une chose, c'est en *devenir* le propriétaire par achat ou par échange. *Administrer signifie gouverner, régir* les affaires publiques ou particulières. *Oublier,* c'est *perdre* le souvenir, c'est *omettre* quelque chose. *Polir,* c'est *rendre* uni et luisant à force de *frotter*. *Ponctuer,* c'est *mettre* les signes de ponctuation ; *pratiquer, mettre* en pratique ; *précéder, aller* devant, *marcher* avant ; *prêcher, annoncer* la parole de Dieu, *instruire* par des sermons. *Prédominer veut dire exceller, prévaloir, s'élever* au-dessus. *Prendre, c'est emporter, ôter* quelque chose à quelqu'un ; *s'emparer,* se *saisir* par force, *arrêter* quelqu'un pour le *conduire* en prison.

25. — VERBES DE LA Iʳᵉ CONJUGAISON.

Il faut *aimer* Dieu par-dessus toutes choses. Ceux qui vous *aiment* plus que moi, vous *aiment* trop, disait un père à son fils. Les Anciens *étaient persuadés* de l'immortalité de l'âme. *Chercher* à s'*élever* au-dessus des autres, *critiquer* leur conduite, *condamner* leurs intentions, c'est le fait d'un très-méchant homme. Il faut nous *appliquer* à *surmonter* les obstacles qui s'*opposent* à notre salut, nous *résigner* à la volonté de Dieu, et nous *consoler* dans nos peines. Qui ne *déteste* point assez le vice, n'*aime* point assez la vertu. L'Egypte *aimait* la paix parce que, *rapporte*-t-on, elle *aimait* la justice. *Accoutumez*-vous, lorsque vous lisez, à *observer*, à réfléchir, à *méditer* ; ne *quittez* point un passage sans l'avoir entendu. César *fut poignardé* en plein sénat. Les Romains *précipitaient* les grands criminels du haut de la roche Tarpéienne.

Verbe aimer, *à copier.*

26. — VERBES DE LA IIᵉ CONJUGAISON.

La gloire qui doit *finir* avec nous est fausse. La flatterie *appauvrit* celui qui la reçoit. Toutes les prophéties se *sont accomplies*. L'usage excessif du vin *abrutit* l'esprit. Les douleurs et les infirmités *viennent* de tous côtés *assaillir* les vieillards. Les Romains *ont asservi* une grande partie de la terre. Toute la religion des païens *était bâtie* sur des fables. Le feu *agit* sur tous les métaux. Souvent le malheur *agrandit* l'âme. Une vie oisive *amollit* le courage. Plusieurs arbres *fleurissent* avant que de *reverdir*. Tous les coupables doivent *être punis*. Les beaux jours de la jeunesse *fuient* avec la rapidité de l'éclair. Les Barbares *ont anéanti* l'empire romain. Au nom de Jésus, tout genou doit *fléchir*.

Verbe finir, *à copier.*

27. — VERBES DE LA IIIᵉ CONJUGAISON.

Quand on veut *recevoir* une grâce, il faut la mériter.
Le chrétien fervent *recevra* le ciel pour prix de sa constance. La religion *veut* qu'on aide son prochain. On
voit souvent ce qu'on désire, au lieu de ce qui est.
Tout se *sait* à la longue. *Prévoir*, c'est juger par avance
qu'une chose *doit* arriver. Nous *pouvons* beaucoup avec
l'aide de Dieu. Au déluge, Dieu fit *pleuvoir* pendant
quarante jours et quarante nuits. *Pourvoir* une citadelle, c'est l'approvisionner de vivres ou de munitions.
Beaucoup *devront* leur bonheur à leur instruction. Tous
les êtres vivants *doivent* mourir. Le bonheur que *doivent* goûter ceux qui *auront* bien vécu est immense. La
première fois que les sauvages de l'Amérique *virent* des
figures peintes, ils les prirent pour des hommes vivants, les interrogèrent, et furent très-surpris de n'en
recevoir aucune réponse.

Verbe recevoir, *à copier.*

28. — VERBES DE LA IVᵉ CONJUGAISON.

Il faut *rendre* à chacun ce qui lui est dû. Les connaissances *rendent* les hommes doux et polis. *Rendez*-vous toujours à l'avis du plus sage. L'or s'*étend* d'une
manière si prodigieuse, qu'une pièce de vingt francs
suffit pour dorer une statue de grandeur naturelle.
Vous *détruirez* vos premiers bienfaits, dit Pline, si vous
ne *prenez* soin de les soutenir par d'autres. Je te *battrais*, si je n'*étais* pas en colère, *disait* un jour Platon à
son esclave. Il y a de la grandeur d'âme à ne se point
méconnaître dans une haute élévation de fortune. Nos
bonnes et nos mauvaises habitudes nous *suivent* partout. Qui n'*entend* qu'une cloche n'*entend* qu'un son.
Récrire veut *dire écrire* une seconde fois. On *reconnaît*
toujours le vrai mérite, quoique la vertu *soit* souvent
méconnue. La vigne se *plaît* auprès de l'ormeau. Il faut
toujours *mettre* de la bonne foi dans la manière de se
conduire.

Verbe rendre, *à copier.*

VII⁰ COMPOSITION. — LES QUATRE CONJUGAISONS.

L'homme *doit s'étudier* à *connaître* ses obligations, se *faire* un devoir de s'y *rendre* fidèle, malgré les obstacles qui se *rencontrent*. Ce n'*est* pas *être* grand que de se *louer* et de se *vanter* soi-même : c'*est*, au contraire, s'*avilir* et se *rendre* méprisable aux yeux de ses semblables. Il *faut éviter* le mal, *faire* le bien, *haïr* le vice, *aimer* et *pratiquer* la vertu. *Aimons* à *connaître* nos défauts, si nous *voulons* nous en *corriger*. Nous *devons aimer* notre prochain, le *secourir* dans ses besoins et le *consoler* dans ses peines. Vous *jouissez* du plaisir qui *passe*, et vous *perdez* le bonheur éternel. Vous *devez* vous *rappeler* que l'église *est* un lieu saint, et que ce *serait* la *profaner* que d'y *entrer* sans respect, et d'y *demeurer* sans *prier* et sans *adorer* Dieu.

EXERCICE CORRESPONDANT A LA VII⁰ COMPOSITION.

Les élèves copieront les temps indiqués ci-dessous.

Passé défini et présent du subjonctif du verbe avoir. — *Présent et imparfait du subjonctif du verbe* être. — *Futur simple et présent du conditionnel du verbe* aimer. — *Imparfait et plus-que-parfait du subjonctif du verbe* finir. — *Présent et imparfait de l'indicatif du verbe* recevoir. — *Premier et second passé du conditionnel du verbe* rendre.

29. — MANIÈRE DE RECONNAÎTRE LE SUJET.

On trouve le sujet d'un verbe en plaçant avant ce verbe la question *qui est-ce qui ?* pour les personnes, et *qu'est-ce qui ?* pour les choses. (Gr., 181, 182 ; Extr., 105, 106.)

Je ne puis rien, et *je* tomberais à l'instant dans le néant, si le *Seigneur* m'abandonnait. *Nous* dépendons de Dieu en toutes choses ; *nous* venons de lui et *nous* ne pouvons trouver notre bonheur qu'en lui. Si, dans ce moment, *tu* respires, *tu* penses, *tu* parles, *tu* marches, c'est *Dieu qui* te soutient. Le premier *être*, que *je* reconnais pour la source de tous les êtres, m'a tiré du néant ; *je* n'étais rien ; par lui seul *j'*ai commencé d'être ce que *je* suis, et en lui *j'*ai l'être, le mouvement et la vie. L'immense *tableau* de la création annonce la magnificence du Dieu *qui* gouverne le monde. Toutes les *créatures qui* peuplent la terre ont-part aux soins de la divine Providence. Les *trésors* de la bonté divine sont inépuisables. *Dieu*, par sa providence, conserve toutes les espèces de créatures qu'*il* forma au commencement des siècles.

Les élèves conjugueront pour demain le verbe aborder. *On conjuguerait de même* border, accorder, fonder, gronder, plaider.

30. — ACCORD DU VERBE AVEC SON SUJET.

Le verbe doit être au même nombre et à la même personne que son sujet. (Gr., 184 ; Extr., 107.)

Je *serai* heureux si j'*aime* mes parents. Nous *serons* heureux si nous *aimons* nos parents. — Dès que tu t'*éveilles*, tu *dois* donner ton cœur à Dieu. Dès que vous vous éveillez, vous *devez* donner votre cœur à Dieu. — Cet enfant *peut* s'instruire, et il s'*instruit* en effet, par l'attention qu'il *donne* aux leçons. Ces enfants *peuvent* s'instruire, et ils s'*instruisent* en effet, par l'attention qu'ils *donnent* aux leçons. — Tu *prendrais* bien plus de précautions, si tu *connaissais* les dangers de la vie. Vous *prendriez* bien plus de précautions, si vous *connaissiez* les dangers de la vie. — Je *posséderai* la couronne céleste, si j'*observe* la loi de Dieu. Vous *posséderez* la couronne céleste, si vous *observez* la loi de Dieu. — L'amitié *obtient*, l'importunité *arrache ;* mais l'exigence *repousse.* Nul ne *peut* être heureux, s'il ne *jouit* de sa propre estime

Verbe garnir. — Unir, punir, aplanir, assainir, brunir.

31. — ACCORD DU VERBE DONT LE SUJET EST COMPOSÉ.

Quand un verbe a pour sujet plusieurs singuliers, on met ce verbe au pluriel. Si les mots formant le sujet sont de différentes personnes, on met le verbe au pluriel, et on le fait accorder avec la personne qui a la priorité. (Gr., 185, 187 ; Extr., 108, 109.)

L'aigle *est* courageux ; le lion et le tigre le *sont* aussi. — Il *est* riche, tu *es* pauvre ; mais à la mort, le riche et le pauvre *sont* égaux. — La plante *commence*, *grandit* et *finit.* La plante et l'homme *commencent*, *grandissent*

et *finissent*; mais, dans l'homme, l'âme ne *meurt* pas.
— La violette *répand* une odeur suave. Le lis et la rose
répandent une odeur suave. — Paul et vous *chérissez* la
vertu : vous *mènerez* une vie heureuse. — Le saule *croît*
au bord des fleuves. Le saule, ami de l'onde, et la
ronce épineuse *croissent* au bord des fleuves. — La patience *fait* plus que la force. Patience et longueur de
temps *font* plus que force ni que rage. — L'or s'*épuise*,
mais la constance ne *tarit* jamais. L'or et l'argent s'é-
puisent, mais la constance et le courage ne *tarissent*
jamais. — Le monde *passe* ; les richesses, les honneurs
et les plaisirs *passent* avec lui. — Le temps et l'éternité
ne *peuvent* être comparés.

Verbe percevoir.

32. — COMPLÉMENT.

Le complément direct vient en réponse à la question *qui?* ou
quoi? placée après le mot dont on cherche le complément. Pour
trouver le complément indirect, on fait précéder les mots *qui* ou
quoi d'une préposition. (Gr., 187 à 198 ; Extr., 110 à 113.)

Écoutez ces *conseils* du *Sage :* Craignez *Dieu* ; tenez
inviolablement à votre *parole* ; payez à l'*ouvrier* le *prix*
de ses *travaux* ; honorez vos *parents* ; rappelez rarement
un *service* rendu ; prêtez avec *plaisir* ; ne portez pas
envie au *bonheur* du *prochain* ; aimez la *Religion* et res-
pectez ses *enseignements* ; détestez l'*impie* et ses *dogmes*
trompeurs, car ils séduisent l'*esprit* et corrompent les
mœurs ; prenez *plaisir* à *faire* le *bien* ; soulagez le *pauvre* ;
ne trompez *personne* ; pardonnez à tous vos *ennemis* ;
gardez votre *secret* ; surmontez les *chagrins* ; ne faites
rejaillir vos *peines* sur *personne* ; supportez les *défauts*
d'*autrui* ; reprenez sans *aigreur* ; louez sans *flatterie* ;
choisissez vos *amis* ; sachez à votre *devoir immoler* votre
plaisir, et soyez ménager du *temps* et des *paroles*.

Verbe tendre. — Détendre, retendre, étendre, entendre,
attendre.

VIIIe COMPOSITION. — SUJET ET COMPLÉMENT.

LE CHAMEAU ET LE MULET.

Pour *charmer* les *ennuis* d'une longue *route*, un *mulet s*'entretenait avec le *chameau qui* cheminait à ses *côtés;* et le *mulet* disait au *chameau : «* Convenons que votre *docilité* passe toutes les *bornes. Je* ne *vous* reproche point le *travail que vous* faites pour l'*homme, il* sait bien *nous contraindre;* mais *vous* devancez ses *exigences, vous* pliez les *genoux* pour *recevoir* votre *fardeau!* Pour *moi,* voyez les *coups* de *pied que je* lance lorsqu'*on* veut *me mettre* mon *bât. Vous* gagnez *quelque chose* à toutes ces *façons?* reprit le *chameau.* Le *bâton vous* réduit bientôt à l'o-*béissance; vous* devez *porter* votre *charge,* et *vous* avez de plus les *meurtrissures* et la *douleur.* Croyez-*moi,* quand une *disgrâce* est inévitable, le meilleur *parti* est de *s'y* soumettre avec *résignation. »* (BOULANGER.)

EXERCICE CORRESPONDANT A LA VIIIe COMPOSITION.

Les élèves, après avoir copié les phrases ci-dessous, souligne-
ront de deux traits les compléments directs, et d'un seul les com-
pléments indirects.

Insensé, qui oses NIER l'EXISTENCE de *Dieu,* parce que tu ne LA comprends pas, jette un REGARD sur *toi-même;* comprends, si tu LE peux, comment la nour-riture QUE tu prends SE change en ta *substance,* com-ment ton œil embrasse des ESPACES immenses, com-ment ton oreille saisit les sons fugitifs, distingue leur HARMONIE, et recueille les ARTICULATIONS d'un *discours* prononcé avec la plus grande *rapidité.* Peux-tu EXPLI-QUER comment tu parles, comment les mouvements de ta *langue* et de tes *lèvres* forment des SONS, expriment les SENTIMENTS de ton *âme?* peux-tu *nous* DIRE comment il SE fait que, selon ta *volonté,* ton bras s'élève ou s'a-baisse, ton pied marche ou s'arrête? Nous devrions NOUS SOUVENIR sans cesse que nous avons un DIEU à *aimer* et à *glorifier,* les SAINTS à *prier* et à *imiter,* des PASSIONS à *dompter,* des FAUTES à *expier,* des VERTUS à *pratiquer,* le PROCHAIN à *édifier,* une ÉTERNITÉ à *méditer,* un CORPS à *mortifier* et notre AME à *sauver.*

33. — VERBES TRANSITIFS ET VERBES PASSIFS.

On reconnaît qu'un verbe est transitif quand, immédiatement après lui, on peut mettre les mots *quelqu'un* ou *quelque chose.* Un verbe est passif, si l'on peut mettre après lui les mots *par quelqu'un* ou *par quelque chose*. (Gr., 193, 194, 196, 198 ; Extr., 114 à 117.)

Le remords SUIT toujours une mauvaise action. Toujours une mauvaise action *est suivie* du remords. — Toutes les créatures LOUENT le Seigneur. Le Seigneur *est loué* par toutes les créatures. — La charité COUVRE les fautes. Les fautes *sont couvertes* par la charité. — La candeur MARQUE l'innocence. L'innocence *est marquée* par la candeur. — La clémence ENCHAÎNE les cœurs par des liens qui ne se rompent que rarement. Les cœurs *sont enchaînés* par la clémence avec des liens qui ne sé rompent que rarement. — Ton bonheur te TROMPA. Tu *fus trompé* par ton bonheur. — Nos ennemis nous TRAHISSENT. Nous *sommes trahis* par nos ennemis. — Ceux que vous SOULAGEREZ vous BÉNIRONT. Vous *serez bénis* par ceux que vous AUREZ SOULAGÉS. — Le Seigneur AIME la miséricorde et la justice ; la terre *est remplie* de ses bienfaits. La miséricorde et la justice *sont aimées* du Seigneur ; ses bienfaits REMPLISSENT la terre.

Verbe être aimé, *à copier.*

34. — VERBE INTRANSITIF.

On reconnaît qu'un verbe est intransitif quand, immédiatement après lui, on ne peut pas mettre les mots *quelqu'un* ou *quelque chose*. (Gr., 200, 201 ; Extr., 119 et 120.)

Dans certains pays, les chiens sont muets ; dans d'autres, ils ne perdent que la faculté d'*aboyer* ; ils *hurlent* comme les loups, ou *glapissent* comme les renards. Les insectes sont l'espèce qui nous *paraît abonder* le plus dans la nature. La présence seule des gens de bien, lors même qu'ils se taisent, *parle* et instruit. Salomon *mourut* à l'âge de soixante ans ; il fut enseveli à côté de David. Jacob, apprenant que Joseph était vivant, s'écria : Je n'ai plus rien à souhaiter, puisque mon fils Joseph *vit* encore. La prudence *consiste* à savoir *céder* et *résister* à propos. Tout ce qui *naît* doit *mourir*. Tous les hommes *ressusciteront* un jour. Un bon livre est un trésor : jamais il ne *flatte*, mais il *console*, il *éclaire*, il *encourage*, il *fortifie*. Ne *parlez* pas hors de propos ; ne *dormez* pas quand les autres *parlent*, et ne *marchez* pas quand les autres s'arrêtent. *Mentir,* c'est *parler* ou *agir* contre sa pensée.

Verbe tomber, *à copier.*

55. — VERBE RÉFLÉCHI.

Le verbe réfléchi est celui dont le sujet et le régime sont la même personne. (Gr., 204 ; Extr., 122.)

C'est par faiblesse que l'on songe à se *venger.* On se *méfie* des autres, et l'on se *défie* de soi. Si nous nous *abandonnons* au chagrin sans résister, nous abandonnons le champ de bataille avant d'avoir combattu. On se *voit* d'un autre œil qu'on ne voit son prochain. Si vous êtes méchants, vous ne vous *estimerez* pas vous-mêmes; au contraire, vous vous *mépriserez* et vous vous *haïrez.* Se *vanter,* c'est se *louer* soi-même, se *glorifier.* Je me *glorifie* et je me *réjouis* de consacrer ma vie au service de celui qui s'*est livré* pour moi. La douleur se *soulage,* se *console* et se *guérit* par la plainte. La trompe de la mouche est composée de deux pièces, dont l'une se *plie* et se *couche* sur l'autre, et toutes deux se *retirent* et s'*emboîtent* vers le cou. Lorsque j'élève mon âme vers Dieu, elle s'*agrandit,* se *purifie* et s'*ennoblit.*

Verbe se repentir, *à copier en complétant les temps.*

56. — VERBE UNIPERSONNEL.

Le verbe unipersonnel est celui qui ne s'emploie qu'à la troisième personne du singulier. (Gr., 208, 209 ; Extr., 124.)

Il *est reconnu* que, lors des grands vents, il ne *gèle* pas très-fort. Ordinairement, quand il *tonne,* ou après qu'il *a tonné,* il *pleut* ou il *grêle;* mais rarement il *neige* ou il *gèle.* Quelques peuples sauvages se persuadent que, lorsqu'il *tonne,* le Ciel veut leur infliger une pénitence, et que les âmes des méchants sont chargées de diriger les coups, pour les tourmenter et les punir de leurs péchés. Quand notre humanité à l'égard de nos frères ne serait payée que par le plaisir de faire des heureux, il n'en *faudrait* pas davantage pour un bon cœur. Il *convient* plus souvent de se taire que de parler. Il n'*est* pas de dépense plus chère que celle du temps.

Il *arrive* à tous les hommes de tomber ; mais les forts et les courageux se relèvent, au lieu que les lâches et les indolents continuent leurs chutes. Il *circule* dans le monde un vice détestable, qui vit de conversation : c'est la médisance.

Verbe falloir, à copier.

IXe COMPOSITION. — DIFFÉRENTES SORTES DE VERBES ATTRIBUTIFS.

LA CHENILLE ET LE PAPILLON.

« Qu'il *est* des êtres disgraciés de la nature ! *s'écriait* un brillant et léger papillon en *considérant* une affreuse chenille qui se *cachait* sous le feuillage ; pour moi, je serais bien honteux, si j'*avais* le malheur de ne *pouvoir voler* et d'être si laid. » La chenille, qui l'*avait écouté* sans l'*interrompre*, lui *répondit* : « Parce qu'il te *convient* d'*oublier* ton origine, *crois*-tu que personne ne *puisse* te la *rappeler ?* Ta mère était sœur de la mienne ; elle *rivalisait* de laideur avec les plus laides de notre espèce ; toi-même, tu *as* longtemps *végété* sous cette livrée, qui te *paraît* si méprisable ; tes enfants la *porteront* à leur tour. Maintenant que tu *es remis* à ta place, *apprends* qu'il *faut* être aussi sot qu'ingrat pour *renier* sa famille. » (BOULANGER.)

EXERCICE CORRESPONDANT A LA IXe COMPOSITION.

Les élèves, après avoir copié les phrases ci-après, placeront au-dessus de chaque verbe les abréviations tr., intr., pass., réfl., unip., *suivant la nature de chacun.*

Nous *devons savoir* qu'il *faut*, dans cette vie, *commander* à ses passions, *vaincre* l'ennemi du salut, *rompre* ses mauvaises liaisons, s'*instruire* de ses devoirs, se *sacrifier* pour Dieu, quelquefois *mourir* pour la patrie, se *tourmenter* à chaque instant pour *gagner* sa vie, se *pourvoir* pour les mauvaises occasions, ne pas s'*endormir* dans la pratique du bien, ne jamais *blasphémer*, ne pas *jurer* sans nécessité, *haïr* le vice, *pratiquer* la vertu, *fuir* les méchants, *former* de bonnes résolutions et les *exécuter :* en un mot, *glorifier* Dieu et *tendre* par toutes ses actions à le *posséder* un jour. Il *est* de l'homme d'être faible, mais il *faut* qu'il *se relève*. Il ne *dépend* pas de nous d'être nés pauvres, mais il *dépend* de nous de *faire respecter* notre pauvreté. Les astres ne *s'éloignent* jamais de la route qui leur *a été tracée* par le Créateur.

57. — CONJUGAISON DES VERBES PAR LE RADICAL.

(Gr., 211, 212; Extr., 126, 127.)

En ajoutant aux radicaux des verbes *traîner, enchaîner, éclairer, apaiser, laisser, calmer*, les terminaisons de la première conjugaison, on a, au présent de l'indicatif: Je *traîne*, tu *enchaînes*, il *éclaire*, nous *apaisons*, vous *laissez*, ils *calment*. A l'imparfait de l'indicatif: Je *traînais*, tu *enchaînais*, il *éclairait*, nous *apaisions*, vous *laissiez*, ils *calmaient*. Au passé défini: Je *traînai*, tu *enchaînas*, il *éclaira*, nous *apaisâmes*, vous *laissâtes*, ils *calmèrent*. Au futur simple: Je *traînerai*, tu *enchaîneras*, il *éclairera*, nous *apaiserons*, vous *laisserez*, ils *calmeront*. Au présent du conditionnel: Je *traînerais*, tu *enchaînerais*, il *éclairerait*, nous *apaiserions*, vous *laisseriez*, ils *calmeraient*. Au présent de l'impératif: *Traîne, enchaîne, éclairons, apaisons, laissez, calmez*. Au présent du subjonctif: Que je *traîne*, que tu *enchaînes*, qu'il *éclaire*, que nous *apaisions*, que vous *laissiez*, qu'ils *calment*. Enfin, à l'imparfait du subjonctif: Que je *traînasse*, que tu *enchaînasses*, qu'il *éclairât*, que nous *apaisassions*, que vous *laissassiez*, qu'ils *calmassent*.

Verbe planter. — Hanter, abriter, accepter, doter, brouter.

58. — CONJUGAISON DES VERBES PAR LES TEMPS PRIMITIFS.

(Gr., 225; Extr., 131.)

Dans les verbes *cacher, raser, sauter, amasser, dépasser, monter*, si l'on change *ant* des participes *cachant, rasant, sautant, amassant, dépassant, montant*, en *ons, ez, ent*, on aura, pour les trois personnes du pluriel du présent de l'indicatif: Nous *cachons*, nous *rasons*; vous *sautez*, vous *amassez*; ils *dépassent*, ils

2

montent. En changeant *ant* des mêmes participes en *ais,
ais, ait, ions, iez, aient*, on forme l'imparfait de l'indicatif, et l'on a: Je *cachais*, tu *rasais*, il *sautait*, nous
amassions, vous *dépassiez*, ils *montaient*. En changeant
encore cet *ant* en *e, es, e, ions, iez, ent*, on a le présent
du subjonctif: Que je *cache*, que tu *rases*, qu'il *saute*,
que nous *amassions*, que vous *dépassiez*, qu'ils *montent*.
Si l'on retranche du présent de l'indicatif je *connais*,
je *parais*, nous *aplatissons*, nous *languissons*, vous
permettez, vous *prenez*, le pronom sujet, on a pour le
présent ou futur de l'impératif, *connais, parais, aplatissons, languissons, permettez, prenez*.

Verbe amollir.—Molir, démolir, polir, dépolir, repolir.

39. — CONJUGAISON DES VERBES PAR LES TEMPS PRIMITIFS.

Le passé indéterminé et tous les autres temps composés sont formés de l'un des temps d'un auxiliaire et
du participe passé du verbe que l'on conjugue. Ainsi,
pour le passé indéfini des verbes *joindre, bannir, dire,
fournir, bénir, mettre*, on aura: J'ai *joint*, tu *as banni*,
il *a dit*, nous *avons fourni*, vous *avez béni*, ils *ont
mis*. Pour le futur antérieur des verbes *frémir, gémir,
raffermir, voir, craindre, coudre*, on a: J'aurai *frémi*,
tu *auras gémi*, il *aura raffermi*, nous *aurons vu*,
vous *aurez craint*, ils *auront cousu*. Pour le passé du
conditionnel des verbes *pâlir, prévoir, emballer, répandre, ballotter, vieillir*, on aura, J'aurais *pâli*, tu
aurais prévu, il *aurait emballé*, nous *aurions répandu*,
vous *auriez ballotté*, ils *auraient vieilli*. Formez le futur
en changeant *r, oir* ou *re*, en *rai, ras, ra, rons, rez,
ront*: ainsi, de *limiter, jouer, avertir, devoir, attendre,
tordre*, faites: Je *limiterai*, tu *joueras*, il *avertira*, nous
devrons, vous *attendrez*, ils *tordront*.

Verbe apercevoir.

40. — CONJUGAISON DES VERBES PAR LES TEMPS PRIMITIFS.

Le présent ou futur du conditionnel se forme en changeant *r, oir* ou *re*, en *rais, rais, rait, rions, riez, raient*: ainsi, les verbes *sanctifier, clouer, jouir, nettoyer, percevoir, prétendre*, font: Je *sanctifierais*, tu *clouerais*, il *jouirait*, nous *nettoïerions*, vous *percevriez*, ils *prétendraient*. On forme l'imparfait du subjonctif au moyen du passé défini: J'*aimai*, fait que j'*aimasse*; tu *chantas*, que tu *chantasses*; il *courba*, qu'il *courbât*; nous *imitâmes*, que nous *imitassions*; vous *doublâtes*, que vous *doublassiez*; ils *troublèrent*, qu'ils *troublassent*. Je *reçus*, fait que je *reçusse*; tu *courus*, que tu *courusses*; il *conclut*, qu'il *conclût*; nous *dûmes*, que nous *dussions*; vous *pûtes*, que vous *pussiez*; ils *vécurent*, qu'ils *vécussent*. Je *tins* fait que je *tinsse*; tu *vins*, fait que tu *vinsses*; il *soutint*, qu'il *soutînt*; nous *revînmes*, que nous *revinssions*; vous *retîntes*, que vous *retinssiez*; ils *détinrent*, qu'ils *détinssent*.

Verbe fondre.—Confondre, correspondre, pondre, répondre, tondre.

Xe COMPOSITION. — CONJUGAISON DES VERBES PAR LE RADICAL ET PAR LES TEMPS PRIMITIFS.

En formant le futur des verbes *dénouer, ennuyer, lier, noircir, unir, rompre*, d'après les moyens donnés dans les dictées précédentes, on aura: Je *dénouerai*, tu *ennuieras*, il *liera*, nous *noircirons*, vous *unirez*, ils *rompront*. En formant le présent du conditionnel des verbes *saluer, sacrifier, éternuer, ralentir, mentir, résoudre*, on aura: Je *saluerais*, tu *sacrifierais*, il *éternuerait*, nous *ralentirions*, vous *mentiriez*, ils *résoudraient*. On a, au passé défini des verbes *carillonner, maigrir, jaillir, valoir, parvenir, dégoutter*: Je *carillonnai*, tu *maigris*, il *jaillit*, nous *valûmes*, vous *parvîntes*, ils *dégouttèrent*; par conséquent, l'imparfait du subjonctif sera: Que je *carillonnasse*, que tu *maigrisses*, qu'il *jaillît*, que nous *valussions*, que vous *parvinssiez*, qu'ils *dégouttassent*.

Les élèves copieront le verbe aimer, *conjugué interrogativement dans la grammaire.*

41. — DISTINCTION DES PARTICIPES.

Le participe présent exprime une action faite par le mot auquel il se rapporte ; il est toujours terminé par *ant*, et est invariable. Le participe passé exprime une action faite ou reçue par le mot qu'il modifie ; il est susceptible du genre et du nombre. (Gr., 230 à 233 ; Extr., 134 à 137.)

En *restant* fidèles et *soumis* à leur Créateur, Adam et Eve auraient *vécu* heureux et immortels. Le sang d'Abel est *monté* jusqu'à moi, dit le Seigneur à Caïn ; il a *crié* vengeance. Sous le commandement de Simon, les Juifs rentrèrent dans Jérusalem *ayant* des branches de palmier à la main ; *louant* Dieu au son des cymbales et *chantant* des cantiques, parce qu'Israël avait *abattu* un ennemi redoutable et s'en était *vu* entièrement *délivré*. On a souvent *abusé* des meilleures choses ; on a *changé* les vertus mêmes en vices, en les *outrant* et en *voulant* les pousser trop loin. On a *reconnu* que la passion dominante des habitants de la Nouvelle-Hollande est la vengeance. Toujours *armé* d'une pointe pénétrante qui déchire, le plaisir en s'*enfuyant* nous perce le cœur, et le laisse sanglant et *désespéré*.

Verbe cacher. — Attacher, boucher, chercher, cracher, pencher.

42. — PARTICIPE PASSÉ EMPLOYÉ SANS AUXILIAIRE.

Le participe passé, employé sans auxiliaire, s'accorde avec le mot qu'il modifie. (Gr., 237 ; Extr., 138.)

Un jour, on verra l'homme qui vit selon le monde, *humilié, abaissé, puni ;* alors aussi on verra le vice *condamné, repoussé ;* le pécheur *atterré, épouvanté, foudroyé ;* la vertu *préconisée, exaltée, récompensée ;* l'humanité *soulagée, relevée, - divinisée ;* la pauvreté d'esprit *béatifiée ;* l'orgueil *dédaigné ;* la perfidie *déjouée ;* la miséricorde amplement *exercée* à l'égard de celui qui paraît *délaissé* par la Providence. C'est au tribunal de Dieu que nous verrons les fausses grandeurs de ce monde *humiliées, abaissées ;* les vicieux *condamnés, repoussés, punis ;* les pécheurs *atterrés, épouvantés, foudroyés ;* les âmes vertueuses *préconisées, exaltées, récompensées ;* l'humanité *soulagée, relevée, divinisée* même; les pauvres d'esprit *béatifiés;* les richesses *dédaignées;* le perfide *déjoué;* la miséricorde et la justice amplement *exercées.*

Verbe durcir. — Endurcir, adoucir, obscurcir, noircir, amincir.

43. — PARTICIPE PASSÉ CONJUGUÉ AVEC ÊTRE.

Le participe passé, conjugué avec l'auxiliaire *être,* s'accorde avec le sujet du verbe. (Gr., 237 ; Extr., 139.)

Un homme de mérite et de vertu est *estimé, respecté* et *honoré.* Les gens de mérite et de vertu sont *estimés, respectés* et *honorés.* — Les hommes seront tous *cités* au tribunal de Dieu, afin que leur conduite soit *examinée* et *jugée, récompensée* ou *punie.* C'est au tribunal de Dieu que sont *cités* tous les humains, et que leurs œuvres sont *examinées, scrutées,* et *récompensées* ou *punies,* selon leur mérite. — Quand le pouvoir paternel est *méconnu,* que ses ordres sont *méprisés;* lorsque les mœurs sont *corrompues,* et que les bienséances publiques sont *traitées* d'usages *surannés,* on peut dire que la foi est mourante. Si l'autorité des parents est *méconnue,* si leurs exhortations sont *méprisées* et *repoussées* avec dédain; si la décence extérieure est *traitée* de coutume *surannée,* on peut être *assuré* que la piété diminue.

Verbe devoir.

44. — PARTICIPE PASSÉ EMPLOYÉ SEUL OU CONJUGUÉ AVEC ÊTRE.

Que la nature *cultivée* est belle et pompeusement *parée!* L'homme en fait le principal ornement; par son art il met au jour les trésors *ignorés* et *cachés* dans le sein de la terre. Par les soins *assidus* et *empressés* de cet être intelligent, les fleurs sont *propagées,* les fruits *multipliés,* et les plantes *perfectionnées* à l'infini; par son intelligence, les animaux utiles ont été *apprivoisés, subjugués, domptés* et *réduits;* par ses travaux, les marais ont été *desséchés;* les fleuves *dirigés, resserrés* et *utilisés;* les torrents *contenus;* les forêts *percées,* et les landes *cultivées;* par son art, *émané* de la science, les mers sont *traversées*, les montagnes *franchies*, les distances *parcourues* avec une étonnante rapidité, les peuples *rapprochés*, un nouveau monde *découvert*; mille terres *inconnues* sont *devenues* son domaine; enfin, la face entière de la terre porte la marque de la puissance de l'homme *policé*.

Verbe pendre. — Rependre, appendre, dépendre, épandre, répandre.

XIe COMPOSITION. — PARTICIPE PRÉSENT, ET PARTICIPE PASSÉ EMPLOYÉ SEUL OU CONJUGUÉ AVEC ÉTRE.

Voyez ces plages désertes, que l'homme *civilisé* n'habita jamais, *couvertes* ou plutôt *hérissées* de bois *pourris* et noirs; dans toutes les parties *élevées*, des arbres *courbés*, *rompus*, *tombant* de vétusté; d'autres *gisant* auprès des premiers ont, par leurs restes *amoncelés*, étouffé et enseveli les germes naissants. Dans ces lieux *désolés*, la nature paraît *anéantie*; la terre, *surchargée* de ces mille objets *étendus* sans ordre, *couverte* par cet amas de débris, n'offre qu'un espace *encombré*. Dans toutes les parties basses, on ne voit que des eaux *mortes* et croupissantes, faute d'être *conduites* et *dirigées*. Voilà le triste tableau que nous présente la nature non *cultivée*.

Verbe s'admirer.

45. — PARTICIPE PASSÉ CONJUGUÉ AVEC AVOIR.

Le participe passé, conjugué avec *avoir*, s'accorde seulement quand il est précédé de son complément direct. (Gramm., 238; Extr., 140.)

Si j'ai *péché* grièvement, quel motif de regrets! Un Dieu infiniment bon que j'ai *offensé*, sa justice que j'ai *bravée*, mon âme que j'ai *souillée*, mon cœur que j'ai *abandonné* aux choses de la terre, le prochain que j'ai *scandalisé*, le ciel que j'ai *repoussé*, *perdu*; enfin l'enfer que j'ai *mérité*. — Quelles ne devraient pas être ma douleur et mon affliction en pensant que j'ai *offensé* Dieu et *méconnu* sa loi; que j'ai *méprisé* la grâce; que j'ai *souillé* mon âme et *sali* la robe sans tache qui m'avait été donnée au baptême; que j'ai *abandonné*

mon cœur aux choses de ce monde, et *scandalisé* le prochain ! enfin, quelle peine encore plus cuisante, si je considère que j'ai *insulté, outragé* le Ciel, et que j'ai *mérité* l'enfer !

Verbe baisser. — Abaisser, rabaisser, laisser, encaisser, affaisser.

46. — PARTICIPE PASSÉ CONJUGUÉ AVEC AVOIR.

Enfants, n'oubliez jamais les services que vos parents vous ont *rendus,* les soins qu'ils vous ont *prodigués,* les sacrifices qu'ils ont *faits* pour vous rendre heureux ; ce sont eux qui vous ont *élevés, nourris* et *entretenus :* quels droits n'ont-ils pas *acquis* à votre reconnaissance ? Les vérités que les saints ont toujours *crues* nous ont été annoncées ; nous les avons *entendues* souvent, et nous avons *dû* les méditer avec attention ; nous connaissons aussi les vertus qu'ils ont *pratiquées,* les commandements qu'ils ont *suivis :* marchons dans la voie qu'ils nous ont *tracée,* et nous arriverons au but qu'ils ont *atteint.* Dans le ciel, nous serons récompensés de toutes les privations que nous aurons *souffertes* pour Dieu, de tous les actes de vertus que nous aurons *pratiqués,* de toutes les aumônes que nous aurons *répandues* dans le sein des pauvres, en un mot, de toutes les bonnes œuvres que nous aurons *accomplies.*

Verbe affermir. — Raffermir, blêmir, frémir, gémir, vomir.

47. — PARTICIPE PASSÉ DES VERBES RÉFLÉCHIS.

Le participe passé des verbes réfléchis s'accorde seulement lorsqu'il est précédé de son complément direct. (Gramm., 239 ; Extr., 141.)

Les hommes prudents se sont toujours *défiés* de leurs forces. Les honneurs et les richesses de nos pères se sont *évanouis* avec eux. Le soleil s'est *arrêté* au commandement de Josué. L'envie s'est souvent *attaquée* aux plus nobles actions. Jacques II et une partie de sa cour se sont *réfugiés* en France sous Louis XIV. C'est à l'ombre de la paix que les sciences sont nées, qu'elles se sont *perfectionnées,* qu'elles se sont *étendues* jusque dans les pays les plus reculés. Que de jeunes gens se sont *repentis* de ne s'être pas *appliqués* à l'acquisition des sciences, qui leur auraient si bien servi dans un âge plus avancé ! Quelques auteurs se sont *figuré* qu'ils avaient surpassé les Anciens, mais combien d'entre eux ont reconnu qu'ils s'étaient *trompés !* Les Français se sont *ouvert* le chemin de l'honneur et se sont *couverts* de gloire par les bonnes institutions qu'ils se sont *faites*, et par les victoires qu'ils ont remportées.

Verbe redevoir.

48. — PARTICIPE PASSÉ DES VERBES RÉFLÉCHIS.

Les savants se sont *immortalisés* par leurs veilles et par leurs écrits. Les martyrs se sont *sacrifiés* pour Dieu. Les participes ne se sont pas toujours *accordés* selon les règles suivies aujourd'hui. Que de saints se sont *retirés* du monde pour se donner tout à Dieu ! Dans la création, Dieu s'est *proposé* des fins dignes de sa sagesse. Les monts se sont *élevés*, les vallons sont descendus, les collines se sont *abaissées*, le soleil s'est *placé*, les astres se sont *posés*, quand le Seigneur l'a dit. Les hommes qui ne se sont jamais *reconnus* pleins d'orgueil et d'injustice, se sont toujours *aveuglés* sur leur propre mérite. Il y a toujours eu dans la vertu une ingénuité qui ne s'est jamais *démentie*, et à laquelle on ne s'est jamais *mépris*, pour peu qu'on y ait été attentif. La France et d'autres pays de l'Europe se sont *couverts* des productions du Nouveau-Monde, et se sont *enrichis* des trésors de l'ancien. Une confrérie est une réunion de fidèles qui se sont *associés* et *réunis* afin de participer aux prières les uns des autres.

Verbe prendre.—Reprendre, surprendre, entreprendre, désapprendre, rapprendre.

XIIᵉ COMPOSITION. — PARTICIPE PASSÉ.

BIENFAISANCE D'UN EMPEREUR CHINOIS.

Je vous enjoins, écrivait un empereur chinois au gouverneur d'une province *dévastée* par le mauvais temps, de prendre les renseignements les plus *circonstanciés*, les plus *détaillés*, sur les pertes qu'ont *subies* les habitants dont la vie a été *épargnée* dans le désastre *occasionné* par les tempêtes qui ont *eu* lieu. Je veux que les maisons *détruites* ou *endommagées* soient *rebâties* entièrement, ou solidement *réparées* par des sommes *prises* de mes épargnes. Les malheureux habitants recevront, *payés* de ma bourse, tous les vivres dont ils ont été *privés*; j'entends que ces secours leur soient *administrés* avec célérité, et *distribués* au plus tôt. Ils se sont *dévoués* à ma cause et *sacrifiés* pour mon service; je serais *affligé* qu'on eût *oublié* un seul homme. Qu'ils sachent que je les ai toujours *aimés*, et que je les chéris encore tous comme mes enfants.

Verbe s'affermir.

49. — ADVERBE.

L'adverbe est un mot invariable que l'on ajoute au verbe, à l'adjectif ou à un autre adverbe, pour en modifier la signification. (Gr., 241 à 243; Extr., 142 à 144.)

Remplissez *aujourd'hui* tous vos devoirs, vous *ne* savez *pas* si vous vivrez *demain*, et *encore moins après-demain*. Donner est un *si* grand plaisir, qu'il *ne* faut *jamais* donner *assez* pour se priver de cette jouissance. Les enfants doivent écouter *beaucoup* et parler *très-peu*. De Paris à Tours, on compte *environ* deux cent quarante kilomètres. Le crime trouve *tôt* ou *tard* sa punition. L'avare *ne* dort *jamais paisiblement*. La vérité *ne* peut être *trop* claire. Ceux qui ont *beaucoup* sont obligés de donner *beaucoup*. Le cheval semble se mettre *au-dessus* de l'état de quadrupède en élevant la tête; dans cette noble pose, il regarde l'homme *face à face*. On doit parler *avantageusement* de ses amis en toutes rencontres.

Verbe démêler. — Mêler, remêler, entremêler, grêler, fêler.

50. — PRÉPOSITION.

La préposition est un mot invariable qui sert à indiquer les différents rapports que les mots ont entre eux. (Gr., 249, 251, 252; Extr., 145 à 147.)

Abraham mourut trente-cinq ans *après* le mariage *de* son fils Isaac; il termina alors *dans* une heureuse vieillesse une carrière pleine *de* vertus sublimes. Sa foi *dans* les desseins *de* Dieu *sur* lui, est le trait le plus admirable *de* son caractère. Il fut enterré *par* ses enfants, *auprès de* Sara, *dans* le sépulcre qu'il avait acheté *aux* enfants *d'*Ephron. *Parmi* les peuples sauvages, quelques-uns faisaient mourir l'âme *avec* le corps, quelques autres la faisaient vivre *avant*. Le travail est une bonne ressource *contre* l'ennui. L'ennui marche *derrière* le bonheur. La conscience nous avertit *en* amie, *avant* de nous punir *en* juge. Heureux l'homme qui, remontant *à* son origine, méditant *sur* ses destinées, passe *à travers* les choses créées *sans* s'y arrêter! La France s'étend *de* l'Est *à* l'Ouest, *depuis* le Rhin *jusqu'à* l'Océan, *sur* une longueur *de* neuf cent quatre-vingts kilomètres.

Verbe assujettir.—Convertir, anéantir, ramortir, ralentir,
investir.

51. — CONJONCTION.

La conjonction est un mot invariable qui lie entre elles les propositions, ou les parties semblables d'une même proposition. (Gr., 275, 276; Extr., 148, 149.)

Soit en bien, *soit* en mal, la prudence nous défend de juger sur l'apparence. Une vie de quatre-vingts ans, *quand* il n'en faudrait retrancher *ni* l'enfance, où l'homme ne se connaît pas, *ni* les maladies, où l'on ne vit pas, *ni* tout le temps dont on a trop souvent sujet de se repentir, paraîtrait-elle quelque chose aux yeux de l'éternité? Il manque bien des choses à l'indigence, *mais* tout manque à l'avarice. La justice de Dieu est infinie, *aussi bien que* sa miséricorde. Le hibou cherche l'obscurité, *comme* le méchant cherche les ténèbres. Le lion, *lorsqu'*il a faim, attaque de face tous les animaux. Fin *autant que* circonspect, le renard varie sa conduite; il a des moyens de réserve qu'il sait n'employer qu'à propos. Je doute *que* l'impie soit tranquille *quand* il pense à la mort. Les flèches des sauvages ne font souvent des blessures mortelles que *parce qu'*elles sont empoisonnées.

Verbe mordre.—Tordre, détordre, tendre, entendre, prétendre.

52. — INTERJECTION.

L'interjection est un mot invariable, que l'on jette subitement
dans un discours pour faire connaître une émotion vive de l'âme.
(Gr., 259 à 261 ; Extr., 150 à 152.)

Ah ! que de la vertu les charmes sont puissants ! *Eh !*
qui n'a pas à pleurer quelque perte cruelle ! *Quoi !* les
faveurs des hommes leur feraient des esclaves, et les
bienfaits de Dieu ne lui feraient que des ingrats ! *Hélas !*
sans la vertu, qu'importent les richesses ! *O* mon âme !
que ton occupation la plus chère soit de chercher Dieu !
Fi ! fi donc ! du plaisir que la douleur accompagne, et
que la conscience réprouve ! Sommes-nous chrétiens ?
avons-nous de la foi ? *Eh bien !* aspirons à cette autre
vie qui n'aura point de fin. Quelles nobles destinées
sont les nôtres ! *Ah !* prosternons-nous devant le trône
de l'Eternel.

Verbe remercier.—Associer, officier, scier, balbutier, initier.

XIIIᵉ COMPOSITION. — INVARIABLES.

L'ARAIGNÉE ET LE VER A SOIE.

« *Quoi !* toujours *à* recommencer, s'écriait *dans* son
désespoir une araignée *à* laquelle on venait *d'*enlever
sa toile. *Oh ! toujours* un maudit balai viendra détruire
mon travail ! Je finis *par* perdre courage. Humains
capricieux, vous vous croyez sages, *et* vous persécutez
la rivale *de* Pallas, déesse *de* la sagesse ; vous brisez sa
toile *si* vantée ; *et* le ver *à* soie, cet insecte dégoûtant,
vous le choyez, vous recueillez *précieusement* son fil,
mille fois *plus* gros, mille fois *moins* souple *que* le
mien. » Le ver a soie, qui l'avait entendue, lui répondit : « *De grâce,* modérez ce courroux ; chacun
reconnaît *que* vous êtes *très*-habile ; nul *ne* conteste la
délicatesse *de* votre tissu ; *mais* quel usage en peut-on
faire ? —Rien. — *Ne* savez-vous *donc pas que* le mérite
et l'estime sont proportionnés *à* l'utilité ? »

(BOULANGER.

Verbe s'apercevoir.

EXERCICES DE RÉCAPITULATION GÉNÉRALE.

53. — LA CRÉATION.

Dieu a fait le monde de rien, par sa parole et sa volonté, et pour sa gloire: Il l'a fait en six jours. Le premier jour, il a créé le ciel et la terre, ensuite la lumière; le deuxième jour, il créa le firmament; le troisième, il sépara la terre d'avec les eaux, et fit produire à la terre toutes les plantes; le quatrième, il créa le soleil, la lune et les étoiles; le cinquième, il forma les oiseaux dans l'air, et les poissons dans la mer; le sixième, il produisit les animaux terrestres, et forma l'homme à son image et à sa ressemblance; puis Dieu se reposa le septième jour. L'homme est capable de connaître et d'aimer Dieu, et c'est pour cela qu'il a été fait. Le premier homme fut nommé Adam, mot qui veut dire tiré de la terre; la première femme fut nommée Eve, mot qui signifie la vie, parce qu'elle devait être la mère des humains. Dieu les mit dans le paradis terrestre, qui était un jardin délicieux où ils vivaient heureux; là, ils ne souffraient aucune incommodité et ne devaient point mourir.　　　　　　　　　　(FLEURY.)

Verbe distribuer. — Contribuer, atténuer, tuer, substituer, commuer.

54. — L'ENFANT PIEUX.

La piété semblait avoir pris plaisir à se former un temple digne d'elle dans le jeune Lepelletier. La douceur et la modestie paraissaient sur son visage: on croyait lire dans ses yeux la candeur de son âme. Les plus doux moments de sa journée étaient ceux qu'il pouvait passer au pied des autels, et sa présence dans le lieu saint était une leçon pour ceux qui l'y voyaient. Quand il rencontrait une église sur son chemin, la pensée qui lui venait que Dieu y était présent, ne lui permettait pas de passer sans entrer pour y prier. Il avouait à ses amis qu'il préférait les jours de congé aux autres, par la raison que, ces jours-là, il avait plus de

temps à donner à la prière et aux pieux exercices.
Beaucoup de ses condisciples, sur lesquels ses exemples faisaient une vive impression, se rendaient dans
les églises où ils comptaient le trouver, afin de s'é-
difier de sa piété, et plusieurs en étaient touchés jusqu'à verser des larmes.   (L'abbé PROYART.)

Verbe colorier. — Calomnier, mendier, relier, trier, plier.

55. — LE CHEVAL ARABE.

Les chevaux arabes sont, en général, d'une constitution délicate, mais ils s'accoutument cependant avec
facilité aux fatigues des longues marches. Ils sont
prompts, actifs, d'une vitesse surprenante, et presque
toujours exempts de difformités apparentes. Ils sont si
doux et si dociles, qu'ils peuvent être soignés par les
enfants, avec lesquels ils dorment sous la même tente,
surtout quand ils sont jeunes. Jusqu'à l'âge de quatre
ans, on ne leur met ni selle ni fers ; ils sont communément nourris avec du lait de chameau, et peuvent
supporter la soif plusieurs jours de suite. L'affection
fraternelle, la prédilection décidée que les Arabes portent à leur monture, sont fondées non-seulement sur
l'utilité qu'ils en retirent dans leur vie active et vaga-
bonde, mais encore sur une ancienne croyance qui
doue les chevaux de sentiments nobles et généreux. Le
cheval, disent-ils, est la plus belle créature après
l'homme ; la plus belle occupation est de le soigner,
le plus délicieux amusement de le monter.

(Mag. pittoresque.)

Verbe suppléer.—Créer, récréer, agréer, gréer, maugréer.

56. L'EUROPE.

L'Europe, qui est la plus petite des parties du monde,
a trois mille cinq cents kilomètres de large et trois
mille neuf cents de long. L'heureuse température de
son climat, dont aucune partie n'est située sous la
zone torride, et la grande variété de sa surface, ont
dû puissamment contribuer à sa gloire. L'Europe est
plus fertile que les autres parties du monde, et, quoique

moins étendue, elle est la plus belle et la plus peuplée relativement. Les villes y sont en plus grand nombre, mieux bâties, plus populeuses et plus riches ; les hommes plus doux, plus ingénieux et plus civilisés ; elle seule a produit plus de héros et de savants que toutes les autres ensemble. Elle est le centre des arts, des sciences, des lettres, de la navigation et du commerce. L'aspect de l'Europe est moins brillant, moins riche que celui des belles contrées de l'Asie et de l'Amérique ; le sol y est moins productif naturellement ; mais l'agriculture, bien mieux dirigée, fait produire immensément à la terre. On trouve en Europe quelques mines d'or et d'argent ; le cuivre, l'étain, le platine, y sont abondants ; tous les autres métaux, surtout le fer, s'y trouvent en quantité. (***)

Verbe balancer. — Avancer, lancer, renoncer, froncer, rincer.

XIV° COMPOSITION. — LETTRE D'UN ENFANT A SES PARENTS POUR LA NOUVELLE ANNÉE (*a*).

Cher Papa et chère Maman,

Vous m'avez dit souvent que les enfants font aujourd'hui de jolis compliments à leurs parents. Moi, je n'en sais point d'autre que celui de vous offrir mon cœur et tout ce que je suis.

Agréez donc, cher Papa et chère Maman, cette offrande, que je crois vous être chère. Je ne saurais vous offrir rien de plus agréable, ni de plus digne de votre tendresse pour votre enfant bien-aimé.

57. — LE DÉLUGE.

Les hommes étaient devenus si méchants, que Dieu résolut de les exterminer. Cependant Noé, homme juste, ayant trouvé grâce devant le Seigneur, reçut de lui l'ordre de bâtir l'arche : c'était un grand vaisseau en

---

(*a*) Nous nous bornons, dans les exercices, à présenter les modèles de lettres sans explications ni commentaires. On devra consulter, pour le style épistolaire, les préceptes du genre, le cérémonial, les formules, les convenances, le *Traité théorique et pratique du style* qui vient d'être imprimé à part. On y trouvera, sur cet art, des règles dont la connaissance est indispensable.

forme de coffre ; Noé y entra avec sa famille. Il mit
aussi dans l'arche des animaux de toutes les bonnes
espèces. Lorsque le temps prescrit par l'Eternel fut
venu, il plut horriblement pendant quarante jours et
quarante nuits : la mer se déborda ; l'eau s'éleva d'environ huit mètres au-dessus des plus hautes montagnes ;
elle fit périr les hommes, les animaux de la terre et les
oiseaux du ciel. La terre ayant été submergée pendant
cinquante jours, Dieu se souvint de Noé ; il envoya un
grand vent qui sécha les eaux. Sept mois après le commencement du déluge, l'arche s'arrêta sur une montagne d'Arménie. Au bout d'un an, Noé en sortit ; alors
il offrit un sacrifice à Dieu, en reconnaissance de la
protection qu'il avait reçue.   (FLEURY.)

Verbe s'établir.—S'unir, s'étourdir, se refroidir, se chérir, s'aigrir.

58. — LE JEUNE DÉCALOGNE.

Rien n'est plus édifiant que la manière dont le jeune
Décalogne faisait ses prières. Il se tenait dans une posture humble, les yeux modestement baissés ; le corps
et l'âme, tout priait en lui. Sa vertu était uniforme et
soutenue, et n'avait pas le moindre sentiment d'affectation. Sa dévotion était la même dans tous ses exercices de piété, et le recueillement qu'il apportait à ses
prières du matin et du soir, on le remarquait également
ment dans celles qui précèdent et qui suivent le travail
et le repos. « Nous autres écoliers, disait-il un jour à
l'un de ses compagnons, nous ne pouvons pas pratiquer de grandes mortifications, ni prier Dieu continuellement ; mais il me semble que, si nous lui consa-
crions toutes nos actions, en récitant dévotement les
courtes prières qui les commencent et qui les terminent, notre journée serait bien pleine devant ce bon
Père. »   (*Histoires choisies.*)

Verbe déroger.— Charger, abréger, jauger, exiger, obliger.

59. — LE CHAMEAU.

Les deux espèces de chameaux sont le chameau à
deux bosses, et celui qui n'en a qu'une ; ce dernier
se nomme dromadaire. Le chameau a environ deux

mètres de hauteur jusqu'aux épaules ; il est bien plus puissant que le dromadaire, en proportion de sa taille ; il a les jambes moins longues ; son corps est recouvert d'un poil brun ou cendré. Il a la tête courte, les oreilles petites, le cou long et flexible. Ses pieds sont plats, unis, durs et peu fendus, ce qui le rend propre à traverser les déserts sablonneux où il est employé. Cet animal boit pour plusieurs jours à la fois ; il se contente pour toute nourriture de quelques dattes et des plantes qu'il trouve dans sa route aride. En Arabie, il est regardé comme le plus précieux des animaux ; ses maîtres boivent son lait, mangent sa chair, s'habillent de son poil, et, à l'approche de l'ennemi, ils peuvent, en montant sur son dos, fuir avec une rapidité extraordinaire.   (ARDANT.)

Verbe bégayer. — Balayer, aiguayer, déblayer, étayer, égayer.

<h2 style="text-align:center">60. — L'ASIE.</h2>

L'Asie est la plus grande des quatre parties de l'ancien monde ; elle a neuf mille sept cents kilomètres du Nord au Sud, et douze mille huit cent cinquante de l'Est à l'Ouest. Ce fut en Asie que Dieu plaça le paradis terrestre, où furent mis Adam et Eve. L'Asie devint encore la nourrice du monde après le Déluge ; là aussi furent fondés les premières villes, les premiers empires et les premières églises chrétiennes. On y trouve du blé, du riz, du vin, des fruits excellents et quantité d'épiceries. On en tire aussi de l'or, de l'argent, des perles, des pierreries, de l'ivoire, du café, de l'encens, du thé, etc. Ses habitants, excepté vers le Nord, sont en général d'une assez belle nature, et varient pour la couleur du blanc au basané. Si certaines contrées de l'Asie réclament la supériorité sur le reste de la terre, on doit dire que la Turquie d'Asie, ce pays autrefois le plus peuplé et le mieux cultivé, est devenu inculte et semble maintenant frappé d'une complète stérilité.   (***)

Verbe essuyer. — Ressuyer, appuyer, rappuyer, ennuyer, désennuyer.

XVᵉ COMPOSITION. — UN JEUNE ENFANT A SON PÈRE ET A SA MÈRE LE JOUR DE L'AN.

Cher Papa et chère Maman,

Il me tarde beaucoup de savoir bien lire et bien écrire pour vous faire un joli compliment, comme le font en ce jour les enfants instruits. Moi, trop jeune encore, je vous dirai seulement que je vous aime beaucoup, et que je veux vous prouver mon amour par ma sagesse, par ma bonne conduite, et par mon exactitude à faire promptement et fidèlement tout ce que Papa, Maman et mon maître me commanderont.

Verbe se recueillir.

61. — ABRAHAM.

Les hommes ayant abandonné l'observation de la loi de nature, et se livrant à l'idolâtrie, la connaissance du vrai Dieu fut e partage de quelques saints personnages : Abraham fut de ce nombre. Dieu fit alliance avec lui, afin de s'en servir pour conserver sur la terre la pratique de la vertu; il lui ordonna ensuite d'aller dans la terre de Chanaan, où il voulait établir son culte; il lui promit de lui en donner la possession, de multiplier sa postérité comme les étoiles du ciel, et de faire naître le Messie de sa race. Abraham crut aux promesses du Seigneur, et alla dans la terre qui lui était montrée. Etant fort avancé en âge, Dieu lui donna un fils qu'il nomma Isaac. Ce fils, devenu grand, faisait la joie de son père; Dieu, pour éprouver la foi de son serviteur, lui ordonna de sacrifier ce fils chéri. Abraham obéit. Comme il levait le couteau sur Isaac, un ange l'arrêta, et lui dit que le Ciel était content de son obéissance. Le saint patriarche termina à l'âge de cent soixante-quinze ans une carrière pleine de vertus sublimes. (FLEURY.)

Verbe coudoyer. — Charroyer, corroyer, côtoyer, octroyer, foudroyer.

62. — LES SOINS D'UN FRÈRE.

Le jeune Fabrice montra, dès sa plus tendre enfance, un grand désir de s'instruire, et une telle pénétration, que souvent il étonnait par ses questions ses parents et ses maîtres. Mais ce qui fait mieux son éloge, ce sont les soins que, dès l'âge de sept ans, il donnait à son petit frère. Il le veillait avec une attention remarquable, présidait à ses petites études, réglait ses actions avec la patience et le zèle d'un père. Jamais il ne se prévalait de sa supériorité; simple, modeste et plein de gaieté, il jouait avec lui pendant les récréations; pendant les heures d'étude, il lui faisait réciter ses leçons et lui en expliquait les endroits difficiles. Fabrice se montrait surtout le modèle de son frère, par le respect et la soumission qu'il avait pour ses parents et pour ses maîtres. Il continua ses soins auprès de son frère jusqu'à ce que celui-ci fût parvenu à l'adolescence, et cela sans jamais se rebuter.

(Histoires choisies.)

Verbe: se défendre. — Se rendre, s'interrompre, se corrompre, se confondre, se répandre.

63. — UN FILS A SON PÈRE POUR LE JOUR DE SA FÊTE.

Mon cher Papa,

Le bouquet le plus beau que j'aie à vous offrir, le jour de votre fête, n'est-ce pas l'hommage de mes progrès? Aussi, pour vous prouver l'attention que j'apporte à profiter de l'instruction que vous me faites donner, je tiens à honneur d'écrire cette lettre le mieux qu'il m'est possible. Ce bouquet, que je vous offre de loin, me consolera un peu de la peine que j'éprouve d'être séparé de vous, et de ne pouvoir, par mille marques d'affection, vous assurer de tous mes sentiments filials. Cette lettre ne vous est-elle pas aussi agréable qu'un bouquet? Les fleurs que je vous présenterais aujourd'hui seraient flétries demain; mais cette lettre se conservera toujours, et durera dans toute sa fraîcheur autant que vous le jugerez à propos. Ce sera, je crois, le meilleur moyen de vous témoigner l'hommage respectueux de votre fils chéri.

Verbe parsemer. —Ramener, mener, remmener, démener, amener.

64. — L'AFRIQUE.

L'Afrique se présente la troisième en grandeur parmi les parties du monde; c'est une vaste presqu'île, qui tient au continent par une langue de terre d'environ cent vingt kilomètres de large, et que l'on nomme l'isthme de Suez. Cette partie du monde n'offre que peu de rivières de long cours et d'une navigation facile; ses ports présentent rarement un asile aux vaisseaux; aucune mer méditerranée, aucun grand fleuve, aucun chemin n'offre une voie sûre pour arriver au centre de cette grande contrée, qu'on pourrait presque appeler un immense désert. Placée sous l'équateur, l'Afrique offre les climats les plus chauds, et rien ne tempère cette chaleur que les pluies annuelles, les vents de mer et l'élévation du sol. Ce n'est pas le froid qui fait l'hiver sous la zone torride, ce sont les pluies; c'est pour cela que, dans bien des endroits de ces régions, il n'y a que deux saisons; l'été et l'hiver. Tandis que l homme est exilé de beaucoup de parties de ce continent, un grand nombre d'animaux sauvages et féroces occupent sa place, et sont répandus sur toute la surface de cette contrée, où ils exercent leur empire.   (***)

Verbe épeler. —Étinceler, ficeler, atteler, grommeler, écarteler.

XVIe COMPOSITION. — L'ÉLÉPHANT.

L'éléphant est le plus grand des animaux terrestres; il est sauvage, mais on l'apprivoise aisément. Il a environ trois mètres de haut; sa peau, communément grise, et rarement blanche, est dépourvue de poil; ses oreilles sont très-grandes, et ses yeux fort petits. Sa lèvre supérieure se termine en un long canal, qu'on appelle trompe; c'est le conduit de sa respiration et de sa boisson. Au moyen de ce membre, l'éléphant déracine un arbre, défait les nœuds d'une corde, ouvre une serrure, écrit même avec une plume. Deux dents énormes sortent de sa mâchoire supérieure; elles fournissent l'ivoire. L'éléphant est commun en Asie. Réduit sous la domination de l'homme, l'éléphant devient le plus doux des animaux ; il prend bientôt de l'attachement pour la personne qui le soigne ; il la caresse, lui obéit, semble prévenir tous ses désirs ; il s'agenouille même pour qu'on puisse le charger plus commodément.

Verbe s'endormir.

65. — JOSEPH.

Joseph était plus cher à Jacob que ses autres enfants. Ses frères en furent jaloux ; ils le vendirent à des marchands ismaélites, qui le menèrent en Egypte, où il devint esclave de Putiphar, capitaine des gardes du roi Pharaon. Peu après, Joseph ayant montré un grand savoir, en expliquant un songe que le roi avait eu, celui-ci l'appela auprès de sa personne et lui donna un pouvoir absolu sur toute l'Egypte. Bientôt, les enfants de Jacob furent contraints par une famine de venir chercher du blé en Egypte. Joseph les reconnut, et, s'étant assuré qu'ils se repentaient du crime qu'ils avaient commis à son égard, il se fit connaître. Il leur ordonna de faire venir leur père et le reste de sa famille ; ils vinrent et s'établirent en Egypte au nombre de soixante-dix personnes. Jacob vécut encore dix-sept ans. Joseph fit transporter le corps de son père dans le tombeau d'Abraham, et continua de gouverner l'Egypte. Ce saint homme mourut à l'âge de cent dix ans, en annonçant à ses frères que Dieu les visiterait, et qu'il les ferait passer dans la terre qu'il leur avait promise.

(FLEURY.)

Verbe parqueter. — Cacheter, épousseter, colleter, déjeter. fureter.

66. — L'ENFANT QUI SE CORRIGE.

Un enfant ami de la dissipation prit enfin la résolution de fréquenter des enfants sages. Il fut touché de leur vertu, il les imita, et se corrigea de ses mauvaises habitudes ; il devint sobre, patient, laborieux, bienfaisant, aimable. Cependant sa nouvelle conduite, quoique digne d'éloges, n'était pas louée ; on l'attribuait à de mauvais motifs ; on semblait s'obstiner à le juger plutôt sur ce qu'il avait été que sur ce qu'il était réellement. Cette injustice lui faisait beaucoup de peine. Il alla déposer ses douleurs dans le cœur de son maître. « Mon ami, lui dit celui-ci, vous valez mieux que votre réputation ; votre crainte de n'être pas ce que vous désirez dit tout en votre faveur ; rendez grâces à Dieu de la force qu'il vous a donnée ; et sachez que celui-là est heureux qui peut dire : Mes ennemis censurent en moi des vices que je n'ai plus. Si vous êtes bon, qu'importe que les autres vous croient méchant ? N'avez-vous pas, pour vous consoler, deux témoins de vos actions, Dieu et votre conscience ? »

Verbe peler. — Bourreler, déceler, geler, harceler, modeler.

67. — LETTRE D'UN FILS A SA MÈRE POUR LE JOUR DE SA FÊTE.

Ma chère Mère,

Il n'est aucun jour dans l'année où je ne demande à Dieu pour vous toute sorte de bonheur ; mes vœux, au jour de votre fête, ne peuvent être ni plus sincères, ni plus ardents ; permettez-moi de vous en offrir l'hommage. Je voudrais avoir à ma disposition tout le bonheur possible, je m'empresserais de vous en faire don, ma chère Mère, et je ne croirais pas encore avoir acquitté la dette d'amour et de reconnaissance que je vous dois pour toutes vos bontés. Mais, puisque Dieu exauce les prières en proportion de l'ardeur avec laquelle on les fait, les miennes, je l'espère, seront exaucées sans aucun doute. Permettez-moi de me transporter, par la pensée, au milieu de la famille, et de venir joindre mes hommages à ceux de mes frères et de mes sœurs, que j'embrasse de tout mon cœur. Je vous assure, ma chère Mère, que je serai toujours, avec les sentiments les plus dévoués,

Votre fils très-affectionné.

Verbe acheter. — Racheter, becqueter.

68. — CHIENS DE TERRE-NEUVE.

Les chiens de Terre-Neuve sont de haute taille, fortement constitués, mais avec des formes élancées; de sorte qu'ils sont très-vigoureux et très-légers. Leur tête est un peu volumineuse; d'ailleurs, elle n'a rien de lourd ; leur regard est plein d'intelligence et de douceur. Leur poil, généralement long et touffu, est d'une finesse et d'une douceur remarquables; il est assez épais pour les protéger efficacement du froid, et pas assez long pour se charger de la boue des marais, qu'ils ont souvent à traverser dans le pays qu'ils habitent. Les chiens de Terre-Neuve ne relèvent point la queue, mais la portent droite, et sous ce rapport ils se rapprochent des loups; cependant, c'est à peu près le seul trait de ressemblance qu'ils aient avec ces animaux, pour lesquels ils montrent en toute occasion une aversion bien prononcée, et qu'ils sont toujours disposés à combattre, et même à provoquer.

(*Magasin pittoresque.*)

Verbe interpeller.—Quereller, desseller, seller, sceller, flageller.

XVIIe COMPOSITION. — L'AMÉRIQUE.

L'Amérique ou Nouveau-Monde fut découverte par Christophe Colomb, en mille quatre cent quatre-vingt-douze. Ce vaste continent est opposé à celui que nous habitons, et se divise en Amérique-Septentrionale et en Amérique-Méridionale. On y recueille d'excellents fruits, dont la plupart sont inconnus à l'Europe. On en tire du sucre, du tabac, de l'indigo, de la cochenille, des cuirs et des pelleteries. Mais ce qui, par-dessus tout, a attiré les Européens en Amérique, ce sont les mines d'or et d'argent, les diamants, les perles, etc. Les naturels sont en général basanés ou cuivrés. Ceux qui ont quelque commerce avec les Européens sont devenus moins sauvages; mais la plupart des autres sont sérieux, mélancoliques, cruels, et même anthropophages. Presque tous les Américains suivent la religion que professent ceux qui les ont soumis; les autres adorent le Soleil, la Lune ou un être suprême, qu'ils appellent Grand-Esprit.

Verbe s'enfuir.

69. — LES DEUX FRÈRES.

Deux frères se ressemblaient parfaitement pour la taille et pour les traits du visage. L'aîné se montrait peu complaisant, fort étourdi et très-malpropre. Il n'aimait ni la piété, ni l'étude, ni même son frère. Le plus jeune, au contraire, était d'une douceur et d'une bonté charmantes; il aimait tellement son frère, qu'il allait même au-devant de ses désirs. On leur fit faire un jour à tous deux un habit superbe. En peu de temps, l'aîné eut mis le sien en fort mauvais état, celui du cadet était encore très-propre. La pensée lui vint de l'échanger. « Vous êtes mon aîné, dit-il à son frère, il convient que vous soyez mieux habillé que moi. » L'offre fut aussitôt accueillie, et l'échange fait. Ce frère, jusque alors si peu sensible, se jeta à son cou, l'arrosa de ses larmes, et lui promit de suivre à l'avenir ses bons conseils. Il tint parole, et devint, comme lui, un modèle de vertu.   (*Hist. choisies.*)

Verbe regretter. — Brouetter, fouetter, guetter, émietter, endetter.

70. — LETTRE A UN ONCLE LE JOUR DE L'AN.

Mon cher Oncle,

– Le renouvellement de l'année me fournit l'occasion de vous remercier de toutes les bontés dont j'ai été l'objet de votre part, et de vous assurer que j'en conserverai toujours la plus vive reconnaissance. Croyez que vos conseils et votre sollicitude à mon égard porteront leurs fruits, que je pratiquerai les enseignements qui me viennent de vous, et que mes efforts tendront toujours à me rendre digne d'une affection dont je sens tout le prix. Agréez donc, mon cher Oncle, avec mes souhaits, l'hommage bien sincère

De votre affectionné neveu.

Verbe végéter. — Interpréter, inquiéter, décréter, empiéter, refléter.

71. — PARIS.

Paris est l'une des plus grandes villes du monde, car

elle a une superficie d'environ trois mille quatre cents hectares; sa plus grande longueur est de huit kilomètres, et sa plus grande largeur de six. La forme de cette ville immense est celle d'un ovale irrégulier, que la Seine, bordée de quais superbes, partage en deux parties. Ses principaux édifices, au nombre de deux cents, sont : trente-sept églises, une banque, une bourse de commerce, trente-quatre marchés, sept halles, sept colléges, quarante-deux casernes, vingt-sept hôpitaux ou hospices, cinq abattoirs, quatre cimetières ; dix palais, etc. Les deux rives de la Seine communiquent entre elles, et avec les îles de la Cité et de Saint-Louis, à l'aide de vingt-trois ponts, dont plusieurs sont suspendus. On peut dire qu'aucune ville du monde ne peut être comparée à Paris, qui renferme plus d'un million d'habitants. Il n'y a aucun genre de commerce, d'industrie, de fabrication et de spéculations, qui soit étranger à cette superbe cité.   (MALTE-BRUN.)

Verbe alléger. — Protéger, assiéger, agréger, siéger, abréger.

72. — L'ANE.

Quoique moins beau que le cheval, l'âne, quand il est bien tenu, ne manque pas d'élégance. Il n'est difficile que pour sa boisson : il lui faut une eau claire et limpide, encore boit-il très-sobrement, et n'enfonce-t-il point du tout son nez dans l'eau, par la peur que lui fait, dit-on, l'ombre de ses oreilles. Il est trois ou quatre ans avant de prendre sa croissance, et pousse sa carrière jusqu'à vingt et vingt-cinq ans. Dans ses premières années, l'âne est vif, animé; mais les mauvais traitements lui font bientôt perdre sa vivacité, et il devient lent, stupide et têtu. Il est quelquefois très-attaché à son maître; il le sent de loin, et le distingue fort bien. Quand il est surchargé, il manifeste son mécontentement, dit-on, en laissant tomber la tête et en baissant l'oreille; lorsqu'il est mené trop rudement, il montre les dents et grimace d'une manière peu agréable.   (ARDANT.)

Verbe dessécher. — Écrémer, régler, reléguer, rapiécer, lever.

XVIII° COMPOSITION. — DAVID.

David, jeune berger, fut sacré par le prophète Samuël. Dieu lui prépara les voies du trône en lui faisant vaincre, étant encore tout jeune, Goliath, Philistin d'une grandeur prodigieuse. Après cette victoire, David fut ramené en triomphe. Pour récompense, il épousa une des filles du roi Saül. Cependant David fut persécuté par ce même Saül, jaloux de la préférence qu'on lui avait donnée, et le vainqueur de Goliath fut obligé de s'enfuir. Devenu roi, David soutint de grandes guerres. Dieu lui fit vaincre ses ennemis et le combla de richesses et de gloire. David commit des fautes; mais il fléchit le Seigneur par sa pénitence, et il fut toujours depuis fidèle à le servir. Son repentir nous a valu les psaumes, qui sont encore aujourd'hui la plus belle partie de l'office divin. Il voulait bâtir un temple, mais Dieu lui déclara que cet honneur était réservé à Salomon son fils.
(FLEURY.)

Verbe s'abstenir.

73. — SALOMON.

Salomon, l'un des enfants de David, monta après lui sur le trône d'Israël. Ce jeune prince, pénétré de ses devoirs, demanda à Dieu la sagesse pour se bien conduire; non-seulement elle lui fut accordée, mais encore il devint le plus riche et le plus magnifique des rois, de sorte que, ni avant, ni après, il n'y eut un roi aussi grand que lui. Salomon bâtit le temple de Jérusalem, dont son père David avait fait les préparatifs. C'était un superbe bâtiment tout revêtu d'or en dedans, et divisé en deux parties; la plus secrète était le sanctuaire, où reposait l'arche d'alliance. Devant ce grand temple était l'autel pour les holocaustes et les autres sacrifices, dans une grande cour environnée de galeries, avec plusieurs salles pour les fonctions des sacrificateurs. À la fin, Salomon, ébloui de ses richesses, ne put se garantir de l'orgueil qu'elles inspirent; il oublia Dieu, et tomba dans l'idolâtrie; il mourut à l'âge de cinquante-six ans, après un règne de quarante.
(FLEURY.)

Verbe aller.

74. — UN FRÈRE DÉVOUÉ.

Le jeune Rambouillet avait un frère qui fut atteint d'une maladie contagieuse ; plein de tendresse et d'amitié pour ce frère qu'il chérissait, il voulut le servir lui-même. La délicatesse de sa santé, la faiblesse de son tempérament, l'amour de la vie, si naturel aux jeunes gens, rien ne put l'empêcher de s'exposer à un danger évident de mourir, pour sauver, s'il le pouvait, la vie de celui qu'il affectionnait. Il fit consentir sa mère à sa résolution et la pria de ne pas se fatiguer. Il soigna son frère toujours avec le même zèle et la même ardeur ; cependant il n'eut pas le bonheur de lui sauver la vie, la mort lui enleva l'objet de ses affections ; mais, du moins, ce vertueux enfant pouvait se dire qu'il avait fait pour son frère tout ce qu'il avait pu, et qu'il s'était acquitté de soins dont bien d'autres ne se seraient pas sentis capables.

Verbe acquérir. — Conquérir, s'enquérir, requérir.

75. — LE RENNE.

Le renne, une des espèces de cerfs qui se distinguent par le peu d'élévation des jambes, la longueur du poil et des oreilles, l'épaisseur des sabots, n'existe que dans les contrées où le froid est excessif. Les Lapons seuls paraissent avoir tiré tout le profit possible des rennes, qui leur tiennent lieu tout à la fois de vaches, de brebis, de chèvres et de chevaux. Le lait de renne, suivant sa préparation, fournit du fromage, du beurre ou du suif ; la chair en est succulente ; la peau se taille en vêtements ; les tendons servent de fils et de cordes lorsqu'ils sont réunis ; les os sont travaillés en cuillers, en marteaux, etc. Les Lapons, montés sur les traîneaux que tirent les rennes, peuvent parcourir jusqu'à cent cinquante kilomètres par jour ; ces pauvres animaux, sobres et laborieux, se nourrissent de mousse, qu'ils prennent le plus souvent sous la neige ; ils dévorent aussi des bourgeons, des grenouilles, de petites couleuvres et des rats de montagne.　　(*Mag. pittor.*)

Verbe asseoir. — Rasseoir, s'asseoir.

76. — LONDRES.

Londres, capitale de toute l'Angleterre, ville d'une
grandeur imposante, d'une richesse prodigieuse et d'un
commerce immense, est situé à environ quatre-vingt-
seize kilomètres de la mer, sur les bords de la Tamise.
Il occupe une pente douce du côté du nord de cette
rivière, et s'étend au sud sur un terrain plat et uniforme.
Placée sur un cours d'eau d'une vaste étendue, cette
cité réunit tous les avantages indispensables à la salubrité et à la commodité d'une grande capitale ; en
outre, le flux et le reflux, dont la Tamise éprouve la
force jusqu'à vingt kilomètres au-dessus, est un avantage inappréciable, qui ne lui laisse rien à désirer. Sur
la rive gauche du fleuve, les maisons s'élèvent en amphithéâtre, et, sur la rive droite, qui n'était autrefois
qu'un marais, elles sont très-nombreuses, peu élé-
gantes, et d'un aspect vraiment triste par leur uniformité. Les deux parties présentent une réunion d'habitations qui n'a jamais été surpassée que par l'ancienne
Rome, et qui est sans contredit la plus considérable du
globe.   (GUTHRIE.)

Verbe absoudre. — Dissoudre, résoudre.

XIXe COMPOSITION. — LETTRE D'UN ENFANT A SA MARRAINE LE JOUR DE L'AN.

Chère Marraine,

Vous avez toujours été si bonne pour moi, que c'est
avec un vif plaisir que je vois arriver l'époque du renouvellement de l'année, parce qu'elle me permet de
vous faire part des sentiments que je ressens, et des
vœux que je forme pour votre bonheur. Chaque jour, je
demande à Dieu, chère Marraine, qu'il vous accorde
d'heureuses années et vous rende les bienfaits dont vous
vous êtes plu à me combler. Daignez agréer, avec l'expression de ma vive gratitude, l'assurance du sincère et
respectueux attachement

De votre affectionné filleul.

Verbe s'en aller.

77. — LE JEUNE JOAS.

Joas, roi de Juda, gouverna avec sagesse tant qu'il suivit les conseils de Joïada, qui l'avait dérobé à la fureur d'Athalie et placé sur le trône. Les liaisons qu'il avait avec cet homme vertueux lui donnèrent le goût de la piété, et lui inspirèrent l'amour de la vertu. Mais, Joïada étant mort, il changea de conduite, et fit bientôt voir que nous devenons semblables à ceux que nous fréquentons; car, les grands du royaume étant venus se prosterner devant lui, il se laissa séduire par leurs basses flatteries, et il mit ces hommes au nombre de ses favoris. Ce fut là le commencement de ses dérèglements; dès lors, abandonnant le culte de Dieu, il embrassa celui des idoles, et sa méchanceté alla si loin, qu'il fit mourir le fils même de Joïada, à qui il était redevable de sa couronne.   (*Histoires choisies.*)

Verbe envoyer.—Renvoyer.

78. — UN ENFANT A SON GRAND-PÈRE ET A SA GRAND'MÈRE LE JOUR DE L'AN.

Cher Grand-Papa et chère Grand'Maman,

Votre petit-fils vient vous prier d'agréer en ce jour les vœux et les souhaits qu'il est heureux de vous offrir. Ne pensez pas qu'il attende le renouvellement de l'année pour sentir ce qu'il vous doit; chaque jour, ses prières s'élèvent vers le bon Dieu, pour lui demander l'accomplissement de tous vos désirs. Aucun obstacle ne s'opposerait à votre bonheur, s'il était exaucé autant qu'il le souhaite, et que la sincérité de ses prières le demande. Agréez donc aujourd'hui la nouvelle expression de tous les sentiments

De votre respectueux petit-fils.

Verbe bouillir.— Ébouillir, rebouillir.

79. — LA CHÈVRE.

La chèvre, vive, folâtre et capricieuse, ne se laisse pas aisément contraindre; elle choisit elle-même ses pâturages, se plaît à franchir les précipices, et on l'a vue souvent se reposer avec sécurité sur des rochers escarpés, près de la mer en furie. Elle se plaît mieux dans les montagnes que dans les champs cultivés. Sensible à la douceur et aux caresses, la chèvre s'attache aisément à l'homme, et devient même assez souvent d'une familiarité importune. Sa nourriture favorite consiste en bourgeons de jeunes arbres. Le lait de chèvre est gras, nourrissant et médicinal; il s'épaissit moins sur l'estomac que celui de la vache. Dans quelques parties de l'Irlande et des pays montagneux de l'Écosse, ces animaux forment la richesse principale des habitants, qui couchent sur des lits faits de leurs peaux, se nourrissent de leur lait, en convertissent une partie en beurre et en fromage. (ARDANT.)

Verbe s'asseoir. — Se rasseoir.

80. — JÉRUSALEM.

Peu de villes ont éprouvé autant de révolutions que Jérusalem. Capitale du puissant royaume de David et de Salomon, elle vit l'or d'Ophir et les cèdres du Liban orner son temple. Dévastée par les Babyloniens, elle devint plus belle sous les Machabées et sous Hérode. Elle comptait alors plusieurs centaines de milliers d'habitants. Dieu permit qu'en punition de son déicide Titus la détruisît de fond en comble, l'an soixante-dix. Plus tard, elle fut rétablie par Adrien; et sainte Hélène, mère de Constantin, orna cette ville de plusieurs monuments. Les Persans et les Arabes s'en rendirent maîtres au septième siècle. Les Chrétiens la reprirent en mil quatre-vingt-dix-huit, et la gardèrent jusqu'en onze cent quatre-vingt-sept. Enfin, les Turcs s'en emparèrent en quinze cent dix-sept; c'était la dix-septième fois qu'elle changeait de maîtres. Quoique peuplée de vingt à trente mille habitants, cette cité ne présente à la vue que de tristes masures; cependant l'intérieur est plus élégant et plus riche que ne l'annoncent les dehors. (MALTE-BRUN.)

Verbe battre. — Abattre, combattre, débattre, s'ébattre, rabattre, rebattre.

XXᵉ COMPOSITION. — SAINT LAURENT JUSTINIEN.

Saint Laurent Justinien eut, pendant sa jeunesse, un mal au cou pour la guérison duquel il fallut employer le fer et le feu. Le moment de l'opération étant arrivé, il rassurait lui-même les spectateurs, qui témoignaient les plus vives craintes. « Pourquoi craignez-vous? leur disait-il. Pensez-vous que je ne puisse recevoir la constance dont j'ai besoin, de celui qui sut, non-seulement consoler, mais délivrer même des flammes les trois enfants jetés dans la fournaise? » Il souffrit l'opération sans laisser échapper aucun soupir, et en prononçant seulement le nom sacré de Jésus. Il montra dans la suite le même courage lorsqu'on lui fit une autre incision douloureuse : « Coupez hardiment, disait-il au chirurgien qui tremblait, votre instrument n'approche pas des ongles de fer avec lesquels on déchira les martyrs. »　　　　　　　　(*Histoires choisies.*)

Verbe se ressouvenir.

81. — LES MACHABÉES.

Sous le règne d'Antiochus, sept frères connus sous le nom de Machabées comparurent devant ce tyran, et souffrirent généreusement plutôt que d'abandonner le Seigneur. Le premier eut la langue coupée, ainsi que les pieds et les mains, puis il fut mis dans une chaudière sur un grand feu. Le second endura le même supplice, et au moment d'expirer il dit au roi : « Vous nous arrachez la vie; mais Dieu, pour qui nous la sacrifions, nous la rendra. » Les cinq autres ne montrèrent pas moins de courage et d'intrépidité. Cependant le plus jeune restait encore; Antiochus tâcha de l'ébranler par des caresses et par l'espoir des récompenses; il le remit à sa mère, afin qu'elle lui persuadât de sacrifier aux idoles; mais cette généreuse mère, s'élevant au-dessus des sentiments de la nature, dit à son fils : « Mon enfant, regardez le ciel, ne craignez pas les souffrances, soyez fidèle au Seigneur votre Dieu, et partagez la mort glorieuse de vos frères, afin de participer à leur récompense. » Antiochus, irrité, finit d'exercer sa rage sur ce pauvre enfant, puis il fit périr la mère par les mêmes supplices. (FLEURY.)

Verbe courir. — Accourir, concourir, discourir, encourir, parcourir, recourir, secourir.

82. — ORIGÈNE.

Léonide, père d'Origène, ne se contenta pas de former son fils dans les premières sciences des enfants, il prit encore un grand soin de lui apprendre l'Écriture sainte. Origène, de son côté, quoique dans un âge encore fort tendre, s'occupait avec joie à ce travail; il l'approfondissait autant qu'il le pouvait, et allait même jusqu'à étonner son père par les questions qu'il lui faisait. Léonide se croyait obligé de modérer cette ardeur, et de lui dire qu'il devait pour lors se contenter du sens que la lettre présentait, sans demander ce qui était au-dessus de son âge. Montrez, comme ce pieux enfant, une grande ardeur et un grand zèle pour la lecture de la sainte Écriture, laquelle est si capable d'animer un cœur chrétien; lisez surtout l'Evangile, qui contient les plus nobles, les plus excellents et les plus parfaits enseignements de la Religion.

Verbe déchoir.

83. — LETTRE A UNE BIENFAITRICE LE JOUR DE L'AN.

Chère Bienfaitrice,

Depuis ce jour où vous avez bien voulu devenir ma protectrice, et remplacer les parents que le Ciel m'a ravis, j'ai éprouvé pour vous tous les sentiments dont vos bontés vous rendent digne. Je suis heureux de voir arriver l'époque marquée par l'usage pour vous offrir l'expression et vous donner l'assurance des vœux que je forme pour vous. Ils sont bien vifs et bien sincères : ce sont les vœux d'un fils tendre et respectueux pour une mère pleine de bonté et de sollicitude; daignez les agréer, et croire au sincère et constant attachement avec lequel j'ai l'honneur d'être,

Madame et chère Bienfaitrice,

Votre très-humble et reconnaissant obligé.

Verbe boire. — Emboire, reboire.

84. — LES GAULOIS.

Le pays qu'habitaient les Gaulois ne ressemblait guère à celui qu'offre la France aujourd'hui. Ce vaste territoire était presque entièrement couvert de forêts impénétrables et de bruyères. Les Gaulois étaient grands, bien faits, hospitaliers, braves, pleins d'intelligence ; une magination vive, un goût prononcé pour les aventures extraordinaires, la frivolité et l'orgueil, formaient a base de leur caractère. Ils étaient cultivateurs laborieux, mais querelleurs et curieux jusqu'à l'importunité. Dans l'origine, ils n'avaient pour vêtements que des peaux de bêtes et se ceignaient le corps comme des sauvages. Quand ils se civilisèrent, ils adoptèrent pour vêtement un large pantalon, et une espèce de veste ornée de couleurs brillantes. Ils durent souvent leurs défaites à l'usage de combattre la tête et la poitrine découvertes, afin de montrer leur courage. Les Gaulois furent soumis par les Romains ; les Francs, peuples de Germanie, enchantés de la beauté du pays, repoussèrent les Romains, et furent, en se mêlant aux Gaulois. l'origine de la nation française.   (Gabourd.)

Verbe couvrir.—Entr'ouvrir, découvrir, ouvrir, rouvrir, recouvrir.

XXIe COMPOSITION. — LE CHAT SAUVAGE.

Dans le chat sauvage, les proportions diffèrent essentiellement de celles du chat domestique ; les pattes sont proportionnellement plus longues et plus grosses, la queue plus courte, plus grosse à son extrémité qu'à son commencement. La tête est plus forte, et toute la structure de cet animal est telle que l'exigent un exercice violent et des bonds à une grande distance. Les lèvres sont noires ainsi que la plante des pieds. On en a trouvé de la longueur de près d'un mètre depuis le bout du museau jusqu'à l'origine de la queue. Le chat sauvage est un grand destructeur de gibier ; lorsque les fermes sont à sa portée, il n'épargne pas la volaille ; ses déprédations sont plus à craindre que celles du renard. On ne saurait calculer de combien d'aimables oi-

seaux chanteurs un seul chat sauvage nous prive dans
le cours d'une saison. (ARDANT.)

Verbe se dévêtir.

85. — JUIFS SPIRITUELS ET JUIFS CHARNELS.

Les Juifs charnels ne s'attachaient qu'aux choses sensibles; ils ne servaient Dieu que pour avoir les biens de la terre, abondance de blé et de vin, de grands troupeaux et des trésors. Ils craignaient Dieu à cause de la pauvreté, des maladies et de la mort. Les Juifs spirituels et les vrais Israélites servaient Dieu par affection; ils l'honoraient et l'aimaient à cause de sa puissance, de sa sagesse et de sa bonté infinies; ils se regardaient comme des voyageurs sur la terre et espéraient une autre vie après celle-ci. Les uns et les autres attendaient le règne du Messie, mais différemment. Les Juifs charnels prenaient au pied de la lettre tout ce que les prophètes avaient dit en figures. Ainsi ils s'imaginaient qu'il règnerait sur la terre, et que les Juifs, sous son règne, vivraient dans la gloire et les délices, commandant à toutes les nations. Les Juifs spirituels savaient qu'il y a de plus grands biens à attendre que ceux dont on peut jouir ici-bas. Aussi ils attendaient principalement du Messie le secours qui nous est nécessaire pour connaître et pour aimer Dieu. (FLEURY.)

Verbe échoir.

86. — LE BIENFAIT RÉCOMPENSÉ.

Pendant un rigoureux hiver, deux enfants allaient au moulin, portant chacun un petit sac de blé. En passant par le jardin du meunier, Jules fut si ému de compassion à la vue de quelques petits oiseaux qui mouraient de faim, qu'il ouvrit son sac et leur jeta quelques poignées de blé. Robert lui dit: « Tu as tort d'être si sensible; tu auras certainement moins de farine, et tes parents t'en puniront. — Mes parents, j'en suis sûr, répondit Jules, ne prendront point en mal ce que la bonté de mon cœur m'a inspiré, et Dieu peut m'en récompenser aussi. » Huit jours après on revint chercher la farine; il se trouva alors dans le sac de Jules une fois autant de farine que dans celui de Robert. Ils en furent tous les deux étonnés. Mais le meunier, qui avait entendu l'entretien des enfants auprès de la haie, dit à Jules : « Ta pitié pour les petits oiseaux m'a fait tant de plaisir, que j'ai doublé ta mesure ; regarde ce bienfait comme une bénédiction dont Dieu a voulu récompenser la bonté de ton cœur. »   (SCHMID.)

Verbe ceindre. — Complaindre, contraindre, craindre, plaindre, astreindre, atteindre.

87. — LETTRE D'UN FRÈRE A SA SŒUR AÎNÉE LE JOUR DE L'AN.

Chère Sœur,

Ta tendre amitié n'a pas besoin du jour de l'an pour me donner mille preuves de ta sollicitude ; mais je profite de cette époque pour te remercier, et te faire part des vœux ardents que j'adresse au Ciel pour toi. La perte si cruelle et si irréparable de notre mère s'est moins fait sentir à moi qu'à tout autre, car j'ai retrouvé dans ma sœur les soins et la tendresse dont je semblais devoir être privé. Aussi, chère Sœur, j'ai pour toi toute la vénération que j'aurais pour une mère chérie, et toute l'amitié dont je suis capable, et je voudrais pouvoir te prouver autrement que par des paroles que je serai toujours

Le plus tendre et le plus affectionné des frères.

Verbe cueillir. — Accueillir. recueillir.

88. — L'ÉCUREUIL.

Ce joli petit animal est généralement recherché pour l'élégance de sa forme, la légèreté de ses mouvements, et la gentillesse de son humeur. Quoique naturellement sauvage, il se familiarise facilement avec sa prison, et, quoique excessivement timide, il reçoit bientôt sans le moindre effroi les plus familières caresses de la main qui le nourrit. Il vit ordinairement dans les bois, et se fait, avec de la mousse ou des feuilles, un nid commode et spacieux dans le creux des arbres. Il descend rarement à terre, mais saute d'arbre en arbre avec la plus grande agilité ; il est d'une vigilance extrême. Sa nourriture consiste en fruits, amandes, noix et grains, dont il amasse une grande quantité pour ses provisions d'hiver : il les garde soigneusement près de son nid, et n'y touche que lorsqu'il ne peut rien trouver ailleurs. En été, il se nourrit de bourgeons, de jeunes rejetons ; il est surtout amateur de glands de sapin et de chêne.   (ARDANT.)

Verbe mouvoir. — Émouvoir, promouvoir.

XXII° COMPOSITION. — LES ANCIENS BELGES.

Les anciens Belges n'étaient en rien inférieurs à ceux d'aujourd'hui. Ils étaient courageux et intrépides dans les combats, bons, équitables et compatissants. Ils n'avaient point de lois écrites ; la tradition leur servait de code, la probité réglait leurs actions, le bon sens et l'équité décidaient des différends. Livrés à l'idolâtrie, comme tous les peuples du Nord, les anciens Belges adoraient le Soleil, la Lune et le feu. Cependant ils croyaient assez généralement à un Etre suprême, à sa présence en tous lieux, à l'immortalité de l'âme, à une vie à venir, et à la récompense des bonnes actions en un autre monde. Ils avaient trois sortes de prêtres : les druides, les devins et les bardes ; ils accomplissaient les cérémonies du culte dans de vastes clairières ou au sein des forêts, et sacrifiaient parfois des victimes humaines.

Verbe se prévaloir.

89. — IDÉE DE DIEU.

Quelle grande, quelle sublime idée que celle d'un Dieu, maître, auteur et conservateur de l'immense univers et des mondes innombrables ; d'un Dieu qui embrasse toute la nature et tous les temps, et dont la justice certaine attend le sage, si souvent méconnu ici-bas, afin de le récompenser abondamment ! Quelle idée touchante que celle d'un Dieu maître de tous les hommes ; d'un Dieu bon, d'un Dieu qui récompense, d'un Dieu qui est la dernière consolation de celui qui souffre, et dont lui seul peut être le consolateur ; d'un Dieu, de-

vant qui toute grandeur n'est rien, et toute puissance
que faiblesse et misère infinie; d'un Dieu qui veille
sur nous, qui nous conserve, qui nous nourrit, qui sait
mieux que nous ce dont nous avons besoin, et qui nous
l'accorde avec une libéralité égale à sa grandeur, à sa
puissance et à sa majesté infinies!

Verbe circoncire.

90. — UN ENFANT A UN BIENFAITEUR LE JOUR DE L'AN.

Cher Bienfaiteur,

Vous m'avez comblé de tant de biens, que c'est avec
un grand bonheur que je vois arriver le jour qui me
permet de vous en témoigner hautement ma reconnaissance. Soyez assuré, Monsieur, que vos bienfaits n'ont
pas été mal placés, et que je tâcherai de me rendre
digne de tout ce que vous avez fait pour moi. Puissé-je
mériter la continuation de vos faveurs, et de la bienveillance que vous m'accordez, et dont je sens si bien
prix!

C'est dans ces sentiments et dans ceux d'un très-pro-
fond respect que je suis, Monsieur,

Votre très-reconnaissant protégé.

Verbe dormir. — Endormir, désendormir, redormir, rendormir,

91. — LE MOINEAU.

Le moineau est un de nos oiseaux les plus familiers;
il vole constamment autour de nos habitations, et s'ab-
sente rarement de nos jardins et de nos vergers. D'une
légèreté et d'une adresse admirables, il ne se laisse pas
prendre aisément. Dans son état naturel, il n'a pas de
chant; mais lorsqu'on le prend jeune, on peut lui
apprendre quelques airs. Les fermiers se plaignent
beaucoup du pillage de ces oiseaux; cependant, la
guerre destructive qu'ils font constamment aux chenilles et aux insectes ailés, compense bien leurs déprédations passagères, et, tout bien considéré, on
peut dire qu'ils font à l'économie rurale plus de bien
que de mal. Les moineaux nichent ordinairement sous

les toits ou dans les creux des arbres ; leur nid est construit de foin ou de paille, garni de plumes, et placé de manière à n'être atteint ni par le soleil ni par la pluie.   (ARDANT.)

Verbe pleuvoir. — Repleuvoir.

92. — LES FRANCS. -

Le nom de Francs n'est mentionné pour la première fois que vers l'an deux cent quarante et un. Les Francs habitaient une contrée marécageuse et couverte de forêts aux bouches du Rhin. Ces peuples etaient farouches et indomptables ; la] guerre ou la chasse était leur occupation ordinaire et servait à leur existence. Ils ne défrichaient qu'un petit nombre de terres, et leurs esclaves prenaient soin de l'agriculture et des troupeaux. Les plus braves et les plus hardis étaient les plus estimés, et parvenaient seuls au commandement. Les Francs adoraient les astres et diverses idoles, auxquels ils offraient quelquefois des victimes humaines. Leur corps était beau et grand ; ils avaient les yeux bleus et la chevelure blonde ; ils se rasaient toute la barbe, à l'exception des moustaches, qu'ils portaient fort longues ; ils tordaient leur chevelure en une touffe relevée au milieu de la tête. Leurs armes étaient la fronde et la framée, sorte de hache qu'ils faisaient tourner sur la tête de leur ennemi avec une rapidité surprenante.   (GABOURD.)

Verbe clore. — Déclore, éclore, enclore, reclore, redéclore.

XXIII° COMPOSITION. — LA VIOLETTE.

Le petit Alphonse croyait qu'il n'y avait que des violettes bleues. Un jour, il en trouva dans le jardin quelques-unes qui étaient blanches comme la neige, et d'autres qui, brillant aux rayons du soleil du matin, étaient rouges comme un feu. Il en cueillit une bleue, une blanche et une rouge, et les porta plein de joie à sa maman. Celle-ci lui dit : « Ces trois sortes de violettes ne sont pas si rares que tu le penses ; cependant c'est toujours une heureuse découverte, si tu n'oublies pas de quoi elles sont les emblèmes : la violette dont

la couleur est d'un bleu tout simple, est, comme tu le
sais, une image de la modestie et de l'humilité; quant
à la violette blanche, qu'elle soit pour toi le symbole
de l'innocence et de la douceur; enfin, la rouge te dit:
Aie toujours dans le cœur un ardent amour pour tout
ce qui est bien, juste et bon. »   (SCHMID.)

Verbe se revoir.

93. — DEVOIRS DE L'HOMME.

Dieu est très-saint, très-puissant et très-juste; il a
mis l'homme sur la terre dans le but de le rendre heureux. L'homme a des qualités précieuses, à l'aide desquelles il peut arriver au bonheur. Dieu, qui ne fait
rien sans motif et sans but, n'a donné à l'homme tant
de brillantes qualités, tant de précieux avantages, que
pour lui fournir les moyens de vivre en société avec
ses semblables. Mais l'homme n'est pas libre d'agir
avec ses semblables d'après ses caprices; il faut qu'il
se soumette aux lois morales que Dieu a données; il
faut qu'il reconnaisse et qu'il remplisse des devoirs,
sans lesquels il chercherait en vain le repos et le bonheur. Ces devoirs fondamentaux de la société humaine
sont de trois sortes: ceux envers Dieu, ceux envers nos
semblables, et ceux envers nous-mêmes.

(***)

Verbe faillir. — Défaillir.

94. — LE PETIT ROSIER.

Albert avait planté dans un pot un petit pied de rosier, qui, au commencement du printemps, était déjà
couvert de boutons d'une tendre couleur. Toutes les
fois que le temps était beau, il plaçait le rosier devant
la fenêtre, et chaque soir, lorsque l'air de la nuit de-
venait trop vif, il avait soin de le garder dans sa chambre. Cependant, un soir, il ne crut point cette précaution nécessaire, parce que le temps paraissait calme et
doux; mais, le lendemain matin, les roses étaient flétries par la gelée. Albert pleurait en les regardant, et
disait avec douleur: « Une seule imprudence aurait

donc détruit le fruit de tous mes soins! en si peu de temps perdre ce qui m'avait tant coûté! — Ce petit accident, qui te fait tant de peine, lui dit sa mère, peut devenir pour toi la source d'un grand bonheur; apprends par là que le mal est pour l'innocence ce que la gelée est pour un rosier en fleur, et que, pour se préserver de tout vice, on a besoin de soins assidus et d'une continuelle attention. (SCHMID.)

Verbe pourvoir.

95. LE CHANT DU PINSON.

Le pinson commence à chanter de fort bonne heure au printemps, et plusieurs jours avant le rossignol; il finit vers le solstice d'été. Son chant a paru assez intéressant pour qu'on l'analysât; on y a distingué un prélude, un roulement, une finale; on a donné des noms particuliers à chaque reprise, on les a presque notées, et les plus grands connaisseurs de ces petites choses s'accordent à dire que la dernière reprise est la plus agréable. Quelques personnes trouvent son ramage trop fort, trop mordant; mais il n'est trop fort que parce que nos organes sont trop faibles, ou plutôt parce que nous l'entendons de trop près et dans des appartements trop résonnants, où le son direct est exagéré, gâté par les sons réfléchis: la nature a fait les pinsons pour être les chantres des bois; allons donc dans les bois pour juger leur chant, et surtout pour en jouir. (BUFFON.)

Verbe conclure. — Exclure.

96. — CLOVIS.

Clovis n'avait que quinze ans lorsqu'il monta sur le trône, en quatre cent quatre-vingt-un. Quatre ans après, il remporta une brillante victoire qui le rendit maître de tous les pays que les Romains possédaient dans les Gaules. Bientôt il épousa Clotilde, que l'Église a mise au rang des saintes. Cette princesse l'exhorta longtemps sans succès à quitter l'idolâtrie. Cependant, une nombreuse armée d'Allemands étant venue pour s'emparer du pays conquis par les Francs, Clovis courut à leur rencontre, et les joignit à Tolbiac, près de Cologne. Voyant au premier choc que ses soldats pliaient, il s'écria: « Dieu de Clotilde, si tu me rends victorieux, je n'aurai jamais d'autre Dieu que toi. » Les ennemis furent défaits, et Clovis se fit baptiser. Il continua d'agrandir ses États par les armes; en cinq cent sept, il vainquit les Visigoths près de Poitiers, et, de sa propre main, tua Alaric, leur roi. Il mourut à Paris en cinq cent onze, après avoir fait de sages règlements et témoigné son grand attachement à la religion qu'il avait embrassée; mais il ternit sa gloire par une ambition démesurée et divers actes de cruauté.

Verbe fuir. — S'enfuir.

XXIVᵉ COMPOSITION. — UN ENFANT A UN COUSIN PLUS AGÉ, LE PREMIER JOUR DE L'AN.

Mon cher Cousin,

Vous avez sur moi la supériorité de l'âge et celle des bienfaits; vous me permettrez donc de venir vous offrir, en ce renouvellement de l'année, l'assurance de mon attachement, et l'expression des vœux et des souhaits que je forme pour vous. Soyez persuadé que je ferai tous mes efforts pour vous prouver de plus en plus que j'attache un prix infini à votre amitié, et que je veux toujours chercher à m'en rendre digne. Agréez-en l'assurance, avec celle de la constante affection de

Votre dévoué cousin.

Verbe se rasseoir.

97. — LE CHOU.

Un père laborieux cultivait dans son jardin plusieurs espèces de légumes. Un jour, il dit à son fils encore jeune: « Vois-tu, mon ami, à l'envers de cette feuille de chou, ces jolis petits points jaunes? Ce sont autant de petits œufs, d'où proviendront de pernicieuses chenilles. Aie soin, cette après-midi, d'éplucher chaque feuille, et de briser les œufs qui s'y trouvent collés. C'est ainsi que nos choux seront toujours beaux, verts et en bon état. » L'enfant, croyant qu'il était toujours temps de s'occuper d'un pareil travail, finit par ne plus y penser. Pendant quelques semaines, le père ne se porta pas bien et ne vint pas au jardin ; mais lorsqu'il fut rétabli, il prit par la main le petit négligent et le conduisit près du carré de choux. Ils étaient presque entièrement dévorés, la tige seule restait avec les côtes des feuilles. Le petit garçon, effrayé et confus, versait des larmes sur sa négligence. Son père lui dit : « Ce qui peut se faire aujourd'hui, fais-le tout de suite, et ne le remets jamais au lendemain. »   (SCHMID.)

Verbe pouvoir.

98. — UN ENFANT A SON PÈRE ET A SA MÈRE
LE JOUR DE L'AN.

Mon cher Papa et ma chère Maman,

C'est toujours avec une joie bien vive que je vois arriver le premier de l'an, parce qu'en ce jour je puis vous redire les pieux sentiments que j'ai pour vous, et qui sont profondément gravés dans mon cœur. C'est un devoir que je remplis avec un bien grand plaisir. Oui, cher Papa et chère Maman, je vous aime, après Dieu, de tout mon cœur, et mes vœux les plus ardents sont pour votre bonheur. Je tâcherai d'y contribuer le plus qu'il me sera possible, par mon obéissance, ma bonne conduite, mon application et mes progrès : c'est, à mon âge, le seul moyen que j'aie de vous prouver mon amour, et je vous promets d'en profiter. Je pense que déjà vous êtes contents de moi ; vous voyez que j'ai obtenu plusieurs récompenses qui attestent mon application. Je désire, cher Papa et chère Maman, que vous m'écriviez bientôt que vous jouissez d'une bonne santé, et que vous êtes satisfaits de votre fils ; ce seront là les meilleures étrennes que vous puissiez m'envoyer. Je les attends impatiemment, et je vous embrasse de tout mon cœur.   Votre affectionné fils.

X.

Verbe confire.

99. — LE ROSSIGNOL.

Par une délicieuse soirée de printemps, un jeune

enfant, accompagné de son maître, se promenait sur la lisière d'une forêt. Soudain le chant du rossignol se fait entendre. « Quelle délicieuse harmonie! s'écrie Paul, après avoir écouté longtemps en extase; je serais curieux d'entendre de plus près un chantre si mélodieux; si nous avancions vers l'endroit où nous guide sa voix. — Gardez-vous-en bien; le rossignol est si sauvage, que notre approche suffirait pour l'effaroucher et le réduire au silence. — Mais pourquoi donc, continua l'enfant, pourquoi cet oiseau, qui efface tous les autres par l'éclat de son chant, se plaît-il dans la solitude comme le hibou? pourquoi fait-il entendre ses suaves accents loin de nos habitations, tandis que les moindres arbres de nos jardins sont remplis d'oisillons au ramage insipide et monotone? — C'est, répondit le maître, pour nous apprendre d'avance cette maxime, que le véritable mérite est timide, qu'il aime à se tenir à l'écart, et que, pour en jouir, il faut savoir le trouver. »

(BOULANGER.)

Verbe haïr. — S'entre-haïr.

100. — CHARLEMAGNE.

Charlemagne fut un guerrier habile et redouté, un roi remarquable par son génie; il était d'une belle taille et d'une figure agréable; il avait de l'esprit et aimait les sciences; aussi appela-t-il à sa cour tout ce qu'il put trouver de savants. Néanmoins sa plus grande gloire lui vint de la guerre : il défit un duc d'Aquitaine qui avait pris les armes contre lui; il dompta les Saxons, après trente ans de luttes et de combats; il passa en Italie pour défendre le pape Adrien contre Didier, roi des Lombards, tailla en pièces l'armée de ce prince, le fit prisonnier, et mit fin au royaume de Lombardie. Le pape Léon III, en reconnaissance des services qu'il avait rendus à l'Église, le couronna empereur d'Occident, l'an huit cent. Délivré de tous ses ennemis, il s'occupa de faire fleurir les arts, les lettres et les sciences. Parmi ses établissements, on compte celui des écoles publiques, où l'on enseignait la grammaire, l'arithmétique et le plain-chant. Il mourut en huit cent quatorze, dans sa soixante-douzième année, après un règne de quarante-six ans. Les peuples dont il avait fait le bonheur et la gloire le nommèrent Charlemagne, c'est-à-dire Charles le Grand.

Verbe écrire.—Circonscrire, décrire, inscrire, prescrire, proscrire, récrire, souscrire, transcrire.

XXV° COMPOSITION. — DEVOIRS ENVERS DIEU.

Les premiers devoirs de l'homme, ses devoirs les plus essentiels se rapportent à Dieu, le créateur de l'univers, le souverain maître de tout ce qui existe. Les devoirs que la connaissance de Dieu nous impose sont de différentes sortes. Dieu est tout-puissant, donc nous lui devons du respect et de l'adoration; Dieu est infiniment bon, donc nous lui devons de la reconnaissance pour ses bienfaits; Dieu est infiniment juste, nous sommes donc sûrs qu'en recourant à lui dans nos besoins et dans nos peines, il nous secourra d'une manière utile pour notre salut. Nous devons invoquer Dieu en tous lieux et toujours, dans la joie comme dans la douleur, dans la prospérité comme dans l'infortune. Et c'est par l'adoration et la prière que nous reconnaîtrons dignement la grandeur, la bonté et la justice de Dieu.   (***)

Verbe se résoudre.

101. — AMOUR DES PARENTS.

Le précepte d'aimer, d'honorer et de respecter son père et sa mère est de droit divin, et rien ne peut autoriser à s'en dispenser. Ce précepte renferme l'obligation de leur obéir en tout et partout, de ne jamais provoquer leur colère par des propos ou des refus insultants. On doit surtout ne jamais oublier les soins qu'on a reçus d'eux dans son jeune âge, en conserver un éternel souvenir, avoir pour eux les mêmes attentions et penser qu'on ne pourra jamais s'acquitter comme il faut à cet égard. Quiconque manque de reconnaissance pour ses parents est coupable de la plus noire ingratitude; un mauvais fils ne peut être un homme de bien. L'amour filial est le commencement des vertus, et les païens eux-mêmes lui avaient donné le nom sacré de piété. Ils étaient fortement persuadés qu'il y a des bénédictions temporelles attachées au respect des pères et mères. Nous chrétiens, nous avons, pour nous exciter puissamment à cette vertu, la parole de Dieu : Honore ton père et ta mère, afin que tu vives longuement.

Verbe connaître. — Méconnaître, reconnaître.

102. — LE BEAU FRUIT.

Le petit Louis examinait, au jardin, des plantes étrangères, déposées dans des vases élégants. Sur un arbuste peu élevé il vit un fruit d'une forme oblongue, dont les feuilles étaient d'un vert foncé, et dont la rougeur surpassait celle de la pourpre et de l'écarlate. « Quel admirable fruit ! s'écria-t-il ; il n'en existe pas de plus beau dans tout le jardin. Oh ! il doit avoir un excellent goût. » Il regarda soigneusement autour de lui si personne ne l'observait, cueillit le fruit et le porta à sa bouche. Mais tout à coup il sentit comme un feu ardent, et rejeta bien vite le fruit en versant des larmes. Cependant, la vive douleur qu'il ressentait ne se calmait pas. Sa mère accourut à ses cris et lui dit : « Désobéissant que tu es, combien de fois ne t'ai-je pas défendu de manger ce que tu ne connaissais pas ? Tu as été puni de ta désobéissance ; tu es même fort heureux de ne pas avoir avalé le fruit, car il aurait pu te coûter la vie. Ce fruit, qu'on nomme le poivre d'Espagne, est la vive image du péché, qui nous séduit par une apparence trompeuse, mais dont la jouissance n'entraîne après elle que la douleur et la mort. »

(SCHMID.)

Verbe mentir. — Démentir.

103. — L'HIRONDELLE

On reconnaît l'hirondelle à son bec petit, comprimé, étroit vers la pointe, et à son plumage presque entièrement noir. Elle a un ramage particulier, vole avec une rapidité étonnante ; elle mange, boit, se baigne, et quelquefois donne à manger à ses petits en volant. Dès le retour du printemps, lorsque les insectes commencent à paraître, on voit arriver l'hirondelle; à mesure que les chaleurs augmentent et favorisent la multiplication des insectes, elle redouble de force et d'activité. La majeure partie des hirondelles, après nous avoir rendu service en détruisant des essaims nombreux d'insectes, nous quittent vers la fin de septembre pour revenir au printemps suivant. Les hirondelles construisent leurs nids à l'angle de nos fenêtres ou sur le haut de nos cheminées. Si un nid est endommagé, bientôt on accourt de toutes parts; une multitude de becs apportent des matériaux, et cette foule refait quelquefois en moins d'une heure ce que les deux propriétaires n'eussent pas fait en quinze jours.   (ARDANT.)

Verbe savoir.

104. — PHILIPPE-AUGUSTE.

Philippe-Auguste n'avait que quinze ans quand il commença à régner, en onze cent quatre-vingt-deux. Le roi d'Angleterre parut d'abord vouloir profiter de sa jeunesse, mais Philippe le força, les armes à la main, de confirmer les anciens traités. Il s'embarqua pour secourir les chrétiens de la Palestine, opprimés par les Mahométans; mais il ne fut pas heureux. A son retour, il força le comte de Flandre de lui abandonner l'Artois, s'empara plus tard de la Normandie, qu'il réunit pour jamais à la couronne, et soumit la Touraine, l'Anjou et le Maine. La plus célèbre action de Philippe-Auguste est la bataille de Bouvines, où il vainquit Othon IV, empereur d'Allemagne, dont l'armée était le double de la sienne. Quand il eut terminé toutes ces guerres, il s'occupa du bonheur de son peuple, fit paver les rues de Paris, l'entoura de murs, le fit éclairer, et y établit des halles et des marchés. Ce prince, zélé pour la religion, exact à rendre la justice, charitable envers les pauvres, mourut à cinquante-huit ans, après en avoir régné quarante-trois.   (***)

Verbe construire. — Reconstruire, déconstruire, détruire, redétruire, instruire.

XXVI° COMPOSITION. — UN FILS A SA MÈRE LE JOUR DE SA FÊTE.

Ma chère Maman,

Dans quelques jours ce sera votre fête ; mes sœurs, qui sont près de vous, auront le bonheur de vous dire de vive voix tout ce que leur cœur ressent pour la meilleure des mères. En ce moment, je serai au milieu d'elles par la pensée, et je joindrai mes vœux aux leurs pour l'entier accomplissement des souhaits que vous pouvez former. Permettez-moi, chère Maman, de les devancer ; que j'aie la satisfaction de vous rappeler ce jour si cher à vos enfants, puisqu'il leur fournit l'occasion de témoigner à leur tendre mère tous les sentiments dont ils sont animés. Acceptez pour bouquet l'engagement que je prends de vous donner toujours, par mon application à tous mes devoirs, la satisfaction et le contentement dont vous êtes si digne. Daignez en agréer l'assurance, avec l'expression de la vive et respectueuse tendresse

De votre fils soumis.

Verbe s'ébattre.

105. — DEVOIRS ENVERS NOUS-MÊMES.

Il y a des devoirs à remplir envers l'âme, pour qu'elle commande dignement au corps, et envers celui-ci, pour qu'il exécute convenablement les ordres de l'âme. Les devoirs envers l'âme consistent dans la nécessité d'éclairer notre esprit et de bien diriger notre cœur. Pour arriver à cette dernière fin, tâchons de ne jamais contracter de mauvaises habitudes, de ne jamais nous créer des besoins inutiles, et surtout de ne jamais nous abandonner à nos passions. Une mauvaise habitude, ou la fréquente répétition d'une même chose que Dieu défend, nous conduit lentement et infailliblement à notre perte ; et les passions, elles, nous y poussent avec promptitude. Evitons surtout la haine, la colère, la jalousie, l'orgueil. Pour éclairer notre esprit, nous devons chaque jour perfectionner nos connaissances, afin de mieux connaître nos devoirs envers Dieu, envers notre prochain et envers nous-mêmes.

(***)

Verbe mourir.

106. — L'OISEAU-MOUCHE.

L'oiseau-mouche refusait au papillon le titre d'habitant de l'air. « Tu fréquentes nos régions, disait-il, mais depuis quelle époque? Je ne compte encore qu'un printemps, et néanmoins je t'ai vu, humble vermisseau, réduit à ramper sur les branches, réduit à vivre de leur feuillage. » Le papillon répondit : « Mon élévation est de fraîche date, je n'en disconviens pas; mais je ne la dois qu'à moi-même; et, malgré l'envie, je soutiendrai toujours que, s'il est beau de voler, il est encore plus beau d'avoir formé ses ailes. On prétend abaisser le mérite en rappelant l'humilité de son origine, et c'est précisément de cette humilité qu'il reçoit son plus beau lustre. »

« Je ne travaille jamais, disait un paresseux, parce que je suis toujours malade. » Son médecin lui répondit : « Tu serais infiniment plus près de la vérité si tu disais : Je suis toujours malade, parce que je ne travaille pas ; car, sois-en bien certain, l'oisiveté, qui est la mère de tous les vices, engendre aussi beaucoup de maladies. »   (BOULANGER.)

Verbe s'asseoir.— Se rasseoir.

107. — UN ENFANT A SON PÈRE ET A SA MÈRE LE JOUR DE L'AN.

Cher Papa et chère Maman,

Permettez que votre fils, au renouvellement de l'année, vous fasse part des vœux que chaque jour il adresse au Ciel pour des parents chéris; permettez qu'il vous renouvelle l'assurance de son amour sincère et filial. Je sens tout le prix de votre affection, ainsi que de l'éducation chrétienne que vous me faites donner ; soyez assurés que je ferai les plus constants efforts pour me rendre digne de votre tendresse. Je ne cesserai de demander la prolongation de vos jours, et je m'efforcerai de suivre les bons exemples dont vous avez entouré mon enfance, afin de vous prouver de plus en plus que je vous aime aussi ardemment que vous le méritez, et que je serai toujours pour vous,

Cher Papa et chère Maman,

Le plus tendre des fils.

Verbe prévoir.

108. — SAINT LOUIS.

Louis IX n'avait que douze ans à son avénement au trône. La reine Blanche, sa mère, prit les rênes du gouvernement; les soins du royaume ne l'empêchèrent pas de veiller à l'éducation de son fils; elle lui disait souvent : « Mon fils, je vous aime bien tendrement; mais j'aimerais mieux vous voir perdre le trône et la vie que souillé d'un seul péché mortel. » Ainsi habitué dès sa plus tendre enfance à la pratique de la religion, il se montra toujours si pieux et si sage, que ses vertus l'ont fait mettre au rang des saints. Louis, plein de zèle pour la défense des lieux saints, établit l'ordre dans ses Etats et partit pour la septième croisade. Après des prodiges de valeur, il vit périr de la peste une partie de son armée et fut lui-même fait prisonnier. Il donna Damiette pour sa rançon, et de l'argent pour celle de ses soldats. Revenu en France, il s'appliqua à faire fleurir la justice et la paix. Dix-sept ans après, il passa de nouveau en Afrique pour la guerre sainte; mais une maladie contagieuse se mit dans son armée et la désola; lui-même en fut atteint à Tunis; il y mourut couché sur la cendre, au milieu de la consternation générale, à l'âge de cinquante-six ans, après un règne de quarante-quatre.

Verbe coudre. — Recoudre, découdre.

XXVIIe COMPOSITION. — LE CYGNE.

Le cygne est entièrement blanc, pèse près de dix kilos et peut vivre un siècle. Ses plumes recouvrent un duvet moelleux, épais, et fort recherché à cause de son utilité et de son agrément. Le cygne est le plus silencieux des oiseaux : quand il est provoqué, il ne pousse qu'un faible sifflement. Il se nourrit de pain, de plantes aquatiques, de raisins et de grains. On ne s'approche pas impunément d'un nid de cygne : on a vu de ces oiseaux tenir en respect un renard et le forcer à se retirer. Un vieux cygne a assez de force pour casser d'un coup de son aile la jambe d'un homme. Quand le danger est pressant et que la résistance est difficile, le cygne se sauve en emportant un de ses jeunes sur son dos. Sur terre, ses mouvements sont gênés ; son cou tendu lui donne un air stupide ; mais lorsqu'il glisse doucement sur l'eau, il prend mille attitudes gracieuses, et déploie à chaque instant de nouvelles beautés.

(ARDANT.)

Verbe être consacré.

109. — BÉAUTÉ DE LA VERTU.

La vertu est si belle, que les méchants eux-mêmes ne peuvent s'empêcher d'approuver les actions vertueuses. Quel est l'homme qui, au milieu des crimes et des injustices, n'aspire à la réputation d'homme de bien ? qui ne couvre de quelque apparence d'honnêteté ses actions les plus criminelles ? On ne se conduirait pas de cette manière, si l'amour de la vertu pure ne nous forçait à rechercher une réputation qui démente notre conduite, et à cacher une méchanceté dont on rougit, quoiqu'on en désire les fruits. Personne n'est assez écarté de la bonne voie, assez dépouillé du caractère d'homme, pour être méchant pour le plaisir de l'être. Rien n'est plus aimable que la vertu, rien qui gagne plus sûrement les cœurs ; nous aimons les hommes que nous n'avons jamais vus, sur le seul récit de leurs belles actions. Le vice divise les hommes, en les tenant en garde les uns contre les autres ; la vertu, au contraire, les lie, en leur inspirant une confiance mutuelle.

Verbe offrir.

121. — UN ENFANT À SON PARRAIN LE PREMIER JOUR DE L'AN.

Cher Parrain,

Quand l'usage ne me ferait pas une loi de vous présenter mes hommages à cette époque de l'année, la reconnaissance que je vous dois pour les bontés que vous m'avez toujours témoignées, et pour les soins que vous avez pris de mon enfance, me presserait de remplir un si juste devoir. C'est par un effet du même sentiment que j'éprouve le désir de vous faire part des souhaits et des vœux que je fais au Ciel pour vous. Persuadé que mes succès vous seront agréables, je fais tout ce que je puis pour réussir dans mes études, et j'ose me promettre que d'ici à la fin de l'année, j'obtiendrai quelques couronnes. Veuillez accepter, pour étrennes, cette expression du respectueux attachement de celui qui se dira toujours,

Cher Parrain,

Votre dévoué filleul.

Verbe croire.

111. — L'AIGLE.

L'aigle est le roi des oiseaux, comme le lion est le roi des animaux. Il a environ un mètre de long, et l'envergure de ses ailes, d'une extrémité à l'autre, est de deux mètres et demi à peu près. Il a la tête et le cou couverts de plumes aiguës, d'un brun sombre ; tout le reste du corps est également d'un brun cendré ; la queue est brune aussi. Les jambes sont jaunes, fortes et couvertes de plumes jusqu'aux pieds ; les doigts sont armés de formidables serres. Des rochers escarpés, des ruines de châteaux solitaires, des tours isolées : voilà les places qu'il choisit pour sa demeure. L'aire ou nid de l'aigle forme un carré assez étendu, et lui sert, dit-on, pour toute sa vie. L'aigle peut vivre près d'un siècle et rester trois semaines sans manger. Il peut être apprivoisé, s'il est pris jeune. Dans la domesticité même, il n'est pas pru-

dent de l'irriter ; car, telle est sa force, qu'on l'a vu
tuer un homme d'un coup d'aile.   (Ardant.)

Verbe souffrir.

112. — CHARLES V.

Charles V, dit le Sage, reprit toutes les provinces
que les Anglais possédaient en France. Du Guesclin,
chevalier breton, digne de la confiance de Charles et
de l'admiration des peuples, fut celui qui contribua le
plus à la gloire de ce règne. Charles mourut à quarante-
deux ans des suites d'un poison lent, qui, dit-on, lui
avait été donné dans sa jeunesse. Ce prince maladif
gouverna avec sagesse ; il dut, à cause de son état,
laisser à d'autres le soin de commander ses armées.
La protection qu'il accorda au commerce, et surtout
à l'agriculture, jointe à la sage économie de son administration, lui permit de laisser dix-sept millions dans
le trésor, somme énorme pour ce temps-là, et de bâtir
les châteaux de Saint-Germain, de Vincennes, de Creil
et de Montargis. Ses prédécesseurs pouvaient à peine
entretenir une garde pour leur personne ; Charles sol-
dait plusieurs compagnies et avait une flotte considérable. Il était instruit et ami des lettres ; son père ne
lui avait laissé que vingt volumes ; il parvint, à force
de soins et de sacrifices, à en réunir neuf cents, qui
furent le noyau de la Bibliothèque impériale.

Verbe voir. — Entrevoir, revoir.

XXVIIIe COMPOSITION. — LE PERSIL ET LA CIGUË.

« Pourquoi donc, demandait un jeune enfant à sa
mère, ce pied de ciguë, qui croît au milieu du persil,
qui, par sa forme et sa couleur, se confond avec cette
plante si saine, qui va puiser aux mêmes sources la
séve dont il se nourrit, contient-il un poison capable
de glacer le sang dans nos veines et de nous donner la
mort ? — C'est afin de nous apprendre, répondit la
mère, que les êtres malfaisants sont habiles à dénaturer tout ce qu'ils s'assimilent, et savent transformer

en poisons pernicieux jusqu'aux substances les plus
salutaires. — Et vous prétendez que ces plantes sont
tellement semblables, qu'il est impossible de les distinguer autrement que par l'odorat ou par le goût? —
Oui, mon fils; et cette particularité nous offre une nouvelle leçon : c'est qu'il ne faut juger les hommes que
par leurs qualités et par leurs actions, et non sur de
futiles apparences, ni sur leurs avantages extérieurs. »

(BOULANGER.)

Verbe se restreindre.

113. — LE NUAGE ET LA FLEUR.

La plaine est aride, le ciel, brûlant et calme; un
seul nuage, fier de ses légers flots d'argent et d'or,
vogue nonchalamment dans les airs, comme une grande
voile égarée sur l'azur de l'Océan. Pâle et fanée, se
mourant de soif, une fleur, dressant au ciel avec effort
sa tête suppliante, semble adresser au nuage ces paroles : «Grand nuage, laisse tomber un peu d'eau dans
mon calice. De cette pluie dont tes flancs sont chargés,
Dieu m'a réservé quelques gouttes; répands-les sur
moi. Grand nuage, un peu d'eau ! je me meurs, et ma
famille aussi. » Mais le nuage orgueilleux, méprisant
l'humble fleur et ses trésors, s'éloigne et s'empresse de
passer outre, lui refusant jusqu'à son ombre. De longtemps il ne vint pas d'autre nuage, et la fleur mourut
de sécheresse. Enfant, ne méprisez pas les autres, car
celui qui vous donne les talents vous en demandera un
compte rigoureux, et malheur à vous, si vous n'en avez
pas fait un bon usage.　　　　　(*Magasin pittoresque.*)

Verbe croître. — Accroître, décroître, recroître, surcroître.

114 — A UNE GRAND'MÈRE, POUR LA REMERCIER
D'UN CADEAU.

Chère Grand'Maman,

Quelle agréable surprise ! quelle joie j'ai éprouvée,
lorsqu'on m'a présenté les jolies choses que vous avez
eu la bonté de m'envoyer ! Tout le monde s'est ras-

semblé auprès de moi pour voir ma boîte de joujoux;
l'un admirait le bilboquet, l'autre, le petit jeu de quilles
ou celui de dominos. Tous mes camarades avaient l'air
de convoiter ces objets; mais, moi, je n'étais pas du
tout d'humeur à les céder, parce que, d'abord, je les
tiens de ma Grand'Maman, qui est si bonne, et qui veut
bien m'en faire cadeau; puis, parce que ces jeux me
font le plus grand plaisir. C'est une nouvelle preuve
de tendresse que vous venez de me donner, chère
bonne Maman; je vous en remercie mille fois, et vous
promets de faire de nouveaux efforts pour mériter la
continuation de vos soins et de vos bienfaits.

Votre petit-fils.

Verbe ouïr.

115. — LE HARENG.

Le dos du hareng est d'un bleu verdâtre, et le reste
du corps, d'un blanc argenté; la mâchoire inférieure
est un peu plus courte que celle de dessus, et l'une
et l'autre sont armées de dents; la langue même est
assez forte pour retenir une proie, ce qui indique que
le hareng mange d'autres poissons. Il se laisse prendre
aux mêmes amorces que les autres poissons goulus de
sa taille, et même avec une mouche artificielle. Les
écailles des harengs, répandant une certaine lumière,
rendent la mer lumineuse pendant la nuit, et indiquent
leur présence aux pêcheurs. Ces poissons, dans leurs
migrations annuelles, partent de la mer Glaciale, où ils
habitent, et se dirigent, les uns vers l'Amérique, les
autres vers l'ancien continent. La pêche du hareng
est une source de richesse; la Hollande, surtout, en
retire un très-grand profit, et l'on compte, dans certaines années, jusqu'à cinq cent mille hommes occupés, soit à la pêche, soit à la préparation ou au transport de cet utile poisson. (Ardant.)

Verbe vouloir.

116. — FRANÇOIS Ier.

François Ier, comte d'Angoulême, surnommé le Père des lettres, monta sur le trône en quinze cent quinze, et régna trente-deux ans; il était jeune, vif, vaillant, ambitieux, plein de qualités nobles et aimables ; mais il manquait de prudence. Emporté par l'ardeur des conquêtes, il voulut d'abord faire valoir les droits qu'il avait sur l'Italie, et se mit en marche pour conquérir le Milanais. Il signala sa valeur contre les Suisses en remportant sur eux la bataille de Marignan, appelée la bataille des géants. Par cette victoire, il devint maître de Milan. François eut pour ennemi le célèbre empereur Charles-Quint, contre lequel il perdit la bataille de Pavie, où il fut fait prisonnier. Mis en liberté par le traité de Cambrai, il prit sa revanche en quinze cent quarante-quatre, à Cérisoles, où plus de quinze mille impériaux furent tués. La paix de Crépy, qui fut la suite de cette grande victoire, précéda de trois ans la mort de François Ier.   (***)

Verbe cuire. — Décuire, recuire.

XXIXe COMPOSITION. — L'INTEMPÉRANCE.

Que fallait-il aux solitaires pour vivre ? Du pain, de l'eau et quelques racines. Cependant ils étaient forts et robustes, et assez ordinairement ils vivaient plus de quatre-vingts ans. Je ne dis pas, mes amis, qu'il faille vivre comme eux ; mais je veux vous mettre en garde contre ces idées malheureusement trop communes, qui poussent les hommes à leur ruine, pour satisfaire des besoins que la nature ne leur a pas donnés. Non-seulement l'intempérance est une habitude ruineuse, mais encore elle abrége nos jours. Voyez quels hommes vivent le plus : est-ce celui qui s'est abandonné fréquemment aux plaisirs honteux de la table et de la débauche? qui ne vit, en quelque sorte, que pour manger? ou celui qui ne donne à son corps que les aliments nécessaires et qui évite tous les excès? Le premier est sujet à un grand nombre de maladies, dont plusieurs sont mortelles ; l'autre, au contraire, jouit d'une santé excellente, et il a rarement besoin de recourir aux médecins. (***)

Verbe s'exclure.

117. — LA COLÈRE.

La colère peut-elle être peinte dans sa hideuse horreur ? cela est bien difficile. Dans la colère, l'homme n'est plus lui-même, ne se connaît plus, n'a plus d'idées, plus de raison, presque plus de sentiment. Alors, il n'obéit qu'à l'action impétueuse du sang qui se porte au cerveau ; toutes les paroles qu'il profère, également dénuées de sens et de suite, le feraient rougir, si elles lui étaient rapportées lorsqu'il se trouve de sang-froid. Dans la colère, le plus ingénieux des hommes ressemble au plus stupide ; ses traits altérés n'offrent plus qu'un visage affreux, déformé par les plus hideuses convulsions : état horrible qui détruit tous les intervalles qui séparent l'homme de la bête féroce. Le premier moment de la colère est excusable, c'est la machine qui agit ; mais toujours on est maître du second. Lorsqu'on est porté à la colère, il est bon, pour s'en corriger, d'observer attentivement les funestes effets qu'elle produit dans ceux qui s'y livrent.

(***)

Verbe partir. — Repartir.

118. — LE COQ ET LE RENARD.

On raconte qu'un coq était à s'ébattre éloigné de la ferme ; près de lui vint un renard, qui le surprit par de douces paroles : « Sire, lui dit-il, que vous êtes grand ! Vous avez surtout une voix sonore ; jamais oiseau ne chanta mieux, si ce n'est votre père, que je connus autrefois. — Oh ! ainsi je puis faire, » dit le coq, qui bat des ailes et ferme les yeux pour rendre son chant plus mélodieux. A l'instant, le renard s'élance, le saisit et va droit vers la forêt ; il passe par un champ, où des chiens de berger se mettent à sa poursuite : « Va, dit le coq, crie-leur : Ce coq est à moi, vous n'en aurez rien. » Le renard veut parler ; mais il lâche le coq, qui s'envole sur le haut d'un arbre. Le renard, stupéfait et confus, s'écria : « Maudite soit la bouche qui parle quand elle devrait se taire ! — Maudit soit, répondit le coq, l'œil qui se ferme quand il devrait veiller ! »   (*Magasin pittoresque.*)

Verbe déduire. — Conduire, éconduire, enduire, introduire, produire, reconduire, réduire, séduire, traduire.

119. — LETTRE D'UN ENFANT
QUI A QUITTÉ SES PARENTS DEPUIS QUELQUES JOURS POUR ALLER EN PENSION.

Mon cher Père et ma chère Mère,

Il n'y a que quelques jours seulement que je vous ai quittés, et déjà je sens le besoin de vous témoigner d'une manière plus particulière toute l'affection, tout l'amour dont je suis pénétré. Mais mon émotion me permet à peine de m'exprimer ; cependant j'aurai encore assez de force pour vous dire que mon cœur est plein de tout ce que je vous dois ; que c'est avec la plus vive douleur que je cède aux motifs impérieux qui nous séparent ; que je compterai chaque jour, chaque minute de notre séparation ; et que le premier beau jour pour moi, cher Père et chère Mère, sera celui qui me réunira à vous. Votre affliction égale la mienne, j'en suis sûr ; et vous faites violence à votre cœur en éloignant de vous un fils que vous combliez chaque jour de tant de caresses. Je voudrais bien pouvoir abréger le temps de mon absence, et revenir, le plus tôt possible, reprendre ma place au foyer paternel, où j'ai passé les heureux moments de mon enfance. Adieu ! ce mot cruel est cependant bien doux, car je laisse ce que j'aime le plus sous la protection d'un Père céleste, le seul de qui nous puissions attendre des consolations efficaces.

Adieu encore !

Verbe repartir.

120. — HENRI IV.

Henri IV, dit le Grand, fut d'abord repoussé du trône par une grande partie de la nation, parce qu'il était hérétique. Les protestants, ainsi que les catholiques qui reconnaissaient la légitimité de ses droits, se rangèrent de son côté, et il se trouva en état de faire la guerre au duc de Mayenne, chef de la Ligue (c'est ainsi qu'on appelait le parti opposé à Henri IV). Le roi gagna la bataille d'Arques et celle d'Ivry, où il affronta mille dangers; ensuite il vint assiéger Paris. Une famine horrible se fit sentir dans cette ville; Henri se souvint que les Parisiens étaient ses enfants; il laissa sortir les bouches inutiles et donna même du pain aux assiégés. Ayant fait son abjuration à Saint-Denis, il se vit ensuite paisible possesseur du trône. Il voulait mettre ses sujets en état de réaliser cette belle parole qu'il avait dite : *Bientôt chaque paysan aura une poule à mettre au pot tous les dimanches;* mais il n'en eut pas le temps, car, en seize cent dix, à l'époque où ses peuples commençaient à jouir des bienfaits de son gouvernement, un monstre nommé Ravaillac l'assassina à coups de couteau.

Verbe dire. — Redire, s'entredire.

XXX⁶ COMPOSITION. — LA BALEINE.

La baleine, le plus grand de tous les animaux, atteint vingt et même trente mètres de longueur. Ses deux mâchoires, dépourvues de dents, sont garnies de huit à neuf cents lames découpées. Ces lames fournissent les objets connus sous le nom de baleines. Elle respire au moyen de deux orifices, appelés évents, et placés à la partie supérieure de la tête. La baleine vit de petites proies qu'elle engloutit en masse et sans choix. Le lard de cet énorme poisson peut fournir jusqu'à vingt-cinq mille kilogrammes d'huile. De toutes les pêches, celle de la baleine est, sans contredit, la plus périlleuse. Dès qu'une baleine est signalée, on s'empresse de mettre les canots à la mer, et l'on s'arrange de manière à s'approcher de l'animal sans l'effrayer. Arrivé à une distance convenable, on lui lance un harpon; la baleine, se sentant blessée, donne ordinairement un violent coup de queue, qui pourrait devenir fatal à la pirogue, si on n'avait pas eu soin de se mettre hors de sa portée. Ensuite elle plonge, entraînant avec elle la ligne, puis reparaît au bout d'environ une demi-heure; c'est alors qu'on la frappe de nouveau, et qu'on finit de la tuer avec des lances longues de quatre à cinq mètres.   (*Magasin pittoresque.*)

Verbe être reconnu.

121. — IMPORTANCE D'UNE BONNE CONDUITE.

Les premiers jugements que nous portons sur nos camarades d'enfance ne s'effacent que difficilement. Après avoir perdu de vue un ancien condisciple, si nous le retrouvons dans la vie, nous le jugeons, sans y songer, d'après l'opinion qu'il nous aura donnée de lui dans sa première jeunesse. L'enfant devrait avoir sans cesse cette vérité devant les yeux. Sa conduite d'aujourd'hui a une importance très-grande: c'est la préparation à la vie. Ses défauts ou ses vices ne lui sont pas seulement préjudiciables pour le présent, ils lui préparent sa bonne ou sa mauvaise réputation dans le monde; s'il veut que, plus tard, son existence soit facile ou honorée, il faut qu'il se conduise dès maintenant de manière à trouver partout, à sa rencontre, des visages joyeux et des mains amicales. Écolier, il pose les premiers fondements de sa bonne renommée; car, comme l'a dit quelqu'un avec une originalité piquante: « L'honnête enfant est un honnête homme qui n'a pas fini sa croissance. »   (*Magasin pittoresque.*)

Verbe tressaillir. — Assaillir.

122. — LE GRAIN DE BLÉ.

Dans l'entrepont d'un navire récemment arrivé d'Europe, deux jeunes habitants des îles de la mer Pacifique trouvèrent un grain de blé: « Le blé, sans aucun doute, est une plante très-utile, dit le plus âgé; mais

que faire d'un seul grain?» et il le rejeta d'un air dédaigneux. Son camarade, plus avisé, se hâta de le ramasser. Le soir même il le planta et lui consacra ses
soins les plus assidus. La première récolte aurait tenu
dans un dé; la deuxième, il avait pu en remplir une
coupe; et dès la troisième il put distribuer quelques
grains à ses amis. Par la suite il recueillit non-seulement d'abondantes moissons, mais il eut encore la gloire
d'avoir introduit dans son pays une culture qui fit sa
fortune et celle de ses compatriotes. C'est ainsi que
parvient à d'immenses résultats celui qui ne se laisse
rebuter ni par l'aridité du travail, ni par la longue
attente de ses produits.   (BOULANGER.)

Verbe contredire. —Interdire, dédire, médire, prédire.

123. — LETTRE D'UN ENFANT A SON PÈRE
A LA NOUVELLE ANNÉE.

Mon cher Papa,

Si tous les jours c'est pour moi la plus grande des
privations d'être éloigné de vous, c'est surtout à l'é-
poque de la nouvelle année que la peine de votre
absence m'est plus sensible. Combien je serais heureux
de pouvoir vous exprimer de vive voix mes pensées et
mes vœux, de me voir pressé sur votre sein, et de vous
entendre me dire que vous êtes content de moi! Mais,
hélas! loin de la maison paternelle, il faut me résoudre
à confier au papier ce que je ne puis autrement vous
exprimer. Soyez donc assuré, cher Papa, que je vous
aime, que mon cœur, reconnaissant de vos bienfaits,
forme des souhaits les plus sincères pour la prolongation de vos jours, si chers à vos enfants, et à votre
Eugène en particulier. Si le Ciel daigne être propice à
mes vœux, rien ne manquera à votre bonheur.

Je suis toujours de la meilleure santé, et je désire
ardemment que vous et mes chers parents jouissiez du
même avantage. Je suis, avec autant d'amour que de
respect,   Mon cher Papa,

Votre tendre fils.

Verbe sentir. —Consentir, pressentir, ressentir?

124. — LOUIS XIV.

Louis n'ayant que quatre ans et demi à son avènement, la régence fut confiée à sa mère, Anne d'Autriche. Elle choisit pour ministre Mazarin, Italien souple et adroit. La minorité du roi fut marquée par les victoires que remportèrent le jeune Condé et Turenne, et par les guerres civiles de la Fronde. Devenu majeur, Louis XIV prit les rênes du gouvernement. Aidé de Colbert, il encouragea le commerce, les arts et les sciences, fit exécuter le canal du Midi, créa une nouvelle marine, fonda plusieurs académies, construisit l'hôtel des Invalides, l'Observatoire, la place Vendôme, les palais de Versailles, de Marly et de Trianon. La guerre vint ajouter encore à sa gloire, et finit de lui mériter le nom de Grand. Après avoir étonné le monde par sa brillante fortune, Louis XIV éprouva de grands revers : presque toute l'Europe prit les armes contre lui ; mais Villars sauva la France par la victoire de Denain. Le premier septembre mil sept cent quinze, le dernier des grands hommes du siècle auquel il donna son nom, Louis XIV, termina, à soixante-dix-sept ans, un règne de soixante-douze, l'un des plus longs dont parle l'histoire.

Verbe écrire. — Circonscrire, décrire, inscrire, prescrire, proscrire, récrire, souscrire, transcrire.

XXXIe COMPOSITION. — POISSONS VOLANTS.

On voit quelquefois des poissons s'élancer hors de l'eau, parcourir dans l'air un assez long espace. Ces poissons sont pourvus d'une ou de deux paires de larges membranes, grandes nageoires qu'ils peuvent étendre et replier à volonté ; ces membranes imitent chez quelques-uns la structure de celles de la chauve-souris. Des marins et des naturalistes nous assurent que les poissons munis de ces espèces d'ailes les agitent, les font mouvoir, et qu'ils s'en servent pour frapper l'air, s'élever, diriger leur course, agir, en un mot, comme l'oiseau dans l'atmosphère ;

mais ils ajoutent en même temps que ces volatiles, sortis des eaux, ne peuvent en faire usage qu'autant qu'elles sont humides, et que le contact de l'air et la vitesse de leur vol les ont bientôt séchées. Il arrive fréquemment que ces poissons, qui s'élèvent pour fuir un ennemi, au lieu de retomber dans la mer, se trouvent sur le pont d'un navire ; et même, quand ils ne rencontrent pas de navires, les autres poissons qui les chassaient ne les ont pas perdus de vue, et s'ils retombent dans l'eau, ils deviennent la proie de celui qui les avait forcés à s'élever. (*Magasin pittoresque.*)

Verbe s'instruire.

125. — LE JARDINIER BIENFAISANT.

Un vieux et honnête jardinier faisait beaucoup de bien aux pauvres. Différentes petites sommes qu'il aurait pu employer à se procurer quelques plaisirs étaient données aux malheureux qui lui demandaient des secours. Alors il disait : « C'est encore une pomme jetée par-dessus la haie. » On lui demanda quel était le sens de ces paroles. « Un jour, dit-il, j'appelai quelques enfants dans mon verger, et je leur permis de manger à leur gré des fruits qui se trouvaient sur un arbre, en leur défendant d'en mettre dans leurs poches. Un d'entre eux en jeta plusieurs à travers la haie, afin de les trouver en sortant. Cette supercherie me donna une leçon instructive. Je me dis : Ce qui est arrivé à ces enfants dans mon jardin, arrive bien souvent aux hommes sur la terre. Nous jouissons des biens de ce monde sans en emporter aucun avec nous ; mais ce que nous donnons aux pauvres, nous le jetons par-dessus la haie d'un jardin, pour le retrouver dans l'éternité. » (SCHMID.)

Verbe servir. — Desservir, reservir.

126. — A UN PARRAIN POUR LE REMERCIER D'UN CADEAU.

Cher Parrain,

J'ai lieu de me convaincre tous les jours que l'amour que vous avez pour moi ne s'est point affaibli, depuis l'époque où vous m'avez adopté pour votre enfant ; vous m'en donnez aujourd'hui une nouvelle preuve par le cadeau que vous voulez bien m'envoyer. Je conserverai précieusement le portrait que vous m'adressez ; j'en parerai la plus belle pièce de notre maison, et il sera là, comme un monument, pour me rappeler sans cesse le souvenir d'un bienfaiteur, d'un parrain que j'aime, et que je chérirai toujours.

Votre reconnaissant filleul.

Verbe faire. — Contrefaire, défaire, forfaire, redéfaire, refaire, satisfaire, surfaire.

127. — LE LÉZARD VERT.

Ce lézard a le dessus du corps d'un beau vert, plus ou moins bigarré de jaune, de gris, de brun, et même quelquefois de rouge ; le dessous est toujours d'une couleur blanche ; les couleurs de cette espèce de lézard varient dans certaines saisons de l'année, elles pâlissent surtout à la mort de l'animal. C'est dans les contrées chaudes que le lézard se montre dans tous ses ornements, et qu'il a l'éclat de l'or et des pierres précieuses. On peut le priver quand on le prend jeune ; il est alors d'une aimable douceur ; cependant, lorsqu'on l'irrite ou qu'on le pousse à bout, il serre si étroitement, qu'il perdrait la vie plutôt que de lâcher prise. Le lézard vert n'est cependant pas confiné dans les climats brûlants des deux continents ; on le trouve également dans les régions tempérées, mais plus petit et en moins grand nombre.   (ARDANT.)

Verbe asservir.

128. — ESTIME DE L'AGRICULTURE.

Les Anciens encourageaient l'agriculture par toutes sortes de récompenses; on a vu plus d'une fois chez eux des hommes passer de la charrue au faîte des grandeurs: plusieurs ont gouverné des empires, remporté des victoires, mérité des triomphes, et sont retournés ensuite, couverts de gloire, à cette même charrue qu'ils avaient été forcés d'abandonner. Chez les Romains, la récompense des grands capitaines consistait souvent en une certaine étendue de terrain; les tribus qui s'occupaient à labourer étaient les plus estimées; et le plus bel éloge qu'on pût faire d'un honnête homme, était de l'appeler bon laboureur. L'empereur de la Chine, au commencement de chaque printemps, laboure lui-même, dit-on, quelque champ, accompagné des grands de l'empire. Il y sème cinq sortes de grains qui sont censés les plus nécessaires aux peuples. (SÉGUIN.)

Verbe lire. — Élire, préélire, réélire, relire.

XXXIIe COMPOSITION. — QUELQUES AVIS.

Dès le matin offrez toutes vos actions, toutes vos peines et tous vos travaux à Dieu; car il n'y a que ce qui est fait pour Dieu qui soit digne de récompense. Ne manquez jamais de faire votre prière du matin, et tâchez de la faire attentivement. Ne manquez pas non plus de prévoir chaque matin les occasions que vous auriez d'offenser Dieu, et de former la résolution ferme et sincère de les éviter. De temps en temps, dans la journée, renouvelez l'intention où vous êtes de travailler pour Dieu. Travaillant en sa douce présence, dites-lui quelquefois de bon cœur: « Mon Dieu, c'est pour l'amour de vous, c'est pour vous obéir, que je veux toujours travailler. » D'autres fois vous direz: « Je suis pécheur, il est juste que je souffre. » Vous terminerez la journée par la prière du soir dite avec piété, sans oublier de faire un acte de contrition après l'examen des fautes que vous avez pu commettre pendant la journée.

Verbe s'introduire.

129. — CONSEILS A UN ENFANT.

Peu de mots suffiront, si vous avez une bonne volonté : Aimez, priez, adorez et craignez Dieu ; vénérez et chérissez vos parents ; aimez votre prochain comme vous-même ; soyez juste, soyez sincère ; ne murmurez jamais contre les voies de la Providence ; observez ce que la religion ordonne. Ne remettez jamais à demain ce que vous pouvez faire aujourd'hui. Ne dérangez jamais une autre personne pour une chose que vous pouvez faire vous-même. Ne dépensez jamais votre argent avant de l'avoir en votre possession. N'achetez point ce dont vous n'avez point besoin, sous prétexte de bon marché ; c'est encore trop cher pour vous. L'orgueil nous coûte plus cher que la faim, la soif et le froid. On ne se repent jamais d'avoir trop peu mangé. Prenez toutes choses du côté le plus facile. Soyez bon sans le dire, et sage sans témoins. Ne vous livrez jamais au goût de la parure. Conservez bien l'égalité d'humeur. Si vous êtes en colère, comptez jusqu'à dix avant de parler. Gardez-vous de mentir : cette habitude est vile, elle aggrave les torts qu'elle veut cacher.

(Lectures choisies.)

Verbe sortir. — Ressortir (sortir de nouveau.)

150. — LES TROIS AMIS.

Un homme avait trois amis ; deux lui étaient surtout très-chers ; le troisième lui était indifférent, quoique celui-ci lui portât un sincère attachement. Un jour, il fut appelé en justice. « Qui de vous, dit-il à ses amis, veut venir avec moi et témoigner en ma faveur ? car une grande accusation pèse sur moi. » Le premier de ses amis s'excusa à l'instant de ne pouvoir l'accompagner, étant retenu par d'autres affaires. Le second le suivit jusqu'aux portes du palais de justice ; là, il s'arrêta et retourna sur ses pas. Le troisième, sur lequel il avait le moins compté, entra, parla en sa faveur, et témoigna de son innocence avec tant de conviction, que le juge le renvoya absous. L'homme a trois amis en ce monde : comment se comportent-ils à l'heure de la mort, lorsque Dieu l'appelle à son tribunal? L'argent, son ami chéri, le délaisse d'abord, et ne va pas avec lui. Ses parents et ses amis le suivent jusqu'aux portes du tombeau, et retournent dans leurs demeures. Le troisième l'accompagne jusqu'au trône du souverain Juge : ce sont ses bonnes œuvres; elles le précèdent, parlent en sa faveur et le justifient, si elles sont nombreuses, et si elles ont été faites par de bons motifs.

(Magasin pittoresque.)

Verbe ressortir (*être de la juridiction*).

151. ═ UN ENFANT A SON PÈRE ET A SA MÈRE LE JOUR DE L'AN.

Mon cher Papa et ma chère Maman,

Le premier jour de l'an est un beau jour pour les enfants sensibles et reconnaissants; mais moi, je le trouverais bien plus beau, si j'étais auprès de vous, si je pouvais en personne vous donner des marques de ma tendresse par mes paroles et par les expressions ardentes de mon cœur. Je vous assure, mon cher Papa et ma chère Maman, que ce n'est pas seulement aujourd'hui que je ressens cette vive affection, mais que c'est tous les jours et à tous les instants; et je veux vous le prouver par ma sagesse et mon application à l'étude, car je suis sûr que c'est ce qui vous fera plaisir, cet ce que vous avez droit d'attendre de moi, pour tous les sacrifices que vous faites afin de me procurer une bonne éducation.

Je prie Dieu tous les jours de récompenser mon cher Papa et ma chère Maman des soins qu'ils me prodiguent, et de vouloir bien acquitter la dette de reconnaissance de leur affectionné fils.

Verbe luire. — Entre-luire, reluire.

132. — PRIX DE LA SANTÉ.

Nous sommes imprudents, et nous exposons notre santé par nos imprévoyances ou nos excès, souvent parce que nous ne réfléchissons pas assez à toutes les conséquences de la maladie. Nous ne parlons pas ici des souffrances qu'elle occasionne; il est évident qu'après avoir été brisé par la maladie, le corps a beau guérir, ce n'est qu'une machine raccommodée, qui ne peut retrouver sa solidité; mais c'est là le moindre inconvénient. A-t-on calculé ce qu'une maladie appelée par notre faute pouvait produire de tristes résultats? Perte de temps, et, par suite, renversement de nos projets, espérances trompées, chagrins et fatigues pour nos proches, et pour eux-mêmes aussi, maladies et infirmités. On ne devrait jamais oublier que s'exposer imprudemment à la maladie, c'est faire des avances au malheur. De tous les capitaux dont nous avons la disposition sur la terre, la santé est celui que nous devrions le plus ménager; si nous les plaçons à fonds perdus chez les vices, ceux-ci nous en paieront l'intérêt en infirmités et en soucis.   (*Magasin pittoresque.*)

Verbe venir. — Contrevenir, convenir, devenir, disconvenir, intervenir.

XXXIIIe COMPOSITION. — LA TORTUE.

Les tortues se distinguent, au premier coup d'œil, par le double bouclier dans lequel leur corps est enfermé, et qui ne laisse passer au dehors que leur tête, leur cou, leur queue et leurs quatre pieds. Le bouclier supérieur, qui est plus ou moins bombé, porte le nom de carapace; l'inférieur, qui est aplati, s'appelle plastron. Ces deux pièces sont unies ensemble de manière à ne permettre en général aucun mouvement. Les tortues n'ont point de dents; leurs mâchoires sont revêtues de cornes, comme celles des oiseaux. Les tortues de mer ont jusqu'à deux mètres de long, et pèsent quelquefois quatre cents kilogrammes; celles de terre sont beaucoup moins grandes. En général, on peut manger la chair de la tortue. En mil sept cent cinquante-deux, on en prit une dans le port de Dieppe qui pesait quatre cent cinquante kilos; les tortues de cette grosseur ne paraissent sur nos côtes que par extraordinaire.

(ARDANT.)

Verbe être ému.

133. — UTILITÉ DU TRAVAIL.

L'homme est né pour agir; il doit faire quelque chose. Le travail à chaque pas éveille une force endormie et déracine une erreur. Qui n'a rien fait ne sait rien. En vérité le sens du mot travail est immense. Il donne au plus simple des ressources que la plus haute intelligence n'atteindrait pas, éloignée de la pratique. Ce sont les sots qui disent que l'âge de la jeunesse est fait pour que l'on s'amuse. Le jeune âge est fait pour qu'on y prenne de bonnes habitudes, qui puissent être utiles pendant tout le reste de la vie. C'est à cela qu'il convient de songer avant tout, d'autant plus que le bonheur n'est point incompatible avec le bon emploi de la jeunesse; bien au contraire, les jeunes gens dont la vie est un mélange d'occupations et de plaisirs simples, ont en somme plus de jouissances que les jeunes gens dissipés. C'est la vie simple, ce sont les occupations utiles, qui font goûter les délassements, tandis que les divertissements ne sont autre chose qu'une broderie sur un fond d'ennui.

(*Magasin pittoresque.*)

Verbe parvenir. — Provenir, redevenir, revenir, subvenir, survenir.

134. — L'ENFANT STUDIEUX.

Un jeune enfant à qui l'on ne cessait de dire que Dieu est notre premier maître, et que ce bon maître ne nous a donné la vie que pour le connaître et pour l'aimer, écoutait ces instructions salutaires avec l'attention dont il était capable. Il sollicitait continuellement sa mère de les lui répéter, et ne se lassait pas de les entendre, jusqu'à ce qu'il les eût entièrement retenues. Aussi, dans peu de temps il fut beaucoup plus instruit qu'on ne l'est communément à son âge. Il n'avait pas encore sept

ans, qu'il était en état de répondre sur tous les articles
du catéchisme. On se faisait un plaisir de le voir étaler
sa petite science. On l'interrogeait souvent, et l'on était
charmé de la manière ferme et assurée dont il répondait à toutes les questions qu'on lui faisait. Ces connaissances prématurées ne furent pas une semence
stérile; elles produisirent bientôt les fruits les plus
abondants.

Verbe mettre.—Admettre, commettre, compromettre, démettre.

135. — LETTRE D'UN JEUNE HOMME
QUI VIENT DE QUITTER L'ÉCOLE A UN DE SES ANCIENS CAMARADES
DE CLASSE.

Mon cher Ami,

Le professeur avait bien raison de dire, lorsque je
quittai l'école pour n'y plus revenir, que jamais je ne
serais aussi heureux que je l'avais été pendant mes
études. Sur le moment je n'en crus rien. Je ne voyais
qu'une chose : plus d'assujettissement, plus de pen-
sums. Comme je me trompais! Maintenant je juge autrement. Je n'ai plus la consolation d'être avec des
amis sages et pieux, avec lesquels je puisse prendre
quelquefois une récréation innocente, parler de Dieu
et le prier. Pour avoir des amis, il me faudrait être libertin, et comme, Dieu merci, je ne veux pas le devenir, il me faut rester seul au sein de ma famille, pendant les heures où je puis prendre un peu de repos. Je
suis heureux, sans doute, avec ma bonne mère; mais
je le serais encore davantage, si je pouvais tous les
jours t'ouvrir mon cœur sur tant de choses qui le fati-
guent. Cette année tu quitteras l'école. Oh! si tu restes
dans notre village, que je vais être heureux! ou plutôt
que nous serons heureux ensemble! En attendant ce
bonheur, dis-moi quelque chose de l'école. Apprends-
moi quelque nouvelle édifiante. Les sujets ne manquent
pas. Adieu, mon Ami, aimons Dieu de tout notre cœur,
et Marie, notre bonne mère, nous protégera toujours.

Verbe permettre.—Promettre, redémettre, remettre, soumettre,
transmettre.

136. — UTILITÉ DES TEMPÊTES.

On s'imagine quelquefois que les tempêtes sont inutiles et même nuisibles : quelle erreur ! A la vérité, ces désordres apparents sont de véritables fléaux ; mais, de quelques inconvénients qu'elles soient accompagnées, quels que soient les dégâts qu'elles causent, toutes terribles que paraissent les pluies, la grêle, et même la foudre, il n'en est pas moins vrai que les tempêtes nous rendent de grands services. Ainsi elles purifient l'atmosphère, préviennent toute espèce d'épidémie, tempèrent la chaleur de l'été, maintiennent une sorte d'équilibre entre toutes les saisons, fertilisent la terre par des pluies abondantes ; enfin, sous quelque point de vue qu'on les considère, elles sont plus utiles que nuisibles. (F. A.)

Verbe vêtir. — Dévêtir, revêtir, survêtir.

XXXIVᵉ COMPOSITION. — L'ÉCAILLE.

C'est l'enveloppe de la tortue qui fournit l'écaille, et principalement celle d'une espèce nommée caret. Pour la travailler, on la ramollit à l'eau bouillante, et, dans cet état, elle se laisse mouler sous toutes les formes ; on en soude les bords ensemble par la chaleur et la pression ; ensuite on en fait des peignes, des tabatières, des éventails et autres meubles de luxe. L'écaille se travaille au tour, à la lime, au rabot ; on en fond les fragments. Pour faire perdre à l'écaille la forme bombée qui lui est naturelle, on la met chauffer quelque temps dans l'eau bouillante, puis on la serre peu à peu, à l'aide de coins, entre deux plaques chaudes de fer ou de cuivre ; on dispose une série alternativement en écaille et en plaques de métal entre deux plans d'arrêt, et on approche l'une de l'autre insensiblement en tassant les clous. (*Mag. pittor.*)

Verbe se satisfaire.

157. — SENTENCES DIVERSES.

Au chagrin présent il y a toujours un remède. Tant que tu souffres, espère ; le plus grand bonheur de l'homme c'est l'espérance. Qu'est-ce que la douleur ? C'est un labyrinthe obscur, dans lequel Dieu conduit l'homme, pour qu'il fasse l'épreuve de la vie, pour que le méchant reconnaisse ses fautes et les abjure, pour que le bon apprenne à goûter le calme que donne la vertu. Chaque fois que tu voudras te décider à faire quelque entreprise, lève les yeux au ciel, prie Dieu de bénir ton projet, et, après, si tu reconnais la bonté de ton œuvre, accomplis-la. Reste pur, ô mon enfant ! pur de toute faute et de tout mauvais esprit, pur comme le lis, comme la colombe sur les rameaux. Reste bon et vertueux, pour que ton Père céleste aime à abaisser ses regards vers toi. Tu n'envies pas à la violette la goutte de rosée où brille le rayon du soleil, tu n'envies pas à l'abeille la plante dont elle tire son miel : n'envie donc pas à l'homme le bien qu'il possède.

(Magasin pittoresque.)

Verbe moudre. — Émoudre, remoudre, rémoudre.

158. — L'ENFANT PRODIGUE.

Un homme avait deux fils. Le plus jeune dit à son père : Mon père, donnez-moi mon partage ; et le père leur partagea son bien. Quelque temps après, le cadet, ayant tout ramassé, alla voyager dans un pays éloigné et y dissipa en débauches tout ce qu'il avait. Après qu'il eut tout mangé, il survint une grande famine en ce pays-là, et il se trouva dans l'indigence. Alors il se mit au service d'un des habitants du pays, qui l'envoya dans sa métairie garder les pourceaux. Bientôt, considérant la grande misère dans laquelle il était tombé, il rentra en lui-même, et dit : Je me lèverai et j'irai à mon père, et je lui dirai : Mon père, je suis coupable envers le Ciel et envers vous ; je ne mérite plus d'être appelé votre fils. Il partit, et vint trouver son père. Comme il était encore éloigné, son père l'aperçut, courut à lui et l'embrassa; ce bon père, image de Dieu recevant le pécheur qui se convertit, manifesta sa joie en faisant un grand festin.

Verbe naître. — Renaître, surnaître.

159. — LE SEL.

L'eau de la mer contient beaucoup de sel; pour l'obtenir, on fait sur le rivage de grands bassins peu profonds, où l'on introduit l'eau de mer. Exposée aux rayons du soleil, cette eau s'évapore insensiblement, et le sel, qui ne peut s'élever dans l'air, forme une croûte. Lorsque le sel est durci, et qu'il a reçu une espèce de cuisson naturelle, on le casse avec un râteau, composé d'une perche, au bout de laquelle est appliquée une petite planche; on le retire ensuite, pour le mettre en tas et le laisser sécher. Dans cet état, il est chargé de partie terreuse. Quand on veut l'épurer, on le met avec de l'eau dans une chaudière, et on le fait bouillir jusqu'à ce que l'eau soit entièrement vaporisée; le sel qui reste est blanc comme neige. On tire aussi le sel des sources salées; mais, comme elles en contiennent moins que l'eau de la mer, on est obligé d'en faire vaporiser l'eau au moyen du feu. Le sel se trouve aussi en quantité immense et en blocs énormes dans le sein de la terre. Ce sel, appelé sel gemme, est blanc et transparent; pour le rendre propre à nos usages, il suffit de l'extraire du sein de la mine et de le réduire en poudre.

Verbe nuire.

140. — A UN AMI, POUR LUI APPRENDRE LA MORT D'UN ANCIEN CONDISCIPLE.

Cher Ami,

Je me dispenserais de t'écrire aujourd'hui, si je ne craignais de manquer à la promesse que nous nous sommes faite mutuellement, de nous transmettre les événements agréables ou fâcheux qui peuvent nous intéresser. C'est le cœur navré de douleur que je t'annonce la mort inattendue du pauvre Eugène, notre ancien condisciple et ami; il y avait à peine trois semaines qu'il avait quitté l'école pour entrer en apprentissage chez un excellent patron, maître menuisier, lorsqu'une légère imprudence, m'assure-t-on, lui a occasionné une sueur rentrée, puis une fièvre, qui l'a enlevé si jeune encore, le ravissant ainsi à la tendresse de ses parents, inconsolables de sa perte. Combien je regrette, moi aussi, ce cher condisciple! Il me semble que je le vois encore à mes côtés, que je lui parle, qu'il me répond, qu'il me fait part de ses projets; mais, hélas! vaine illusion! il ne vit plus!... Son visage ne s'effacera jamais de mon cœur, et je ne doute pas, cher Léon, que tu ne partages, toi aussi, ma juste douleur. Puissé-je, mon Ami, n'avoir de longtemps de si tristes nouvelles à et donner! Je t'embrasse de cœur, et suis toujours

Ton ami dévoué.

Verbe **oindre.** — Adjoindre, déjoindre, disjoindre, enjoindre, joindre.

XXXVᵉ COMPOSITION. — LES OEUFS DE PAQUES.

Dans nos provinces françaises, en Suisse, en Angleterre et en Allemagne, c'est une ancienne coutume d'échanger, au temps de Pâques, des cadeaux d'œufs ornés et coloriés, d'inventer de nouvelles manières d'embellir les œufs rouges, d'y tracer des dessins, des ornements, de les peindre de mille façons, de les incruster de gravures, de les habiller de bas-reliefs en moelle de sureau, d'y tracer d'ingénieuses devises, etc.; c'est ce qui fait l'amusement et même l'occupation des enfants, longtemps avant le moment fortuné où les présents, soigneusement préparés en secret, seront enfin produits au grand jour. Qui de nous, même dans les grandes villes, où ces gracieuses coutumes disparaissent cependant, ne s'est senti réjoui en promenant ses regards sur ces vastes corbeilles d'œufs ainsi enjolivés, qui brillaient au soleil, et semblaient annoncer le renouvellement de l'année, et le réveil d'une nature féconde?   (***)

Verbe **se démettre.**

141. — LE CHAMP DE BLÉ.

Venez, et voyez combien la vue de ces champs peut vous inspirer de salutaires pensées. Ce champ était naguère exposé à de grands dangers; des vents impétueux soufflaient autour de lui, et souvent l'orage menaçait d'abattre et de briser tous les épis qui le couronnent: cependant la Providence l'a conservé. Ainsi, la tempête des afflictions menace souvent de nous renverser; mais cette tempête même est nécessaire : elle purifie le cœur, et sert à déraciner l'ivraie du vice. Vers le temps de chaque moisson, le blé mûrit très-vite : la rosée, la chaleur bienfaisante du soleil, de douces pluies, se réunissent pour en hâter la maturité. Ah! puissé-je de jour en jour mûrir pour le ciel! puissé-je rapporter à cette fin salutaire tous les événements de ma vie! Tous les grains qui doivent être moissonnés ne sont pas également bons : combien d'ivraie et d'herbes inutiles mêlées avec le froment! Tel est l'état du chrétien en ce monde; il trouve toujours en lui un mélange de bonnes et de mauvaises qualités, et sa corruption naturelle, triste et funeste ivraie, ne nuit que trop souvent aux progrès de la vertu.   (*Leçons de la Nature.*)

Verbe repaître. — Paître.

142. — A UN BIENFAITEUR,
POUR DEMANDER UN NOUVEAU SERVICE.

Monsieur et cher Bienfaiteur,

Les bontés que vous avez eues pour moi, la bienveillance dont vous m'entourez, me font prendre aujourd'hui la respectueuse liberté de venir encore vous demander un service.

La position un peu gênée de mon patron, M. Guichard, l'état de stagnation où se trouvent les affaires, mes propres ressources, sont cause que, non-seulement je ne me perfectionne pas dans la profession que j'ai embrassée, mais encore que je gagne à peine ma vie. On m'a parlé d'une autre maison, qui m'offrirait beaucoup plus d'avantages sous tous les rapports, si je pouvais réussir à y entrer. Pour cela, Monsieur, il suffirait, m'a-t-on dit, que vous voulussiez bien me donner une lettre de recommandation pour M. Daubert. J'ose solliciter ce nouveau service de votre cœur si généreux et si bienfaisant, et je vous prie de vouloir bien prendre ma demande en considération. Je vous devrai mon avenir, et j'en conserverai la plus vive gratitude.

Je suis, avec le plus profond respect,

Votre très-reconnaissant protégé.

Verbe apparaître. — Paraître, comparaître, disparaître, reparaître.

143. — L'ESSAIM D'ABEILLES.

Quand les abeilles sont établies dans une ruche, beaucoup d'entre elles parcourent les environs pour récolter le miel ; les autres se mettent à construire les rayons pour les œufs, qui sont en si grand nombre, que souvent, au bout de quelque temps, les habitants de la ruche sont trop nombreux ; alors une partie des abeilles doit émigrer pour aller fonder un nouvel établissement avec une jeune reine qu'on a laissée éclore. Cette colonie, qu'on appelle essaim, se repose d'abord à peu de distance de la ruche, sur une branche d'arbre, où elle se forme en pelote plus grosse que les deux poings, et au centre de laquelle se trouve la reine. Il est alors facile, en coupant la branche, de prendre l'essaim tout entier, et de l'enfermer dans une ruche ; quand on a laissé échapper un essaim, on peut encore le reprendre en faisant un grand bruit, qui effraie les mouches et les force à s'abattre, ou bien en leur jetant de l'eau, qu'elles prennent pour de la pluie.   (*Mag. pittor.*)

Verbe plaire. — Complaire, déplaire.

144. — UN PAVILLON DE CRISTAL.

Il existe dans un château du roi de Siam, en Asie, un pavillon d'été tout entier de cristal; sa longueur est d'environ neuf mètres, et sa largeur de six. Les murailles, les plafonds, les tables, les siéges, les vases, sont en cristal; une seule porte donne accès dans ce pavillon; elle est fermée et enduite extérieurement de ciment vitreux; ni l'air, ni l'eau ne peuvent pénétrer à l'intérieur. Une fenêtre ronde est ouverte au milieu du dôme. Or, cet étonnant pavillon est construit au fond d'un vaste bassin en marbre, que l'on peut remplir d'eau en moins d'un quart d'heure, et mettre à sec en aussi peu de temps. Pendant l'été, le roi va souvent se renfermer dans cet endroit, et on remplit le bassin d'eau jusqu'à l'ouverture qui est au-dessus. Il est aisé de s'imaginer de quelle délicieuse fraîcheur on doit jouir dans cette humide et profonde retraite, tandis que le soleil de la zone torride dévore les campagnes, et échauffe de ses rayons la surface des fleuves et des fontaines.   (*Magasin pittoresque.*)

Verbe prendre. — Apprendre, comprendre, surprendre, désapprendre, entreprendre, se méprendre, rapprendre, reprendre.

XXXVIe COMPOSITION. — APRÈS LE JEU.

Tu as bien joué, et te voici las. Qu'as-tu fait pendant cette soirée? Tous les êtres ont accompli leur destinée : les oiseaux se taisent; l'abeille ne murmure plus; le soleil glisse en se perdant au sommet de l'arbre, au sommet du clocher; la colombe a fui sous son ombrage; les feuilles épaisses cachent les nids qu'elles abritent; voici le crépuscule. Enfant, qu'as-tu fait de ta journée, de ta soirée? Que vas-tu dire à ta mère quand tu reviendras près d'elle? Ce que ta petite voix lui avait promis ce matin, l'as-tu fait? As-tu prié Dieu? as-tu pardonné? ton camarade a-t-il reçu de toi d'heureuses paroles? Va, une soirée arrivera, la soirée du grand jour: tu seras las encore, mais non d'avoir trop joué! Ton corps pliera, tes yeux se fermeront comme aujourd'hui. Dieu

veuille qu'alors ton front soit pur comme maintenant,
pur de péché! Quel compte auras-tu à rendre de ta
journée à la soirée de tes jours?   (*Mag. pittor.*)

Verbe être inscrit.

145. — COMPTABILITÉ MORALE.

Examinez de temps en temps vos progrès; remarquez
les moyens qui vous aident le mieux; étudiez les pro-
cédés de votre intelligence; notez rigoureusement les
moments que vous auriez pu mieux employer, les occasions perdues de faire une bonne œuvre ou d'acquérir
une connaissance utile. Cette habitude si simple de se
rendre compte de tout, de le mettre par écrit et de le
rapporter à un but, est un puissant moyen d'instruction. Elle rend le devoir présent à la pensée; on songe
aux obligations qu'on s'est imposées; on a honte des
écarts auxquels on serait tenté de se livrer, et l'on s'arrête souvent à propos. On s'exerce à développer et à
exprimer ses idées, on se forme un répertoire des
connaissances les plus intéressantes qui est toujours
à notre disposition. Enfin, on apprend à se connaître
d'une manière plus intime, et l'on se prépare pour
l'avenir un recueil plein de charmes, par ces souvenirs
qui nous rappellent les moments importants de notre
vie.   (*Mag. pittoresque.*)

Verbe sourire.

146. — SUR LES BEAUTÉS DU PRINTEMPS.

Comment pourrais-je voir toutes les beautés du printemps, et n'être pas saisi d'admiration pour cet Être
adorable dont la puissance infinie se manifeste avec
tant de gloire! Pourrais-je respirer cet air pur sans me
livrer à de délicieuses méditations! Jamais je ne devrais
contempler un arbre couronné de feuillage, un champ
couvert d'épis, une forêt majestueuse, des prés émaillés
de fleurs; jamais, dans ces jardins, où se trouvent
réunies toutes les beautés de la nature, je ne devrais
cueillir la violette ou la rose, sans penser avec atten-

drissement que c'est Dieu qui, au moyen des arbres,
me couvre d'un ombrage frais; que c'est lui qui rend
les fleurs si belles, et m'en envoie le doux parfum; qui
revêt les prairies et les bois de cette aimable verdure;
qui rend à chaque animal le sentiment de son existence;
que c'est lui par qui j'existe aussi moi-même, et par
qui je jouis du spectacle de la plus agréable des saisons.　　　　　　　　　(*Leçons de la Nature.*)

Verbe rompre. — Corrompre, interrompre.

147. — A UN PÈRE QUI VIENT DE PERDRE SON FILS, NOTRE AMI.

Monsieur,

Quoiqu'il n'y ait guère de consolations pour la perte
douloureuse qui vient de vous frapper dans la personne
de votre fils, je veux cependant essayer d'adoucir votre
juste douleur, en vous faisant connaître la part que j'y
prends, ainsi que toutes les personnes qui ont pu connaître l'aimable jeune homme que vous regrettez à si
juste titre. Ses excellentes qualités, son bon naturel
lui avaient acquis l'affection de tous ceux qui pouvaient
l'apprécier. Sa mort est un deuil pour tous ses camarades; elle laisse parmi eux un vide qu'il sera bien difficile de remplir. J'oserais presque dire que notre perte
est aussi grande que la vôtre; vous retrouviez en lui
un autre vous-même, puisqu'il possédait toutes les
vertus que vous lui aviez inspirées; nous perdons,
nous, un modèle et un exemple permanent, dont la
présence nous encourageait à la pratique du bien : quels
regrets ressentons-nous d'en être privés si tôt! Espé-
rons, Monsieur, que la sympathie que vous trouvez dans
cette cruelle circonstance sera pour vous un baume
qui ne cicatrisera pas, sans doute, mais qui adoucira
vos justes regrets. Je vous prie d'en accepter l'augure,
avec l'assurance des sentiments de celui qui a l'honneur d'être, Monsieur,

　　　　　　　　Votre très-humble serviteur.

Verbe se méprendre.

148. — L'ODEUR DES FLEURS.

Quel air parfumé on respire dans ces bosquets enchanteurs, qui offrent une retraite contre les ardeurs du soleil! Déjà les grappes de lilas s'y sont couronnées de fleurs, et leurs petits tubes odoriférants s'éparpillent et jonchent la verdure qui tapisse les pieds de cet arbuste. Tandis que l'arbre de Judée épanouit près de là ses fleurs, et se distingue par la vivacité de ses nuances, les jasmins garnissent d'une épaisse verdure les murs et les treillages ; des touffes de roses naissent en mille endroits et versent de toutes parts un composé de parfums délicieux. Plus bas, de petits buissons de rosiers nains servent comme de bordures à ces riants tableaux. Quelque embaumés que soient ces lieux charmants, il semble que les fleurs s'étudient à conserver ce qu'elles ont de plus odoriférant pour le soir et pour le matin, temps où la promenade est le plus agréable. Le parfum des fleurs n'est ni assez fort pour porter à la tête et blesser nos organes, ni assez faible pour qu'ils n'en soient point ébranlés.   (*Leçons de la Nature.*)

Verbe suivre. — Poursuivre, s'ensuivre.

XXXVII° COMPOSITION. — PIQURES DE VIPÈRES.

La personne piquée par une vipère sent une vive douleur d'abord à l'endroit blessé ; bientôt, tout autour de ce point, survient une enflure considérable ; rouge au premier instant, cette enflure ne tarde pas à prendre une couleur bleuâtre et livide ; l'empoisonnement devient bientôt général, et ne tarde pas à causer une mort funeste. Pour prévenir une telle catastrophe, aussitôt mordu, il faut serrer au-dessus de la morsure, laisser ensuite saigner la plaie, on activer même l'hémorragie, soit en pressant cette plaie, soit en la trempant dans l'eau chaude. Si la partie mordue est déjà gonflée et surtout livide, il faut la cautériser avec un fer chauffé au rouge blanc. Une fois la cautérisation terminée, on applique sur la plaie et sur toutes les parties voisines

une compresse imbibée d'un mélange de deux cuille-
rées d'huile d'olive, débattue avec une cuillerée d'alcali
volatil ; plus tard, on ne mêlera que quelques gouttes
d'alcali.   (***)

Verbe se suffire.

149. — AVIS CONTRE L'OISIVETÉ.

Les Égyptiens faisaient de l'oisiveté un crime d'État.
Un de leurs rois avait établi dans chaque canton des
juges de police, par devant lesquels tous les habitants
du pays étaient obligés de comparaître de temps en
temps pour leur rendre compte de leur profession.
Ceux qui se trouvaient coupables de fainéantise habituelle étaient condamnés à mort comme des sujets
inutiles. A Lacédémone, en Grèce, on ne souffrait point
de sujets oisifs ; c'était une maxime universelle en ce
pays, que les ventres paresseux étaient partout de mauvaises et dangereuses bêtes. Une des principales fonctions des censeurs, chez les Romains, était de faire
rendre compte à chaque citoyen de la manière dont il
employait son temps ; ceux qui se trouvaient en faute
étaient condamnés aux mines ou aux travaux publics.
Les anciens Germains plongeaient les fainéants de profession dans la bourbe de leurs marais, et les y lais-
saient expirer par un genre de mort proportionné à
leur genre de vie.   (*Magasin pittoresque.*)

Verbe taire.

150. — LA FRANCE.

Si l'on considère que la France, située sous le climat
le plus tempéré de l'Europe, est également à l'abri
des chaleurs excessives qui nuisent aux travaux et
énervent l'homme, et des froids rigoureux qui gênent
l'agriculture dans son principe ; qu'elle jouit enfin
presque toujours d'un beau ciel ; qu'elle peut rendre
toutes les nations tributaires de ses productions et ne
l'être d'aucune, puisqu'elle possède tout ce qui est
nécessaire aux besoins et aux agréments de la vie, on

conviendra sans peine qu'il n'est peut-être point de contrée au monde qui, tout bien compensé, soit plus favorisée de la nature. Nos lois sont suivies par plusieurs nations, nos chefs-d'œuvre traduits dans toutes les langues, nos modes adoptées par les pays amateurs de bon goût, notre langue répandue dans toutes les sociétés polies de l'Europe, notre bravoure nationale prouvée par de glorieux triomphes, nos vertus hospitalières mises à l'épreuve par tous les étrangers. Que de motifs pour se vanter d'être Français!

(MALTE-BRUN.)

Verbe traire. — Distraire, extraire, rentraire, soustraire.

151. — A UN COUSIN QUI VIENT DE FAIRE SA PREMIÈRE COMMUNION.

Cher Cousin,

Il est des événements qui font époque; je mets de ce nombre le beau jour de la première communion; c'est, il me semble, le plus solennel et le plus heureux de notre vie. J'aime à croire que tu penses de même. C'est donc pour te féliciter, cher Cousin, du bonheur que tu as eu cette année de faire ta première communion, que je t'écris ces lignes. Tu sais comme moi toute l'influence que cette grande action doit exercer sur notre existence et combien il importe de la bien faire; c'est elle qui décide presque toujours de notre bonheur ou de notre malheur en ce monde et en l'autre; mais je m'aperçois que je fais une petite morale; je m'arrête; il me siérait mal de te rappeler ce que tu as appris peut-être mieux que moi. Je me permettrai seulement de te dire, cher Cousin, comme ami et comme un peu plus âgé que toi, qu'à la première communion, nous devons en quelque sorte cesser d'être enfant, oublier les amusements puérils, prendre des sentiments d'homme raisonnable, commencer une nouvelle vie. C'est vers ce temps aussi que l'on s'occupe sérieusement d'embrasser une carrière: heureux si, en faisant ce choix, on a pu entrer dans celle où la Providence nous appelle! Ne manque pas, je te prie, de me faire connaître tes projets à cet

gard ; tu sais combien je prends d'intérêt à tout ce qui
te concerne.

Ton affectionné cousin.

Verbe vaincre. — Convaincre.

152. — LA NATURE A L'AURORE.

L'aurore nous découvre pour ainsi dire une nouvelle
et superbe création. Elle met sous nos yeux la terre
dans tout l'appareil de sa magnificence : les montagnes
avec les grands bois qui les couronnent, les coteaux
avec les vignes qui les tapissent, les campagnes avec
les moissons qui les couvrent, les prairies avec les rivières qui les arrosent. Leur verdure n'eut jamais plus
de fraîcheur ; les rayons du jour naissant brillent agréablement à travers les feuilles de ces rosiers sauvages ;
ils dorent le plumage de l'alouette, qui, soutenue par
les zéphyrs, fait retentir les airs de ses chants variés.
Mille oiseaux sur le sommet des arbres, les bergers
dans les vallons, et toutes les autres créatures, à leur
manière, célèbrent de concert les attraits de la nature,
qui paraît s'éveiller d'un paisible sommeil. Au bienfait
de la renaissance du monde l'aurore en ajoute un second, qui n'est pas moins précieux : elle fait aussi
revivre l'homme en le tirant du sommeil, et l'avertit
du moment où il doit se remettre au travail, source
pour lui du vrai bonheur.   (*Leç. de la Nature.*)

Verbe vivre. — Survivre.

XXXVIIIe COMPOSITION. — LETTRE D'UN JEUNE HOMME
QUI VIENT DE QUITTER LA CLASSE, A UN NÉGOCIANT,
POUR LUI DEMANDER UNE PLACE DE COMMIS DANS SA
MAISON.

Monsieur,

Je viens de terminer d'assez bonnes études ; j'ai le
désir de bien faire et l'amour du travail. De plus, je
dois venir en aide à mes parents, qui ont fait pour moi
de grands sacrifices, plus grands que leur position de
fortune ne semblait le faire espérer.

Il dépend de vous, Monsieur, de me mettre en état d'utiliser l'instruction que j'ai acquise, de rendre à mes parents une partie de ce qu'ils ont fait pour mon éducation : accordez-moi pour cela une place de commis dans votre maison. C'est cette faveur que je viens solliciter ; je compte, pour l'obtenir, sur votre bonté, si connue de tous ceux qui ont été assez heureux pour se trouver en rapport avec vous. Daignez agréer l'expression des sentiments de respect avec lesquels je suis,

Monsieur,

> Votre très-humble
> et très-obéissant serviteur,
>
> JULES MONTANT.

Verbe se soustraire.

FIN DE LA PREMIÈRE PARTIE.

DEUXIÈME PARTIE.

EXERCICES EN RAPPORT AVEC LE COURS DES MOYENS.

153. EXERCICE. — *Les élèves auront à conjuguer tous les temps de l'indicatif et du conditionnel du verbe être suivi de deux adjectifs, suivant le modèle ci-après.*

Présent de l'indicatif. — Je suis paisible et tranquille ; tu es civil et poli ; il est pieux et doux ; nous sommes paisibles et tranquilles ; vous êtes civils et polis ; ils sont pieux et doux.

Outre les temps de verbe, on aura encore à analyser la phrase ci-dessous, en disant seulement la nature de chaque mot ; il en sera de même jusqu'au n° 161. — On devra toujours copier la phrase en tête de l'analyse.

La prière est le fondement des vertus. Priez donc souvent.

154. EXERCICE. — *Conjuguez, selon le modèle ci-dessous, le présent du conditionnel et les temps du subjonctif.*

Présent du conditionnel. — J'aurais mon livre et celui de mon ami ; tu aurais ton livre et celui de ton amis il aurait son livre et celui de son ami ; nous aurion ; nos livres et ceux de nos amis ; vous auriez vos livres et ceux de vos amis ; ils auraient leurs livres et ceux de leurs amis.

Phrase à analyser.—Quand vous avez prié, ne sentez-vous pas votre cœur plus léger et votre âme plus contente ?

155. EXERCICE. — *On conjuguera la phrase ci-dessous aux temps simples de l'indicatif.*

Aimer la prière, son travail et ses occupations.

Phrase à analyser. Pondichéry était, vers dix-sept cent trente-cinq, la seule place vraiment importante que la France possédât sur le continent indien.

156. EXERCICE. — *On conjuguera, suivant le modèle ci-dessous, les temps du subjonctif.*

Présent du subjonctif. — Que je finisse ma version et toi la tienne ; que tu finisses ta version et eux la leur ; qu'il finisse sa version et nous la nôtre ; que nous finissions nos versions et vous les vôtres ; que vous finissiez vos versions et eux les leurs ; qu'ils finissent leurs versions et moi la mienne.

Phrase à analyser.—Oh ! combien est court le temps présent ! Tout ce qui finit peut-il être estimé long ?

EXERCICE DE LA XXXIX° COMPOSITION. — *Les élèves, en copiant la lettre ci-dessous, mettront, selon le sens des phrases, les mots qui manquent.*

UN FILS A SA MÈRE LE JOUR DE L'AN.

Chère Maman,

Quoiqu'il y ait peu de ... que je t'ai écrit, tu ne seras pas ... que je le fasse encore aujourd'hui ; tu serais ... plutôt et avec ..., de voir reparaître la nouvelle ... sans voir aussi arriver une ... de ton petit Jules, sans ... ses tendres souhaits et tous les ... qu'il ... à cette époque pour ton ... et pour la ... de tes ans. Ma ... ..., mon éloignement ne m'a point changé ; je suis loin d'... ce devoir sacré de l'amour filial. Oh ! il est trop ... à mon ... ; j'oublierais plutôt tous les ... et toutes les ... que je puis goûter, que de ... de renouveler, au retour de ... fête que j'aime tant, ... de ma ... et de ma reconnaissance pour ... de bonté et de tendresse que tu me ...

Daigne, chère Maman, ... ces souhaits, et me croire toujours ton tendre fils,   **X.**

Phrase à analyser.—En fait de parure, il faut toujours rester au-dessous de ce qu'on peut.

157. EXERCICE. — *On conjuguera, selon le modèle ci-dessous, les temps du conditionnel et de l'impératif.*

Présent du conditionnel. — Je recevrais mon salaire de la main de mon maître ; tu recevrais ton salaire de la main de ton maître ; il recevrait son salaire de la main de son maître; nous recevrions nos paiements des mains de nos contre-maîtres; vous recevriez vos paiements des mains de vos contre-maîtres; ils recevraient leurs paiements des mains de leurs contre-maîtres.

Phrase à analyser.—La nature demande le nécessaire, la raison veut l'utile, l'amour-propre recherche l'agréable; la passion exige le superflu, la religion se plaît dans les privations.

158. EXERCICE. — *On conjuguera, selon le modèle ci-dessous, les temps du subjonctif.*

Présent du subjonctif. —Que je rende moi-même mes actions de grâces au Seigneur; que tu rendes toi-même consciencieusement tes comptes; qu'il rende lui-même son exil moins ennuyeux; que nous rendions nous-mêmes nos actions de grâces au Seigneur; que vous rendiez vous-mêmes consciencieusement vos comptes; qu'ils rendent eux-mêmes leur exil moins ennuyeux.

Phrase à analyser.—Il faut faire ce qui est dans l'ordre, précisément parce qu'il est dans l'ordre.

159. EXERCICE. — *On conjuguera, selon le modèle ci-dessous, les temps composés de l'indicatif.*

Passé indéfini. — J'ai été chéri, aimé et respecté des miens; tu as été chéri, aimé et respecté des tiens; il a été chéri, aimé et respecté des siens ; nous avons été chéris, aimés et respectés des nôtres; vous avez été chéris, aimés et respectés des vôtres; ils ont été chéris, aimés et respectés des leurs.

Phrases à analyser.—Tôt ou tard, Dieu rend à chacun selon ses œuvres. Personne ne commande avec sûreté que celui qui a appris à obéir.

160. EXERCICE. — *On conjuguera les phrases ci-dessous à tous les temps du conditionnel.*

Être parti avec sa condamnation, être revenu avec son pardon.

Phrase à analyser. — La France, de mil six cent soixante à mil sept cent, prit une part fort active au système colonial, et son gouvernement commença à donner une attention sérieuse à ce nouveau genre d'industrie.

EXERCICE DE LA XLe COMPOSITION. — *Les élèves, en copiant la lettre ci-dessous, mettront les mots qui manquent, suivant le sens des phrases.*

UN ENFANT À SON PÈRE LE JOUR DE SA FÊTE.

Cher Papa,

Si, comme l'année dernière, tu étais ici au ... de ta ..., je ... me servirais point de papier ni d'encre pour te ... souhaiter ; je ... ferais de ... voix avec ... frère Émile et ma sœur Julie. Notre petit ... était déjà tiré, nos ... étaient déjà choisies et toutes prêtes, mais ... voilà frustrés pour cette fois ; nous ... bien privés, je t'assure, cher ,..., Je ... dédommage un peu pour mon ... en t'adressant cette petite ..., qui n'est cependant qu'une ... expression de tout ce que mon ... voudrait te ..., et dont ta ... me fournit .... Les ... que nous avons ..., sont pour nous l'emblème et l'image de ta ..., et en rappelant les ... de ton glorieux ..., nous croyons admirer les .... Nous prions aujourd'hui ce ... protecteur de t'obtenir de longs et heureux .... Que ces ... te soient ... et nous méritent la ... de tes soins ... ; c'est tout ce que nous désirons, cher Papa.

Je suis toujours ton très-soumis et tendre fils.   **X.**

Phrases à analyser. —

    Vains mortels, que du monde endort la folle ivresse,
    Écoutez, il est temps, la voix de la sagesse.
    Heureux, et seul heureux qui s'attache au Seigneur !
    Pour trouver le repos, le bonheur et la joie,
    Il n'est qu'un seul chemin, c'est de suivre sa voie
    Dans la simplicité du cœur.

161. EXERCICE. — *On conjuguera, selon le modèle ci-dessous, tous les temps simples de l'indicatif et du subjonctif.*

Présent de l'indicatif. — Je me repens de ma négligence ; tu t'accuses de ta désobéissance ; il se punit de sa nonchalance ; nous nous repentons de nos négligences ; vous vous accusez de vos désobéissances ; ils se punissent de leur nonchalance.

Après avoir copié la phrase ci-dessous, on l'analysera en disant la nature et l'espèce de chaque mot ; il en sera de même jusqu'au n° 169.

Dieu seul est le souverain de nos âmes.

162. EXERCICE. — *On conjuguera la phrase ci-dessous à tous les temps du subjonctif.*

Construire pour soi et pour les siens.

Phrase à analyser. — C'est le Seigneur qui opère les merveilles dont nous sommes témoins.

163. EXERCICE. — *On conjuguera la phrase ci-dessous à tous les temps composés de l'indicatif.*

Succomber sous le faix et se relever.

Phrase à analyser. — Jean Nicot, ambassadeur de France à Lisbonne, en quinze cent soixante, fit connaître le tabac à Paris, où on l'appela Nicotiane.

164. EXERCICE. — *On conjuguera la phrase ci-dessous à tous les temps simples de l'indicatif.*

Tout souffrir et ne s'affliger de rien.

Phrase à analyser.—Vers seize cent trente, quelques négociants français commencèrent à exploiter la Martinique et la Guadeloupe ; à la fin du siècle, ces deux îles produisaient déjà une immense quantité de sucre.

EXERCICE DE LA XLI° COMPOSITION. — *Les élèves, en copiant la lettre ci-dessous, mettront les mots qui manquent, suivant le sens des phrases.*

UN PROTÉGÉ A SON BIENFAITEUR LE JOUR DE SA FÊTE.

Monsieur,

C'est demain le jour de …; je m'empresse de venir vous la … aussi … que peut le désirer un enfant qui vous … beaucoup, et qui … toujours, avec …, les occasions que la … lui fournira de vous … sa vive et … gratitude. Je prie aujourd'hui votre illustre …, Monsieur, de rendre prospères et de prolonger vos … si précieux et si … à celui qui se … toujours avec le plus … respect et la … la plus sincère, Monsieur,

Votre très-humble et très-… protégé. X.

Phrases à analyser. —
Publions les bienfaits, célébrons la justice
Du souverain de l'univers.
Que le bruit de nos chants vole au delà des mers !

165. Exercice. — *On conjuguera la phrase ci-dessous aux temps composés du subjonctif.*

Ne pas étendre son commerce, mettre le désordre chez soi et ne pas accomplir son devoir.

Phrases à analyser. — Les bienfaits que nous avons reçus méritent notre reconnaissance. La reconnaissance est le premier besoin d'une belle âme.

166. Exercice. — *On conjuguera la phrase ci-dessous aux temps du conditionnel.*

S'occuper pour mériter sa récompense et s'en rendre digne par ses efforts.

Phrase à analyser. — Au milieu du dix-septième siècle, les Hollandais et les Anglais se disputent l'empire des mers ; à la fin, ils s'unissent contre la France, qui menace de le conquérir.

167. Exercice. — *On conjuguera la phrase ci-après au présent, à l'imparfait et au futur présent.*

Haïr le péché, servir Dieu, le prier et ne pas l'offenser.

Phrase à analyser. — L'encens est une gomme-résine qui découle par l'incision d'un arbre que produit l'Arabie Heureuse ; la liqueur se fige en tombant, et se met en larmes rondes d'un blanc tirant sur le jaune.

168. Exercice. — *On conjuguera la phrase ci-dessous au passé indéfini, au passé antérieur et au plus-que-parfait de l'indicatif.*

Se tromper et ne pas se reprendre soi-même.

Phrase à analyser. — Le style est la manière d'exprimer ses pensées en parlant ou en écrivant avec certaines règles, et avec les formes et les ornements dont elles sont susceptibles.

Exercice de la XLIIe composition. — *Les élèves, en copiant la lettre ci-dessous, mettront les mots qui manquent, suivant le sens des phrases.*

UN FILLEUL A SON PARRAIN,
POUR LE REMERCIER D'UN BIENFAIT.

Mon cher Parrain,

Vous me ... souvent que ce n'a pas été pour vous une vaine ..., lorsque, au premier de mes ..., vous avez bien voulu... mon patron et... prendre pour... enfant adoptif; sans cesse, j'ai à vous ... de vos .... Celui que vous venez de m'accorder, en me faisant ... dans l'établissement où je suis, n'est pas le ...; c'est ici que je ... continuer l'éducation que vous avez ... vous-même à me ..., et que je me ... à même de remplir un jour un ..., honorablement. C'est la ... je n'en doute pas, cher ..., que vous vous proposez; ce sera aussi le ... de tous mes ...; car je serai toujours ... de pouvoir répondre à vos soins et à ... que vous me portez.

Recevez, cher Parrain, la nouvelle expression des ...

De votre très-... filleul.   X.

Phrases à analyser. —
O Dieu, que ton pouvoir est grand et admirable!
Qui pourra se cacher au trait inévitable
Dont tu poursuis l'impie au jour de ta fureur?

169. Exercice. — *On copiera les mots ci-dessous en écrivant après chacun son correspondant féminin.*

Parent, cousin, orphelin, tuteur, prince, duc, comte, baron, fermier, marchand, paysans, villageois, musicien, écolier, cuisinier, voisin, porteur, protecteur, bienfaiteur, pécheur, saint, gouverneur, instituteur, compagnon, ouvrier, journalier, teinturier, boucher, boulanger, nègre, hôte, prophète, abbé, lecteur, religieux, filleul, fainéant, menteur, ambassadeur, européen, américain, espagnol, tourangeau, provençal, franc-comtois, bas-breton, castillan, grec, turc.

Après avoir écrit la phrase ci-dessous, on analysera seulement les mots imprimés en italiques, disant la nature, l'espèce et les modifications de chacun; il en sera de même jusqu'au n° 77.

L'homme de bien fait le bonheur de ses semblables.

170. Exercice. — *On conjuguera la phrase ci-après au présent du conditionnel et aux temps simples du subjonctif.*

S'immortaliser et ne pas s'enorgueillir.

Analysez les mots en italiques.—*Calais, qui, depuis deux cent dix ans, livrait la France aux ennemis; qu'Édouard III, après le désastre de Crécy, n'avait pris qu'au bout de onze mois de siége, fut forcé et repris par le duc de Guise après dix jours de tranchée, en quinze cent cinquante.*

171. EXERCICE. — *On conjuguera, selon le modèle ci-dessous, l'imparfait de l'indicatif et les temps composés du même mode.*

Imparfait de l'indicatif. — Chérissais-je mon prochain comme moi-même; chérissais-tu ton ami comme toi-même; chérissait-il son frère comme lui-même; chérissions-nous notre prochain comme nous-mêmes; chérissiez-vous vos amis comme vous-mêmes; chérissaient-ils leurs frères comme eux-mêmes.

Analysez les mots en italiques. — L'*émail est une* préparation particulière du verre *auquel on* donne différentes couleurs, *tantôt en lui conservant* une partie de *sa* transparence, *tantôt en la lui ôtant.*

172. EXERCICE. — *On copiera les mots ci-dessous, écrivant après chacun son correspondant féminin.*

Père, grand-père, homme, oncle, grand-oncle, frère, neveu, parrain, serviteur, roi, mur, toit, fondement, portail, caveau, fauteuil, village, mont, antre, salon, monsieur, sermon, mouton, coq, canard, chemin, usage, entretien, repentir, conte, contentement, courroux, chaud, laid, faux, fardeau, chantre, changement, bout, rivage, animal, nuage, attachement, remerciement, logis.

Analysez les mots en italiques. — La *clarté* du style consiste à *s'exprimer* de manière à *être compris aisément, sans* effort, par *celui qui nous* lit, *en sorte qu'il saisisse* au premier *coup d'œil ce qu'on veut lui dire.*

EXERCICE DE LA XLIIIe COMPOSITION. — *En copiant la lettre ci-dessous, on mettra, suivant le sens des phrases, les mots qui manquent.*

UN ENFANT A SON FRÈRE AU JOUR DE SA FÊTE.

Mon cher Jules,

Ton petit frère voit avec une bien … joie … le jour de ta …; il vient te la … de tout son …, et te … qu'il t'aime et te … toujours. Tu me …, je …, mon cher Jules, de t'envoyer un …; je le remplace par les … que je fais pour … et que je … dans cette … lettre. Ces vœux, ils sont … et … par le cœur de ton jeune frère qui t'aime beaucoup et… bien tendrement.   **X.**

Analysez les mots en italiques. —
  Si dans le jour de *tes* vengeances
  Tu considères mes offenses,
  Grand Dieu, *quel sera* mon appui?
  C'est à *toi* seul *que je* m'adresse.
  Et c'est *en ta* sainte promesse
  Que mon cœur espère *aujourd'hui.*

173. EXERCICE. — *On conjuguera la phrase ci-après aux temps simples du subjonctif.*

Prévoir, prévenir, combattre tout ce qui menace son existence, et défendre sa vie par tous ses sens.

Analysez les mots en italiques. — La vanité ébranle les vertus quand elle ne les renverse pas. Les méchants ne sont pas heureux, quoiqu'ils prospèrent quelquefois.

174. EXERCICE. — *On conjuguera la phrase ci après au présent, à l'imparfait et au futur de l'indicatif.*

Être destitué, se remuer, statuer, être habitué et s'insinuer.

Analysez les mots en italiques. — Du Guesclin, mort en treize cent quatre-vingts, fut regardé comme le plus grand homme de son siècle. Il a secondé le génie de Charles V, et il a contribue puissamment à la gloire de son règne.

175. EXERCICE. — *On conjuguera, selon le modèle ci-dessous, le présent, l'imparfait, le futur de l'indicatif et le présent du conditionnel.*

Présent de l'indicatif. — Je le remercie de son service et je me glorifie de ses attentions; tu es humilié et disgracié parce que tu as injurié; il bonifie ses denrées et ne les falsifie pas. Nous les remercions de leurs services et nous nous glorifions de leurs attentions; vous êtes humiliés et disgraciés parce que vous avez injurié; ils bonifient leurs denrées et ne les falsifient pas.

Analysez les mots en italiques. — C'était avec un léger pinceau que les anciens écrivaient, et leur encre n'était autre chose que du charbon pilé dans un mortier, et détrempé auprès du feu ou au soleil, avec de la gomme pour lui donner de la consistance.

176. EXERCICE. — *En copiant les phrases ci-dessous, on les mettra au pluriel.*

Le serment du témoin; la sentence du juge; l'atelier de l'ouvrier; le sermon de ce prédicateur; la harangue de cet orateur; un caporal à la porte du général; un

rideau à la fenêtre ; le poisson de mon étang ; l'eau de
ce marais ; mon poing et mon bras ; l'excès de la passion;
le succès de l'entreprise ; le lilas de notre fleuriste ;
l'arbrisseau de notre bosquet ; l'œil du lynx ; le bateau
du batelier ; le navire de l'armateur ; une sentinelle à
l'arsenal ; le neveu de ce filou ; le trou du hibou ; un
clou pour tenir le verrou ; l'essieu de la voiture ; le confessionnal du vicaire ; l'intérêt du capital ; la voix de
mon ami ; le ciel de ce tableau ; le fanal de la côte ; le
portail de la cathédrale ; la croix du cimetière ; le prix
du travail ; le maréchal de notre hameau ; tu mettras
une rampe à l'escalier du château ; obéis à la loi ; donne
un outil à ce sculpteur ; allume le flambeau ; parle de
ton aïeul paternel à ton fils.

Analysez les mots en italiques.—Il faut éviter, en voulant écrire
avec trop de pureté, de *se jeter dans cette* affectation de *ne parler
qu'avec des mots nouveaux ou trop recherchés.*

EXERCICE DE LA XLIVe COMPOSITION. — *En copiant la
lettre ci-dessous, on mettra, suivant le sens des phrases,
les mots qui manquent.*

UN ÉLÈVE AU PÈRE D'UN CONDISCIPLE
QUI VIENT DE MOURIR.

Monsieur,

L'affreux... qui vient de vous..., ne vous a pas... seul ;
ma... a été extrême en apprenant que mon... Jules n'est
plus ... Quoi ! ... ne ... plus cet ami que j'..., ce ... avec
lequel j'ai passé de si.... moments ; cette pensée m'...;
..., et tous ceux qui ont connu et ... votre ..., éprouvent
les mêmes ... et les ... regrets sur sa perte. Une réflexion, ... Monsieur, doit nous consoler, ou tout au
moins ... notre ...: c'est la mort édifiante de ...; ç'a
été, on m'a dit, celle d'un petit ...; mes ... n'en sont
point surpris en se rappelant les ... de ... qu'il nous a
... donnés ; il ... notre modèle à tous pour la ..., la sagesse et le .... C'est pour vous ..., Monsieur, combien
nous prenons ... nous-mêmes à la perte que vous venez
de ..., que je vous écris ces ..., au nom de tous mes
condisciples.

Analysez les mots en italiques. —
Que la simplicité d'une vertu paisible
Est sûre d'être heureuse en suivant le Seigneur !

Dessillez-vous, mes yeux ; *console-toi,* mon cœur.
Les voiles *sont levés ;* sa conduite *est,* visible
Sur le juste et sur le pécheur.

177. EXERCICE. — *On conjuguera la phrase ci-dessous aux temps simples du subjonctif.*

Récréer ses condisciples, rejeter leurs offres et accepter ce qu'on n'avait pas agréé d'abord.

Après avoir écrit les phrases ci-dessous, on analysera les mots imprimés en italiques, disant la nature, l'espèce, les modifications et la fonction de chacun ; il en sera de même de toutes les analyses suivantes.

La bonne *éducation* fait le *bonheur* de l'*homme.* Pardonner à ses *ennemis* est un *devoir.* O mon *Dieu* et mon *Roi,* je bénirai votre *nom* dans le *temps* et dans les *siècles des siècles.* Vaincre ses *passions* est la *preuve* du *courage.*

178. EXERCICE. — *On conjuguera la phrase ci-après au présent de l'indicatif et au passé défini.*

Acquiescer à ses inclinations, s'engager, avancer dans la mauvaise voie, se décourager, mais à la fin renoncer aux suggestions du démon.

Analysez les mots en italiques. — *Les* martyrs ont confessé *le* nom *du* Sauveur *des* hommes devant *les* empereurs et *les* rois. *Aux* questions que *les* juges leur adressaient, ils répondaient : Nous sommes chrétiens ; *au* Seigneur soit *la* gloire, *l'*honneur, *la* puissance et *la* majesté ; qu'il règne *aux* siècles *des* siècles.

179. EXERCICE. — *On conjuguera la phrase ci-dessous au passé défini et à l'imparfait du subjonctif.*

Commencer son devoir, s'efforcer de le bien faire et ne pas le recommencer.

Analysez les mots en italiques. — La *vraie* joie, le bonheur *véritable* ne peut procéder que de la paix *intérieure.* La *vertu* est *aimable,* le vice est *odieux. Heureux* du siècle, *pauvres* de la terre, apprenez que le *Seigneur* est le juge du *riche* et du *malheureux.* Le *vrai seul* est *aimable.*

180. EXERCICE. — *En copiant les phrases ci-dessous on les mettra au singulier.*

Les fils de ces hommes ; les palais des rois ; les bourgeois de nos campagnes ; les cours des fleuves ; les avis de leurs avocats ; les puits des déserts ; les mets de vos régals ; les pois de mes jardins ; les remords des pécheurs ; les laquais des propriétaires ; les brebis dans les bergeries ; les héros des armées ; les legs des testateurs; les lambris des salons; les croquis de tes dessins; les tamis des boulangers et des plâtriers; les châssis de tes croisées; les relais des courriers; les frimas et les verglas des hivers; les entremets de ses repas; les traces de ses entreprises; les marquis de ces marquisats; les commis de nos barrières; les treilles de nos enclos; les plâtris et les débris de nos démolitions; des vers de quatre syllabes; les fonds de cinq tonneaux; les cadenas de nos trois coffres; les noix de nos noyers; visez les perdrix; allez chercher les faux de nos moissonneurs; coupez les riz des rizières; cousez et recousez les accrocs de vos habits.

Analysez les mots en italiques. — *Grand Dieu! souverain maître de l'univers! quel lieu pourrai-je parcourir où je ne trouve les marques de votre présence? La science est un trésor précieux. L'utile est préférable à l'agréable.*

EXERCICE DE LA XLV° COMPOSITION. — *En copiant la lettre ci-dessous, on mettra, suivant le sens des phrases, les mots qui manquent.*

UN ENFANT À UNE PROTECTRICE, POUR LUI DEMANDER
UN SECOURS À L'OCCASION DE LA PREMIÈRE COMMUNION.

Madame,

Me voici à la veille de ... ma première ...; depuis .., on m'a fait connaître que la meilleure ... que je puisse ... à cette grande ..., n'est pas la beauté des ...; cependant, on désire que je sois ... et que mes ... soient décents; mes parents, très-gênés dans ce ..., ne peuvent, ... leur bonne volonté, m'... ce qui me serait ... pour ce jour-là; c'est ..., Madame, j'ose ... de votre bonté ... secours ... m'aider à me procurer pour cette circonstance, la plus ... et la plus ... de ma vie, un ... un peu plus ... que celui que je ...

Daignez agréer d'avance l'... de la ... reconnaissance avec ..., Madame,

Votre très-humble et très-... protégé.

Analysez les mots en italiques. —
Paraissez, *Roi des rois*; venez, *Juge suprême,*
Faire éclater votre *courroux*
Contre *l'orgueil* et *le blasphème*
De *l'impie armé* contre vous.
Le *Dieu* de l'univers est le *Dieu* des vengeances
Le *pouvoir* et le *droit* de punir *les* offenses
N'appartient qu'à ce Dieu *jaloux.*

181. EXERCICE. — *On conjuguera les phrases ci-dessous à l'imparfait de l'indicatif et à l'imparfait du subjonctif.*

S'arroger des droits injustes, ne pas s'engager inutilement et ne pas interroger sans motif.

Analysez les mots en italiques. — A la *fin* du *quinzième* siècle florissait le *fameux* Pic, de la Mirandole, qui, dans *sa dix-huitième* année, savait *vingt-deux langues*, et soutint, à ce *même âge*, *une thèse* sur *toutes* les sciences cultivées de *son temps*.

182. EXERCICE. — *On conjuguera interrogativement la phrase ci-dessous à tous les temps composés de l'indicatif.*

Voyager pour son plaisir et négliger ses devoirs.

Analysez les mots en italiques. — *Chacun* s'envisage toujours par *certains côtés favorables* qui *l'empêchent* de *se reconnaître* tel qu'*il* est. *Il a été* reconnu que *celui qui* aime véritablement *ses amis* trouve son *plaisir* dans *le leur*.

183. EXERCICE. — *On conjuguera les phrases ci-dessous à la deuxième personne du singulier de tous les temps simples de l'indicatif.*

S'effrayer facilement; grasseyer par sa faute; employer ses armes damasquinées; foudroyer ses ennemis; charroyer les gravois; louvoyer pour atteindre la côte; corroyer des peaux d'agneau.

Analysez les mots en italiques. — Lorsque je *suis* dans *une* situation qui *demande* de *la force* et de *l'énergie*, *il me semble* que je *me trouve* presque à ma *place*. *Celui qui a parlé* ainsi *était* certainement *animé* par *un grand courage*.

184. EXERCICE. — *En copiant les phrases ci-dessous, on mettra au singulier les mots de la première partie qui peuvent y être mis; dans la deuxième, on mettra au pluriel ceux qui sont susceptibles d'y être employés.*

Ire Partie. — Les lunettes des myopes et des presbytes; les lunettes et les télescopes de nos observatoires; des mouchettes et leurs plateaux; les funérailles de nos aïeux; les arrérages de nos capitaux; les ténèbres, les vêpres et les complies des monastères; les archives des notaires et des huissiers; les fonts des baptistères; les vivres apportés par des convois; les folios et les versos de ces journaux; les solos, les trios et les quatuors de ces orchestres; les quiproquos et les coq-à-l'âne de ces bavards sempiternels.

IIe Partie. — L'orgueil de l'homme ; la modestie de ce jeune homme ; l'ardeur du guerrier ; la bile du malade ; la conduite de ce gentilhomme ; l'ivresse et l'irréflexion du jeune âge ; le sang du lynx et du léopard ; le courage du militaire ; l'honneur de la magistrature ; le post-scriptum de ma pétition ; le fac-simile du faussaire ; l'errata de ce volume in-trente-deux.

Analysez les mots en italiques. — On sait que Jeanne d'Arc, âgée de *vingt* ans, *fut brûlée*, à Rouen, *le trentième* jour de mai quatorze cent trente et un ; *tout son* courage lui resta dans *ce moment* suprême. « Je *suis* forte, *dit-elle* aux Anglais : il *faut que je meure* ; mais *Celui qui* m'a envoyée, mon maître et *le vôtre*, se *charge* de me venger. »

EXERCICE DE LA XLVIe COMPOSITION. — *En copiant la lettre ci-dessous, on mettra, suivant le sens, les mots qui manquent.*

A UNE BIENFAITRICE,
POUR LA REMERCIER DU SECOURS QU'ELLE A ENVOYÉ
A L'OCCASION DE LA PREMIÈRE COMMUNION.

Madame,

Grâce ... que vous avez eu de venir en aide ..., j'ai pu me ... à la cérémonie de la ... habillé proprement et dans un état plus ... que celui où j'aurais été sans votre ... généreux concours.

Je n'ai pas oublié, le jour de cette belle et touchante solennité, de ... pour les personnes charitables qui me ... de l'intérêt, et vous avez été, ..., placée au premier rang.

Agréez aussi les ... bien ... de mes parents, et soyez assurée que je suis avec un profond respect, Madame,

Votre très-soumis et très-reconnaissant protégé.

Analysez les mots en italiques. — O *Vous qui* pouvez *tout ! Vous* êtes *Celui auquel* nous rendons gloire.

Le Seigneur parle, et *l'infidèle*
Tremble pour ses *propres* Etats,
Il *flotte*, il se *trouble*, il *chancelle*,
Et la terre *fuit* sous *ses* pas.

185. EXERCICE. — *On conjuguera interrogativement les phrases ci-dessous à la 3e personne du singulier des temps simples de l'indicatif.*

Chanceler dans ses bonnes résolutions ; harceler ses concurrents ; se rappeler ses fautes et s'en repentir ;

ficeler les ballots et les envoyer à la poste; contre-sceller les ordonnances; desseller les chevaux et les conduire à l'écurie.

Analysez les mots en italiques.— Perdre le temps c'est oublier son devoir. Il faut se proposer d'être toujours vrai dans ses paroles. Par la charité, la religion dirige nos penchants vers le ciel, en les épurant et les rapportant au Créateur.

186. EXERCICE. *— On conjuguera négativement les phrases ci-dessous à la première personne du singulier de tous les temps simples de l'indicatif et du conditionnel.*

Se décolleter en jouant; compléter son rapport; refléter la lumière; empiéter sur les droits d'autrui; fureter à tort et à travers; frelater le vin et l'étiqueter.

Analysez les mots en italiques.— Rien ne doit nous toucher si sensiblement que la religion méprisée tant soit peu. Peu d'hommes pensent à la mort, aussi beaucoup sont surpris, car elle arrive bien souvent tout à coup. Soyez économe chez vous, prodigue envers les étrangers, et fidèle à l'égard de vos amis.

187. EXERCICE. *— En copiant les phrases ci-dessous, on leur donnera le sens négatif.*

Être docile aux vérités de l'Evangile; se repentent-ils de leurs fautes, et sont-ils résolus de s'en corriger? je suis courageux et intrépide; si tu t'instruis, tu acquerras l'estime publique; si tu portais un prompt jugement, tu te tromperais souvent; si tu fréquentes les libertins, tu deviendras méchant facilement; doit-on oublier les bienfaits qu'on a reçus? met-on un accent sur l'*e* qui précède une consonne doublée? l'*e* qui précède l'*x* prend-il un accent? manquerai-je d'accomplir mes devoirs religieux? jugeras-tu sur les apparences? si tu t'aides, le Ciel t'aidera; les mauvais généraux sont-ils bien vus de leurs soldats? un homme résolu craint-il le danger? l'impie et l'athée croient-ils en Dieu extérieurement?

Analysez les mots en italiques. — Les palais superbes cachent des soucis cruels comme le toit du pauvre ; et, de peur que notre exil ne nous devienne trop aimable, nous y sentons toujours qu'il manque quelque chose à notre bonheur. Hélas ! ce qui doit finir peut-il vous paraître long ?

188. EXERCICE. *— On remplacera les noms masculins par des noms féminins, et on fera l'accord.*

Le père prudent, édifiant et civil ; un villageois social, libéral, jovial ; le musicien hollandais, suédois ou norwégien ; un ouvrier fidèle, intègre, agile, actif, prévoyant ; un esclave chauve, pâle, blême, hâve ; un journal quotidien, journalier, hebdomadaire, mensuel, trimestriel, annuel ; un homme fripon, bouffon, poltron ; le grand-père paternel ou maternel ; un inspecteur pensif, réfléchi, vif ; un nombre positif ou négatif, rationnel ou irrationnel, commensurable ou incommensurable ; un écolier doux, pieux, ingénieux, studieux, officieux, travailleur ; un pêcheur contrit, repentant et absous ; mon frère est hardi, franc et téméraire.

Analysez les mots en italiques. — *Prier* est un *moyen d'éviter* la tentation. En *aimant* le Seigneur et en *observant ses* commandements, on travaille *pour soi-même*. Les prédécesseurs *de* Charles le Sage pouvaient *à peine* entretenir une garde pour *eux ; tandis que* lui, *non-seulement* il payait une forte armée, *mais encore* il avait une flotte nombreuse.

Exercice de la XLVII° composition. — *En copiant la lettre ci-dessous, on mettra, suivant le sens, les mots qui manquent.*

A UN GRAND-PAPA, POUR S'EXCUSER DE NE LUI AVOIR
PAS ÉCRIT LE JOUR DE SA FÊTE.

Cher Grand-Papa,

Je viens ... vous souhaiter une bonne et ... ; mais j'ose espérer ..., quand je vous aurai fait connaître les raisons ... de le faire .... Sans être ..., j'ai été assez indisposé la ... pour ne pas pouvoir aller en ..., ni même écrire. Les soins... et le repos..., m'ont mis à même, Dieu merci, de ... mes leçons. Mais, mon cher ..., si je n'ai pas pu vous exprimer ... le beau ..., je n'ai pas manqué pour cela de ... votre ... et de lui demander qu'il ... ici-bas de longs jours, car une carrière ..., cher Grand-Papa, ne devrait pas finir. Voilà les vœux que je ..., et les sentiments dans lesquels ...., cher Grand-Papa,

Votre très-respectueux petit-fils.

Analysez les mots en italiques. —

Grand *Dieu*, daigne *sur* ton esclave | *Si de* ta suprême justice
Jeter un regard paternel : | L'honneur doit *être réparé*,
Confonds le crime qui *te* brave, | Venge-*toi seulement* du vice,
Mais épargne le criminel : | En le *chassant* des cœurs *dont*
Et s'il te faut un sacrifice, | Il *s'est* emparé.

189. EXERCICE. — *On conjuguera la phrase ci-dessous à tous les temps composés de l'indicatif.*

Se coucher, penser à Dieu et s'endormir.

Analysez les mots en italiques. — *Nées le plus souvent de l'orgueil, les vertus humaines y trouvent ordinairement leur tombeau. La terre est pour l'homme, et l'homme pour le ciel.*

190. EXERCICE. — *On conjuguera la phrase ci-dessous au passé indéterminé, au futur antérieur et au premier passé du conditionnel.*

Les dettes que j'ai dues à mon créancier, je les ai payées, et j'en ai exigé un acquit, selon mon droit.

Analysez les mots en italiques. — *Celui qui veut se sauver doit se vaincre lui-même. Que m'importe, à moi, l'approbation des hommes ?*

191. EXERCICE. — *On remplacera les noms masculins par des noms féminins, et on fera l'accord.*

Un contentement intérieur et non extérieur; mon meilleur protecteur; un religieux inférieur soumis à son supérieur, à son prieur ou à son directeur; un paysan trompeur, querelleur, moqueur, voleur, calomniateur, boudeur; le bienfaiteur, le protecteur, le consolateur des affligés; un ambassadeur étranger, médiateur et conciliateur; un fait postérieur ou antérieur; son tuteur est le vengeur de l'orphelin opprimé; un écrivain délateur, agresseur; un homme auteur, rédacteur, imprimeur; ce supérieur du pensionnat est un professeur, un dessinateur, un calculateur, un géomètre, un artiste distingué; cet homme est un témoin, un chef juste, impartial, retenu, réservé.

Analysez les mots en italiques. — *Souvent, en Perse, une nuée de sauterelles offusquent l'air. Les personnes d'esprit ont en eux les semences de tous les sentiments.*

192. EXERCICE. — *1° On copiera les phrases ci-dessous; 2° on les copiera de nouveau en les mettant au pluriel.*

Celui qui prête quand il est heureux, trouve à emprunter quand il ne l'est plus. Celui qui opprime le pauvre pour augmenter sa richesse, sera dépouillé lui-même par un plus riche, et il tombera dans le besoin. Ouvre ta porte au beau jour, et prépare-toi pour le mauvais. L'avare manque autant de ce qu'il a que de ce qu'il n'a pas : il n'est bon envers personne. Ne te laisse point surmonter par le mal, mais surmonte le mal par le bien. L'homme élève un front noble et regarde le ciel.

Analysez les mots en italiques. — De nos vœux innocents les anges sont témoins. Consultez votre bourse avant votre fantaisie. Faites aux autres ce que vous voudriez qu'on vous fît à vous-même. Beaucoup d'hommes songent à vivre, mais peu songent à bien vivre.

EXERCICE DE LA XLVIIIe COMPOSITION. *— En copiant la lettre ci-dessous, on mettra, suivant le sens, les mots qui manquent.*

A UNE MARRAINE,

POUR LA REMERCIER DE SES BONTÉS ET DE SES CONSEILS.

Chère Marraine,

Par le nouveau témoignage ... que vous venez de me donner ... que vous ne perdez pas ..., que vous suivez ses pas pour les protéger et les guider toujours dans ...; vous êtes vraiment mon ange tutélaire, et je me ... de suivre... : heureux si, par ma docilité à les ..., je puis mériter la continuation ...

Agréez, ..., la nouvelle expression de mes ... et de la ... avec ..., chère Marraine,

Votre bien-aimé filleul.   X.

Analysez les mots en italiques. —
Dieu seul fait notre espoir,
Dieu, de qui l'immortel pouvoir
Fit sortir du néant le ciel, la terre et l'onde...
Heureux qui du ciel occupé,
Et d'un faux éclat détrompé,
Met de bonne heure en lui toute son espérance.

193. EXERCICE. — *On conjuguera la phrase suivante aux temps simples du subjonctif.*

S'éveiller, offrir son cœur à Dieu, s'habiller, se mettre à genoux et prier pour soi et pour ses parents.

Analysez les mots en italiques. — C'est en vain que le méchant cherche le bonheur. C'est un crime de trahir la vérité. C'est aux forts de protéger les faibles.

194. EXERCICE. — *On conjuguera la phrase suivante à tous les temps composés de l'indicatif.*

S'interrompre, se reprendre soi-même, et continuer son discours.

Analysez les mots en italiques.—*Ce sont les passions* qui perdent les hommes. *Il faut parler avec mesure. Il n'est* pas *donné* aux *hommes de trouver* leur assurance dans *leurs conseils.*

195. Exercice. — *On mettra les noms suivants au pluriel, et on fera l'accord.*

Un élève docile, obéissant, honnête, doux, pieux, assidu, appliqué, soumis, laborieux, soigneux, ingénieux, vigoureux, actif, simple, naïf. Le pécheur absous, pardonné, contrit. Un pain frais, dur ou rassis. Un bruit confus, interrompu. Le feu grégeois. Un discours précis, clair, concis, correct, persuasif. Un vin savoureux, délicieux, capiteux, spiritueux, alcoolique, fort. Un drap roux, gris, cendré. Un rectangle, équiangle, obstusangle, acutangle, équilatéral, scalène. Un historien impartial, loyal. Un bien patrimonial ou matrimonial. Ce terme trivial. Un discours amical. L'orphelin assisté, secouru, protégé, nourri, entretenu. Ce hameau. Cet emploi. Cette promulgation. Son aspersoir. Ma potion. Ton bougeoir. Son ostensoir. Sa glissoire. Ta prétention. Notre esquisse. Votre croquis. Leur profil.

Analysez les mots en italiques.—*Il n'y a rien de* plus *choquant* qu'un *discours* inconsidéré. *On a beau faire*, la vérité se fait jour. Le vice *en* veut à la *vertu.*

196. Exercice. —1° *On copiera les phrases ci-dessous ;* 2° *on les copiera de nouveau en les mettant au pluriel.*

L'homme courageux attend le malheur avec calme, et ne s'y oppose que quand son devoir le lui commande. Supporte sans te plaindre ce que tu ne peux éviter. Le plus malheureux des hommes est celui qui ne sait pas supporter le malheur. J'aime la vertu, je lui rends hommage et je la pratique. Si j'achète le superflu, je vendrai bientôt le nécessaire. Crains d'être homme de talent sans probité. L'écrivain le plus religieux est presque toujours le plus éloquent. L'esprit qui n'a pas été cultivé de bonne heure, qui n'a pas reçu le germe de la vertu, ressemble au champ du paresseux.

Analysez les mots en italiques. — *Il n'y a point de force* où *il n'y a point d'union. Il est vrai de dire que tout homme peut se tromper.*

EXERCICE DE LA XLIXe COMPOSITION. — *En copiant la lettre ci-dessous, on mettra, suivant le sens, les mots qui manquent.*

A UN COUSIN, POUR L'ASSURER DE LA PART QUE L'ON PREND A LA PERTE QU'IL A FAITE DE SA MÈRE.

Mon cher Cousin,

Si j'avais été un ... de toi la semaine dernière, je serais ... de vive voix toute la part ... et irréparable que tu viens de faire. Je vénérais, moi aussi, ..., cette tante chérie, si vertueuse, si bonne pour toute la famille ! Son décès a plongé ... dans la douleur, et moi ... Elle a emporté ... ; sa mémoire sera toujours bénie. Ne nous bornons pas non plus à ...; prions pour elle, afin qu'elle ..., espérons-le, Dieu couronne ses vertus.

Reçois, cher Cousin, l'expression de mon amitié.

Analysez les mots en italiques. —
Nous avons *beau vanter* nos *grandeurs* passagères,
Il faut mêler sa *cendre aux* cendres de ses pères ;
Et c'est *le même Dieu* qui *nous* jugera *tous.*

197. EXERCICE. — *On conjuguera les phrases suivantes à la troisième personne du singulier de tous les temps simples.*

Balayer, nettoyer, épousséter son appartement et son corridor ; plier, cacheter sa lettre et l'envoyer à la poste.

Analysez les mots en italiques. — *Le but de l'éducation est de développer dans chaque individu toute la perfection dont il est susceptible. On façonne les plantes par la culture, et les hommes par l'éducation.*

198. EXERCICE. — *On conjuguera la phrase suivante aux temps simples du conditionnel et de l'impératif.*

Se résoudre, s'élancer sur ses ennemis, les mettre en fuite et s'emparer de leurs dépouilles.

Analysez les mots en italiques. — *Qu'on est grand quand on l'est par la foi ! Croire, aimer, souffrir, voilà le christianisme.*

199. EXERCICE. — *En copiant les adjectifs ci-dessous, on écrira, après chacun, l'adverbe qui lui correspond.*

Mathématique, massif, méchant, médiocre, matériel, insolent, mélancolique, mensonger, violent, même, merveilleux, patient, métaphorique, miraculeux, précédent, modeste, ministériel, éminent, momentané, moral, conséquent, passif, confus, innocent, problématique, positif, abondant, licite, postérieur, élégant, tacite, mûr, désobligeant, lent, excellent, conforme, malin, nonchalant, indéfinissable, neuvième, vigilant, effroyable, dixième, brillant.

Analysez les mots en italiques. — Les riches *étoffes* des anciens *n'étaient pas fabriquées comme celles* des modernes d'un *fil* d'or ou *d'argent* très-mince, *filé sur* une *trame de soie;* elles *étaient tissues* d'or sans *aucun mélange.*

200. EXERCICE. — 1° *On copiera les phrases ci-dessous ; 2° on les copiera de nouveau en les mettant au pluriel.*

L'homme est né pour le ciel : il porte écrits dans son cœur les titres augustes et ineffaçables de son origine; il peut les avilir, mais il ne peut les effacer. La peine que tu feras aux autres ne tardera pas à retomber sur toi-même. Oh! quel cœur si mal fait n'a tressailli au bruit de la cloche de son lieu natal, de cette cloche qui frémit de joie sur son berceau, qui annonça son avénement à la vie, qui marqua le premier battement de son cœur, qui publia dans tous les lieux d'alentour la sainte allégresse de son père, les joies et les douleurs de sa mère.

Analysez les mots en italiques. — L'élégance est le *tour que l'on donne* à la *pensée* en la présentant embellie de *tous* les *ornements dont* elle est susceptible, *ornements qu'il faut avoir soin, quand on écrit, de distribuer* avec *discernement* et avec *goût.*

EXERCICE DE LA 1° COMPOSITION. — *En copiant la lettre ci-dessous, on mettra, suivant le sens, les mots qui manquent.*

A UN AMI AUQUEL ON A UN PEU DIFFÉRÉ D'ÉCRIRE.

Mon cher Ami,

Il y a déjà bien des jours que ... t'écrire, et pourtant...; ne me juge point, n'interprète point...; toutefois, avant de .... C'est justement parce que j'ai ... et sur ton indulgence que j'ai différé un peu; entré ..., tu tiens peu toi-même..., elle fatigue.

Comment te portes-tu? comment ... d'été? Les chaleurs cette année sont..., on se croirait sous le tropique, et je n'ai pas de ... que le fameux système d'immersion nîtsque l'on admire par là à ... né serve au moins à ..., ...

Dieu merci, je me ..., et j'ai plus d'ouvrage en ce moment que je n'en puis faire. Tes connaissances me demandent ... et te font mille compliments. Je t'embrasse bien, et suis toujours, etc.

Analysez les mots en italiques. —
Voici, voici le jour propice   *Va me* tirer du *précipice*
Où le Dieu pour *qui j'ai souffert*   *Que le démon m'avait ouvert.*

201. EXERCICE. — *On conjuguera la phrase suivante aux temps simples du subjonctif.*

Lever, baisser, tourner, rouler les yeux, en dilater en rétrécir la prunelle selon sa volonté, et regarder de près ou de loin.

Analysez les mots en italiques. — *C'est au jugement* de Dieu *que* les *droits* de *chacun seront rétablis. On a beau dire que* les soins des passions font la félicité de ceux *qui en* sont épris : *c'est* un langage que la *religion* et l'expérience *démentent.*

202. EXERCICE. — *1° On copiera les phrases ci-dessous ; 2° on les conjuguera interrogativement à tous les temps composés de l'indicatif et du conditionnel*

Présent de l'indicatif. — Occupé-je une place lucrative ; distingues-tu rallier de railler : se guérit-il de son enrouement ; concourons-nous ; bégayez-vous ; enfreignent-ils nos commandements.

Analysez les mots en italiques. — *Henri IV, élevé à la campagne, avait un goût tout particulier pour l'agriculture, qu'il éleva au plus* haut *point de prospérité ; il disait que le labourage* et le pâturage *sont* les vrais *trésors* du Pérou.

203. EXERCICE. — *En copiant les adverbes ci-dessous, on écrira, après chacun, un adjectif et un verbe correspondants.*

Distributivement, modérément, avantageusement, raisonnablement, suffisamment, admirablement, exclusivement, définitivement, distinctement, fixement, métaphysiquement, préférablement, privativement, proportionnellement, abondamment, brillamment, complaisamment, dépendamment, différemment, étonnamment, excellemment, fréquemment, contestablement, suffisamment, surabondamment, coulamment,

négligemment, languissamment, folâtrement, étourdi-
ment.

Analysez les mots en italiques. — Quelques auteurs pensent que Richard Archal fut le premier inventeur de la manière de tirer le fil de fer, et que ce fil reçut son nom.

204. EXERCICE. — *1° On copiera les phrases ci-dessous ; 2° on les copiera de nouveau en les mettant au pluriel.*

Celui qui ment s'attire le mépris des autres ; il s'aveugle, il se trompe lui-même. Malheur à celui qui ne prie point ; sa vie sera comme un arbre qui n'a point de sève. J'ai vu un homme tendre dans son affection, calme dans la pensée, patient et fort dans l'action, confiant et courageux dans le danger ; et j'ai dit : Il vous a prié beaucoup, ô mon Dieu ! Celui qui prie beaucoup est sérieux dans ses goûts, grave dans son maintien, sévère pour soi et indulgent pour les autres. Si l'homme se trompe souvent quand il juge les autres, il se trompe plus souvent encore quand il se juge lui-même.

Analysez les mots en italiques. — Il y a trois sortes d'harmonies : l'harmonie des mots, l'harmonie des phrases, et l'harmonie imitative.

EXERCICE DE LA LI° COMPOSITION. — *En copiant la lettre ci-après, on mettra, suivant le sens, les mots qui manquent.*

UN APPRENTI A SON PATRON LE JOUR DE SA FÊTE.

Monsieur,

Le jour de votre fête est trop cher à tous vos employés pour qu'ils ..., aussi heureuse que vous pouvez la désirer, et qu'ils la .... Ne pouvant aujourd'hui le faire de ..., je le fais par cette lettre ; mais, Monsieur, de quelque manière ... mes vœux, ils ne sont pas ... Je désire que votre patron ... suite d'années, une santé parfaite et tout ce qui peut ... Tels sont, Monsieur, les souhaits d'un de vos apprentis qui s'applaudit ... et qui se dit avec ...

Analysez les mots en italiques. —
Puisse en moi la ferveur extrême   Des offenseurs du Dieu que j'aime,
D'une sainte compassion,   Opérer la conversion.

205. EXERCICE. — *1° On copiera le temps conjugué ci-dessous ; 2° on conjuguera les autres temps simples de l'indicatif de la même manière.*

6*

Présent de l'indicatif. —Je suis mû par des sentiments de compassion; tu es cru par tes favoris; il est inscrit sur ses rôles; nous sommes compris par nos sous-maîtres; vous êtes interrompus par votre auditoire; ils sont harcelés par leurs remords.

Analysez les mots en italiques. — Opposer le courage, la patience aux infortunes, aux injures, c'est prouver qu'on leur est supérieur, lors même qu'on en est la victime.

206. EXERCICE. — *On conjuguera passivement, dans le sens négatif, les verbes ci-dessous à la 2e personne du pluriel des temps composés:*

Compromettre, maudire, contredire, craindre, restreindre, clore.

Analysez les mots en italiques. — La basilique de Saint-Pierre à Rome fut construite par le célèbre Michel-Ange, architecte, peintre et sculpteur. Le fameux peintre Raphaël florissait de son temps.

207. EXERCICE. — *1° On copiera les phrases ci-dessous; 2° on les copiera de nouveau en les mettant au passif.*

Le serpent trompa Ève. Caïn tua Abel. Le déluge inonda la terre, et l'arche sauva Noé. Noé offrit à Dieu un sacrifice de reconnaissance. Les hommes oublièrent bientôt la loi naturelle. Dieu récompensa la fidélité d'Abraham. Jacob garda les troupeaux de Laban. Les frères de Joseph le vendirent. Putiphar mit Joseph en prison. Job donna au monde un bel exemple de patience. Moïse délivra les Israélites du joug des Egyptiens. Dieu donna la loi écrite à Moïse de dessus le mont Sinaï. Après la mort de Moïse, Josué conduisit les Juifs dans le désert. Dieu a créé le ciel et la terre. Dieu chassa Adam et Ève du paradis terrestre.

Analysez les mots en italiques. — En quatorze cent quarante-deux, Gutenberg, natif de Strasbourg, inventa l'imprimerie à Mayence. Cette importante découverte ne fut introduite en France qu'en quatorze cent soixante-dix, sous Louis XI.

208. EXERCICE. — *1° On copiera les phrases ci-dessous; 2° on les copiera de nouveau en les mettant au singulier.*

Ornez votre mémoire de choses précieuses, et pensez que vous faites dans votre jeunesse la provision de toute votre vie. Si nous négligeons de nous instruire, nous nous condamnons à la triste société des hommes médiocres. Apprenez comme si vous ne saviez rien, et craignez surtout d'oublier ce que vous avez appris. Souvenez-vous de conserver dans le malheur une âme toujours égale, et de ne pas vous enivrer d'un fol orgueil dans la prospérité. Acceptez courageusement tout ce qui vous adviendra; souffrez avec paix la douleur, et, lorsque vous êtes humilié, ayez patience.

Analysez les mots en italiques.—Une *période* est une *phrase composée* de plusieurs *membres qui* forment *entre eux* un *sens complet*; les *périodes sont le plus souvent de deux*, *de trois*, de *quatre membres*, et rarement de cinq.

EXERCICE DE LA LIIe COMPOSITION. — *En copiant la lettre ci-dessous, on mettra, suivant le sens, les mots qui manquent.*

UN ENFANT À UN PROFESSEUR APRÈS AVOIR QUITTÉ
L'ÉCOLE.

Mon cher Maître,

Ce n'est pas seulement un devoir, c'est un ... dans le vôtre; j'ai passé des moments ... vous avez été tant de fois mon guide et mon père, que, bien qu'éloigné désormais ... je m'y crois encore présent; je crois encore ... dans les leçons que vous nous donniez et lorsque vous vouliez bien... de nos jeux et de nos récréations. Hélas! me voilà jeté ... pour ainsi dire, sans appui et sans conseil; que dis-je, sans conseils? je n'en ai que trop de conseils; mais quels conseils, grand Dieu! qui ... plus que suspects dans leur conduite, ou par des amis qui ... dans le mal? Combien, mon cher Maître, ma ..., que la vie de l'atelier est différente de celle de l'école. J'espère néanmoins résister au ... par les efforts que je ferai, conserver toujours les bons principes que vous m'avez donnés, et soyez assez bon, cher et digne Maître, ... et de vos prières; de mon côté, je ne vous oublierai point, et je ne ... de temps en temps, si vous voulez bien me le permettre.

Agréez, mon cher Maître, avec l'hommage de mon profond respect, l'expression de ma bien vive reconnaissance.

Analysez les mots en italiques. —

Oui, je m'assure en ta *clémence*,   *Dieu* juste, sois-moi favorable,
Si, toujours plein de ta *puissance*,   Et jette un regard secourable
Mon zèle a *soutenu* ta *loi*;   Sur ce cœur qui se fie en toi.

209. EXERCICE. — *On conjuguera, selon le modèle ci-dessous ; tous les temps de l'indicatif, excepté les deux futurs.*

Ne m'aperçois-je pas d'un péril imminent ? ne combats-tu pas ton irréflexion ? ne contrefait-il pas le seing de son associé ? ne nous surprenons-nous pas nous-mêmes ? ne disparaissez-vous pas de dessus la scène ? se prévalent-ils de leur opinion ?

Analysez les mots en italiques. — La sagesse vaut mieux que tous les trésors périssables. Non content d'être juste, ne permets pas l'injustice.

210. EXERCICE. — *1° On copiera les phrases ci-dessous ; 2° on les copiera de nouveau en les mettant à l'actif.*

Les enfants d'Ochosias furent massacrés par Athalie, Joas fut sauvé par Josabeth, un temple à Baal fut bâti par l'impie Athalie, Joas fut rétabli sur le trône par Joïada, les successeurs de Joas furent punis de Dieu pour leurs péchés, Naboth fut mis à mort par Achab et Jésabel, Achab fut tué par les Syriens. De grands miracles furent faits par Élie et par Élizée. Les jeunes gens qui insultèrent Elizée furent dévorés par des ours. La pénitence fut prêchée aux Ninivites par Jonas. Lorsque Samarie fut assiégée par les Syriens, la misère devint si grande, que des enfants furent mangés par leurs mères.

Analysez les mots en italiques. — Les Francs, en entrant dans la Gaule, parlaient la langue germanique ; ensuite ils prirent celle du pays qu'ils avaient vaincu, mélange de latin et de gaulois.

211. EXERCICE. — *1° On copiera les phrases ci-dessous ; 2° on les copiera de nouveau en les mettant au singulier.*

Ne perdez pas de temps : occupez-vous toujours à quelque chose d'utile, et abstenez-vous de toute action qui n'est pas nécessaire. Si vous aimez la vie, ne prodiguez pas le temps à de vains amusements. Ne méprisez pas le temps pendant que vous l'avez, pour le regretter éternellement quand vous ne l'aurez plus. Hâtez-vous, le temps fuit et vous entraîne vers l'éternité. Allez, paresseux, vers la fourmi ; regardez ses voies, et devenez sage et laborieux. Vous recueillerez ce que vous aurez semé. Songez à faire un usage utile des premières années de votre vie. Ressentez l'injure, mais méprisez-la pour Jésus-Christ.

Analysez les mots en italiques. — L'établissement des *manufactures* de *papier* date du quinzième *siècle*; *auparavant* on écrivait sur du *parchemin* ou sur l'*écorce* du *papyrus*, plante qui abonde en Egypte.

212. EXERCICE. — *En copiant les phrases ci-dessous, on mettra le mot* moineau *au pluriel, et l'on fera l'accord.*

LE MOINEAU.

Dans quelque contrée que le moineau habite, on ne le trouve jamais dans un lieu désert, ni même dans celui qui est éloigné du séjour de l'homme. Le moineau est, comme le rat, attaché à nos habitations; il ne se plaît ni dans les bois, ni dans la vaste campagne. Il suit la société pour vivre à ses dépens. Comme il est paresseux et gourmand, il prend sa subsistance sur des provisions toutes faites; le grenier, la basse-cour le colombier, sont les lieux qu'il fréquente de préférence. Comme il est voleur, il fait plus de tort qu'il ne vaut; car ses plumes ne servent à rien, sa chair n'est pas bonne à manger, sa voix blesse l'oreille, sa familiarité est incommode, et sa pétulance grossière est à charge au cultivateur. Le moineau est fin, peu craintif, difficile à tromper; il reconnaît aisément le piége qu'on lui tend; il impatiente celui qui veut se donner la peine de le prendre. (BUFFON.)

Analysez les mots en italiques. — L'*inversion* est une figure qui transpose l'ordre dans lequel les mots sont ordinairement dans le *discours.*

EXERCICE DE LA LIII° COMPOSITION. — *En copiant la lettre ci-dessous, on mettra, suivant le sens, les mots qui manquent.*

**LETTRE D'UN JEUNE HOMME FAISANT SON APPRENTISSAGE
A SON PÈRE ET A SA MÈRE.**

Mon cher Père et ma chère Mère,

Vous m'avez fait promettre, lors de mon départ de la maison paternelle, ... écrire; c'est pour moi .... Vous désirez savoir comment je me trouve en apprentissage, si je ..., si j'avance dans mon état, etc. ... Je vais tâcher de ... Je suis parfaitement content; vous savez que l'état de .... à toujours été ..., mon patron est un homme doux et aimable; il veut le devoir, mais ... qu'il faudrait être mal disposé pour ne pas lui obéir; je fais ... Mes progrès sont étonnants, on ne cesse de me répéter que je suis né pour être.... Ma santé est excellente; ... jouisse du même avantage. Dans quelque temps, je vous écrirai une plus longue lettre.

Analysez les mots en italiques. —
Soutiens ma foi chancelante,   *Cette crainte vigilante*
Dieu puissant, inspire-moi   *Qui fait pratiquer ta loi.*

213. EXERCICE. — *On copiera les phrases ci-dessous, et on soulignera les verbes.*

Faire son devoir; devoir une somme. Conseiller le bien; le conseiller du département. Un marcher lent; marcher à pas comptés. Boire de l'eau; le boire et le manger. Se lever matin, se coucher modestement; dire sa prière après son lever et avant son coucher. Déjeuner à six heures; un déjeuner à la fourchette. Parler peu et réfléchir beaucoup; un parler agréable et facile. Un doux souvenir; se souvenir d'un bienfait. Cuire le pain; le corroyeur prépare le cuir. Dire la vérité; suivant le dire de cet homme. Savoir quelque chose; le savoir est utile. Rire avec éclat; le rire ironique. Le péché est puni; pécher c'est offenser Dieu. Sortir de l'école; au sortir de la classe. Vouloir le bien; le mauvais vouloir. Il faut savoir vivre en paix avec tout le monde; on doit avoir du savoir-vivre. Il faut éviter le mal et faire le bien; le dire et le faire sont deux. Sourire souvent; le sourire est moins expressif que le rire. Tendre la main; une terre tendre. Les heures du déjeuner, du dîner, du souper, doivent être fixes; il faut déjeuner, dîner et souper tous les jours aux mêmes heures.

Analysez les mots en italiques.— Les drapeaux sont surmontés d'une aigle éployée tenant un foudre élancé dans ses serres. Les meilleurs gardes sont les yeux du maître.

214. EXERCICE. — *En copiant les phrases ci-dessous, on leur donnera le sens interrogatif.*

C'est moi qui me dérange. C'est toi qui te fatigues. Il faut que nous vous questionnions. Tu t'enveloppes.

Il se dédommageait. Tu es son concurrent. Tu perds tes profits. Je range notre sirop de groseille. Tu adjuges un lot. Je bus du rhum. Je me meus. Je cours. Tu cours. Tu te débats. J'absous. Tu ne m'absous pas. J'allongerai ma thèse. Le papier s'imprègne. J'eusse été réintégré. Je l'aurais dénigré. Nous l'eussions allégué. Nous vous déléguerions. Ce ne sont pas les richesses qui fout les grands hommes. Tous nos soins doivent se borner à connaître Dieu. On n'approfondit pas toujours ce qu'on dit au prochain. Je n'ai vécu jusqu'ici peut-être que pour le mensonge et la vanité. L'homme adonné au vice est malheureux. Quand on est méchant, tout joug révolte et devient insupportable.

Analysez les mots en italiques. — Les *loups-cerviers* du *Canada* sont plus petits que ceux d'Europe. La *lyre* des *David* et des *Jérémie* a chanté des *hymnes* inspirés, des accords *prophétiques*.

215. Exercice. — *En copiant la lettre ci-dessous, on mettra, suivant le sens, les mots qui manquent.*

UN ENFANT EN PENSION A SON PÈRE.
Cher Papa,

Je ne saurais vous dépeindre ... lorsqu'aux approches de la fin du trimestre, où nous ... les examens dans les classes. Oui, cher Papa, les sacrifices que vous vous imposez pour .... Je suis heureux, en pensant qu'un jour, ... à mon tendre père, le fruit des soins généreux qu'il aura pris de mon éducation; c'est pour cela ... pour vous contenter. D'ailleurs, vous verrez, lorsque vous aurez reçu le bulletin trimestriel, les ... pendant ce mois dernier. Oui, je veux m'appliquer davantage à mes études,..., des prix et des couronnes, qui seront, après la vertu, l'offrande ... Je désire que vous viviez longtemps, bien cher Papa, et que le bonheur dont vous jouirez ici-bas soit un avant-goût de ... de vos enfants. Ah! quand arrivera-t-il ce moment où je pourrai vous remercier comme il faut ...? Chaque jour j'invoque le Seigneur, afin qu'il vous bénisse, et ... Adieu, mon cher Papa, pensez quelquefois à votre Jules, qui vous aime toujours.

216. Exercice. — *On écrira les mots ci-dessous, et, après chacun, un de ses dérivés.*

Absent, abstrait, abus, accent, accès, accroc, affût, amas, amical, azur, arpent, accord, apprêt, appui, art, arc, assigner, anis, argent, attribut; abri, babil, badin, bavard, bizarre, blanc, bond, bois, bourg, abord, accident, doigt, écart, excès, exact, saut, interligne, liqueur, limpidité, limonade, ligue, lieutenant, mégisserie, matin, soir, martyre, marquis.

Analysez les mots en italiques. —
> *Prosterne-toi,* mon *fils,* devant l'*Être suprême*,
> *Reconnais* en *lui* seul ton premier bienfaiteur.
> *L'univers,* tu le *sens,* ne s'est point *fait lui-même*;
> Et *certes* ce *grand œuvre atteste* un grand auteur.

EXERCICE DE LA LIVe COMPOSITION. — LETTRE A UN PÈRE ET A UNE MÈRE LE JOUR DE L'AN.

CANEVAS. — La nouvelle année rappelle un devoir que l'on aura à remplir tous les jours, mais que l'on accomplit aujourd'hui avec un plus grand plaisir que jamais .... Le regret que l'on a de ne pouvoir payer ses chers parents d'un juste retour ..., et de n'être pas à même de reconnaître dignement leurs bienfaits .... On suppliera le Seigneur pour qu'il répande sur eux ses plus abondantes bénédictions... Les prier d'agréer de nouveau l'expression bien sincère de sa vive reconnaissance.......

217. EXERCICE. — *En copiant les phrases ci-dessous, on leur donnera le sens positif.*

Est-ce que je sors? Vendrais-je mon pavillon? Aurais-je vendu mon belvéder? Vendra-t-il son chalet? Élagues-tu nos peupliers? Les voiles s'enverguent-elles bien? Les harangueriez-vous? Nous légueront-ils leur héritage? Est-ce moi qui l'ai dit? Est-ce toi qui l'as promulguée? Les Francs subjuguèrent-ils les Gaulois? Ceux qui s'affilient à une bonne œuvre s'y associent-ils? Le temps bonifie-t-il les fruits âcres? Les grands parleurs calomnient-ils? Une âme fidèle paraîtrait-elle plus digne d'admiration que tout ce que le monde admire? Le vice est-il forcé d'honorer la vertu? Vous renoncez-vous sans cesse vous-même? Préférez-vous Dieu à tout? La perte de tout ne vous paraît-elle rien à l'égal de lui déplaire? Gémissez-vous sur les égarements de vos mœurs passées? Avez-vous horreur de la seule apparence du mal, en cherchez-vous les remèdes?

Analysez les mots en italiques. — Le froment *à barbes serrées* est *cultivé* dans le *département de Vaucluse.* On n'a trouvé en *Amérique* ni *panthères*, ni *guépards*, ni *servals. Ames perverties*, *serez-vous jamais dignes* de *confesser* les miséricordes de Dieu?

218. EXERCICE. — *En copiant les phrases ci-dessous, on leur donnera le sens négatif.*

Est-ce que je colorie ces estampes? Congédies-tu ces gens importuns? Contrarie-t-il? Nous convieras-tu à ce repas frugal? Décrierais-je vos bonnes intentions? Défirent-ils leur antagoniste? Dépréciâtes-vous? Nous étudient-ils? S'expatrie-t-il? Expédient-ils? Nous fortifions-nous? Est-ce que j'inventorie? Ne me justifierai-je pas? Licenciera-t-on facilement? Tous les corps se liquéfient-ils? Cet indigent mendie-t-il? Craint-on de se mésallier? Négociâmes-nous? Orthographieriez-vous bien les mots centaurée, chicorée, cuillerée, rez-de-chaussée? Pacifie-t-il? Personnifiez-vous? Pétrifierez-vous? Pâliront-ils? Avez-vous ratifié? Eûtes-vous résilié vos baux? Vous sacrifierez-vous? Salarieras-tu tes commissionnaires? Nous sanctifierez-vous? Leur ferons-nous signifier? Vérifierez-vous? Ce poëte versifiera-t-il continuellement? La vertu et l'innocence vous seraient-elles aussi pénibles que les passions qui vous asservissent et vous déchirent? Vous en coûterait-il autant de rompre votre attachement au péché, qu'il vous en coûte de l'entretenir?

Analysez les mots en italiques. — La *Descente de croix* et l'*Assomption que possède la cathédrale d'Anvers sont les chefs-d'œuvre* de *Rubens. Les Rubens* et les *Van-Dyck ont fait* la *renommée* de l'école flamande.

219. EXERCICE. — LETTRE DE BONNE ANNÉE
A UNE PERSONNE QUE L'ON RESPECTE.

CANEVAS. — Le bonheur que l'on éprouve d'avoir, à ce renouvellement de l'année, une occasion favorable de lui adresser quelques remerciements....; l'espérance où l'on est qu'elle voudra bien les accepter..... La difficulté de lui offrir quelque chose, en ce jour, qui soit digne de ses bienfaits et de ses hautes qualités.... L'assurer qu'on fera pour elle des vœux bien sincères et très-étendus...,

220. EXERCICE. — *En copiant les mots ci-dessous, on écrira après chacun un adjectif qui lui corresponde.*

Miracle, monastère, monarchie, négation, nez, nécessité, préexistence, préjudice, présomption, probabilité, production, hypothèque, ligne, oreille, littérature, magnanimité, pusillanimité, unanimité, bénignité, météorologie, or.

Analysez les mots en italiques. —
Aimable enfant, qui dans vos yeux
Portez la paix de l'innocence,
Puissiez-vous n'être ambitieux
Que du bonheur dont jouit votre enfance.

**EXERCICE DE LA LVe COMPOSITION. — UN ENFANT
A SA MÈRE LE JOUR DE SA FÊTE.**

CANEVAS. — Le jour de la fête d'une mère est un jour chéri et attendu avec impatience..... Combien on aurait de plaisir à lui souhaiter toutes sortes de biens, surtout si on était auprès d'elle....! à lui dire les vœux bien sincères et les souhaits bien ardents que l'on fait pour sa tranquillité et pour son bonheur....! Quoique ceux que l'on fait aujourd'hui viennent de loin, on ne doute pas cependant qu'elle ne les ait pour agréables, parce qu'elle sait bien qu'ils partent d'un cœur qui l'aime véritablement....

224. EXERCICE. — *On mettra les phrases ci-dessous au pluriel.*

Qui est cet individu? Qui est celui qui vous a introduit? Est-ce ainsi que tu apprends? Qu'est-ce donc qu'un théorème? Qu'est-ce qu'il repeint? Est-ce ainsi que tu en agis? Sera-t-il là? Sera-ce bien lui? Qu'était-ce Portugais? Qu'a-t-il rompu? Je bottelle la luzerne et le sainfoin? Va-t'en au travail. Vas en acheter. Va, je me corrigerai. Vas-y contre-sceller mon seing. Qu'est-ce que le feu Saint-Elme? C'est d'un département méditerranéen qu'il venait. Serait-ce ton opticien? Serait-ce ton pharmacien? Dors-tu? Pars-tu? Meurs-tu? Sors-tu? Repens-toi. Sens-tu? Est-ce le vice qui rend le pécheur insupportable à lui-même? N'est-ce pas une folie de t'aimer? N'est-ce pas corrompre une plaie, sous prétexte qu'elle sera plus aisée à guérir? Ne fais-tu pas cela même en négligeant de te corriger de tes défauts?

Analysez les mots en italiques. — Un *chrétien* doit être un homme d'une fidélité, d'une vertu, d'une valeur *éprouvée*. L'*émeraude*, la *topaze*, le *rubis*, éclatent sur les plumes demi-transparentes de l'oiseau-mouche. *Il est* bon d'accoutumer les enfants à coucher *nu-tête.*

222. Exercice. — *Après avoir copié les verbes ci-dessous, on les mettra:* 1° *à l'imparfait de l'indicatif;* 2° *au présent du subjonctif.*

Je vais, tu envoies, il a dû, nous peignons, vous craignez, ils croient, j'acquiers, tu bois, il court, nous couvrons, vous cueillez, ils donnent, je sers, tu sors, il tient, je viens, tu vêts, il pleut, je m'assieds, tu essaies, je me meus, tu te pourvois, il se plaît, je puis, tu prévois, il sait, je bois, tu ceins, il hait, je circoncis, tu vois, tu conclus, tu confis, il bruit.

Analysez les mots en italiques. — *La giroflée* et le *lis* sentent bon, quoiqu'un peu fort. Les *chevaux* sauvages de l'Asie sont pour la plupart isabelle ou gris de souris, et ceux de l'Amérique sont généralement bai-châtain.

223. Exercice. — UN ENFANT POUR LE JOUR DE LA FÊTE DE SON PÈRE.

CANEVAS. — Le bonheur qu'il éprouve de pouvoir venir offrir à son cher père un bouquet..... Les vœux qu'il forme pour celui qu'il chérit..... Les prières qu'il adresse à son saint patron pour qu'il le bénisse, qu'il lui donne de beaux et heureux jours, et une longue vie.....

224. Exercice. — *En copiant les mots ci-dessous, on en écrira, après chacun, deux de la même famille.*

Fournir, écrire, persécuter, approuver, balayer, contrôler, démolir, étamer, envahir, interrompre, raccommoder, raffiner, négocier, travailler, tenter, trafiquer, tyranniser, vérifier, confesser, chanter, juger, fonder, hériter, naviguer, semer, labourer, créer, détruire, multiplier.

Analysez les mots en italiques. —
Crains d'un *lâche repos* la *fatigue accablante;*
Préfère à la mollesse une *vie agissante.*
A trente ans tu *diras*, des plaisirs *detrompé:*
L'homme le plus *heureux*, c'est le plus *occupé.*

EXERCICE DE LA LVIe COMPOSITION. — LETTRE DE FÉLI-
CITATION A UN AMI QUI VIENT D'ÊTRE NOMMÉ A UNE
PLACE.

CANEVAS. — Le plaisir qu'on a éprouvé en apprenant
sa nomination..... C'est une justice qui lui est enfin
rendue.... La place sera parfaitement remplie ; il a
toutes les qualités qu'elle demande.... L'espérance où
l'on est que cette circonstance ne changera rien aux
premières relations..... (Voyez *Traité de Style, Art
épistolaire,* n° 133.)

225. EXERCICE. — *1° On copiera les phrases ci-dessous;
2° on les copiera de nouveau en les mettant au passé indéterminé.*

La gloire des mondains meurt peu à peu et s'en-
sevelit avec eux. La nature se peint toujours à nos
yeux sous des traits enchanteurs. L'honnête homme ne
se venge pas d'une injure, il préfère la pardonner. Un
examen sérieux de nous-mêmes nous rend indulgents
pour autrui. La prospérité des impies ne passera jamais
à leurs descendants. Plus une âme est esclave de ses
passions, plus elle estime en secret le juste qui sait
les mépriser ; elle sent dans sa propre faiblesse tout le
mérite de la vertu.

Analysez les mots en italiques. — *Nulles gens* ne pourront *vous*
enlever les biens spirituels. La raison met au service de l'homme
toutes les créatures, *même* les plus *insensibles. Il y a quelques
polypes ronds ou oblongs,* sans *aucuns membres* apparents.

226. EXERCICE. — *1° On copiera les phrases ci-dessous ; 2° on les copiera de nouveau en les mettant au passé
indéterminé.*

Les ingrats oublient bientôt ceux qui les favorisent.
Toujours on se rappelle avec transport une bonne action.
Le christianisme rétablit dans l'architecture, comme
dans les autres arts, les véritables proportions. Plus les
âges qui élevèrent nos monuments avaient de foi et
de piété, plus ces monuments furent frappants par la
grandeur et la noblesse de leur caractère. L'expérience
de tous les siècles nous apprend que les têtes à grands
desseins et les esprits féconds en beaux projets, sont
sujets à donner dans la chimère.

Analysez les mots en italiques. — *Quelle que soit* la *carrière que* nous embrassions, nous y rencontrerons probablémemt *quelques* grandes difficultés. *Tout* Venise *est bâtie* sur pilotis. L'âme demeure *tout* étonnée, *toute stupéfaite* à la vue de *quelques grandes scènes* de la nature.

227. EXERCICE. — A UN PROTECTEUR QUI VIENT D'ÊTRE NOMMÉ A UNE HAUTE PLACE.

CANEVAS. — La part que l'on prend à la joie de tous ceux qui connaissent son mérite, sa sagesse, son équité .... Tous ceux qui sont sous lui s'en réjouissent ....; chacun se flatte du bonheur qui les attend, et dont ils sont sûrs de jouir sous une administration telle que la sienne.

228. EXERCICE. — *En copiant les mots suivants, on écrira, après chacun, un nom et un verbe de la même famille.*

Correcteur, bassin, copiste, examinateur, héritier, camp, lecteur, peintre, juge, désertion, éclat, débit, orthographe, sculpture, teinturier, clou, couchette, signature, économe, escamotage, escarpe, herboriste, histoire, hivernage, consultation, damné.

Analysez les mots en italiques. —
      Quelque puissant qu'on soit en richesse, en crédit,
      *Quelque mauvais succès qu'*ait tout ce *qu'*on écrit,
      Nul n'est content de sa fortune,
      Ni mécontent de son esprit.

EXERCICE DE LA LVIIᵉ COMPOSITION. — LETTRE DE CONDOLÉANCE A UN AMI SUR LA MORT DE SON ONCLE.

CANEVAS. — La douleur qu'on a ressentie en apprenant la perte qu'il vient de faire ... La part que l'on prend à sa peine, à son affliction ... Lui qui aimait tant son oncle, comment pourra-t-il supporter une pareille séparation? ... Pour se consoler il fera bien de penser que Dieu nous afflige seulement pour notre plus grand bien ... Ce grand maître saura bien nous récompenser magnifiquement ... Toutes les peines que nous avons souffertes pour lui nous seront comptées ...

229. EXERCICE. — *1° On copiera les phrases ci-dessous; 2° on les copiera de nouveau en les mettant au futur simple.*

Le bon élève évite avec soin la compagnie des mauvais sujets, et même celle des étourdis. Il donne bon exemple à toute la classe; jamais il ne dit rien, il ne fait rien qui ne puisse être répété à ses parents. Il respecte et aime son maître; il reçoit avec un cœur docile ses prescriptions et ses conseils. Jamais il ne murmure contre sa sévérité; jamais il ne révoque en doute son impartialité ni sa justice. En tenant cette conduite, l'enfant profite des leçons de son maître; il devient la joie, la gloire de ses parents et l'honneur de l'école.

Analysez les mots en italiques. — *L'ignorance* ou *l'erreur peuvent quelquefois* servir d'excuse aux méchants. *Force gens ont été* l'instrument de *leur* malheur. Un *nombre infini d'oiseaux font résonner* les bosquets de *leurs* doux *chants.*

250. EXERCICE. — 1° *On copiera les phrases ci-dessous;* 2° *on les copiera de nouveau en les mettant au futur simple.*

Celui qui ne profite point de l'expérience est enfant toute sa vie. Quiconque est laborieux n'a point à craindre la disette; car la faim regarde à la porte de l'homme laborieux, mais elle n'ose pas entrer chez lui. Il n'y a pas de repos plus doux que celui qui s'achète par le travail. La pratique de la religion rend toujours les hommes doux. Le travail et l'étude nous empêchent d'être à charge à nous-mêmes et inutiles aux autres; ils nous procurent la compagnie des gens de bien et beaucoup d'amis. L'homme instruit peut bien n'être pas heureux; mais il sait plus que l'ignorant ce qu'il doit faire pour sortir du malheur.

Analysez les mots en italiques. — *L'ignora* ce a enfanté une foule *d'erreurs.* La *plupart* des *courtisans* de Darius accusent *Daniel* d'avoir *violé* la loi des Perses; *mais ce n'est pas* de la *majesté* de la loi *qu'ils* sont *jaloux,* c'est la *gloire* et la faveur de Daniel *qu'ils* haïssent.

251. EXERCICE. — LETTRE DE CONDOLÉANCE
A UNE BIENFAITRICE MALADE.

CANEVAS. — La peine qu'on a éprouvée en apprenant sa maladie ... On sait que sa vertu et son courage lui donneront la force de supporter patiemment les souffrances que Dieu lui envoie ... Elle peut trouver dans la considération du Sauveur souffrant le moyen d'ac-

croître encore son courage .... La résignation avec laquelle elle endurera son mal lui donnera une occasion
d'augmenter la couronne céleste qui attend les courageux et les forts ... En finissant, exprimer le désir qu'on
a de la voir bientôt en bonne et parfaite santé...

232. EXERCICE. — *En copiant les adjectifs ci-dessous,
on écrira, après chacun, son contraire.*

Légal, légitime, lettré, libéral, licite, lisible, man-
quable, mangeable, matériel, médiat, modéré, muable,
actif, abrité, accessible, accordable, accostable, accou-
tumé, alliable, amovible, aperçu, appréciable, attentif,
chantable, commensurable, corruptible, corrigible,
correct, dépendant, délicat, éloquent, équilatère,
exact, intelligible, raisonnable, rationnel, réductible,
répréhensible, respectueux.

Analysez les mots en italiques.—
Quel poison pour *l'esprit* sont les *fausses louanges!*
Heureux qui ne *croit* point à de flatteurs discours!
Penser trop bien de *soi*, *fait* tomber *tous les jours*
En des *égarements* étranges.

EXERCICE DE LA LVIIIe COMPOSITION. — A UN AMI, POUR
LUI DEMANDER QUELQUES ÉCRITS QU'ON LUI A PRÊTÉS.

CANEVAS. — On a toujours différé de faire la demande
de ces notes ... On le fait aujourd'hui, parce que l'on en
a un extrême besoin... Ajouter qu'il lui serait bien
difficile de tirer quelque avantage de ces paperasses ...
D'ailleurs on est disposé à les lui renvoyer, et même avec
un grand plaisir, s'il en avait besoin...

233. EXERCICE. — *1° On copiera les phrases ci-dessous ; 2° on les copiera de nouveau en les mettant au
présent de l'impératif.*

Tu écouteras avant de parler, et tu réfléchiras beaucoup. Tu entendras d'abord, et tu parleras ensuite. Tu
ne mentiras point; tu ne commettras point de faux
témoignages ; tu haïras le mensonge et tu le regarderas
comme le marchepied de tous les vices. Tu verras toujours devant toi l'homme dont tu vas parler. Tu crain-
dras de donner prise aux imputations de la calomnie.
Tu ne railleras personne. Si tu mets en pratique ces
leçons, tu deviendras plus sage.

Analysez les mots en italiques. — Se venger est d'un lâche, pardonner est d'un sage. Faire du bien à un ennemi, c'est se venger noblement. Il est plus grand de souffrir le malheur que de s'en délivrer.

234. EXERCICE. — *1° On copiera les phrases ci-dessous ; 2° on les copiera de nouveau en les mettant au passé déterminé.*

L'écriture nous est venue des Phéniciens par Cadmus ; l'arithmétique, la géométrie et la géographie, des Egyptiens. Les Arabes nous ont donné leurs chiffres. Les Grecs ont inventé le dessin ; l'imprimerie l'a été par Gutenberg de Mayence, qui en a fait les premiers essais à Strasbourg sous le règne de Charles VII. Silvio de Florence a découvert les lunettes. Le télégraphe a été établi pour la première fois par les frères Chappe. Les premiers aérostats ont été lancés par Montgolfier d'Annonay. Le baromètre a été inventé par Torricelli de Florence.

Analysez les mots en italiques. — Je voudrais, dit Fénelon, qu'un orateur se préparât longtemps pour acquérir un très-grand fonds de connaissances ; je voudrais qu'il fût naturellement très-sensé et qu'il ramenât tout au bon sens.

235. EXERCICE. — UN ANCIEN ÉLÈVE A SON MAÎTRE,
POUR LUI DEMANDER DES CONSEILS.

CANEVAS. — L'élève dira que les lettres de son maître lui font un extrême plaisir... Elles sont remplies de sentiments qui respirent une vraie et sincère piété... Il a bonne volonté, mais il a aussi grand besoin d'être excité dans le chemin de la vertu... Il ajoutera qu'il manque parfois de courage, de résolution dans la pratique du bien... Il vient solliciter auprès de lui quelques salutaires avis... Il veut marcher désormais avec plus de fermeté dans la bonne voie...

236. EXERCICE. — *En copiant les mots ci-dessous, on écrira, après chacun, son opposé.*

Emballage, bander, embarrasser, bâtir, embaucher, encaisser, camper, altérant, catir, enchaîner, dorer, emménager, accord, agréer, argenter, aveu, aisément, habile, honnête, propreté, sain, connaissable, carpe, physique, arctique, sympathie, postérieur, chrétien, scrofuleux, bénédiction, final, bienveillance, premier, épars, futur, fin, froid, adroit, reconnaissant, estimé, honoré.

Analysez les mots en italiques. —
Qu'un orgueil dangereux n'aille point t'abuser :
Il n'est point d'ennemi qu'on doive mépriser.
Le plus faible souvent suffit pour nous détruire.

EXERCICE DE LA LIX° COMPOSITION. — A UN AMI, POUR LE REMERCIER D'UN LIVRE QU'IL NOUS A DONNÉ.

CANEVAS. — Combien on est touché de son cadeau... des civilités dont il l'a accompagné... Combien on a été agréablement surpris en le recevant... Le livre est charmant et parfaitement choisi... On ne peut que lui savoir bon gré de ses attentions.... C'est une nouvelle occasion de lui montrer combien on l'aime et combien on lui est sincèrement attaché...

257. EXERCICE. — *1° On copiera les phrases ci-dessous; 2° on les copiera de nouveau en les mettant au passé indéterminé.*

Drebbel, paysan hollandais, inventa le thermomètre, mais les physiciens Leroi et Réaumur le perfectionnèrent. La soie fut introduite en France sous Louis XI; les premiers essais en furent faits à Tours par des ouvriers venus de Gênes. Les caractères de l'écriture gothique furent inventés, dit-on, vers l'an 373, par Ulphilas, évêque des Goths, qui s'en servit pour traduire en son idiome les saintes Ecritures. Les premiers canons furent appelés bombardes, comme toutes les armes à feu le furent, à cause du bruit qu'elles font en les tirant. Les fusils, qui succédèrent aux mousquets, ne commencèrent à être généralement en usage dans les troupes que vers l'an mil sept cent quatre.

Analysez les mots en italiques. — Je serai au milieu de mon peuple, dit Dieu; j'y habiterai, et je m'y promènerai allant et venant, pour ainsi dire, et ne les quittant jamais.

258. EXERCICE. — *1° On copiera les phrases ci-dessous; 2° on les copiera de nouveau en les mettant au futur simple.*

Les plus savants ne sont pas ceux qui ont le plus étudié, mais ceux qui ont le plus appris. Un vieillard craint les approches de la mort. Nos plus sûrs protecteurs sont nos talents et notre bonne conduite. La religion a toujours désavoué les œuvres les plus saintes que l'on a substituées au devoir. Celui qui dans un jugement fait acception de personnes, pèche contre la droiture et la bonne foi. Le Seigneur est mon appui. Nous ne goûtons point ici-bas de joie sans mélange. Notre intempérance nous donne de courtes joies et de longs déplaisirs.

Analysez les mots en italiques. — Boileau a rendu d'immenses services à notre littérature en dégoûtant son siècle des mauvais ouvrages, en lui apprenant à goûter Corneille et Racine, et en offrant lui-même les plus beaux modèles.

239. EXERCICE. — A UN FRÈRE, POUR LE PRIER DE REMERCIER UN AMI.

CANEVAS. — On priera son frère de dire à cet ami combien on se croit obligé à son égard..., combien on lui ferait de remercîments si on était auprès de lui...; il peut l'assurer qu'on ne saurait trouver une personne qui soit plus animée par de tels sentiments de reconnaissance et de gratitude...; qu'il n'oubliera jamais ses services et ses bienfaits.

240. EXERCICE. — *En copiant les adjectifs ci-dessous, on écrira, après chacun, un nom de la même famille.*

Accidenté, clair, ancien, pur, ferme, habile, lâche, pauvre, propre, rare, sale, sainte, actif, avide, catholique, commode, conforme, continu, véritable, curieux, difforme, immortel, fixe, fragile, frivole, intrépide, solide, majeur, mineur, mobile, nécessaire, nu, nul, stérile, timide, industriel, particl, superficiel, courageux, neigeux, nuageux, orageux, avaricieux, cancéreux.

Analysez les mots en italiques.—
Ma barque se perdant sous un épais brouillard,
Et sans rame et sans guide, errait comme au hasard.

EXERCICE DE LA LXe COMPOSITION. — LETTRE D'UN MILITAIRE A SA FAMILLE, POUR LUI DONNER DES NOUVELLES SUR LE SIÉGE D'UNE VILLE.

CANEVAS. — Le temps depuis lequel il est au camp... Comment ont été les choses depuis son arrivée... Nommer quelques camarades tués ou blessés... Raconter des attaques de jour et de nuit, et dire comment on les a repoussées... Un soldat tire sur un capitaine éloigné de ses rangs, croyant que c'était un ennemi... La prise des contrescarpes a coûté beaucoup de soldats d'élite... La ville que l'on attaque est bien fournie en vivres, en munitions, et a une forte garnison... Les troupes font si bien leur devoir, elles sont si bien commandées, que nécessairement la ville sera forcée de se rendre... Promettre des nouvelles d'ici à une huitaine...

241. Exercice. — *1° On copiera les phrases ci-dessous; 2° on les mettra à la 1re personne du singulier de l'imparfait de l'indicatif, du passé défini, du futur simple.*

Je puis tout ce que je veux, parce que je ne désire que ce qui est possible. J'apprends avec peine, mais je retiens bien ce que je comprends. Je sais peu, mais je sais bien; bref, je m'instruis, et je recueille déjà le fruit de mes travaux.

Analysez les mots en italiques.— La terre ne ressent aucune vieillesse; mille générations ont passé dans son sein; tout périt, excepté elle seule.

242. Exercice. — *On mettra les phrases ci-dessous au passé déterminé.*

Attila, roi des Huns, part de la Russie méridionale avec cinq cent mille combattants; parcourt et dévaste la Turquie d'Europe et la Grèce; remonte le Danube, traverse le Rhin et entre en Gaule; saccage Trèves, Arras; se présente devant Paris, d'où sainte Geneviève le chasse; fait le siége d'Orléans, d'où il est repoussé par l'évêque saint Aignan; se dirige vers la Champagne, se rend dans les champs catalauniques, plaines près de Châlons-sur-Marne, où il livre à Mérovée et aux Romains réunis une bataille qui lui coûte, dit-on, trois cent mille hommes; quitte la Gaule; s'achemine vers l'Est par la Suisse, le Tyrol et l'Italie, jusqu'aux portes de Rome; fait grâce à cette ville, sur les instantes prières de saint Léon; retourne dans la Scythie par l'Autriche et les monts Carpathes; établit son camp à la source du Dniéper, et y meurt le soir de ses noces.

Analysez les mots en italiques. — *Les orateurs que vous avez entendus parler étaient plus éloquents que ceux que nous avons entendu blâmer.*

243. EXERCICE. — LETTRE A UN PARENT, POUR LUI ANNONCER LA MORT D'UN GÉNÉRAL.

CANEVAS. — La nouvelle qu'on va lui apprendre est une grande perte pour toute la nation... La douleur générale lorsque l'on a su sa mort.... Jamais peut-être un homme n'a été regretté si sincèrement..... Ses parents, ses amis, ceux qui à peine le connaissaient l'ont pleuré.... Lorsqu'il fut atteint d'un boulet, il était placé sur une hauteur, et voyait de là défiler l'armée ennemie qui le fuyait.... Les cris et les pleurs de son armée, qui l'aimait beaucoup.... La tristesse fut générale dans l'armée quand cette nouvelle a été sue.... Louer le général en parlant de ses bonnes qualités...; parler surtout de sa valeur, de sa loyauté, de son énergie.....

244. EXERCICE. — *En copiant les adjectifs ci-dessous, n'écrira, après chacun d'eux, un nom qui s'y rapporte.*

Honnête, théologique, théorique, scientifique, honteux, satirique, pontifical, orgueilleux, méfiant, hostile, obscur, monstrueux, mystérieux, inique, hiérarchique, horizontal, humide, hypothétique, identique, immatériel, hyperbolique, foncier, filial, géométrique, négligent, grammatical, harmonieux, hasardeux, diamétral, besoigneux, extravagant, fervent, indépendant, languissant, soigneux, sentencieux, litigieux, consciencieux, ténébreux, réfrangible, subtil, susceptible, tranquille, servile.

Analysez les mots en italiques. —
Il est mort, disent-ils ; et, depuis qu'il n'est plus,
Jamais de nos débris la montagne couverte
Ne nous a vus tomber par le fer abattus.

EXERCICE DE LA LXIe COMPOSITION. — LETTRE A UN FABRICANT DE COUTEAUX.

CANEVAS. — Le prier d'envoyer les objets ci-dessous désignés :

3 grosses de couteaux de table, manche ébène ;   à 78 fr. la grosse.

10 grosses couteaux de table,
manche en bois;   à 48 fr. la grosse.
4 grosses passe-petits, en maille-
chort;   à 54 fr. la grosse.
25   id   tusins,   à 59 fr. la grosse.
6   id. ciseaux grands, à l'é-
glise;   à 48 fr. la grosse.
6   id   passe-petits,   à 56 fr. la grosse.
Il peut tirer à 90 jours.

245. EXERCICE. — 1° *On copiera la phrase ci-dessous ;
2° on la mettra à l'imparfait de l'indicatif, au passé
déterminé et au futur simple.*

Dieu connaît la sagesse humaine, toujours courte par
quelque endroit; il l'éclaire, il étend ses vues; quand
elle le rejette, il l'abandonne à ses ignorances, il
l'aveugle, il la précipite et la confond par elle-même.

*Analysez les mots en italiques. — Que d'hommes peu instruits
se sont crus savants, parce qu'ils se l'étaient entendu dire par des
flatteurs !*

246. EXERCICE. — *On mettra les phrases ci-dessous au
passé indéterminé.*

Louis XIV récompensait les grands hommes et leur
accordait sa confiance : Turenne et Condé comman-
daient ses armées; Colbert administrait ses finances;
Vauban fortifiait ses citadelles; Riquet creusait ses
canaux; Mansard construisait ses palais; Le Nôtre des-
sinait ses jardins; Corneille et La Fontaine amusaient
ses loisirs; Racine et Boileau écrivaient son histoire;
Bossuet, Fénelon et Fleury instruisaient ses enfants;
Bourdaloue, Massillon et Fléchier lui prêchaient ses
devoirs. Du temps de ce grand roi vivaient Malebranche
et les célèbres Descartes et Pascal. Louis XIV se
montra toujours grand dans l'adversité; il mourut en
avouant ses fautes, et recommanda à son successeur de
ne pas l'imiter dans son amour pour la gloire, pour la
guerre et pour les plaisirs.

*Analysez les mots en italiques. — Il est tombé des pierres du ciel;
elles ont été nommées aérolithes. A-t-il été reconnu de quell nature étaient les pluies de sang qu'on a cru qu'il était tombé ?*

247. EXERCICE. — A UN FOURNISSEUR, POUR SE PLAINDRE DU PEU DE CÉLÉRITÉ QU'IL MET DANS SES ENVOIS.

CANEVAS. — Rappeler en commençant la demande, sa date et l'époque où on aurait pu la recevoir... Montrer ensuite le grand besoin qu'on en a...., les pertes qu'on éprouvera, si l'on ne reçoit pas ces marchandises sous peu de jours ... Enfin la disposition où l'on est de lui renvoyer ses marchandises et de se fournir chez un autre, si on ne les reçoit qu'après telle époque....

248. EXERCICE. — *En copiant les mots ci-dessous, on en écrira quatre de la même famille, après chacun d'eux.*

Confession, consultation, fer, feuille, fil, vieillard, végétal, taille, négoce, balai, doubleur, juste, dam, admiration, labour, exécution.

Analysez les mots en italiques. — *Que de reflexions n'a-t-il pas fallu pour découvrir tous les secrets de la nature qu'on est parvenu à connaître! Que de génies élevés se sont soumis aux mystères de la foi!*

EXERCICE DE LA LXIIe COMPOSITION. — A UN HOMME EN PLACE, QUE L'ON CONNAÎT, POUR LUI RECOMMANDER UN AMI.

CANEVAS. — Comme on le connaît bienfaisant, on vient lui demander sa protection pour un ami qui lui exposera lui-même ses désirs ...., l'espoir qu'il fonde sur sa protection.... On connaît parfaitement l'ami qu'on lui recommande, et on peut l'assurer qu'il répondra à ses soins et à ses bontés.

249. EXERCICE. — *1° On copiera les phrases ci-dessous; 2° on les copiera de nouveau en les mettant au pluriel.*

Un enfant contrariant par caractère, contredisant ses condisciples, peut-il être heureux? C'est la neige fondante qui alimente nos fleuves. Un esprit bas et rampant ne s'élève jamais au sublime. Le chien est caressant de sa nature. Descendant d'une race sainte, tu dois tendre à la sainteté. Un caractère contrariant n'est pas aimé. L'oiseau grimpant a les pattes armées de griffes très-pointues. A la fin du monde l'impie, abattu, consterné et se désespérant en voyant son malheur, rendra hommage à la justice de Dieu, qu'il a si longtemps méconnue.

Analysez les mots en italiques. — Chez les Anciens, les femmes que l'on a crues douées du don de prophétie, on les a nommées sibylles.

250. EXERCICE. — *1° On copiera les phrases ci-dessous; 2° on les copiera de nouveau en les mettant au pluriel.*

Aimé de Dieu et respecté des bons, l'homme vertueux coule tranquillement ses jours. Un travail conçu, commencé et exécuté par plusieurs est rarement parfait. Enchanté des merveilles de la nature, charmé de ses beautés, étonné et surpris de sa magnificence, l'homme sage admire les œuvres de Dieu. L'aumône répandue en vue de Dieu et faite en son nom est d'un grand poids devant lui. Un enfant mal élevé est toujours ingrat. Une belle action cachée est estimable.

Analysez les mots en italiques. — Le peu de maux que vous avez soufferts vous ont appris à compatir aux souffrances des malheureux. Le peu d'affection que vous avez montré à vos amis les a déconcertés.

251. EXERCICE. — A UN FRÈRE, POUR LUI RECOMMANDER
UN JEUNE HOMME QUI VOUDRAIT ÊTRE MÉCANICIEN.

CANEVAS. — C'est un protégé qui lui remettra cette lettre..... Les qualités du jeune homme pour la profession de mécanicien..... Cependant il n'a encore rien fait sur cette partie..... Il va dans cette ville parce qu'il y a beaucoup d'usines..... On priera son frère de donner au jeune homme une lettre pour un chef d'atelier de sa connaissance..... La confiance où on est qu'il réussira à le placer.....

252. EXERCICE. — *En copiant les mots suivants, on écrira, après chacun, un de leurs synonymes.*

Abaisser, abandonnement, abhorrer, pardon, accompagner, accompli, achever, admettre, penchant, ambassadeur, appui, artisan, abject, calculer, épée, garantir, haine, idée, indemniser, charge, pardon, adroit, affront, an, ancêtres, assurer, cabale, casser, courage, félicité, fureur, esprit, insolent, près, reconnaissance,

prédication, proférer, vice, oscillation, ravager, absolution, rencontrer, renoncer, rente, domicile, ressem-
blant, réminiscence.

Analysez les mots en italiques. —
    Ah ! de vos premiers *ans* l'heureuse *expérience*
    Vous fait-*elle, seigneur, haïr* votre innocence ?
    Songez-vous au bonheur *qui les a signalés ?*
    Dans quel repos, ô Ciel ! les avez-vous coulés !

**EXERCICE DE LA LXIIIe COMPOSITION. — UN ENFANT QUI
VIENT D'ENTRER EN PENSION, A SES PARENTS.**

CANEVAS. — Il remerciera ses parents de l'avoir placé
dans une bonne pension..... La peine qu'il a eue en se
séparant d'eux..... Celle qu'il a encore en pensant
à sa mère, à son père, à ses frères et à ses sœurs.....
Il se trouve mieux en pension qu'il ne pensait,..... il a
obtenu de bonnes places..... Il espère qu'on viendra le
voir.....

253. EXERCICE. — 1° *On copiera les phrases ci-dessous ; 2° on les copiera de nouveau en les mettant au
pluriel.*

Le conseil que je t'ai donné, en t'invitant à étudier,
ne peut qu'être approuvé de tout le monde ; tu ne te
repentiras jamais de l'avoir suivi. Reste donc toujours
fermement attaché aux bons principes que je t'ai incul-
qués et que tu parais avoir compris. La leçon que tu as
reçue a été reconnue utile et même nécessaire par tous
ceux qui l'ont entendue. La récompense que je t'ai
promise te sera donnée aussitôt que tu auras rempli la
condition posée. Voici le livre que tu as paru tant désirer, que tu as recherché avec tant de soin, et que tu
as voulu parcourir ; ce livre, il te sera donné, si tu
remplis exactement la tâche que je t'ai prescrite.

*Analysez les mots en italiques. — Les Russes ont fait plus de
progrès en cinquante ans qu'aucune autre nation n'en avait fait
en cinq cents.*

254. 1° *On copiera les phrases ci-dessous ; 2° on les
copiera de nouveau en les mettant au pluriel.*

Une bonne œuvre est morte si elle n'est pas animée
par la foi. Celui qui n'est jamais offensé de rien n'est pas
plus fait pour la bonne société que celui qu'un rien

offense. Plus la loi évangélique sera connue et pratiquée, plus l'homme sera éclairé et instruit sur ses véritables intérêts. Celui qui se confie au Seigneur ne sera jamais ébranlé. Au dernier jour, le méchant sera précipité dans l'abîme des supplices.

Analysez les mots en italiques.—Il y a, dit-on, plus de *médailles frappées* à la gloire de ceux *qui ont réparé* les *édifices* publics, *qu'à l'honneur* de *ceux* qui en ont *fondé de nouveaux*.

255. EXERCICE. — UN PÈRE A SON FILS QUI LUI AVAIT FAIT DES EXCUSES.

CANEVAS. — Combien il a été touché en lisant sa lettre .,. Il l'aime trop pour ne pas lui pardonner.... Une parole, un rien de la part de son fils suffit pour lui faire tout oublier... Le désir qu'il a de le voir et de l'embrasser, afin de lui montrer que tout son bonheur est d'être avec lui... de penser à lui... En un mot, il peut être sûr que son père l'aime et l'aimera toujours...

256. EXERCICE. — *En copiant les mots ci-dessous, on écrira un troisième homonyme.*

Aïe ! aille; Aisne, aine; ère, erre; est, haie; août, houe; art, arrhes; eau, aulx; hotteur, auteur; bal; Bâle; baux, beau; Caen, kan; sain, seing; celle, selle; scène, saine; cent, sans; Christ, cric; chair, chaire, scie, six; cite, Scythe; comptant, contant; compte; comte; dais, dès; don, donc; étant, étend; fond, fonds; faim, feint; Foix, foie; jais, geai; hôte, ôte; lais, lé.

Analysez les mots en italiques. —
Grand Dieu! votre *main* réclame   *Elle vient couper la trame*
Les dons que j'en ai reçus;   *Des jours qu'elle m'a tissus.*

EXERCICE DE LA LXIV° COMPOSITION. — LETTRE FAMILIÈRE A UN AMI EN LUI RACONTANT UN VOYAGE.

CANEVAS. — Si cet ami ne répond pas à la lettre qu'on lui a écrite, on lui fera des reproches sérieux... Parler de la ville de..., qu'on a visitée... dire si elle est belle et agréable... Donner la description d'un monument, comme d'une église, d'un palais de justice... Parler de quelque cérémonie particulière au pays... En donner les détails, toujours d'une manière amusante... Dire les difficultés qu'on a éprouvées pour avoir certains papiers dont on avait besoin, comme laisser-passer, passe=

port.... On espère que tous ces détails pourront l'amuser et lui faire connaître le pays que l'on a parcouru...

257. Exercice. — *1° On copiera les phrases ci-après ; 2° on les copiera de nouveau en les mettant au singulier et au passé déterminé.*

Les bénédictions d'un père et d'une mère accompagnent toujours celles de Dieu. Les hommes ne se tiennent jamais au présent ; ils anticipent toujours sur l'avenir comme présent, comme pour le gâter. Colomb et Cook découvrirent de nouveaux mondes ensevelis, pour le reste de l'univers, dans un immense Océan ; ils trouvèrent dans ces contrées un nouveau règne végétal, un nouveau règne animal, mais la même espèce d'hommes. Les paroles des hommes, quand ils se vantent, sont comme le bruit d'une scie quand on l'aiguise : elles agacent l'esprit de ceux qui les écoutent. Heureux ceux dont la bouche ne laisse jamais passer un mensonge !

Analysez les mots en italiques. — *Autant* est *vaste* l'*étendue* qui *est entre* le *ciel* et la terre, *autant* est *grande* et *infinie* la miséricorde de Dieu sur *ceux qui* le craignent. *Lorsque* le *corps* est *malade,* l'*esprit* l'est *aussi.*

258. Exercice. — *1° On copiera les phrases ci-dessous ; 2° on les copiera de nouveau en mettant les verbes au passé déterminé.*

Nous lisons et nous examinons les ouvrages que vous achetez ; ils nous paraissent écrits avec goût et intelligence. Ceux mêmes qui les regardaient d'abord avec prévention, les admirent et les estiment ; ils voient avec plaisir la victoire que cet auteur remporte sur ses compétiteurs. Les enfants auxquels je donne mes leçons s'instruisent très-bien ; c'est une preuve qu'ils font avec exactitude les devoirs que je leur donne. Nous acquérons des connaissances par notre travail ; aussi, nous résolvons avec facilité toutes les questions que l'on nous donne et toutes les difficultés qui se présentent.

Analysez les mots en italiques. — *Tout* l'*univers* est *devant* Dieu *comme* un *point.* *Voyez comme* les *empires* se succèdent. *Qu'est-ce que* les *grandeurs au prix* de la vertu?

259. Exercice. — Un militaire, avant de partir pour rejoindre son régiment, a un de ses frères.

Canevas. — Dire qu'enfin on va partir.... qu'on est obligé d'aller dans une ville où le chagrin vous attend... On est heureux de laisser ses parents en bonne santé... On espère que bientôt il viendra les voir... On aura toujours le même grade... Mais on espère que cela finira, car toutes les choses de ce monde passent.

260. Exercice. — *En copiant les mots ci-dessous, on écrira, après chacun, un de leurs homonymes.*

Lit, maître, mère, mords, maux, Metz, mou, nid, voie, paie, pain, paire, pend, pari, peau, Persan, plain, plan, poids, poing, porc, pris, puis, rend, ris, ton, Rome, sale, saut, soi, sont, sou, taux, teint, foi, tirant, toue, Troie, vain, vallée, van, vice, ras, raie, rond, roue, sens, veine, vante, veau, verseau.

Analysez les mots en italiques. —
. . . . *Je suis un orphelin ,*
Entre les bras de Dieu jeté dès ma naissance ,
Et qui de mes parents n'eus jamais connaissance.

Exercice de la LXVe composition. — Conseils a un jeune homme sur la conduite qu'il doit tenir dans le monde.

Canevas. — L'embarras où l'on se trouve quand on commence à vivre dans le monde se perd peu à peu... Tâcher de prendre les manières de faire et d'agir de ceux qui ont une bonne réputation... La contrainte que l'on se fait produit ses fruits... S'accoutumer à vaincre la fatigue du corps et celle de l'esprit... Pour s'exciter à la constance, voir les difficultés qu'on éprouve à se gêner quand on est dans un âge avancé... Si on n'est pas formé, on court risque de se trouver sans ressources, sans crédit... — La facilité vient avec l'habitude... Se faire à la nouvelle position où l'on se trouve... Besoin de faire connaissance avec des gens honnêtes et vertueux... Comment le commerce des gens vertueux influe sur nos manières... Se réserver des heures de travail, au moins certains jours; savoir s'imposer des sacrifices... Renoncer à certains amusements... Ne pas refuser ceux qui sont permis... Ce qu'il faut accorder à ses amis... La religion doit être la première règle de conduite, c'est elle qui doit tout sanctionner...

261. EXERCICE. — 1° *On copiera les phrases ci-dessous; 2° on les copiera de nouveau en les mettant au passé indéterminé.*

Les mauvais livres que cet enfant achète, qu'il lit et relit, lui corrompent le cœur ; malheureusement, il les prête à d'autres qui les reçoivent avec empressement et les lisent avec avidité. Quelle religion connaît mieux le cœur de l'homme que la nôtre? Plus vous différez votre conversion, plus vous jetez de profondes racines dans le mal, plus ses chaines forment de nouveaux replis sur votre cœur, plus ce levain de corruption que vous portez au dedans de vous est dilaté, s'étend, s'aigrit et se corrompt.

Analysez les mots en italiques. — Le monde, *qui* semble mépriser la vertu, *n'estime et ne* respecte *pourtant qu'*elle. Le vrai moyen d'être trompé est de *se croire plus fin que les autres.* O Dieu ! confonds l'*audace* et l'*imposture.*

262. EXERCICE. — 1° *On copiera les phrases ci-dessous; 2° on les copiera de nouveau en les mettant au pluriel et au passé indéterminé.*

Le méchant se tourmente vainement et consume sa vie dans des soins inutiles, parce qu'il ne sait pas mettre de bornes à ses désirs, et qu'il ignore la source des véritables jouissances. Dans la prospérité, le véritable ami attend qu'on l'appelle; dans l'adversité, il se présente de lui-même. Celui qui se plaint du travail se montre presque toujours ingrat envers son meilleur ami. L'outrage avilit toujours celui qui le fait, et non celui qui le reçoit.

Analysez les mots en italiques. — Oh ! *heureux* les *hommes* à qui la vertu se montre *dans toute* sa beauté! Peut-*on* la connaître *sans l'aimer* ? peut-on l'aimer *sans être heureux*?

263. EXERCICE. — CONSEILS D'UN GRAND-PÈRE A SON PETIT-FILS APRÈS SA PREMIÈRE COMMUNION.

CANEVAS. — La préparation qu'il a apportée à faire

sa première communion, fait espérer qu'il en retirera de grands fruits... Après la première communion, il ne faut pas s'arrêter dans la pratique du bien... Il faut, au contraire, marcher avec plus de courage ... Dieu n'a promis la couronne qu'à ceux qui persévèrent... Il doit s'approcher de temps en temps des sacrements... Bien faire ses prières... Fuir les mauvaises compagnies... Être obéissant à ses parents et à ses maîtres... Ce sont là quelques conseils donnés... S'il les observe, il sera heureux....

264. EXERCICE. — *On désignera la signification des homonymes ci-dessous.*

Ache, hache; ancre, encre; alène, haleine; bonace, bonasse; boa, bond; chair, chaire; clair, clerc; cour, cours; cor, corps; crains, crin; cuire, cuir; dessein, dessin; doit, doigt; écot, écho; faîte, fête; forêt, foret; grâce, grasse; hâle, halle; jeûne, jeune; lait, laid; legs, lé; lent, Laon; maître, mètre, mettre; tord, tore, tors, tort.

Analysez les mots en italiques. —

Heureux! puisque de nos souffrances,
Par l'objet de nos espérances,
Nous devons *être rachetés,*
Et qu'il (Dieu) nous permet de prétendre
Qu'un jour sa bonté doit s'étendre
Sur *toutes nos iniquités.*

EXERCICE DE LA LXVIe COMPOSITION. —UNE TANTE
A SA NIÈCE POUR LUI REPROCHER SA FIERTÉ.

CANEVAS. —On l'aime trop pour ne pas lui dire ses vérités... Comment pourrait-on la négliger..? On ne sait d'où lui vient cette fierté qu'on remarque en elle... Le ton d'autorité qu'elle prend ne lui convient pas... Comment peut-elle se croire quelque chose..? Ce n'est pas par prévention qu'on lui fait ces reproches... Que lui servira de savoir l'Évangile, si elle ne le pratique pas..? Combien on a souffert en la voyant agir avec tant de fierté dans une visite qu'elle a rendue... On lui fait ces reproches parce qu'elle a de l'esprit... Le désir où l'on est de la trouver désormais douce, timide, docile... La peine qu'on a de la gronder, et le plaisir qu'on éprouve quand on peut lui en faire...

265. EXERCICE. —1° *On copiera les phrases ci-dessous ; 2° on les copiera de nouveau en les mettant au passé indéterminé.*

Les orgueilleux, dans leur folie, se jettent sur leurs propres pensées et les éteignent dans le tumulte du siècle. Le mensonge les enchaîne à leur propre esprit ; ils sont malheureux, et ne peuvent se détacher du monde. Ces pauvres misérables meurent d'inanition dans le vain labeur de leurs pensées ; car la vérité ne sustente point leur vie et ne nourrit point leur cœur. Bienheureux les hommes qui vivent de foi et de vérité !

Analysez les mots en italiques. — Idolâtres d'eux-mêmes, fiers contempteurs des autres, les impies se montrent impatients de tout joug. La vertu, d'un cœur noble est la marque certaine.

266. EXERCICE. — 1° *On copiera les phrases ci-dessous ; 2° on les copiera de nouveau en les mettant au passé indéterminé.*

Dieu se retire de la pensée des hommes orgueilleux, parce que leurs cœurs se retirent de lui ; et sa lumière n'entre point dans leur esprit, parce qu'ils ne s'humilient point. Les hommes orgueilleux méconnaissent la Providence, et ils disent : Nous nous suffisons à nous-mêmes. Alors Dieu se venge, et les laisse agir seuls. Le temps, ce dépôt précieux que le Seigneur nous confie, devient souvent, pour nous, un fardeau qui nous pèse et nous ennuie. Le monde étale des prospérités, mais il ne fait point d'heureux.

Analysez les mots en italiques. — Par la force, on ne fait que vaincre ; c'est par la générosité qu'on soumet. Dès qu'un homme se plaît à cultiver son esprit, il ne craint plus le poids du temps.

267. EXERCICE. —A UN AMI QUI N'A PAS FAIT UNE VISITE QU'IL AVAIT PROMISE.

CANEVAS. —En ne venant pas comme il l'avait promis, on aurait le droit de lui dire qu'il a fait un tour de gascon... On l'a attendu longtemps... On lui pardonnera quand il aura fait cette visite... Qu'il veuille bien avertir pour quel jour.

268. EXERCICE. —*En copiant les phrases ci-dessous, on les mettra au passé déterminé.*

LES BELGES SOUMIS PAR CÉSAR.

César reçoit le commandement de l'armée romaine, se met à la tête des troupes, marche, et fait la conquête des Gaules. Il apprend que la Belgique est habitée par des guerriers renommés; dès lors, il prend la résolution de les vaincre, et cinquante-neuf ans environ avant J.-C., le général romain, à la tête de quatre-vingt mille combattants, paraît aux frontières de la Belgique, place son camp sur les hauteurs de la Sambre, dont les Nerviens occupent la rive gauche. César détache contre eux sa cavalerie et ses troupes légères; les Nerviens les attaquent, les mettent en déroute et les poursuivent au pas de course, forcent le camp des Romains, et y jettent la terreur et le désordre. Déjà les Romains commencent à lâcher pied; mais César ne perd pas la présence d'esprit, il voit un porte-drapeau en fuite, court vers lui, lui fait faire volte-face et rallie bientôt toutes les troupes.

Analysez les mots en italiques. —

. . . . . *Toi*, dont le *courroux* veut *engloutir* la *terre*,
Mer terrible, *en* ton *lit* quelle *main te* resserre?
Pour forcer la prison, tu *fais* de vains *efforts*;
La *rage* de tes *flots* expire sur tes *bords*.

EXERCICE DE LA LXVIIe COMPOSITION. — LETTRE D'EXCUSE À UN AMI AUQUEL ON A ÉCRIT DES CHOSES PEU RAISONNABLES.

CANEVAS. — Dire qu'on reconnaît lui avoir écrit des choses peu raisonnables... Qu'il a eu en quelque sorte raison de se tenir pour offensé... Ce qu'on a écrit, on l'a fait dans le trouble... Il est certain que le cœur dément maintenant et démentira toujours ce que la plume a tracé... Il aurait pu attendre quelque temps pour faire les reproches qu'il a faits... Enfin on ne prétend pas s'excuser, parce qu'on se reconnaît coupable... On voulait seulement lui donner des raisons qui semblent justes... Finir en lui demandant pardon et en l'assurant que s'il veut bien pardonner, on sera son ami le plus dévoué et le plus sincère...

269. EXERCICE. — *On mettra les phrases ci-dessous à la deuxième personne du singulier.*

Chers élèves, après que vous aurez acquis la connaissance d'une grande somme de mots, en lisant ou en copiant les bons auteurs, vous devez vous appliquer à vous énoncer avec élégance, et à n'exprimer vos pensées qu'avec le nombre de mots rigoureusement nécessaires. Méditez d'abord le sujet que vous voudrez traiter, pénétrez-vous du sentiment que vous voudrez inspirer à vos lecteurs ou à vos auditeurs. Mettez de la clarté, de l'ordre et de la liaison dans la suite de vos idées, dans vos raisonnements et dans vos jugements; unissez-les avec soin, marchez de conséquence en conséquence, et évitez surtout les phrases équivoques, et celles qui n'offrent au lecteur que des mots vides de sens. Fixez clairement les rapports et les ressemblances de ces idées, et donnez-leur une marche régulière.

Analysez les mots en italiques. — *A la mort, il ne* reste pour *l'éternité que* le bien ou le *mal qu'on a fait. Pour* ne pas *vouloir* croire *d'incompréhensibles mystères,* les *incrédules* suivent *d'incompréhensibles erreurs.*

270. EXERCICE. — *1° On copiera les phrases ci-dessous; 2° on les copiera de nouveau en les mettant au passé indéterminé.*

Ces hommes se préfèrent aux autres, et dans leur orgueil ils s'égalent à Dieu. Leur vanité vivant de flatteries leur corrompt le cœur, enfle leurs esprits, déprave leurs jugements, affaiblit leur volonté. C'est encore la vanité qui les rend esclaves du monde, les asservit au démon, et imprime son image dans leurs âmes. Les hommes vains se recherchent dans les petites choses, parce que les grandes leur coûtent trop, et qu'avant tout ils s'aiment eux-mêmes. Les orgueilleux se recherchent dans les grandes choses; ils ne veulent point reculer devant les sacrifices, parce qu'ils ont une haute idée de leur capacité; mais ils se nuisent, se trompent et s'aveuglent eux-mêmes.

Analysez les mots en italiques. —*Après* la mort de son *frère,* le *dauphin, Henri II, succéda,* en quinze cent quarante-sept, à son *père François I. Dans* le *cours* de l'année *dix-sept cent onze, Duguay-Trouin* força l'*entrée* de Rio-Janeiro.

271. Exercice. — Lettre d'excuse a un ancien professeur auquel on n'avait pas répondu.

Canevas. — Le plaisir, la satisfaction qu'on a eus en recevant ses lettres... S'avouer coupable de négligence, et apporter pour excuse ses occupations... Dire qu'on vient de subir un examen et qu'on se prépare à un autre... Qu'on s'applique spécialement à l'algèbre supérieure... Qu'on est dans les x jusqu'au cou... Qu'il peut être tranquille : on profite de ses avis et de ses conseils... Que l'on commence enfin à se faire à la vie de la Capitale... Que l'on a choisi des amis sages et vertueux... Enfin, qu'on se réjouit d'avoir été formé par un homme tel que lui...

272. Exercice. — *En copiant les phrases ci-dessous, on les mettra au présent de l'indicatif.*

LES BELGES SOUMIS PAR CÉSAR. (Suite.)

Les Romains et les Nerviens se rencontrèrent dans la plaine de Fleurus ; les Romains éprouvèrent une défaite, les Nerviens en furent glorieux. Mais César ne perdit point courage ; il rallia son armée et alla de nouveau attaquer les Nerviens, qui se firent tuer sans vouloir faire un pas en arrière ; tous leurs chefs, excepté trois, restèrent sur le champ de bataille. Après la défaite des Nerviens, César marcha contre les OEduatiques, les fit prisonniers et les vendit comme esclaves. Le général romain conduisit ensuite son armée contre les Ménapiens : ceux-ci, craignant le sort des OEduatiques, comprirent qu'ils ne devaient rien risquer avec un pareil ennemi ; rassemblant toutes leurs forces, ils se tinrent sur la défensive et gardèrent leurs frontières avec une vigilance extraordinaire. Le général romain conçut bientôt leur plan, leur livra quelques combats partiels qui ne l'encouragèrent pas à aller plus avant, et qui lui firent connaître la valeur des Ménapiens ; il fit ensuite brûler quelques villages abandonnés et cessa de les attaquer.

Analysez les mots en italiques. —
Du sein des ombres éternelles,   L'envie offusque de ses ailes
S'élevant au trône des dieux,   Tout éclat qui frappe ses yeux.

EXERCICE DE LA LXVII° COMPOSITION. — A UN AMI, POUR
LUI TÉMOIGNER LA PART QUE L'ON PREND A SES SOUF-
FRANCES, ET POUR LES LUI FAIRE REGARDER COMME UN
EFFET DE LA MISÉRICORDE DE DIEU.

CANEVAS. — La peine que l'on a eue en apprenant
ses souffrances... La persuasion où l'on est que Dieu les
lui envoie pour son bien... Les maladies sont un moyen
d'expier nos péchés... Nécessité d'offrir à Dieu ses
peines et ses souffrances... Déplaisir qu'il doit éprouver de ne pouvoir réaliser les projets qu'il avait formés...
Dieu, en renversant nos projets, veut que nous vivions
pour lui seul... Les consolations que Dieu donne quand
on sait supporter les afflictions qu'il envoie... Le désir
qu'on a de partager ses souffrances... La peine que l'on
ressent de ses douleurs...

273. EXERCICE. — *En copiant les phrases ci-dessous,
on les mettra à la deuxième personne du singulier.*

Je dois me rendre à l'école par le chemin le plus
court, sans me détourner, sans m'amuser en route ; je
dois arriver un peu avant l'heure prescrite. J'entrerai
dans la classe d'un air modeste et tranquille, sans courir, sans me presser ; j'irai à ma place, je ferai ma petite
prière, je m'assiérai ensuite sans déranger aucun de
mes camarades. Je prendrai mon livre d'étude et j'étu-
dierai ma leçon de mon mieux. Pendant tout le temps
que durera la classe, je serai attentif aux leçons ; je
m'efforcerai de comprendre les explications qui me seront faites ; j'écouterai attentivement les bons avis qu'on
me donnera ; je prendrai tous les soins possibles pour
les observer exactement ; je ferai tous les exercices avec
une grande application : en un mot, je m'occuperai
par-dessus tout de mon instruction, et je ne songerai
pas à autre chose, considérant que c'est pour m'instruire que je suis en classe.

*Analysez les mots en italiques. — Aux yeux du Seigneur, un
jour est comme mille ans, et mille ans comme un jour. Malheur
à ceux qui ont leur consolation en ce monde!*

274. EXERCICE. — *1° On copiera les phrases ci-dessous ; 2° on les copiera de nouveau en mettant les verbes*

qui sont à l'infinitif à la troisième personne de l'un des temps du subjonctif.

Il faut éviter le mal et faire le bien. Il faut haïr le vice et chérir la vertu. Il est nécessaire de croire en Dieu, d'espérer en lui, de l'aimer de tout notre cœur, d'aimer son prochain comme soi-même, de le secourir dans ses besoins, et de le consoler dans ses peines. Il faut connaître ses obligations, les chérir et les remplir avec exactitude. Il est juste de croire à l'Eglise, parce qu'elle a la vérité; de tenir à elle, parce qu'elle en est la source. Je prétends qu'il faut aimer Dieu parce qu'il est notre principe, et tendre à lui parce qu'il est notre fin; s'appuyer, se confier en lui, parce qu'il est fort; espérer en lui parce qu'il est fidèle.

Analysez les mots en italiques — Heureux qui peut rendre à son père et à sa mère tous les soins qu'il en a reçus dans son enfance. A grand parleur, rien n'agrée tant qu'un auditeur patient et paisible.

275. Exercice. — **Lettre a un parent sur la mort d'un ami.**

Canevas. — Celui que nous pleurons n'est pas éloigné de nous; il nous entend, il prie pour nous qui sommes exposés au naufrage... Les purs esprits nous entendent... Leur amitié est immortelle comme eux... L'amitié divine pleure, mais en pleurant elle a l'espérance de rejoindre ceux qui lui font verser des larmes...

276. Exercice. — *En copiant les phrases ci-dessous, on les mettra au passé défini.*

LES BELGES SOUMIS PAR CÉSAR. (Fin.)

César continue ses excursions et cherche partout les vaillants Belges. Ambiorix, chef des Eburons, marche à sa rencontre, le défie au combat et taille en pièces dix mille Romains. Après la bataille, le reste des soldats de César se révoltent; mais ce chef habile les apaise, les encourage et les remet à l'ordre. Le fameux Ambiorix lui résiste toujours, partout il lui tient tête, fait face à tous les dangers, évite toutes les surprises. Mais enfin le génie de César et la bravoure de son armée triomphent de la résistance des Gaulois du Nord. Ces peuples succombent plutôt qu'ils ne se rendent, comme l'attestent les efforts inouïs qu'ont faits les Romains pour les soumettre, et que César lui-même raconte dans ses récits célèbres des campagnes des Gaules. Leur pays est dès lors soumis au glaive des Romains, qui le partagent en provinces romaines et lui donnent leurs lois et leurs mœurs.

Analysez les mots en italiques. —

> L'*amertume* est dans les *douceurs* ;
> Dans nos *projets*, la *crainte* ;
> Le *néant*, au *sein* des grandeurs ;
> Dans les *travaux*, la *plainte*.
> O bonheur *désiré* de tous !
> Bonheur tranquille, où *fuyez-vous* ?
> *Vous* êtes d'un *Dieu* créateur
> Et l'*essence* et l'ouvrage...

EXERCICE DE LA LXIX° COMPOSITION. — UN PÈRE A SON FILS QUI VIENT DE LE QUITTER.

CANEVAS. — Le jour où l'on se quitte est un jour triste et terrible... Il songe à lui souvent, très-souvent... Quand il se rappelle les adieux qu'ils se sont faits, il pleure encore... Le désir qu'il aurait de pouvoir se consoler.. L'espérance qu'il a de le revoir bientôt, de l'embrasser... Le temps agréable qu'il a passé avec lui... Jamais un départ ne lui a été plus triste... Il se soumet cependant à la volonté de Dieu, et se résigne à tout ce qu'il voudra...

277. EXERCICE. — 1° *On copiera les phrases ci-dessous ; 2° on les copiera de nouveau en mettant au présent de l'impératif les verbes qui sont au futur.*

Tobie disait à son fils et à ses petits-fils : Mes enfants, vous écouterez votre mère, vous servirez le Seigneur et vous ferez ce qui lui est agréable ; vous recommanderez à vos enfants de faire des œuvres de justice ; vous vous souviendrez de Dieu et vous le bénirez en tout temps ; vous ensevelirez votre mère près de moi, et aussitôt vous vous hâterez de quitter cette ville. Tu honoreras tes parents, tu les aimeras, tu les respecteras, tu leur obéiras, tu n'exciteras pas leur colère, tu ne les abandonneras jamais, et tu excuseras même les torts qu'ils pourraient avoir à ton égard.

Analysez les mots en italiques. — *La passion la plus insupportable, c'est l'orgueil. Pygmalion, il les* avait trempées, *ses mains* cruelles, dans le *sang* de Sichée. *Quand j'aurais tous les trésors, mes jours* seraient-*ils* plus *heureux ?*

278. EXERCICE. — *1° On copiera les phrases ci-dessous; 2° on les copiera de nouveau en mettant au futur et au singulier le verbe qui est à l'impératif.*

L'ange dit à Tobie : Bénissez le Dieu du ciel et rendez-lui gloire devant tous les hommes ; ne craignez que lui, glorifiez-le, bénissez-le, chantez ses louanges... Respectons la justice, aimons les lois et soumettonsnous-y. Détestons le mensonge, conservons le souvenir du bienfait, aimons et respectons les auteurs de nos jours. Honorez la mémoire de vos aïeux, exécutez leurs volontés. Réprimons la colère, éloignons-nous des méchants, ajoutons à nos plaisirs celui de faire du bien. Grave bien cette vérité dans ton esprit : L'important c'est d'avoir du mérite, et non d'avoir un mérite récompensé par les hommes.

Analysez les mots en italiques. — Une *infinité d'étoiles sont parsemées* dans le *firmament.* La *plupart* des *gens* ne font *réflexion* à rien.

> *Tout ce qui reste encor de fidèles Hébreux*
> *Lui viendront aujourd'hui renouveler* leurs *vœux.*

279. EXERCICE. — LETTRE A UN AMI CHEZ LEQUEL
ON EST RESTÉ EN ATTENDANT UNE PLACE.

CANEVAS. —La peine que l'on a eue de rester si longtemps dans le désœuvrement... Combien on a été heureux d'être avec lui.... Combien on aurait souffert s'il ne nous avait pas donné une si généreuse hospitalité.... L'ouvrage va bien maintenant.... On espère que cela continuera.... Finir en le remerciant de nouveau de sa protection....

280. EXERCICE. — *En copiant les phrases ci-dessous, on mettra le mot* renard *au pluriel et on fera l'accord.*

LE RENARD.

Le renard est fameux par ses ruses, et mérite en partie sa réputation. Ce que le loup ne fait que par la force, le renard le fait par adresse, et réussit plus souvent. Il emploie plus d'esprit que de mouvements, et ses ressources semblent être en lui-même. Fin autant que circonspect, ingénieux et prudent même jusqu'à la patience, il varie sa conduite, il a des moyens de réserve qu'il sait n'employer qu'à propos; il veille de près à sa conservation. Quoique aussi infatigable et même plus ingénieux que le loup, il ne se fie pas entièrement à la vitesse de sa course; il sait se mettre en sûreté en se pratiquant un asile où il se retire dans le danger pressant, où il s'établit, où il élève ses petits. Il n'est point animal vagabond, mais animal domicilié; il se loge au bord des bois, il écoute le chant du coq et le cri de la volaille, il savoure de loin sa proie; il prend habilement son temps, cache son dessein et sa marche, se glisse, se traîne, et arrive presque toujours à son but.

Analysez les mots en italiques. —
La *plupart*, *emportés* d'une *fougue* insensée,
Toujours loin du vrai sens vont chercher leur *pensée*.

Trop d'honneurs sont un esclavage;
Trop de bien devient un fardeau;
Trop de plaisir mène au tombeau;
Trop d'esprit nous porte dommage.

EXERCICE DE LA LXXᵉ COMPOSITION. — A UN PARENT, POUR LUI PARLER DE DIVERSES CHOSES.

CANEVAS. — Le remercier d'avoir envoyé la copie d'une supplication qu'il avait faite... Lui dire qu'on espère qu'il sera exaucé... Lui apprendre un voyage de son fils... Lui nommer les personnages qu'il accompagne... La peine qu'on a eue en le quittant... On aurait voulu l'en détourner, mais cela a été impossible... On s'y soumet parce qu'il en retire un grand avantage...

281. EXERCICE. — 1° *On copiera les phrases ci-dessous; 2° on les copiera de nouveau en mettant à l'imparfait de l'indicatif le verbe qui est au présent, et on fera concorder les autres.*

Un père chrétien ordonne que l'on ait soin de son fils; il recommande qu'on ne le perde pas de vue; il ne permet pas qu'on l'abandonne à lui-même; il veut, au contraire, qu'on exerce sur lui une grande vigilance, qu'on lui fasse rendre compte de toutes ses démarches, qu'on ne soit pas trop indulgent pour lui, et qu'on veille surtout à ce qu'il ne fréquente pas de compagnons vicieux, qu'il ne contracte pas de mauvaises habitudes, qu'il remplisse exactement ses devoirs religieux : il veut, en un mot, qu'on forme le cœur de son enfant à la vertu, et qu'on lui fasse contracter l'habitude du devoir.

Analysez les mots en italiques. — L'hypocrite *en* impose *même* à ses amis. Quel *champ* pour l'*orateur* que la *crèche* et la *croix* ! Il est des *nôtres*. C'est *Dieu* qu'il faut craindre. La *perdition* et la mort, *voilà* où conduisent les *vices*.

282. EXERCICE. — *1° On copiera les phrases ci-dessous; 2° on les copiera de nouveau en mettant les verbes qui sont au présent de l'indicatif au présent du conditionnel, et on fera concorder les autres.*

Ton maître, cher ami, veut que tu saches bien tes leçons, que tu fasses exactement tes devoirs, que tu écoutes attentivement les démonstrations qui te sont données, et que tu les retiennes. Il désire que tu deviennes poli, docile, et que tu joignes la vertu à la science. Je souhaite de tout mon cœur que ses vœux s'accomplissent; et que tu deviennes un homme vertueux, que tu mettes toujours en pratique les bonnes leçons que tu as reçues, et que tu suives constamment les bons conseils que l'on t'a donnés.

Analysez les mots en italiques. — *Quelque bien que* vous fassiez à un *ingrat*, il *vous* méprise. Les enfants *que* j'ai entendus *réciter* savaient leurs *leçons*. *Beaucoup de gens* préfèrent le temps à l'*éternité.* Ayez assez de *courage* pour *vaincre* vos *passions*.

283. EXERCICE. — LETTRE D'UN MILITAIRE A SES PARENTS.

CANEVAS. — La joie qu'il a eue de recevoir leur lettre... La peine qu'il éprouve d'être éloigné d'eux... Les dangers de tous genres qu'on rencontre dans l'état militaire.... L'espérance qu'il a de suivre leurs conseils et de demeurer toujours bon chrétien... Sa santé est toujours très-bonne... Sa conduite est bonne aussi... Ses chefs sont contents de lui... L'exercice va commencer... Il termine en les embrassant...

284. EXERCICE. — *En copiant les phrases ci-dessous, on mettra le mot* loup *au pluriel, et on fera l'accord.*

LE LOUP.

Le loup est un animal dont l'appétit pour la chair est insatiable; et, quoique avec ce goût il ait reçu de la nature les moyens de le satisfaire; souvent il meurt de faim, parce que l'homme, lui ayant déclaré la guerre, l'ayant même proscrit en mettant sa tête à prix, le force à fuir, à demeurer dans les bois, où il ne trouve que quelques animaux sauvages qui lui échappent souvent, et qu'il ne peut surprendre que par hasard ou par patience. Le loup est naturellement grossier et poltron; mais il devient ingénieux par besoin et hardi par nécessité. Pressé par la faim, il vient attaquer le troupeau qui est sous la garde de l'homme; et, lorsque cette maraude lui réussit, il revient souvent à la charge, jusqu'à ce qu'ayant été blessé ou chassé, il se recèle pendant le jour dans son fort, et n'en sort que la nuit, parcourt la campagne, rôde autour des habitations, et ravit l'animal abandonné. Enfin, lorsque le besoin est extrême, il s'expose à tout, devient furieux par ses excès, et meurt ordinairement par la rage.

Analysez les mots en italiques. — *Qui* veut la fin doit *vouloir* les moyens. La *charité* est la plus *excellente* des *vertus*. Les *mêmes* passions règnent d'un *pôle* à l'*autre*. Un *seul* se loue de son *sort*, *mille s'en plaignent.*

EXERCICE DE LA LXXI⁰ COMPOSITION. — RÉPONSE D'UN ONCLE A SON NEVEU QUI LUI AVAIT APPRIS SON ENTRÉE DANS L'ÉTABLISSEMENT DE P***, ET DEMANDE DES CONSEILS POUR SA CONDUITE.

CANEVAS. — L'oncle dira qu'il a été très-content d'apprendre son entrée à l'établissement de P***... Avantage de l'éducation et de l'instruction... Il faut qu'il ait beaucoup de bonne volonté... qu'il étudie bien ses leçons... qu'il écoute attentivement les explications... La soumission qu'il doit à ses maîtres... S'il trouvait quelques condisciples qui voulussent le détourner du bon chemin, il devrait les éviter, les fuir... Les exercices religieux doivent lui paraître les plus importants, les plus utiles... S'il suit ces conseils, il se préparera une vie heureuse...

285. EXERCICE. — *1° On copiera les phrases ci-dessous ; 2° on les copiera de nouveau en mettant le verbe qui est à l'indicatif au premier passé du conditionnel, et faisant concorder les autres.*

Il faut, disent ces soldats, que nous remportions la victoire, quoique les assiégés fortifient la place, qu'ils l'entourent d'un triple rempart, qu'ils renforcent leur garnison, qu'ils fassent de temps en temps de vigoureuses sorties, et quoique leurs magasins soient remplis d'une prodigieuse quantité de vivres. Il est nécessaire que la charité nous unisse tous, que, par une confiance réciproque, elle ouvre nos cœurs, et que les hommes puissent avoir entre eux de sûres et d'utiles communications.

Analysez les mots en italiques. — *Riches* et *pauvres*, tout le *monde* paraîtra devant Dieu. Les *hommes* doivent s'aimer *les uns les autres*. Quelle sera la *récompense* des *bons ?* La *vie* éternelle. Le *travail* est de toutes les *conditions*.

286. EXERCICE. — *1° On copiera les phrases ci-dessous ; 2° on les copiera de nouveau en mettant le verbe qui est au présent de l'indicatif au présent du conditionnel, et l'on fera concorder les autres.*

Il importe que nous ayons toujours en vue la gloire de Dieu et le salut de notre âme, que nous nous appliquions sérieusement à la connaissance de nos devoirs, que nous en acquérions l'habitude par une pratique continue. Il est urgent que nous examinions chaque jour notre conscience, que nous nous en fassions rendre compte à nous-mêmes. Il est expédient que nous travaillions, étant nés pour le travail. Penses-tu que la vertu et le vice se soient jamais alliés ensemble ? Soupçonnes-tu qu'il y ait des hommes vicieux sur la terre ?

Analysez les mots en italiques. — Nous devons aimer notre *prochain* comme *nous-mêmes. L'enfer,* comme le *ciel,* prouve la justice de Dieu. *Persévérance* vaut mieux *qu'adresse.* Le *devoir excepté*, on doit *tout* immoler à l'amitié. Le véritable *secret* d'être heureux, c'est de *borner* ses désirs.

287. EXERCICE. — RÉPONSE D'UN PARRAIN A SON FILLEUL.

CANEVAS. — Sa lettre est parvenue à point... Combien on est sensible aux vœux qu'il fait pour notre bonheur... Il fait preuve d'un cœur bon et reconnaissant... On lui recommande de prier Dieu pour qu'il bénisse ses études... S'il a des jouissances, il a aussi des peines : mais Dieu a voulu que la peine fût placée à côté du plaisir.... Finir en lui promettant des étrennes...

288. EXERCICE. — *En copiant les phrases ci-dessous, on mettra le mot* ours *au pluriel, et on fera l'accord.*

L'OURS.

L'ours est non-seulement sauvage, mais solitaire; il fuit par instinct toute société, il s'éloigne des lieux accessibles à l'homme, et ne se trouve à son aise que dans les endroits qui appartiennent encore à la vieille nature. Il se retire seul dans les bois et y passe une partie de l'hiver sans provisions. Cependant il n'est point engourdi, ni privé de sentiment comme le loir ou la marmotte. L'ours est très-susceptible de colère, surtout quand on l'irrite, et sa colère tient toujours de la fureur. Quoiqu'il paraisse doux pour son maître, et même obéissant lorsqu'il est apprivoisé, il faut toujours s'en défier. On lui apprend à se tenir debout, même à danser; mais pour lui donner cette espèce d'éducation, il faut le prendre jeune et le contraindre pendant toute sa vie; l'ours qui a de l'âge ne s'apprivoise ni ne se contraint plus. Il est naturellement intrépide; il est au moins indifférent au danger. L'ours sauvage ne se détourne pas de son chemin et ne fuit pas l'aspect de l'homme. Si le chasseur le blesse, et ne le tue pas, il vient de furie se jeter sur le tireur, et l'embrassant des pattes de devant, il l'étoufferait s'il n'était secouru.

Analysez les phrases suivantes. —

Bordeaux (Gironde), rue Sainte-Catherine, 45.

Monsieur Aubert, négociant.

Article premier. — Du Symbole des Apôtres.

EXERCICE DE LA LXXIIe COMPOSITION. — BILLETS D'INVITATION.

CANEVAS. — 1° A un beau-frère pour l'inviter à passer dans la soirée. On veut lui parler d'une affaire importante.

2° A un cousin pour lui dire de venir vers les sept heures du soir. On ne peut y aller soi-même.

3° A un ami pour le prier de venir prendre une commission qu'on ne peut remettre qu'à lui-même.

289. EXERCICE. — *1° On copiera les phrases ci-dessous; 2° on les copiera trois autres fois en faisant concorder les temps selon les modèles ci-dessous.*

Je balaie la place et je déblaie la cour pendant que tu nettoies les habits et que tu envoies les lettres à la poste. Je prie le Seigneur et je maudis tout ce qui pourrait l'offenser. J'étudie ma leçon, je mets mon devoir au net; et quand j'ai fini, je sors, je joue jusqu'à ce qu'on vienne me chercher.

1° Il balaya la place et il déblaya la cour pendant que tu... — 2° Si tu voulais, je balaierais la place et je déblaierais la cour pendant que tu... — 3° Il faudrait que je balayasse la place et que je déblayasse la cour pendant que tu...

Analysez les mots en italiques. — *La souffrance* et la *mort, voilà notre partage.* En quelle *année* fut découverte l'*Amérique* ? En 1492, par Christophe Colomb. *Voici* les *deux* grands *commandements : l'amour* de Dieu et du *prochain.*

290. EXERCICE. — *1° On copiera les phrases ci-dessous; 2° on les copiera cinq autres fois suivant les modèles ci-après.*

Quand l'homme veut, il va, il vient, il court, il fuit, il sort, il voit, il croit, il s'assied, il se ceint, il se souvient, il se nuit, il achète, il consent.

1° Si l'homme voulait, il irait... — 2° Il faut que l'homme veuille, qu'il aille... — 3° Il fallait que l'homme voulût... — 4° Quand l'homme voudra, il ira... — 5° Il aurait fallu que l'homme eût voulu...

Analysez les mots en italiques. — *C'est* au *sein* de la *religion* que l'on trouve la *tranquillité. C'est l'orgueil* qui divise les hommes. *Que* Dieu se *lève,* et que ses *ennemis soient dissipés.* Quel *orateur que Bossuet!*

291. EXERCICE. — UN PÈRE A SON FILS SUR SES DÉPENSES PARTICULIÈRES.

CANEVAS. — On lui envoie une petite somme pour ses menus plaisirs... On désirerait lui envoyer davantage... L'usage qu'il doit en faire... La peine qu'on auraît si l'on apprenait qu'il se procure des choses futiles, inutiles... Il doit toujours avoir un but louable dans l'emploi de son argent... Il devra donner, dans sa première lettre, un compte de ses dépenses...

292. Exercice. — *En copiant les phrases ci-dessous, on mettra le mot* souris *au singulier, et on fera l'accord.*

Les souris ont les mêmes instincts, le même naturel et le même tempérament que les rats, dont elles ne diffèrent guère que par leur faiblesse et par les habitudes qui l'accompagnent. Timides par nature, familières par nécessité, la peur ou les besoins font tous leurs mouvements. Elles ne sortent de leurs trous que pour chercher à vivre. Elles s'en écartent peu, et y rentrent à la première alerte. Elles ne vont pas comme les rats de maison en maison, à moins qu'elles n'y soient forcées. Les souris ont les mœurs douces et s'apprivoisent jusqu'à un certain point, mais sans s'attacher. Les souris sont plus faibles que les rats, et ont aussi plus d'ennemis, auxquels elles ne peuvent échapper que par leur agilité, leur petitesse même. Les chouettes, les oiseaux de nuit, les chats, les fouines, les belettes, les rats même leur font la guerre. On les attire aisément par des appâts, on les détruit par milliers; elles ne subsistent enfin que par leur immense fécondité.

Analysez les mots en italiques. — Catéchisme de persévérance, par l'abbé Gaume, chanoine de Nevers, quatrième édition, tome premier. Paris, Gaume frères, éditeurs-libraires, rue du Pot-de-Fer, 5, 1843.

EXERCICE DE LA LXXIIIe COMPOSITION. — UN JEUNE HOMME DEMANDE UNE PLACE A L'UN DES DIRECTEURS-ADMINISTRATEURS DU CHEMIN DE FER DE...

CANEVAS. — Le nom, la demeure de celui qui présente la pétition... Prier monsieur N*** de vouloir bien prendre en considération la demande qu'on lui fait d'une place d'employé dans les bureaux de l'administration... Nommer quelques personnages par lesquels sa demande est adressée... S'il accueille la demande qu'on lui fait, il nous rendra un signalé service, et on lui en conservera une éternelle reconnaissance...

FIN DE LA DEUXIÈME PARTIE.

TROISIÈME PARTIE.

—

EXERCICES EN RAPPORT AVEC LA GRAMMAIRE
ET LE TRAITE DE STYLE

A L'USAGE DES ÉCOLES CHRÉTIENNES.

———

293. EXERCICE. — *On copiera les phrases ci-dessous, et on analysera grammaticalement les mots en italiques.*

A l'*Éternel.*

Être infini *que l'homme adore*,
Qu'il sent et ne peut *concevoir*,
Soleil sans déclin, sans *aurore*,
Que l'*esprit* seul fait *entrevoir*,
De ton immortelle *lumière*,
J'ose, *du sein* de la poussière,
Contempler les traits ravissants.
. . . .

294. EXERCICE. — *Après avoir copié les phrases ci-dessous, on écrira séparément chacune des propositions.*

Celui qui dit incessamment qu'il a de l'honneur et de la probité, qu'il ne nuit à personne, qu'il consent que le mal qu'il fait aux autres lui arrive, et qui jure pour le faire croire, n'est probablement pas un homme de bien.

295. EXERCICE. — *Un jeune homme écrit à son ancien maître à l'occasion de sa fête, et profite de cette circonstance pour le remercier des soins qu'il lui a donnés. Il le prie aussi de le rappeler au souvenir de ses anciens condisciples.*

296. EXERCICE. — *On analysera les phrases ci-dessous comme au n° 294.*

Seigneur, à ta pitié mon âme s'abandonne ;
Fais grâce aux attentats qu'envers toi j'ai commis.
Je pardonne à mon tour, oui, mon Dieu, je pardonne.
    A mes plus cruels ennemis.
De tant d'hommes pervers je ne crains point la haine.
Je crains une fureur cent fois plus inhumaine,
Un monstre dévorant qui veille autour de moi.
Dans les rudes combats qu'il me livre sans cesse,
    Dans les embûches qu'il me dresse,
Soutiens, ô Dieu puissant, mon courage et ma foi.

EXERCICE DE LA LXXIVe COMPOSITION. — COMBAT DE MATELOTS CONTRE DES OURS BLANCS.

CANEVAS. — Un vaisseau avait été arrêté par les glaces... les matelots et le capitaine étaient occupés à traîner quelques vivres à une hutte qu'ils avaient construite, lorsqu'on aperçut trois ours blancs... Le capitaine fait de grands cris, les matelots lui répondent, et tous se sauvent vers le navire... Les ours les suivent... On jette aux monstres tout ce que l'on peut trouver..., on allume de la poudre..., on fait du feu, rien n'effraie les animaux... ; ils veulent sauter sur le pont... On manquait d'objets pour les amuser, lorsque le capitaine jette une hallebarde sur le museau du plus grand... L'animal frappé pousse un cri affreux, se sauve, et les deux autres le suivent... (*Voir Traité de Style, Description, page 195.*)

297. **Exercice.** — *On copiera les phrases ci-dessous, et l'on analysera les mots en italiques.*

Mon Dieu, pour être heureux, tu m'as mis sur la terre,
Tu sais *bien* mieux que *moi quels* sont mes vrais *besoins.*
Le cœur de ton *enfant s'en rapporte* à tes *soins.*
Donne-moi les vertus *qu'il* me *faut pour te plaire.*

298. **Exercice.** — *Après avoir copié les phrases ci-dessous, on écrira séparément chacune des propositions, et on analysera les parties essentielles.*

Dieu est parfait, Dieu est heureux. L'égoïsme et la charité sont incompatibles. Le paysan du Tarn est actif et laborieux. Les fruits de la vertu sont doux. L'économie est la source de la libéralité. La conscience est un juge qu'on ne peut corrompre. Le bien qu'on fait la veille fait le bonheur du lendemain.

299. **Exercice.** — *Réponse à la lettre du n° 295. Un maître à un de ses anciens élèves qui lui avait écrit pour lui souhaiter sa fête, et pour le remercier des soins qu'il en avait reçus.*

300. **Exercice.** — *On analysera les phrases ci-dessous comme au n° 298.*

Les cieux sont immenses. La négligence et l'orgueil sont souvent produits par une longue prospérité. La réflexion augmente les forces de l'esprit, comme l'exercice celles du corps. Un homme plus grand que ses malheurs fait voir qu'il n'en était pas digne.

EXERCICE DE LA LXXVe COMPOSITION. — LE HUSSARD DE NEISSE.

Canevas. — Lorsque les Prussiens vinrent en France en 1792, ils ne pensaient pas que les Français iraient bientôt leur rendre leur visite... Un hussard prit chez un villageois de Lorraine des rideaux de lit..., il repoussa le jeune garçon de la maison et jeta sa petite sœur dans une citerne, parce qu'ils lui demandaient pardon... Ce Prussien, ayant quitté le service, vendit les rideaux à une femme de Neisse, où il alla demeurer... Un sergent de l'armée française, en 1806, logeant chez la vieille femme de Neisse, reconnut les rideaux et se mit à pleurer... On le mena chez le hussard prussien... Le sergent lui fit de sévères reproches..., il mit même la main à son épée..., mais il se retint, et dit au hussard qu'il lui pardonnait et qu'il désirait que Dieu lui pardonnât la mort de sa sœur... Le Prussien fut tellement effrayé, qu'il tomba malade et mourut quelques jours après.

301. EXERCICE. — *Après avoir copié les phrases ci-dessous, on analysera les mots en italiques.*

Tout vouloir est d'un fou, l'excès est son *partage;*
La modération est le *trésor du sage :*
Il sait *régler* ses *goûts,* ses travaux, *ses* plaisirs,
Mettre un but à sa *course,* un *terme* à ses *désirs.*

302. EXERCICE. — *On analysera comme au n° 300, et l'on ajoutera si les propositions sont pleines, elliptiques ou explétives.*

La colère est une courte démence. Usez de clémence envers vos ennemis. Bossuet est plus impétueux; Pascal, plus transcendant. Le fat est entre l'impertinent et le sot. Louis IX, le saint roi Louis fut longtemps regretté. L'homme vraiment vertueux est soumis, et même très-soumis à la volonté de Dieu.

303. EXERCICE. — *Un jeune homme s'excuse de n'avoir pu faire à Paris la commission qu'un de ses oncles lui a donnée.*

304. EXERCICE. — *On analysera comme au n° 302.*

La couleur de la peau, des cheveux et des yeux, varie par la seule influence du climat. Ne vous vantez jamais, attendez qu'on vous vante. Talent, goût, esprit, choses différentes, mais non incompatibles. Les hommes eux-mêmes font leur bonheur.

EXERCICE DE LA LXXVI° COMPOSITION.
— RÉCONCILIATION DES ENFANTS D'UNE INDIENNE,
RACONTÉE PAR UN MISSIONNAIRE.

CANEVAS. — L'aîné des enfants de cette pauvre Indienne était devenu chef de famille par la mort de son père... Ses frères, animés par la jalousie, ne voulaient pas lui obéir... Les malheurs de cette désunion... Le missionnaire les rassembla un jour et leur fit voir leurs torts...; l'aîné leur pardonna, et les autres se soumirent.... Il vint se mettre aux pieds de sa mère et prononça le mot de paix : *Gloire à Jésus - Christ...;* tous les autres enfants firent de même aux pieds de leur mère et de leur frère aîné... Le dimanche suivant on fit le repas de famille. Tous ils avaient, le même jour, participé au saint Sacrement... On ne pourrait peindre la joie de la pauvre mère et de ses enfants...

305. EXERCICE. — *Après avoir copié les phrases ci-dessous, on analysera les mots en italiques.*

Une aérolithe, tombée en mil huit cent trois *dans* les environs d'*Apt, a été présentée* à l'*Institut* et déposée au *Muséum* d'histoire naturelle de *Paris. Cette pierre, qui,* par l'*effet* de sa chute, *s'enfonça* environ *de quatre* décimètres, *pesait presque* quatre kilogrammes.

306. EXERCICE. — *On analysera comme au n° 304, et l'on ajoutera si les propositions sont implicites ou explicites.*

Acquitter la dette de la reconnaissance est une jouissance pour un cœur tendre et bon. Tout change dans la nature, tout s'altère, tout périt. Les longues réflexions, voilà les cautions des bons succès.

307. EXERCICE. — *Réponse à la lettre du n° 505.—Un oncle à son neveu, qui s'était excusé de n'avoir pu faire la commission qu'il lui avait donnée.*

308. EXERCICE. — *On analysera les phrases ci-dessous comme au n° 306.*

Robert le Pieux mourut à Melun en 1031 ; on dit de ce prince qu'il fut roi de ses passions comme de son peuple. Oh ! que l'univers est grand ! Ne m'abandonnez pas, ô mon Dieu !

EXERCICE DE LA LXXVIIe COMPOSITION. — LE VOYAGEUR ET LA CAVERNE DES SERPENTS. (Voir *Traité de Style*, *Description*, n° 193.)

CANEVAS. — C'était par un jour d'orage, un voyageur au désert entre dans une caverne... Il rend grâces au Ciel de lui avoir procuré un abri... Le sommeil le gagne... Il va s'y livrer, lorsqu'un bruit pareil à un broiement de cailloux se fait entendre... Ce bruit est fait par des serpents... La voûte en est couverte. Le voyageur sait que leur venin est mortel... Il les entend... L'obscurité les cache à peine à ses yeux... Il n'ose respirer... la nuit lui semble d'une longueur interminable... Le jour lui fait voir que ses craintes étaient fondées... Il sort de la caverne tout défiguré... L'orage qui l'avait jeté dans le danger l'en avait délivré ; car les serpents avaient eu autant de frayeur que lui-même...

309. EXERCICE. — *On copiera les phrases ci-dessous, et l'on analysera les mots en italiques.*

Heureuse, heureuse l'enfance
Que le Seigneur instruit et prend sous sa défense.
Heureux, heureux mille fois
Celui que le Seigneur rend docile à sa voix.

310. EXERCICE. — *On analysera comme au n° 306, et on ajoutera si les propositions sont directes ou indirectes.*

Juger sur l'apparence expose à des remords. L'homme, dit Cicéron, est fait autrement que les autres animaux, afin qu'il puisse regarder le ciel. Que vois-je dans la nature ? Dieu, Dieu partout.

311. EXERCICE. — *Un élève à son maître, peu de temps après avoir quitté la classe, pour le remercier et lui demander la continuation de ses conseils.*

312. Exercice — *On analysera les phrases ci-dessous comme au n° 310.*

Le bon exemple excite, encourage, soutient. Heureux l'homme qui sait borner ses vœux. Le Dieu qu'ont servi les Hébreux et les Chrétiens n'a rien de commun avec les divinités que le reste du monde adorait.

EXERCICE DE LA LXXVIII° COMPOSITION. — **BATAILLE DE BOUVINES.** (Voir *Traité de Style*, *Narration historique*, n° 185.)

CANEVAS.—Philippe-Auguste, qui avait marché toute la journée, ne s'attendait pas à combattre... Aussitôt qu'il eut su que les ennemis paraissaient, il monta à cheval et vola à la tête de l'armée... Les confédérés devaient porter tous leurs coups contre le roi... Trois escadrons l'attaquèrent... Othon fond sur la troupe royale.. Le choc est soutenu, mais le nombre l'emporte... Philippe est renversé... Les Français ne peuvent plus défendre leur roi... Bientôt ils se raniment, Philippe remonte à cheval et tombe sur ses ennemis... Othon, sauvé par les siens, prend la fuite... Les comtes de Boulogne et de Flandre furent faits prisonniers..... Philippe est tout à fait vainqueur.

313. Exercice. — *On analysera les mots en italiques.*

La plupart des sommets culminants des Alpes-Françaises sont sur la frontière même, où ils semblent placés comme des géants défenseurs de notre territoire.

314. Exercice. — *On analysera les phrases ci-dessous comme au n° 310, et on ajoutera si les propositions sont isolées, principales ou incidentes.*

Tout annonce d'un Dieu l'éternelle existence.
On ne peut le comprendre, on ne peut l'ignorer.
La voix de l'univers annonce sa puissance,
Et la voix de nos cœurs dit qu'il faut l'adorer.

315. Exercice. — *Réponse à la lettre du n° 311. Un maître à un de ses anciens élèves qui lui avait écrit pour le remercier et lui demander la continuation de ses conseils.*

316. Exercice. — *On analysera les phrases ci-dessous comme au n° 314.*

La reconnaissance est la mémoire du cœur. Le soleil, lorsqu'il vient éclairer le monde de la splendeur de ses feux, invite la créature au travail. Quel homme, s'il rentre sérieusement en lui-même et qu'il fasse attention aux principaux événements de sa vie, n'y trouvera des marques sensibles d'une Providence qui veille sur ses jours?

**EXERCICE DE LA LXXIXe COMPOSITION. — PRISE DE NIDS
DANS LES ROCHERS D'ISLANDE.**

Canevas. — Combien les hommes s'exposent pour leurs intérêts... Plusieurs fois des hommes ont péri à cette chasse... Les oiseaux cherchent les endroits inaccessibles et des rochers escarpés pour mettre leurs nids.... Pour prendre les œufs ou les nids, on attache une solive au haut du rocher... Un homme armé d'une perche descend par le moyen d'une corde qui tient à la solive... Quand il est fatigué ou qu'il est assez chargé, on le remonte... Pendant cette chasse on voit les oiseaux s'envoler par milliers... Les profits de cette chasse sont très-grands... On se nourrit des œufs; on mange les petits après leur avoir arraché le duvet, qu'on vend aux marchands danois.

317. Exercice. — *On copiera les phrases ci-dessous, et l'on analysera les mots en italiques.*

Quand la *pensée* de *l'avenir vient visiter* les *incrédules,* et *qu'elle entre de force dans leur âme,* ils *rampent,* ils *tremblent,* ils croient. *Ah!* leurs *terreurs démontrent* l'*évidence* de la *vie future.*

318. Exercice. — *On analysera les phrases ci-dessous comme au n° 316, et on ajoutera si les propositions principales sont absolues ou relatives.*

L'oisiveté énerve les corps les plus robustes; l'exercice et le travail fortifient les plus faibles. La franchise est compagne des grands caractères; elle est la marque distinctive de l'homme de bien. L'indolent reste dans une médiocrité qui ne l'élève à rien.

319. Exercice. — *Lettre à un cousin avec lequel on était brouillé à l'occasion d'un partage de bien.*

320. Exercice. — *On analysera les phrases ci-dessous comme au n° 318.*

Chez les Francs, il était défendu de donner asile à celui qui ne pouvait payer ses dettes. Tout maître était responsable des vols de ses esclaves. En cas de meurtre toute la famille répondait pour le coupable : par ce moyen, chaque membre était intéressé à la conduite des autres.

EXERCICE DE LA LXXXe COMPOSITION. — DESCRIPTION DE L'ANCIENNE TYR.

Canevas. — Cette ville est comme la reine des mers et des villes commerçantes.... On y voit des gens de toutes les nations... Son port est immense et fermé par deux môles qui s'avancent dans la mer... Les navires qui stationnent dans ce port sont innombrables... Tous les citoyens s'appliquent au commerce... On y voit de tous côtés le fin lin d'Egypte et la pourpre tyrienne... Les Phéniciens ont tout le commerce jusqu'à l'Océan.... Ils vont même sur la mer Rouge.... On n'y voit point d'hommes oisifs... Tout y est dans un mouvement perpétuel... C'est le port le plus animé qui soit au monde. (Voir *Traité de Style, Description, n° 193.*)

321. Exercice. — *On analysera les mots en italiques.*

Ce n'est pas un grand *effort de montrer* du courage dans la prospérité, et quand nos *jours s'écoulent au gré de* nos vœux ; *il faut* des *adversités* pour *mettre* l'âme à l'épreuve : l'art *du* pilote ne brille pas *quand* la *mer* est *calme,* et le *vent favorable.*

322. Exercice. — *On analysera comme au n° 318, et l'on ajoutera si les incidentes sont déterminatives ou explicatives.*

On aime à élever celui qui s'humilie, et à abaisser celui qui s'élève. L'aveu d'un défaut plaît toujours, parce qu'il rend l'indulgence nécessaire.

523. EXERCICE. — *Réponse à la lettre du n° 319.* — *Un cousin à son cousin, qui l'avait prié de lui pardonner les torts qu'il avait à son égard.*

324. EXERCICE. — *On analysera les phrases ci-dessous comme au n° 322.*

Les moisissures, qui semblent placées entre les champignons et les lichens, sont une partie très-intéressante de la botanique microscopique. La préparation du sucre, à laquelle on emploie des esclaves, n'exige pas beaucoup de soins, mais elle est extrêmement pénible.

EXERCICE DE LA LXXXIe COMPOSITION. — EFFET DE LA MUSIQUE SUR UN SERPENT.

CANEVAS. — Un jour que nous étions arrêtés sur les bords de la rivière Génésie, dans le haut Canada, dit M. de Châteaubriand, un serpent à sonnettes entra dans notre camp... Un Canadien qui savait jouer de la flûte s'avança à la rencontre du serpent... Le reptile se forme en spirale et devient comme furieux... Le Canadien commence à jouer de la flûte... Le serpent est surpris, il devient doux... Il demeure immobile dans l'attitude de l'attention... Le Canadien avance pour sortir du camp, le serpent le suit... C'est ainsi que nous fûmes délivrés... Nous croyions à peine ce que nous voyions, et nous laissâmes la vie au serpent...

325. EXERCICE. — *On analysera les mots en italiques.*

LA FEUILLE.

De ta tige détachée,
Pauvre *feuille* desséchée,
Où vas-tu ? — Je n'*en* sais rien :
L'orage a brisé le chêne
Qui *seul* était mon soutien ;
De son inconstante *haleine*,
Le *zéphir* ou l'aquilon
Depuis ce jour me *promène*
De la *forêt* à la plaine,
De la montagne au vallon,
Je vais *où* le vent me *mène*,

Sans me plaindre *ou* m'effrayer ;
Je vais *où* va toute *chose*,
Où va la *feuille* de rose
Et la *feuille* de laurier.

326. EXERCICE. — *On analysera logiquement les phrases suivantes.*

Soyez compatissants pour les malheurs d'autrui.
N'évitez point celui que le chagrin accable ;
Allez le consoler et pleurer avec lui.
S'il voit qu'il intéresse, il est moins misérable.

327. EXERCICE. — *Un père à son fils qui vient de faire sa première communion, pour l'engager à choisir un état.*

328. EXERCICE. — *On analysera logiquement les phrases suivantes.*

Le mot hôpital, qui ne désignait dans son origine qu'une hôtellerie, une maison publique où l'on donnait l'hospitalité aux voyageurs, présente aujourd'hui l'idée d'un lieu où les pauvres sont pourvus des choses nécessaires aux besoins de la vie, et où les malades sont admis et traités. Le plus ancien hôpital connu en France est celui de Paris.

EXERCICE DE LA LXXXIIe COMPOSITION. — **VIE DE JEANNE D'ARC.**

CANEVAS. — Jeanne était une pauvre bergère de Domrémy.... Elle était occupée à garder les troupeaux.... Au récit des maux de sa patrie elle était attendrie et pleurait... Elle eut des apparitions... Elle alla trouver Baudricourt, qui la traita de visionnaire... Le gouverneur lui accorde une escorte pour aller jusqu'à Chinon trouver Charles VII... Elle annonça au roi qu'elle délivrerait Orléans et qu'elle le ferait sacrer à Reims... Jeanne, s'étant mise à la tête des troupes, chassa les Anglais d'Orléans... Après la levée du siége elle conduisit Charles VII à Reims, où il fut sacré... La mission de Jeanne était terminée, elle voulait se retirer... Le roi voulut la retenir, et Jeanne se mit encore à la tête des troupes... Elle fut prise à Compiègne, et les Anglais la firent périr par le feu... (Voir *Traité de Style, Narration historique, n° 183.*)

329. EXERCICE. — *On analysera grammaticalement les mots en italiques.*

LE *Laboureur* ET SES *Enfants.*

Travaillez, prenez de la peine,
C'est le *fonds* qui manque *le moins.*
Un riche laboureur, *sentant* sa mort prochaine,
Fit venir ses enfants, leur parla sans *témoins :*
Gardez-*vous, leur* dit-il, de vendre l'héritage
Que nous ont laissé nos parents ;
Un trésor est caché *dedans.*
Je ne sais pas l'endroit, mais un peu de courage
Vous le fera trouver ; vous en viendrez à bout.
Remuez votre champ dès qu'on aura fait l'oût :
Creusez, fouillez, bêchez, ne laissez *nulle* place
Où la main ne passe et repasse.
Le *père* mort, les fils *vous* retournent le champ,
Deçà, *delà, si bien qu'*au *bout* de l'an
Il *en* rapporta davantage.
D'*argent* point *de caché ;* mais le père fut sage
De leur *apprendre* avant sa mort
Que le travail est un *trésor.*

330. EXERCICE. — *On analysera logiquement les phrases ci-dessous.*

Enfant, crains d'être ingrat, sois soumis, sois sincère ;
Obéis, si tu veux qu'on t'obéisse un jour.
Vois ton Dieu dans ton père, offre-lui ton amour ;
Que celui qui t'instruit te soit un nouveau père.

331. EXERCICE. — *Réponse à la lettre du n° 327. — Un fils à son père, qui l'avait prié de lui déterminer l'état qu'il désirait embrasser.*

332. EXERCICE. — *On analysera logiquement les phrases suivantes.*

DES ÉCLAIRS.

Un éclair est une étincelle électrique qui met deux nuages ou un nuage et la terre en communication. Les éclairs se dessinent ordinairement sous la forme d'une ligne brisée en zigzag; on en voit aussi qui paraissent sous la forme de masses lumineuses arrondies, et qui traversent l'atmosphère, où l'œil peut les suivre pendant plusieurs secondes.

EXERCICE DE LA LXXXIII° COMPOSITION. — MORT DE BAYARD.

CANEVAS. — Les Français sont atteints par les Espagnols à Romagnano, près d'un pont sur la Sésia... Bonnivet, général en chef, est blessé et remet son bâton de général à Bayard... Bayard, commandant l'arrière-garde, reçoit un coup d'arquebuse qui lui rompt les reins... Il se fait descendre de cheval... Bourbon, passant près du chevalier sans peur, lui témoigne de l'intérêt... Bayard reproche à Bourbon sa trahison... Pesquaire, général espagnol, fait dresser une tente sur le blessé... Le vice-roi d'Espagne Lannoi le fait ensuite apporter dans la sienne... Bayard expire en recommandant son âme à Dieu... Mézerai dit que ce chevalier sans peur et sans reproche sut joindre les vertus militaires aux vertus chrétiennes, et la douceur à la hardiesse et à la valeur... (Voir *Traité de Style, Narration historique*, n° 183.)

335. EXERCICE. — *On analysera les mots en italiques.*

L'ENFANT ET LE PETIT ÉCU.

Possesseur d'un petit écu,
Un *enfant se* croyait *le plus* riche du monde.
Le voilà qui fait *voir* son trésor à la ronde,
    En criant *gaîment :* J'ai bien lu !
        A merveille, lui dit un *sage :*
C'est le prix du *savoir que* vous avez reçu,
Du *savoir tel qu'*on peut le montrer à votre âge;
Mais voulez-vous *encore* être *heureux* davantage?
Aspirez, mon *enfant,* au prix de la *vertu :*
Vous *l'*aurez, *quand* des *biens* vous saurez faire usage.
        L'enfant *entendit* ce langage;
L'écu, *d'après* son cœur et sensible et bien né,
A rapporter le *double* est *soudain* destiné :
        Avec le pauvre il *le* partage.

354. EXERCICE. — *On analysera logiquement les phrases ci-dessous.*

Jaffa ne présente qu'un méchant amas de maisons rassemblées en rond, et disposées en amphithéâtre sur la pente d'une côte élevée. Les malheurs que cette ville a si souvent éprouvés y ont multiplié les ruines. Un mur qui, par ses deux extrémités, vient aboutir à la mer, l'enveloppe du côté de la terre, et la met à l'abri d'un coup de main.

335. EXERCICE. — *A un père sur les peines qu'on éprouve dans sa profession.*

336. EXERCICE. — *On analysera logiquement les phrases ci-dessous.*

LA RELIGION.

O toi, fille des cieux, que l'univers adore,
Toi qu'il faut que l'on craigne ou qu'il faut qu'on implore;
Sainte Religion, dont le regard descend
Du Créateur à l'homme, et de l'être au néant,
Montre-nous cette chaîne adorable et cachée,
Par la main de Dieu même à son trône attachée,
Qui pour notre bonheur unit la terre au ciel,
Et balance le monde aux pieds de l'Eternel.

EXERCICE DE LA LXXXIVe COMPOSITION. — DISCOURS DE MATHATIAS PRÈS DE MOURIR A SES ENFANTS.

CANEVAS. — Mathatias dit à ses enfants que sa fin approche... Qu'il a vu le peuple de Dieu dans des états bien différents... Que ce peuple a été heureux aussi longtemps qu'il a été fidèle... Que Dieu lui a envoyé mille avertissements... Que, n'y ayant pas été fidèle, Dieu l'a abandonné, et qu'il a même permis que le temple et la ville sainte fussent souillés. Il avertit ses enfants que Dieu veut se servir d'eux pour délivrer son peuple... Qu'il leur faut du courage... Il nomme Simon grand sacrificateur, et Judas général en chef.. Il finit en souhaitant qu'Israël triomphe, que les méchants soient punis... Il donne sa bénédiction à ses enfants. (Voir *Traité de Style, Discours, n° 194.*)

537. EXERCICE. — *On analysera les mots en italiques.*

Notre vie est si *courte, il* faut bien *l'employer.*
Formons-nous au *travail dès l'âge le plus* tendre;
*Même jusqu'au tombeau, ne nous lassons d'*apprendre:
Car c'est un *jour* perdu *qu'un jour* sans *travailler.*

538. EXERCICE. — *On analysera logiquement les phrases ci-dessous.*

Le français est aussi éloigné de la mollesse et de l'enflure des langues du Midi, que de la rudesse des langues du Nord, dont la plupart des mots écorchent le gosier de ceux qui parlent, et l'oreille de ceux qui écoutent. Notre langue, dans nos bons écrivains, n'use que fort sobrement des hyperboles et de ces figures recherchées ennemies de la vérité; en quoi elle exprime bien l'humeur franche et sincère du pays de Montaigne et de Molière, où l'on n'a jamais pu souffrir l'hypocrisie, l'exagération ni le mensonge.

539. EXERCICE. — *Réponse à la lettre du n° 335.* — *Un père à son fils, qui lui avait confié les peines et les déboires qu'il éprouvait dans son état.*

540. EXERCICE. — *On analysera logiquement les phrases ci-dessous.*

Du temps qui fuit, toujours fais un utile usage;
Le plaisir et la paix en sont les fruits heureux:
L'homme oisif est sans goût, sans force, sans courage:
Le temps dont il abuse est son supplice affreux.
Quel que soit notre état, le repos est coupable,
Lorsqu'il n'est pas le prix d'un travail honorable.

**EXERCICE DE LA LXXXVe COMPOSITION. — COUCHER
DU SOLEIL ET APPROCHES DE LA NUIT.**

CANEVAS. — Les nuages au coucher du soleil ... La nuit n'arrive que par degrés... Le passage subit du jour à la nuit effraierait toutes les créatures ... Cette gradation avertit l'homme de se préparer à cesser son travail ... Les malheurs qui arriveraient si la nuit succédait au jour immédiatement ... Le voyageur s'égarerait... Les oiseaux ne pourraient se cacher ... Comment l'obscurité avance... Elle nous permet de finir nos travaux commencés... Le crépuscule nous prépare à la nuit... Apparition des étoiles... C'est Dieu qui a réglé la succession de la lumière et des ténèbres ... Il faut le louer de ce bienfait... (Voir *Traité de Style*, *Description*, *n°* 193.)

341. EXERCICE. — *On analysera grammaticalement les mots en italiques, et logiquement tout le morceau.*

Notre beau langage, dit *Bouhours, ressemble* à une eau pure et nette qui n'a point de goût, qui coule de *source, qui* va *où* sa pente naturelle la porte, et *non* pas à ces *eaux* artificielles *qu'*on fait venir avec violence dans les jardins des grands, et qui *y* font *mille* différentes figures.

342. EXERCICE. — DÉCRIRE LE LEVER DU SOLEIL. (Voir *Traité de Style*, *Description*, *n°* 193.)

343. EXERCICE. — *On analysera logiquement les phrases ci-dessous.*

Heureux l'œil éclairé de ce jour sans nuage,
Qui partout ici-bas le contemple et le lit!
Heureux le cœur épris de cette grande image,
Toujours vide et trompé si Dieu ne le remplit!
Ah! pour celui-là seul la nature est sans ombre;
En vain le temps se voile et recule les cieux,
Le ciel n'a point d'abîme et le temps point de nombre
  Qui le cache à ses yeux! (LAMARTINE.)

344. EXERCICE. — *Un apprenti à ses parents; il s'excuse de ne leur avoir pas écrit au temps convenu, leur demande comment ils se portent; il leur parle de sa santé, de sa profession et de sa conduite.*

EXERCICE DE LA LXXXVIe COMPOSITION. — LE CHRÉTIEN MOURANT.

CANEVAS.—La mort n'effraie pas le chrétien mourant : il la désire... A la mort il connaît le prix de la vérité, de la vertu... La foi, l'espérance, la croix qu'il presse sur son cœur le fortifient... Il attend l'objet de ses désirs... Les consolations que la religion lui donne par la bouche de ses ministres... Les paroles du prêtre lui retracent la bonté de Dieu et sa miséricorde, lui montrent le ciel, l'éternelle demeure, et Jésus-Christ prêt à le recevoir... C'est au milieu de ces consolations que l'âme chrétienne sort de ce monde... Ici l'homme doit se taire... Sa parole expire avec sa pensée...(Voir *Traité de Style*, *Tableaux*, n° 193.)

345. EXERCICE. — *On analysera grammaticalement les mots en italiques, et logiquement tout le morceau.*

Le *riche* doit *bannir* de sa table les *ragoûts* fortement épicés : l'homme *peu* aisé ne peut malheureusement pas toujours choisir sa nourriture ; il devra *toutefois ne manger, autant que possible,* que des viandes rôties *ou* bouillies, se *garder* de l'usage des épices, et *surtout* du poivre, *dont l'action* sur l'estomac et la réaction sur la peau sont *des* plus *funestes.*

346. EXERCICE. — DÉCRIRE L'AMBITIEUX A LA MORT. (Voir *Traité de Style, Tableaux,* n° 193.)

347. EXERCICE. — *Un jeune homme qui sort d'apprentissage, et qui a quitté la ville où il a appris son métier pour aller travailler dans une autre, écrit à son père et à sa mère pour leur parler de son voyage et de sa position actuelle.*

348. EXERCICE. — *On analysera logiquement les phrases ci-dessous.*

La paresse d'abord nous séduit et nous flatte :
Elle avilit bientôt qui s'en laisse enivrer.
Du pénible travail l'apparence est ingrate,
Mais il comble d'honneur quand on veut s'y livrer.

Un enfant sans courage et san activité
Se repent tôt ou tard de sa lâche paresse ;
A lui-même importun, il éprouve sans cesse
Que le vice ou l'ennui suivent l'oisiveté.

EXERCICE DE LA LXXXVIIe COMPOSITION. — OBLIGATION POUR ARGENT DÛ.

CANEVAS. — Jean Lebrun, serrurier à Maison, fait une obligation à M. Paul Loire, rentier à Neuville, pour une somme de 500 francs qui lui ont été prêtés par ce dernier ; payables : 125 francs le 1er février, 125 le 10 mars, 125 le 6 mai, et 125 le 1er juin. (Voir *Traité de Style, Eléments de droit.*)

349. EXERCICE. — *On analysera grammaticalement les mots en italiques, et logiquement tout le morceau.*

Quand une lecture vous élève l'esprit, et *qu'*elle vous inspire des *sentiments* nobles et vertueux, ne *cherchez* pas une autre règle pour juger de *l'ouvrage ;* il *est fait* de main de maître. La *littérature* ne puise ses beautés *durables que* dans la morale *la* plus *délicate.*

350. EXERCICE. — UNE TEMPÊTE RACONTÉE PAR UN PASSAGER.

CANEVAS. — Le ciel, la mer avant la tempête... Le vent commence, fait enfler les vagues et les agite avec violence, surtout à quelque distance du navire... Tout le monde est effrayé en voyant les immenses vagues qui s'élèvent... Notre vaisseau, dit le passager qui fait ce récit, était en mauvais état ; le grand mât avait été brisé la veille, le matin le mât de misaine avait été emporté... Le vent devient plus furieux, le vaisseau ne peut voguer... Le passager dit qu'il était à l'arrière sur le pont, tâchant de se familiariser avec la tempête et le malheur qu'il attendait... Les vagues énormes faisaient toucher l'extrémité des mâts à la surface de la mer... Le vaisseau se relevait ensuite avec une rapidité effrayante... On n'entendait plus que le vent et le bruit

des vagues... Cette triste position dura neuf heures...
La mer redevint calme ensuite... Une conscience pure
aide à supporter ces terribles épreuves... La force
qu'il faut pour ces moments terribles se trouve en
Dieu seul... (Voir *Traité de Style, Description*, n° 193.)

351. EXERCICE. — *On analysera logiquement les
phrases ci-dessous.*

GRANDEUR DE DIEU.

Qu'il est puissant, cet Être, architecte des mondes,
Qui, peuplant du chaos les ténèbres fécondes,
Fit éclore le jour, fit bouillonner les mers,
Alluma le soleil, dessina l'univers,
Et de ces astres d'or roulant dans leur carrière,
Prodigua sous ses pieds la brillante poussière !
Où commence, où finit le travail de ses mains ?
Vers quels lieux inconnus des fragiles humains,
De la création accomplissant l'ouvrage,
A-t-il dit aux esprits qui lui rendent hommage :
« Enfants du ciel, ici s'arrêtent mes travaux ;
Je n'enfanterai plus de prodiges nouveaux ? »

EXERCICE DE LA LXXXVIIIe COMPOSITION. — MÉNALQUE OU LE DISTRAIT.

CANEVAS. — Le distrait n'a d'ordre en rien... Sur lui,
dans son appartement rien n'est à sa place... Dans les
rues il est heurté, ou heurte à chaque instant... Dans
ses commandements rien n'est suivi... Ses sorties n'ont
souvent aucun but... Quand il est dehors il se trompe :
croyant aller dans un endroit, il va dans un autre...
Chez ses amis souvent il lui arrive de parler, d'agir
comme s'il était chez lui... Tout lui est familier, rien
ne lui est nouveau... Il commande ; il se croit maître...
Sa conduite est une suite continuelle de manquements...
(Voir *Traité de Style, Caractères*, n° 189.)

352. EXERCICE. — *Lettre à un débiteur avec lequel on
a eu quelques difficultés à se faire payer, et pour lui*

reprocher son peu de reconnaissance et son peu de discrétion.

353. Exercice. — *On analysera grammaticalement
les mots en italiques, et logiquement tout le morceau
ci-dessous.*

VÊTEMENTS.

En général, on ne *court* aucun *risque* et on trouve,
au contraire, de grands avantages, *sous* le rapport de
la santé, *à* se vêtir chaudement. On *ne* gagne *que* des
maladies de poitrine à braver le froid *avec* des vêtements *insuffisants.* Les sauvages du *nord* de l'Amérique
vont nus dans leur enfance; à trente ans, ils sont
pour la plupart torturés *par* les rhumatismes.

354. Exercice. — L'HOMME-A MANIE. (Voir *Traité de
Style, Caractères,* n° 189.)

355. — **Exercice.** *On analysera logiquement les
phrases ci-dessous.*

Ah! nos maîtres jamais pourraient-ils nous instruire,
S'ils nous trouvaient toujours prêts à leur résister?
A leurs sages conseils laissons-nous donc conduire;
Ecoutons leurs avis afin d'en profiter.
A leurs ordres soumis, n'y résistons jamais;
Nous devons obéir sans demander la cause;
Souvent le danger presse, un retard nous expose;
Obéissons d'abord, interrogeons après.

356. Exercice. — *Réponse à la lettre du n° 352.* —
*Lettre d'un débiteur à un créancier qui lui avait reproché
son peu de reconnaissance et son peu de discrétion.*

EXERCICE DE LA LXXXIXe COMPOSITION. — LE SERIN
ET LE ROSSIGNOL.

CANEVAS. — Le rossignol chante dans les bois, le serin dans nos chambres... Le premier tient tout de la
nature, le second participe à nos manières... La voix de
l'un est plus forte, plus étendue... Celle de l'autre a
plus de facilité, d'imitation... Le serin est capable d'at-

tachement, se nourrit facilement; modèle son chant sur ce qu'on lui montre, imite et rend avec succès... Il peut parler, siffler... Le rossignol, plus fier, ne se soumet point, ou seulement avec peine... Il méprise la parole, ne veut que son brillant ramage... Il ne chante que par moments et dans certains temps... Le serin chante toujours; en tout temps il nous récrée... (Voir *Traité de Style, Parallèle*, n° 190.)

357. EXERCICE. — *On analysera grammaticalement les mots en italiques, et logiquement tout le morceau ci-dessous.*

LA LITTÉRATURE.

On peut comprendre sous le nom de littérature toutes les productions de l'esprit humain *manifestées* à l'aide de la parole et de l'écriture. Mais *il convient* d'*en retrancher* tout ce qui se rapporte aux différentes sciences particulières, et à la philosophie *en tant que* science. Elle est par *excellence* l'expression de la société, *c'est-à-dire tout à la fois* de la religion, du gouvernement, des mœurs et des événements.

358. EXERCICE. — LE PAON. (Voir *Traité de Style, Portrait*, n° 189.)

359. EXERCICE. — *On analysera logiquement les phrases ci-dessous.*

> Objet de mes humbles cantiques
> Seigneur, je t'adresse ma voix :
> Toi, dont les promesses antiques
> Furent toujours l'espoir des rois;
> Toi, de qui les secours propices,
> A travers tant de précipices,
> M'ont toujours garanti d'effroi,
> Conserve aujourd'hui ton ouvrage
> Et daigne détourner l'orage
> Qui s'apprête à fondre sur moi;
> Arrête cet affreux déluge
> Dont les flots vont me submerger;
> Sois mon vengeur, sois mon refuge
> Contre les fils de l'étranger.

360. EXERCICE. — *Lettre d'un enfant à sa mère, le jour de sa fête.*

EXERCICE DE LA XC⁰ COMPOSITION. — RECONNAISSANCE DE GAGE POUR PAIEMENT.

CANEVAS. — Chaillet Emile, serrurier à Laon, a donné en gage à Leville Charles, cultivateur au même endroit, un bijou que celui-ci pourra faire vendre à trois mois de ce jour, 30 juillet 1851, aux enchères, pour retirer les cent francs qui lui sont dus et payer les frais ; mais il devra rendre le surplus au sieur Chaillet Emile. (Voir *Traité de Style*, *Eléments de Droit*.)

561. EXERCICE. — *On analysera grammaticalement les mots en italiques, et logiquement tout le morceau ci-dessous.*

VÊTEMENTS. (Suite.)

*L'*usage des vêtements de laine est nécessaire à *tous* en hiver, *du moins pour* la partie supérieure du corps ; et *même*, *pendant* l'été, l'homme *que* sa profession oblige à travailler dans des lieux humides et à des courants d'air, ne devra pas porter des vêtements légers, et surtout s'en dépouiller lorsqu'il sera en *sueur.* On attribue à l'*usage* des vêtements de laine le *peu* de cas de phthisie *qu'*on observe *parmi* les marins.

562. EXERCICE. — SAINT LOUIS.

CANEVAS. — Saint Louis s'est sanctifié en grand roi... Il fut intrépide à la guerre, décisif au conseil, noble dans ses sentiments, aimant ses peuples et leur prospérité, examinant tout, jugeant par lui-même... Les étrangers avaient recours à lui... Il aimait tous ceux qu'il fallait aimer... Sa fermeté était juste... Il était réglé dans sa dépense... Longtemps après sa mort on se souvenait de son administration... (Voir *Traité de Style*, *Portrait*, n° 189.)

563. EXERCICE. — *On analysera logiquement les phrases ci-dessous.*

Si de quelque secret on vous fait confidence,
Sachez bien le garder. L'honnête homme est discret;
Le silence absolu doit suivre le secret,
Et la discrétion payer la confiance.
D'un secret confié ne dites jamais mot,
De vos secrets surtout soyez toujours le maître;
Qui dit celui d'autrui doit passer pour un traître,
Qui dit le sien s'expose à passer pour un sot.

364. EXERCICE. — *Lettre à une connaissance pour lui recommander un jeune homme qui va terminer ses études à Paris.*

EXERCICE DE LA XCI^e COMPOSITION. — JEANNE D'ARC
SUR LE BUCHER S'ADRESSANT AUX ANGLAIS.

CANEVAS. — Elle leur reproche qu'ils ont eu peur d'une jeune fille... Qu'ils sont devenus bourreaux parce qu'ils n'ont pu être soldats... Qu'ils veulent combattre contre Dieu et détourner les effets de sa puissance... Elle leur dit ensuite que Dieu, qui a permis qu'elle les menât comme elle menait autrefois son troupeau, lui donnera la force de supporter tous les tourments... De mes cendres, ajouta-t-elle encore, naîtront vos malheurs... Les flammes qui vont me brûler ne feront qu'irriter Dieu contre vous... Vous n'emporterez que la colère divine en Angleterre... C'est le Dieu des armées, dit-elle en finissant, qui vous l'annonce par ma bouche... (Voir *Traité de Style, Allocution et Discours,* page 204.)

365. EXERCICE. — *On analysera grammaticalement les mots en italiques, et logiquement tout le morceau.*

Il règne *autour des* personnes vraiment pieuses une *atmosphère* de repos et de bonheur : leur présence donne à la *gaieté quelque chose de* pénétrant et de *doux ;* leur sourire séduit et touche ; leur regard serein porte la paix dans les cœurs ; *auprès d'elles il est rare de* ne pas se sentir meilleur et plus *heureux.*

366. EXERCICE. — DISCOURS DE MOÏSE AUX JUIFS RÉVOLTÉS. (Voir *Traité de Style, Discours ou Allocution, n°* 494.)

367. Exercice. — *On analysera logiquement les phrases ci-dessous.*

> Celui qui mettra sa vie
> Sous la garde du Très-Haut
> Repoussera de l'envie
> Le plus dangereux assaut.
> Il dira : Dieu redoutable,
> C'est dans ta force indomptable
> Que mon espoir est remis ;
> Mes jours sont ta propre cause,
> Et c'est toi seul que j'oppose
> A mes jaloux ennemis.

368. Exercice. — *Lettre pour demander à un ami le remboursement d'une avance qu'on lui a faite.*

EXERCICE DE LA XCII⁰ COMPOSITION. — TRANQUILLITÉ DE LA NUIT.

Canevas. — Dès l'entrée de la nuit le calme commence... Alors toutes les créatures sont pour ainsi dire inanimées... La nature suspend tout bruit... La lumière disparaît tout à fait... L'oiseau cherche son nid... Les animaux domestiques vont se reposer... Cette tranquillité n'est pas pour tous : les malades souffrent, leurs inquiétudes augmentent avec les ténèbres... Ils comptent les heures ; ils attendent la lumière... Les méchants profitent du repos de la nuit pour offenser celui qui leur donne la vie... Le jour ne leur suffit pas, ils ont besoin de troubler l'ordre de Dieu et le repos de leurs semblables... Rendons grâces au Ciel pour le repos de la nuit, qui nous aide à conserver notre santé... Profitons du sommeil pour réparer nos forces... Adorons le Tout-Puissant, qui commande à la nature de se taire, afin que nous reposions en paix... (Voir *Traité de Style*, *Tableau*, n° 193.)

369. Exercice. — *On analysera grammaticalement les mots en italiques, et logiquement tout le morceau ci-dessous.*

VÊTEMENTS. (Suite.)

Les bas de laine déterminent *vers* les jambes un *afflux* de sang trop considérable; *à moins que* leur usage ne *soit réclamé* par des conditions de santé particulières, on doit *les* rejeter dans la jeunesse et l'âge mûr : mais c'est une *ressource* précieuse dans la vieillesse, car *alors* il faut surtout *empêcher* le sang de se porter vers la tête, et d'ailleurs les vieillards ne sauraient *être* trop chaudement *vêtus.*

370. EXERCICE. — RÉFLEXIONS EN CONTEMPLANT LE CIEL ÉTOILÉ. (Voir *Traité de Style*, *Tableau*, n° 193.)

371. EXERCICE. — *On analysera logiquement les phrases ci-dessous.*

LE JEU.

Les plaisirs sont amers d'abord qu'on en abuse ;
   Il est bon de jouer un peu,
Mais il faut seulement que le jeu nous amuse.
   Un joueur, d'un commun aveu,
   N'a rien d'humain que l'apparence ;
Et d'ailleurs, il n'est pas si facile qu'on pense
D'être fort honnête homme et de jouer gros jeu :
Le désir de gagner, qui nuit et jour occupe
   Est un dangereux aiguillon.
Souvent, quoique l'esprit, quoique le cœur soit bon,
   On commence par être dupe,
   On finit par être fripon.

372. EXERCICE. — *Réponse à la lettre du n° 368. — Un débiteur à un créancier son ami, pour lui donner les raisons du retard qu'il a apporté dans le paiement de ce qu'il lui devait.*

EXERCICE DE LA XCIII° COMPOSITION. — VENTE D'OBJETS MOBILIERS.

CANEVAS. — Debrosse Pierre, menuisier à Marseille, a vendu le 1ᵉʳ mars, à Marigny Louis, menuisier au même lieu, trois secrétaires à 120 francs chacun.

payables la moitié en espèce, la moitié en un billet sur Massart au 15 mars. L'acheteur ne pourra avoir lesdits objets qu'après le paiement du billet. (Voir *Traité de Style*, *Éléments de Droit*.)

573. EXERCICE. — *On analysera grammaticalement les mots en italiques, et logiquement tout le morceau ci-dessous.*

En quinze cent cinquante-six, Charles-Quint laissa l'Espagne à son fils Philippe II, l'Allemagne à son frère Ferdinand; *puis* il prit l'habit religieux dans le couvent de Saint-Just, en Espagne. *Au* bout de deux ans, *sentant* sa mort prochaine, il *voulut qu'*on *célébrât* ses funérailles *en* sa présence; ce lugubre spectacle fit sur lui une si forte impression, qu'à la fin de cette triste cérémonie, il *fut saisi d'*une fièvre *aiguë dont* il mourut.

574. EXERCICE. — LE JOUR DES MORTS A LA CAMPAGNE.

CANEVAS. — La cloche annonce une fête de douleur... La foule arrive... Le prêtre fait un discours qui rappelle la fête de la veille et les prières qu'on doit faire aujourd'hui... La continuation du sacrifice... Après la messe, les fidèles, accompagnés de leur pasteur, vont au cimetière... Là, ils prient pour ceux qu'ils ont aimés et qui ne sont plus... On supposera que le cimetière est éloigné de l'église, que le temps, pendant la marche de la procession, annonce la pluie, et que les fidèles en sont consternés... Une fois dans le champ de la mort, chacun va sur la tombe de quelqu'un qui lui fut cher... Quand le prêtre eut fini les prières, la foule recueillie reprit le chemin du hameau, priant encore pour le repos des morts... (Voir *Traité de Style*, *Description*, n° 193.)

575. EXERCICE. — *On analysera les phrases ci-dessous.*

EXISTENCE DE DIEU.

Tout annonce d'un Dieu l'éternelle existence;
On ne peut le comprendre, on ne peut l'ignorer.

La voix de l'univers annonce sa puissance,
Et la voix de nos cœurs dit qu'il faut l'adorer.
Loin de rien décider sur cet Être suprême :
Gardons, en l'adorant, un silence profond.
Le mystère est immense, et l'esprit s'y confond.
Pour savoir ce qu'il est, il faut être lui-même :
Il est, tout est en lui ; l'immensité, le temps,
De son être infini sont les purs éléments.

576. EXERCICE. — *Lettre d'un jeune homme à son frère sur le danger des mauvaises compagnies, en lui rapportant un exemple d'un ancien condisciple qui vient de mourir impénitent, par suite de ses mauvaises fréquentations.*

EXERCICE DE LA XCIV^e COMPOSITION. — MÉNIPPE OU LE VANITEUX.

CANEVAS. — Le vaniteux n'a rien à lui ; il répète les sentiments, les discours des autres, et se sert de leur esprit... Il croit même dire sa pensée, et il ne dit que celle des autres... Il n'est de la même idée que peu de temps... Il ne suit qu'une pensée, et encore ne la suit-il qu'imparfaitement... Lui seul ignore combien il réfléchit peu... il se croit de l'esprit, pense n'avoir rien à désirer sur ce chapitre... décide de tout en maître... Si on le salue, il délibère s'il doit rendre le salut... On juge en le voyant qu'il n'est occupé que de lui... qu'il croit que tout lui sied bien, et que les hommes s'arrêtent aussitôt qu'ils le voient, pour le contempler... (Voir *Traité de Style*, *Caractère*, n° 189.)

577. EXERCICE. — *On analysera grammaticalement les mots en italiques, et logiquement tout le morceau.*

> *Qui s'élève trop s'avilit ;*
> *De la vanité naît la honte :*
> *C'est par l'orgueil qu'on est petit,*
> *On est grand quand on se surmonte.*

578. EXERCICE. — MÉLANTHE OU LE FANTASQUE.
(Voir *Traité de Style*, *Caractère*.)

579. EXERCICE. — *On analysera logiquement les phrases ci-dessous.*

DIEU ET SA PUISSANCE.

C'est Dieu qui du néant a tiré l'univers ;
C'est lui qui sur la terre a répandu les mers,
Qui de l'air étendit les humides contrées,
Qui sema de brillants les voûtes azurées,
Qui fit naître la guerre entre les éléments,
Et qui régla des cieux les divers mouvements.
La terre à son pouvoir rend un muet hommage ;
Les rois sont ses sujets, le monde est son partage.
Tout subsiste par lui, sans lui rien n'eût été,
Et lui seul des mortels est la félicité.   (ROTROU.)

580. EXERCICE. — *Lettre à un chef d'atelier pour lui recommander un ouvrier.*

EXERCICE DE LA XCVᵉ COMPOSITION. — LE CHAT.

CANEVAS. — Le chat est opposé à un ennemi qu'on ne peut chasser... Étant jeunes, les chats ont de la gentillesse et de la malice... Quand ils sont élevés, ils deviennent seulement souples et adroits... Ils sont bien différents du chien... Ils paraissent n'aimer que par convenance... Le chat est poli, adroit, léger... Jeunes, ils aiment les enfants, mais les égratignent quelquefois... Ils se mettent à l'affût pour saisir leur proie... On raconte que, malgré la difficulté qu'on éprouve à les élever, des moines grecs en avaient formé à prendre des serpents... Ils attaquent les animaux faibles : les oiseaux, les lapins, les lévrauts, les rats, etc... Ils attendent patiemment leur proie, jouent avec et la tuent, lors même qu'ils n'éprouvent aucun besoin... Les chats ne sont pas vraiment des animaux domestiques. Rien ne peut les retenir dans un lieu dont ils voudraient s'éloigner... (Voir *Traité de Style, Portrait, nº* 189.)

581. EXERCICE. — *On analysera grammaticalement les mots en italiques, et logiquement tout le morceau ci-dessous.*

On n'*a* pas *remarqué depuis* 1528 jusqu'à 1532 deux jours de *gelée* de suite ; on jouit d'un été continuel ; les arbres portaient *en* tout temps des feuilles et des fruits, mais *qui* ne venaient pas à *maturité*, *parce que* la chaleur énervait la nature : *il y eut* une telle *sécheresse*, que les blés manquèrent.

382. EXERCICE. — L'ÉCUREUIL. (Voir *Traité de Style*, *Portrait*, n° 189.)

383. EXERCICE. — *On analysera logiquement les phrases suivantes.*

Si tu veux sincèrement te perfectionner, n'abandonne pas tes yeux au sommeil avant d'avoir examiné par trois fois les actions de ta journée; demande-toi : Quelle faute ai-je commise? qu'ai-je fait ? à quel devoir ai-je manqué? de quel défaut me suis-je guéri aujourd'hui? quelle passion ai-je combattue ? Passe en revue toute ta journée, reviens sur toutes tes paroles et sur toutes tes actions, ne te cache rien et ne te pardonne rien. Reproche-toi ce que tu as fait de mal, jouis de ce que tu as fait de bien.

384. EXERCICE. — *Un enfant en apprentissage à son père sur les difficultés qu'il éprouve à pratiquer la religion.*

EXERCICE DE LA XCVI^e COMPOSITION — ÉCHANGE D'IMMEUBLES.

CANEVAS. — Clairet Edmond, corroyeur à Orléans, a échangé avec le sieur Leblanc Joseph, marchand de cuir au même endroit, une maison sise rue des Fossés, n° 11, pour un hangar avec cour et jardin situés dans la même ville, rue des Martinets, n° 15, et le tout sans garantie d'aucune part. (Voir *Traité de Style*, *Eléments de Droit.*)

385. EXERCICE. — *On analysera grammaticalement les mots en italiques, et logiquement tout le morceau ci-dessous.*

LE LION ET LE CHASSEUR.

Un fanfaron *amateur* de la *chasse*,
Venant de *perdre* un chien de bonne race,

*Qu'*il soupçonnait *dans* le corps d'un lion,
Vit un berger : *Enseigne-moi, de grâce,*
De mon *voleur, lui* dit-il, la *maison,*
Que de ce pas je *me* fasse *raison.*

(Suite au n° 387.)

386. Exercice. — Esther a assuérus en faveur des juifs.

CANEVAS. — Esther dit à Assuérus qu'autrefois le Dieu qu'adorent les Juifs les bénissait... Que ce Dieu est le maître de l'univers et de toute la nature... Qu'il est maître des empires et des États, et que les Juifs furent abandonnés et livrés à leurs ennemis aussitôt qu'ils cessèrent d'adorer ce Dieu vrai, seul et unique... Que Cyrus fut suscité de Dieu pour délivrer les Juifs de la captivité de Babylone... Qu'il permit de relever le temple... Que son héritier interrompit l'ouvrage, mais que Dieu le rejeta, et que lui, Assuérus, fut mis à sa place, afin qu'il finisse de les délivrer... Mais un ministre qui semble animé d'un grand zèle a trompé sa clémence, et a fait donner des ordres pour que, dans un seul jour, tous les Juifs de l'empire fussent assassinés... Esther finit en publiant hautement que jamais les Juifs n'avaient désobéi au roi... qu'ils ont toujours été fidèles au joug qu'on leur a imposé... et que, même lorsqu'ils étaient esclaves, ils priaient leur Dieu, puissant et maître de tous, de veiller sur les jours du prince, de le conserver et de détourner tous les complots des méchants... (Voir *Traité de Style ; Discours,* n° 194.)

387. Exercice. — *On analysera logiquement les phrases ci-dessous.*

LE LION ET LE CHASSEUR. (Fin.)

Le berger dit : C'est vers cette montagne.
En lui payant de tribut un mouton
Par chaque mois, j'erre dans la campagne
Comme il me plaît ; et je suis en repos.
Dans le moment qu'ils tenaient ces propos
Le lion sort, et vient d'un pas agile.

Le fanfaron aussitôt d'esquiver :
O Jupiter, montre-moi quelque asile,
S'écria-t-il, qui me puisse sauver !
    La vraie épreuve du courage
N'est que dans le danger que l'on touche du doigt :
Tel le cherchait, dit-il, qui, changeant de langage,
    S'enfuit aussitôt qu'il le voit.

388. EXERCICE. — *Réponse à la lettre du n° 384. — Un père à son fils, pour l'engager à se tenir en garde contre le mauvais exemple, et pour lui dire qu'on lui cherche un autre atelier où il puisse remplir plus facilement ses devoirs religieux.*

EXERCICE DE LA XCVII^e COMPOSITION. — DIFFÉRENCE
ENTRE L'ANIMAL ET LE MINÉRAL.

CANEVAS. — L'animal n'a de commun avec le minéral que les qualités de la matière prise généralement... Leur substance est étendue, pesante, mais leur économie diffère... Le minéral est brut, inactif, etc., n'agissant point par lui-même... Sans puissances, sans facultés... Il est foulé aux pieds, et le plus rare est souvent méprisé par le sage... L'animal réunit toutes les puissances... Il veut, il agit, il communique... Bien des choses se rapportent à lui... C'est tout un monde ; il n'a de commun avec les végétaux que la faculté de croître et de se développer... Il peut louer son auteur, son créateur... (Voir *Traité de Style, Parallèle, n°* 190.)

389. EXERCICE. — *On analysera grammaticalement les mots en italiques, et logiquement tout le morceau ci-dessous.*

Les chaussons de *laine, qui enveloppent* le pied *seulement,* devraient *être adoptés* par tout le monde ; *car c'est presque* toujours par le *froid* aux pieds que l'on s'enrhume, et *l*'on voit souvent une *toux* opiniâtre *céder* au seul usage de cette *chaussure,* qui est essentiellement *hygiénique.*

390. EXERCICE. — DIFFÉRENCE ENTRE LES OUVRAGES DE LA NATURE ET CEUX DE L'ART. (Voir *Traité de Style, Parallèle, n°* 190.)

591. Exercice. — *On analysera logiquement les phrases ci-dessous.*

UN ENFANT AU SEIGNEUR.

Je ne suis qu'un enfant encore,
Mais je veux louer le Seigneur;
D'un Dieu si bon que tout adore,
Je veux célébrer la grandeur.
C'est lui qui donne la lumière
A l'astre qui règle le jour.
Et l'astre qui, la nuit, éclaire encor la terre
Est un présent de son amour.
C'est lui qui donne la naissance
A tous ces animaux divers,
Semés avec magnificence;
Les petits oiseaux du bocage
Le chantent sur les verts rameaux.
Désormais, chaque jour je joindrai mon hommage
A celui des petits oiseaux.

592. Exercice. — *Un militaire à ses parents après s'être engagé contre leur volonté.*

EXERCICE DE LA XCVIII^e COMPOSITION. — LA FÊTE DU SAINT-SACREMENT.

Canevas. — Les préparatifs : les maisons se couvrent de tapisseries, les rues se jonchent de verdure, les autels de fleurs s'élèvent comme par enchantement... Les cloches annoncent le départ... On voit paraître d'abord les différentes confréries avec leur bannière... Après vient la croix, qui n'est plus un signe de douleur, mais de gloire... Suivent les prêtres, puis le pontife, dont les mains soutiennent la radieuse Eucharistie... Des groupes d'adolescents marchent entre les rangs de la procession : les uns portent des vases de parfums, les autres des corbeilles de fleurs; un certain nombre balancent les encensoirs devant le Très-Haut... Des chants s'élèvent le long des lignes saintes; puis, par intervalles, un silence majestueux leur succède... Ce Dieu de

majesté va se reposer dans des tentes de feuillages...
Du haut de ce trône il bénit tous les assistants... le
vieillard et l'enfant, le pauvre et le riche, le fort et le
faible, etc.... Après avoir béni toutes ses créatures, il
rentre dans son temple au son des cloches et accompagné d'une foule immense, pieuse et recueillie...
(Voir *Traité de Style*, *Description*, n° 193.)

593. EXERCICE. — *On analysera grammaticalement
les mots en italiques, et logiquement tout le morceau
ci-dessous.*

Malheur à celui qui ne prie point! sa *vie* sera *comme*
un *arbre* qui n'a pas de séve, et ses actions tomberont
à terre comme des *feuilles* jaunies et desséchées. La
prière est *lumière* pour l'esprit, *repos* pour le cœur,
force pour la *volonté*.

594. EXERCICE. — LES ROGATIONS. (Voir *Traité de Style,*
Tableau, n° 193.)

595. EXERCICE. — *On analysera logiquement les phrases
ci-dessous.*

LE SECRET.

Quand vous méditez un projet,
Ne publiez point cette affaire;
Toujours au fond du cœur gardez votre secret,
On se repent toujours d'un langage indiscret,
Et presque jamais du mystère.
Certain auteur sur ce sujet
S'explique de cette manière :
Le causeur dit tout ce qu'il sait,
L'étourdi ce qu'il ne sait guère,
Les jeunes ce qu'ils font, les vieux ce qu'ils ont fait,
Et les sots ce qu'ils veulent faire.

596. EXERCICE. — *A un négociant, pour lui reprocher
la mauvaise qualité des marchandises qu'il a envoyées, et
l'avertir qu'on va les lui renvoyer s'il ne veut pas diminuer*
12 *p.* 0/0.

EXERCICE DE LA XCIX^e COMPOSITION. — SOUS-BAIL D'UN PRINCIPAL LOCATAIRE.

CANEVAS. — Doptan Eugène, entrepreneur en maçonnerie à Arras, locataire d'une maison située rue des Remparts, n° 9, appartenant à M. Perrard Philippe, rentier au même lieu, sous-loue à Caral Henri une boutique au rez-de-chaussée et deux chambres au-dessus, pour cinq cents francs, qu'il doit payer par termes pendant sept ans, à partir du 1er janvier 1851. Le sieur Caral Henri s'engage à faire les petites et les grosses réparations et à payer les impôts des portes et fenêtres. (Voir *Traité du Style, Eléments de Droit.*)

597. **EXERCICE.** — *On analysera grammaticalement les mots en italiques, et logiquement tout le morceau ci-dessous.*

Le bruit que fait entendre la *foudre* cause *ordinairement beaucoup* d'effroi, et *cependant tout* danger est déjà passé. Il n'*en* existe *même* plus pour une personne qui *a vu* l'éclair ; car, si elle devait *être foudroyée*, elle ne *verrait* ni n'entendrait le coup *prêt* à la frapper.

598. **EXERCICE.** — **TOUT RÉVÈLE LE CRÉATEUR.**

CANEVAS. — Il n'y a rien sur la terre qui ne porte l'empreinte de l'existence de Dieu... Si des peuples ont pu en perdre l'idée, la terre et les cieux avec leur magnificence le leur annoncent... L'impie devrait le chercher autour de lui dans tous les êtres, dans toutes les créatures, et il le trouverait... Ou bien il ne trouverait que son cœur qui ne le voit pas... Pour connaître qu'il est un Dieu, nous n'avons qu'à lever les yeux, nous le trouverons immense, infini, glorieux, puissant... Les étoiles qui décorent la voûte céleste le proclament comme les astres qui nous éclairent... Les merveilles que nous voyons ne peuvent s'être faites elles-mêmes... On ne peut attribuer au hasard la puissance de faire tant de merveilles... Toute la nature manifeste donc un Dieu, et un Dieu tout-puissant. (Voir *Traité de Style, Narration oratoire, n° 184.*)

399. EXERCICE. — *On analysera logiquement les phrases ci-dessous.*

BONHEUR DE LA VERTU.

Homme, sois convaincu de cette vérité,
Que dans la vertu seule est la félicité;
Seule elle trouve en soi la juste récompense
Des maux qu'elle a soufferts, des biens qu'elle dispense;
Tranquille, elle jouit, et voit sans s'émouvoir
S'élever un rival, ou tomber son pouvoir.
Toujours elle s'exerce et jamais ne se lasse,
Goûte mieux le succès, porte mieux la disgrâce,
Sait être heureuse encor de ses tendres douleurs.
Et les ris des méchants sont moins doux que ses pleurs.

400. EXERCICE. — *A un frère, pour lui dire la maladie de notre père, la manière édifiante dont il a reçu les derniers sacrements, et son heureuse guérison.*

EXERCICE DE LA 6ᵉ COMPOSITION. — L'UNIVERS PROUVE L'EXISTENCE DE DIEU.

CANEVAS. — Ce n'est pas dans les villes, dans les ateliers des arts, dans les cabinets du curieux, dans le laboratoire du savant, qu'on peut trouver la vraie nature... Les animaux sauvages que nous retenons ne nous montrent point la véritable liberté de la nature... La nature qui parle à nos âmes, nous la trouverons dans les sombres et majestueuses forêts... sur la cime des montagnes d'où l'œil aperçoit les coteaux et les vallées, où l'homme, roi de la nature, paraît comme sur son trône... De là l'âme s'élève naturellement vers l'auteur de tant de merveilles... Et au milieu des nuits, en considérant cette multitude d'astres errants, on ne peut s'empêcher de louer, de bénir et d'adresser une prière à l'auteur de toutes choses, et de lui dire qu'on reconnaît véritablement son existence... sa puissance, sa force, sa grandeur, son immensité et sa suprême majesté... (Voir *Traité de Style, Narration oratoire,* nᵒ 184.)

401. EXERCICE. — *On analysera grammaticalement les mots en italiques, et logiquement tout le morceau ci-dessous.*

Le travail et l'*exercice* sont *pour* le corps *ce* que l'étude et l'application sont pour l'*âme ;* ils le fortifient et le rendent *capable* des plus grandes choses. *Il* faut *que* ceux qui se livrent à une *nonchalance* et à un assoupissement d'*eux-mêmes,* soient bien peu éclairés sur leur propre intérêt, pour ne pas voir *que c'est de là* que naissent la *plupart* de leurs maux.

402. EXERCICE. — LA NATURE RÉVÈLE LE CRÉATEUR. (Voir *Traité de Style, Narration oratoire,* n° 184.)

403. EXERCICE. — *On analysera logiquement les phrases ci-dessous.*

LES FLEURS DU PRINTEMPS.

Avril a fui ; déjà les Gémeaux radieux
Conduisent le soleil triomphant dans les cieux ;
Et dans tout son éclat le doux printemps étale
De son sein rajeuni la pompe végétale.
Le viorne argenté s'empresse de fleurir,
De ses globes de neige il aime à se couvrir ;
Tandis qu'à ses côtés, fier de son opulence,
En longues grappes d'or l'ébénier se balance ;
Plus loin l'iris agite, au bord d'un cristal pur,
Les trésors élégants de sa tête d'azur ;
Et la rouge pivoine, au pavot réunie,
Élargit de son front la pourpre rembrunie.
Tout ce peuple de fleurs, en groupes éclatants,
A brillé jusqu'ici sur le sein du printemps.

404. EXERCICE. — *Un père à son fils militaire, pour l'engager à se conduire honorablement et à ne pas négliger ses devoirs religieux.*

EXERCICE DE LA CI^e COMPOSITION. — PERFECTION DES OEUVRES DE DIEU.

CANEVAS. — On ne peut décrire l'infinie puissance qui se manifeste dans les œuvres de Dieu... Considérons leur grandeur, leur majesté, leur nombre infini... l'exactitude, la régularité de toutes les productions... Comparons les inventions humaines aux ouvrages de

Dieu... Quand l'artiste aura fini son chef-d'œuvre, qu'il l'examine et le compare aux créatures : quelle différence ! Quelle perfection dans celles-ci, quelle grossièreté dans celui-là !... Au microscope la différence sera encore plus sensible... Tout est lié dans l'ouvrage de la nature; on ne trouve aucun vide, aucun désaccord... Dans l'ouvrage de l'artiste, dans le chef-d'œuvre le plus parfait, plus on regarde de près, plus on voit de défauts... Un être infiniment puissant, seul pouvait remplir ses œuvres de beautés innombrables, de charmes infiniment variés...

405. EXERCICE. *— On analysera grammaticalement les mots en italiques, et logiquement tout le morceau ci-dessous.*

*L'*histoire est *comme* un *testament* laissé *par* les générations *qui* disparaissent, à *celles* qui doivent *les* suivre : *celles-ci, en* négligeant de *mettre* à profit les utiles *leçons qu'*elle renferme, *ne* ressemblent *que trop* à ces enfants ingrats *qui* méprisent les dernières volontés de leur *père.*

406. EXERCICE. — GRANDEUR DE DIEU DANS LES OEUVRES DE LA CRÉATION. (Voir *Traité de Style, Narration oratoire*, n° 185.)

407. EXERCICE. — *On analysera logiquement les phrases ci-dessous.*

INVITATION A SERVIR DIEU.

Craignez, servez toujours le Dieu qui vous a faits;
Connaissez son pouvoir, sentez votre faiblesse ;
De ses conseils profonds adorez la sagesse.
Mortels, c'est là tout l'homme. O volages humains !
Faut-il que le bonheur s'échappe de leurs mains !
Dieu veut qu'ils soient heureux, et cet aimable maître
Leur donna le désir et les moyens de l'être.
Mais ne profanons pas son auguste secours;
Notre âme n'a pour lui ni replis, ni détours.
Elle est sous ses regards, elle est dans sa balance;
Du pécheur qui se cache il entend le silence.

408. Exercice. — *Un ouvrier à un de ses anciens camarades, sur la vie qu'on mène en faisant son tour de France.*

EXERCICE DE LA CII^e COMPOSITION. — CONSTITUTION D'UNE RENTE AVEC CAUTION.

Canevas. — Barnel Frédéric, propriétaire à Moulins, prête à M. Jolliot Ferdinand, tapissier au même endroit, la somme de soixante mille francs, à condition que Jolliot paiera deux mille francs de rente par an, en quatre paiements égaux, à partir du 1er janvier 1851 ; qu'il donnera pour caution M. Marbel Pierre, rentier au même lieu, et que s'il laisse passer deux termes sans payer, la somme devra être payée tout entière, soit par lui, soit par la caution, et que constitution sera reconnue par-devant notaire. (Voir *Traité de Style*, *Eléments de Droit*.)

409. Exercice. — *On analysera grammaticalement les mots en italiques, et logiquement tout le morceau ci-dessous.*

INVITATION A SERVIR DIEU. (Fin.)

Ses invisibles *mains* préparent le *tableau*
Qui frappera nos yeux *en entrant* au *tombeau :*
L'*homme alors* n'aura plus *d'*espoir ni de refuge.
Témoin contre lui-même, *accusateur* et juge,
Il fut *libre*, il connut la *loi*, la vérité,
Et *lui* seul fait l'arrêt de son *éternité.*

410. Exercice. — AVANTAGES DE LA SOLITUDE.

Canevas. — On cherche le silence de la campagne quand on aime à converser avec soi-même... Les paisibles solitudes donnent mille charmes à l'esprit et au cœur... Nos affaires nous laissent rarement le temps de méditer ; elles se succèdent les unes aux autres, se pressent et ne nous laissent pas un instant... Dans la solitude nous pouvons examiner notre vie, nos occupations, nos devoirs, le besoin que nous avons de servir Dieu... Là nous voyons nos forces, notre dignité... Là nous apprécions toutes choses sous leur véritable point de vue ; nous apprenons à connaître nos faiblesses, nos défauts... Là plus de flatteurs, plus d'exemples... Les illusions de l'amour-propre se dissipent... On peut alors se demander si on est ce qu'on doit être, comment on agit... La solitude nous fera voir une foule de défauts que nous n'apercevons pas dans notre vie dissipée, et la réflexion nous portera à nous corriger... (Voir *Traité de Style, Narration oratoire, n° 184.*)

411. EXERCICE. — *On analysera logiquement les phrases ci-dessous.*

Vastes désirs d'un bien immense,
Comment avez-vous pu vous former dans mon sein ?
D'où vient que je conçois la flatteuse espérance
D'un bonheur qui n'a point de fin ?
Moi, pareil à la fleur que le matin vit naître,
Et que le soir voit disparaître,
Je vole à l'infini. D'où me vient ce désir ?
Sont-ce les biens présents vers lesquels je soupire ?
Eh ! puis-je m'y tromper ? C'est Dieu seul qui m'inspire
Des vœux que Dieu seul peut remplir.

412. EXERCICE. — *Réponse à la lettre du n° 408.* — *Un ouvrier qui fait son tour de France raconte à un de ses compagnons les peines qu'il a éprouvées.*

EXERCICE DE LA CIII^e COMPOSITION. — PRIÈRE A DIEU
APRÈS LA CRÉATION.

CANEVAS. — Rappeler la grandeur, la majesté de Dieu, et l'adorer dans cette considération... Considérer la nudité de la terre avant la création... La pauvreté de la mer avant qu'elle fût habitée par les poissons... Le vide de l'air... Le ciel était sans étoiles... L'univers entier était informe... Pour la création de tous ces êtres, Dieu n'a fait qu'ouvrir sa main... Notre âme est pauvre par elle-même ; mais Dieu l'enrichit... Que Dieu soit loué pour ses œuvres... Qu'il répande sans cesse ses grâces sur nous, car nous avons besoin qu'il nous éclaire continuellement... (Voir *Traité de Style, Discours, n° 194.*)

413. EXERCICE. — *On analysera grammaticalement*

*les mots en italiques, et logiquement tout le morceau
ci-dessous.*

JUPITER ET LE MÉTAYER.

Jupiter eut *jadis* une ferme à *donner.*
Mercure *en* fit l'*annonce,* et *gens* se présentèrent,
    Firent des offres, écoutèrent :
    Ce ne fut *pas* sans bien *tourner ;*
    L'un alléguait *que* l'héritage
Etait *frayant* et rude ; et l'*autre* un *autre si.*
(*Suite au n° 415.*)

**414. EXERCICE. — PRIÈRE A LA VUE DES MAUX DE L'HU-
MANITÉ.** (Voir *Traité de Style, Discours,* n° 194.)

415. EXERCICE. — *On analysera logiquement les
phrases ci-dessous.*

JUPITER ET LE MÉTAYER. (Suite.)

    Pendant qu'ils marchandaient ainsi,
Un d'eux, le plus hardi, mais non pas le plus sage,
Promit d'en rendre tant, pourvu que Jupiter
    Le laissât disposer de l'air,
    Lui donnât saison à sa guise,
Qu'il eût du chaud, du froid, du beau temps, de la bise,
    Enfin du sec et du mouillé,
    Aussitôt qu'il aurait baillé.
Jupiter y consent. Contrat passé, notre homme
Tranche du roi des airs, pleut, vente, et fait en somme
Un climat pour lui seul : ses plus proches voisins
Ne s'en sentaient non plus que les Américains.
Ce fut leur avantage : ils eurent bonne année,
    Pleine moisson, pleine vinée.
(*Fin au n° 419.*)

**416. EXERCICE. — PÉTITION DES HABITANTS D'UNE COMMUNE
AU CONSEIL MUNICIPAL POUR OBTENIR L'ÉRECTION D'UNE
ÉCOLE COMMUNALE.**

EXERCICE DE LA CIV^e COMPOSITION. — CONVENTION
AVEC PLUSIEURS CAUTIONS SOLIDAIRES POUR PAIEMENT.

CANEVAS.—Bulle Charles, fermier à Joinville, est

convenu de remplacer l'obligation de 2,500 francs payables ce jour 15 mars, et dus à M. Arel Charles, rentier un même lieu, par une convention de reculer le paiement à trois mois, à condition que lui, Bulle, paierait les intérêts à cinq pour cent par an, et qu'il fournirait MM. Deville Louis et Magne Charles pour cautions solidaires. (Voir *Traité de Style, Éléments de Droit.*)

417. EXERCICE. — *On analysera grammaticalement les mots en italiques, et logiquement tout le morceau ci-dessous.*

Toute voie *dans* cette vie a ses *épines. Dès que* tu auras posé le pied dans l'une de ces voies, *poursuis-la*; rétrograder c'est *faiblesse. Excepté dans* le mal, il est toujours *bon de persévérer. Celui-là* seul qui persévère dans son entreprise, peut *espérer d'*arriver à *quelque* distinction.

418. EXERCICE. — COMBAT EN CHAMP CLOS
ENTRE MONTFORT ET CRESSY.

Les clairons donnent le signal... Les deux combattants se précipitent l'un sur l'autre... L'assemblée entend les coups et reste en silence... Montfort blesse légèrement Cressy... Ce dernier, se sentant frappé, entre en fureur... Son sang l'altère du sang de son ennemi... Montfort redouble de vivacité... Cressy résiste; sa hache vole en éclats... Les spectateurs frémissent, applaudissent... Montfort frappe de nouveau... Il allait vaincre... Mais son adversaire se jette sur lui, l'enlace... Embrassés l'un par l'autre, ils cherchent à se fatiguer... Cressy renverse son ennemi, lui pose un genou sur la gorge, lui arrache son poignard, et le menace de le percer du sien, en lui disant: *Rends-toi, confesse que tu es vaincu...* Les spectateurs demandent grâce... Le roi, Louis-le-Gros, jeta son sceptre dans la lice, et le son du cor annonça à Cressy l'ordre de terminer le combat... (Voir *Traité de Style, Narration historique,* n° 183.)

419. EXERCICE. — *On analysera logiquement les phrases ci-dessous.*

JUPITER ET LE MÉTAYER. (Fin.)

Monsieur le receveur fut très-mal partagé.
    L'an suivant, voilà tout changé.
    Il ajuste d'une autre sorte
    La température des cieux.
    Son champ ne s'en trouve pas mieux,
Celui de ses voisins fructifie et rapporte.
Que fait-il ? il recourt au monarque des dieux ;
    Il confesse son imprudence.
Jupiter en usa comme un maître fort doux.
    Concluons que la Providence
    Sait ce qu'il nous faut mieux que nous.

420. EXERCICE. — *Pétition d'un marin pour obtenir une place dans l'administration des douanes comme employé garde-côte.*

EXERCICE DE LA CV^e COMPOSITION. — LE DERNIER JOUR DE L'ANNÉE.

CANEVAS. — La dernière journée va finir... Celui qui réfléchit sur le temps compare le passé au présent... Il se dit : Le dernier jour avance, les heures de cette année se terminent, la dernière a sonné, une année de plus est passée... Nous ne pouvons arrêter le temps ; profitons de celui que Dieu nous donne. [Une année de moins : comment l'avons-nous passée...? Une autre année va s'ouvrir : que sera-t-elle pour nous ?... Quels beaux jours dorment dans son sein ?... Nos vœux, nos souhaits seront-ils satisfaits ?... Nous entrons dans les nouveaux jours pleins d'espérance, nos vœux se réaliseront-ils ?... (Voir *Traité de Style, Narration oratoire,* n° 184.)

FIN.

A, sm. voyelle, 1re lettre.
A, 3me personne du s. du pr. de l'ind. du v. avoir.
A, pr. prend l'acc. gr. [lité.
Abaissement, sm. dim. humi-
Abaisser, v. avilir.
Abandon, sm. délai, négli-gence.
Abandonnement, sm. act. d'
Abandonner, v. délaisser, liv.
Abasourdir, étourdir, accab.
Abatage, sm. coupe des arb.
Abâtardir, v. altér. dégénér.
Abâtardissement, altération.
Abatis, sm. choses abattues,
Abat-jour, sm. volet. [restes.
Abattant, sm. part. de meub.
Abattement, sm. affaibliss.
Abattoir, sm. tuerie de best.
Abattre, v. mettre à bas, aff.
Abat-vent, sm. toit, paillas-son.
Abbatial, pl. aux, a. à l'abbé.
Abbaye, sf. (abéie) couvent.
Abbé, sm. chef d'abbaye,
Abbesse, sf. supére d'abbaye.
Abc, sm. (abécé) livret.
Abcès, sm. apostème ouvert.
Abdication, sf. action d'
Abdiquer, v. renoncer à...
Abécédaire, a. d'ord. alphab.
Abecquer ou Abéquer, v. donner la becquée.
Abeille, sf. mouche à miel.
Aberration, sf. (rr) mouve-ment apparent des étoiles.
Abêtir, v. rendre bête. [sém.
Ab hoc et ab hac, l. ad. confu-
Abhorrer, v. avoir en hor.
Abîme, sm. gouffre.
Abîmer, v. précipiter, ruin.
Ab irato, l. ad. en colère.
Abject, a. (abjek) vil.
Abjection, sf. abaissement.
Abjuration, sf. action d'
Abjurer, v. renoncer à...
Abluer, v. raviver l'écriture.
Ablution, sf. cérémon. relig.

Abnégation, sf. renoncem.
Aboiement, sm. cri du chien.
Abois, sm. pl. extrémité.
Abolir, v. annuler, supprim.
Abolition, sf. action d'abolir.
Abominable, a. exécrable.
Abominablement, adv.
Abomination, sf. détestation.
Abondamment, ad. avec.
Abondance, sf. gr. quantité.
Abondant, e, a. qui abonde.
Abonder, v. être en abond.
Abonnement, sm. marché.
Abonner, v. faire un abonn.
Abonnir, v. rendre bon.
Abord, sm. accès, affluence.
Abordable, a. qu'on peut ab.
Abordage, sm. action d'
Aborder, v. accoster, débarq.
Aborner, v. mettre des born.
Abouchement, sm. action d'
Aboucher, v. réunir p. parler
Abouter, v. joindre 2 bouts.
Aboutir, v. suppurer, tend. à
Aboutissement, sm. act. d'a-
Aboyer, v. japper. [boutir.
Abrégé, sm. raccourci, pré-
Abréger, v. raccourcir. [cis.
Abreuver, v. faire boire.
Abreuvoir, sm. où on abreu.
Abréviateur, sm. qui abrége.
Abréviation, sf. retranchem.
Abri, sm. lieu à couvert.
Abricot, sm. fruit à noyau.
Abricotier, sm. arb. fruitier.
Abriter, v. mettre à l'abri.
Abrogation, sf. action d'
Abroger, v. annuler.
Abrutir, v. rendre brute. [té.
Abrutissement, sm. stupidi-
Absence, sf. éloignement.
Absent, a. et s. éloigné.
Absenter (s'), v. s'éloigner.
Absinthe, sf. plante amère.
Absolu, a. impérieux.
Absolument, ad. tout à fait.
Absolution, sf. act. d'absoud.
Absorbant, sm. et a. qui abs.
Absorber, v. engloutir.
Absorption, sf. act. d'absorb.

Absoudre, v. déclarer inno-
Absoute, sf. absoluti. [cent.
Abstenir (s'), v. se priver.
Abstergent, a. qui absterge.
Absterger, v. nettoyer.
Abstinence, sf. act. de s'abs-
Abstinent, a. sobre. [tenir.
Abstraction, sf. act. d'abstr.
Abstractivement, ad. vague-ment.
Abstraire, v. abréger, sépar.
Abstrait, a. vague, indéfini.
Absurde, a. contr. à la raison.
Absurdement, ad. avec
Absurdité, sf. qui est absurd.
Abus, sm. mauvais usage.
Abuser, v. tromper, user mal.
Abusif, a. contraire aux rég.
Abusivement, ad. par abus.
Acabit, sm. qualité vague.
Académicien, sm. memb. d'
Académie, sf. compagn. sav.
Académique, a. d'académie.
Acagnarder, v. amollir.
Acajou, sm. arbre.
Acanthe, sf. plante.
Acariâtre, a. d'humeur aigre.
Accablant, a. qui accable.
Accablement, sm. action d'
Accabler, v. abattre, surchar-
Accaparement, sm. a. d' [ger
Accaparer, v. amasser.
Accapareur, s. et a. qui acca-
Accéder, v. consentir. [pare.
Accélération, sf. action d'
Accélérer, v. hâter, presser.
Accent, sm. signe, modulati.
Accentuation, sf. manière d'
Accentuer, v. mettre des acc.
Acceptable, a. qu'on peut ac-
Acceptation, sf. act. d' [cept.
Accepter, v. recevoir.
Acception, sf. préférence.
Accès, sm. abord, retour.
Accessible, a. abordable.
Accession, sf. consentement.
Accessit, sm. (t) récompense.
Accessoire, a. moins import.
Accessoirement, ad. par acce-
Accident, sm. cas fortuit. [sso.

Accidentel,le,*a.*fortuit [sard.
Accidentellement,*ad.*par ha-
Acclamation, *sf.* cri de joie.
Acclimater, *v.* accoutumer.
Accolade, *sf.* embrassement, trait.
Accoler,*v.*embrasser,réunir.
Accommodable, *a.* facile.
Accommodage, *sm.* apprêt.
Accommodement,*sm.*accord.
Accommoder,*v.* arranger.
Accompagnement, *sm.* ac. d'
Accompagner, *v.* aller avec.
Accomplissement, *sm.* ac. d'
Accomplir, *v.* achever, exé-cuter.
Accord,*sm.*harmonie,union.
Accorder, *v.* céder, concord.
Accostable,*a.*de facile abord.
Accoster, *v.* aborder.
Accoter, *v.* appuyer de côté.
Accoucher, *v.* enfanter. [fa.
Accouder (s'), *v.* s'appuyer.
Accoudoir, *sm.* appui.
Accoupler, *v.* joindre par 2.
Accourcissement, *sm.* act d'
Accourcir,*v.*diminuer.
Accourir,*v.*courir en un lieu.
Accoutrement, *sm.* habit ri-dicule.   [ment.
Accoutrer,*v.* parer ridicule-
Accoutumer, *v.* habituer.
Accréditer,*v.*mettre en créd.
Accroc, *sm.* déchirure, ob-stacle.
Accrochement, *sm.* action d'
Accrocher, *v.* suspendre à.
Accroire, *v.* faire croire.
Accroissement, *sm.* agrandí.
Accroître, *v.* augmenter.
Accroupissement,*sm.*act. de
Accroupir (s'), *v.* s'asseoir.
Accrue, *sf.* augmentation.
Accueil,*sm.* (*akeuil*), récep-tion.
Accueillir,*v.*recevoir. [coin.
Acculer, *v.* pousser dans un
Accumulateur,*sm.*qui amas-
Accumulation, *sf.* amas. [se.
Accumuler, *v.* amasser.
Accusateur,trice,*s.* qui accu-
Accusation, *sf.* action d' [se.
Accuser,*v.* imputer, reproc.
Acens, *sm.* ou Acense, *f.*fer-
Acensement, *sm.* act. d' [me.
Acenser, *v.* donner à ferme.
Acerbe, *a.* âpre.   [piniâtre.
Acharnement, *sm.* fureur o-
Acharner, *v.* irriter, s'atta-cher.   [sition.
Achat, *sm.* emplette, acqui-
Acheminement, *sm.* act. d'
Acheminer,*v.*mett. en train.
Acheter, *v.* acquérir.

Achèvement, *sm.* fin.
Achever, *v.* finir, compléter.
Achromatique,*a.*qui fait voir les objets sans couleur é- [trangère.
Acide, aigre.
Acidité, *sf.* qui est acide.
Aciduler, *v.* rendre acide.
Acier, *sm.* fer épuré.
Acolyte, *sm.* clerc. [seux.
Acoquiner, *v.* rendre pares-
Acoustique,*sf.*traité des sons
Acquéreur,*sm.* qui acquiert.
Acquérir, *v.* se procurer.
Acquiescement,*sm.* action d'
Acquiescer, *v.* consentir.
Acquis, *sm.* savoir, talents.
Acquisition,*sf.*act. d'acquér.
Acquit, *sm.* quittance.
Acquittement,*sm.* action d'
Acquitter, *v.* payer.
Acre, *sf.* mesure agraire.
Acre, *a.* piquant, caustique.
Acreté, *sf.* qualité âcre.
Acrimonieux,se, *a.* qui a de l'
Acrimonie, *sf.* âcreté.
Acte, *sm.* action, écrit.
Acteur,trice, *s.* qui joue un
Actif, ve, *a.* qui agit. [rôle.
Action, *sf.* opération, frais.
Actionnaire,*sm.*qui a une ac-tion.
Actionner, *v.* agir en justice.
Activement, *ad.* avec activit.
Activer,*v.* donner de l'
Activité,*sf.* faculté active.
Actuel, le,*a.* effectif, présent.
Actuellement,*ad.* présentem
Acutangle, *a.* à angles aigus.
Adage, *sm.* proverbe.
Adapter, *v.* appliquer.
Addition, *sf.* (dd), opération
Additionnel, le, *a.* ajouté.
Additionner, *v.* ajouter.
Adhérence, *sf.* union.
Adhérent, *s.* et *a.* attaché à.
Adhérer, *v.* être attaché à.
Adhésion, *sf.* act. d'adhérer.
Ad hoc, *l. ad.* spécial. [riliq.
Ad honores, *l. ad.* (ès), hono-
Adieu,*sm.*salut de départ.
Adjacent, *a.* qui est auprès.
Adjectif, *a.* et *sm.* qui qualifie
Adjectivement, *ad.* en ma-nière d'adjectif.
Adjoindre, *v.* joindre avec.
Adjoint, *sm.* qui aide.
Adjudant,*sm.* officier milit.
Adjudicataire, *s.* à qui on adj.
Adjudicatif, ve,*a.*qui adjuge.
Adjudication, *sf.* action d'
Adjuger, *v.* déclarer, décern.
Adjurer, *v.* commander.
Admettre,*v.* recevoir. [régit.
Administrateur, trice, *s.* qui

Administratif, ve, *a.* d'
Administration, *sf.* direction
Administrativement, *ad.* d' une manière administrati.
Administrer, *v.* gouverner.
Admirable, *a.* ce qui attire l'admiration.   [mire.
Admirateur, trice,*a.* qui ad-
Admiration, *sf.* action. d'
Admirer, *v.* considérer.
Admissible, *a.* recevable.
Admission, *sf.* act. d'admett.
Admonéter, *v.* réprimander.
Admoniteur, trice, *s.* qui avertit, qui reprend.
Admonition, *sf.* réprimande.
Adolescence, *sf.* jeunesse.
Adolescent, *s.* et *a.* jeune.
Adonis,*sm.* beau jeun. hom.
Adoniser (s'), *v.* se plaire à.
Adopter, *v.* prendre pour fils.
Adoptif, ve, *a.* qui est adopté.
Adoption, *sf.* act. d'adopter.
Adorable,*a.* digne d'adorati.
Adorateur, trice, *s.* et *a.* qui adore.
Adoration, *sf.* hommage.
Adorer,*v.* rendre un culte.
Adosser, *v.* appuyer le dos.
Adoucir, *v.* rendre doux.
Adoucissant,*sm.*qui adoucit.
Adoucissement, *sm.* act. d'a-doucir
Adragant,*sf.*gomme. [doucir
Adresse,*sf.* indication, ruse.
Adresser, *v.* envoyer. [rité.
Adroit, *a.* qui a de la dexté-
Adroitement,*ad.*av. adresse.
Adulateur,trice,*s.* flatteur.
Adulation, *sf.* flatterie.
Aduler, *v.* flatter bassement.
Adulte, *a.* et *s.* parvenu à l'a-dolescence.   [conjugale.
Adultère, *a.* qui viole la foi
Adverbe, *sm.* joint au verbe.
Adverbial, *a.* de l'adverbe.
Adverbialement, *ad.* dans le sens adverbial.
Adversaire, *s.* opposé.
Adversatif, ve,*a.* qui oppose.
Adverse, *a.* contraire.
Adversité, *sf.* malheur.
Aérer,*v.* donner de l'air. [l'air
Aérien, ne, *a.* qui appart. à
Aérolithe, *sf.* pierre tombée
Aérostat,*sm.* ballon. [du ciel.
Affabilité, *sf.* bonté.
Affable, *a.* qui a de l'affabilité.
Affadissement, *sm.* effet d'
Affadir, *v.* rendre fade.
Affaiblir, *v.* rendre faible.
Affaiblissement,*sm.* faibless.
Affaire,*sf.*occupat., procès.
Affairé, *a.* accablé d'affaires.
Affaissement, *sm.* abaissem.

Affaisser, v. abaisser.
Affamer, v. causer la faim.
Affectation, sf. action d'
Affecter, v. faire ostentation.
Affectif, ve, a. qui émeut.
Affection, sf. action d'
Affectionner, v. aimer.
Affectueusement, ad. d'une manière affectueuse.
Affectueux, se, a. aimant.
Affermer, v. donner à ferme.
Affermissement, sm. act. d'
Affermir, v. rendre ferme.
Afféterie, sf manières recherchées. (voyez Affectation.)
Affiche, sf. placard public.
Afficher, v. poser des affiches.
Afficheur, sm. qui affiche.
Affidé, a. et s. à qui l'on se fie.
Affiler, v. donner le fil.
Affiliation, sf. esp. d'adopt.
Affilier, v. adopter, initier.
Affinage, sm. action d'
Affiner, v. rendre plus fin.
Affinité, sf. alliance.
Affirmatif, ve, a. qui affirme.
Affirmation, sf. assertion.
Afflictif, ve, a. peine corpor.
Affliction, sf. peine, déplaisir.
Affliger, v. causer de la peine.
Affluence, sf. foule, abond.
Affluent, sm. union de rivièr.
Affluer, v. arriver en foule.
Affoler, v. rendre passionné.
Affranchissement, sm. act. d'
Affranchir, v. met. en liberté.
Affréter, v. louer un vaisseau.
Affreusement, ad. d'une manière affreuse.
Affreux, se, a. effroyable.
Affriander, v. rendre friand.
Affront, sm. injure.
Affronter, v. braver, tromper
Affubler, v. vêtir, couvrir.
Affût, sm. t. milit. et de chasse.
Affûtage, sm. act. d' [guiser.
Affûter, v. met. sur l'affût, ai-
Afin, conj. qui marque le but.
Agacement, sm. irritation.
Agacer, v. provoquer, exciter.
Agapes, sf. pl. repas.
Agaric, sm. champignon.
Age, sm. période, durée.
Agé, a. avancé en âge.
Agence, sf. charge d'agent.
Agencer, v. disposer, ajust.
Agenda, sm. tablette.
Agenouiller, v. met. à genoux
Agenouilloir, sm. petit banc.
Agent, sm. qui agit, employé.
Agglomération, sf. réunion.
Agglomérer, v. assembler.
Agglutination, sf. réunion.
Agglutinatif, a. qui colle.

Agglutiner, v. réun. les chairs
Aggraver, v. rendre plus grief
Agile, a. léger, dispos.
Agilement, ad. avec agilité.
Agilité, sf. légèreté.
Agio, sm. intérêt d'argent.
Agiotage, sm. trafic usurair.
Agioter, v. faire l'agiotage.
Agioteur, euse, s. qui agiote.
Agir, v. être en action. [agite.
Agitateur, trice, s. et a. qui
Agitation, sf. ébranlement.
Agiter, v. ébranler troubler.
Agneau, sm. petit de brebis.
Agnelet, sm. petit agneau.
Agnus Dei, sm. agn. de cire.
Agonie, sf. lutte contre la mort.
Agoniser, v. être à l'agonie.
Agrafe, sf. petit crochet.
Agrafer, v. attacher. [terres
Agraire, a. qui a rapport aux
Agrandir, v. accroître.
Agrandissement, sm. accrois-
Agréable, a. qui plaît [sement.
Agréablement, ad. d'une manière agréable.
Agréer, v. trouver bon, plaire
Agrégation, sf. amas, associa-
Agrégé, sm. suppléant. [tion.
Agréger, v. associer, admet.
Agrément, sm. approbation.
Agrès, sm. pl. t. de marine.
Agresseur, sm. qui attaque.
Agression, sf. attaque.
Agreste, a. rustique, gross.
Agricole, a. des champs.
Agriculteur, sm. cultivateur.
Agriculture, sf. art de cultiv.
Agriffer, v. s'attacher.
Agripper, v. prendre. pop.
Agrouper, v. met. en groupe.
Aguerrir, v. accoutumer à.
Aguets, sm. pl. (êt. aux), épier.
Ah! interjection de joie, etc.
Aheurter, v. obstiner.
Ahi! ou Aïe! int. de douleur.
Aide, sf. secours, sm. qui aide.
Aider, v. assister.
Aïeul, e, s. gr.-père, gr.-mèr.
Aïeux, sm. pl. ancêtres.
Aigle, sm. oiseau. f. enseig.
Aigre, a. et sm. acide, rude.
Aigrelet, a. un peu aigre.
Aigrement, ad. avec aigreur.
Aigrette, sf. oiseau, panache.
Aigreur, sf. ce qui est aigre.
Aigrir, v. rendre aigre.
Aigu, ë, a. term. en pointe.
Aiguière, sf. vase à eau.
Aiguille, sf. pointe d'acier.
Aiguillée, sf. longueur de fil.
Aiguillon, sm. bâton, dard.
Aiguillonner, v. exciter.

Aiguisement, sm. (ui) acte d'.
Aiguiser, v. rendre aigu, exc.
Ail, pl. aulx, sm. oignon.
Aile, sf. ce qui sert à voler.
Ailé, a. qui a des ailes.
Ailleurs, ad. en un aut. lieu.
Aimable, a. dig. d'être aimé.
Aimant, sm. qui attire le fer.
Aimanter, v. frott. d'aimant.
Aimer, v. avoir de l'affection.
Aine, sf. joint de la cuisse.
Aîné, a. premier-né.
Aînesse, sf. priorité d'âge.
Ainsi, ad. de cette façon.
Air, sm. vent, apparence.
Airain, sm. cuivre mélangé.
Aire, sf. lieu où on bat le blé.
Airelle ou Mirtille, sf. arbris-
Ais, sm. palissade. [seau.
Aisance, sf. facilité, pl. latrin.
Aise, sf. état commode.
Aisé, a. facile, riche.
Aisément, ad. à l'aise.
Aisselle, sf. joint du bras.
Ajournement, sm. action d'
Ajourner, v. assigner, différer.
Ajouter, v. joindre à.
Ajustement, sm. parure.
Ajuster, v. rend. juste, parer.
Alaise, sf. V. Alèze.
Alambic, sm. vase à distiller.
Alambiquer, v. subtiliser.
Alarme, sf. signal de danger.
Alarmer, v. donner l'alarme.
Alarmiste, sm. qui alarme.
Albâtre, sm. sorte de marb.
Albigeois, sm. hérétique.
Album, sm. (om) tablettes.
Alcali ou Alkali, sm. sel chim.
Alcool, sm. esprit de vin pur.
Alcoran, sm. loi de Mahomet.
Alcôve, sf. enfoncement.
Aldérabam, sm. étoile fixe.
Alègre, a. dispos, agile, gai.
Alène, sf. poinçon de cordon.
Alentour, ad. aux environs.
Alerte, a. vigilant, sf. alarme
Alèze, sf. pet. drap. pet. planc.
Algèbre, sf. calcul par lettr.
Algébrique, a. de l'algèbre.
Algébriste, sm. qui sait l'alg.
Alidade, sf. règle mobile.
Aliénable, a. qu'on peut alién.
Aliénation, sf. vente, folie.
Aliéner, v. rendre fou, vend.
Alignement, sm. action d'
Aligner, v. rang. sur une lig.
Aliment, sm. nourriture.
Alimentaire, a. qui sert à
Alimenter, v. nourrir.
Aliquote, a. et sf. (partie.)
Aliter, (s'), v. garder le lit.
Allaiter, v. nour. de son lait.
Allécher, v. attir. par le plais.

Allée, *sf.* passage, promen.
Allées et venues, *sf.pl.* dém.
Allégation, *sf.* citations,rais.
Alléger, *v.* soulager.
Allégorie, *sf.* allusion.
Allégorique, *a.* tenant de l'allégorie. [rique.
Allégoriser, *v.*rendre allégo-
Allégresse, *sf.* joie éclatante.
Alléguer, *v.* citer un fait.
Alleluia, *sm. l.* chant d'égli.
Aller, *v.* marcher, se transp.
Alliage, *sm* union de métaux.
Alliance, *sf.* union.
Allié, *s.* confédéré.
Allier, mêler, unir, liguer.
Allocation, *sf.*actiond'allouer
Allocution, *sf.* harangue.
Allonge, *sf*pièce pour allong.
Allongement, *sm.* qui sert à
Allonger,*v.* rendre plus long.
Allouable, *a.* qu'on peut
Allouer, *v.* accorder.
Allumer, *v.* mettre le feu à.
Allumette, *sf.* bois soufré.
Allumeur, *sm.* qui allume.
Allure, *sf.* démarche.
Allusion, *sf.* (*ll*) rapport, *rhétorique.*
Almanach, *sm.* (*na*) calendr.
Aloès, *sm.* (*s*) plante.
Aloi, *sm.* titre des métaux.
Alors, *ad.* en ce temps-là.
Alouette, *sf.* oiseau.
Alourdir, *v* rendre lourd. *fam*
Aloyau, *sm.* pièce de bœuf.
Alpha (l') et l'oméga, *sm.* le commencement et la fin.
Alphabet, *sm* série de lettres.
Alphabétique, *a.* de l'alphab.
Altération, *sf.* act. d'altérer.
Altercation, *sf.* débat. [soif.
Altérer, *v.* changer, causer la
Alternatif, ve, *a.* tour à tour.
Alternativement, *ad.* l'un après l'autre, successiv.
Alterner, *v.* faire successiv.
Altesse, *sf.* titre d'honneur.
Altier, ère, *a.* fier, superbe.
Alumine, *sf.* argile pure.
Alun, *sm.* sulfate d'alumine.
Amabilité, *sf.* qualité aimab.
Amadis, *sm* bout de manche.
Amadou, *sm* mèche d'agaric.
Amadouer, *v.* flatter, *fam.*
Amaigrir, *v.* rendre maigre.
Amalgame, *sm.* action d'
Amalgamer, *v.*combin. unir.
Amande, *sf.* fruit de l'
Amandier, *sm.* arbre.
Amant, e, *s.* qui aime.
Amarre, *sf.* cordage. *mar.*
Amarrer, *v.* attacher, lier.
Amas, *sm.* assemblage.

Amasser, *v.* faire un amas.
Amateur, *s.* qui a du goût.
Amaurose,*sf.*goutte sereine.
Amazone, *sf.* femme guer.
Ambassade, *sf.* mission.
Ambassadeur, drice, *a.* env.
Ambigu, ë, *a.* à double sens.
Ambitieux, se, *a.* qui a de l'
Ambition,*sf.*désir immodér.
Ambitionner,*v.* rechercher.
Amblygone, *a.* à angl. obtus.
Ambulance, *sf.* hôpital milit.
Ambulant, *a.* qui va et vient.
Ame, *sf.* principe de la vie.
Amélioration, *sf.* action d'
Améliorer,*v.* rend. meilleur.
Amen (*èn*), ainsi soit-il, fin.
Amende,*sf.* peine pécuniaire
Amendement, *sm.* action d'
Amender,*v.*rendre meilleur.
Amener. *v.* mener, faire ven.
Aménité, *sf.* agrément.
Amenuiser, *v.* diminuer.
Amer, ère, *a.* rude, doulou-reux.
Amèrement,*ad.*av. douleur.
Amertume, *sf.* amer, afflict.
Ameublement,assor.de meu-
Ameuter, *v.* attrouper. [bles.
Ami,e,*s.*qui aime.*a.* propice.
Amiable,*a.*doux.A l'amiable, de gré à gré.
Amiablement, *ad.* à l'amiabl.
Amiante,*sm.* lin incombusti.
Amical,*a.* (sans *pl.m.*)d'ami.
Amicalement, *ad.*en ami.
Amict, *sm.* (*mi*) linge bénit.
Amidon, *sm.* pâte de farine.
Amidonnier,*sm.* fab. d'amid.
Amincir, *v.* rendre mince.
Amiral, *sm.* offic. de marine.
Amirauté, *sf.* charge d'amir.
Amissible, *a.* qu'on peut per.
Amitié,*sf.*affection,caresses.
Ammoniac, *sm.* sel, gomme.
Amnistie,*sf.* pardon général.
Amoindrir, *v.* rendre moind.
Amoindrissement, *sm.* dimi.
Amollir, *v.* rendre mou.
Amonceler, *v.* entasser.
Amorce, *sf.* appât, qui attire.
Amorcer,*v.*garnir d'amorce.
Amortir, *v.* affaiblir.
Amortissement,*sm.*.affaiblis.
Amour, *sm.* vif attachement.
Amoureusement,*ad.* av. am.
Amoureux, se, *s.* qui aime.
Amovible,*a.* sujet à changer.
Amphibie, *sm.* qui vit sur la terre et dans l'eau.
Amphibologie,*sf.* doub.sens.
Amphibologique, *a.* obscur.
Amphibologiquement, *ad.* à double sens.

Amphigouri, *sm.* discour sans ordre.
Amphigourique, *a.* obscur.
Amphithéâtre,*sm.*en gradin
Ample, *a.* étendu. [ample
Amplement, *ad.* d'une mani
Ampleur,*sf.*étendue d'étoffe
Ampliatif,ve,*a.* augmentatif
Ampliation, *sf.* double acte.
Amplification, *sf.* exagérati
Amplifier, *v.*exagérer. [zon
Amplitude, *sf.* arc de l'hori
Ampoule, *sf.* enflure.
Ampoulé, *a.* (style) enflé.
Amputation, *sf.* act. d'
Amputer,*v.* retrancher,*chir*
Amulette, *sm.* fausse relique.
Amusement, *sm.* divertiss.
Amuser,*v.* divertir,tromper.
Amusette, *sf.* petit amusem.
Amygdales, *sf. pl.* terme d'a-
An, *sm.* douze mois. [natom.
Anachorète, *sm.* ermite. [te.
Anachronisme,*sm.* fauss.da-
Anagramme, *sf.* transpositi.
Analogie,*sf.* rapport,ressem.
Analogique,*a.* qui a rapport.
Analogiquement, *ad.* par an.
Analyse, *sf.* décomposition.
Analyser, *v.* faire l'analyse.
Analytique, *a.* de l'analyse.
Analytiquement, *ad.* par an.
Analogue, *a.* qui a de l'analo-
Anarchie, *sf.* désordre. [gie.
Anarchique, *a.* de l'anarchie.
Anarchiste, *s.* perturbateur.
Anathématiser, *v.*excommu.
Anathème, *sm.* excommuni-
Anatomie,*sf.*dissection [cat.
Anatomique, *a.* d'anatomie.
Anatomiser, *v.* disséquer.
Anatomiste, *sm.* qui sait l'a-
Ancêtres,*sm.pl.*aïeux [nato.
Anchois, *sm.* petit poisson.
Ancien,ne, *a.* antéri. vieux.
Anciennement,*ad.* autrefois.
Ancienneté, *sf.* antiquité.
Ancre, *sf.* pièce de fer. *mar.*
Ancrer, *v.* jeter l'ancre, s'af-
Andain,*sm.*fauchée. [fermir.
Andouille, *sf.* boyau de porc rempli de chair.
Ane, *sm.* bête de somme.
Anéantir,*v.* réduire au néant.
Anéantissement,*sm.*destruc-
Anecdote,*sf.*historiet. [tion.
Anecdotique, *a.* d'anecdote.
Anée,*sf.* (à) charge d'un âne.
Anerie, *sf.* ignorance.
Anévrisme, *sm.* tumeur int.
Ange, *sm.* créature spiritu.
Angélique, *a.* d'ange, excell.
Angéliquement, *ad.* d'une manière angélique.

Angelus, *sm.* prière catholiq.
Angle, *sm.* rencont. de 2 lign.
Anglican, *a.* d'Angleterre.
Angoisse, *sf.* affliction. [poils.
Angora, *a.* (chat) à longs
Aguillade, *sf.* coup de fouet.
Anguille, *sf.* poisson.
Angulaire, *a.* à angles.
Anguleux, se, *a.* à angles.
Anicroche, *sf.* difficulté.
Anier, ère, *s.* conduct. d'ânes.
Animadversion, *sf.* malveill.
Animal, *sm.* être organisé.
Animalcule, *sm.* petit animal.
Animalité, *sf.* ce qui consti-
tue l'animal. [citer.
Animer, *v.* donner la vie, ex-
Animosité, *sf.* haine. [gécs.
Anis, *sm.* graine, sorte de dra-
Anisette, *sf.* liqueur d'anis.
Annal, *a.* qui dure un an.
Annales, *sf. pl.* histoi. par an.
Anneau, *sm.* cercle, bague.
Année, *sf.*, an, douze mois.
Anneler, *v.* arranger en ann.
Annelet, *sm.* petit anneau.
Annexe, *sf.* succursale.
Annexer, *v.* joindre, réunir.
Annihiler, *v.* anéantir.
Anniversaire, *a.* mémoire.
Annonce, *sf.* publication.
Annoncer, *v.* faire savoir.
Annonciation, *sf.* fête cathol.
Annuaire, *sm.* calendrier.
Annuel, le, *a.* d'un an.
Annuellement, *ad.* t. les ans.
Annuité, *sf.* rente annuelle.
Annulaire, *a.* d'anneau.
Annulation, *sf.* action d'
Annuler, *v.* rendre nul.
Anoblir, *v.* rendre noble.
Anoblissement, *sm.* act. d'a-
Anodin, *a.* calmant. [noblir.
Anomal, *pl.* aux, *a.* irréguli.
Anomalie, *sf.* irrégularité.
Anon, *sm.* petit de l'ânesse.
Anonner, *v.* parl., lire en hési.
Anonyme, *sm.* et *a.* sans nom
Anse, *sf* arc d'un vase, p. golf.
Anspessade, *sm* sous-officier.
Antagoniste, *sm.* adversaire.
Antarctique, *a* (pôle) du midi
Antécédent, *sm.* et *a.* précéd.
Antechrist, *sm* (cri) séduct.
Antédiluvien, ne, *a.* qui a
précédé le déluge.
Antérieur, *a.* qui précède.
Antérieurement, *ad.* précé-
demment. [d'hommes.
Anthropophage, *sm* mangeur
Anti, *prép.* opposition, avant
Antichambre, *sf* pièce avant.
Anticipation, *sf.* action d'
Anticiper, *v* devancer, usurp,

Antidate, *sf.* date antérieure.
Antidater, *v.* dater plus tôt.
Antidote, *sm* contre-poison.
Antienne, *sf.* (ti) verset.
Antilope, *sf.* gazelle.
Antimoine, *sm.* métal.
Antipape, *sm.* faux pape.
Antipathie, *sf* (tie) aversion.
Antipathique, *a.* contraire.
Antiphonaire, *sm. ou* [nes.
Antiphonier, *sm* liv. d'antien-
Antiphrase, *sf* contre-vérité
Antipodes, *sm. pl.* opposés.
Antiquaille, *sf.* chose vieille.
Antiquaire, *sm.* qui aime
les antiquités.
Antique, *a.* fort ancien.
Antiquité, *sf.* ancienneté.
Antiscorbutique, *a.* contre
le scorbut.
Antithèse, *sf.* opposition.
Antre, *sm.* caverne. [la nuit.
Annuiter (s') *v.* êt. surpris par
Anus, *sm.* orifice du rectum.
Anxiété, *sf.* tourment d'esp.
Août, *sm.* (ou) 8e mois.
Apaiser, *v.* calmer, adoucir.
Apanage, *sm.* ce qui revient.
Apathie, *sf.* (tie). indolence.
Apathique, *a.* indolent.
Apercevable, *a.* qu'on voit.
Apercevoir, *v.* découvrir.
Aperçu, *sm.* première vue.
Apéritif, ve, *a* qui excite l'ap.
Apetissement, *sm*, diminut.
Apetisser, *v.* rend. plus pet.
Aphonie, *sf.* extinct. de voix.
Aphorisme, *sm.* maxime con-
cise.
Aphthe, *sm.* ulcèr. à la bouch.
Apitoyer, *v.* affecter de pitié.
Aplanir, *v.* rendre uni.
Aplanissement, *sm.* act. d'
Aplatir, *v.* rendre plat.
Aplatissement, *sm.* actiond's-
platir. [à l'horizon.
Aplomb, *sm.* perpendiculaire
Apocalypse, *sf.* révélation.
Apocryphe, *a.* suspect.
Apogée, *sm.* la plus gr. dis-
tance d'un astre à la terre.
Apologie, *sf.* éloge, justificat.
Apologiste, *sm.* quifait l'apol.
Apologue, *sm.* fable morale.
Apophthegme, *sm.* maxime.
Apoplexie, *sf.* mal violent.
Apostasie, *sf.* action d' [gion.
Apostasier, *v.* quitter sa reli-
Apostat, *a.* et *sm.* qui a apost.
Apostème. *V.* Apostume.
Aposter, *v.* met. dans un poste.
Apostille, *sf.* note favorable.
Apostiller, *v.* recommander.
Apostolat, *sm.* minist. d'apô.

Apostolique, *a.* de l'apôtre.
Apostoliquement, *a.* en apôt.
Apostrophe, *sf.* réprimande,
marque d'élision.
Apostropher, *v.* réprimander.
Apostume, *sm.* abcès.
Apothéose, *sf.* déification.
Apothicaire, *sm.* pharmacien.
Apôtre, *sm.* disciple de J.-C.
Apparaître, *v.* deven. visible.
Apparat, *sm.* éclat.
Appareil, *sm.* apprêt.
Appareiller, *v.* assortir.
Appareilleur, *sm.* celui qui
trace la coupe des pierres.
Apparemment, *ad.* probabl.
Apparence, *sf.* extérieur.
Apparent, *a.* visible.
Apparenter, *v.* allier.
Apparier, *v.* unir par paires.
Apparition, *sf.* manifestation.
Appartement, *sm.* logement.
Appartenance, *sf.* dépendanc.
Appartenir, *v.* êt. à quelqu'un.
Appas, *sm. pl.* charmes.
Appât, *sm.* ce qui attire. [pât.
Appâter, *v.* attirer avec l'ap-
Appauvrir, *v.* rendre pauvre.
Appauvrissement, *sm.* indig.
Appel, *sm* recours, défi.
Appeler, *v.* nommer, crier.
Appellation, *sf.* act. d'appel.
Appendice, *sm.* supplément.
Appentis, *sm.* toit contre un
mur.
Appesantir, *v.* rendre pesant.
Appesantissement, *sm.* pesan-
Appétit, *sm.* désir, faim. [teur.
Applaudir, *v.* approuver.
Applaudissement, *sm.* appro-
bation. [pliquer.
Applicable, *a.* qui doit s'ap-
Application, *sf.* action d'
Appliquer, *v.* mettre sur.
Appoint, *sm.* complément.
Appointement, *sm.* salaire.
Appointer, *v.* régler en justic-
Apporter, *v.* porter, transpor-
Apposer, *v.* appliquer. [ter.
Apposition, act. d'apposer.
Appréciable, *a.* qu'on évalue.
Appréciateur, *sm* qui appréc.
Appréciatif, ve, *a.* qui mar-
que l'.
Appréciation, *sf.* estimation.
Apprécier, *v.* évaluer, estim.
Appréhender, *v.* craindre.
Appréhensif, ve, *a.* timide.
Appréhension, *sf.* crainte, id.
Apprendre, *v.* s'instruire. [ée.
Apprenti, ie, *s.* qui apprend.
Apprentissage, *sm.* état d'ap.
Apprêt, *sm.* action d' [sonner.
Apprêter, *v.* préparer, assai-

Apprêteur, sm. qui apprête.
Apprivoisement, sm. act.d'
Apprivoiser, v. rendre doux.
Approbateur, trice, s. qui approuve. [ment.
Approbation, sf. consente-
Approchant, a. qui a du rap-port: prép. environ.
Approche, sf. action d'
Approcher,v. avancer,venir.
Approfondir, v. creuser.
Appropriation, sf. act. de s'
Approprier, v. s'emparer.
Approuver, v. consentir.
Approvisionnement, sm. ac-tion d'
Approvisionner, v. fournir.
Approximatif,ve,a.àpeuprès
Approximation, sf. environ.
Approximer, v. être voisin.
Appui, sm.soutien, support.
Appuyer, v. soutenir, aider.
Apre, a. rude au goût, avide.
Aprement, ad. avec âpreté.
Après, ad. et prép. ensuite.
Apreté, sf. ce qui est âpre.
Apte, a. propre à [pacité.
Aptitude, sf. disposition, ca-
Apurement, sm. action. d'
Apurer, v. régler un compte.
Aquatique, a. marécageu-
Aqueduc, sm.espèce décanal.
Aqueux, se, a. de l'eau. [gle.
Aquilin, a. [nez] en bec d'ai-
Aquilon, sm. vent du nord.
Ara,sm. espèce de perroquet.
Arabesque, sm. ornement.
Arabique, a. (gomme) d'Ara-bie.
Arable, a. labourable.
Araignée, sf. insecte.
Arasement, sm. act.
Araser, v. mettre de niveau.
Aratoire, a. d'agriculture.
Arbalète, sm. arme de trait.
Arbitrage, sm. jugem. d'arb.
Arbitraire, a. absolu.
Arbitrairement, ad. d'une manière arbitraire.
Arbitre, a. d'arbitre.
Arbitre, sm. juge choisi.
Arbitrer, v. juger.
Arborer, v. planter un dra-
Arbourgeon, au-dessus de l'œil.
Arbre, sm. végétal. [peau.
Arbrisseau, sm. petit arbre.
Arbuste,sm. petit arbrisseau
Arc, sm. cintre, courbe.
Arcade, sf. ouverture en arc.
Arc-boutant, sm. pilier de
Arc-bouter, v.appuyer[voût.
Arceau, sm. arc d'une voûte.
Arc-en-ciel, sm. météore.

Archange, sm. ange supér.
Arche,sf.coffre,voût.depont.
Archer, sm. soldat de police armé d'un arc.
Archet, sm. petit arc de crin.
Archevêché, sm. juridict. d'
Archevêque, sm.évêque sup.
Archidiacre,sm.ecclésiastiq.
Archiduc,—chesse, s. titre.
Archiépiscopal,sm. (ki) d'ar-chevêque. [té d'archev.
Archiépiscopat,sm(ki)digni-
Archipel, sm.mer semée d'îl.
Archiprêtre, sm. prem.curé.
Architecte, sm. qui bâtit.
Architecture, sf. art de bâtir.
Architrave, sf. partie del'en-tablement.
Architriclin, sm. cuisinier.
Archives, sf.pl.anciens titres
Archiviste,sm.garde des arc.
Archivolte,sf.bandeau d'arc.
Archonte,sm.magistratgrec.
Arçon, sm. partie de la selle.
Arctique, a. (pôle) du nord.
Ardemment,ad.avecardeur.
Ardent, a. en feu, violent.
Ardeur,sf. activité, courage.
Ardillon,sm.pointe de boucl.
Ardoise, sf. pierre feuilletée.
Ardu,a. escarpé,difficile.
Are, sm. nouv. mes. agraire.
Arène,sf.sable, amphithéât.
Aréole, sf. petit aire, cercle.
Aréomètre,sm.pèse-liqueur.
Arête,sf.os de poisson,angle.
Argent, sm. métal, monnaie.
Argenter, v. couvrir d'arg.
Argenterie, sf.vaisselle d'ar.
Argentin,a.qui tient de l'arg.
Argentine,sf.plante,poisson.
Argenture, sf. argent appliq.
Argile, sf. terre glaise.
Argileux, se, a. d'argile.
Argot, sm. jargon des filous.
Argoter,v. couper les argots.
Argousin, sm.garde des for-
Arguer, v. reprendre. [çats.
Argument, sm. raisonnem.
Argumenter,v.faire un argu-
Argus, sm. espion. [ment.
Argutie, sf. subtilité.
Arianisme,sm.secte d'Arius.
Aride, a. sec, stérile.
Aridité, sf. sécheresse.
Arien, sm. sectaire d'Arius.
Ariette, sf. air léger.
Aristarque, sm. critique.
Aristocrate,sm.partisan de l'
Aristocratie, sf. gouverne-ment des grands.
Aristocratique,a.d'aristocra.
Arithméticien,sm. qui sait l'
Arithmétique, art du calcul.

Arithmétiquement, ad.selon l'arithmétique.
Arlequin, sm. bateleur.
Arlequinade, sf. bouffonner.
Arme,sf.instrument pour at-taquer ou se défendre.
Armée,sf.tr.sous un général.
Armement, sm. appareil de guerre, de marine. [pes.
Armer, v. équiper des trou-
Armillaire, a. sphère.
Armistice, sm. suspension d'armes.
Armoire, sf. meuble.
Armoiries, sf. pl. attributs de noblesse.
Armure,sf.armesdéfensives.
Armurier, sm.qui fait des ar.
Aromate, sm. drogue odorif.
Aromatique, a. d'aromate.
Aromatiser, v. mêler des aro.
Arpent, sm. mesure agraire.
Arpentage, sm. action d'
Arpenter, v. mes. les terres.
Arpenteur, sm. qui arpente.
Arquebuse,sf.anc.arm.à feu.
Arquebusier, sm. armurier.
Arquer, v. courber en arc.
Arracher, v. ôter de force.
Arrangement, sm. ordre.
Arranger, v. mettre en ordr.
Arrérages, sm. pl. revenus arriérés.
Arrestation, sf.act.d'arrêter.
Arrêt, sm. jugement,saisie.
Arrêté, sm. résolution.
Arrête-bœuf, sm. plante.
Arrêter, v. retenir, fixer.
Arrhes,sf.pl.gagesd'un mar-
Arrière, sm. derrière. [ché.
Arriéré,sm.différé,en retard.
Arrière-boutique,sf.2e bout.
Arrière-cour, sf. 2e cour.
Arrière-garde,sf.suited'arm.
Arrière-pensée, sf.vue secrè.
Arriérer,v.différer un paiem.
Arrivage, sf. arrivée au port.
Arrivée, sf. action d'
Arriver, v. survenir.
Arrogamment,ad. avec hau-
Arrogance, sf. fierté. [teur.
Arrogant, a. et s. hautain.
Arroger, (s') v. s'attribuer.
Arrondir, v. rendre rond.
Arrondissement, sm.portion d'un pays.
Arrosement, sm. action d'
Arroser,v.humecter. [roser.
Arrosoir, sm. vase pour ar-
Arsenal, sm. magasin d'arm.
Arsenic, sm. métal, poison.
Art, sm. science, méthode.
Artère, sf. canal du sang.
Artichaut, sm. légume.

Article, *sm.* partie du discours, point de croyance.
Articulaire, *a.* des jointures.
Articulation, *sf.* jointu., act. d'
Articuler, *v.* déduire par articles, prononcer.
Artifice, *sm.* art, ruse. [art.
Artificiel, le, *a.* qui se fait par
Artificiellement, *ad.* avec art.
Artificier, *s.* qui fait des feux d'artifice. [tifice.
Artificieux, se, *a.* plein d'ar-
Artillerie, *sf.* canons, morti.
Artilleur, *sm.* soldat d'artille.
Artimon, *sm.* mât de poupe.
Artisan, *sm.* ouvrier. [bois.
Artison, *sm.* ver qui perce le
Artiste, *s.* qui professe un art.
Artistement, *ad.* avec art.
Ascendant, *a.* qui monte. [ter.
Ascension, *sf.* action de mon-
Ascétique, *a.* de la vie spirit.
Asile, *sm.* refuge, protection.
Aspect, *sm.* vue d'un objet.
Asperge, *sf.* légume.
Asperger, *v.* arroser.
Aspergès, *sm.* (s) goupillon.
Aspérité, *sf.* rudesse.
Aspersion, *sf.* action d'asper.
Aspersoir, *sm.* goupillon.
Asphyxie, *sf.* étouffement.
Asphyxié, *a.s.* frappé d'asphy.
Aspic, *sm.* serpent venim.
Aspiration, *sf.* action d'
Aspirer, *v.* attirer, désirer.
Assaillant, *sm.* qui attaque.
Assaillir, *v.* attaquer.
Assaisonnement, *sm.* act. d'
Assaisonner, *v.* apprêter.
Assassin, *sm.* et *a.* meurtrier.
Assassinat, *sm.* act. d' [apens.
Assassiner, *v.* tuer de guet-
Assaut, *sm.* attaque.
Assemblage, *sm.* réun. de cho.
Assemblée, *sf.* réun. de pers.
Assembler, *v.* réunir.
Assembleur, *sm.* qui assemb.
Asséner, *v.* porter un coup.
Assentiment, *sm.* consentem.
Assentir, *v.* consentir.
Asseoir, *v.* mettre sur un siég.
Assermenter, *v.* obliger par serment.
Assertion, *sf.* affirmation.
Asservir, *v.* assujettir.
Asservissement, *sm.* sujéti.
Assesseur, *sm.* adjoint.
Assez, *ad.* autant qu'il faut.
Assidu, *v.* exact.
Assiduité, *sf.* exactitude.
Assidûment, *ad.* avec assidui.
Assiégeant, *a.* qui assiége.
Assiéger, *v.* faire un siége.
Assiette, *sf.* vaisselle, situat.

Assiettée, *sf.* plein l'assiette.
Assignable, *a.* qu'on peut assigner.
Assignat, *sm.* papier monnaie.
Assignation, *sf.* action d'
Assigner, *v.* indiquer, appel.
Assimilation, *sf.* action d'
Assimiler, *v.* rendre semblab.
Assise, *sf.* base, *pl.* séance.
Assistance, *sf.* présence, aide.
Assistant, *a.* et *s.* qui assiste.
Assister, *v.* aider, être présent.
Association, *sf.* union de pers.
Associé, *sm.* en société.
Associer, *v.* unir, adjoindre.
Assolement, *sm.* act. d'
Assoler, *v.* alterner les cult.
Assommer, *v.* tuer.
Assommoir, *sm.* bâton, mass.
Assomption, *sf.* enlèvement.
Assortiment, *sm.* assemblag.
Assortir, *v.* réunir, fournir.
Assortissant, *a.* qui assortit.
Assoupir, *v.* endormir.
Assoupissement, *sm.* somm.
Assouplir, *n.* rendre souple.
Assourdir, *v.* rendre sourd.
Assouvir, *v.* rassasier.
Assouvissement, *sm.* action d'assouvir.
Assujettir, *v.* soumettre.
Assujettissant, *a.* qui astreint.
Assujettissement, *sm.* sujét.
Assurance, *sf.* certitude.
Assurément, *ad.* certainem.
Assurer, *v.* affermir, garantir, affirmer.
Assureur, *sm.* qui garantit.
Astérisque, *sm.* étoile de renv.
Astragale, *sm.* moulure, os.
Astral, *a.* des astres.
Astre, *sm.* corps céleste.
Astreindre, *v.* assujettir.
Astringent, *a.* et *s.* qui resser.
Astrologie, *sf.* art des astres.
Astrologique, *a.* de l'astrol.
Astrologue, *sm.* qui pratique l'astrologie.
Astronome, *sm.* qui sait l'
Astronomie, *sf.* étude des ast.
Astronomique, *a.* d'astron.
Astuce, *sf.* finesse, ruse.
Astucieusement, *ad.* par ruse.
Astucieux, se, *a.* fin, rusé.
Atelier, *sm.* lieu de travail.
Athée, *sm.* et *a.* qui nie Dieu.
Athéisme, *sm.* opinion d'ath.
Athénée, *sm.* où l'on enseig.
Athlète, *sm.* lutteur.
Atlas, *sm.* recueil de cartes.
Atmosphère, *sf.* cercle de l'air.
Atome, *sm.* corpuscule.
Atonie, *sf.* faiblesse.
Atour, *sm.* parure.

Atrabilaire, *a.* et *s.* triste.
Atroce, *a.* féroce.
Atrocité, *sf.* férocité.
Attache, *sf.* lien.
Attachement, *sm.* affection.
Attacher, *v.* lier, joindre.
Attaque, *sf.* action d'
Attaquer, *v.* assaillir.
Atteindre, *v.* parvenir.
Atteinte, *sf.* coup, attaque.
Attelage, *sm.* bêtes attelées
Atteler, *v.* attacher.
Attenant, *a.* tout proche.
Attendre, *v.* être dans l'attent.
Attendrir, *v.* rendre tendre.
Attendrissement, *sm.* sentiment de compassion.
Attendu, *conj.* vu. [minelle.
Attentat, *sm.* entreprise cri-
Attente, *sf.* act. d'attendre.
Attenter, *v.* commettre un at-
Attentif, ve, *a.* qui a de l' [ten.
Attention, *sf.* application.
Attentivement, *ad.* avec att.
Atténuation, *sf.* affaiblissem.
Atténuer, *v.* affaiblir.
Atterrer, *v. a.* abattre.
Attestation, *sf.* certificat.
Attester, *v.* certifier.
Attiédir, *v.* rendre tiède.
Attiédissement, *sm.* tiédeur.
Attirail, *pl.* ails, *sm.* atour.
Attirer, *v.* tirer à soi.
Attiser, *v.* allumer, exciter.
Attiseur, *sm.* qui attise.
Attitrer, *v.* donner un titre.
Attitude, *sm.* posture.
Attouchement, *sm.* action de toucher.
Attractif, ve, *a.* qui attire.
Attraction, *sf.* act. d'attirer.
Attrait, *sm.* ce qui attire.
Attrape, *sf.* tromperie. *fa.*
Attraper, *v.* tromper.
Attrapette, *sf.* tromperie lég.
Attrayant, *a.* qui plaît.
Attribuer, *v.* imputer.
Attribut, *sm.* ce qui convient.
Attributif, *a.* qui attribue.
Attribution, *sf.* charge.
Attrister, *v.* affliger.
Attrition, *sf.* regret. [blement.
Attroupement, *sm.* rassem-
Attrouper, *v.* rassembler.
Au, Aux, *art.* à le, à les.
Aubade, *sf.* sérénade.
Aubaine, *sf.* succession.
Aube, *sf.* matin.
Aubépine, *sf.* arbrisseau.
Auberge, *sf.* lieu où l'on loge.
Aubergiste, *s.* qui tient auber.
Aubier, *sm.* bois tendre.
Aucun, e, *a.* nul.
Aucunement, *ad.* nullement.

Audace, *sf.* hardiesse extrêm.
Audacieusement, *ad.* avec in-
　solence.
Audacieux, se. *a.* hardi.
Audience, *sf.* réception.
Auditeur, *sm.* qui écoute.
Audition, *sf.* act. d'entendre.
Auditoire, *sm.* auditeurs.
Auge, *sf.* pierre creusée.
Augée, *sf.* plein une auge.
Augmentatif, ve, *a.* qui augm.
Augmentation, *sf.* accroisse.
Augmenter, *v.* accroître.
Augure, *sm.* présage.
Augurer, *v.* présager.
Auguste, *a.* grand, imposant.
Aujourd'hui, *ad.* ce jour.
Aumône, *sf.* don aux pauvres.
Aumônier, *a.* chapelain.
Aumusse, *sf.* fourrure.
Aunage, *sm.* mesurage à l'
Aune, *sf.* mesure, *m.* arbre.
Auner, *v.* mesurer à l'aune.
Auparavant, *ad.* avant tout.
Auprès, *ad.* tout contre.
Auréole, *sf.* cercle lumineux.
Auriculaire, *a.* de l'oreille.
Aurore, *sf.* lumière.
Auspice, *sm.* présage, protect.
Aussi, *ad.* de même.
Aussitôt. *ad.* dans le moment.
Austère, *a.* rigoureux, âpre.
Austèrement, *ad.* avec
Austérité, *sf.* rigueur. [midi.
Austral, *a.* (sans pl. m.) du
Autant, *ad.* marque l'égalité.
Autel, *sm.* table sacrée.
Auteur, *s.* et *a.* inventeur.
Authenticité, *sf.* preuves.
Authentique, *a.* incontestab.
Authentiquement, *ad.* d'une
　manière authentique.
Automate, *sm.* machine.
Automatique, *a.* d'automate.
Automne, *sm.* 3e saison.
Autorisation, *sf.* pouvoir.
Autoriser, *v.* permettre.
Autorité, *sf.* puissance.
Autour, *ad.* aux environs.
Autre, *pr.* et *a.* qui marque
　distinctement.
Autrefois, *ad.* anciennement.
Autrement, *ad.* d'une autre
Autrepart, *ad.* ailleurs. [man.
Autruche, *sf.* grand oiseau.
Autrui, *sm.* sans pl. les autres.
Auvent, *sm.* toit en saillie.
Auxiliaire, *a.* qui aide.
Avalanche, *sf.* masse de neige.
Avaler, *v.* introduire dans le
　gosier.
Avaleur, euse, *s.* glouton.
Avaloire, *sf.* grand gosier.
Avance, *sf.* anticipation.

Avancement, *sm.* progrès.
Avancer, *v.* aller en avant.
Avanie, *sf.* affront. [priorité.
Avant, *ad.* et *prép.* marq. de
Avantage, *sm.* profit.
Avantager, *v.* favoriser. [avan.
Avantageusement, *ad.* avec
Avantageux, se, *a.* profitable.
Avant-bras, *sm.* partie du bras
　du poignet au coude.
Avant-corps, *sm.* saillie.
Avant-cour, *sf.* premièr. cour.
Avant-coureur, *sm.* qui préc.
Avant-dernier, *a.* avant le
　dernier.
Avant-garde, *sf.* garde qui
　précède un corps d'armée.
Avant-hier, *ad.* le jour qui a
　précédé celui d'hier.
Avant-propos, *sm.* préface.
Avant-quart, *sm.* coup avant
　l'heure.
Avant-train, *sm.* roues de dev.
Avant-veille, *sf.* la surveille.
Avare, *a.* et *s.* qui aime l'arg.
Avarice, *sf.* vice de l'avare.
Avaricieux, se, *a.* avare.
Avarie, *sf.* dommage sur mer.
Avarié, *a.* gâté en voyage.
Avec, *prép.* ensemble.
Avénement, *sm.* venue.
Avenir, *sm.* le temps à venir.
Avenir, *v.* arriver.
Avent, *sm.* temps avant Noël.
Aventure, *sf.* événement.
Aventurer, *v.* hasarder.
Aventurier, *s.* intrigant.
Avenue, *sf.* allée d'arbres.
Avérer, *v.* vérifier.
Averse, *sf.* pluie abondante.
Aversion, *sf.* haine.
Avertir, *v.* donner avis.
Avertissement, *sm.* avis.
Aveu, *sm.* action d'avouer.
Aveugle, *a.* et *s.* privé de la v.
Aveuglement, *sm.* cécité.
Aveuglément, *ad.* en aveugle.
Aveugler, *v.* rendre aveugle.
Aveuglette (à l'), loc. adv., à
Avide, *a.* intéressé. [tâtons.
Avidement, *ad.* avec avidité.
Avidité, *sf.* désir ardent.
Avilir, *v.* rendre vil.
Avilissement, *sm.* état d'un
Avis, *sm.* opinion. [être avili.
Avisé, *a.* prudent.
Aviser, *v.* trouver moyen.
Avitailler, *v.* mettre des vivr.
Avocat, *s.* défenseur en just.
Avoine, *sf.* grain.
Avoir, *v.* posséder.
Avoisiner, *v.* être voisin.
Avoué, *s.* protecteur.
Avouer, *v.* confesser.

Avril, *sm.* 4e mois de l'année.
Axe, *sm.* ligne.
Axonge, *sf.* graisse molle.
Axiome, *sm.* maxime.
Azime, *a.* et *m.* pain sans le-
　vain.
Azote, *sm.* sorte de gaz.
Azur, *sm.* couleur bleue.
Azurer, *v.* mettre de l'azur.

B

B. *sm.* consonne.
Babel (la tour de), *sf.* confus.
Babil, *sm.* caquet.
Babillard, *a.* et *s.* qui babille.
Babiller, *v.* caqueter, causer.
Babine, *sf.* lèvre d'animaux.
Babiole, *sf.* jouet, bagatelle.
Bac, *sm.* grand bateau plat.
Baccalauréat, *sm.* degré.
Bacchanale, *sf.* débauche,
Bâcler, *v.* expédier. [bruit.
Badaud, *a.* et *s.* niais.
Badauder, *v.* niaiser.
Badigeon, *sm.* couleur jaunât.
Badigeonner, *v.* peindre.
Badin, *a.* et *s.* folâtre.
Badinage, *sm.* act. de badiner.
Badine, *sf.* baguette.
Badiner, *v.* plaisanter
Badinerie, *sf.* bagatelle.
Bafouer, *v.* traiter avec mépr.
Bâfrer, *v.* manger goulûment.
Bagage, *sm.* équipage.
Bagarre, *sf.* tumulte.
Bagatelle, *sf.* chose frivole.
Bagne, *sm.* prison des forçats.
Bague, *sf.* anneau de métal.
Baguenauder, *v.* niaiser.
Baguette, *sf.* verge, moulure.
Baie, *sf.* petit golfe.
Baigner, *v.* mettre dans l'eau.
Baignoire, *sf.* cuve pour le
　bain. [de louage.
Bail, *sm.* pl. *baux*, contrat
Bâillement, *sm.* act. de
Bâiller, *v.* ouvrir la bouche.
Bâillon, *sm.* inst. pour tenir
　la bouche ouverte.
Bâillonner, *v.* mettre un bâil-
　lon, imposer silence.
Bain, *sm.* lieu où on se baign.
Baïonnette, *sf.* arme.
Baiser, *v.* embrasser.
Baisse, *sf.* déchet, diminuti.
Baisser, *v.* deven. bas, s'affaib.
Baisure, *sf.* croûte du pain.
Bal, au pl. bals, *sm.* danses.
Baladin, *sm.* bouffon, farceur.
Balafre, *sf.* cicatrice au visage
Balafrer, *v.* faire des balafres.
Balai, *sm.* inst. pour nettoyer.

Balance, *sf.* instr. pour peser.
Balancement, *sm.* act. de
Balancer, *v.* tenir en équilibr.
Balancier, *sm.* pendule.
Balayer, *v.* nettoyer.
Balayeur, euse, *s.* qui balaie.
Balayures, *sf.* pl. ordures.
Balbutiement, *sm.* act. de
Balbutier, *v.* mal prononcer.
Balcon, *sm.* saillie d'une fe-
Baldaquin, *sm.* dais. [nêtre.
Baleine, *sf.* cétacé, ses fanons.
Baliverne, *sf.* sornette. *fam.*
Baliverner, *v.* dire des baliver.
Balle, *sf.* petite boule, caisse.
Ballon, *sm.* vessie enflée d'air
Ballonnier, *sm.* faiseur de bal-
   lons.   [chandises.
Ballot, *sm.* paquet de mar-
Ballotin, *sm.* petit ballot.
Ballottage, *sm.* act. de
Ballotter, *v.* discuter, remuer.
Balourd, e, *a.* grossier.
Balourdise, *sf.* sottise.
Balsamine, *sf.* plante. [lustres.
Balustrade, *sf.* réunion de ba-
Balustre, *sm.* pilier façonné.
Balustrer, *v.* orner de balustr.
Bambin, *sm.* enfant. *fam.*
Bamboche, *sf.* marionnette.
Bambou, *sm.* roseau des Ind.
Ban, *sm.* publication, exil.
Banal, *pl.* aux, *a.* trivial.
Banc, *sm.* long siège.
Bancal, *pl.* als, *s.* et *a.* boiteux.
Bandage, *sm.* lien. [dages.
Bandagiste, *sm.* fais. de ban-
Bande, *sf.* lien plat et large.
Bandeau, *sm.* bande sur le fr.
Bandelette, *sf.* petite bande.
Bander, *v.* tendre, lier.
Banderole, *sf.* esp. d'étend.
Bandit, *sm.* vagabond.
Bandoulière, *sf.* band. de cuir.
Banlieue, *sf.* environs.
Banne, *sf.* toile.
Bannière, *sf.* étendard.
Bannir, *v.* exiler, chasser.
Bannissement, *sm.* exil.
Banque, *sf.* commerce d'arg.
Banqueroute, *sf.* faillite.
Banqueroutier, ère. *s.* qui fait
   banqueroute.
Banquet, *sm.* festin.
Banquette, *sf.* banc rembour.
Banquier, *sm.* qui fait la banq.
Baptême, *sm.* le prem. sa-
   crement.
Baptiser, *v.* donn. le baptême.
Baptismal, *pl.* aux, *a.* de bapt.
Baptistaire, *sm.* acte de bapt.
Baquet, *sm.* pet. cuv. de bois.
Baragouin, *sm.* mauv. langag.
Baragouiner, *v.* parler mal.

Baraque, *sf.* hutte.   [beurre.
Baratte, *sf.* baril où l'on bat le
Baratter, *v.* battre du lait.
Barbare, *s.* et *a.* cruel.
Barbarie, *sf.* cruauté.
Barbarisme, *sm.* faute de lang.
Barbe, *sf.* poils du visage.
Barbeau, *sm.* poisson, fleur.
Barbet, *sm.* chien.
Barbier, *sm.* qui fait la barbe.
Barbifier, *v.* raser la barbe.
Barboter, *v.* fouiller, marcher
   dans la boue.
Barbouillage, *sm.* mauvaise
   peinture.
Barbouiller, *v.* peindre mal.
Barbouilleur, euse, *s.* qui
   barbouille, mauv. peintre.
Barbu, *a.* qui a de la barbe.
Bardatte, *sf.* plante.
Barde, *sf.* tranche de lard.
Baril, *sm.* petit tonneau.
Bariolage, *sm.* action de
Barioler, *v.* varier les couleu.
Baromètre, *sm.* inst. à peser
   l'air.
Baron, ne, *s.* tit. de noblesse.
Baronnie, *sf.* terre d'un baron.
Baroque, *a.* informe, bizarre.
Barque, *sf.* petit navire.
Barre, *sf.* pièce de bois, de fer.
Barreau, *sm.* sorte de barre.
Barrer, *v.* fermer, raturer.
Barrette, *sf.* bonnet de cardin.
Barricade, *sf.* retranchement.
Barricader, *v.* faire des bar-
Barrière, *sf.* clôture. [ricades.
Barrique, *sf.* gros tonneau.
Bas, se, *a.* peu élevé.
Basane, *sf.* peau de mouton.
Basané, *a.* (teint) noirâtre.
Bascule, *sf.* balancier.
Base, *sf.* soutien, principe.
Baser, *v.* fonder.
Basilic, *sm.* plante, serpent.
Basilique, *sf.* grande église.
Basin, *sm.* toile de coton.
Basque, *sf.* pan de vêtement.
Bas-relief, *sm.* sculpture.
Basse ou basse-contre, *sf.* in-
   strum. de musique. [laille.
Basse-cour, *sf.* cour de la vo-
Basse-lice, *sf.* esp. de tapisser.
Bassement, *ad.* avec bassesse.
Bassesse, *sf.* lâcheté.
Basset, *sm.* sorte de chien.
Bassin, *sm.* vase plat, pièce
   d'eau.
Bassine, *sf.* grand bassin.
Bassiner, *v.* chauffer. [feu.
Bassinet, *sm.* partie d'arme à
Bassinoire, *sf.* inst. pour bassi-
Basson, *sm.* instr. à vent. [ner.
Bastille, *sf.* château fort.

Bastion, *sm.* fortification.
Bastonnade, *sf.* coups de bât.
Bastringue, *sm.* bal de guing.
Bas-ventre, *sm.* partie infér.
   du ventre.   [somme.
Bât, *sm.* selle de bêtes de
Bataille, *sf.* combat général.
Batailler, *v.* combattre.
Bataillon, *sm.* troupes d'in-
   fanterie.
Bâtard, *a.* et *s.* illégitime.
Bateau, *sm.* barque de rivièr.
Batelée, *sf.* charge d'un bat.
Batelet, *sm.* petit bateau.
Bateleur, *sm.* faiseur de tours.
Batelier, ère, *s.* qui conduit
   un bateau.
Bâter, *v.* mettre un bât.
Bâti, *sm.* cout. à longs points.
Bâtiment, *sm.* édifice, navire.
Bâtir, *v.* construire, établir.
Bâtisse, *sf.* maçonnerie.
Bâtisseur, *sm.* qui bâtit.
Batiste, *sf.* toile très-fine.
Bâton, *sm.* morceau de bois
   long.
Bâtonner, *v.* donner des coups
   de bâton, rayer.
Bâtonnet, *sm.* petit bâton.
Battant, *sm.* marteau de
   cloche.
Batte, *sf.* sorte de maillet.
Battement, *sm.* act. de battre.
Batterie, *sf.* querelle avec
   coups.
Battoir, *sm.* palette pour frap.
Battre, *v.* frapper.
Battu, *a.* (chemin) frayé.
Baudet, *sm.* âne, *fig.* stupide.
Baudrier, *sm.* écharpe.
Baume, *sm.* plante, liqueur.
Bavard, *a.* et *s.* causeur.
Bavardage, *sm.* action de
Bavarder, *v.* parler trop. *fa.*
Bavaroise, *sf.* sorte de boiss.
Bave, *sf.* salive, écume.
Baver, *v.* jeter de la bave.
Bavette, *sf.* linge d'enfant.
Baveux, se, *a.* qui bave.
Bavure, *sf.* trace des joints.
Bazar, *sm.* marché en Orient.
Béant, *a.* très-ouvert.
Béat, *a.* et *s.* dévot.
Béatification, *sf.* action de
Béatifier, *v.* canoniser.
Béatitude, *sf.* félicité éter-
   nelle.
Beau, belle, *a.* qui plaît.
Beaucoup, *ad.* en quantité.
Beau-fils, *sm.* gendre.
Beau-frère, *sm.* frère par al-
           [liance.
Beau-père, *sm.* père par al-
Beaupré, *sm.* mât penché.

Beauté, sf. qualité physique.
Bec, sm. bouche d'oiseau.
Bécasse, sf. oiseau de passage.
Bécasseau, sm. sorte de bécas.
Bécassine, sf. petite bécasse.
Bec-de-corbin, sm. pinces.
Bec-de-lièvre, sm. lèvre fend.
Bêche, sf. outil de jardinier.
Bêcher, v. remuer la terre.
Becquée, sf. contenance du bec. [coups de bec.
Becqueter, v. donner des
Bedaine, sf. gros ventre.
Bedeau, sm. officier d'église.
Beffroi, sm. cloche, tour.
Bégaiement, sm. action de
Bégayer, v. prononcer mal.
Bègue, a. qui bégaie.
Béguin, sm. coi e de toile.
Béguine, sf. religieuse.
Beignet, sm. pâte frite.
Bêlement, sm. cri des mout.
Bêler, v. faire un bêlement.
Belette, sf. petit quadrupède.
Bélier, sm. mâle de la brebis, machine de guerre, signe.
Bellement, ad. doucement.
Belligérant, a. qui est en guerre.
Belliqueux, euse, a. guerrier.
Belvéder, sm. pavillon élevé.
Bénédicité, sm. pr. av. le repas
Bénédiction. sf. act. de bénir.
Bénéfice, sm. profit.
Bénéficiaire, a. par bénéfice.
Bénéficial, a. des bénéfices.
Bénéficier, sm. qui a un bén.
Bénéficier, v. tirer profit.
Bénêt, a. et sm. niais.
Bénévole, a. indulgent.
Bénignement, ad. avec bonté.
Bénignité, sf. douceur.
Bénin, igne, a. doux.
Bénir, v. consacrer.
Bénitier, sm. vase à eau bénite
Benjamin, sm. enfant préféré.
Béquille, sf. bâton pour infir.
Bercail, sm. bergerie.
Berceau, sm. lit d'enf., treille.
Bercer, v. agiter, endormir.
Berger, ère, s. qui garde un troupeau.
Bergère, sf. sorte de fauteuil.
Bergerie, sf. étable à moutons.
Berline, sf. carrosse.
Berne, sf. jeu, raillerie.
Bernement, sm. action de
Berner, v. railler, faire sauter.
Besace, sf. sac à deux poches.
Bésaiguë, sf. outil de charpen-
Besicles, sf. pl. lunettes. [tier.
Besogne, sf. travail. fam.
Besogner, v. travailler.
Besoin, sm. manque.

Bestial, a. qui tient de la bête.
Bestialement, ad. en bête.
Bestiaux, sm. pl. bétail.
Besticle, sf. petite bête. fa.
Béta, sm. très-bête fa.
Bétail, sm. troupeau.
Bête, sf. animal.
Bêtement, ad. en bête.
Bêtise, sf. ignorance.
Bette, sf. plante potagère.
Betterave, sf. plante.
Beugler, v. mugir. [lait.
Beurre, sm. partie grasse du
Bévue, sf. méprise.
Biais, sm. travers, oblique.
Biaisement, sm. action de
Biaiser, v. aller de biais.
Biberon, sm. vase à boire.
Bible, sf. A. et N. Testament.
Bibliographe, sm. savant en
Bibliographie, sf. connaissance des livres.
Bibliomane, sm. qui a la
Bibliomanie, sf. passion des livres. [d'une
Bibliothécaire, sm. gardien
Bibliothèque, sf. réunion de livres. fig. homme savant.
Biche, sf. femelle du cerf.
Bichet, sm. mesure de grains.
Bicoque, sf. petite maison.
Bidet, sm. petit cheval
Bidon, sm. broc de bois.
Bien, sm. ce qui est bon.
Bien-être, sm. situation aisée
Bienfaisance, sf. humanité.
Bienfaisant, a. qui fait du bien.
Bienfait, sm. bien qu'on fait.
Bienfaiteur, trice, s. bienfais.
Bienheureux, se, a. saint.
Bienséance, sf. convenance.
Bienséant, a. ce qui convient.
Bientôt, ad. dans peu.
Bienveillance, sf. affection.
Bienveillant, a. qui veut du bien.
Bienvenu, a. et s. bien reçu.
Bienvenue, sf. bonne arrivée.
Bière, sf. cercueil, boisson.
Biffer, v. raturer l'écriture.
Bifurcation, sf. division en 2.
Bifurquer, (se), v. se diviser en deux.
Bigame, a. et s. marié 2 fois.
Bigarreau, sm. sorte de cerise
Bigarrer, v. varier les coul.
Bigarrure, sf. mélange.
Bigle, a. louche.
Bigler, v. loucher. [te.
Bigorne, sf. enclum. en poin-
Bigot, a. et s. dévot outré.
Bigoterie, sf. dévotion outrée
Bijou, sm. chose précieuse.
Bijouterie, sf. com. de bijoux.

Bijoutier, sm. fais. de bijoux.
Bilan, sm. état des marchan-
Bilboquet, sm. jouet. [dises.
Bile, sf. humeur.
Biliaire, a. de la bile. [bile.
Bilieux, se, a. et s. qui a de la
Billard, sm. jeu de billes.
Bille, sf. boule d'ivoire.
Billet, sm. petite lettre.
Billeter, v. étiqueter.
Billion, sm. mille millions.
Billon, sm. monnaie de cuivr.
Billot, sm. tronçon de bois.
Binage, sm. act. de biner.
Biner, v. sarcler, dire 2 messes
Binet, sm. brûle-tout.
Binet, sm. instr. pour biner.
Biographe, sm. qui connaît la
Biographie, sf. hist. des hom. célèbres; vie de quelqu'un.
Bipède, a. et s. à deux pieds.
Bique, sf. chèvre. fa. [blanc.
Bis, a. entre le brun et le
Bis, ad. (s) encore une fois.
Bisaïeul, e, s. père, mère de
Bisbille, sf. brouille. [l'aïeul.
Biscaïen, sm. petit boulet.
Biscornu, a. baroque.
Bise, sf. vent du nord.
Bissac, sm. sorte de sac.
Bissexte, sm. jour de plus à
Bissextile, a. année [février.
Bistouri, sm. instr. de chirur.
Bistre, sm. couleur brune.
Bitume, sm. fossile inflamm.
Bitumineux, se, a. de bitume.
Bivouac, sm. station de nuit.
Bivouaquer, v. passer la nuit à l'air.
Bizarre, a. extraordinaire.
Bizarrement, ad. avec
Bizarrerie, sf. caprice.
Blaireau, sm. quadrupède.
Blâmable, a. digne de
Blâme, sm. réprimande.
Blâmer, v. condamner.
Blanc, che, a. et s. propre.
Blanc-bec, sm. jeune homm.
Blanchâtre, a. tirant sur blanc
Blanchement, ad. en blanc.
Blancheur, sf. couleur blanc.
Blanchiment, sm. act. de
Blanchir, v. rendre blanc.
Blanchissage, sm. act. de blanchir. [blanchit.
Blanchisseur, euse, s. qui
Blanchisserie, sf. lieu où l'on blanchit.
Blaser, a. émousser les sens.
Blason, sm. armoirie.
Blasphémateur, sm. jureur.
Blasphématoire, a. de blasph.
Blasphème, sm. parole impie.
Blasphémer, v. jurer.

Blé , *sm.* plante graminée.
Blême, *a.* très-pâle.
Blesser, *v.* faire une plaie.
Blessure, *sf.* plaie.
Blette, *sf.* plante.
Bleu, e, *a.* couleur d'azur.
Bleuâtre, *a.* tirant sur le bleu.
Bloc, *sm.* amas.
Blocus, *sm.* siége d'une place.
Blond, *a.* châtain clair.
Blonde, *sf.* sorte de dentelle.
Blondin, *a.* et *s.* un peu blond.
Bloquer, *v.* faire le blocus.
Blottir (se), *v.* s'accroupir.
Blouse, *sf.* surtout, vêtement.
Blouser, *v.* tromper.
Bluet, *sm.* fleur des champs.
Bluette, *sf.* étincelle.
Bluteau , *sm.* sac de crins.
Bluter, *v.* passer par le blut.
Bluterie, *sf.* lieu où l'on blute.
Bobèche, *sf.* part. de flambeau.
Bobine, *sf.* fuseau pour dévid.
Bobiner, *v.* dévider du fil.
Bobo, *sm.* léger mal.
Bocage, *sm.* bosquet.
Bocal, *sm.* bouteille très-évas.
Bœuf, *sm.* quadrup. rumin.
Boire, *v.* avaler un liquide.
Boire, *sm.* ce qu'on boit.
Bois, *sm.* substance végétale.
Boiser, *v.* garnir de menuis.
Boiserie, *sf.* menuiserie.
Boisseau, *sm.* mesure.
Boisson, *sf.* liqueur à boire.
Boîte, *sf.* coffret. [droit.
Boiter, *v.* ne pas marcher
Boiteux , se, *a.* qui boite.
Bol, *sm.* tasse évasée.
Bombance, *sf.* bonne chère.
Bombarder, *v.* jeter des bomb.
Bombardier, *sm.* qui bomb.
Bombe, *sf.* boulet creux.
Bombement, *sm.* convexité.
Bomber, *v.* rendre convexe.
Bon, ne, *a.* indulgent.
Bonace, *sf.* calme sur mer.
Bonasse, *a.* simple.
Bonbon, *sm.* friandise.
Bonbonnière, *sf.* boîte à bon-
Bond, *sm.* saut. [bons.
Bonde, *sf.* bondon.
Bondir, *v.* faire un bond.
Bondon, *sm.* bonde.
Bonheur, *sm.* félicité
Bonhomme, *sm.* vieillard.
Bonhomie, *sf.* simplicité.
Boni, *sm.* bonification, profit.
Bonification, *sf.* amélioration
Bonifier, *v.* améliorer.
Bonjour, *sm.* salut.
Bonne-aventure, *sf.* prédict.
Bonnement, *ad.* de bonne foi.
Bonnet, *sm.* coiffe.

Bonnetier, *sm.* fab. de bonnets
Bonsoir, *sm.* salut du soir.
Bonté, *sf.* qualité de ce qui est
Bord, *sm.* rive, navire. [bon.
Bordage, *sm.* act. de border.
Bordée, *sf.* décharge de ca-
nons, d'injures.
Border, *v.* garnir le bord.
Bordereau , *sm.* mémoire.
Bordure, *sf.* ce qui borde.
Boréal, *a.* du côté du nord.
Borgne, *a.* qui n'a qu'un œil.
Borne, *sf.* limite.
Borner, *v.* limiter.
Bosphore, *sm.* détroit.
Bosquet, *sm.* petit bois.
Bosse, *sf.* grosseur.
Bosseler, *v.* travailler en bosse
Bossu, *a.* et *s.* qui a une bosse.
Bossuer, *v.* rendre bossu.
Botanique, *sf.* science du
Botaniste, *sm.* qui s'occupe
de l'étude des plantes.
Botte, *sf.* faisceau, chaussure.
Botteler, *v.* lier en bottes.
Botter, *v.* mettre des bottes.
Bottier, *sm.* qui fait des bottes.
Bottine, *sf.* petite botte.
Bouc, *sm.* mâle de la chèvre.
Boucaner, *v.* fumer la viande.
Bouche, *sf.* cavité, ouverture.
Bouchée, *sf.* morceau à man-
ger. [verture.
Boucher, *v.* fermer une ou-
Boucher, *s.* qui tient une
Boucherie, *sf.* débit de viande.
Bouche-trou, *sm.* remplaçant
Bouchon, *sm.* ce qui bouche.
Bouchonner, *v.* mettre le bou-
Boucle, *sf.* anneau. [chon.
Boucler, *v.* mettre en boucl.
Bouclier, *sm.* arme défensive.
Bouder, *v.* faire mauv. mine.
Bouderie, *sf.* action de bouder
Boudeur, euse, *s.* qui boude.
Boudin, *sm.* boyau plein de
sang, rouleau de cheveux.
Boudoir, *sm.* cabinet retiré.
Boue, *sf.* fange des rues.
Boueur, *sm.* qui enlèv. la boue
Boueux, se, *a.* plein de boue.
Bouffée, *sf.* souffle.
Bouffer, *v.* souffler, enfler.
Bouffette, *sf.* petite houppe.
Bouffi, *a.* enflé, orgueilleux.
Bouffir, *v.* enfler.
Bouffissure, *sf.* enflure.
Bouffon, *sm.* et *a.* enjoué.
Bouffonner, *v.* faire le bouffon
Bouffonnerie, *sf.* farce.
Bougeoir, *sm.* petit chandel.
Bouger, *v.* se mouvoir.
Bougette, *sf.* sac en cuir.
Bougie, *sf.* chandelle de cire.

Bougonner, *v.* gronder.
Bougran, *sm.* toile gommée.
Bouille, *sf.* longue perche.
Bouiller, *v.* troubler l'eau.
Bouilli, *sm.* viande bouillie.
Bouillie, *sf.* lait et farine
bouillie.
Bouillir, *v.* cuire à l'eau.
Bouilloir, *sf.* vase à bouillir.
Bouillon , *sm.* soupe, flots,
gros plis, mauv. spécul.
Bouillon-blanc, *sm.* plante.
Bouillonnement, *sm.* act. de
Bouillonner, *v.* être en ébullit.
Boulanger, *sm.* qui fait le
pain.
Boulangerie, *sf.* art de faire
le pain , lieu où on le fait.
Boule, *sf.* corps sphérique.
Boulet, *sm.* balle de fer.
Boulette, *sf.* petite boule.
Boulevard-art, *sm.* rempart.
Bouleversement, *sm.* désord.
Bouleverser, *v.* ruiner.
Boulingrin , *sm.* pièce de
Boulon, *sm.* cheville. [gazon.
Boulonner, *v.* mett. un boul.
Bouquet, *sm.* botte de fleurs.
Bouquin, *sm.* vieux livre.
Bouquiner, *v.* acheter de
vieux livres. [livres.
Bouquiniste, *sm.* vendeur de
Bourbe, *sf.* fange, boue.
Bourbeux, se, *a.* pl. de boue.
Bourbier, *sm.* trou plein de
boue, affaire embrouillée.
Bourdon, *sm.* mouche, cloche
Bourdonnement, *sm.* act. de
Bourdonner, *v.* faire du bruit.
Bourg, *sm.* gros village.
Bourgade, *sf.* petit bourg.
Bourgeois, se, *s.* citoyen.
Bourgeoisement , *ad.* en
bourgeois.
Bourgeon, *sm.* bouton d'arb.
Bourgeonner, *v.* pousser.
Bourlet, *sm.* coussin.
Bourrache, *sf.* plante.
Bourrade, *sf.* coup, repartie.
Bourrasque, *sf.* tourbillon.
Bourre, *sf.* amas de poils.
Bourreau, *sm.* exécuteur,
cruel. [sailles.
Bourrée, *sf.* fagot de brous-
Bourreler, *v.* tourmenter.
Bourrer, *v.* met. de la bourre.
Bourrique, *sm.* âne.
Bourriquet , *sm.* ânon.
Bourru, *a.* brusque.
Bourse, *sf.* petit sac. [bourse
Boursier, *sm.* qui a une
Boursoufler, *v.* enfler.
Bousculer, *v.* renverser.
Bouse, *sf.* fiente.

Bousillage, *sm.* action de
Bousiller, *v.* faire de mauv. ouvrage. [sille.
Bousilleur, euse, *s.* qui bou-
Bousin, *sm.* surface tendre.
Boussole, *sf.* aiguille aimant.
Bout, *sm.* extrémité, reste.
Boutade, *sf.* caprice.
Bout-d'aile, *sm.* plume à écr.
Boute-en-train, *sm.* qui excit.
Boute-feu, *sm.* qui excite.
Bouteille, *sf.* vase à goulot.
Boutique, *sf.* lieu où l'on vend
Boutiquier, *sm.* marchand.
Bouton, *sm.* bourgeon, tu-meur, petit rond.
Boutonner, *v.* met. des bout.
Boutonnière, *sf.* trou à bout.
Bouts-rimés, *sm.* pl., rimes données.
Bouture, *sf.* branche replant.
Bouvet, *sm.* rabot à rainures.
Bouvier, *s.* qui garde les bœufs. [de poing.
Boxer, *v.* donner des coups
Boxeur, *sm.* qui boxe.
Boyau, *sm.* intestin.
Bracelet, *sm.* orn. du bras.
Brachial, *a.* du bras.
Braconner, *v.* chasser furtiv.
Braconnier, *sm.* qui bracon.
Braillard, *s.* et *a.* qui crie.
Brailler, *v.* crier.
Brailleur, euse, *a.* et *s.* qui
Braire, *v.* crier. [braille.
Braise, *sf.* bois demi-consum.
Braisier, *sm.* huche à braise.
Brancard, *sm.* litière.
Branche, *sf.* excroissance.
Branchu, *a.* qui a des branc.
Brandiller, *v.* balancer.
Brandir, *v.* secouer.
Brandon, *sm.* torche.
Brandonner, *v.* jeter un bran-
Branle, *sm.* agitation [don.
Branlement, *sm.* mouvem.
Branler, *v.* remuer.
Braque, *sm.* mauv. tête.
Braquement, *sm.* act. de
Braquer, *v.* tourn. d'un côté.
Bras, *sm.* membre, canal.
Braser, *v.* souder.
Brasier, *sm.* charbons ard.
Brasiller, *v.* griller s. la braise
Brasse, *sf.* mesure. [bras.
Brassée, *sf.* contenu des deux
Brasser, *v.* remuer, *fig.* tramer
Brasserie, *sf.* où se fait la bière. [bière.
Brasseur, euse, *s.* qui fait la
Brasure, *sf.* soudure de fer.
Bravade, *sf.* act. de braver.
Brave, *a.* et *s.* vaillant.
Bravement, *ad.* en brave.

Braver, *v.* morguer, affront.
Bravo, *ad.* et *sm.* terme d'ap-
Bravoure, *sf.* valeur. [plaud.
Brebis, *sf.* femelle du bélier.
Brèche, *sf.* ouverture.
Brechet, *s.* creux de l'estom.
Bredi breda, *ad.* tr. à la hâte.
Bredouille, *sf.* terme de jeu.
Bredouillement, *sm.* act. de
Bredouiller, *v.* articuler mal.
Bredouilleur, euse, *s.* qui bredouille, qui parle mal.
Bref, ève, *a.* court.
Brelan, *sm.* jeu de cartes.
Brelander, *v.* jouer sans cesse
Breloque, *sf.* bijou sans val.
Brésil, *sm.* bois de teinture.
Bretelle, *sf.* sangle, bande.
Breuvage, *sm.* boisson.
Brevet, *sm.* titre, privilége.
Breveter, *v.* donner un brev.
Bréviaire, *sm.* livre d'office.
Brick, *sm.* petit navire armé.
Bricole, *sf.* partie du harnais.
Bricoler, *v.* jouer de bricole.
Bride, *sf.* rênes, frein.
Brider, *v.* mettre la bride.
Brief, ve, *a.* court. *pal.*
Brièvement, *a.* au court.
Brièveté, *sf.* courte durée.
Brifer, *v.* manger avidement
Brigade, *sf.* troupe de soldats.
Brigadier, *sm.* chef de brigad.
Brigand, *sm.* voleur.
Brigandage, *sm.* vol sur les
Brigander, *v.* voler. [routes.
Brigantin, *sm.* vaisseau, pi-rate.
Brigue, *sf.* poursuite, cabale.
Briguer, *v.* rechercher.
Brigueur, *sm.* qui brigue.
Brillamment, *ad.* d'une ma-nière brillante.
Brillant, *a.* qui brille.
Brillanter, *v.* tailler à facettes
Briller, *v.* avoir de l'éclat.
Brimborion, *sm.* colifichet.
Brin, *sm.* jet de plante.
Brindille, *sf.* branche menue.
Brioche, *sf.* pâtisserie.
Brique, *sf.* terre cuite.
Briquet, *sm.* pièce d'acier.
Briqueter, *v.* imit. la brique.
Briquetier, *sm.* qui fait la bri-
Brisants, *sm.* pl. vagues. [que.
Brise, *sf.* vent frais périodiq.
Brise-cou, *sm.* escalier roide.
Brisées, *sf.* pl. branches.
Brisement, *sm.* choc.
Briser, *v.* rompre, fatiguer.
Briseur, *sm.* qui brise.
Brisoir, *sm.* instr. à briser.
Brisque, *sf.* jeu de cartes.
Brisure, *sf.* partie fracturée.

Broc, *sm.* vase.
Brocanter, *v.* troquer.
Brocanteur, *sm.* qui brocante
Brocard, *sm.* raillerie.
Brocarder, *v.* railler.
Broche, *sf.* verge de fer.
Brocher, *v.* coudre, broder.
Brocheur, euse, *s.* qui broch.
Brochure, *sf.* livre non relié.
Brocoli, *sm.* chou.
Brodequin, *sm.* chaussure.
Broder, *v.* orner, embellir.
Broderie, *sf.* chose brodée.
Brodeur, euse, *s.* qui brode.
Broiement, *sm.* act. de broyer
Bronchade, *sf.* act. de [pas.
Broncher, *v.* faire un faux
Bronches, *sf.* pl., trachée-artère, conduits de l'air.
Bronze, *sm.* cuivre et étain.
Bronzer, *v.* peindre en bronze
Broquette, *sf.* petit clou.
Brosse, *sf.* vergette, pinceau.
Brosser, *v.* frotter avec une brosse. [ses.
Brossier, *sm.* faiseur de bros-
Brou, *sm.* écale verte des noix
Brouette, *sf.* pet. tombereau.
Brouetter, *v.* traîner en brouette.
Brouetteur, *sm.* qui brouette
Brouhaha, *sm.* bruit confus.
Brouillamini, *sm.* désord. *fa.*
Brouillard, *sm.* vapeur.
Brouillement, *sm.* mélange.
Brouiller, *v.* mêler, désunir.
Brouillerie, *sf.* désunion.
Brouillon, *a.* qui brouille.
Broussailles, *sf.* pl., ronces.
Brout, *sm.* pousse de taillis.
Brouter, *v.* paître.
Broyer, *v.* piler, pulvériser.
Broyeur, *sm.* qui broie.
Bru, *sf.* belle-fille.
Bruine, *sf.* pluie fine. [ne.
Bruiner, *v.* se dit de la brui-
Bruire, *v.* rendre un son con-
Bruit, *sm.* son, nouvelle [fus.
Brûlant, *a.* qui brûle, vif.
Brulement, *sm.* act. de
Brûler, *v.* consum. par le feu.
Brûlot, *sm.* nav. incendiaire, boute-feu.
Brûlure, *sf.* action du feu.
Brume, *sf.* brouillard épais.
Brumeux, *a.* couv. de brume.
Brun, *a.* presque noir.
Bruni, *sm.* poli, *orf.*
Brunir, *v.* rendre brun. [nit.
Brunisseur, euse, *a.* qui bru-
Brunissoir, *sm.* outil à brunir
Brunissure, *sf.* façon aux étof.
Brusque, *a.* prompt et rude.
Brusquement, *ad.* avec brus-

querie.   [ment.
Brusquer, *v.* agir brusque-
Brusquerie, *sf.* act. de brusq.
Brut, *a.* (*t*) qui n'est pas poli.
Brutal, *a* et *s.* grossier.
Brutalement, *ad.* en brutal.
Brutaliser, *v.* maltraiter. *fa.*
Brutalité, *sf.* vice du brutal.
Brute, *sf.* sans raison.
Bruyant, *a.* qui fait du bruit.
Bruyère, *sf.* arbuste, lande.
Buanderie, *sm.* où on lessiv.
Buandier, *s.* qui blanchit.
Bube, *sf.* pustule s. la peau.
Bûche, *sf.* gros bois.
Bûcher, *sm.* où on met le bois
Bûcheron, *sm.* qui abat le bois
Bûchette, *sf.* menu bois.
Bucolique, *a.* et *sf.* amas
    peu important.   [et dép.
Budget, *sm.* état de recette
Buée, *sf.* lessive.
Buffet, *sm.* armoire,
Buffle, *sm.* quadrupède.
Buffletin, *sm.* jeune buffle.
Buis, *sm.* arbrisseau.
Buisson, *sm.* arbuste.
Buissonnier, *a.* de buisson.
Bulbe, *sf.* oignon de plante.
Bulbeux, se, *a.* qui vient
    d'une bulbe.
Bulle, *sf.* globule.
Bulletin *sm.* suffrages. [reau.
Buraliste, *sm.* qui tient un bu-
Burat, *sm.* bure grossière.
Bure, *sf.* étoffe de laine.
Bureau, *sm.* table.
Bureaucratie, *sf.* influence
    des gens de bureau. *fa.*
Burette, *sf.* petit vase.
Burin, *sm.* inst. pour graver.
Buriner, *v.* graver.
Burlesque, *a.* et *sm.* bouffon.
Burlesquement, *ad.* en bouf-
    fon.   [set.
Busc, *sm.* lame dans un cor-
Buste, *sm.* la tête et la poitr.
But, *sm.* point où l'on vise.
Bute, *sf.* outil de maréchal.
Buter, *v.* viser, s'opiniâtrer.
Butin, *sm.* capture.
Butiner, *v.* faire du butin.
Butor, *sm.* oiseau, *fig.* sot.
Butte, *sf.* éminence.
Buvable, *a.* potable. *fa.*
Buveur, euse, *a.* qui boit.
Buvotter, *v.* boire à petits
Buze, *sf.* tuyau.   [coups.

C

C, *sm.* 2ᵉ consonne.
Çà, *ad.* ici. *int.* pour exciter.

Çà et là, *ad.* de côté et d'autr.
Cabale, *sf.* intrigue, compl.
Cabaler, *v.* intriguer.
Cabaleur, *sm.* qui cabale.
Cabaliste, *sm.* sorcier.
Cabane, *sf.* maisonnette.
Cabaret, *sm.* taverne.
Cabaretier, *sm.* qui tient ca-
Cabas, *sm.* panier.   [baret.
Cabestan, *sm.* tourniquet.
Cabinet, *sm.* lieu de retraite.
Câble, grosse corde.
Câbler, *v.* faire des câbles.
Caboche, *sf.* tête. *fa.* clou.
Cabotage, *sm.* act. de
Caboter, *v.* naviguer en cô-
    toyant.   [volter.
Cabrer, *v.* effaroucher, se ré-
Cabriole, *sf.* saut.
Cabrioler, *v.* faire des sauts.
Cabriolet, *sm.* voiture légère.
Cabus, *sm.* (chou) pommé.
Caca, *sm.* excrém. d'enfant.
Cacade, *sf.* entreprise folle.
Cacao, *sm.* amande du
Cacaoyer, *sm.* arbre d'Amér.
Cache, *sf.* lieu pour cacher.
Cachemire, *sm.* châle de l'Inde
Cacher, *v.* céler, couvr., taire.
Cachet, *sm.* petit sceau,
Cacheter, *v.* mettre le cachet.
Cachette, *sf.* pet. cache. *fa.*
Cachot, *sm.* prison obscure.
Cacis ou cassis, *sm.* fruit. [gr.
Cacographie, *sf.* mauv. ortho-
Cacophonie, *sf.* sons désagré-
    ables.   [fonds d'un pays.
Cadastre, *sm.* état des biens-
Cadavéreux, se, *a.* de cadav.
Cadavre, *sm.* corps mort.
Cadeau, *sm.* présent.
Cadenas, *sm.* serrure mobile.
Cadence, *sf.* mesure.
Cadencer, *v.* met. en cadence
Cadenette, *sf.* tresse.
Cadet, *s.* et *a.* le plus jeune.
Cadette, *sf.* pierre de taille.
Cadi, *sm.* juge turc.
Cadis, *sm.* serge commune.
Cadogan, *sm.* nœud.
Cadran, *sm.* où l'heure se
    marque.
Cadrature, *sf.* pièce d'horl.
Cadre, *sm.* bordure.
Cadrer, *v.* être en rapport.
Caduc, que, *a.* vieux, cassé.
Caducité, *sf.* état de caduc.
Cafard, *sm.* hypocrite.
Café, *sm.* fève du cafier.
Cafetier, *s.* limonadier.
Cafetière, *sf.* vase à café.
Cage, *sf.* loge pour les oiseaux
Cagnard, *sm.* fainéant.
Cagnarder, *v.* fainéanter.

Cagnardise, *sf.* paresse.
Cagneux, se, *a.* les pieds en
    dedans.
Cagot, *s.* et *a.* faux dévot.
Cagoterie, *sf.* act. de cagot.
Cahier, *sm.* feuilles de papier
    réunies.
Cahot, *sm.* saut d'une voiture
Cahotage, *sm.* secousse.
Cahoter, *v.* secouer.
Cahute, *sf.* cabane.
Caille, *sf.* oiseau.
Caillé, *sm.* lait caillé.
Cailler, *v.* figer.
Caillou, *sm.* pierre très-dure.
Cailloutage, *sm.* amas de cail-
    loux, ouvrage en cailloux.
Caisse, *sf.* coffre, tambour.
Caissier, *sm.* qui tient la cais.
Caisson, *s.* caisse.
Cajoler, *v.* tâcher de séduire.
Cajolerie, *sf.* flatterie.
Cajoleur, euse, *sm.* qui cajole.
Cal, *sm.* durillon.
Calamité, *sf.* grand malheur.
Calamiteux, euse, *a.* malheu-
Calcaire, *a.* de chaux. [reux.
Calcination, *sf.* act. de
Calciner, *v.* réduire en chaux.
Calcul, *sm.* supputation.
Calculateur, trice, *a.* qui cal-
Calculer, *v.* compter.   [cule.
Cale, *sf.* fond d'un navire,
Calèche, *sf.* carrosse coupé.
Caleçon, *sm.* sorte de culotte.
Calebasse, *sf.* courge. *Trom-*
    per la calebasse, séduire.
Calembourg, *sm.* jeu de mots.
Calendrier, *sm.* almanach.
Caler, *v.* ajuster.
Calfater, *v.* boucher.
Calfeutrer, *v.* boucher les fen-
Calibre, *sm.* diamètre.   [tes.
Calibrer, *v.* donner le calibre.
Calice, *sm.* vase sacré.
Calicot, *sm.* toile de coton.
Calife, *sm.* prince turc.
Califourchon (à), *locut. adv.*
    comme à cheval.
Câlin, *s.* niais et indolent. *fa.*
Câliner (se), *v.* rester dans
    l'inaction.
Calme, *a.* tranquille.
Calmer, *v.* apaiser. [lomnie.
Calomniateur, trice, *s.* qui ca-
Calomnie, *f.* fausse imputati.
Calomnier, *v.* imputer à faux.
Calomnieusement, *ad.* avec
    calomnie.   [lomnie.
Calomnieux, se, *a.* qui ca-
Calorique, *sm.* principe de la
    chaleur.
Calotte, *sf.* petit bonnet.
Calque, *sm.* copie.

Calquer, *v.* copier.
Calumet, *sm.* pipe de sauvag.
Calus, *sm.* (s). durillon
Calvaire, *sm.* mont avec une
Calvinisme, *sm.* secte. [croix.
Calviniste, *sm.* sectateur.
Camail, *sm.* manteau d'abbé.
Camarade, *sm.* compagnon.
Camard, e, *a.* et *s.* à nez plat.
Cambouis, *sm.* vieux oing.
Cambrer, *v.* courber en arc.
Caméléon, *sm.* reptile.
Camelot, *sm.* sorte d'étoffe.
Camion, *sm.* petite épingle,
  petite voiture.
Camisole, *sf.* chemisette.
Camomille, *sf.* plante.
Camouflet, *sm.* fumée. [mée.
Camp, *sm.* où se loge une ar-
Campagnard, *a.* paysan.
Campagne, *sf.* champs, voya-
Campêche, *sm.* bois.   [ge.
Campement, *sm.* action de
Camper, *v.* dresser un camp.
Camphre, *sm.* substan. arom.
Camus, *a.* et *s.* à nez court.
Canaille, *sf.* vile populace.
Canal, *sm.* conduit.
Canapé, *sm.* long siége.
Canard, *sm.* oiseau aquatiq.
Canarder, *v.* tirer à couvert.
Canari, *sm.* serin des Canarie.
Cancer, *sm.* tumeur maligne.
Cancéreux, se, *a.* de cancer.
Cancre, *sm.* écrevisse de mer.
Candélabre, *sm.* chandelier.
Candeur, *sf.* pureté d'âme.
Candi, *sm.* (sucre) cristallisé.
Candidat, *sm.* aspirant.
Candide, *a.* franc, sincère.
Candidement, *ad.* avec cand.
Cane, *sf.* femelle du canard.
Caneton, *sm.* petit de cane.
Canette, *sf.* petite cane.
Canevas, *sm.* toilé claire.
Caniche, *sm.* esp. de chien.
Caniculaire, *a.* de la canicule.
Canicule, *sf.* constellation.
Canif, *sm.* instrum. à tailler
Canin, *a.* de chien. [la plume.
Canne, *sf.* roseau, bâton.
Canneler, *v.* moujer.
Cannelle, *sf.* écorce du
Cannellier, *sm.* arbre.
Cannelure, *sf.* creux, moulu.
Cannibale, *sm.* anthropopha.
Canon, *sm.* arme à feu, tuyau,
  partie de la messe, règle
  ecclésiastique.
Canonial, *a.* de chanoine.
Canonicat, *sm.* bénéfice.
Canonique, *a.* selon les concil.
Canonisation, *act.* de [des SS.
Canoniser, *v.* mettre au rang

Canoniste, *sm.* légiste.
Canonnade, *sf.* action de
Canonner, *v.* tirer le canon.
Canonnier, *sm.* qui tire le ca.
Canot, *sm.* petite chaloupe.
Cantaloup, *sm.* melon.
Cantate, *sf.* petit poëme.
Cantatrice, *sf.* chanteuse.
Cantharide, *sf.* mouche.
Cantine, *sf.* buvette militaire.
Cantinier, *sm.* qui tient cant.
Cantique, *sm.* chant religieu.
Canton, *sm.* étendue de pays.
Cantonnement, *sm.* action de
Cantonner, *v.* loger des trou-
Canule, *sf.* tuyau.   [pes.
Cap, *sm.* promontoire.
Capable, *sm.* propre à.
Capacité, *sf.* habileté.   [val.
Caparaçon, *sm.* couv. de che-
Caparaçonner, *v.* mettre un
  caparaçon à un cheval.
Cape, *sf.* grande voile.
Capillaire, *a.* et *s.* délié.
Capitaine, *sm.* chef militaire.
Capital, *sm.* somme d'argent.
Capitale, *sf.* ville principale.
Capitaliser, *v.* faire 1 capital.
Capitaliste, *sm.* qui a des ca-
  pitaux.
Capitation, *sf.* taxe par tête.
Capiteux, se, *a.* qui porte à
  la tête.
Capitulaire, *a.* de chapître.
Capitulant, *a.* qui a voix au
  chapître.
Capitulation, *sf.* convention.
Capituler, *v.* parlementer.
Capon, *sm.* hypocrite.
Caporal, *sm.* chef d'escouade.
Capote, *sf.* esp. de manteau.
Câpre, *sf.* fruit.
Caprice, *sm.* fantaisie. [price.
Capricieusement, *ad.* par ca-
Capricieux, se, *a.* fantasque.
Capricorne, *sm.* signe du zo-
Câprier, *sm.* arbre. [diaque.
Capse, *sf.* boîte de scrutin.
Captation, *sf.* action de
Capter, *v.* gagner adroitem.
Captieux, se, *a.* trompeur.
Captif, ve, *a.* prisonnier.
Captiver, *v.* rendre captif.
Captivité, *sf.* esclavage.
Capture, *sf.* butin.
Capturer, *v.* faire capture.
Capuchon, *sm.* vêtem. de tête.
Capucin, *sm.* religieux.
Capucine, *sf.* fleur.
Caque, *sf.* baril.
Caquet, *sm.* babil.
Caquetage, *sm.* action de
Caqueter, *v.* babiller.
Car, *conj.* marque la raison.

Carabin, *sm.* étudiant en chir.
Carabine, *sf.* arme à feu.
Carabinier, *sm.* cavalier mi-
  litaire.
Caracole, *sf.* mouv. en rond.
Caracoler, *v.* faire des caraco.
Caractère, *sm.* empreinte, let-
  tres, naturel. [caractère.
Caractériser, *v.* marquer le
Caractéristique, *a.* qui carac-
  térise.
Carafe, *sf.* vase de verre.
Caramel, *sm.* sucre fondu.
Carat, *sm.* titre de l'or, poids.
Caravane, *sf.* troupe.
Carbone, *sm.* charbon pur.
Carbonique, *a.* tiré du charb.
Carboniser, *v.* réduire en
  charbon.
Carbonnade, *sf.* viande grillée
Carcan, *sm.* collier de fer.
Carcasse, *sf.* ossements.
Carde, *sf.* côte de plante.
Carder, *v.* peigner.
Cardeur, euse, *s.* qui carde.
Cardinal, *sm.* prélat [cardinal.
Cardinalat, *sm.* dignité de
Carême, *sm.* jeûne av. Pâques
Caréner, *v.* radouber [fection
Caresse, *sf.* témoignage d'af-
Caresser, *v.* faire des caresses.
Cargaison, *sf.* charge de nav.
Carguer, *v.* trousser les voiles
Caricature, *sf.* peint. ridicule.
Carie, *sf.* pourriture.
Carillon, *sm.* grand bruit.
Carillonner, *v.* sonner le caril.
Carillonneur, *sm.* qui carill.
Caristade, *sf.* aumône. *v.*
Carmin, *sm.* beau rouge.
Carnage, *sm.* massacre.
Carnassier, *a.* qui vit de chair
Carnassière, *sf.* sac.
Carnation, *sf.* coul. des chairs.
Carnaval, temps de divertiss.
Carne, *sf.* angle extérieur.
Carnet, *sm.* petit livre.
Carnivore, *s.* qui vit de chair.
Carotte, *sf.* racine, légume.
Carquois, *sm.* étui à flèches.
Carré, *sm.* à 4 angles droits.
Carreau, *sm.* pavé, vitre.
Carrefour, *sm.* réunion de
  plusieurs rues.
Carrelage, *sm.* action de
Carreler, *v.* pos. des carreaux.
Carreleur, *sm.* poseur de
  carreaux.
Carrelure, *sf.* semelle neuve.
Carrément, *ad.* en carré.
Carrer, *v.* donner une figure
  carrée.
Carrière, *sf.* lice, lieu d'où on
  tire la pierre, cours de la vie

Carriole, *sf.* petite charrette.
Carrosse, *sm.* voit. suspendue
Carrossier, *sm.* fais. decaross.
Carrousel, *sm.* tournois.
Carrure, *sf.* largeur du dos.
Carte, *sf.* carton, liste.
Cartel, *sm.* défi de combat.
Cartilage, *sm.* extrémité des os. [lage.
Cartilagineux, se, *a.* de carti-
Carton, *sm.* grosse carte.
Cartonner, *v.* met. en cart.
Cartonnier, *sm.* qui fait le
Cartouche, *sf.* charge. [cart.
Cas, *sm.* accident, fait.
Casaque, *sf.* vêtement.
Cascade, *sf.* chute d'eau.
Case, *sf.* maison.
Caser, *v.* établir.
Caserne, *sf.* logem. de soldats.
Casernement, *sm.* action de
Caserner, *v.* mett. en caserne.
Casque, *sm.* armure de tête.
Cassade, *sf.* mensonge. *fa.*
Cassation, *sf.* acte qui casse.
Casse, *sf.* plante, caisse à com-partiments.
Casse-cou, *sm.* lieu glissant.
Casse-noix, *sm.* instrument pour casser les noix.
Casser, *v.* briser, rompre.
Casserole, *sf.* ust. de cuisine.
Casse-tête, *sm.* massue.
Cassetin, *sm.* cellule de casse.
Cassette, *sf.* coffre léger.
Cassine, *sf.* mauv. maison.
Cassonnade, *sf.* sucre non raf-
Cassure, *sf.* fracture. [finé.
Caste, *sf.* tribu, classe.
Castor, *sm.* quadrupède.
Casuel, le, *a.* et *sm.* fortuit.
Casuellement, *ad.* fortuitem.
Casuiste, *sm.* théologien.
Catacombes, *sf.* souterrains.
Catafalque, *sm.* décorat. [funè-
Catalogue, *sm.* liste. [bre.
Cataplasme, *sm.* médicament
Cataracte, *sf.* malad. de l'œil,
Catarrhe, *sm.* fluxion. [saut.
Catastrophe, *sf.* événement funeste.
Catéchiser, *v.* instruire.
Catéchisme, *sm.* inst. relig.
Catéchiste, *sm.* qui catéchise.
Catéchumène, *s.* (cu), qu'on catéchise.
Catégorie, *sf.* classe, nature.
Catégorique, *a.* dans l'ordre.
Catégoriquement, *ad.* à pro-pos. [principale.
Cathédrale, *sf.* et *a.* église
Catholiscime, *sm.* relig. cath.
Catholicité, *sf.* pays catholiq.
Catholique, *a.* universel.

Catholiquement, *ad.* en cath.
Cati, *sf.* apprêt d'étoffe.
Caton, *sm.* homme sage.
Cauchemar, *sm.* oppression.
Cause, *sf.* principe, sujet.
Causer, *v.* être cause.
Causerie, *sf.* babil.
Causeur, euse, *s.* qui cause.
Causticité, *sf.* malignité.
Caustique, *a.* et *sm.* corrosif.
Cautère, *sm.* ulcère artificiel.
Cautérétique, *a.* de cautère.
Cautérisation, *sf.* action de
Cautériser, *v.* brûler.
Caution, *sf.* répondant.
Cautionnement, *sm.* act. de
Cautionner, *v.* se rendre caut.
Cavalcade, *sf.* marche à chev.
Cavale, *sf.* jument.
Cavalerie, *sf.* troupe à cheval.
Cavalier, *sm.* homme à cheval
Cavalièrement, *ad.* en caval.
Cave, *sf.* souterrain.
Caveau, *sm.* petite cave.
Caver, *v.* creuser, miner.
Caverne, *sf.* antre.
Caverneux, se, *a.* de caverne.
Cavet, *sm.* moulure, *archi.*
Cavité, *sf.* creux, vide. [dém.
Ce, Cet, *m.* Cette, *f.* Ces, *a.*
Ceci, *pron.* démonstratif.
Cécité, *sf.* état d'un aveugle.
Céder, *v.* laisser, se rendre.
Cédille, *sf.* virgule sous le ç.
Cèdre, *sm.* grand arbre.
Cédule, *sf.* sorte de billet.
Ceindre, *v.* entourer.
Ceinture, *sf.* ruban.
Ceinturon, *sm.* ceinture milit
Cela, *pronom* démonstratif.
Célébration, *sf.* act. de célébr.
Célèbre, *a.* fameux.
Célébrer, *v.* exalter, fêter.
Célébrité, *sf.* renommée.
Céler, *v.* cacher.
Céleri, *sm.* plante potagère.
Célérité, *sf.* vitesse.
Céleste, *a.* du ciel, excellent.
Célibat, *sm.* état de célibatair.
Célibataire, *sm.* non marié.
Cellier, *sm.* espèce de cave.
Cellule, *sf.* loge, alvéole.
Celui, Celle, *pron.* démonstr.
Celui-ci, Celle-ci, pronom.
Celui-là, Celle-là, pronom.
Cénacle, *sm.* salle à manger.
Cendre, *sf.* résidu du bois brûlé.
Cendré, *a.* couleur de cendre.
Cendrée, *sf.* menu plomb.
Cendreux, se *a.* plein de cend.
Cendrier, *sm.* où tombe la cendre. [sus-Christ.
Cène, *sf.* dern. souper de Jé-

Cens, *sf.* (s) redevance en arg.
Censé, *a.* réputé.
Censeur, *sm.* critique.
Censure, *sf.* correction.
Censurer, *v.* blâmer.
Cent, *a.* num. dix fois dix.
Centaine, *sf.* cent unités.
Centaurée, *sf.* plante.
Centenaire, *a.* qui a cent ans.
Centenier, *sm.* centurion.
Centiare, *sm.* 100e partie de l'are.
Centième, *a.* la 100e partie.
Centigramme, *sm.* 100e de gramme.
Centilitre, *sm.* 100e de litre.
Centimètre, *sm.* 100e de mètr.
Central, *a.* du centre.
Centralisation, *sf.* action de
Centraliser, *v.* réun. au centr.
Centre, *sm.* milieu.
Centrifuge, *a.* qui éloigne du centre. [centre.
Centripète, *a.* qui tend au
Centuple, *a.* cent fois autant
Centupler, *v.* répéter cent fois.
Centurion, *sm.* qui comman-dait 100 hommes.
Cep, *sm.* pied de vigne.
Cependant, *ad.* pendant cela.
Cérat, *sm.* sorte d'onguent.
Cerceau, *sm.* cercle de tonn.
Cercle, *sm.* circonférence.
Cercler, *v.* mettre des cer-
Cercueil, *sm.* bière. [ceaux.
Céréale, *sf.* graine farineuse.
Cérébrale, *a.* du cerveau.
Cérémonial, *sm.* cérémonies.
Cérémonie, *sf.* forme extér.
Cerf, *sm.* (cèr) quadrupède.
Cerfeuil, *sm.* plante potagère.
Cerf-volant, *sm.* insect., jouet
Cerise, *sf.* fruit du cerisier.
Cerisier, *sm.* arbre.
Cerneau, *sm.* noix verte.
Cerner, *v.* entourer.
Certain, *a.* sûr, quelque.
Certainement, *ad.* en vérité.
Certes, *ad.* certainement.
Certificat, *sm.* écrit faisant foi
Certifier, *v.* assurer.
Certitude, *sf.* assurance.
Cérumen, *sm.* (en). humeur des oreilles.
Céruse, *sf.* blanc de plomb.
Cerveau, *sm.* moelle du crâne
Cervelas, *sm.* petit saucisson.
Cessation, *sf.* intermission.
Cervelle, *sf.* cerveau.
Cesse (sans), *loc. ad.* toujours
Cesser, *v.* discontinuer.
Cession, *sf.* abandon.
Cession, *sf.* abandon. [cède.
Cessionnaire, *a.* à qui l'on

Cétacé, *a.* et *s.* grand poisson.
Chacun, *pron.* distributif.
Chagrin, *sm.* affliction.
Chagriner, *v.* attrister.
Chaîne, *sf.* anneaux entrelac.
Chaînette, *sf.* petite chaîne.
Chaînon, *sm.* anneau de chaî.
Chair, *sf.* substance des musc.
Chaire, *sf.* tribune.
Chaise, *sf.* siége à dos.
Châle, *sf.* grand fichu.
Chaland, *s.* acheteur.
Chaleur, *sf.* état chaud.
Chaloupe, *sf.* petit navire.
Chalumeau, *sm.* tuyau, flûte
Chamailler, *v.* disputer.
Chambranle, *sm.* ornem. de porte, de fenêtre. [maison.
Chambre, *sf.* pièce d'une
Chambrette, *sf.* petite chamb.
Chameau, *sm.* quadrupède.
Chamois, *sm.* quadrupède.
Champ, *sm.* pièce de terre.
Champêtre, *a.* des champs.
Champignon, *sm.* plante.
Champion, *sm.* combattant.
Chance, *sf.* hasard.
Chanceler, *v.* n'être pas ferme
Chancelier, *sm.* dignité.
Chancelière, *sf.* fourrure pour les pieds. [chancelier.
Chancellerie, *sf.* hôtel du
Chanceux, se, *a.* en bonheur.
Chancre, *sm.* ulcère malin.
Chandelier, *sm.* ustensile.
Chandelle, *sf.* flambeau de suif
Chanfrein, *sm.* plan oblique.
Change, *sm.* troc.
Changement, *sm.* action de
Changer, *v.* troquer se déplac.
Changeur, *sm.* qui change.
Chanoine, *sm.* ecclésiastique.
Chanson, *sf.* vers qu'on chant.
Chansonner, *v.* faire des chansons. [son.
Chansonnette. *sf.* petite chan-
Chansonnier, ère, *s.* qui fait des chansons.
Chant, *sm.* inflexion de voix.
Chanteau, *sm.* morc. de pain.
Chanter, *v.* former des sons.
Chanteur, euse, *s.* qui chante.
Chantier, *sm.* magasin de bois
Chantourner, *v.* couper sur un dessin. [glise.
Chantre, *sm.* qui chante à l'é-
Chanvre, *sm.* plante, filasse.
Chaos, *sm.* (ka) confusion.
Chape, *sf.* vêtement d'église.
Chapeau, *sm.* coiffure.
Chapelain, *sm.* prêtre.
Chapelet, *sm.* grains enfilés.
Chapelier, *sm.* faiseur de chapeaux.

Chapelle, *sf.* petite église.
Chapellerie, *sf.* commerce de chapeaux.
Chaperon, *sm.* ornement, toit
Chapiteau, *sm.* sommet corni-
Chapitre, *sm.* division. [che.
Chapitrer, *v.* réprimander.
Chaque, *a.* distributif.
Char, *sm.* voiture à 2 roues.
Char-à-banc, *sm.* voit. à bancs
Charbon, *sm.* bois embrasé.
Charbonner, *v.* noircir.
Charbonnier, ère, *a.* marchand de charbon.
Charcuter, *v.* hacher la viand.
Charcuterie, *sf.* état de
Charcutier, ère, *a.* qui vend du
Chardon, *sm.* plante. [porc.
Chardonner, *v.* carder la laine
Chardonneret, *sm.* oiseau.
Charge, *sf.* faix, office.
Chargement, *sm.* cargaison.
Charger, *v.* mettre une charg.
Chargeur, *sm.* qui charge.
Chariot, *sm.* voiture à 4 roues.
Charitable, *a.* qui fait du bien.
Charitablement, *ad.* par
Charité, *sf.* amour de Dieu.
Charivari, *sm.* grand bruit.
Charlatan, *sm.* imposteur.
Charlataner, *v.* tromper.
Charlatanerie, *sf.* hâblerie.
Charlatanisme, *sm.* tromper.
Charmant, *a.* qui plaît.
Charme, *sm.* plaisir, sortilég.
Charmer, *v.* enchanter.
Charmille, *sf.* haie.
Charnel, le, *a.* de la chair.
Charnellement, *ad.* selon la
Charnier, *sm.* cimetièr. [chair
Charnu, *a.* qui a de la chair.
Charnure, *sf.* la chair.
Charogne, *sf.* cadavre de bête
Charpente, *sf.* bois équarri.
Charpenter, *v.* équarr. du bois
Charpentier, *sm.* qui charpente.
Charpie, *sf.* filaments de ling.
Charretée, *sf.* plein une charrette.
Charretier, ère, *s.* voiturier.
Charrette, *sf.* char. à 2 roues.
Charriage, *sm.* action de
Charrier, *v.* voiturer.
Charroi, *sm.* charriage.
Charron, *sm.* fab. de chariots.
Charronnage, *sm.* art du char-
Charroyer, *v.* charrier. [ron.
Charrue, *sf.* machine à labou-
Charte, *sf.* constitution. [rer.
Charybde, *sm.* gouffre.
Chas, *sm.* trou d'une aiguille.
Chasse, *sf.* action de chasser.
Châsse, *sf.* coffre à reliques.

Chasselas, *sm.* raisin.
Chasser, *v.* renvoyer,
Chasseur, euse, *s.* qui chasse.
Chassie, *sf.* humeur des yeux.
Chassieux, se, *a.* qui a mal aux yeux.
Châssis, *sm.* cadre de vitrage.
Chaste, *a.* pur.
Chasteté, *sf.* état chaste.
Chasuble, *sf.* ornem. de prêtr.
Chat, te, *s.* quadrupède.
Châtaigne, *sf.* fruit.
Châtaignier, *sm.* grand arbr.
Châtain, *sm.* brun clair.
Château, *sm.* beau bâtiment.
Chat-huant, *sm.* oiseau.
Châtier, *v.* corriger.
Chatière, *sf.* trou p. les chats.
Châtiment, *sm.* punition.
Chaton, *sm.* petit chat.
Chatouillement, *sm.* action de
Chatouiller, *v.* toucher légèrement.
Chatouilleux, se, *a.* sensible au chatouillement. [leur.
Chaud, *a.* et *s.* qui a de la cha-
Chaudement, *ad.* av. chaleur.
Chaudière, *sf.* grand vase.
Chaudron, *sm.* pet. chaudière
Chaudronnerie, *sf.* métier du
Chaudronnier, *sm.* faiseur de chaudrons.
Chauffage, *sm.* action de
Chauffer, *v.* donner de la chaleur. [chauffer.
Chaufferette, *sf.* ustens. pour
Chauffoir, *sm.* où on se chauff.
Chaumage, *sm.* act. de couper le chaume.
Chaume, *sm.* tige qui reste après la moisson.
Chaumière, *sf.* maisonnette.
Chausse, *sm.* chaperon, bas.
Chaussée, *sf.* chemin élevé.
Chausser, *v.* mettre les bas.
Chaussette, *sf.* bas court.
Chausson, *sm.* chaussure.
Chaussure, *sf.* ce qui chausse
Chauve, *a.* sans cheveux.
Chauve-souris, *sf.* quadrupè.
Chaux, *sf.* terre primitive.
Chavirer, *v.* renverser.
Chef, *sm.* tête, supérieur.
Chef-d'œuvre, *sm.* bel ouvra.
Chef-lieu, *sm.* lieu principal.
Chemin, *sm.* route.
Cheminée, *sf.* foyer, tuyau.
Cheminer, *v.* marcher.
Chemise, *sf.* vêtem. de toile.
Chemisette, *sf.* petite chemis.
Chenal, *sm.* conduit d'eau.
Chenapan, *sm.* vaurien.
Chêne, *sm.* arbre. [plomb.
Chéneau, *sm.* conduit de

Chenet, *sm.* ust. de cheminée.
Chènevis, *sm.* graine de chanv.
Chenevotte, *sf.* tuyau dépouillé de chanvre.
Chenil, *sm.* logem. des chiens
Chenille, *sf.* insecte rampant.
Cher, ère, *a.* chéri.
Cher, *ad.* à haut prix.
Chercher, *v.* tâcher de trouver
Chère, *sf.* qualité des mets; repas, régal.
Chèrement, *ad.* à haut prix.
Chérir, *v.* aimer tendrement.
Chérissable, *a.* qu'on doit ché-
Cherté, *sf.* prix excessif. [rir.
Chérubin. *sm.* ange.
Chétif, ve, *a.* vil, mauvais.
Chétivement, *ad.* d'une manière chétive.
Cheval, *sm.* quadrupède.
Chevaler, *v.* étayer, se servir de chevalet.
Chevalet, *sm.* supplice.
Chevalier, *sm.* dignité.
Chevau-léger, *sm.* cavalier.
Chevelu, *a.* à longs cheveux.
Chevelure, *sf.* les cheveux.
Chevet, *sm.* traversin.
Cheveu, *sm.* poil de la tête.
Cheville, *sf.* morc. de boislong
Cheviller, *v.* met. des chevill.
Chèvre, *sf.* femelle du bouc.
Chevreau, *sm.* petit de la chèv.
Chevron, *sm.* bois équarri.
Chevroter, *v.* aller par sauts.
Chez, *prép.* au logis.
Chicane, *sf.* tromperie.
Chicaner, *v.* user de chicane.
Chicanerie, *sf.* tromperie.
Chicaneur, euse, *s.* qui chica-
Chiche, *a.* avare. [ne.
Chichement, *ad.* avec avarice
Chicorée, *sf.* plante potagère.
Chicot, *sm.* reste.
Chicoter, *v.* vétiller, *pop.*
Chien, *s.* quadrupède.
Chiendent, *sm.* plante.
Chiffe, *sf.* étoffe faible.
Chiffon, *sm.* vieux morceau.
Chiffonner, *v.* froisser, tourmenter.
Chiffonnier, ère, *s.* qui ramasse les chiffons.
Chiffre, *sm.* caract. de nombr.
Chiffrer, *v.* marq. par chiffre.
Chignon, *sm.* derrière du cou
Chimère. *sf.* idée vaine.
Chimérique, *a.* de chimère.
Chimie, *sf.* art de décomposer et de recomposer.
Chimiste, *sm.* qui sait la chim.
Chipoter, *v.* vétiller, *fa.*
Chipotier, *sm.* qui chipote.
Chique, *sf.* tabac à mâcher.

Chiquenaude, *sf.* coup sur le nez.
Chiquer, *v.* mâcher du tabac.
Chirurgical, *a.* de la chirurgie
Chirurgie, *sf.* art du
Chirurgien, *sm.* qui opère sur le corps, panse les plaies.
Chirurgique, *a.* de la chirurg.
Chlore, *sm.* corps simple.
Choc, *sm.* coup de 2 corps.
Chocolat, *sm.* pâte de cacao.
Chœur, *sm.* musiciens qui chantent ensemble, partie d'une église.
Choisir, *v.* élire, préférer.
Choix, *sm.* action de choisir.
Choléra-morbus, *sm.* malad.
Chômable, *a.* fête qu'on célèb.
Chômage, *sm.* temps d'inact.
Chômer, *v.* ne rien faire.
Chopine, *sf.* demi-pinte.
Chopiner, *v.* boire souvent.
Chopper, *v.* faire un faux pas.
Choquer, *v.* heurter, offenser.
Choriste, *sm.* (ko), chantre.
Chorus, *sm.* (ko), répétition.
Chose, *sf.* mot vague.
Chou, *sm.* plante potagère.
Chouette, *sf.* oiseau nocturne
Chrême, *sm.* (krè), huile sacr.
Chrétien, ne, *a.* (krè), qui adore Jésus-Christ.
Chrétiennement, *ad.* (krè) en chrétien. [chrétien.
Chrétienté, *sf.* (krè), pays
Christ ou Jésus-Christ, *sm.* le Messie. [de Jésus-Christ.
Christianisme, *sm.* (kri), relig.
Chronique, *sf.* histoire.
Chronique, *a.* long, ancien.
Chronologie, *sm.* science des époques. [nologie.
Chronologique, *a.* de la chro-
Chuchoter, *v.* parler bas, *fa.*
Chuchoterie, *sf.* act. de chuchoter. [chote.
Chuchoteur, euse, *a.* qui chu-
Chut, *int.* (t) silence.
Chute, *sf.* action de tomber.
Chyle, *sm.* suc formé des aliments.
Ciboire, *sf.* vase sacré.
Ciboule, *sf.* petit oignon.
Ciboulette, *sf.* petite ciboule.
Cicatrice, *sf.* marque de plaie.
Cicatriser, *v.* refermer.
Cid, *sm.* chef, commandant.
Cidre, *sm.* boisson.
Ciel, *sm.* le firmament.
Cierge, *sm.* bougie d'église.
Cigale, *sf.* insecte.
Cigarre, *sm.* feuilles de tabac.
Cigogne, *sf.* oiseau de passag.
Ciguë, *sf.* plante vénéneuse.

Cil, *sm.* poil des paupières.
Cilice, *sm.* tissu de crin.
Ciller, *v.* remuer les paupières
Cime, *sf.* sommet.
Ciment, *sm.* mortier.
Cimenter, *v.* joindre. [bé.
Cimeterre, *sm.* sabre recour-
Cimetière, *sm.* où on enterre.
Cingler, *v.* voguer, frapper.
Cinq, *a.* nombre.
Cinquantaine, *sf.* nomb. de 50.
Cinquante, *a.* num. 5 dizaines
Cinquantième, *a.* nomb. ord.
Cinquième, *a.* nomb. ordinal.
Cinquièmement, *ad.* en 5e
Cintre, *sm.* arcade. [lieu.
Cintrer, *v.* faire un cintre.
Cirage, *sm.* act. de cirer.
Circoncire, *v.* retrancher.
Circoncis, *sm.* qui a reçu la
Circoncision, *sf.* act. de circoncire. [cercle.
Circonférence, *sf.* tour d'un
Circonflexe, *a.* (accent). [se.
Circonlocution, *sf.* périphra-
Circonscription, *sf.* limite.
Circonscrire, *v.* limiter.
Circonspect, *a.* prudent.
Circonspection, *sf.* prudence.
Circonstance, *sf.* particularit.
Circonstancier, *v.* détailler.
Circonstanciel, elle, *a.* de circonstance. [tification.
Circonvallation, *sf.* fossé, for-
Circonvenir, *v.* tromper.
Circuit, *sm.* enceinte, tour.
Circulaire, *a.* rond, et *sf.* lettr.
Circulairement, *ad.* en rond.
Circulation, *sf.* act. de
Circuler, *v.* se mouvoir en rond.
Ciré, *sf.* produit des abeilles.
Cirer, *v.* enduire de cire.
Ciron, *sm.* insecte très-petit.
Cirque, *sm.* lieu des jeux.
Cisailler, *v.* couper avec des
Cisailles, *sf. pl.* gros ciseaux.
Ciseau, *sm.* outil tranchant.
Ciseler, *v.* travailler au ciselet
Ciseleur, *sm.* qui cisèle.
Ciselure, *sf.* art du ciseleur.
Citadelle, *sf.* forteresse.
Citadin, *s.* habitant de ville.
Citation, *sf.* allégation.
Cité, *sf.* ville.
Citer, *v.* ajourner, alléguer.
Citerne, *sf.* réservoir d'eau.
Citoyen, *s.* habitant d'une cité
Citron, *sm.* fruit.
Citronné, *a.* qui sent le citron
Citronnelle, *sf.* liqueur, plant.
Citronner, *v.* imbiber de citr.
Citronnier, *sm.* arbre à citron
Citrouille, *sf.* plante potagère.

Civette, *sf.* quadrupède.
Civière, *sf.* brancard.
Civil, *a.* de citoyen, poli.
Civilement, *ad.* d'une maniè-
re civile.
Civilisation, action de
Civiliser, *v.* rendre civil.
Civilité, *sf.* courtoisie.
Civique, *a.* de citoyen.
Civisme, *sm.* zèle de citoyen.
Clabaudage, *sm.* criaillerie.
Clabauder, *v.* aboyer, crier.
Clabauderie, *sf.* criaillerie.
Clabaudeur, euse, *a.* criail-
Claie, *sf.* tissu d'osier. [leur.
Clair, *a.* éclatant, lumineux.
Clairement, *ad.* avec clarté.
Claire-voie, *sf.* ouverture.
Clairon, *sm.* trompette.
Clair-semé, *a.* de loin en loin.
Clairvoyance, *sf.* sagacité.
Clairvoyant, *a.* pénétrant.
Clameur, *sf.* grand cri.
Clandestin, *a.* secret. [cret.
Clandestinement., *ad.* en se-
Clapet, *sm.* soupape à charn.
Clapir, *v.* crier, se dit du lapin
Claque, *sf.* coup du plat de
la main.
Claquedent, *sm.* gueux.
Claquement, *sm.* bruit.
Claquemurer, *v.* renfermer.
Claque-oreille, *sm.* chapeau.
Claquer, *v.* faire un bruit.
Clarification, *sf.* act. de
Clarifier, *v.* rendre clair.
Clarine, *sf.* sonnette.
Clarinette, *sf.* instr. de mu-
Clarté, *sf.* lumière. [sique.
Classe, *sf.* ordre, leçon.
Classement, *sm.* classificat.
Classer, *v.* ranger par classe.
Classique, *a.* (livre), de classe
Claude, *s. et a.* sot, *fam.*
Clause, *sf.* condition.
Claustral, *a.* du cloîtr. *pl.* aux.
Clavecin, *sm.* inst. de musiq.
Clavette, *sf.* clou plat.
Clavicule, *sf.* os de l'épaule.
Clavier, *sm.* chaîne, anneau.
Clef, *sf.* (clé) instr. pour ou-
Clémence, *sf.* bonté. [vrir.
Clément, *a.* doué de clémenc.
Clerc, *sm.* ecclés., praticien.
Clergé, *sm.* ordre ecclésiast.
Clérical, *a.* de clerc.
Cléricalement, *ad.* en clerc.
Cléricature, *sf.* état de clerc.
Clichage. *sm.* action de
Clicher, *v.* faire empreinte.
Client, *a.* qui a un avocat.
Clientèle, *sf.* les clients.
Cligner, *v.* fermer l'œil à demi
Clignoter, *v.* cligner souvent.

Climat, *sm.* pays, températ.
Clin, *sm.* (d'œil), mouvem.
rapide, faux brillant.
Clinquant, *sm.* pet. lame d'or
Clique, *sf.* gens qui cabalent.
Cliquetis, *sm.* bruit d'armes.
Cloaque, *sm.* égout, voirie.
Cloche, *sf.* instrument de
métal, vase, ampoule.
Clochement, *sm.* ac. de boiter
Clocher, *sm.* pour les cloches.
Clocher, *v.* boiter.
Clochette, *sf.* petite cloche.
Cloison, *sf.* séparat. en bois.
Cloître, *sm.* galerie.
Cloîtrer, *v.* renfermer.
Clopin-clopant, *ad.* en boitant
Clopiner, *v.* boiter un peu.
Cloporte, *sm.* insecte.
Clore, *v.* fermer, achever.
Clos, *sm.* terre enclose.
Clôture, *sf.* enceinte.
Clou, *sm.* cheville de fer.
Clouer, *v.* fixer avec des clous
Clouter, *v.* orner de clous.
Clouterie, *sf.* métier du
Cloutier, *sm.* fais. de clous.
Club, *sm.* société politique.
Clystère, *sm.* lavement.
Coadjuteur, *sm.* adjoint.
Coaliser (se), *v.* se réunir.
Coalition, *sf.* union, ligue.
Cocarde, *sf.* nœud de rubans.
Cocasse, *a.* plaisant. *fa.*
Coche, *sm.* chariot, bateau.
Cochenille, *sf.* insecte hémip-
tère, graine du chêne vert.
Cocher, *sm.* qui mène un
carrosse.
Cochléaria, *sm.* (klé) plante
Cochon, *sm.* porc. [rose.
Cochonner, *v.* hâter l'ouvr.
Cochonnerie, *sf.* malpropret.
Coco, *sm.* fruit du cocotier.
Cocon, *sm.* coque du ver à soie
Cocotier, *sm.* arbre étranger.
Coction, *sf.* cuisson, digest.
Code, *sm.* recueil de lois.
Codicille, *sm.* addition à un
testament.
Cœcum, *sm.* (om), intestin.
Coefficient, *sm.* t. d'algèbre.
Coéternel, *a.* éternel avec un
autre.
Cœur, *sm.* organe, courage.
Coexistence, *sf.* simultanéité
Coexister, *v.* exister ensemb.
Coffre, *sm.* boîte, caisse.
Coffrer, *v.* emprisonner.
Cognassier, *sm.* arbre fruit.
Cognée, *sf.* sorte de hache.
Cogner, *v.* frapper.
Cohabitation, *sf.* act. de
Cohabiter, *v.* vivre ensemb.

Cohérence, *sf.* liaison, union.
Cohérent, *a.* en cohérence.
Cohéritier, *sm.* héritier avec
un autre.
Cohorte, *sf.* troupe armée.
Cohue, *s.* assemblée tumul-
tueuse.
Coi, coite, *a.* calme, tranq.
Coiffe, *sf.* couvert. de tête.
Coiffer, *v.* couvrir la tête.
Coiffeur, euse, *a.* qui coiffe.
Coiffure, *sf.* couvert. de tête.
Coin, *sm.* angle, outil.
Coing, *sm.* fruit.
Coïncident, *a.* qui coïncide.
Coïncider, *v.* s'ajuster.
Col, *sm.* collet de chemise.
Colère, *sf.* irritation morale.
Colère, colérique, *a.*
Colibri, *sm.* tr.-pet. oiseau.
Colifichet, *sm.* babiole, futi-
Colimaçon. *V.* Limaçon. [lité.
Colin-maillard, *sm.* jeu.
Colique, *sf.* douleurs.
Colisée, *sm.* amphithéâtre.
Collaborateur, *s.* qui travaille
avec un autre.
Collage, *sm.* act. de coller.
Collatéral, *a.* hors de la ligne
directe.
Collation, *sf.* repas, confron-
tation.
Collationner, *v.* comparer.
Colle, *sf.* matière gluante.
Collecte, *sf.* levée d'impots.
Collecteur, *sm.* receveur.
Collectif, ve, *a.* qui réunit.
Collection, *sf.* recueil.
Collectivement, *ad.* ensemb.
Collége, *sm.* assemblée, école
Collégial, *a.* de collége.
Collègue, *sm.* confrère.
Coller, *v.* joindre.
Collerette, *sf.* col. de linge.
Collet, *sm.* vêtement de cou.
Colleter, *v.* prendre au collet.
Colleur, euse, *sm.* qui colle.
Collier, *sm.* orn. du cou.
Colline, *sf.* petite montagne.
Colloque, *sm.* dialogue.
Colloquer, *v.* placer, ranger.
Collusion, *sf.* intelligence.
Collyre, *sm.* remède.
Colombe, *sf.* oiseau, solive.
Colombier, *sm.* pigeonnier.
Colon, *sm.* hab. des colonies.
Colonel, *sm.* chef d'un régim.
Colonial, *a.* des colonies.
Colonie, *sf.* peuplade.
Colonnade, *sf.* rang de col.
Colonne, *sf.* pilier, appui.
Colorer, *v.* donner de la coul.
Colorier, *v.* employer les cou-
leurs dans un tableau.

Coloris, *sm.* teint frais.
Coloriste, *sm.* qui colorie.
Colossal, *a.* de colosse.
Colosse, *sm.* statue gigantesq.
Colporter, *v.* porter des marchandises.
Colporteur, *sm.* qui colporte.
Colure, *sm.* cercles.
Combat, *sm.* act. de
Combattre, *v.* attaquer ou se défendre.
Combien, *ad.* quelle quantité.
Combinable, *a.* que l'on peut combiner.
Combinaison, act. de
Combiner, *v.* arranger.
Comble, *sm.* excès, faîte.
Comblement, *sm.* act. de
Combler, *v.* remplir.
Combustible, *a.* et *s.* qui peut brûler. [brûler.
Combustion, *sf.* (ti) act. de
Comédie, *sf.* pièce de théâtr.
Comédien, *sm.* acteur.
Comestible, *s.* et *a.* bon à manger.
Comète, *sf.* astre à queue.
Comique, *a.* de la comédie.
Comité, *sm.* pet. assemblée.
Commande, *sf.* ce qui est commandé. [que.
Comme, *ad.* et *con.* de même
Commémoration, *sf.* souven.
Commencement, *sm.* princip.
Commencer, *v.* entreprendr.
Commensal, *s.* qui mange avec un autre. [port.
Commensurable, *a.* en rap-
Comment, *ad.* de quelle sorte
Commentaire, *sm.* interprét.
Commentateur, *sm.* qui commente.
Commenter, *v.* interpréter.
Commerce, *sm.* société.
Commercer, *v.* trafiquer.
Commercial, *a.* du commer.
Commère, *sf.* marraine, ba-
Commettre, *v.* faire. [varde.
Commis, *sm.* employé.
Commisération, *sf.* pitié.
Commissaire, *sm.* offic. com-
Commission, *sf.* charge. [mis.
Commissionnaire, *sm.* chargé de commissions.
Commode, *a.* aisé, facile.
Commodément, *ad.* facilem.
Commodité, *sf.* état aisé.
Commotion, *sf.* secousse.
Commuer, *v.* changer.
Commun, *a.* vil, abondant.
Communal, *a.* de commune.
Communauté, *sf.* société.
Commune, *sf.* arrondissem.
Communément, *ad.* ordinai-

rement. [se communiquer.
Communicable, *a.* qui peut
Communicatif, ve, *a.* qui se communique. [charistie.
Communier, *v.* recevoir l'eu-
Communion, *sf.* union.
Communiquer, *v.* rendre commun, faire participer.
Compacité, *sf.* état compacte
Compacte, *a.* condensé.
Compagne, *sf.* qui accomp.
Compagnie, *sf.* société.
Compagnon, *sm.* camarade.
Comparable, *sm.* que l'on peut comparer. [comparer.
Comparaison, *sf.* action de
Comparaître, *v.* se présenter.
Comparatif, ve, *a.* qui comp.
Comparer, *v.* examiner, confronter.
Compartiment, *sm.* symétrie
Comparution, *v.* act. de comparaître. [mathématiques.
Compas, *sm.* instrument de
Compassement, *sm.* act. de
Compasser, *v.* mesurer au compas.
Compassion, *sf.* pitié.
Compatibilité, *sf.* état de ce qui est
Compatible, *a.* non opposé.
Compatir, *v.* avoir pitié.
Compatriote, *sm.* du même pays.
Compensation, *sf.* act. de
Compenser, *v.* dédommager.
Compère, *sm.* parrain.
Compétence, *sf.* droit.
Compétent, *a.* qui a droit.
Compéter, *v.* appartenir.
Compétiteur, *sm.* concurrent
Compilateur, *sm.* qui compil.
Compilation, *sm.* recueil.
Compiler, *v.* faire un recueil.
Complainte. *sf.* chans. plain-
Complaire, *v.* plaire. [tive.
Complaisamment, *ad.* avec
Complaisance, *sf.* facilité à se conformer aux goûts d'autrui.
Complaisant, *a.* obligeant.
Complément, *sm.* ce qui com-
Complet, ète, *a.* entier. [plète.
Compléter, *v.* rendre compl.
Complexe, *a.* opposé à simpl.
Complexion, *sf.* tempéram.
Complication, *sf.* concours.
Complice, *a.* et *s.* qui a part.
Complicité, *sf.* état de compl.
Complies, *sf.* pl., office divin.
Compliment, *sm.* parole civ.
Complimenter, *v.* faire comp.
Compliquer, *v.* mêler.
Complot, *sm.* mauv. dessein

Comploter, *v.* faire un compl.
Componction, *sf.* douleur.
Comporter (se), *v.* se conduire
Composer, *v.* former un tout.
Composite, *sm.* (ordre) mixte
Compositeur, *sm.* qui comp.
Composition, *sf.* act. de comp.
Composteur, *sm.* outil d'imp.
Compote, *sf.* fruits cuits, etc.
Compotier, *sm.* vase.
Compréhensible, *a.* concevab
Compréhension, *sf.* intellig.
Comprendre, *v.* contenir, saisir.
Compresse, *sf.* linge sur une plaie. [comprimer.
Compressible, *a.* qu'on peut
Compression, *sf.* action de
Comprimer, *v.* resserrer.
Compris, (non) *t. ad.* contenu.
Compromettre, *v.* s'exposer.
Compromis, *sm.* convention.
Comptabilité, *sf.* état du
Comptable, *a.* qui rend compte.
Compte, *sm.* calcul, salaire.
Compter, *v.* calculer, croire.
Comptoir, *sm.* table, bureau.
Compulser, *v.* parcourir.
Comte, esse, *s.* dignitaire.
Comté, *sm.* titre de terre.
Concasser, *v.* briser.
Concave, *a.* creux.
Concavité, *sf.* état concave.
Concéder, *v.* accorder.
Concentrer, *v.* réunir au cent.
Concentrique, *a.* qui a le même centre. [cevoir.
Conception, *sf.* act. de con-
Concerner, *v.* avoir rapport à.
Concert, *sm.* musique.
Concerter, *v.* faire un projet.
Concession, *sf.* chose cédée.
Concevable, *a.* qui se conçoit.
Concevoir, *v.* engendrer, comprendre, imaginer.
Concierge, *sm.* portier. [son.
Conciergerie, *sf.* charge, pri-
Concile, *sm.* assemb. de prél.
Conciliable, *a.* qu'on peut concilier. [illégale.
Conciliabule, *sm.* assemblée
Conciliation, *sf.* action de
Concilier, *v.* accorder.
Concis, *a.* (style) court.
Concision, *sf.* état concis.
Concitoyen, *sm.* d'une même ville. [cardinaux.
Conclave, *sm.* assemblée de
Conclure, *v.* achever, inférer
Conclusion, *sf.* fin. [fruit.
Concombre, *sf.* plante, son
Concomitance, *sf.* accompagnement.

Concomitant, *a.* qui accompagne.
Concordance, *sf.* rapport.
Concordat, *sm.* convention.
Concorde, *sf.* union.
Concorder, *v.* être d'accord.
Concourir, *v.* coopérer.
Concours, *sm.* act. de concourir, affluence. [abstrait.
Concret, ète, *a.* opposé à
Concupiscence, *sf.* dés. dérég.
Concurremment, *ad.* ensem.
Concurrence, *sf.* prétention.
Concurrent, *sm.* compétiteur
Concussion, *sf.* exaction.
Condamnable, *a.* qui doit être condamné. [qui condamn.
Condamnation, *sf.* jugement
Condamner, *v.* rendre un jugement contre quelqu'un.
Condensation, *sf.* act. de
Condenser, *v.* rend. pl. dense
Condescendance, *sf.* complaisance.
Condescendre, *v.* accorder.
Condisciple, *sm.* compagnon
Condition, *sf.* qualité, clause.
Conditionnel, le, *a.* qui a une clause. [condition.
Conditionnellement, *ad.* à
Conditionner, *v.* met. en état.
Condoléance, *sf.* regrets.
Conducteur, trice, *s.* quicond.
Conduire, *v.* mener, diriger.
Conduit, *sm.* canal, tuyau.
Conduite, *sf.* act. de conduire
Cône, *sm.* pyramide ronde.
Confection, *sf.* composition.
Confédératif, ve, *a.* d'une
Confédération, *sf.* ligue.
Confédérer (se), *v.* se liguer.
Conférence, *sf.* discussion.
Conférer, *v.* comparer, raisonner.
Confesse, *sf.* aveu au prêtre.
Confesser, *v.* avouer.
Confesseur, *sm.* prêtre.
Confession, *sf.* aveu.
Confessionnal, *sm.* siége du confesseur.
Confiance, *sf.* espérance.
Confiant, *a.* qui a confiance.
Confidemment, *ad.* en
Confidence, *sf.* communication.
Confident, *s.* à qui on se confie
Confidentiel, le, *a.* sous le secret. [secret.
Confidentiellement, *ad.* en
Confier, *v.* commettre au soin
Configuration, *sf.* forme extérieure. [semble
Configurer, *v.* figurer l'ensemble
Confiner, *v.* reléguer.

Confins, *sm. pl.* limites.
Confire, *v.* assaisonner, sécher. [sacrement.
Confirmation, *sf.* assurance,
Confirmer, *v.* fortifier.
Confiscation, *sf.* action de
Confisquer, *v.* adjuger au fisc.
Confiteor, *sm.* prière.
Confitures, *sf.* fruits confits.
Confiturier, *s.* faiseur de confitures. [ment.
Conflagration, *sf.* embrase-
Conflit, *sm.* choc, débat.
Confluent, *sm.* jonction de deux rivières.
Confondre, *v.* mêler.
Conformation, *sf.* forme.
Conforme, *a.* semblable.
Conformément, *ad.* pareillement. [me.
Conformer, *v.* rendre confor-
Conformité, *sf.* rapport.
Confort, *sm.* secours.
Confortation, *sf.* action de
Conforter, *v.* fortifier.
Confrère, *sm.* membre d'une
Confrérie, *sf.* association.
Confrontation, *sf.* action de
Confronter, *v.* comparer.
Confus, *a.* confondu.
Confusément, *ad.* avec
Confusion, *sf.* mélange.
Congé, *sm.* permission.
Congédier, *v.* renvoyer.
Congélation, *sf.* action de
Congeler, *v.* geler.
Conglutiner, *v.* rendre gluant
Congratulation, *sf.* félicitati.
Congratuler, *v.* féliciter.
Congréganiste, *s.* memb. d'une
Congrégation, *sf.* société.
Congrès, *sm.* assemblée.
Congru, *a.* convenable.
Congruité, *sf.* convenance.
Conique, *a.* en forme de cône.
Conjectural, *a.* fondé sur une
Conjecture, *sf.* jugem. probab.
Conjecturer, *v.* présumer.
Conjoindre, *v.* unir.
Conjoint, *a.* joint.
Conjonctif, tive, *a.* qui unit.
Conjonction, *sf.* union.
Conjoncture, *sf.* occasion.
Conjouir (se), *v.* se réjouir.
Conjugaison, *sf.* manière de
Conjuguer, *v.* marquer les inflexions des verbes.
Conjuration, *sf.* action de
Conjurer, *v.* prier, conspirer.
Connaissance, *sf.* notion.
Connaisseur, euse, *a.* qui se connaît à.
Connaître, *v.* avoir notion de.
Connexion, *sf.* rapport.

Conniver, *v.* être complice.
Connivence, *sf.* complicité.
Conquérant, *sm.* qui a conquis.
Conquérir, *v.* acquérir [quis.
Conquête, *sm.* act. de conqué-
Consacrer, *v.* dédier. [rir.
Consanguinité, *sf.* (ui) parenté. [rieure.
Conscience, *sf.* lumière inté-
Consciencieusement, *ad.*
Consciencieux, se, *a.* juste.
Conscription, *sf.* enrôlement militaire.
Conscrit, *sm.* jeune militaire.
Consécration, *sf.* action de consacrer.
Consécutif, tive, *a.* de suite.
Consécutivement, de suite.
Conseil, *sm.* avis, assemblée.
Conseiller, *v.* donner conseil.
Consentant, *a.* qui consent.
Consentir, *v.* trouver bon.
Conséquemment, *ad.* en
Conséquence, *sf.* suite.
Conséquent, *a.* qui agit conséquemment. [server.
Conservation, *sf.* act. de con-
Conservatoire, *a.* qui conser.
Conserve, *sf.* confiture.
Conserver, *v.* garder avec soin
Considérable, *a.* important.
Considérablement, *ad.* beaucoup. [ment.
Considérément, *a.* prudem-
Considération, *sf.* action de
Considérer, *v.* examiner.
Consignation, *sf.* dépôt, citation. [tion.
Consigne, *sf.* ordre.
Consigner, *v.* faire une consi-
Consistance, *sf.* fermeté [gne.
Consister, *v.* manière d'être.
Consolateur, trice, *a.* et *s.* qui console. [sole.
Consolation, *sf.* ce qui con-
Console, *sf.* saillie ornée.
Consoler, *v.* adoucir le chagr.
Consolider, *v.* affermir.
Consommateur, *sm.* qui consomme.
Consommation, *sf.* act. de
Consommer, *v.* achever, user.
Consomptif, ve, *a.* qui consu.
Consomption, *sf.* maladie.
Consonne, *sf.* lettre.
Conspirateur, *sm.* qui consp.
Conspiration, *sf.* complot.
Conspirer, *v.* comploter, concourir.
Constamment, *ad.* avec
Constance, *sf.* fermeté d'âme.
Constant, *a.* persévérant.
Constater, *v.* prouver.
Constellation, *sf.* amas d'étoil.
Consternation, *sf.* étonnem.

Consterner, *v.* étonner.
Constipation, *sf.* rétentiondes matières dans les intestins.
Constiper, *v.* causer la constipation.
Constituer, *v.* composer.
Constitutif, ve, *a.* qui constit.
Constitution, *sf.* formation, loi. [loi.
Constitutionnel, le, selon la
Constructeur, *sm.* qui constr.
Construction, *sf.* action de
Construire, *v.* bâtir.
Consubstantialité, *sf.* état du
Consubstantiel, *a.* de même substance.
Consul, *sm.* magistrat.
Consulaire, *a.* de consul.
Consulat, *sm.* dignité de cons.
Consultation, *sf.* action de
Consulter, *v.* prendre avis.
Consumer, *v.* détruire, user.
Contact, *sm.* (*ct*) attouchem.
Contagieux, se, *a.* communicatif. [tion du mal.
Contagion, *sf.* communica-
Conte, *sm.* récit fabuleux.
Contemplation, *sf.* act. de
Contempler, *v.* considérer.
Contemporain, *a.* du même temps.
Contempteur, *sm.* qui méprise
Contenance, *sf.* capacité.
Contenir, *v.* renfermer.
Content, *a.* satisfait.
Contentement, *sm.* satisfact.
Contenter, *v.* satisfaire.
Contentieux, *a.* (*ci*) sujet.
Contention, *sf.* débat.
Conter, *v.* narrer.
Contestant, *a.* qui conteste.
Contestation, *sf.* dispute.
Contigu, ë, *a.* qui touche.
Contiguïté, *sf.* (*ui*), proximit.
Continence, *sf.* chasteté.
Continent, *a.* chaste.
Contingent, *a.* éventuel.
Continuateur, *sm.* auteur d'une
Continuation, *sm.* suite.
Continuel, le, *a.* qui ne cesse.
Continuer, *v.* persévérer.
Continuité, *sf.* suite.
Contondant, *a.* qui meurtrit.
Contorsion, *sf.* grimace.
Contour, *sm.* circuit. [tour.
Contourner, *v.* tourner au-
Contracter, *v.* s'obliger. [dit.
Contradicteur, *sm.* qui contre-
Contradiction, *sf.* opposition.
Contradictoire, *a.* opposé.
Contraindre, *v.* forcer.
Contrainte, *sf.* violence.
Contraire, *a.* opposé.

Contrarier, *v.* contredire.
Contrariété, *sf.* opposition.
Contraste, *sm.* différence.
Contraster, *v.* être opposé.
Contrat, *sm.* convention.
Contravention, *sf.* infraction.
Contre, *prép.* qui marque l'opposition.
Contrebande, *sf.* fraude.
Contrebandier, *sm.* fraudeur.
Contrecarrer, *v.* s'opposer.
Contre-cœur, *sm.* (à) regret.
Contredire, *v.* contrarier.
Contredit (sans), *loc. adv.*
Contrée, *sf.* région. [faite.
Contrefaçon, *sf.* chose contre-
Contrefacteur, *sm.* qui fait une
Contrefaçon, action de
Contrefaire, *v.* imiter.
Contrefait, *a.* difforme.
Contre-maître, *sm.* chef d'ouvriers.
Contremander, *v.* révoquer.
Contre-marche, *sf.* marche opposée.
Contre-mur, *sm.* 2e mur.
Contre-ordre, *sm.* révocation
Contre-poids, *sm.* poids opp.
Contre-poil, *sm.* poil opposé.
Contre-poison, *sm.* antidote.
Contre-seing, 2e signature.
Contre-sens, *sm.* sens opposé.
Contre-signer, *v.* signer en 2e
Contre-temps, *sm.* obstacle.
Contrevenir, *v.* agir contre.
Contrevent, *sm.* volet.
Contribuer, *v.* aider, payer.
Contribution, *sf.* impôt.
Contrister, *v.* affliger.
Contrit, *a.* très-affligé.
Contrition, *sf.* douleur.
Contrôle, *sm.* registre.
Contrôler, *v.* enregistrer.
Contrôleur, *sm.* qui contrôl.
Controuver, *v.* inventer.
Controverse, *sf.* dispute.
Contumace, *sf.* absence.
Contusion, *sf.* meurtrissure.
Convaincre, *v.* persuader.
Convalescence, *sf.* état de
Convalescent, *a.* qui relève de maladie.
Convenable, *a.* qui convient.
Convenablement, *ad.* avec
Convenance, *sf.* bienséance.
Convenir, *v.* être d'accord.
Convention, *sf.* accord.
Conventionnel, *a.* de convent
Conventuel, le, *a.* du couvent.
Convergence, *sf.* état.
Convergent, *a.* qui converge.
Converger, *v.* se réunir.
Conversation, *sf.* entretien.
Converser, *v.* causer.

Conversion, *sf.* changement.
Convertir, *v.* changer.
Convexe, *a.* surface bombée.
Convexité, *sf.* courbure extér.
Conviction, *sf.* preuve évid.
Convier, *v.* inviter.
Convive, *s.* invité.
Convocation, *sf.* act. de conv.
Convoi, *sm.* cortège d'un mort
Convoiter, *v.* désirer.
Convoitise, *sf.* cupidité.
Convoquer, *v.* assembler.
Convulsif, ve, *a.*, attaqué de
Convulsion, *sf.* efforts.
Coopérateur, trice, *s.* qui a
Coopération, *sf.* action de
Coopérer, *v.* opérer avec.
Coordonner, *v.* ordonn. avec
Copeau, *sm.* éclat de bois.
Copie, *sf.* écrit d'après un autre.
Copier, *v.* faire une copie.
Copieusement, *ad.* beaucoup.
Copieux, se, *a.* abondant.
Copiste, *sm.* qui copie.
Copulation, *sf.* union.
Coq, *sm.* (*cok*) oiseau domest.
Coque, *sf.* enveloppe.
Coqueluche, *sf.* sort. de rhume
Coquet, te, *a.* qui a de la
Coquetterie, *sf.* afféterie.
Coquillage, *sm.* testacé.
Coquille, *sf.* coque.
Coquin, *s.* fripon.
Coquinerie, *sf.* art du coquin
Cor, *sm.* durillon, instrum.
Corail, *pl.* aux, *sm.* polypier.
Corbeau, *sm.* oiseau carnass.
Corbeille, *sf.* panier.
Corbillard, *sm.* char funèbre.
Cordage, *sm.* corde.
Corde, *sf.* tortis.
Cordeau, *sm.* petite corde.
Cordeler, *v.* tresser en corde.
Cordelette, *sf.* petite corde.
Corder, *v.* faire de la corde.
Corderie, *sf.* où se fait la cord.
Cordial, *a.* qui conforte.
Cordialement, *ad.* avec
Cordialité, *sf.* affection.
Cordon, *sm.* cordelette, ruban
Cordonner, *v.* tordre en corde
Cordonnet, *sm.* petit cordon.
Cordonnier, *s.* fais. de souliers
Coriace, *a.* dur.
Cormier ou Sorbier, *sm.* arbre
Cormoran, *sm.* oiseau.
Corne, *sf.* excroissance.
Corner, *v.* sonner d'un cornet.
Cornet, *sm.* petit r, encrier.
Cornette, *sf.* coiff., étendard.
Corniche, *sf.* ornement.
Cornier, *a.* à l'angle. *arch.*
Cornu, *a.* qui a des cornes.

Cornue, *sf.* vase pour distiller
Corollaire, *sm.* conséquence.
Corporal, *sm.* linge du calice.
Corporation, *sf.* association.
Corporel, le, *a.* qui a un corps.
Corporellement, *ad.* en corps
Corps, *sm.* substance.
Corps-de-garde, *sm.* poste militaire. [maison.
Corps-de-logis, *sm.* partie de
Corpulence, *sf.* grosseur du corps.
Corpuscule, *sm.* petit corps.
Correct, *a.* (*èct*) sans faute.
Correctement, *ad.* sans faute.
Correcteur, *sm.* qui corrige.
Correctionnel, le, *a.* de correc.
Correspondance, *sf.* act. de
Correspondre, *v.* répondre.
Corridor, *sm.* galerie.
Corriger, *v.* punir, réparer.
Corrigible, *a.* qu'on peut corriger.
Corroboratif, ve, *a.* fortifiant.
Corroborer, *v.* fortifier.
Corrompre, *v.* gâter, dépraver
Corrosif, ve, *s.* et *a.* qui ronge.
Corroyer, *v.* apprêter le cuir.
Corroyeur, *sm.* qui corroie.
Corrupteur, trice, *s.* qui corrompt.
Corruptibilité, *sf.* état de
Corruptible, *a.* qui peut se corrompre.
Corruption, *sf.* altération.
Corsage, *sm.* taille du corps.
Corsaire, *sm.* pirate.
Corselet, *sm.* cuirasse.
Corset, *sm.* corps de jupe.
Cortége, *sm.* suite. [lumière.
Coruscation, *sf.* éclat de la
Corvée, *sf.* travail sans profit.
Coryphée, *sm.* qui se disting.
Cosmographie, *sf.* description du monde.
Cosmopolite, *a.* celui qui ne connaît pas de patrie.
Cosse, *sf.* gousse, fruit.
Cossu, *a.* à cosse, riche.
Costume, *sm.* habillements.
Costumer, *v.* habiller. [d'imp.
Cote, *sf.* marque num., part
Côte, *sf.* os, pente, rive.
Côté, *sm.* partie latérale.
Coteau, *sm.* colline.
Côtelette, *sf.* petite côte.
Coter, *v.* numéroter.
Coterie, *sf.* société. *fa.*
Cotisation, *sf.* action de
Cotiser, *v.* taxer par cote.
Coton, *sm.* sorte de laine.
Cotonneux, se, *a.* laineux.
Cotonnier, *sm.* arbre.
Côtoyer, *v.* aller côte à côte.

Cotret, *sm.* petit fagot.
Cotte, *sf.* juppe, casaque.
Cou, *sm.* partie du corps.
Coucher, *v.* mettre au lit.
Couchette, petit lit.
Coucou, *sm.* oiseau.
Coude, *sm.* partie du bras.
Coudée, *sf.* mesure.
Couder, *v.* plier en coude.
Coudoyer, *v.* heurter le coude
Coudre, *v.* joindre avec du fil.
Couenne, *sf.* peau de porc.
Couette, *sf.* lit de plume.
Coulage, *sm.* perte de liquide.
Coulamment, *ad.* facilement.
Coulant, *a.* qui coule bien.
Coulée, *sf.* sorte d'écriture.
Couler, *v.* glisser, passer.
Couleur, *sf.* matière colorant.
Couleuvre, *sf.* reptile.
Coulis, *sm.* suc cuit.
Coulisse, *sf.* rainure.
Couloir, *sm.* passage.
Coup, *sm.* choc, impression.
Coupable, *a.* qui fait 1 faute.
Coupe, *sf.* tasse, act. de coup.
Coupe-gorge, *sm.* lieu dangereux.
Coupe-jarret, *sm.* brigand.
Couper, *v.* trancher.
Couperet, *sm.* couteau.
Couperose, *sf.* sulfate de fer.
Coupeur, euse, *a.* qui coupe.
Couple, *sf.* paire.
Coupler, *v.* mett. par couples.
Couplet, *sm.* chanson.
Coupoir, *sm.* outil.
Coupole, *sf.* dôme.
Coupon, *sm.* reste d'étoffe.
Coupure, *sf.* séparation.
Cour, *sf.* espace découvert.
Courage, *sm.* hardiesse, auda.
Courageusement, *ad.* av. cou-
Courageux, se, *a.* brave. [rag.
Couramment, *ad.* vite.
Courant, *a.* qui court.
Courbature, *sf.* maladie.
Courbe, *a.* en arc.
Courber, *v.* rendre courbe.
Courbette, *sf.* basse politesse.
Courbure, *sf.* chose courbe.
Coureur, se, *a.* qui court.
Courir, *v.* aller vite.
Couronne, *sf.* ornement.
Couronnement, *sm.* action de
Couronner, *v.* mett. 1 couron.
Courrier, *sm.* qui court.
Courroie, *sf.* lien de cuir.
Courroucer, *v.* fâcher.
Courroux, *sm.* colère.
Cours, *sm.* flux, durée, leçon.
Course, *sf.* action de courir.
Coursier, *sm.* beau cheval.
Court, *a.* opposé à long.

Courtage, *sm.* entreprise.
Courtaud, *sm.* de taille court.
Courte-haleine, *sm.* asthme.
Courte-pointe, *sf.* couvertur.
Courtier, *sm.* entremetteur.
Courtisan, *sm.* flatteur.
Couru, *a.* recherché.
Cousin, *sm.* parent, insecte.
Cousinage, *sm.* parenté.
Cousiner, *v.* traiter en cousin
Coussin, *sm.* sac rembouré.
Coussinet, *sm.* petit coussin.
Couteau, *sm.* instr. tranchant
Coutelas, *sm.* épée, poignard.
Coutelier, *sm.* qui exerce la
Coutellerie, *sf.* com. de cout.
Coûter, *v.* causer des soins, des dépenses.
Coûteux, se, *a.* cher.
Coutil, *sm.* (*ti*). toile forte.
Coutume, *sf.* habitude.
Coutumier, ère, *a.* qui a cout.
Couture, *sf.* act. de coudre.
Couturé, *a.* cicatrisé.
Couvent, *sm.* monastère.
Couver, *v.* échauffer, combin.
Couvercle, *sm.* ce qui couvr.
Couvert, *sm.* toit, service de table.
Couverture, *sf.* ce qui couvr.
Couvre-pied, *sm.* pet. couv.
Couvreur, *sm.* qui couvre.
Couvrir, *v.* mettre dessus.
Crabe, *sm.* crustacé.
Crachat, *sm.* salive, décorat.
Crachement, *sm.* action de
Cracher, *v.* jeter la salive.
Crachoir, *sm.* vase à cracher.
Crachoter, *v.* cracher souv.
Craie, *sf.* pierre tend. blanch.
Craindre, *v.* avoir peur.
Crainte, *sf.* peur, respect.
Craintif, ve, *a.* timide.
Crampe, *sf.* contraction.
Crampon, *sm.* pièce de fer.
Cramponner, *v.* attacher.
Cran, *sm.* entaille.
Crâne, *sm.* os du cerveau.
Crapaud, *sm.* reptile.
Craquer, *v.* rendre un son.
Craquerie, *sf.* hablerie.
Crasse, *sf.* ordure.
Crasseux, se, *a.* sale, avare.
Cratère, *sm.* bouche de volcan
Cravate, *sf.* mouch. de cou.
Cravache, *sf.* sorte de fouet.
Crayon, *sm.* mine p. dessin.
Crayonner, *v.* ébaucher.
Crayonneur, *v.* qui crayonne
Crayonneux, se, *a.* de crayon.
Créance, *sf.* mission, crédit.
Créancier, ère, *a.* à qui on doit
Créateur, trice, *s.* et *a.* qui crée.

Création, *sf.* act. de créer.
Créature, *sf.* être créé.
Crécelle, *sf.* moulin. bruyant.
Crèche, *sf.* mangeoire.
Crédence, *sf.* buffet.
Crédibilité, *sf.* motif de croire
Crédit, *sm.* ce qu'on doit
Créditer, *v.* noter ce qu'on
　doit payer. 　[apôtres.
Credo, *sm.* (é) symbole des
Crédule, *a.* qui croit facilem.
Crédulité, *sf.* facilité à croire.
Créer, *v.* inventer, établir.
Crémaillère, *sf.* instrument
　de cuisine. 　[lait.
Crème, *sf.* partie grasse du
Créneau, *sm.* haut d'un mur.
Créneler, *v.* faire des crén.
Crénelure, *sf.* dentelure.
Créole, *s.* Américain d'ori-
　gine européenne. 　[frite.
Crêpe, *sm.* étoffe, *f.* pâte
Crêper, *v.* friser les cheveux.
Crépi, *sm.* enduit sur un mur.
Crépir, *v.* enduire de mortier.
Crépon, *sm.* étoffe de laine.
Crépu, *a.* très-frisé.
Crépuscule, *sm.* clarté.
Cresson, *sm.* plante.
Crête, *sf.* cime.
Cretonne, *sf.* toile blanche.
Creuser, *v.* rendre creux.
Creuset, *sm.* vase à fondre.
Creux, se, *a.* vide, profond.
Crevasse, *sf.* fente. 　[tures.
Crevasser, *v.* faire des ouver-
Crève-cœur. *sm.* déplaisir. *fa*
Crever, *v.* rompre, mourir. *fa*
Cri, *sm.* voix haute.
Criailler, *v.* crier beaucoup.
Criaillerie, *sf.* crierie répétée.
Criard, *a.* qui crie beaucoup.
Crible, *sm.* passoire.
Cribler, *v.* percer.
Cribleur, *sm.* qui crible.
Criblure, *sf.* ordures.
Cric, *sm.* (cri) machine.
Criée, *sf.* publication. *jur.*
Crier, *v.* jeter des cris.
Crierie, *sf.* bruit en criant.
Crieur, euse, *a.* qui crie.
Crime, *sm.* mauv. action.
Criminel, le, *a.* coupable.
Criminellement, *ad.* en cri-
　minel.
Crin, *sm.* poil long et rude.
Crinière, *sf.* crins du cou.
Crise, *sf.* effort violent.
Crispation, *sf.* contraction.
Crisper, *v.* contract. les nerfs.
Cristal, *sm.* —*pl.* taux, pierre
　transparente.
Cristallin, *sm.* transparent.
Cristallisation, *sf.* action de

Cristalliser, *v.* met. en cristal.
Critérium, *sm.* vérité.
Critique, *sf.* censure.
Critiquer, *v.* censurer.
Croc, *sm.* (cro), instr. de fer.
Crochet, *sm.* petit croc.
Crocheter, *v.* ouvrir, prendre
　avec un crochet.
Crocheteur, *sm.* porte-faix.
Crochu, *a.* recourbé.
Crocodile, *sm.* reptile.
Croire, *v.* ajouter foi.
Croisade, *sf.* ligue catholiq.
Croiser, *v.* mettre en croix.
Croisillon, *sm.* trav. de croix.
Croissance, *sf.* action de
Croître, *v.* devenir grand.
Croix, *sf.* lig. formant 4 angl.
Croquer, *v.* faire du bruit.
Croquis, *sm.* esquisse.
Crosse, *sf.* bâton d'évêque.
Crosser, *v.* pousser avec une
　crosse, donner la crosse.
Crotte, *sf.* boue, fiente.
Crotter, *v.* salir avec la crotte
Crottin, *sm.* excrément.
Croulement, *sm.* éboulement
Crouler, *v.* tomber.
Croupe, *sf.* derrière, cime.
Croupion, *sm.* bas de l'échine
Croupir, *v.* se corrompre.
Croustiller, *v.* manger peu.
Croustilleux, *a.* difficile.
Croûte, *sf.* partie du pain.
Croûton, *sm.* grosse croûte,
Croyable, *a.* qui peut être cru.
Croyance, *sf.* ce qu'on croit.
Cru, *sm. a.* non cuit, terroir.
Cruauté, *sf.* férocité.
Cruche, *sf.* vase de terre.
Cruchée, *sf.* plein une cruche
Cruchon, *sm.* petite cruche.
Crucifère, *a.* fleur en croix.
Crucifiement, *sm.* act. de
Crucifier, *v.* mett. en croix.
Crucifix, *sm.* (fi) J.-C.
Crudité, *sf.* ce qui est cru.
Crue, *sf.* augmentation.
Cruel, le, *a.* inhumain.
Cruellement, *ad.* av. cruauté
Crûment, *ad.* d'une man. dur.
Crustacé, *a.* et *s.* à écailles.
Cube, *a.* et *s.* solide à 6 faces.
Cuber, *v.* réduire en cube.
Cubique, *a.* du cube.
Cueillette, *sf.* récolte.
Cueillir, *v.* détach. de la tige.
Cuiller (èr) ou Cuillère, *sf.*
　ustensile de ménage.-
Cuillerée, *sf.* plein une cuill.
Cuir, *sm.* peau corroyée.
Cuirasse, *sf.* armure de fer.
Cuirasser, *v.* arm. de cuiras.
Cuirassier, *sm.* cavalier.

Cuire, *v.* préparer au feu.
Cuisant, *a.* âpre, aigu.
Cuisine, *sf.* où l'on cuit.
Cuisiner, *v.* faire la cuisine.
Cuisinier, ère, *a.* qui cuisine.
Cuisse, *sf.* partie du corps.
Cuisson, *sf.* act. de cuire.
Cuistre, *sm.* pédant grossier.
Cuivre, *sm.* métal.
Cuivrer, *v.* imiter le cuivre.
Cuivreux, se, *a.* de cuivre.
Cul, *sm.* (cu) le derrière,
Culasse, *sf.* part. d'arm. à feu
Culbute, *sf.* sorte de saut.
Culbuter, *v.* renverser.
Culée, *sf.* appui d'un pont.
Culot, *sm.* dernier né.
Culotte, *sf.* vêtement.
Culte, *sm.* hon. rendu à Dieu.
Cultivable, *a.* qu'on peut cult.
Cultivateur, *sm.* qui cultive.
Cultiver, *v.* travailler.
Culture, *sf.* act. de cultiver.
Cumuler, *v.* réunir.
Cupidité, *sf.* convoitise.
Curable, *a.* qu'on peut guérir.
Curateur, trice, *s.* administr.
Curatif, ve, *a.* pour guérir.
Cure, *sf.* guéris. log. d'un curé
Curé, *sm.* prêtre, pasteur.
Cure-dent.-oreille, *sm.* instr.
Curée, *sf.* pâture. *chas.*
Curer, *v.* nettoyer.
Cureur, *sm.* qui cure.
Curial, e, *a.* de curé. [sité.
Curieusement, *ad.* av. curio-
Curieux, se, *a.* qui a de la
　curiosité, rare.
Curiosité, *sf.* chose rare.
Cursive, *a.* (écrit.) courante.
Curviligne, *a.* courbe.
Cutané, *a.* de la peau. [vin.
Cuve, *sf.* vaisseau à faire le
Cuveau, *sm.* petite cuve.
Cuvée, *sf.* cont. d'une cuve.
Cuver, *v.* fermenter.
Cuvette, *sf.* vase à laver.
Cuvier, *sm.* cuve pour la less.
Cycle, *sm.* cercle, période.
Cyclope, *sm.* qui n'a qu'un
Cygne, *sm.* oiseau. 　[œil.
Cylindre, *sm.* rouleau.
Cymbale, *sf.* inst. d'airain.
Cylindrique, *a.* en cylindre.
Cynique, *s.* obscène.
Cynisme, *sm.* impudence.
Cyprès, *sm.* arbre.
Czar, *sm.* souver. de Russie.

D

D, *sm.* (dé ou de) consonne.
Da, particule : *oui-da.* fam.

Dada, *sm.* cheval. *enfantin.*
Dadais, *sm.* niais. *fam.*
Daigner, *v.* vouloir.
Daim, *sm.* (din) bête fauve.
Daine, *sf.* femelle du daim.
Dais, *sm.* poêle en ciel-de-lit.
Dalle, *sf.* tablette de pierre.
Dalmatique, *sf.* tunique.
Damas, *sm.* étoffe, prune.
Damasser, *v.* façonner.
Dame, *sf.* femme, jeu.
Dame-jeanne, *sf.* bouteille.
Dameret, *sm.* qui fait le beau.
Damier, *sm.* échiquier.
Damnable, *a.* (*ana*) détestab.
Damnation, *sf.* pein. des dam.
Damner, *v.* punir de l'enfer.
Damoiseau, *sm.* galant.
Damoiselle, *sf.* fille noble.
Dandin, *sm.* niais.
Dandinement, *sm.* act. de
Dandiner, *v.* balanc. son corps
Danger, *sm.* péril. [danger.
Dangereusement, *ad.* avec
Dangereux, se, *a.* périlleux.
Dans, *prép.* de temps et de
Danse, *sf.* action de [lieu.
Danser, *v.* se mouv. en caden.
Danseur, euse, *s.* qui danse.
Dard, *sm.* arme à lancer.
Darder, *v.* lancer. *fig.* blesser
Dariolle, *sf.* sorte de patiss.
Dartre, *sf.* maladie de la peau
Dartreux, se, *a.* de dartre.
Date, *sf.* époque.
Dater, *v.* mettre la date.
Datif, *sm.* 3e cas des noms.
Datte, *sf.* fruit du palmier.
Dattier, *sm.* sorte de palmier.
Daube, *sm.* sorte de ragoût.
Dauphin, *sm.* cétacé.
Davantage, *ad.* plus.
De, *prép.*
Dé, *sm.* outil pour coudre.
Débacle, *sf.* rupt. des glaces.
Débâclement, *sm.* action de
Débâcler, *v.* débarrasser.
Déballage, *sf.* action de
Déballer, *v.* défaire un ballot.
Débandement, *sm.* act. de
Débander, *v.* disperser.
Débaptiser, *v.* chang. de nom
Débarbouiller, *v.* nettoyer.
Débardage, *sm.* action de
Débarder, *v.* décharger.
Débarquement, *sm.* act. de
Débarquer, *v.* sortir du vaiss.
Débarras, *sm.* cessation d'embarras.
Débarrassement, *sm.* act. de
Débarrasser, *v.* tirer d'embar.
Débat, *sm.* contestation.
Debâter, *v.* ôter le bât.
Débattre, *v.* contester,

Débauche, *sf.* déréglement.
Débaucher, *v.* mettre en débauche. [bauche.
Débaucheur, euse, *a.* qui dé-
Débile, *a.* faible. [re faible.
Débilement, *ad.* d'une maniè-
Débilitation, *sf.* affaiblissem.
Débilité, *sf.* faiblesse. *méd.*
Débiliter, *v.* affaiblir.
Débit, *sm.* vente, trafic.
Débitant, *sm.* marchand,
Débiter, *v.* vendre.
Débiteur, trice, *s.* qui doit.
Déblai, *sm.* débarr. de terre.
Déblayer, *v.* débarrasser.
Déboire, *sm.* dégoût.
Déboîtement, *sm.* dislocation
Déboîter, *v.* disloquer.
Débonder, *v.* ôter la bonde.
Débondonner, *v.* ôter le bond.
Débonnaire, *a.* doux.
Débord, *sm.* débordement.
Déborder, *v.* répandre.
Débotter, *v.* ôter les bottes.
Déboucher, *v.* ôter ce qui bouc.
Déboucler, *v.* ôter les boucl.
Débourber, *v.* ôter la bourbe.
Débourrer, *v.* ôter la bourre.
Débourse, Débours, *sm.* argent donné.
Déboursement, act. de
Débourser, *v.* tir. de la bours.
Debout, *ad.* sur pied.
Débouter, *v.* declarer déchu.
Déboutonner, *v.* ôter des bout.
Débrider, *v.* ôter la bride.
Débris, *sm.* restes.
Débrouillement, *sm.* act. de
Débrouiller, *v.* démêler.
Débrutir, *v.* dégrossir.
Débusquement, *sm.* act. de
Débusquer, *v.* chasser d'un poste.
Début, *sm.* commencement.
Débuter, *v.* commencer.
Deçà, *prép.* de ce côté-ci.
Décacheter, *v.* ouvrir.
Décade, *sf.* dizaine.
Décadence, *sf.* ruine, déclin.
Décagone, *a.* et *sm.* à dix angl.
Décagramme, *sm.* 10 gramm.
Décaisser, *v.* ôter d'une caisse
Décalitre, *sm.* dix litres.
Décalogue, *sm.* loi de Moïse.
Décalquer, *v.* tirer une épreu.
Décamètre, *sm.* dix mètres.
Décampement, *sm.* act. de
Décamper, *v.* lever le camp.
Décanter, *v.* tirer à clair.
Décapitation, *sf.* action de
Décapiter, *v.* couper la tête.
Décarreler, *v.* ôter les carreau.
Décatir, *v.* ôter le cati.
Décatissage, *sm.* act. de décat.

Décéder, *v.* mourir.
Décèlement, *sm.* action de
Déceler, *v.* découvrir.
Décembre, *sm.* 12e mois.
Décemment, *ad.* avec décenc.
Décence, *sf.* bienséance.
Décennal, *a.* de dix ans.
Décent, *a.* selon la décence.
Déception, *sf.* tromperie.
Décerner, *v.* ordonner.
Décès, *sm.* mort naturelle.
Décevoir, *v.* tromper.
Déchaînement, *sm.* act. de
Déchaîner, *v.* s'emporter, ôter
Déchanter, *v.* chanter faux.
Décharge, *sf.* coups de feu.
Déchargement, *sm.* act. de
Décharger, *v.* ôter la charge.
Déchargeur, *sm.* qui décharg.
Décharné, *a.* maigre, sec.
Décharner, *v.* ôter la chair.
Déchaumer, *v.* défricher.
Déchaussement, *sm.* labour.
Déchausser, *v.* ôter la chaussure. [droit
Déchéance, *sf.* perte d'un
Déchet, *sm.* diminution.
Décheveler, mêler la chevelure.
Déchiffrement, *sm.* act. d
Déchiffrer, *v.* lire ce qui es mal écrit.
Déchiqueter, *v.* découper.
Déchiqueture, *sf.* taillade.
Déchirement, *sm.* act. de
Déchirer, *v.* mettre en pièces
Déchirure, *sf.* rupture.
Déchoir, *v.* devenir moindre
Déciare, *sm.* un 10e de l'are
Décidé, *a.* résolu.
Décidément, *ad.* résolûment
Décider, *v.* déterminer.
Décigramme, *sm.* 10e de gra
Décilitre, *sm.* 10e du litre.
Décimal, *a.* divisible par 10
Décimale, *sf.* fraction décim
Décimation, *sf.* act. de décim
Décime, *sm.* 2 sous.
Décimer, *v.* punir un sur di.
Décimètre, *sm.* 10e du mè
Décintrement, *sm.* act. de
Décintrer, *v.* ôter le cintre.
Décisif, ve, *a.* qui décide.
Décision, *sf.* résolution.
Décisivement, *ad.* d'une m nière décisive.
Décistère, *sm.* 10e du stèr
Déclamateur, *sm.* qui déclam
Déclamation, *sf.* act. de
Déclamer, *v.* réciter.
Déclaration, *sf.* action de
Déclarer, *v.* manifester.
Déclin, *sm.* déca ence.
Déclinable, *a.* qu'o décline.

Déclinaison, *sf.* action de
Décliner, *v.* déchoir.
Déclouer, *v.* ôter les clous.
Décochement, *sm.* act. de
Décocher, *v.* tirer une flèche.
Décoction, *sf.* drog. bouillies.
Décoiffer, *v.* ôter la coiffe.
Décollation, *sf.* action de
Décoiler, *v.* couper.
Décolleter, *v.* découv. le cou.
Décolorer, *v.* ôter la couleur.
Décombrer, *v.* ôter les
Décombres, *sm. pl.* platras.
Décomposer, *v.* séparer.
Décomposition, *sf.* réduction
Décompte, *sm.* déduction.
Décompter, *v.* rabattre.
Déconcerter, *v.* troubler.
Déconfiture, *sf.* déroute.
Déconforter, *v.* décourager.
Déconsidérer, *v.* diffamer.
Décontenancer, *v.* déconcert.
Décor, *sm.* ornement.
Décoration, *sf.* ornement.
Décorer, *v.* orner.   [ce.
Décorum, *sm.* (*om*) bienséan-
Découcher, *v.* couch. dehors.
Découdre, *v.* défaire une cout.
Découlant, *a.* qui découle.
Découlement, *sm.* flux.
Découler, *v.* couler, émaner.
Découper, *v.* couper en mor-
   ceaux.
Découpure, *sf.* taillade.
Découragement. *sm.* act. de
Décourager, *v.* ôter le courag.
Décousure, *sf.* ce qui est déc.
Découvrir, *v.* ôt. le couvercle.
Décrasser, *v.* ôter la crasse.
Décréditement, *sm.* act. de
Décréditer, *v.* ôter le crédit.
Décrépit, *a.* vieux et cassé.
Décrépitation, *sf.* action de
Décrépiter, *v.* calciner.
Décrépitude, *sf.* vieillesse.
Décret, *sm.* loi, ordonnance.
Décréter, *v.* faire un décret.
Décri, *sm.* action de
Décrier, *v.* décréditer.
Décrire, *v.* peindre, exposer.
Décrocher, *v.* ôter du crochet.
Décroire, *v.* ne pas croire.
Décroître, *v.* diminuer.
Décrotter, *v.* ôter la crotte.
Décrotteur, *sm.* qui décrotte.
Décrottoire, *sf.* brosse.
Décuple, *sm.* et *a.* 10 fois.
Décupler, *v.* rendre décuple.
Décurie, *sf.* dix hommes.
Décurion, *sm.* chef de décurie
Dédaigner, *v.* mépriser.
Dédaigneusement, *ad.* avec
   mépris.   [daigne.
Dédaigneux, se, *a.* qui dé-

Dédain, *sm.* sorte de mépris.
Dédale, *sm.* labyrinthe.
Dedans, *ad.* de lieu.
Dédicace, *sf.* action de dédier.
Dédicatoire, *a.* qui dédie.
Dédier, *v.* consacrer.
Dédire, *v.* désavouer.
Dédit, *sm.* révocation.
Dédommagement, *sm.* act. de
Dédommager, *v.* indemniser.
Dédorer, *v.* ôter la dorure.
Dédoubler, *v.* ôter la doublur.
Déduction, *sf.* rabais.
Déduire, *v.* rabattre, narrer.
Déesse, *sf.* divinité du sexe
   féminin.
Défâcher (se), *v.* s'apaiser. *fa.*
Défaillance, *sf.* faiblesse.
Défaillir, *v.* manquer.
Défaire, *v.* détruire, délivr.
Défait, *a.* amaigri.
Défaite, *sf.* déroute, débit.
Défalcation, *sf.* déduction.
Défalquer, *v.* déduire.
Défaut, *sm.* imperfection.
Défaveur, *sf.* perte de faveur.
Défavorable, *a.* non favorabl.
Défectif, ve, *a.* incomplet.
Défection, *sf.* désertion.
Défectueusement, *ad.* mal.
Défectueux, se, *a.* imparfait.
Défectuosité, *sf.* défaut.
Défendable, *a.* qu'on peut
Défendre, *v.* protéger.
Défense, *sf.* protection.
Défensif, ve, *a.* qui défend.
Déférence, *sf.* complaisance.
Déférer, *v.* dénoncer.
Déferrer, *v.* ôter les fers.
Défi, *sm.* provocation.
Défiance, *sf.* manque de conf.
Défiant, *a.* soupçonneux.
Déficit, *sm.* (*t*) manque.
Défier, *v.* provoquer.
Défigurer, *v.* rendre difform.
Défilé, *sm.* passage étroit.
Défiler, *v.* ôter le fil, avancer.
Définir, *v.* expliquer.
Définitif, ve, *sf.* qui décide.
Définition, *sf.* explication.
Définitivement, *ad.* en défin.
Défleurir, *v.* ôter la fleur.
Défoncement, *sm.* action de
Défoncer, *v.* ôter le fond.
Déformer, *v.* gâter la forme.
Défourner, *v.* tirer du four.
Défrayer, *v.* payer la dépense.
Défrichement, *sm.* act. de
Défricher, *v.* mettre en cult.
Défricheur, *sm.* qui défrich.
Défriser, *v.* défaire la frisur.
Défroncer, *v.* déplisser.
Défroque, *sf.* dépouille.
Défroquer, *v.* ôter le froc.

Défunt, *a.* qui est mort.
Dégagement, *sm.* issue, ac-
   tion de
Dégager, *v.* retirer ce qui
   est en gage.
Dégaîner, *v.* tirer l'épée.
Déganter, *v.* ôter les gants.
Dégarnir, *v.* ôter la garnitur.
Dégât, *sm.* dommage.
Dégauchir, *v.* dresser.
Dégel, *sm.* action de
Dégeler, *v.* fondre la glace.
Dégénération, *sf.* état de
Dégénérer, *v.* s'abatârdir.
Dégingandé, *a.* sans conte-
   nance.
Dégluer, *v.* ôter la glu.
Déglutition, *sf.* act. d'avaler.
Dégobiller, *v.* vomir. *bas.*
Dégorgement, *sm.* action de
Dégorger, *v.* déboucher.
Dégoter, *v.* déplacer, *fam.*
Dégourdir, *v.* réchauffer.
Dégourdissement, *sm.* cessa-
   tion de l'engourdissement.
Dégoût, *sm.* manque de goût.
Dégoûtant, *a.* qui dégoûte.
Dégoûté, *a.* et *s.* difficile.
Dégoûter, *v.* donner du dé-
   goût.
Dégouttement, *sm.* act. de
Dégoutter, *v.* couler par gout.
Dégradation, *sf.* act. de
Dégrader, *v.* destituer, avilir.
Dégrafer, *v.* détacher une
   agrafe.
Dégraissage, *sm.* act. de
Dégraisser, *v.* ôter les taches.
Dégraisseur, *sm.* qui dégrais.
Degré, *sm.* escalier, marche.
Dégréer, *v.* ôter les agrès.
Dégringoler, *v.* descendre.
Dégrossir, *v.* ôter le plus gros.
Déguenillé, *a.* en guenilles.
Déguerpir, *v.* abandonner.
Déguisement, *sm.* action de
Déguiser, *v.* travestir.
Dégustation, *sf.* action de
Déguster, *v.* goûter.
Déharnacher, *v.* ôter les har-
Dehors, *ad.* hors de.   [nais.
Déicide, *sm.* crime des Juifs.
Déification, *sf.* action de
Déifier, *v.* diviniser.
Déiste, *a.* qui reconnaît Dieu.
Déjà, *ad.* dès cette heure.
Déjeter (se), *v.* se courber.
Déjeuner, *v.* manger le
Déjeuné, *sm.* repas du matin.
Déjoindre, *v.* séparer.
Déjouer, *v.* empêcher l'effet.
Délabrement, *sm.* action de
Délabrer, *v.* déchirer.
Délacer, *v.* défaire le lacet.

Délai, *sm.* retardement.
Délaissement, *sm.* abandon.
Délaisser, *v.* abandonner.
Délassement, *sm.* repos.
Délasser, *v.* ôter la lassitude.
Délateur, trice, *s.* dénonciat.
Délation, *sf.* dénonciation.
Délatter, *v.* ôter les lattes.
Délayer, *v.* détremper.
Délectable, *a.* agréable.
Délectation, *sf.* plaisir.
Délecter, *v.* réjouir.
Délégation, *sm.* commission.
Délégué, *sm.* député.
Déléguer, *v.* députer.
Délestage, *sm.* action de
Délester, *v.* ôter le lest.
Délibératif, ve, *a.* persuasif.
Délibération, *sf.* act. de délib.
Délibérément, *ad.* hardiment
Délibérer, *v.* discuter.
Délicat, *a.* scrupuleux, friand.
Délicatement, *ad.* avec dé-
  licatesse.
Délicater, *v.* trait. mollement.
Délicatesse, *sf.* mollesse.
Délices, *sf. pl.* plaisir.
Délicieusement, *ad.* av. délic.
Délicieux, se, *a.* très-bon.
Délier, *v.* détacher.
Délinquant, *sm.* coupable.
Délinquer, *v.* faillir.
Déliquescent, *a.* liquéfié.
Délire, *sm.* égarement d'espr.
Délit, *sm.* contravention.
Délivrance, *sf.* action de
Délivrer, *v.* mettre en liberté.
Délogement, *sm.* action de
Déloger, *v.* décamper.
Déloyal, *a.* sans loyauté.
Déloyauté, *sf.* manque de foi.
Déluge, *sm.* inondation.
Démagogie, *sf.* faction popul.
Démagogue, *sm.* chef de fact.
Démailloter, *v.* ôter du maillot
Demain, *ad.* le jour d'après.
Démanchement, *sm.* act. de
Démancher, *v.* ôter le manche
Demande, *sf.* action de
Demander, *v.* solliciter.
Démangeaison, *sf.* picotement
Démanger, *v.* picoter.
Démantèlement, *sm.* act. de
Démanteler, *v.* détruire.
Démantibuler, *v.* rompre.
Démarcation, *sf.* limite.
Démarche, *sf.* allure.
Démarquer, *v.* ôter la marque.
Démarrer, *v.* détacher.
Démasquer, *v.* ôter le masque
Démâter, *v.* ôter les mâts.
Démêlé, *sm.* querelle.
Démêler, *v.* débrouiller.
Démembrement, *sm.* act. de

Démembrer, *v.* séparer.
Déménagement, *sm.* act. de
Déménager, *v.* changer.
Démence, *sf.* folie.
Démener (se), *v.* se débattre.
Démenti, *sm.* action de
Démentir, *v.* contredire.
Démérite, *sm.* action de
Démériter, *v.* perdre l'estime.
Démesurément, *ad.* avec exc.
Démettre, *v.* disloquer.
Démeublement, *sm.* act. de
Démeubler, *v.* ôter les meubl.
Demeure, *sf.* domicile.
Demeurer, *v.* habiter.
Demi, *a.* et *ad.* moitié.
Demie, *sf.* demi-heure.
Demi-lune, *sf.* fortification.
Demi-métal, *sm.* substance.
Demi-setier, *sm.* quart de
  pinte.
Démission, *sf.* acte pour se
  démettre. [met.
Démissionnaire, *a.* qui se dé-
Démocrate, *sm.* partisan de la
Démocratie, *sf.* (cie), gou-
  vernement populaire.
Démocratique, *a.* populaire.
Demoiselle, *sf.* fille.
Démolir, *v.* détruire.
Démolition, *sf.* décombres.
Démon, *sm.* diable, malin
  esprit.
Démonétiser, *v.* ôter cours à
  à une monnaie.
Démoniaque, *a.* possédé.
Démonstratif, *a.* qui démontr.
Démonstration, *sf.* preuve.
Démonter, *v.* ôter la monture.
Démontrer, *v.* prouver.
Démoralisation, *sf.* action de
Démoraliser, *v.* pervertir.
Démordre, *v.* se départir.
Dénaturer, *v.* changer la nat.
Dénégation, *sf.* act. de dénier.
Déni, *sm.* refus.
Déniaiser, *v.* rendre plus fin.
Dénicher, *v.* ôter du nid.
Dénicheur, *sm.* qui déniche.
Denier, *sm.* monnaie.
Dénier, *v.* nier, refuser.
Dénigrement, *sm.* action de
Dénigrer, *v.* ternir la réputa-
  tion.
Dénombrement, *sm.* act. de
Dénombrer, *v.* faire le compte
Dénominateur, *sm.* fraction.
Dénominatif, *a.* qui dénomm.
Dénommer, *v.* nommer.
Dénoncer, *v.* déclarer. [ce.
Dénonciateur, *sm.* qui dénon-
Dénonciation, *sf.* déclaration.
Dénoter, *v.* désigner.
Dénouer, *v.* défaire un nœud.

Dénoûment, *sm.* fin d'une act.
Denrée, *sf.* pour nourriture.
Dense, *a.* compacte.
Densité, *sf.* qualité de ce qui
  est dense. [mâchoire.
Dent, *sf.* os enclavé dans la
Denteler, *v.* entailler en dent.
Dentelle, *sf.* ouvrage de fil.
Dentelure, *sf.* sculpture den-
  telée.
Denticule, *sm.* ornement.
Dentiste, *sm.* qui soigne les
  dents.
Denture, *sf.* ordre des dents.
Dénuer, *v.* priver totalem.
Dénûment, *sm.* privat. total.
Dépaqueter, *v.* défaire un paq.
Dépareiller, *v.* séparer.
Déparer, *v.* ôter ce qui pare.
Déparier, *v.* défaire une paire
Départ, *sm.* act. de partir.
Département, *sm.* div. de pays
Départemental, *a.* de départ.
Départir, *v.* partager.
Dépasser, *v.* devancer.
Dépaver, *v.* ôter le pavé.
Dépayser, *v.* chang. de pays.
Dépècement, *sm.* action de
Dépecer, *v.* met. en morceau.
Dépêche, *sf.* lettres d'affaires
Dépêcher, *v.* hâter.
Dépeindre, *v.* décrire.
Dépendamment, *sf.* avec
Dépendance, *sf.* sujétion.
Dépendant, *a.* qui dépend.
Dépendre, *v.* décroch., relev.
Dépens, *sm. pl.* frais. *jur.*
Dépense, *sf.* ce qu'on dépen.
Dépenser, *v.* employ. de l'arg.
Dépensier, ère, *a.* qui aime
  la dépense, prodigue.
Dépérir, *v.* déchoir.
Dépérissement, *sm.* décaden.
Dépêtrer, *v.* débarrasser.
Dépeuplement, *sm.* act. de
Dépeupler, *v.* dégarnir d'hab.
Dépiquer, *v.* détacher. *fa.*
Dépit, *sf.* fâcherie, colère.
Dépiter, *v.* mutiner.
Déplacement, *sm.* act. de
Déplacer, *v.* ôter de sa place.
Déplaire, *v.* être désagréable.
Déplaisance, *sf.* répugnance.
Déplaisant, *a.* désagréable.
Déplaisir, *sm.* chagrin.
Déplanter, *v.* ôter ce qui est
  planté, déposséder. [plié.
Déplier, *v.* étendre ce qui est
Déplisser, *v.* défaire les plis.
Déplorable, *a.* dig. de pitié.
Déplorablement, *ad.* très-mal
Déplorer, *v.* plaindre.
Déployement, *sm.* act. de
Déployer, *v.* étendre.

Dépolir. *v.* ôter le poli. [larité.
Dépopulariser, *v.* ôt. la popu-
Déportation, *sf.* bannissem.
Déportement, *sm.* conduite.
Déporter, *v.* bannir.
Déposant, *a.* qui dépose.
Déposer, *v.* destituer.
Dépositaire, *s.* qui a en dép.
Déposition, *sf.* destitution.
Déposséder, *v.* ôter la posses.
Déposter, *v.* chass. d'un poste
Dépôt, *sm.* act. de déposer.
Dépoter, *v.* ôter d'un pot.
Dépouille, *sf.* peau, butin.
Dépouillement, *sm.* dénûm.
Dépouiller, *v.* ôter, priver.
Dépourvu, *a.* privé.
Dépravation, *sf.* corruption.
Dépraver, *v.* pervertir.
Dépréciation, *sf.* action de
Déprécier, *v.* rabaisser.
Déprédateur, *sm.* qui dépréd.
Déprédation, *sf.* vol.
Dépréder, *v.* piller avec dégât.
Dépendre, *v.* détacher, être
Déprimer, *v.* rabaisser. [sub.
Dépriser, *v.* priser moins.
Depuis, *prép.*
Depuratif, ve, *a.* qui dépure.
Dépuration, action de
Dépurer, *v.* rend. plus pur.
Députation, *sf.* env. de déput.
Député, *sm.* envoyé, délégué.
Députer, *v.* déléguer.
Déraciner, *v.* arrach. la racin.
Déraidir, *v.* ôter la raideur.
Déraison, *sf.* déf. de raison.
Déraisonnable, *a.* contraire
   à la raison. [raison.
Déraisonnablement, *ad.* sans
Déraisonner, *v.* raisonn. faux
Dérangement, *sm.* désordre.
Déranger, *v.* déplac., troubl.
Déréglement, *sm.* désordre.
Déréglément, *ad.* sans règle.
Dérégler, *v.* met. en désord.
Dérider, *v.* ôter les rides.
Dérision, *sf.* moquerie.
Dérisoire, *a.* avec dérision.
Dérivatif, ve, *a.* qui détourn.
Dérivation, *sf.* origine.
Dérive, *sf.* act. de dériver.
Dériver, *v.* tirer sa source.
Dernier, *a.* et *s.* après les
   autres.
Dernièrement, *ad.* dep. peu.
Dérober, *v.* voler. [cachette.
Dérobée, loc. ad. (*à la*) en
Dérogation, *sf.* action de
Déroger, *v.* faire une dispo-
   sition contre.
Dérouillement, *sm.* act. de
Dérouiller, *v.* ôter la rouille.
Dérouler, *v.* étendre ce qui

est roulé ; raconter.
Déroute, *sf.* fuite de troup.
Dérouter *v.* ôter de la route.
Derrière, *sm. prép.* | *ad.* par-
   tie postérieure.
Des, *art. cont.* p. *de les*,
Dès, *prép.* depuis. [*quelques*
Désabusement, *sm.* act. de
Désabuser, *v.* détromper.
Désaccord, *sm.* désunion.
Désaccoutumer, *v.* déshabit.
Désachalander, *v.* ôter les
   chalands.
Désagréable, *a.* qui déplaît.
Désagrément, *sm.* déplaisir.
Désajuster, *v.* déranger.
Désaltérer. *v.* ôter la soif.
Désancrer, lever l'ancre.
Désappointer, *v.* tromper.
Désapprendre, *v.* oublier.
Désapproprier (se) *v.* renon-
Désapprouver, *v.* blâmer. [cer
Désargenter. *v.* ôter l'argent.
Désarmement, *sm.* act. de
Désarmer, *v.* ôter les armes.
Désassembler, *v.* déjoindre.
Désastre, *sm.* grand malh.
Désastreux, se, *a.* funeste.
Désavantage, *sm.* malheur.
Désavantageusement, *ad.*
   avec désavantage.
Désavantageux, se, *a.* qui
   cause du désavantage.
Désaveu, *sm.* action de
Désavouer, *v.* nier.
Desceller, ôter le scellé.
Descendance, *sf.* extraction.
Descendre, *a.* aller en bas.
Descente, *sf.* pente, hernie.
Description, *sf.* act. de décr.
Désemballer, *v.* déballer.
Désembourber, *v.* tirer de la
Désemparer, *v.* quitter. [boue
Désempeser, *v.* ôter l'empois.
Désemplir, *v.* vider en part.
Désemprisonner, *v.* ôter de
   prison. [de
Désenchantement, *sm.* act.
Désenchanter, *v.* détromper.
Désenclouer, *v.* tirer un clou.
Désenfler, *v.* ôter l'enflure.
Désenivrer, *v.* ôter l'ivresse.
Désennuyer, *v.* dissiper l'en-
   nui. [yure.
Désenrayer, *v.* ôter l'enra-
Désenrouer, *v.* ôter l'enroue-
Désert, *a.* inhabité. [ment.
Déserter, *v.* abandonner.
Déserteur, *sm.* qui déserte.
Désertion, *sf.* act. de désert.
Désespérément, *ad.* avec ex-
   cès.
Désespérer, *v.* perdre espoir.
Désespoir, *sm.* pert. de l'esp.

Déshabiller, *v.* ôter les hab.
Déshabituer, *v.* ôter l'habi-
   tude. [dité.
Déshériter, *v.* priver d'héré-
Déshonnête, *a.* indécent.
Déshonnêtement, *ad.* avec
   indécence.
Déshonnêteté, *sf.* indécence.
Déshonneur, *sm.* honte.
Déshonorable, *a.* déshono-
   rant. [neur.
Déshonorer, *v.* perdre l'hon-
Désignation, *sf.* action de
Désigner, *v.* indiquer.
Désinfecter, *v.* ôter l'infect.
Désinfection, *sf.* act. de
   désinfecter. [nérosité.
Désintéressement, *sm.* gé-
Désintéresser, *v.* dédommag.
Désir, *sm.* souhait. [sirer.
Désirable, *a.* qu'on doit dé-
Désirer, *v.* souhaiter.
Désireux, se, *a.* qui désire.
Désistement, *sm.* act. de se
Désister (se), *v.* renoncer.
Dès lors, *ad.* dès ce temps-là.
Désobéir, *v.* refuser d'obéir.
Désobéissance, *sf.* refus d'o-
   béir. [béit.
Désobéissant, *a.* qui déso-
Désobligeamment, *ad.* avec
Désobligeance, *sf.* action de
Désobliger, *v.* déplaire.
Désobstruer, *v.* débarrasser.
Désœuvré, *a.* qui ne fait rien.
Désœuvrement, *sm.* inact.
Désolant, *a.* qui désole.
Désolateur, *sm.* qui ravage.
Désolation, *sm.* affliction.
Désoler, *v.* affliger.
Désordonné, *a.* déréglé.
Désordonnément, *ad.* avec
Désordre, *sm.* trouble.
Désorganisateur, *sm.* qui
   désorganise.
Désorganisation, *sf.* act. de
Désorganiser, *v.* détruire.
Désorienter, *v.* déconcerter.
Désormais, *ad.* à l'avenir.
Désosser, *v.* ôter les os.
Despote, *sm.* tyran.
Despotique, *a.* arbitraire.
Despotiquement, *ad.* avec
Despotisme, *sm.* tyrannie.
Dessaisir (se), *v.* abandonner.
Dessaisissement, *sm.* act. de
   se dessaisir.
Dessaler, *v.* ôter la salure.
Dessangler, *v.* ôter les sangl.
Dessèchement, *sm.* act. de
Dessécher, *v.* rendre sec.
Dessein, *sm.* intent., projet.
Desseller, *v.* ôter la selle.
Desserrer, *v.* lâcher.

Dessert, *sm.* fruits à servir.
Desservant, *sm.* qui dessert.
Desservir, *v.* ôter les mets.
Dessiller, *v.* ouvrir les yeux.
Dessin, *sm.* représentation.
Dessinateur, *sm.* qui dessine.
Dessiner, *v.* faire un dessin.
Dessouder, *v.* défaire la sou-
    dure.   [chose.
Dessous, *ad.* sous quelque
Dessus, *ad.* sur quelq. chose.
Destin, *sm.* fatalité. [miné.
Destination, *sf.* emploi déter-
Destinée, *sf.* destin, vie.
Destiner, *v.* fixer.
Destituer, *v.* ôter l'emploi.
Destitution, *sf.* privation
    d'emploi.   [truit.
Destructeur, trice, *s.* qui dé-
Destructif, ve, *a.* qui dé-
    truit.
Destruction, *s.* ruine totale.
Désuétude, *sf.* (su), vieillesse.
Désunion, *sf.* défaut d'union.
Désunir, *v.* disjoindre.
Détachement, *sm.* action de
Détacher, *v.* dégager.
Detail, *sm.* circonstance.
Détailler, *v.* narrer.
Détalage, *sm.* action de
Détaler, ôter l'étalage.
Déteindre, *v.* ôter la couleur.
Dételer, *v.* détacher les che-
    vaux.
Détendre, *v.* relâcher.
Détenir, *v.* retenir.
Détente, *sf.* ressort de fusil.
Détenteur, trice, qui retient.
Détention, *sf.* saisie.
Détenu, *sm.* prisonnier.
Détérioration, *sf.* action de
Détériorer, *v.* dégrader.
Déterminatif, ve, *a.* qui dé-
    termine.   [tion.
Détermination, *sf.* résolu-
Déterminé, *a.* et *s.* hardi.
Déterminément, *ad.* hardi-
    ment.
Déterminer, *v.* décider.
Déterrer, *v.* exhumer.
Détestable, *a.* exécrable.
Détestablement, *ad.* très-
    mal.
Détestation, *sf.* haine. [reur.
Détester, *v.* avoir en hor-
Détonation, *sf.* action de
Détoner, *v.* éclater.
Détonner, *v.* sortir du ton.
Détordre, *v.* défaire.
Détors, *a.* détordu.
Détortiller, *v.* détordre.
Détour, *sm.* sinuosité.
Détourner, *v.* écarter.
Détracter, *v.* médire.

Détracteur, *sm.* médisant.
Détraction, *sf.* médisance.
Détraquer, *v. a.* dérégler.
Détrempe, *sf.* couleur déla-
Détremper, *v.* délayer. [yée.
Détresse, *sf.* danger.
Détriment, *sm.* préjudice.
Détroit, *sm.* bras de mer.
Détromper, *v.* tirer d'erreur.
Détrôner. *v.* déposséder.
Détrousser, *v.* voler.
Détruire, *v.* démolir.
Dette, *sf.* ce qu'on doit.
Deuil, *sm.* affliction.
Deutéronome, *sm.* liv. saint.
Deux, *a.* numéro.
Deuxième. *a.* second. [cond.
Deuxièmement, *ad.* en se-
Dévaliser, *v.* voler.
Devancer, *v.* gagn. le devant.
Devancier, ière, *a.* précédent.
Devant, *prép.* de lieu.
Devanture, devant de bou-
    tique.   [vaste.
Dévastateur, trice, qui dé-
Dévastation, *sf.* ruine.
Dévaster, *v.* ravager.
Développement, *sm.* act. de
Développer, *v.* étendre.
Devenir, *v.* être.
Dévergondé, *a.* sans honte. *fa.*
Devers, *prep.* de lieu, vers.
Déverser, *v.* pencher. [ton.
Dévider, *v.* mettre en pelo-
Dévidoir, *sm.* instr. p. dévid.
Dévier, *v.* se détourner.
Devin, eresse, *s.* qui prédit.
Deviner, *v.* prédire.
Devis, *sm.* propos ; état d'un
    marchand.
Dévisager, *v.* défigurer.
Devise, *sf.* allégorie.
Dévoiement, *sm.* flux de
    ventre.
Dévoiler, ôter le voile.
Devoir, *v.* avoir des obliga-
    tions.
Dévolu, *a.* échu par droit.
Dévorer, *v.* déchirer.
Dévot, *a.* et *s.* pieux. [tion.
Dévotement, *ad.* avec dévo-
Dévouement, *sm.* soumis-
    sion.
Dévouer, *v.* consacrer.
Dévoyer, *v.* dévier.
Dextérité, *sf.* adresse.
Dey, *sm.* anc. souv. d'Alger.
Dia, *ad.* à gauche.
Diable, *sm.* esprit malin.
Diabolique, *a.* du diable.
Diaboliquement, *ad.* en diab.
Diaconat, *sm.* ordre sacré.
Diacre, *sm.* ecclésiastique.
Diadème, *sm.* bandeau royal.

Diagonal, *a.* d'un angle à
    l'autre.
Diagonalement, *ad.* en diag.
Dialecte, *sm.* langage.
Dialectique, *sf.* logique.
Dialogue, *sm.* conversation.
Dialoguer, *v.* converser.
Diamant, *sm.* pierre pré-
    cieuse.
Diamétral, *a.* du diamètre.
Diamétralement, *ad.* directe-
Diamètre, *sm.* ligne. [ment.
Diane, *sf.* déesse de la chasse.
Diantre, *sm.* diable. *fa.*
Diapason, *sm.* instrument.
Diaphane, *a.* transparent.
Diaphanéité, *sf.* transpa-
    rence.
Diarrhée, *sf.* flux de ventre.
Diatribe, *sf.* critique amère.
Dictateur, *sm.* magistrat.
Dictature, *sf.* dignité.
Dictée, *sf.* ce qu'on dicte.
Dicter, *v.* faire écrire.
Diction, *sf.* élocution.
Dictionnaire. *sm.* vocabul.
Didactique. *a.* de l'instruct.
Dièse, *sm.* marque de mu-
Diète, *sf.* régime. [sique.
Dieu, *sm.* Etre suprême.
Diffamatoire, *a.* qui diffame.
Diffamateur, *sm.* calomnia-
    teur.
Diffamation, *sf.* action de
Diffamer, *v.* décrier.
Différemment, *ad.* autrem.
Différence, *sf.* dissemblance.
Différencier, *v.* distinguer.
Différend, *sm.* débat.
Différent, *a.* divers.
Différer, *v.* retarder.
Difficile, *a.* malaisé.
Difficilement, *ad.* avec
Difficulté, *sf.* contestation.
Difficultueux, se, *a.* difficile.
Difforme, *a.* laid, mal fait.
Difformer, *v.* ôter la forme.
Difformité, *sf.* état difforme.
Diffus, *a.* prolixe.
Diffusément, *ad.* avec
Diffusion, *sf.* confusion.
Digérer, *v.* faire la digestion.
Digeste, *sm.* recueil de lois.
Digestif, ve, *a.* qui fait digér.
Digestion, (ti) *sf.* coction des
    aliments dans l'estomac.
Digne, *a.* qui mérite. [digne
Dignement, *ad.* d'une man.
Dignitaire, *sm.* qui a une
Dignité, *sf.* mérite, titre.
Digression, *sf.* hors du sujet.
Digue, *sf.* rempart.
Dilacération. *sf.* action de
Dilacérer, *v.* déchirer.

Dilapidation, sf. dépense dés-ordonnée.
Dilapider, v. dépenser follem.
Dilatabilité, sf. qualité de ce qui est [laté.
Dilatable, a. qui peut être di-
Dilatation, sf. act. de dilater.
Dilatatoire, sm. instrum. pour
Dilater, v. étendre, élargir.
Dilatoire, a. qui tend à prol.
Dilayer, v.a. retarder, remet.
Dilection, sf. amour, charité.
Dilemme, sm. argum. double.
Diligemment, ad. promptem.
Diligence, sf. célérité, pour-suite, voiture publique.
Diligent, a. prompt, laborieu.
Diligenter, v. hâter.
Diluvien, ne, a. du déluge.
Dimanche, sm. j. de la semai.
Dîme, sf. tribut du dixième des produits de la terre.
Dimension, sf. étendue.
Dîmer, v. lever la dîme.
Diminuer, v. amoindrir.
Diminutif, ve, a. et s. qui di-minue. [moindrissement.
Diminution, sf. rabais, a-
Dimissoire, sm. pouvoir d'un évêque.
Dimissorial, a. de dimissoire.
Dinanderie, sf. ustensile de cuivre jaune.
Dinde, sf. poule-d'Inde.
Dindon, sm. coq-d'Inde.
Dindonneau, sm. pet. dindon.
Dindonnier, s. gardeur de dindons.
Dînée, sf. le dîner en voyage.
Dîner, v. manger au milieu du jour.
Dînette, sf. petit dîner. enf.
Dineur, sm. qui dîne copieu-sement.
Diocésain, a. du diocèse.
Diocèse, sm. étendue d'un évêché. [réfraction.
Dioptrique, sf. traité de la
Diphthongue, sf. 2 sons réu-nis en une seule syllabe.
Diplomate, sm. qui sait la
Diplomatie, sf. (cie) science des intérêts des États.
Diplôme, sm. charte, acte public.
Direct, a. (èc) qui va droit.
Directement, ad. en lign. dir.
Directeur, trice, s. qui dirige.
Direction, sf. conduite, ten-dance. [ner vers.
Diriger, v. conduire, tour-
Dirimant, a. qui rend nul.
Discernement, sm. acte de
Discerner, v. distinguer.

Disciple, sm. écolier, sectat.
Disciplinable, a. docile.
Discipline, sf. règlem., fouet.
Discipliné, a. tenu dans l'ord.
Discipliner, v. régler, fouett.
Discontinuation, sf. acte de
Discontinuer, v. cesser.
Disconvenance, sf. dispro-portion. [ber d'accord.
Disconvenir, v. ne pas tom-
Discord, a. discordant.
Discordance, sm. état discor.
Discordant, a. non d'accord.
Discorde, sf. dissension, dées.
Discoureur, se, sm. grand parleur.
Discourir, v. parler longuem.
Discours, sm. assemblage de paroles. [sie.
Discourtois, a. sans courtoi-
Discourtoisie, sf. non court.
Discrédit, sm. perte de crédit.
Discrédité, a. en discrédit.
Discréditer, v. nuire au créd.
Discret, a. ète, prudent, rete-nu dans ses paroles.
Discrètement, ad. avec
Discrétion, sf. circonspecti.
Disculpation, sf. action de
Disculper, v. justifier.
Discussion, sf. examen.
Disert, a. qui parle facilem.
Disette, sf. famine.
Diseur, se, s. qui dit.
Disgrâce, sf. défaveur. [grâc.
Disgracier, v. priver de ses
Disgracieux, se, a. désagréa.
Disjoindre, v. séparer.
Disjonctif, ve, a. qui sépare.
Disjonction, sf. séparation.
Dislocation, sf. deboîtement.
Disloquer, v. démettre.
Disparaître, v. cesser de par.
Disparate, sf. contraire.
Disparité, sf. différence.
Disparition, sf. act. de dispar.
Dispendieux, se, a. coûteux.
Dispensateur, trice, s. qui dis-tribue. [tion.
Dispensation, sf. distribu-
Dispense, sf. exemption.
Dispenser, v. exempter.
Disperser, v. répandre.
Dispersion, sf. act. de dispers.
Disponible, a. dont on peut
Disposer, v. préparer. [disp.
Dispositif, ve, a. qui dispose.
Disposition, sf. arrangement.
Disproportion, sf. inégalité.
Disproportionné, a. inégal.
Dispute, sf. débat.
Disputer, v. contester.
Disputeur, sm. qui dispute.
Disque, sm. palet. astron.

Dissemblable, a. différent.
Dissemblance, sf. différence.
Disséminer, v. répandre.
Dissension, sf. discorde.
Disséquer, v. faire l'anatomie d'un corps.
Dissertation, sf. examen.
Disserter, v. discourir.
Dissidence, sf. scission.
Dissident, sm. sectaire.
Dissimulation, sf. action de
Dissimuler, v. cach. sa pensée
Dissipateur, trice, s. qui dis-
Dissipation, sf. act. de [sipe.
Dissiper, v. disperser.
Dissolu, a. débauché. [soudr.
Dissoluble, a. qui peut se dis-
Dissolutif, ve, a. dissolvant.
Dissolution, sf. dérèglement.
Dissolvant, a. qui dissout.
Dissonnance, sf. faux accord.
Dissonnant, a. discordant.
Dissoudre, v. décomposer.
Dissuader, v. détourner.
Dissuasion, sf. act. de dissua.
Distance, sf. intervalle.
Distant, a. éloigné. [tille.
Distillateur, sm. (l) qui dis-
Distillation, sf. act. de distill.
Distillatoire, a. de la distillat.
Distiller, v. extraire l'esprit.
Distillerie, sf. lieu où l'on dis.
Distinct, a. (inkt) différent, clair.
Distinctement, ad. clairem.
Distinctif, ve, a. qui distingue
Distinction, sf. égard, mérite.
Distinguer, v. discerner.
Distique, sm. en 2 vers.
Distorsion, sf. contorsion.
Distraction, sf. inapplication.
Distraire, v. séparer, rendre
Distrait, a. inattentif.
Distribuer, v. partager.
Distributeur, trice, s. qui dist.
Distributif, ve, a. qui distrib.
Distribution, sf. act. de distri.
Distributivement, ad. m. sens
District, sm. (ik) juridiction.
Diton, sm. interval. de 2 tons.
Diurétique, a. et sm. apéritif.
Diurnal, sm. office du jour.
Diurne, a. d'un jour. [questi.
Divaguer, v. s'écarter de la
Divan, sm. conseil turc.
Divergence, sf. état diverg.
Divergent, a. qui s'écarte.
Divers, e, a. différ. pl. plusieu.
Diversement, ad. différemm.
Diversifiable, a. qui peut se
Diversifier, v. varier. [ner.
Diversion, sf. acte de détour-
Diversité, sf. variété.
Divertir, v. distraire, récréer.

Divertissant, *a.* qui réjouit.
Divertissement, *sm* amusem.
Dividende, *sm.* nomb. à divi-
Divin, *a.* de Dieu. [ser.
Divination, *sf.* art de deviner.
Divinatoire, *a.* de la divinati.
Divinement, *ad.* d'une ma-
nière divine. [divin.
Diviniser, *v.* reconnaître p.
Divinité, *sf.* essen. divi. Dieu.
Divis, *a.* qui est divisé.
Diviser, *v.* partager, désunir.
Diviseur, *sm.* nomb. qui divi.
Divisibilité, *sf.* qual. divisibl.
Divisible, *a.* qu'on peut divis.
Division, *sf.* partage. *fig.* dis-
corde.
Divorce, *sm.* rupture de ma-
Divulgation, *sf.* act. de [riage.
Divulguer, *v.* publier.
Dix, *a. num.* 2 fois cinq.
Dix-huit (in-), *sm.* format de
18 feuillets.
Dizième, *a. ord. sm.* (iz) 10ᵉ
partie.
Dizain, *sm.* pièce de 10 vers.
Dizaine, *sf.* total de dix.
Dizeau, *sm.* tas de 10 gerbes.
Dizenier, *sm.* chef de 10 pers.
D-la-ré, ton de ré. *mus.*
Docile, *a.* facile à gouverner.
Docilement, *ad.* av. docilité.
Docilité, *sf.* dispositi. à obéir.
Docte, *a.* et *sm.* savant.
Doctement, *ad.* d'une maniè-
re docte.
Docteur, *sm.* promu au docto-
Doctoral, *a.* de docteur. [rat.
Doctorat, *sm.* degré de doct.
Doctorerie, *sf.* acte en théolo.
Doctrine, *sf.* savoir, enseign.
Document, *sm.* renseigneme.
Dodécaèdre, *sm.* corps à 12 fa-
ces.
Dodécagone, *sm.* fig. à 12 côt.
Dodu, *a.* gras, potelé. *fa.*
Dogat, *sm.* dignité de doge.
Doge, *sm.* titre.
Dogmatique, *a.* sentencieux.
Dogmatiquement, *ad.* d'une
manière dogmatique.
Dogmatiser, *v.* endoctriner.
Dogmatiseur, *sm.* qui dogm.
Dogme, *sm.* point de doctri-
Dogue, *sm.* gros chien. [ne.
Doguin, *sm.* petit dogue.
Doigt, *sm.* (doi) partie de la
main.
Doigtier, *sm.* ce qui couvre le
Dol, *sm.* fraude. [doigt.
Doléance, *sf.* plainte. *fa.*
Dolemment, *ad.* (la) d'une
manière dolente.
Dolent, *a.* triste. *fa.*

Doler, *v.* aplanir av. la doloi-
Doliman, *sm.* habit turc. [re.
Dollar, *sm.* monnaie des E-
tats-Unis.
Doloire, *sf.* inst. de tonnelier.
Dom ou Don, *sm.* titre d'hon.
Domaine, *sm.* bien-fonds.
Dôme, *sm.* voûte demi-sphér.
Domerie, *sf.* titre d'abbaye.
Domesticité, *sf.* état domesti.
Domestique, *a.* de la maison.
Domestiquement, *ad.* en do.
Domicile, *sm.* logis, demeur.
Domicilier (se), *v.* fixer sa de.
Dominant, *a.* qui domine.
Dominateur, trice, *s.* qui do.
Domination, *sf.* puissance.
Dominer, *v.* commander, *fig.*
être au-dessus de.
Dominicain, *sm.* religieux.
Dominical, *a.* du Seigneur.
Domino, *sm.* habit de bal, jeu.
Dominoterie, *sf.* pap. colorés.
Dominotier, *sm.* md. d'estam-
pes. [dice.
Dommage, *sm.* perte, préju-
Dommageable, *a.* préjudicia.
Domptable, *a.* qu'on peut
Dompter, *v.* assujett. vaincre.
Dompteur, *sm.* qui dompte.
Don, *sm.* présent, talent.
Donataire, *s.* à qui on fait don.
Donateur, trice, *s.* qui fait don
Donation, *sf.* don par act. pub.
Donc, *conj. conclusiv.* (donk)
Donjon, *sm.* tour d'un chât.
Donjonné, *a.* avec tours. *blas.*
Donnant, *a.* qui aime à donn.
Données, *sf. pl.* t. de mathém.
Donner, *v.* faire don.
Donneur, euse, *s.* qui donne.
Dont, *pron. conj.* de qui.
Dorade, *sf.* poisson, constella.
Dorénavant, *ad.* à l'avenir.
Dorer, *v.* enduire, couv. d'or.
Doreur, euse, *s.* qui dore.
Dorien, *a.* term. de musiq.
Dorique, ord. d'architec. dia-
Dorloter, *v.* délicater. [lecte.
Dormant, *a.* qui dort, fixe.
Dormeur, euse, *s.* qui dort.
Dormir, *v.* être dans le somm.
Dormitif, ve, *s. a.* qui fait dor.
Doronic, plante radiée.
Dorsal, *a.* muscle du dos.
Dortoir, *sm.* lieu pour cou-
cher.
Dorure, *sf.* art de dorer.
Dos, *sm.* part. post. du corps.
Dose, *sf.* quantité prescrite.
Doser, *v.* régler la dose. *méd.*
Dossier, *sm.* dos de fauteuil.
Dot, *sf.* (t) bien apporté par
une fille qui se marie ou

qui prend le voile.
Dotal, *a.* de la dot, *pl.* aux.
Dotation, *sf.* acte de doter.
Doter, *v.* donner une dot.
Douaire, *sm.* don du mari à sa
veuve. [douaire.
Douairier, ère, *s.* qui jouit du
Douane, *sf.* droit sur les mar-
chandis. lieu où il se paie.
Douaner, *v.* plomber pour la
douane.
Douanier, *sm.* commis de la
douane. [dage. *mar.*
Doublage, *sf.* second bor-
Double, *a.* qui vaut ou pèse 2
fois autant, *fig.* traître.
Doubleau, (arc) *sm.* voûte.
Doublement, *ad.* acte de
Doubler, *v.* mettre le double.
Doublet, *sf.* pierre fausse.
Doublette, *sf.* un des jeux de
l'orgue. [d'imprimerie.
Doublon, *sm.* monnaie, faute
Doublure, *sf.* ce qui double.
Douceâtre, *a.* d'une douceur
fade. [nière douce.
Doucement, *ad.* d'une ma-
Doucereux, se, *a.* et *sm.* fade.
Doucettement, *ad.* douceme.
Douceur, *sf.* qualité de ce qui
est doux, profits, cajolerie.
Douche, *sf.* effusi. d'eau. *méd.*
Doucher, *v.* donner la douch.
Doucine, *sf.* moulure ondoy.
Douelle, *sf.* courbure. *arch.*
Douer, *v.* assigner un douair.
avantager. *jur.* orner.
Douille, *sf.* manche creux en
fer. [délicat, robe ouatée.
Douillet, te, *a.* et *s*, tendre et
Douillettement, *ad.* d'une ma-
nière douillette. [d'esprit.
Douleur, *sf.* mal de corps ou
Douloir (se), *v.* se plaindre.
Douloureusement, *ad.* avec
douleur. [de la douleur.
Douloureux, se, *a.* qui cause
Doute, *sm.* incertitude.
Douter, *v.* être en doute,
soupçonner.
Douteusement, *ad.* av. douté.
Douvain, *sm.* bois à douves.
Douve, *sf.* planche d'un ton-
neau.
Doux, Douce, *a.* ce qui flatte
agréablem. les sens et l'es-
prit, *fig.* humeur agréable
et paisible, etc.
Douzaine, *sf.* nombre de 12.
Douze, *a. num.* 10 plus 2.
In-12, *sm.* format en 12
feuillets.
Douzièmement, *ad.* en 12ᵉ
lieu.

Doyen, *sm.* le plus ancien d'un corps.

Doyenné, *sm.* dignité du doyen, poire. [poids.

Drachme, *sf.* (*ag*) monn. anc.,

Dragée, *sf.* amande couverte de sucre, petit plomb pour la chasse.

Drageoir, *sm.* boîte à dragées

Drageon, *sm.* bouture.

Drageonner, *v. n.* pousser des drageons.

Dragon, *sm.* monstre fab., tache de la prunell., cavalier.

Dragonnade, *sf.* guerr. de rel.

Dragonne, *sf.* nœud d'épée.

Dragonné, *a.* à queue de dra.

Drague, *sf.* pelle recourbée pour retirer le sable des rivières, orge pour la bière.

Draguer, *v.* curer, pêcher.

Dramatique, *a.* du théâtre. *sm* genre théâtral. [le théâtre.

Dramatiste, *sm.* auteur pour

Drame, *sm.* poëme pour le théâtre. [toile de lit.

Drap, *sm.* étoffe de laine,

Drapé, *a.* épais, duveteux.

Drapeau, *sm.* haillon, enseigne d'infanter. *pl.* maillot.

Draper, *v.* couvrir de deuil, habiller. *pein.* railler.

Draperie, *sf.* fabriq. de drap.

Drapier, *sm.* fabric. de drap.

Drastique, *a.* (remède) vio-

Drèche, *sf.* mare d'orge. [lent.

Dresser, *v.* lever, ériger.

Drille, *sm.* bon compagnon.

Driller, *v.* courir. [vantin.

Drogman, *sm.* interprète le-

Drogue, *sf.* épicerie.

Droguer, *v.* médicamenter.

Droguerie, *sf.* toutes sortes de drogues.

Droguet, *sm.* étoffe de laine.

Droguier, *sm.* coffret de drogues. [drogues.

Droguiste, *sm.* marchand de

Droit, *a.* non courbé, debout; opposé à gauche. [ment.

Droitement, *ad.* équitable-

Droitier, *s.* qui emploie la main droite.

Droiture, *sf.* équité.

Drôle, *a.* plaisant, *sm.* rusé. *fa.*

Drôlement, *ad.* d'une manière drôle.

Drôlerie, *sf.* chose drôle. *fa.*

Dromadaire, *sm.* sorte de cha-

Dru, *a.* fort, épais. [meau.

Druide — desse, *s.* prêt. celte.

Dryade, *sf.* nymphe des bois.

Du, *art. contr.* pour de le.

Dû, *sm.* ce qui est dû, devoir,

Dubitatif, ve, *a.* qui exprime le doute.

Dubitation, *sf.* fig. de rhétori.

Duc, duchesse, *s.* dignité.

Ducal, *a.* de duc. [naies.

Ducat, Ducaton, *sm.* mon-

Duché, *sm.* seigneurie ducale.

Ductile, *a.* qui s'étend sous le marteau.

Ductilité, *sf.* propriété ductile

Duègue, *sf.* gouvernante.

Duel, *sm.* combat d'homme à homme. [duel.

Duelliste, *sm.* qui se bat en

Duire, *v.* plaire. *v.* et *fa.*

Dulcification, *sf.* action de

Dulcifier, *v.* tempér. un acide.

Dulie, *sf.* (culte de) rendu aux saints.

Dûment, *ad.* convenablem.

Dune, *sf.* colline sablonneuse.

Dunette, *sf.* haut de la poupe.

Duo, *sm.* morceau de musique exécuté à deux.

Duodénum, *sm.* (*om*) intestin.

Dupe, *sf.* qui est trompé, jeu.

Duper, *v.* tromper.

Duperie, *sf.* tromperie.

Dupeur, *sm.* trompeur.

Duplicata, *sm.* doub. d'un acte

Duplication, *sf.* opération géométrique.

Duplicature, *sf.* partie double.

Duplicité, *sf.* état de ce qui est double. [réplique.

Duplique, *sf.* réponse à une

Dupliquer, *v.* faire une dupliq.

Dur, *a.* ferme.

Durable, *a.* qui doit durer.

Durant, *prép.* pendant.

Durcir, *v.* rendre, devenir dur

Durcissement, *sm.*

Dure, *sf.* (coucher sur la), à terre. [dure.

Durée, *sf.* temps qu'une chose

Durement, *ad.* avec dureté.

Dure-mère, *sm.* membre du cerveau.

Durer, *v.* continuer d'être.

Duret, *a.* un peu dur.

Dureté, *sf.* qualité dure, paroles dures.

Durillon, *sm.* petit calus.

Duriuscule, *a.* pouls un peu dur.

Duumvir, *sm.* (*om*) magistrature romaine.

Duumvirat, *sm.* charge du duumvir.

Duvet, *sm.* menue plume.

Duveteux, se, *a.* qui a du duv.

Dynamique, *sf.* science du mouvement.

Dynaste, *sm.* petit souverain.

Dynastie, *sf.* success. de rois.

Dyspnée, *sf.* diff. de respirer.

Dyssenterie, *sf.* sorte de diarrhée. [senterie.

Dyssentérique, *a.* de la dys-

Dysurie, *sf.* diffic. d'uriner.

E

E, *sm.* 5e lettre, (*eu* ou *é*) voy.

Eau, *sf.* élément liquide, pluie

Eaux-et-forêts, *sf. pl.* juridiction des bois et des riv.

Ebahir (s'), *v.* s'étonner.

Ebahissement, *sm.* étonnem.

Ebarber, *v.* ôter les inégalités.

Ebarboir, *sm.* outil p. ébarber

Ebardoir, *sm.* grattoir à 4 côt.

Ebat, *sm.* passe-temps.

Ebattre (s'), *v.* se divertir.

Ebaubi, *a.* étonné, *pop.*

Ebauche, *sf.* esquisse.

Ebaucher, *v.* faire l'ébauche.

Ebauchoir, *sm.* outil de sculp.

Ebaudir, (s') *v.* se réjouir. *v.*

Ebaudissement, *sm.* act. de s'ébaudir.

Ebène, *sm.* bois de l'ébénier.

Ebéner, *v.* colorer en noir.

Ebénier, *sm.* arbre à bois noir

Ebéniste, *sm.* qui travaille en bois précieux.

Ebénisterie, *sf.* mét. d'ébénis.

Eblouir, *v.* aveugler par trop d'éclat.

Eblouissant, *a.* qui éblouit.

Eblouissement, *sm.* état de l'œil ébloui.

Eborgner, *v.* rendre borgne.

Ebouillir, *v.* diminuer en bouillant.

Eboulement, *sm.* act. d'[sant.

Ebouler, *v.* tomber en s'affais-

Eboulis, *sm.* chose éboulée.

Ebourgeonnement, *sm.* act. d'

Ebourgeonner, *v.* ôter les bourgeons.

Ebouriffé, *a.* échevelé. *fa.*

Ebousiner, *v.* ôter le bousin.

Ebranchement, *sm.* act. d'

Ebrancher, *v.* ôter les branch.

Ebranlement, *sm.* secousse.

Ebranler, *v.* donner des secousses.

Ebraser, *v.* élargir une baie.

Ebrécher, *v.* faire une brèche.

Ebrouement, *sm.* action d'

Ebrouer, *v.* laver, ronfler. (se dit du cheval.)

Ebruiter, *v.* divulguer.

Ebullition, *sf.* act. de bouillir.

Ecacher, *v.* écraser.

Ecaille, *sf.* ce qui couvre les

poissons, testacés, etc.

Écaillé, *a.* privé, couvert d'é-
cailles. [d'huîtres.

Écailler, ère, *s.* marchand

Écailler, *v.* ôter l'écaille, tomber par écailles.

Écailleux, se, *a.* qui se lève
par écailles. [fruits.

Écale, *sf.* coque de quelques

Écaler, *v.* ôter l'écale.

Écarbouiller, *v.* écraser.

Écarlate, *sf.* couleur, étoffe
rouge.

Écarquillement, *sm.* act. d'

Écarquiller, *v.* écarter, ouvr.

Écart, *sm.* act. de s'écarter,
terme de jeu.

Écartelé, ée, *participe* d'

Écarteler, *v.* mettre un criminel en quatre quartiers.

Écartement, *sm.* disjonction

Écarter, *v.* éloigner, éparp.

Ecce-homo, *sm.* (cé) tableau
de Jésus-Christ. [sion.

Ecchymose, *sf.* (ki) contu-

Ecclésiaste, *sm.* livre de la
Bible.

Ecclésiastique, *sm.* livre de
la Bible. *a.* homme d'égl.

Ecclésiastiquement, *ad.* en
ecclésiastique.

Eccoprotique, *a.* purgat. doux

Écervelé, *a.* esprit léger,
évaporé.

Échafaud, *sm.* élévation en
charpente.

Échafaudage, *sm.* action d'

Échafauder, *v.* dresser des é-
chafauds pour bâtir.

Échalas, *sm.* étai de cep.

Échalassement, *sm.* act. de

Échalasser, *v.* garnir d'échalas

Échalier, *sm.* clôt. de branch.

Échalotte, *sf.* sorte d'ail.

Échampir, *v.* détacher du fond
peinture. [sant.

Échancrer, *v.* dévider en crois-

Échancrure, *sf.* act. d'échanc.

Échange, *sm.* troc. [échangé.

Échangeable, *a.* qui peut êtr.

Échanger, *v.* troquer, mouill.
le linge. [boire.

Échanson, *sm.* offic. qui sert à

Échansonnerie, *sf.* les échans.

Échantillon, *sm.* petite portion d'une chose pour la
faire connaître.

Échantillonner, *v.* vérifier un
poids, etc.

Échappade, *sf.* t. de graveur.

Échappatoire, *sf.* subterfug.

Échappée, *sf.* act. imprudente

Échappement, *sm.* terme
d'horloger.

Échapper, *v.* éviter, s'évader.

Écharde, *sf.* épine dans la ch.

Échardonner, *v.* ôter les char-
dons.

Écharner, *v.* ôter la chair du
cuir. [écharner.

Écharnoir, *sm.* outil pour

Écharnure, *sf.* act. d'écharner

Écharpe, *sf.* étoffe en baudrier
ou en ceinture. [blessure.

Écharper, *v.* faire une grande

Écharsement, *ad.* d'une manière avare.

Échasses, *sf. pl.* bâtons à
étriers pour marcher.

Échauboulé, *a.* qui a des

Échauboulures, *sf. pl.* élevur.

Échaudé, *sm.* pâtisserie.

Échauder, *v.* mouiller d'eau
chaude. [échauder.

Échaudoir, *sm.* vase pour

Échauffaison, *sf.* ébullition
du sang

Échauffant, *a.* qui échauffe.

Échauffé, *sm.* odeur causée
par une chaleur trop forte.

Échauffement, *sm.* act. de

Échauffer, *v.* rendre chaud.

Échauffourée, *sf.* entreprise
manquée. *fa.*

Échauffure, *sf.* échauboulure.

Échauguette, *sf.* guérite.

Échéance, *sf.* t. de paiement.

Échec, *sm.* t. de jeu, perte.

Échelette, *sf.* petite échelle.

Échelle, *sf.* machine pour
monter ou descendre; me-
sure.

Échelon, *sm.* degré d'échelle.

Échenillage, *sm.* act. d'

Écheniller, *v.* ôter les chenill.

Écheno, *sm.* bassin de fond.

Écheveau, *sm.* fil replié en
plusieurs tours. [épars.

Échevelé, *a.* qui a les cheveux

Échevin, *sm.* ancien officier
municipal. [chevin.

Échevinage, *sm.* charge d'é-

Échiffre, *sm.* mur d'escalier.

Échine, *sf.* épine du dos; ove.

Échinée, *sf.* morceau du dos
d'un porc.

Échiner, *v.* rompre l'échine.

Échiqueté, *a.* en forme d'

Échiquier, *sm.* table p. jouer.

Écho, *sm.* son réfléchi.

Échoir, *v.* arriver par le sort.

Échoppe, *sf.* boutique, pointe

Échopper, *v.* graver.

Éclabousser, *v.* faire jaillir.

Éclair, *sm.* éclat subit.

Éclairage, *sm.* illumination.

Éclaircir, *v.* rendre clair.

Éclaircissement, *sm.* act. d'

Éclairer, *v.* illuminer.

Éclat, *sm.* gloire, pompe.

Éclater, *v.* rompre. s'emport.

Éclipse, *sf.* interposition.

Éclipser, *v.* couvrir.

Écliptique, *sm.* cercle céleste.

Écloppé, *a.* boiteux.

Éclore, *v.* sortir de la coque.

Écluse, *sf.* grand bassin.

Éclusée, *sf.* plein l'écluse.

Éclusier, *sm.* qui sert l'écluse.

Écoinçon, *sm.* pierre d'embra-
École, *sf.* lieu d'études. [sure.

Écolier, *s.* étudiant.

Éconduire, *v.* éloigner.

Économat, *sm.* administrati.

Économe, *a.* ménager.

Économie, *sf.* épargne.

Économique, *a.* qui concerne
l'économie.

Économiquement, *ad.* act. d'

Économiser, *v.* ménager.

Écope, *sf.* pelle creuse.

Écorce, *sf.* enveloppe.

Écorcer, *v.* ôter l'écorce.

Écorcher, *v.* ôter la peau.

Écorcheur, *sm.* qui écorche.

Écorner, *v.* rompre les angles.

Écornifler, *v.* vivre aux dépens des autres.

Écornifleur, euse, *s.* parasit.

Écornure, *sf.* éclat emporté.

Écosser, *v.* tirer de la cosse.

Écosseur, euse, *s.* qui écosse.

Écot, *sm.* dépense individuel.

Écoulement, *sm.* action d'

Écouler, *v.* couler hors d'un
lieu.

Écourgeon, *sm.* orge carré.

Écouter, *v.* entendre, croire.

Écoutille, *sf.* trappe du tillac.

Écran, *sm.* meuble d'hiver.

Écraser, *v.* aplatir et briser.

Écrémer, *v.* ôter la crème.

Écrêter, *v.* ôter la crête. [cé.

Écrevisse, *sf.* poisson crusta-

Écrier, *v.* faire une exclam.

Écrire, *v.* faire des lettres.

Écrit, *sm.* billet, livre.

Écriteau, *sm.* inscription.

Écritoire, *sf.* ust. pour l'encre.

Écriture, *sf.* caractères écr.

Écrivain, *sm.* qui écrit.

Écrou, *sm.* trou de la vis.

Écrouelles, *sf.* maladie.

Écrouer, *v.* mettre aux fers.

Écroulement, *sm.* act. d'

Écrouler (s'), *v.* s'ébouler.

Écroûter, *v.* ôter la croûte.

Écru, *a.* fil, soie non lavés.

Écu, *sm.* armoiries, monnaie.

Écueil, *sm.* roc en mer.

Écuelle, *sf.* sorte de vase.

Écuellée, *sf.* plein une écuelle

Eculer, v. plier le quartier.
Ecume, sf. mousse de mer.
Ecumer, v. ôter l'écume, pi.
Ecumeur, sm. pirate. [rater.
Ecumeux,se,a.plein d'écum.
Ecumoire,sf. iust. pour écu-
Ecurer, v. nettoyer. [mer.
Ecureuil, sm. quadrupède.
Ecureur, euse, s. qui écure.
Ecurie,sf.étableaux chevaux
Ecusson, sm. écu, ornement
Ecussonner, v. greffer.
Ecuyer, sm. qui enseigne
  l'équitation.
Eden, sm. paradis terrestre.
Edenter, v. rompre les dents.
Edification, sf. act. d'édifier.
Edifice, sm. bâtiment public.
Edifier,v. bâtir,port.au bien.
Edit, sm. loi, ordonnance.
Editeur,sm.qui publie un li-
  vre.   [livre.
Edition, sf. impression d'un
Edredon, sm. oreiller,duvet.
Education,sf.act.d'instruire.
Effaçable, a. qu'on peut
Effacer, v. rayer, détruire.
Effaçure, sf. rature.
Effarer,v.troubler quelqu'un
Effaroucher, v. effrayer.
Effectif, ve, a. réel.
Effectivement,ad réellement
Effectuer, v. exécuter.
Efféminer, v. rendre faible.
Effervescence, sf. émotion.
Effet, sm. résultat.
Effeuiller,v.ôter les feuilles.
Efficace, a. suffisant.
Efficacement, ad. avec
Efficacité,sf. vertu efficace.
Efficient, a. qui produit.
Effigie, sf. représentation.
Effiler, v. défaire un tissu.
Efflanquer, v. rendre maigr.
Effleurer, v. ôter la superfic.
Effondrer, v. fouiller.
Efforcer(s'),v. faire un effort.
Effort, sm. action faite avec
  peine.
Effraction, sf. rupture.
Effrayer, v. épouvanter.
Effréné, a. sans frein.
Effroi, sm. épouvante.
Effronté, a. et s. impudent.
Effrontément, ad. avec
Effronterie, sf. impudence.
Effroyable, s. épouvantable.
Effroyablement, ad.
Effusion, sf. épanchement.
Egal, a. de même rang.
Egalement, sm.et ad.autant.
Egaler, v. rendre égal.
Egaliser, v. rendre uni-
Egalité, sf. parité.

Egard, sm. déférence.
Egarement, sm. écart.
Egarer, v. détourner.
Egayer, v. rendre gai.
Eglantier, sm.rosier sauvag.
Eglantine, sf. fleur.
Eglise, sf. société, temple.
Egoïser,v.parler trop de soi.
Egoïsme, sm. amour de soi.
Egoïste,s.qui a de l'égoïsme.
Egorger, v. tuer.
Egosiller, v. crier haut.
Egout, sm. chûte des eaux.
Egoutter, v. faire écouler.
Egouttoir, sm.pour égoutter
Egrapper, v. ôter la grappe.
Egratigner,v.déchirer légèr.
Egratignure,sf.légèr. bless.
Egrener, ou égrainer, v. ôter
  le grain de l'épi.
Egrugeoir,sm.ustensile pour
Egruger, v. pulvériser le sel.
Eh ! interjection de surprise.
Ehonté, a. sans honte.
Elaboration, sf. action d'
Elaborer, v. préparer.
Elagage, sm. action d'
Elaguer, v. ébrancher un
  arbre.
Elagueur, sm. qui élague.
Elan, sm. mouvement subit.
Elancement, sm. action d'
Elancer (s'), v. se précipiter.
Elargir, v. devenir large.
Elargissement, sm. augmen-
  tation de largeur.
Elasticité, sf. avec ressort.
Elastique,a. qui a du ressort.
Electeur, trice, s. qui élit.
Electif, ve, a. de choix.
Election, sf. action d'élire.
Electoral, a. de l'électeur.
Electorat, sm. dignité.
Electricité, sf. fluide.
Electrique,a.de l'électricité.
Electriser,v.animer, enflam-
  mer.
Elégamment, ad. avec élé-
  gance.
Elégance, sf. recherche.
Elégant, a. qui a de la grâce.
Elément, sm. corps simple.
Elémentaire,a.des éléments.
Eléphant, sm. grand qua-
  drupède.
Elévation, sf. exhaussement
Elève, sm. disciple.
Elever, v. hausser,instruire.
Elider, v. supprimer.
Eligibilité, sf.qualité éligible
Eligible, a. qui peut êtr.élu.
Eliminer, v. expulser.
Elire, v. choisir. nommer.
Elision, sf. suppression.

Elite,sf.ce qu'il y a de mieux.
Elixir, sm.liqueur spiritueu.
Elle, pron. pers. f.
Ellipse, sf. retranchement.
Elliptique, a. de l'ellipse.
Elocution, sf. savoir.
Eloge, sm. louange.
Eloignement, sm. act. d'
Eloigner, v. séparer.
Eloquemment, ad. avec
Eloquence,sf.art de bien dire
Elu, sm. prédestiné.
Eluder,v. éviter avec adresse
Elysée, sm. séjour heureux.
Email,sm.composit.de verre.
Emailler, v. orner d'émail.
Emailleur, sm. qui émaille.
Emanation,sf.ce qui émane.
Emancipation, sf. act. d'
Emanciper, v. rendre libre.
Emaner, v. tirer son origin.
Emargement, sm. action (
Emarger,v.porter en marge.
Emballage, sm. action d'
Emballer, v. faire un ballot.
Emballeur,sm. qui emballe.
Embarcation, sf. de marine.
Embargo,sm. défense. mar.
Embarquement, sm. act. d'
Embarquer,v.mettre en mer
Embarras, sm. obstacle.
Embarrassant, a. nuisible.
Emboucher, v. enrôler.
Emboucheur, sm. enrôleur.
Embaumement, sm. act. d'
Embaumer, v. parfumer.
Embellir, v. rendre beau.
Embellissement, sm. action
  d'embellir.
Emblée (d'), ad. d'abord.
Emblématique, a. symboliq.
Emblème, sm. symbole.
Emboîtement, sm. action d'
Emboîter, v. enchâsser.
Embonpoint, sm. état de
  bonne santé.
Embordurer, v. mettre une
  bordure.
Emboucher, v. mettre à la
  bouche.
Embouchure, sf. de fleuve.
Embouer, v. salir de boue.
Embourber,v.engager, cou-
  vrir de boue.
Embourser,v.met.en bourse.
Embrasement, sm.feu, dés-
  ordre.
Embraser, v. mettre en feu.
Embrassade, sf.act. d'embr.
Embrassement, sm. act. d'
Embrasser,v.serrer, baiser.
Embrasure, sf. baie.
Embrocher, v. mettre à la
  broche.

Embrouillement, sm.act. d'
Embrouiller, v.rendre diffus.
Embrumé, a. chargé de brouillards.
Embûche, sf. piége.
Embuscade, sf. guet-apens.
Embusquer (s'), v.en embus.
Emeraude,sf.pierre précieu-
Emeri, sm. pierre dure. [se.
Emerveiller, v. étonner.
Emétique, sm. et a.vomitif.
Emétiser,v.mettre de l'émét.
Emettre, v. produire.
Emeute,sf.sédition populair.
Emietter, v.émietter le pain.
Emigrant, a.et s.qui émigre.
Emigration, sf. action d'
Emigrer, v.quitter sa patrie.
Emincer,v.couperen tranch.
Eminemment, ad. excellem.
Eminence, sf. hauteur, titr.
Eminent, a. élevé.
Eminentissime, a. titre.
Emir,sm.descendant de Mahomet.
Emissaire, sm. envoyé secr.
Emission, sf.action d'émettr.
Emmagasiner, v. resserrer.
Emmailloter, v. au maillot.
Emmancher, v. mettre en manches.
Emmariner, v. équiper.
Emménagement, sm. act.d'
Emménager (s'), v. ranger.
Emmener, v. conduire.
Emmenoter, v. mettre aux fers.
Emmieller,v.enduire de miel
Emmuseler, v. mettre un museau.
Emoi, sm. émotion, souci.
Emollient, a. qui amollit.
Emolument, sm.profit;salai.
Emondes, sf. branches coupées.
Emonder, v.couper les branches.
Emotion, sf. agitation.
Emotter, v.briser les mottes.
Emouchet,sm oiseaudeproie
Emoudre, v. aiguiser.
Emouleur, sm. qui émoud.
Emousser, v. ôter la pointe.
Emouvoir, v. exciter à la compassion.
Empailler,v.garnir de paille.
Empailleur, sm.qui empaille
Empaller, v. percer le corps.
Emparer (s'), v. envahir.
Empâter, v. remplir de pâte.
Empaumer,v. se rendre maître.
Empêchement, sm. obstacle.
Empêcher, v. s'opposer.

Empeigne, sf.dessus du soul.
Empenner, v.mettre des plumes à une flèche.
Empereur,sm.chefd'empire.
Empesage, sm. action d'
Empeser, v.met. de l'empois.
Empester, v. infecter.
Empêtrer, v. embarrasser.
Emphase, sf. affectation.
Emphatique,a. qui a de l'emphase.
Emphytéose, sf. long bail.
Emphytéote, s. qui jouit.
Emphytéotique, a.qui ap.à.
Empiéter, v. usurper.
Empiffrer, v. gloutonner.
Empilement, sm. action d'
Empiler, v. mettre en pile.
Empire, sm. monarchie.
Empirer, v. devenir pire.
Emplacement, sm. place.
Emplâtre, sm. remède, incapable.
Emplette,sf. achat, acquisit.
Emplir, v. rendre plein.
Emploi,sm. usage,fonction.
Employer,v.mettre en usage
Emplumer, v. mettre des plumes.
Empocher,v.mettre en poche
Empoigner, v. saisir.
Empois, sm. colle d'amidon.
Empoisonnement, sm.act.d'
Empoisonner, v. corrompre, infecter.
Empoisonneur, euse, s.
Empoisser, v. poisser.
Empoissonnement,sm.act.d'
Empoissonner, v. mettre du poisson.
Emportement, sm. colère.
Emporte-pièce, sm.instrum.
Emporter, v. enlever.
Empourprer, v. colorer de rouge.
Empreindre, v. faire une
Empreinte, sf. impression.
Empressement, sm. zèle.
Empresser, (s'), v. faire vite.
Emprisonnement, sm. act.d'
Emprisonner, v. mettre en prison.
Emprunt, v. action d'
Emprunter,v. recevoir à prêt
Emprunteur, euse, s.
Empuantir, v. infecter.
Empyrée, sm. le ciel.
Emulateur, trice,s.qui excite
Emulation, sf.désir d'égaler.
Emule, s. concurrent.
En, prép. dans, pron. de là.
Encadrement, sm. action d'
Encadrer, v. mettre un cadr.
Encager, v. mettre en cage.

Encaissement, sm. action d'
Encaisser,v.mettre en caisse
Encan, sm. vente à l'enchèr.
Encanailler (s'), v. s'avilir.
Encaustique, sf. peinture.
Encavement, sm. action d'
Encaver, v. mettre en cave.
Enceindre, v. entourer.
Enceinte, sf. circuit,clôture.
Encens,sm.louange,parfum.
Encensement, sm. action d'
Encenser,v.donner de l'enc.
Encenseur, sm. louangeur.
Encensoir, sm. cassolette.
Enchaînement, sm. liaison.
Enchaîner, v. attacher.
Enchantement,sm.action d'
Enchanter, v. ensorceler.
Enchanteur,a.qui enchante.
Enchâsser, v. faire entrer.
Enchausser, v. de jardinage.
Enchère, sf.offre supérieure.
Enchérissement, sm. act. d'
Enchérir, v. mettre une enchère. [du nez.
Enchifrènement, sm. rhume
Enclavement, sm. action d'
Enclaver, v. renfermer.
Enclin, a, porté.
Enclore, v. clore de murs.
Enclos, sm. enceinte.
Enclouer,v.enfoncer un clou
Enclume, sm. masse de fer.
Encoffrer,v.mettre en coffre.
Encoignure, sf. (ko).
Encoller, v. enduire de colle.
Encolure, sf. du cou.
Encombre, sm. embarras.
Encombrement, sm. act. d'
Encombrer, v. embarrasser.
Encore, ad. de temps.
Encouragement, sm. act. d'
Encourager, v. exciter.
Encourir, v. s'exposer à.
Encrasser,v.rendre crasseux
Encre,sf.liqueur pour écrire.
Encrier,sm.vase pour l'encr.
Encroûter, v. enduire.
Encuirasser, v. mettre une cuirasse.
Encuver, v. mettre en cuve.
Encyclique, a. circulaire.
Encyclopédie, sf. de toutes les sciences.
Endetter,v.charger de dettes
Endêver, v. dépiter.
Endiabler, v. endêver.
Endimancher, v.hab.du dim.
Endoctriner, v. instruire. fa.
Endommager, a. détériorer.
Endormir, v. faire dormir.
Endosser,v. mettre sur le dos
Endosseur, sm. qui endosse.
Endroit, sm. place, côté.

Enduire, *v.* couvr. d'un enduit
Enduit, *sm.* couche de...
Endurant, *a.* patient. [dur.
Endurcir, *v.* rendre, devenir
Endurcissement, *sm.* dureté de cœur.
Endurer, *v.* supporter patiemment.
Energie, *sf.* force d'esprit.
Energique, *a.* qui a de l'énergie.
Energiquement, *ad.* avec énergie. [démon.
Energumène, *s.* possédé du
Enerver, *v.* affaiblir.
Enfaîteau, *sm.* tuile faîtière.
Enfaîtement, *sm.* table de plomb.
Enfance, *sf.* premier âge de l'homme.
Enfant, *a.* et *s.* jeune; fils, fille.
Enfantement, *sm.* act. d'
Enfanter, *v.* accoucher.
Enfantillage, *sm.* manière enfantine.
Enfantin, *a.* d'enfant.
Enfariner, *v.* poudrer de farin.
Enfer, *sm.* (*èr*) lieu où sont punis les damnés, les démons.
Enfermer, *v.* mettre en un lieu qui ferme.
Enferrer, *v.* percer avec un fer.
Enfilade, *sf.* suite de chambr.
Enfiler, *v.* percer un fil par un trou, traverser.
Enfin, *ad.* après tout; bref.
Enflammer, *v.* mettre au feu.
Enfléchures, *sf. pl.* échelles de corde.
Enfler, *v.* remplir de vent.
Enflure, *sf.* tumeur.
Enfoncement, *sm.* fond, act d'
Enfoncer, *v.* pousser au fond, rompre.
Enfonceur, *sm.* (de portes ouvertes), fanfaron. *prov.*
Enfonçure, *sf.* pièces du fond.
Enforcir, *v.* rendre, devenir fort.
Enfourner, *v.* met. au four.
Enfreindre, *v.* violer (la loi).
Enfuir (s'), *v.* fuir d'un lieu.
Enfumer, *v.* noircir ou incommoder par la fumée.
Engagé, *sm.* qui est engagé.
Engageant, *a.* insinuant.
Engagement, *sm.* action d'
Engager, *v.* mettre en gage.
Engagiste, *sm.* sorte de ferm.
Engainer, *v.* mettre dans une gaîne.
Engal..., *sm.* act. d'

Engaller, *v.* préparer avec la noix de galle.
Engastrimythe, *sm.* art du ventriloque.
Engeance, *sf.* race.
Engeancer, *v.* embarrasser.
Engelure, *sf.* enflure par le froid. [semblable.
Engendrer, *v.* produire son
Engerber, *v.* mettre en gerbes
Engin, *sm.* outil compliqué.
Englober, *v.* former un tout.
Engloutir, *v.* avaler gloutonnement.
Engluer, *v.* enduire de glu.
Engoncer, *v.* contraindre la taille.
Engorgement, *sm.* embarras dans un tuyau, un canal.
Engorger, *v.* empêcher l'écoulement.
Engouement, *sm.* état engoué
Engouer, *v.* embarrasser le gosier, s'entêter d'une chos.
Engouffrer (s'), *v.* se perdre dans une ouverture.
Engoulé, *a.* dans la gueule.
Engouler, *v.* ravir avec la gueule. *pop.*
Engourdir, *v.* rendre comme perclus. [gourdi.
Engourdissement, *sm.* état en-
Engrais, *sm.* pâturage, fumier, etc.
Engraisser, *v.* devenir gras.
Engranger, *v.* met. en grange.
Engravement, *sm.* état engr.
Engraver, *v.* engager un bateau dans le sable. [telle.
Engrêlure, *sf.* point de den-
Engrenage, *sm.* act. d'
Engrener, *v.* se dit des roues qui s'emboîtent.
Engrumeler, *v.* se mettre en grumeaux. [hardi.
Enhardir, *v.* (h asp.) rendre
Enharmonique, *a.* (*an-har*) terme de musique.
Enharnachement, *sm.* act. d'
Enharnacher, *v.* (h asp.) harn.
Enherber, *v.* mettre en herb.
Enigmatique, *a.* d'énigme.
Enigmatiquement, *ad.*
Enigme, *sf.* définition obscur.
Enivrant, *a.* (*an-ni*) qui eniv.
Enivrement, *sm.* ivresse.
Enivrer, *a.* rendre ivre.
Enjambée, *sf.* espace qu'on enjambe.
Enjambement, *sm.* sens qui porte sur 2 vers.
Enjamber, *v.* faire un gr. pas.
Enjaveler, *v.* mettre en javelle
Enjeu, *sm.* mise au jeu.

Enjoindre, *v.* ordonner.
Enjôler, *v.* séduire. *fa.*
Enjôleur, euse, *s.* qui enjôle.
Enjolivement, *sm.* ce qui sert à
Enjoliver, *v.* rendre joli.
Enjoliveur, *sm.* qui enjoliv.
Enjolivure, *sf.* petit enjolive-
Enjoué, *a.* gai. [ment.
Enjouement, *sm.* gaîté douce
Enkiste, *a.* renfermé dans une membrane.
Enlacement, *sm.* action d'
Enlacer, *v.* passer des lacets l'un dans l'autre.
Enlaidir, *v.* devenir laid.
Enlèvement, *sm.* act. d' [ravir
Enlever, *v.* lever en haut,
Enlier, *v.* joindre les pierres.
Enligner, *v.* mettre en ligne.
Enluminer, *v.* colorier.
Enlumineur, euse, *s.* qui enlumine.
Enluminure, *sf.* ornement.
Ennéagone, *sm.* figure à neuf côtés.
Ennemi (*ènne*), *a.* qui hait.
Ennoblir, *v.* rendre noble.
Ennui, *sm.* langueur d'esprit
Ennuyer, *v.* sentir de l'ennui
Ennuyeux, euse, *a.* et *s.* qu ennuie.
Enoncer, *v.* exprimer.
Enonciatif, ve, *a.* qui énonce
Enonciation, *sf.* act. d'énonc.
Enorgueillir, *v.* (*an-nor*) élev
Enorme, *a.* démesuré.
Enormément, *ad.* excessivem.
Enormité, *sf.* excès, atrocité.
Enquérir (s'), *v. pr.* s'inform.
Enquête, *sf.* recherche judic.
Enraciner, *v.* prendre racine.
Enrager, *v.* être saisi de rag.
Enrayer, *v.* arrêter la roue.
Enrégimenter, *v.* enrôler.
Enregistrement, *sm.* act. d'
Enregistrer, *v.* inscrire.
Enrhumer, *v.* causer le rhum.
Enrichir, *v.* devenir riche.
Enrichissement, *sm.* ornem.
Enrôlement, *sm.* action d'
Enrôler, *v.* mettre sur le rôle.
Enrôleur, *sm.* qui enrôle.
Enrouement, *sm.* action d'
Enrouer, *v.* perdre la voix.
Enrouiller, *v.* rendre rouillé.
Ensacher, *v.* mettre dans un sac. [sang.
Ensanglanter, *v.* couvrir de
Enseigne, *sf.* tableau.
Enseignement, *sm.* act. d'
Enseigner, *v.* instruire.
Ensemble, *ad.* l'un avec l'aut.
Ensemencement, *sm.* act. d'ensemenc...

Ensemencer, *v.* semer.
Ensevelir, *v.* envelopper, disparaître.
Ensorceler, *v.* jeter un sort.
Ensorcellement, *sm.* action d'ensorceler.
Ensuite, *ad.* après.
Ensuivre (s'), *v.* être après.
Entablement, *sm.* haut d'une colonne.
Entacher, *v.* infecter, souiller.
Entaille, Entaillure, *sf.*
Entailler, *v.* creuser le bois.
Entamer, *v.* faire une incision
En tant que, *conj.* comme.
Entassement, *sm.* action d'
Entasser, *v.* mettre en tas.
Ente, *sf.* greffe.   [ce.
Entendement, *sm.* intelligen-
Entendre, *v.* ouïr, comprend.
Entendu, *a.* habile.
Entente, *sf.* interprétation.
Enter, *v.* greffer, emboîter.
Entériner, *v.* ratifier. [tion.
Enterrement, *sm.* inhuma-
Enterrer, *v.* enfouir, inhumer
Entêtement, *sm.* obstination.
Entêter, *v.* porter à la tête.
Enthousiasme, *sm.* exalta-
tion.
Enthousiasmer, *v.* ravir.
Enthousiaste, *sm.* admirat.
Enticher, *v.* s'obstiner.
Entier, *s. et a.* complet.
Entièrement, *ad.* totalement.
Entoiler, *v.* mettre sur toile.
Entonner, *v.* verser, chanter.
Entonnoir, *sm.* ustensile.
Entorse, *sf.* extension viol.
Entortillement, *sm.* act. d'
Entortiller, *v.* envelopper.
Entour (à l'), *ad.* aux en-
virons.   [toure.
Entourage, *sm.* ce qui en-
Entourer, *v.* environner.
Entr'accuser (s'), *v.* les uns les autres.
Entr'aider (s'), *v.* s'aider.
Entrailles, *sf. pl.* intestins.
Entraînant, *a.* qui entraîne.
Entraînement, *sm.* act. d'
Entraîner, *v.* mener par la
Entraver, *v.* empêcher. [force.
Entraves, *sf. pl.* liens.
Entre, *prép.* de lieu.
Entre-choquer (s'), *v.*
Entre-colonnement, *sm.*
Entre-côte, *sm.* entre les 2 côtes.
Entrecouper, *v.* couper.
Entrée, *sf.* action d'entrer.
Entrefaites, *sf. pl.* (sur ces)
Entre-frapper (s'), *v.* l'un l'autre.

Entr'égorger (s'), *v.* s'égor-
ger.
Entrelacer, *v.* lier l'un dans l'autre.
Entrelacs, *sm.* (lâ).
Entrelarder, *v.* mêler.
Entre-ligne, *sf. V.* Inter-
ligne.
Entre-luire, *v.* luire à demi.
Entremêler, *v.* mêler parmi.
Entremets, *sm.* service.
Entremettre (s'), *v.* s'em-
ployer.
Entremise, *sf.* médiation.
Entre-nuire (s'), *v.* se nuire.
Entreposer, *v.* déposer, com.
Entrepôt, *sm.* lieu de dépôt.
Entreprendre, *v.* commen-
cer.   [prend.
Entrepreneur, *sm.* qui entre-
Entrepris, *a.* embarrassé.
Entreprise, *sf.* dessein.
Entrer, *v.* du dehors au ded.
Entresol, *sm.* sous le pre-
mier étage.
Entretenir, *v.* tenir en état.
Entretien, *sm.* conversation.
Entretoise, *sf.* pièce de charp
Entrevoir, *v.* voir un peu.
Entrevue, *sf.* rencontre prév.
Entr'ouïr, *v.* ouïr faiblement.
Entr'ouvrir, *v.* ouvrir un peu.
Enture, *sf.* ente, échelons.
Énumératif, ve, *a.* qu'on peut compter.
Énumération, *sf.* action d'
Énumérer, *v.* dénombrer.
Envahissement, *sm.* act. d'
Envahir, *v.* usurper. [vre.
Enveloppe, *sf.* ce qui cou-
Envelopper, *v.* entourer.
Envenimer, *v.* courroucer.
Envers, *prép.* à l'égard.
Envi (à l'), *ad.* avec émulat.
Envie, *sf.* jalousie, désir.
Envieillir, *v.* rendre vieux.
Envier, *v.* porter envie.
Envieux, se, *a.* qui a envie.
Environ, *ad.* à peu près.
Environner, *v.* entourer.
Envisager, *v.* regarder.
Envoi, *sm.* action d'envoyer.
Envoiler (s'), *v.* se courber.
Envoler (s'), *v.* fuir en volant
Envoyer, *v.* faire aller.
Épacte, *sf.* différence entre l'année lunaire et la solai.
Épagneul, *sm.* chien.
Épais, *a.* qui a de l'épaisseur.
Épaisseur, *sf.* profondeur.
Épaississement, *sm.* act. d'
Épaissir, *v.* rendre, devenir épais.

Épamprer, *v.* ôter les pam-
pres.
Épanchement, *sm.* effusion.
Épancher, *v.* répandre.
Épanouissement, *sm.* act. d'
Épanouir, *v.* réjouir, s'ou-
vrir.
Épargne, *sf.* économie.
Épargner, *v.* ménager.
Éparpillement, *sm.* act. d'
Éparpiller, *v.* jeter çà et là.
Épars, *a.* dispersé.
Épaté, *a.* camus.
Épaule, *sf.* partie du corps.
Épaulée, *sf.* coup d'épaule.
Épaulement, *sm.* effort d'é-
paule.
Épauler, *v.* disloquer l'épau.
Épaulette, *sf.* gland, frange.
Épée, *sf.* arme offensive.
Épeler, *v.* nommer, assem-
bler les lettres en syllabes.
Épellation, *sf.* act. d'épeler.
Éperdu, *a.* troublé, surpris.
Éperdument, *ad.* sans rai-
son.
Éperon, *sm.* demi-cercle de métal, armé d'une mollette.
Éperonner, *v.* piquer.
Épervier, *sm.* oiseau, filet.
Éphémère, *a.* qui dure peu.
Éphod, *sm.* ceinture.
Épi, *sm.* tête du blé.
Épice, *sf.* drogue ; pain d'.
Épicer, *v.* assaisonner.
Épicerie, *sf.* drogue du Lev.
Épicier, *sm.* marchand de sucre, de café, etc.
Épidémie, *sf.* maladie.
Épidémique, *a.* de l'épidé-
mie.
Épiderme, *sm.* surpeau.
Épier, *v.* observer.
Épierrer, *v.* ôter les pierres.
Épigastre, *sm.* de l'estomac.
Épigramme, *sf.* poésie.
Épigraphe, *sf.* devise.
Épilepsie, *sf.* mal caduc.
Épiler, *v.* ôter le poil.
Épilogue, *sm.* fin d'un dis-
cours.
Épiloguer, *v.* censurer.
Épilogueur, *sm.* qui épi-
logue.   [gère.
Épinards, *sm.* plante pota-
Épine, *sf.* piquant, embarras.
Épinette, *sf.* instrument.
Épineux, se, *a.* à épines.
Épingle, *sf.* pointe de laiton.
Épinglier, *sm.* qui fait les épingles.   [Rois.
Épiphanie, *sf.* le jour des
Épique, *a.* (poème).
Épiscopal, *a.* de l'épiscopat.

Episcopat, sm. dignité d'é-vêque. [discours.
Episode. sm. entrée d'un
Epispatique, a. médicament.
Epistolaire, a. de l'épître.
Epitaphe, sf. inscription.
Epithète, sf. censure.
Epitome, sm. abrégé.
Epître, sf. lettre, discours.
Eploré, a. en pleurs.
Epluchement, sm. action d'
Eplucher, v. trier, examiner.
Epluchoir, sm. instrument.
Epluchure, sf ordure ôtée.
Epointer, v. ôter la pointe.
Eponger, v. nettoyer avec l'éponge.
Epoque, sf. un certain temps.
Epoudrer, v. ôter la poussière.
Epouiller, v. ôter les poux.
Epoumonner, v. fatiguer.
Epousailles, sf. pl. mariage.
Epouser, v. se marier, s'attacher. [sière.
Epousseter, v. ôter la pous-
Epoussetoir, sm. pinceau doux.
Epoussette, sf. vergette.
Epouvantable, a. effrayant.
Epouvantablement, ad.
Epouvantail, sm. pl. ails.
Epouvante, sf. terreur.
Epouvantement, sm. act. d'
Epouvanter, v. effrayer.
Epoux, se, sm. mari, fem.
Eprendre (s'), v. se passionner.
Epreuve, sf. essai.
Eprouver, v. essayer.
Eprouvette, sf. sonde.
Epucer, v. ôter les puces.
Epuisable, a. qu'on peut épuiser,
Epuisement, sm. fatigue.
Epuiser, v. tarir, affaiblir.
Epure, sf. dessin en grand.
Epurer, v. rendre pur.
Equarrir, v. tailler à angles.
Equarrissage, sm. état équar.
Equateur, sm. (coua) cercle.
Equation. sf. (coua) égalité.
Equerre, sf. angle droit.
Equestre, a. (cuès) statue
Equiangle, a. (cui) angles égaux.
Equidistant, a. (cui) également éloigné. [égaux.
Equilatéral, a. (cui) à côtés
Equilibre, sm. égalité de poids
Equimultiple, a. (cui) terme d'arithmétique.
Equinoxe, sm. égalité des jours aux nuits.

Equinoxial, a. de l'équinoxe.
Equipage, sm. train.
Equipée, sf. act. indiscrète.
Equipement, sm. action d'
Equiper, v. pourvoir, habiller.
Equipoller, v. valoir autant.
Equitable. a. qui a de l'équité.
Equitablement, ad. av. équité
Equitation, sf. (cui) art du cavalier.
Equité, sf. justice, droiture.
Equivalent, a. et sm. égal.
Equivaloir, v. valoir égalem.
Equivoque, a. et sf. à double sens.
Equivoquer, v. tromper.
Erafler, v. effleurer la peau.
Eraflure, sf. légère écorchure
Eraillé, a. (œil) à filets rou-ges. [l'éffiler.
Erailler. v. (une étoffe)
Eraillure, sf. chose éraillée.
Ere, sf. point fixe.
Erection, sf. act. d'ériger.
Ereinter, v. fouler les reins.
Erémitique, a. (vie) d'ermite.
Erésipèle, sm. V. Erysipèle, maladie.
Ergot, sm. ongle d'oiseau.
Ergoter, v. pointiller.
Ergoteur. sm. pointilleux. fa-
Eriger, v. élever, construire.
Ermitage, sm. habitation d'un ermite.
Ermite, sm. solitaire.
Errata, sm. liste des fautes.
Erre, sf. train, allure.
Errements, sm. pl. voies,
Errer, v. se tromper. [traces.
Erreur, sf. faute, méprise.
Erroné, a. faux.
Erudit, a. et s. savant.
Erudition, sf. vaste savoir.
Eruption, sf. sortie subite.
Erysipèle, sm. maladie.
Es, prép. dans maître es-arts.
Escabeau, sm. — belle, f. siége.
Escadre, sf. flotte de guerre.
Escadron, sm. troupe à cheval.
Escalade, sf. act. d' [per.
Escalader, v. monter, grim-
Escalier, sm. degrés pour monter,
Escamoter, v. voler subitem.
Escamoteur, sm. qui escam.
Escampette, sf. s'enfuir.
Escapade, sf. échappée.
Escargot. sm. limaçon.
Escarmouche, sf. combat.
Escarmoucher, v. attaquer.
Escarpement. sm. pente.

Escarper, v. couper droit.
Escarpin, sm. soulier léger.
Escarpolette, sf. balançoire.
Escient, sm. sciemment.
Esclandre, sm. avec scandale. [ve.
Esclavage, sm. état d'escla-
Esclave, a. qui a perdu la liberté.
Escompte, sm. remise.
Escompter, v. faire l'escom.
Escorte, sf. gens qui accompagnent.
Escorter, v. accompagner.
Escouade, sf. détachement de soldats.
Escourgée, sf. fouet.
Escrime, sf. action d'
Escrimer, v. faire des armes.
Escroc, sm. fripon.
Escroquer, v. voler.
Escroquerie, sf. action d'
Escroqueur, euse, s.
Espace, sm. étendue.
Espacement, sm. distance.
Espacer, v. séparer.
Espagnolette, sf. ratine, fer de fenêtre.
Espalier, sm. arbre à un mur.
Espèce, sf. division, appa-
Espérance, sf. espoir. [rence.
Espérer, v. avoir espérance.
Espiègle, a. et s. subtil, rusé.
Espièglerie, sf. act. d'espiègl.
Espion, sm. celui qui épie.
Espionnage, sm. action d'
Espionner, v. épier.
Esplanade, sf. lieu aplani.
Espoir, sm. espérance.
Esprit, sm. intelligence; fluide subtil.
Esquif, sm. petit canot.
Esquinancie, sf. inflamma-
Esquisse, sf. ébauche. [tion.
Esquisser, v. faire une esq.
Esquiver, v. éviter adroitem.
Essai, sm. expérience.
Essaim, sm. volée d'abeilles.
Essarter, v. défricher.
Essayer, v. éprouver.
Essence, sf. nature d'une chose, huile, etc.
Essentiel, a. (ci) nécessaire.
Essentiellement, ad. [roues.
Essieu, sm. qui traverse les
Essor, sm. vol fort haut.
Essorer (s'), v. prendre l'ess.
Essouffler, v. hors d'haleine.
Essui, sm. place pour sécher.
Essui-main, sm. linge.
Essuyer, v. sécher.
Est, sm. (t), le levant.
Estafette, sf. courrier.
Estafier, sm. valet de pied.

Estafilade, *sf.* balafre. [ret.
Estaminet, *sm.* tabagie, caba-
Estampe, *sf.* image.
Estamper, *v.* faire empreinte.
Estampiller, *v.* marquer.
Estimable, *a.* digne d'estim.
Estimateur, *sm.* qui estime.
Estimatif, *a.* qu'on estime.
Estimation, *sf.* évaluation.
Estime, *sf.* cas que l'on fait.
Estimer, *v.* priser, croire.
Estomac, *sm.* (*ma*) viscère.
Estompe, *sf.* peau roulée.
Estomper, *v.* étendre le trait.
Estrade, *sf.* lieu élevé. [ler.
Estropier, *v.* blesser, muti-
Et, *conj.* qui sert à lier.
Et cætera, *sm.* (*cécé*), et autr.
Etable, *sf.* écurie aux bœufs.
Etabli, *sm.* table d'artisan.
Etablissement, *sm.* action d'
Etablir, *v.* fixer, créer.
Etage, *sm.* espace entre
  deux planchers.
Etai, *sm.* soutien, appui.
Etaim, *sm.* laine.
Etain, *sm.* métal blanc.
Etal, *sm.* aux, boutique de
Etalage, *sm.* act. d' [boucher.
Etaler, *v.* exposer en vente.
Etalon, *sm.* cheval entier.
Etalonner, *v.* marq. les poids.
Etamer, *v.* enduire d'étain.
Etameur, *sm.* qui étame.
Etamine, *sf.* passoire.
Etamure, *sf.* étain.
Etanchement, *sm.* action d'
Etancher, *v.* arrêter.
Etançon, *sm.* étai, appui.
Etançonner, *v.* étayer, ap-
  puyer.
Etang, *sm.* (*an*) amas d'eau.
Etape, *sf.* dépôt, station mi-
Etat, *sm.* situation. [litaire.
Etau, *sm.* inst. pour serrer.
Etayer, *v.* appuyer.
Eté, *sm.* saison la plus chaud.
Eteignoir, *sm.* pour éteindr.
Eteindre, *v.* étouffer le feu.
Etendard, *sm.* drapeau.
Etendre, *v.* allonger.
Etendue, *sf.* dimension.
Eternel, le, *a.* qui n'a pas
  de fin.   [cesse.
Eternellement, *ad.* sans
Eterniser, *v.* rendre éternel.
Eternité, *sf.* durée sans fin.
Eternuer, faire un
Eternument, *sm.* mouve-
  ment convulsif.
Etêter, *v.* ôter la tête.
Eteule, *sf.* chaume sur pied.
Ether, *sm.* liqueur subtile.
Etincellement, *sm.* act. d'

Etinceler, *v.* éclats de lumièr.
Etincelle, *sf.* parcelle de feu.
Etioler (s'), *v.* rendre faible.
Etique, *a.* maigre, décharné.
Etiqueter, *v.* mettre une
Etiquette, *sf.* écriteau.
Etisie, *sf.* phthisie, maladie.
Etoffe, *sf.* tissu.
Etoffer, *v.* redoubler.
Etoile, *sf.* astre, astérisque.
Etoiler, *v.* semer d'étoiles.
Etole, *sf.* ornement de prêtre.
Etonnamment, *ad.* avec
  surprise.
Etonnement, *sm.* surprise.
Etonner, *v.* surprendre.
Etouffement, *sm.* action d'
Etouffer, *v.* suffoquer.
Etouffoir, *sm.* pour étouffer
  la braise.
Etoupe, *sf.* rebut de filasse.
Etouper, *v.* mettre de l'é-
Etourderie, *sf.* act. d' [toupe.
Etourdir, *v.* troubler, im-
  portuner.
Etourdissement, *sm.* trouble.
Etourneau, *sm.* oiseau.
Etrange, *a.* contre l'usage.
Etrangement, *ad.* d'étrange.
Etranger, *a.* sans rapport.
Etrangler, *v.* tuer en serrant.
Etre, *v. auxil.* exister.
Etrécir, *v.* rendre étroit.
Etrécissement, *sm.* act. d'é-
  trécir.
Etreindre, *v.* resserrer.
Etreinte, *sf.* act. d'étreind.
Etrenne, *sf.* présent au 1ᵉʳ de
  l'an; 1ᵉʳ usage; 1ʳᵉ recette.
Etrenner, *v.* donner, ou re-
  cevoir l'étrenne.
Etrille, *sf.* instrument pour
Etriller, *v.* frotter, battre.
Etriper, *v.* ôter les tripes.
Etrivière, *sf.* courroie.
Etroit, *sf.* qui a peu de larg.
Etroitement, *ad.* à l'étroit.
Etronçonner, *v.* étêter.
Etude, *sf.* act. d'étudier.
Etudiant, *sm.* qui étudie. [dre
Etudier, *v.* méditer, appren-
Etui, *sm.* boîte pr porter.
Etuve, *sf.* lieu échauffé.
Etuvée, *sf.* sorte de ragoût.
Etymologie, *sf.* orig. d'un
  mot.   [logie.
Etymologique, *a.* d'étymo-
Eucharistie, *sf.* (*ca*) sacrem.
Eucharistique, *a.* de l'eu-
  charistie.   [res.
Eucologe, *sm.* livr. de priè-
Eulogies, *sf. pl.* présent.
Euphonie, *sf.* douceur de son.

Européen, *a.* et *s.* d'Europe.
Eux, *pl. m.* pronom pers.
Evacuation, *sf.* action d'
Evacuer, *v.* vider, sortir.
Evader (s'), *v.* s'échapper.
Evagation, *sf.* distraction.
Evaluation, *sf.* action d'
Evaluer, *v.* apprécier la va-
  leur.   [gile.
Evangélique, *a.* de l'Evan-
Evangéliquement, *ad.*
Evangéliser, *v.* prêcher.
Evangéliste, *sm.* écriv. sacré.
Evangile, *sm.* vie de J. C.
Evanouissement, *sm.* act. d'
Evanouir (s'), *v.* défaillir.
Evaporation, *sf.* action d'
Evaporer (s'), *v.* se réduire
  en vapeur.
Evasement, *sm.* état évasé.
Evaser, *v.* élargir l'ouver-
  ture.
Evasif, ve, *a.* qui élude.
Evasion, *sf.* act. d'éluder.
Evêché, *sm.* diocèse d'évêq.
Eveil, *sm.* avis, alerte.
Eveiller, *v.* tirer du sommeil.
Evénement, *sm.* issue.
Eventail, *sm.* instrument
  pour le vent.
Eventer, *v.* donner de l'air.
Eventrer, *v.* fendre le ventre.
Eventuel, le, *a.* par événem.
Eventuellement. *ad.*
Evêque, *sm.* prélat, chef
  d'un diocèse.
Evertuer (s), *a.* s'efforcer.
Evidemment, *ad.* (*da*) visi-
  blement.
Evidence, *sf.* qui est évident.
Evident, *a.* manifeste, clair.
Evider, *v.* échancrer.
Evier, *sm.* égout de cuisine.
Evincer, *v.* déposséder. *jur.*
Evitable, *a.* qu'on peut évi-
Eviter, *v.* fuir, esquiver. [ter.
Evocable, *a.* qu'on peut évo-
  quer.   [quer.
Evocation, *sf.* action d'évo-
Evolution, *sf.* mouvement.
Evoquer, *v.* appeler.   [été.
Ex, *prép.* ci-devant, qui a
Exact, *a.* (*t*) soigneux. [tude
Exactement, *ad.* avec exacti-
Exacteur, *sm.* impitoyable.
Exaction, *sf.* act. d'exacteur.
Exactitude, *sf.* soin, justesse.
Exagératif, ve, *a.* qui exagère.
Exagération, *sf.* action d'
Exagérer, *v.* outrer.
Exaltation, *sf.* élévation.
Exalter, *v.* vanter, amuser.
Examen, *sm.* (*in*) recherche.
Examiner, *v.* faire l'examen.

Exarchat, *sm.* (*ca*) territoire.
Exaspération, *sf.* action d'
Exaspérer, *v.* irriter à l'excès.
Exaucer, *v.* accorder.
Excavation, *sf.* act. decreuser.
Excédant, *a.* et *sm.* le surplus
Excéder, *v.* outre-passer.
Excellemment, *ad.* par excellence.
Excellence, *sf.* perfection.
Excellent, *a.* qui excelle.
Excellentissime, *a.* titre d'honneur.
Exceller, *v.* surpasser.
Excentricité, *sf.* terme d'astronomie. [mun.
Excentrique, *a.* centre commun.
Excepter, *v.* dispenser. [ter.
Exception, *sf.* act. d'excepter.
Excès, *sm.* excédant.
Excessif, ve, *a.* qui excède.
Excessivement, *ad.* beaucoup.
Excitatif, ve, *a.* qui excite.
Excitation, *sf.* action d'
Exciter, *v.* provoquer.
Exclamation, *sf.* cri d'admiration.
Exclure, *v.* écarter, expulser.
Exclusif, ve, *a.* et *sm.*
Exclusion, *sf.* act. d'exclure.
Exclusivement, *ad.* non compris.
Excommunication, *sf.* act. d'
Excommunier, *v.* retrancher.
Excrément, *sm.* ordures.
Excroissance, *sf.* tumeur.
Excursion, *sf.* irruption.
Excusable, *a.* digne d'excuse.
Excuse, *sf.* pardon. [ner.
Excuser, *v.* disculper, pardon-
Exécrable, *a.* horrible.
Exécration, *sf.* horreur.
Exécrer, *v.* détester.
Exécuter, *v.* effectuer.
Exécuteur, trice, *a.* qui exécute. [cute.
Exécutif, ve, *a.* qu'on exé-
Exécution, *sf.* act. d'exécuter.
Exemplaire, *a.* d'exemple.
Exemplairement, *ad.*
Exemple, *sm.* et *f.* modèle.
Exempt, *a.* dispensé.
Exempter, *v.* dispenser.
Exemption, *sf.* (*zanp*) act. d'exempter.
Exercer, *v.* inst., pratiquer.
Exercice, *sm.* act. d'exercer.
Exhalaison, *sf.* ce qui s'ex-
Exhalation, *sf.* act. d' [hale.
Exhaler, *v.* manifester; s'évaporer.

Exhaussement, *sm.* act. d'élever plus haut.
Exhausser, *v.* remonter.
Exhiber, *v.* produire.
Exhibition, *sf.* act. d'exhiber.
Exhortation, *sf.* dicours pour
Exhorter, *v.* exciter au bien.
Exhumation, *sf.* action d'
Exhumer, *v.* déterrer un mort. [tion.
Exigence, *sf.* besoin, condi-
Exiger, *v.* demander. [ger.
Exigible, *a.* qu'on peut exi-
Exigu, ë, *a.* petit, modique.
Exiguïté, *sf.* petitesse.
Exil, *sm.* bannissement.
Existant, *a.* qui existe.
Existence, *sf.* état d'
Exister, *v.* être actuellement.
Exorable, *a.* qu'on peut fléchir.
Exorbitant, *a.* excessif.
Exorciser, *v.* chasser le démon. [ciser.
Exorcisme, *sm.* act. d'exor-
Exorciste, *sm.* qui exorcise.
Exorde, *sm.* première partie d'un discours.
Expansible, *a.* affectueux.
Expansif, ve, *a.* qui s'épanche. [latation.
Expansion, *sf.* affection, di-
Expatrier (s'), *v.* quitter sa patrie.
Expectatif, ve, *a.* qui attend.
Expectative, *sf.* espérance.
Expectorant, *a.* qui fait
Expectorer, *v.* cracher.
Expédient, *sm.* moyen.
Expédier, *v.* finir, envoyer.
Expéditif, ve, *a.* qui expédie.
Expédition, *sf.* act. d'expédier.
Expéditionnaire, *a.* et *sm.*
Expérience, *sf.* épreuve.
Expérimental, *a.* d'expérience.
Expérimenter, *v.* éprouver.
Expert, *a.* et *sm.* habitué à.
Expertise, *sf.* acte d'expert.
Expiation, *sf.* act. d'expier.
Expiatoire, *a.* qui expie.
Expier, *v.* réparer une faute.
Expiration, *sf.* action d'
Expirer, *v.* mourir, fluir.
Explétif, ve, *a.* mot surabond.
Explicable, *a.* qu'on peut expliquer.
Explicatif, ve, qui éclaircit.
Explication, *sf.* discours.
Explicite, *a.* distinct, formel.
Explicitement, *ad.* positivement.
Expliquer, *v.* éclaircir.

Exploit, *sm.* action d'éclat.
Exploitation, *sf.* action d'
Exploiter, *v.* faire des exploits.
Explorer, *v.* examiner.
Explosion, *sf.* détonation.
Exportation, *sf.* action d'
Exporter, *v.* transporter.
Exposer, *v.* en vue, en péril.
Exposition, *sf.* act. d'exposer.
Exprès, *a.* formel.
Expressément, *ad.*
Expressive, *a.* énergique.
Expression, *sf.* action, mot.
Exprimable, *a.* qu'on exprime.
Exprimer, *v.* dire, tirer le suc.
Ex-professo, *ad.* attentivement.
Expropriation, *sf.* exclusion.
Exproprier, *v.* exclure.
Expulsion, *sf.* action d'
Expulser, *v.* chasser.
Expulsif, ve, *a.* qui expulse.
Exquis, *a.* excellent. [prit.
Extase, *sf.* ravissement d'es-
Extasier (s'), *v.* ravir.
Extatique, *a.* d'extase.
Extensible, *a.* qu'on peut étendre.
Extension, *sf.* qui s'étend.
Exténuation, *sf.*
Exténuer, *v.* affaiblir.
Extérieur, *a.* du dehors.
Extérieurement, *ad.*
Exterminateur, *a.* et *s.*
Extermination, *sf.* act. d'
Exterminer, *v.* tuer, détruire.
Externe, *a.* et *s.* du dehors.
Extinction, *sf.* act. d'éteindre.
Extirpation, *sf.* action d'
Extirper, *v.* déraciner, détruire. [force.
Extorquer, *v.* obtenir par
Extorsion, *sf.* act. d'extorquer.
Extraction, *sf.* origine, act. d'
Extraire, *v.* faire l'extrait.
Extrait, *sm.* ce qu'on tire.
Extrajudiciaire, *a.* hors de formes.
Extraordinaire, *a.* rare.
Extraordinairement, *ad.* rarement.
Extravagance, *sf.* folie.
Extravagant, *a.* et *s.* fou, bizarre. [raison.
Extravaguer, *v.* perdre la
Extravasation, *sf.* act. d'
Extravaser (s'), *v.* pour s'épancher.
Extrême, *a.* excessif.
Extrême-Onction, *sf.* sacrement.

Extrêmement, *ad.* au dernier point.
Extrémité, *sf.* bout, fin.
Exubérance, *sf.* surabondance.
Ex-voto, *sm.* offrande votive.

F

F, *sm.* et *f.* 6e lettre.
Fa, *sm.* note de musique.
Fable, *sf.* fiction.
Fabricant, *sm.* qui fabrique.
Fabrication, *sf.* act. de fabriquer.
Fabricien, *sm.* marguillier.
Fabrique, *sf.* façon, manufacture.
Fabriquer, *v.* façonner.
Fabuleusement, *ad.* faussement.
Fabuleux, se, *a.* feint.
Fabuliste, *sm.* conteur.
Façade, *sf.* face d'un édifice.
Face, *sf.* visage, façade.
Facétie, *sf.* (*cie*) plaisanterie.
Facétieusement, *ad.* plaisamment.
Facétieux, se, *a.* et *s.* plaisant.
Facette, *sf.* petite face.
Fâcher, *v.* mettre en colère, causer du déplaisir.
Fâcherie, *sf.* chagrin.
Fâcheux, se, *a.* qui chagrine.
Facile, *a.* aisé, complaisant.
Facilement. *ad.* avec facilité.
Facilité, *sf.* manière aisée.
Faciliter, *v.* rendre facile.
Façon, *sf.* manière, travail.
Façonner, *v.* former.
Façonnier, ère, *a.* qui façonne.
Fac-simile, *sm.* imitation.
Facteur, *sm.* faiseur, préposé.
Factice, *a.* fait par art.
Factieux, se, *a.* et *s.* brouillon.
Faction, *sf.* guet, parti.
Factionnaire, *sm.* sentinelle.
Factotum, *sm.* qui se mêle de tout.
Factum, *sm.* (*om*) mémoire.
Facture, *sf.* note, mémoire.
Facultatif, ve, *a.* à volonté.
Faculté, *sf.* puissance, moyen.
Fadaise, *sf.* bagatelle.
Fade, *a.* insipide, sans goût.
Fadeur, *sf.* qualité fade.
Fagot, *sm.* faisceau, sornette.
Fagotage, *sm.* action de
Fagoter, *v.* mettre en fagots.
Fagoteur, *sm.* qui fagote.
Faïencerie, *sf.* manufacture de faïence.

Faïence, *sf.* sorte de poterie.
Faïencier, *sm.* potier en faïence.
Faible, *a.* sans force. [se.
Faiblement, *ad.* avec faibles-
Faiblesse, *sf.* défaillance.
Faiblir, *v.* perdre sa force.
Failli, *sm.* qui a fait faillite.
Faillibilité, *sf.* d'erreur.
Faillible, *a.* exposé à l'erreur.
Faillir, *v.* se tromper.
Faillite, *sf.* banqueroute.
Faim, *sf.* besoin.
Faîne, *sf.* fruit du hêtre.
Fainéant, *a.* et *s.* paresseux.
Fainéanter, *v.* ne rien faire.
Fainéantise, *sf.* paresse.
Faire, *v.* fabriquer, exécuter.
Faisable, *a.* qu'on peut faire.
Faisan, *sm.* oiseau.
Faisceau, *sm.* amas.
Faiseur, euse, *s.* qui fait.
Fait, *sm.* action.
Faîtage, *sm.* pièce de bois.
Faîte, *sm.* comble d'un édifice.
Faîtière, *sf.* tuile cuite.
Faix, *sm.* fardeau.
Falaise, *sf.* côte escarpée.
Falbala, *sm.* bande d'étoffe.
Fallacieux, se, *a.* trompeur.
Falloir, *v.* être de nécessité.
Falourde, *sf.* gros fagot.
Falsificateur, *sm.* qui falsifie.
Falsification, *sf.* action de
Falsifier, *v.* altérer, contrefaire.
Famélique, *a.* et *s.* qui a faim.
Fameux, se, *a.* renommé.
Familiariser (se), *v.* s'habit.
Familiarité, *sf.* manière aisée.
Familier, ère, *a.* et *s.* intime.
Familièrement, *ad.* avec intimité.
Famille, *sf.* race, lignée.
Famine, *sf.* disette de vivres.
Fanaison, *sf.* temps de faner.
Fanal, *sm.* lanterne au mât.
Fanatique, *s.* passionné, exal.
Fanatiser, *v.* rendre fanatique
Fanatisme, *sm.* zèle du fanatique.
Fane, *sf.* feuille de la plante.
Faner, *v.* étaler l'herbe.
Faneur, euse, *s.* qui fane.
Fanfare, *sf.* réjouissance, concert.
Fanfaron, *s.* et *a.* pédant.
Fanfaronnade, *sf.* vanterie.
Fanfreluche, *sf.* frivolité.
Fange, *sf.* crotte, boue.
Fangeux, se, *a.* plein de boue.
Fanon, *sm.* gorge de bœuf.
Fantaisie, *sf.* imagination.

Fantasmagorie, *sf.* de fantôm.
Fantassin, *sm.* soldat à pied.
Fantastique, *a.* chimérique.
Fantôme, *sm.* spectre.
Faon, *sm.* (*fan*) petit de la biche. [pris, mannequin.
Faquin, *sm.* terme de mé-
Faquinerie, *sf.* act. de faquin.
Farce, *sf.* hachis, bouffonnerie.
Farceur, *sm.* bouffon.
Farcir, *v.* remplir de farce.
Fard, *sm.* faux ornement.
Fardeau, *sm.* charge, poids.
Farder, *v.* déguiser.
Farfadet, *sm.* lutin, écervelé.
Farfouiller, *v.* fouiller. *fa.*
Faribole, *sf.* chose frivole.
Farine, *sf.* grain moulu.
Farineux, se, *a.* de farine.
Farouche, *a.* sauvage, rude.
Fascination, *sf.* charme.
Fascine, *sf.* fagot de branches.
Fasciner, *v.* ensorceler. *fig.*
Faste, *sm.* ostentation, registre.
Fastidieusement, *ad.*
Fastidieux, se, *a.* ennuyeux.
Fastueusement. *ad.* avec fast.
Fastueux, se, *a.* qui a du faste.
Fat, *s.* et *a.* (*t*) impertinent.
Fatal, *a.* sans pl. m. funeste.
Fatalement, *ad.* par fatalité.
Fatalisme, *sm.* doctrine du
Fataliste, *sm.* de destin.
Fatalité, *sf.* hasard, malheur.
Fatigant, *a.* qui fatigue.
Fatigue, *sf.* travail, lassitude.
Fatiguer, *v.* lasser.
Fatras, *sm.* amas confus.
Faubourg, *sm.* dehors de ville.
Fauchage, *sm.* action de
Faucher, *v.* couper l'herbe.
Faucheur, *sm.* qui fauche.
Faucille, *sf.* instrument.
Faucon, *sm.* oiseau de proie.
Faufiler, *v.* mal coudre.
Faussaire, *sm.* faux. [seté.
Faussement, *ad.* avec faus-
Fausser, *v.* courber, enfreindre.
Fausset, *sm.* brochette.
Fausseté, *sf.* mensonge.
Faute, *sf.* manquement.
Fauteuil, *sm.* chaise à bras.
Fauteur, trice, *a.* complice.
Fautif, ve, *a.* sujet à faillir.
Fauve, *a.* roussâtre.
Fauvette, *sf.* petit oiseau.
Faux, *sf.* instrument.
Faux, Fausse, *a.* et *sm.* non vrai.

Faux-frais, *sm.* frais impré-
Faux-fuyant, *sf.* défaite. [vus.
Faux titre, *sm.* premier titre
  d'un livre.
Faveur, *sf.* grâce, bienfait.
Favorable, *a.* propice. [veur.
Favorablement, *ad.* de fa-
Favori, te, *s.* qui plaît.
Favoriser, *v.* protéger. [vre.
Fébrifuge, *sm.* contre la fiè-
Fébrile, *a.* de la fièvre.
Fécale, *a.* excréments.
Fécond, *a.* productif, fertile,
Feconder, *v.* rendre fécond.
Fécondité, *sf.* production.
Fécule, *sf.* farine.
Féculent, *a.* chargé de lie.
Fédératif, ve, *a.* de
Fédération, *sf.* alliance.
Fée, *sf.* divinité imaginaire.
Feindre, *v.* simuler, controu-
  ver.
Feinte, *sf.* dissimulation.
Feintise, *sf.* feinte, tromperie.
Fêler, *v.* fendre un verre, etc.
Félicitation, *sf.* act. de féli-
  citer.
Félicité, *sf.* état heureux.
Féliciter, *v.* complimenter.
Félon, *a.* traître, rebelle.
Félonie, *sf.* rébellion.
Fêlure, *s.* fente.
Femelle, *sf.* anim. qui conçoit
Féminin, *a.* de femme.
Femme, *sf.* (*fam*), épouse.
Femmelette, *sf.* mou.
Fendre, *v.* couper, diviser.
Fenêtre, *sf.* ouverture.
Fenouil, *sm.* plante aromat.
Fente, *sf.* ouverture en long.
Féodal, *a. pl.* aux, des fiefs.
Féodalité, *sf.* qualité de fief.
Fer, *sm.* (*èr*), métal, outil.
Fer-blanc, *sm.* fer en lame.
Ferblantier, *sm.* ouvrier.
Férie, *sf.* jour de la semaine.
Férir, *v.* frapper.
Fermage, *sm.* loyer.
Ferme, *a.* qui tient fixement.
Ferme, *sf.* métairie.
Fermement, *ad.* avec fermeté.
Ferment, *sm.* levain.
Fermentatif, ve, *a.* qui fer-
  mente.
Fermentation, *sf.* act. de
Fermenter, *v.* s'agiter, s'ai-
  grir.
Fermer, *v.* boucher l'entrée.
Fermeté, *sf.* état ferme.
Fermeture, *sf.* ce qui ferme.
Fermier, ière, *s.* qui tient
  une ferme.
Féroce, *a.* cruel, dur.
Férocité, *sf.* cruauté.

Ferraille, *sf.* mauvais fer.
Ferrailler, *v.* faire un cli-
  quetis.
Ferrant, *sm.* (maréchal).
Ferrer, *v.* garnir de fer.
Ferrugineux, se, *a.* de fer.
Ferrure, *sf.* garniture de fer.
Fertile, *a.* fécond, productif.
Fertilement, *ad.* avec fertil.
Fertilisation, *sf.* action de
Fertiliser, *v.* rendre fertile.
Fertilité, *sf.* qualité fertile.
Férule, *sf.* palette.
Fervemment, *ad.* (*va*) avec
  ferveur.
Fervent, *a.* qui a de la ferveur.
Ferveur, *sf.* ardeur, zèle.
Fesse, *sf.* hanche.
Fesse-cahier, *sm.* copiste. *fa.*
Fessée, *sf.* coups sur les
  fesses.
Fesse-mathieu, *sm.* avare.
Fesser, *v.* fouetter, *fa.*
Fesseur, euse, *s.* qui fouette.
Festin, *sm.* banquet.
Festiner, *v.* faire festin.
Feston, *sm.* ornements.
Festonner, *v.* orner de fes-
  tons.
Fête, *sf.* jour saint.
Fêter, *v.* faire fête.
Fétiche, *sm.* idole.
Fétichisme, *sm.* idolâtrie.
Fétide, *a.* infect.
Fétidité, *sf.* mauv. odeur.
Fétu, *sm.* brin de paille.
Feu, *sm.* lumière.
Feu, feue, *a.* défunt.
Feudataire, *s.* vassal.
Feuillage, *sm.* de feuilles.
Feuillaison, *sf.* act. de feuil-
  ler.
Feuille, *sf.* lame mince.
Feuiller, *v.* donner des feuilles
Feuillet, *sm.* partie du livre,
  deux pages.
Feuilleter, *v.* chercher.
Feuilleton, *sm.* petite feuille.
Feuillette, *sf.* petit tonneau.
Feuillure, *sf.* entaille.
Feutrage, *sf.* action de feutrer
Feutrer, *v.* remplir de bourre.
Fève, *sf.* légume,
Février, *sm.* deuxième mois.
Fi ! *int.* de mépris.
Fiacre, *sm.* carrosse de place.
Fiançailles, *sf.* promesses de
  mariage.
Fiancer, *v.* prom. mariage.
Fibre, *sf.* filament.
Ficeler, *v.* lier.
Ficelle, *sf.* petite corde.
Fiche, *sf.* cheville.
Ficher, *v.* faire entrer.

Fichu, *sm.* sorte de mouchoir
Fictif, ve, *a.* feint, supposé.
Fiction, *sf.* invention.
Fidèle, *a.* et *s.* exact. [titud.
Fidèlement, *ad.* avec exac-
Fidélité, *sf.* foi, exactitude.
Fief, *sm.* domaine noble.
Fieffé, *a.* à l'excès.
Fiel, *sm.* bile. *fig.* haine.
Fiente, *sf.* excrément.
Fier (se), *v.* avoir de la con-
  fiance.
Fier, ère. *a.* (*ér*) hautain.
Fier-à-bras, *sm.* fanfaron.
Fièrement, *ad.* avec fierté.
Fierté, *sf.* hauteur.
Fièvre, *sf.* maladie.
Fiévreux, se, *a.* de la fièvre.
Fifre, *sm.* sorte de flûte.
Figement, *sm.* act. de se
Figer, *v.* coaguler.
Figue, *sf.* fruit du figuier.
Figuier, *sm.* arbre fruitier.
Figure, *sf.* visage.
Figurément, *ad.* allégorie.
Figurer, *v.* représenter.
Figurisme, *sm.* opinion.
Figuriste, *sm.* sectaire, sculp-
  teur.
Fil, *sm.* brin délié de lin.
Filage, *sm.* manière de filer.
Filament, *sm.* filet délié.
Filandre, *sf.* filaments.
Filasse, *sf.* filaments du lin.
Filassier, ère, *s.* marchand
  de fil. [ture.
Filateur, *sm.* chef de fila-
Filature, *sf.* lieu où l'on file.
File, *sf.* rangée en long.
Filer, *v.* faire du fil.
Filet, *sm.* petit fil, rets.
Fileur, euse, *s.* qui file.
Filial, *a.* du devoir de l'enf.
Filialement, *ad.* de fils.
Filiation, *sf.* descendance.
Filière, *sf.* outil pour filer.
Fille, *sf.* jeune personne.
Fillette, *sf.* petite fille, *fa.*
Filleul, *sm.* qu'on tient sur
  les fonts de baptême.
Filoselle, *sf.* grosse soie.
Filou, *sm.* fripon.
Fils, *sm.* (*fis*) enfant mâle.
Filtration, *sm.* act. de filtrer.
Filtre, *sm.* ce qui sert à filt.
Filtrer, *v.* clarifier.
Fin, *sf.* terme, mort, but.
Final, *a. sans pl. m.* qui finit.
Finalement, *ad.* à la fin.
Finance, *sf.* argent comptant.
Financer, *v.* payer, écono-
  miser.
Financier, *s.* qui est dans
  les finances.

Finasser, *v.* user de finesse.
Finaud, *a.* et *s.* rusé. *fa.*
Finement, *ad.* avec finesse.
Finesse, *sf.* qualité de fin.
Fini, *a.* limité, parfait.
Finir, *v.* achever, cesser.
Fiole, *sf.* petite bouteille.
Firmament, *sm.* le ciel.
Fisc, *sm.* trésor public.
Fiscal, *a.* du fisc.
Fixation, *sf.* action de fixer.
Fixe, *a.* invariable.
Fixément, *as.* d'une manière fixe.
Fixer, *v.* arrêter, déterminer.
Fixité, *sf.* état fixe.
Flacon, *sm.* sorte de bouteille
Flagellation, *sf.* action de
Flageller, *v.* fouetter, frapper.
Flageolet, petite flûte.
Flagorner, *v.* flatter bassement.   [basse.
Flagornerie, *sf.* flatterie
Flagorneur, euse, *s.* qui flagorne.
Flagrant, *a.* pris sur le fait.
Flairer, *v.* sentir par l'odorat.
Flambant, *a.* qui jette de la flamme.
Flambé, *a.* perdu, ruiné.
Flambeau, *sm.* bougie.
Flamber, *v.* jeter de la flamme.
Flamberge, *sf.* épée. *iron.*
Flamboyer, *v.* briller.
Flamme, *sf.* élévation du feu.
Flan, *sm.* tarte, métal rond.
Flanc, *sm.* côté, ventre.
Flandrin, *sm.* dégingandé. *fa.*
Flanelle, *sf.* étoffe de laine.
Flâner, *v.* niaiser, *fa.*
Flâneur, euse, *s.* qui flâne.
Flanquer, *v.* défendre.
Flasque, *a.* mou et sans force.
Flatter, *v.* louer à l'excès.
Flatterie, *sf.* louange outrée.
Flatteur, se, *a.* et *s.* qui flatte.
Flatteusement, *ad.*
Fléau, *sm.* vengeance du ciel.
Flèche, *sf.* trait qui se décoche.
Fléchir, *v.* ployer, attendrir.
Flegmatique, *a.* froid.
Flegme, *sm.* sang-froid.
Flétrir, *v.* ôter la fraîcheur.
Flétrissure, *sf.* état flétri.
Fleur, *sf.* partie d'une plante.
Fleurir, *v.* être en fleur.
Fleuron, *sm.* ornement.
Fleuve, *sm.* grosse rivière.
Flexibilité, *sf.* qualité flexible.
Flexible, *a.* souple, aisé.
Flocon, *sm.* petite touffe.

Floraux, *a. pl.* jeux.
Florin, *sm.* monnaie.
Florissant, *a.* en honneur.
Flot, *sm.* eau agitée.
Flottable, *v.* où l'on peut flotter.   [bois.
Flottage, *sm.* transport de
Flottant, *a.* irrésolu.
Flotte, *sf.* vaisseaux réunis.
Flottement, *sm.* ondulation.
Flotter, *v.* sur l'eau, être agité.
Flou, *ad.* (peindre) doux.
Fluctueux, se, *a.* agité.
Fluet, ette, *a.* mince, délicat.
Fluide, *a.* et *sm.* liquide.
Fluidité, *sf.* qualité fluide.
Flûte, *sf.* inst. de musique.
Flûté, *a.* (voix) douce.
Flûter, *v.* jouer de la flûte.
Flux, *sm.* mouv. de la mer.
Fluxion, *sf.* enflure.
Foi, *sf.* dogme, croyance.
Foie, *sm.* viscère du ventre.
Foin, *sm.* herbe des prés.
Foire, *sf.* marché public.
Fois, *sf.* désigne le nombre.
Foison, *sf.* abondance.
Foisonner, *v.* abonder.
Fol ou Fou, Folle, *a.* badin.
Folâtre, *a.* badin.
Folâtrer, *a.* badiner.
Folâtrerie, *sf.* badinage.
Folie, *sf.* démence.   [page.
Folio, *sm.* numéro d'une
Follement, *ad.* d'une manière folle.
Follet, *a.* duvet, lutin.
Follicule, *sf.* enveloppe.
Fomentation, *sf.* remède extérieur.
Fomenter, *v.* entretenir.
Foncer, *v.* mettre un fond.
Fonction, *sf.* emploi, action.
Fonctionnaire, *sm.* officier.
Fond, *sm.* le plus bas.
Fondamental, *a.* de fondem.
Fondant, *a.* qui se fond.
Fondateur, trice, *s.* qui fonde.
Fondation, *sf.* act. de fonder.
Fondé (*de pouvoir*), *a.* et *sm.*
Fondement, *sm.* anus, base.
Fonder, *v.* commencer, établir.   [fond.
Fonderie, *sf.* lieu où l'on
Fondeur, se, *sm.* qui fond.
Fondre, *v.* liquéfier, mêler.
Fondrière, *sf.* marécage.
Fonds, *sm.* sol, argent.
Fontaine, *sf.* source, vase.
Fonte, *sf.* action de fondre.
Fonts, *sm. pl.* vaisseau pour baptiser.

For, *sm.* (*intérieur*) conscien-
Forçat, *sm.* galérien.   [ce.
Force, *sf.* vigueur, puissance.
Forcément, *ad.* par force.
Forcené, *a.* et *s.* furieux.
Forcer, *v.* contraindre.
Forer, *v.* percer, terme d'arts.
Forestier, *a.* des forêts.
Foret, *sm.* instrument pour forer.
Forêt, *sf.* grand bois.
Forfait, *sm.* crime, marché.
Forfaiture, *sf.* prévarication.
Forge, *sf.* lieu où l'on forge.
Forger, *v.* travailler le fer.
Forgeur, *sm.* qui forge.
Forgeron, *sm.* qui forge.
Formaliser (se), *v.* s'offenser.
Formalité, *sf.* formule.
Format, *sm.* dimension.
Formation, *sf.* act. de former.
Forme, *sf.* façon, modèle.
Formel, le, *a.* exprès.
Formellement, *ad.* précisém.
Former, *v.* donner forme.
Formicant, *sm.* pouls faible.
Formidable, *a.* à craindre.
Formulaire, *sm.* de formule.
Formule, *sf.* modèle d'acte.
Formuler, *v.* rédiger.
Fornication, *sm.* crime.
Fors, *prép.* hormis, *v.*
Fort, *a.* et *s.* solide, citadelle.
Fortement, *ad.* avec force.
Forteresse, *sf.* lieu fortifié.
Fortification, *sf.* art de
Fortifier, *v.* rendre fort.
Fortuit, *a.* par hasard.
Fortuitement, *ad.* d'une manière fortuite.
Fortune, *sf.* hasard, richesse.
Fortuné, *a.* heureux, riche.
Forum, *sm.* (*om*) place publique.
Fosse, *sf.* creux en terre.
Fossé, *sm.* fosse en long.
Fossette, *sf.* petite fosse.
Fossile, *a.* et *s.* minéral.
Fossoyer, *v.* clore de fossés.
Fossoyeur, *sm.* qui fait les fosses.
Fou, *a.* aliéné.
Fouailler, *v.* fouetter souvent
Foudre, *sf.* fluide; grand vase.
Foudroyer, *v.* frapper par la foudre.
Fouet, *sm.* cordelette.
Fouetter, *v.* donner le fouet.
Fougère, *sf.* plante.
Fougue, *sf.* mouvem. violent.
Fougueux, se, *a.* violent.
Fouille, *sf.* action de
Fouiller, *v.* creuser, sonder.

Fouine, *sf.* pet. quadrupède.
Fouir, *v.* creuser (la terre).
Foule, *sf.* presse, multitude.
Fouler, *v.* presser, opprimer.
Foulerie, *sf.* où l'on foule.
Foulon, *sm.* qui foule les draps.
Foulure, *sf.* contusion.
Four, *sm.* lieu voûté.
Fourbe, *a.* et *s.* trompeur.
Fourberie, *sf.* tromperie.
Fourbir, *v.* polir le fer.
Fourche, *sf.* instrument à dents.
Fourchette, *sf.* inst. de table.
Fourgon, *sm.* chariot.
Fourgonner, *v.* remuer le feu.
Fourmi, *sf.* insecte.
Fourmillière, *sf.* gîte des fourmis.
Fourmiller, *v.* abonder.
Fournaise, *sf.* grand four.
Fourneau, *sm.* vaiss. p. le feu.
Fournée, *sf.* contenu d'un four.
Fournil, *sm.* (ni), lieu où est le four.
Fournir, *v.* pourvoir, garnir.
Fournisseur, *sm.* qui fournit.
Fourniture, *sf.* provision.
Fourrage, *sm.* nourriture des bêtes.
Fourrager, *v.* amarrer; voler.
Fourreau, *sm.* gaîne, robe.
Fourrer, *v.* garnir.
Fourrier, *sm.* sous-officier.
Fourrure *sf.* doublure en poil.
Fourvoyer, *v.* égarer.
Foyer, *sm.* âtre, chauffoir.
Fracas, *sm.* bruit, tumulte.
Fracasser, *v.* rompre.
Fraction, *sf.* part. de l'unité.
Fractionnaire, *a.* de fraction.
Fracture, *sf.* rupture.
Fracturé, *a.* (os) rompu.
Fracturer, *v.* rompre.
Fragile, *a.* aisé à se détruire.
Fragilité, *sf.* qualité fragile.
Fragment, *sm.* morceau.
Fraîchement, *ad.* nouvellement mouillé.
Fraîcheur, *sf.* frais, humide.
Frais, Fraîche, *a.* récent.
Fraise, *sf.* fruit, collet plissé.
Fraiser, *v.* plisser, garnir.
Fraisette, *sf.* petite fraise.
Fraisier, *sm.* plante.
Framboise, *sf.* fruit.
Framboisier, *sm.* arbrisseau.
Franc, che, *a.* libre, exempt.
Français, *a.* et *s.* de France.
Franchement. *ad.* naïvement.
Franchir, *v.* sauter, passer.
Franchise, *sf.* sincérité.

Franciser, *v.* mettre en français.
Franc-parler, *sm.* liberté de dire sa pensée.
Frange, *sf.* tissu effilé.
Franger, *v.* garnir de franges.
Franquette (à la bonne), *loc. ad.* sans façon.
Frapper, *v.* donner un coup.
Fraternel, *a.* de frère.
Fraternellement, *ad.* en frère.
Fraterniser, *a.* vivre en frère.
Fraternité, *sf.* de frère.
Fratricide, *sm.* meurtre.
Fraude, *sf.* tromperie.
Frauder, *v.* tromper.
Fraudeur, euse, *a.* qui fraude.
Frauduleusement, *ad.* avec tromperie.
Frauduleux, se, *a.*
Frayer, *v.* tracer une route.
Frayeur, *sf.* crainte vive.
Fredaine, *sf.* sottise.
Fredon, *sm.* petit chant.
Fredonner, *v.* faire des fred.
Frégate, *sf.* navire léger.
Frein, *sm.* mors, arrêt.
Frelater, *v.* falsifier le vin.
Frêle, *a.* fragile.
Frelon, *sm.* grosse mouche.
Freluche, *sf.* petite houppe.
Freluquet, *sm.* damoiseau.
Frémir, *v.* trembler.
Frémissement *sm.* émotion.
Frêne, *sm.* arbre.
Frénésie, *sf.* fureur aveugle.
Frénétique, *a.* furieux.
Fréquemment, *ad.* souvent.
Fréquence, *sf.* réitération.
Fréquent, *a.* qui arrive souvent.
Fréquentation, *sf.* action de
Fréquenter, *v.* voir souvent.
Frère, *sm.* né d'un même père.
Fresque, *sf.* peinture sur le mur.
Fret, (èt) *sm.* louage.
Fréter, *v.* louer un vaisseau.
Frétillement, *sm.* action de
Frétiller, *v.* s'agiter.
Freux, *sm.* oiseau.
Friabilité, *sf.* qualité friable.
Friable, *a.* aisé à pulvériser.
Friand, *a.* délicat.
Friandise, *sf.* goût de friand.
Fricandeau, *sm.* viande lardée.
Fricassée, *sf.* viande fricassée.
Fricasser, *v.* cuire.
Friche, *sf.* terre inculte.
Friction, *sf.* frottement.
Frileux, se, *a.* sensible au froid.
Frimas, *sm.* grésil.
Friper, *v.* chiffonner, user.

Friperie, *sf.* vieilles hardes.
Fripon, *a.* et *s.* voleur adroit.
Friponner, *v.* escroquer.
Friponnerie, *sf.* act. de frip.
Frire, *v.* cuire dans la friture.
Frise, *sf.* bande.
Friser, *v.* crêper, effleurer.
Friseur, *s.* qui frise les chev.
Frisotter, *v.* friser souvent.
Frisson, *sm.* tremblement.
Frissonner, *v.* avoir le frisson.
Frisure, *sf.* façon de friser.
Frite, *sf.* terme de verrerie.
Friture, *sf.* chose frite.
Frivole, *a.* vain, léger.
Frivolité, *sf.* futilité.
Froc, *sm.* habit monacal.
Froid, *sm.* l'opposé du chaud.
Froidement, *ad.*
Froideur, *sf.* qualité froide.
Froissement, *sm.* action de
Froisser, *v.* meurtrir.
Frôler, *v.* toucher légèrement.
Fromage, *sm.* lait caillé égoutté.
Fromager, *s.* fabricant de fromage.
Fromagerie, *sf.* lieu où on fait les fromages.
Froment, *sm.* espèce de blé.
Froncement, *sm.* action de
Froncer, *v.* plisser.
Froncis, *sm.* pli à une étoffe.
Fronde, *sf.* corde pour lancer des pierres.
Fronder, *v.* jeter des pierres.
Frondeur, *sm.* qui fronde.
Front, *sm.* le haut du visage.
Frontière, *sf.* limites d'Etat.
Frontispice, *sm.* face.
Fronton, *sm.* ornement.
Frottement, *sm.* action de
Frotter, *v.* touch. en passant.
Frotteur, euse, *s.* qui frotte.
Fructifier, *v.* produire.
Fructueusement, *ad.* avec fruit.
Fructueux, se, *a.* qui produit.
Frugal, *a.* sans pl. m. sobre.
Frugalement, *ad.* avec
Frugalité, *sf.* sobriété.
Frugivore, *a.* qui vit de fruits.
Fruit, *sm.* product. végétale.
Frustrer, *v.* priver d'une chose.
Fugitif, vé, *a.* et *s.* qui fuit.
Fuir, *v.* courir pour se sauver
Fuite, *sf.* action de fuir.
Fulmination, *sf.* action de
Fulminer, *v.* publier, s'emporter.
Fumée, *sf.* vapeur.
Fumer, *v.* jeter de la fumée.
Fumeron, *sm.* charbon qui fume.

Fumet, *sm.* vapeur.
Fumeterre, *sf.* plante.
Fumeur, *sm.* qui fume.
Fumier, *sm.* paille pourrie.
Fumigation, *sf.* action de
Fumiger, *v.* exposer aux va-
peurs.
Fumiste, *sm.* poêlier.
Funèbre, *a.* lugubre.
Funérailles, *sf. pl.* obsèques.
Funéraires, *a.* des funérailles.
Funeste, *a.* malheureux.
Fur (au *ou* à) à mesure, *ad.*
Furet, *sm.* quadrupède.
Fureter, *v.* chasser.
Fureteur, *sm.* qui furète.
Fureur, *sf.* manie, colère.
Furibond, *sm.* et *a.* furieux.
Furie, *sf.* colère, passion.
Furieusement, *ad.* à l'excès.
Furieux, se, *a.* et *s.* en furie.
Furoncle, *sm.* flegmon, tu-
meur. [chette.
Furtif, ve, *a.* fait en ca-
Furtivement, *ad.* à la dérobée.
Fusain, *sm.* crayon.
Fuseau, *sm.* inst. pour filer.
Fusée, *sf.* pièce d'artifice.
Fuselé, *a.* en fuseau, *bla. arc.*
Fuser, *v.* s'étendre. *phys.*
Fusibilité, *sf.* qualité fusible.
Fusible, *a.* qui peut se fondre.
Fusil, *sm.* (*zi*) arme à feu.
Fusilier, *sm.* soldat.
Fusillade, *sf.* coups de fusils.
Fusiller, *v.* tuer à coups de
fusils. [tion.
Fusion, *sf.* fonte, liquéfac-
Fustigation, *sf.* action de
Fustiger. *v.* battre, frapper.
Fût, *sm.* bois de fusil, futail.
Futaie, *sf.* bois de grands ar-
bres.
Futaille, *sf.* tonneau.
Futaine, *sf.* étoffe de coton.
Futé, *a.* rusé. *fa.* t. de blas.
Futile, *a.* frivole.
Futilité, *sf.* frivolité.
Futur, *a.* et *s.* à venir.
Fuyant, *a.* qui s'enfonce. *pal.*
Fuyard, *a.* qui fuit.

G

G. *sm.* (*gé* ou *ge*) 5ᵉ con-
sonne.
Gabare, *sf.* bateau, filet.
Gabelle, *sf.* impôt sur le sel.
Gâche, *sf.* pièce qui reçoit
le pêne.
Gâcher, *v.* délayer.
Gâcheux, se, *a.* bourbeux.
Gâchis, *sm.* saleté.

Gadouard, *sm.* vidangeur.
Gadoue, *sf.* matière fécale.
Gage, *sm.* nantissement.
Gager, *v.* parier, donner des
gages.
Gagerie (saisie), *sf.* terme
de pratique.
Gageur, euse, *s.* qui gage.
Gageure, *sf.* (*ju*) pari.
Gagne-denier, *sm.* porte-faix.
Gagner, *v.* profiter, acquérir.
Gai, *a.* joyeux.
Gaiement, *ad.* avec gaieté.
Gaieté, *sf.* (*gat*) joie, vivacité.
Gaillard, *a.* et *s.* sain, dispos.
Gaillardement, *ad.* gaiement.
Gain, *sm.* profit, succès.
Gaîne, *sf.* étui, t. d'*arch.*
Gaînier, *sm.* march. de gaînes
Gala, *sm.* festin à la cour.
Galant, *a.* probe, civil.
Galanterie, *sf.* familiarité.
Gale, *sf.* maladie de peau.
Galère, *sf.* vaisseau.
Galerie, *sf.* chambre longue.
Galérien, *sm.* mis aux galères
Galet, *sm.* caillou plat. [vre.
Galetas, *sm.* logement pau-
Galette, *sf.* gâteau plat.
Galeux, se. *a.* et *s.* qui a la gale.
Galimafrée, *sf.* fricassée.
Galiote, *sf.* galère, bateau.
Galle, *sf.* excroissance vé-
gétale. [France.
Gallican, *a.* de l'Église de
Gallicisme, *sm.* idiotisme.
Galoche, *sf.* sorte de chaus-
sure.
Galonner, *v.* orner de galons.
Galop, *sm.* (*lo*) allure rapide.
Galopade, *sf.* action de
Galoper, *v.* aller vite.
Galopin, *sm.* petit commis-
sionnaire. [pondérable.
Galvanisme, *sm.* fluide im-
Gambade, *sf.* saut sans ca-
dence.
Gambader, *v.* sauter.
Gambiller, *v.* remuer les
jambes.
Gamelle, *sf.* écuelle de bois.
Gamin, *sm.* petit garçon,
terme de mépris.
Ganache, *sf.* mâchoire, ter-
me de mépris.
Gangrène, *sf.* (*can*) maladie.
Gangréner (se), *v.* corrompre.
Gangréneux, euse, *a.* cor-
rompu.
Gangue, *sf.* genre de supplice
Gance, *sf.* cordonnet de soie.
Gant, *sm.* qui couvre la main.
Gantelet, *sm.* gant en fer.
Ganter, *v.* mettre des gants.

Ganterie, *sf.* fabrique de
gants. [gants.
Gantier, *sm.* qui fait des
Garance, *sf.* plante tincto-
riale. [rance.
Garancer, *v.* teindre en ga-
Garant, *s.* caution, autorité.
Garantie, *sf.* assurance. [rer.
Garantir, *v.* préserver, assu-
Garçon, *sm.* enfant mâle.
Garde, *sf.* attention, senti-
nelle. [nistre.
Garde-des-Sceaux, *sm.* mi-
Garde-du-corps, *sm.* du
prince.
Garde-fou, *sm.* balustrade.
Garde-malade, *s.* qui garde
les malades.
Garde-manger, *sm.* lieu où
l'on garde les aliments.
Garde nationale, *sf.* garde de
citoyens.
Garder, *v.* conserver. [ces.
Garde-robe, *sf.* lieu d'aisan-
Gardeur, euse, *s.* qui garde.
Gardien, enne, *s.* qui veille
à la conserv. d'une chose.
Gare ! *interj.* pour avertir.
Garenne, *sf.* où il y a des la-
pins.
Garer (se), *v.* se préserver.
Gargariser (se), *v.* laver le
gosier. [gariser.
Gargarisme, *sm.* pour se gar-
Gargotage, *sm.* repas sale.
Gargote, *sf.* petit cabaret.
Gargoter, *v.* se mal nourrir.
Gargotier, ière. *s.* cabaretier.
Gargouille, *sf.* canal.
Gargouiller, *v.* barboter.
Garnement, *sm.* vaurien. *fa.*
Garnir, *v.* pourvoir, doubler.
Garnisaire, *sm.* qui garnit.
Garnison, *sf.* garde d'une
place.
Garniture, *sf.* ce qui garnit.
Garrot, *sm.* le haut du che-
val.
Garrotter, *v.* lier fortement.
Gascon, *a.* fanfaron.
Gasconnade, *sf.* fanfaron-
nade.
Gasconner, *v.* plaisanter.
Gaspillage, *s.* action de
Gaspiller, *v.* dissiper. [pille.
Gaspilleur, euse, *s.* qui gas-
Gastrique, *a.* de l'estomac.
Gastrite, *sf.* douleur de l'épi-
gastre.
Gastronome, *sm.* gourmand.
Gastronomie, *sf.* bonne chère.
Gâteau, *sm.* sorte de pâtis-
serie.
Gâte-enfant, *s.* trop indulgent

Gâte-métier, *sm.* qui vend à vil prix.

Gâter, *v.* endommager.

Gauche, *a.* opposé à droit.

Gauchement, *ad.* maladroitement. [de la main gauch.

Gaucher, *a.* et *s.* qui trav.

Gaucherie, *sf.* maladresse.

Gauchir, *v.* se détourner.

Gaude, *sf.* bouillie de maïs.

Gaudir (se), *v.* se réjouir.

Gaufre, *sf.* rayon de miel.

Gaufrer, *v.* imprimer.

Gaufrure, *sf.* impression.

Gaule, *sf.* perche. [gaule.

Gauler, *v.* battre avec une

Gaulois, *a.* des Gaules.

Gausser (se), *v.* se moquer.

Gausserie, *sf.* raillerie.

Gausseur, euse, *s.* et *a.*

Gavotte, *sf.* danse gaie.

Gaz, *sm.* fluide aériforme.

Gaze, *sf.* étoffe très-claire.

Gazelle, *sf.* bête fauve.

Gazer, *v.* adoucir. [zette.

Gazetier, *sm.* qui fait la ga-

Gazette, *sf.* journal.

Gazeux, se, *a.* nature du gaz.

Gazier, *sm.* ouvrier en gaze.

Gazon, *sm.* herbe courte, menue.

Gazonnement, *sm.* action de

Gazonner, *v.* garnir de gazon.

Gazouillement, *sm.* chant.

Gazouiller, *v.* chanter du gosier.

Geai, *sm.* oiseau.

Géant, *s.* d'une grandeur colossale.

Gélatineux, se, *a.* en gelée.

Gelée, *sf.* froid, suc.

Geler, *v.* glacer.

Gémeaux, *sm. pl.* signe du zodiaque.

Gémir, *v.* exprimer sa peine.

Gémissant, *a.* qui gémit.

Gémissement, *sm.* plainte.

Gemme, *a.* sel en bloc.

Gênant, *a.* qui gêne.

Gencive, *sf.* chair qui entoure les dents.

Gendarme, *sm.* militaire.

Gendarmer (se), *v.* se fâcher.

Gendarmerie, *sf.* corps de troupes.

Gendre, *sm.* beau-fils.

Gêne, *sf.* situation pénible.

Généalogie, *sf.* suite d'aïeux.

Généalogique, *a.* de la généalogie.

Gêner, *v.* incommoder.

Général, *a.* universel; supérieur.

Généralat, *sm.* dignité.

Généralement, *ad.*

Généralisation, *sf.* act. de

Généraliser, *v.* rendre génér.

Généralissime, *sf.* général en chef. [rale.

Généralité, *sf.* qualité géné-

Génération, *sf.* act. d'engendrer. [nérosité.

Généreusement, *ad.* avec gé-

Généreux, se, *a.* magnanime.

Générique, *a.* du genre.

Générosité, *sf.* libéralité.

Genèse, *sf.* 1er liv. de la Bib.

Genet, *sm.* arbuste.

Génévrier, *ou* **Genièvre**, *sm.* arbuste.

Génie, *sm.* esprit, démon.

Genièvre, *sm.* arbuste.

Génisse, *sf.* jeune vache.

Génitif, *sm.* deuxième cas.

Genou, *sm.* joint de la cuisse avec la jambe. [genou.

Genouillère, *sf.* qui couvre le

Genre, *sm.* manière.

Gens, *sf.* les personnes.

Gentil, *a.* et *sm.* païen.

Gentil, ille, *a.* joli.

Gentilhomme, *sm.* noble.

Gentilité, *sf.* les païens.

Gentillesse, *sf.* grâce.

Gentiment, *ad.* joliment.

Génuflexion, *sf.* fléchir le genou.

Géographe, *sm.* qui sait la

Géographie, *sf.* étude de la terre.

Géographique, *a.* de géographie. [son.

Geôlier, *sm.* gardien de pri-

Géologie, *sf.* histoire du globe.

Géométral, *a.* de géométrie.

Géomètre, *sm.* qui sait la

Géométrie, *sf.* science.

Géométrique, *a.* de la géométrie.

Géométriquement, *ad.*

Gérant, *a.* et *s.* qui gère.

Gerbe, *sf.* faisceau de blé.

Gerbée, *sf.* botte de paille.

Gerber, *v.* mettre en gerbes.

Gerce, *sf.* insecte, rongeur.

Gercer, *v.* faire des gerçures.

Gerçure, *sf.* petite crevasse.

Gérer, *v.* administrer.

Germain, *a.* (cousin).

Germanique, *a.* allemand.

Germe, *sm.* embryon de graine.

Germer, *v.* pousser.

Gérondif, *sm.* participe. *gra.*

Gésier, *sm.* ventricule des oiseaux.

Gésir, *v.* V. Gît.

Geste, *sm.* act. du corps.

Gesticulateur, *sm.* qui gesticule.

Gesticulation, *sf.* action de

Gesticuler, *v.* faire des gestes.

Gestion, *sf.* (ti) act. de gérer.

Gibecière, *sf.* sac de chasseur.

Giberne, *sf.* boîte aux cartouches.

Gibet, *sm.* potence.

Gibier, *sm.* prise de chasse.

Giboulée, *sf.* ondée de pluie.

Gigantesque, *a.* de géant.

Gigot, *sm.* cuisse de mouton.

Gigotter, *v.* remuer les jambes

Gigue, *sf.* jambe, *pop.*

Gilet, *sm.* veste courte.

Gille, *sm.* niais.

Girafe, *sf.* quadrupède.

Girandole, *sf.* chandelier.

Girofle, *sm.* fleur du giroflier.

Giroflée, *sf.* plante des jardins

Giroflier, *sm.* arbre exotique.

Girouette, *sf.* banderole.

Gisant, *a.* couché.

Gisement, *sm.* (des côtes).

Gît, 3e personne du *v.* gésir.

Ci-gît, formule d'épitaphe.

Gîte, *sm.* lieu où l'on couche.

Gîter, *v.* demeurer.

Givre, *sm.* frimas.

Glace, *sf.* eau gelée.

Glacer, *v.* congeler.

Glacial, *a.* qui glace.

Glacier, *sm.* mont de glaces.

Glacière, *sf.* lieu pr la glace.

Glaçon, *sm.* morceau de gl.

Gladiateur, *sm.* qui combat.

Glaires, *sf.* humeur visqueuse

Glaise, *a.* et *sf.* (terre) grasse.

Glaiser, *v.* enduire de glaise.

Gland, *sm.* fruit du chêne.

Glande, *sf.* tumeur.

Glanduleux, se, *a.*

Glaner, *v.* ramasser les épis.

Glaneur, se, *s.* qui glane.

Glapir, *v.* cri des renards.

Glauber (sel de), *sm.* sulfate.

Glissade, *sf.* de glisser.

Glissement, *sf.* action de

Glisser, *v.* couler, insinuer.

Globe, *sm.* corps sphérique.

Globule, *sm.* petit globe.

Gloire, *sf.* honneur, éclat.

Glorieusement, *ad.* av. gloire

Glorieux, se, *a.* vaniteux, heureux.

Glorification, *sf.* élévation.

Glorifier, *v.* faire gloire.

Gloriole, *sf.* petite vanité.

Glose, *sf.* commentaire.

Gloser, *v.* expliquer.

Glossaire, *sf.* liste de mots.

Glousser, *v.* crier.

Glonton, *a.* gourmand.
Gloutonnement, *ad.* [dise.
Gloutonnerie, *sf.* gourman-
Glu, *sf.* matière visqueuse.
Gluant, *a.* visqueux.
Gluer, *v.* rendre gluant.
Gnomonique, *sf.* art des ca-
drans.
Gobelet, *sm.* vase p. boire.
Gobe-mouche, *sm.* oiseau ;
niais.
Gober, *v.* avaler, croire.
Godailler, *v.* boire av. excès.
Goder, *v.* faire de faux plis.
Godet, *sm.* petit vase.
Godiche, *s.* et *a.* niais, *pop.*
Godron, *sm.* plis ronds.
Godronner, *v.* orner de go-
drons.
Gogaille, *sf.* repas joyeux. *pop*
Gogo (à), *ad.* av. abondance.
Goguenard, *a.* et *s.* railleur.
Goguenarder, *v.* railler. *fa.*
Goguenarderie, *sf.* raillerie.
Goguettes, *sf. pl.* propos gais
Goinfrer, *v.* gloutonner.
Goinfrerie, *sf.* gourmandise.
Goître, *sm.* tumeur à la gorge
Goîtreux, se, *a.* de goître.
Golfe, *sm.* portion de mer.
Gomme, *sf.* suc résineux.
Gommer, *v.* mettre de la
gomme.
Gommeux, se, *a.* qui a de la
gomme.
Gond, *sm.* (*gon*), de porte.
Goudole, *sf.* bateau, voiture.
Gonflement, *sm.* enflure.
Gonfler, *v.* enfler, grossir.
Goniométrie, *sf.* trigonomé-
trie.
Gordien, *a.* (nœud), obstacle.
Gorge, *sf.* gosier, sein.
Gorgée, *sf.* plein la gorge.
Gorger, *v.* soûler, combler.
Gorgerette, *sf.* collerette. *v.*
Gorgerin, *sm.* armure de
gorge.
Gosier, *sm.* intérieur du cou.
Gothique, *a.* et *s.* des Goths.
Goths, *sm. pl.* anciens peu-
ples. [ture.
Gouache, Gouasse, *sf.* pein-
Goudron, *sm.* poix.
Goudronner, *v.* mettre du
goudron.
Gouffre, *sm.* trou profond.
Gouge, *sf.* ciseau à biseau.
Goujat, *sm.* valet de soldat.
Goujon, *sm.* poisson.
Goulée, *sf.* grosse bouchée.
Goulet, *sm.* entrée étroite.
Goulot, *sm.* cou étroit.
Goulotte, *sf.* rigole.

Goulu, *a.* et *sm.* glouton.
Goulument, *ad.* avec avidité.
Goupille, *sf.* petite cheville.
Goupiller, *v.* mettre des gou-
pilles.
Goupillon, *sm.* aspersoir.
Gourde, *sf.* calebasse.
Gourde, *sm.* gros bâton court
Goure, *sf.* drogue falsifiée.
Gourer, *v.* tromper.
Goureur, *sm.* qui falsifie.
Gourgandine, *sf.* coureuse.
Gourmade, *sf.* coup de poing.
Gourmand, *a.* et *s.* délicat.
Gourmander, *v.* réprimander
Gourmandise, *sf.* vice du
gourmand.
Gourme, *sf.* maladie. [me.
Gourmer, *v.* mettre la gour-
Gourmet, *sm.* qui connaît
les vins.
Gourmette, *sf.* chaînette.
Gousse, *sf.* enveloppe.
Gousset, *sm.* creux, poche.
Goût, *sm.* saveur.
Goûter, *v.* discerner.
Goutte, *sf.* partie d'un liquide
Gouttelette, *sf.* petite goutte
Goutteux, se, *a.* qui a la
goutte.
Gouttière, *sf.* canal.
Gouverner, *v.* régir, diriger.
Gouverneur, *sm.* premier
magistrat.
Grabat, *sm.* méchant lit.
Grabuge, *sm.* querelle.
Grâce, *sf.* faveur. [grâce.
Gracieusement, *ad.* avec
Gracieux, se, *a.* plein de
Grade, *sm.* dignité. [grâce.
Gradin, *sm.* petit degré.
Graduation, *sf.* division en
de rés.
Graduel, le, *a.* par degré.
Graduellement, *ad.* par de-
grés. [grés.
Graduer, *v.* diviser en de-
Graillon, *sm.* reste de repas.
Grain, *sm.* fruit, semence.
Graine, *sf.* semence menue.
Grainier, *sm.* marchand de
grains.
Graisse, *sf.* subst. animale.
Graisser, *v.* oindre.
Graisseux, se, *a.* de graisse.
Graminée, *a.* et *sf.* plante.
Grammaire, *sf.* règle du lan-
gage. [grammaire.
Grammairien, *sm.* auteur de
Grammatical, *a.* de gram.
Grammaticalement, *ad.*
Gramme, *sm.* nouveau poids.
Grand, *a.* étendu ; principal.
Grandelet, ette, *a.* assez gr.

Grandement, *ad.* de grand.
Grandeur, *sf.* gr. étendue.
Grandir, *v.* devenir grand.
Grandissime, *a.* très-grand.
Grange, *sf.* lieu où l'on serre
les gerbes.
Granit, *sm.* pierre dure.
Graphie, *sf.* description.
Graphique, *a.* avec inst.
Graphomètre, *sm.* instrum.
Grappe, *sf.* fruit et bouquet.
Grappiller, *v.* cueillir les
restes.
Grappilleur, euse, *s.* qui
grappille.
Grappillon, *sm.* petite grap.
Grappin, *sm.* ancre à 4 becs.
Gras, grasse, *a.* embonpoint.
Grassement, *ad.* à son aise.
Grasset, *a.* diminutif de gras.
Grasseyement, *sm.* mau-
vaise prononciation.
Grasseyer, *v.* prononcer mal.
Gratification, *sf.* don.
Gratifier, *v.* favoriser.
Gratis, *ad.* et *sm.* sans frais.
Gratitude, *sf.* reconnaiss.
Grattelle, *sf.* petite gale.
Gratter, *v.* frotter, ratisser.
Grattoir, *sm.* outil.
Gratuit, *a.* sans intérêt.
Gratuité, *sf.* caractère grat.
Gratuitement, *ad.* gratis.
Gravatier, *sm.*
Grave, *a.* pesant, sérieux.
Graveleux, se, *a.* de gravier.
Gravelle, *sf.* gravier. [vité.
Gravement, *ad.* avec gra-
Graver, *v.* tracer, imprimer.
Graveur, *sm.* qui grave.
Gravier, *sm.* gros sable.
Gravir, *v.* monter.
Gravitation, *sf.* action de
graviter.
Gravité, *sf.* importance.
Graviter, *v.* tendre. [mur.
Gravois, *sm.* débris d'un
Gravure, *sf.* image.
Gré, *sm.* bonne volonté.
Grec, grecque, *a.* de Grèce.
Gredin, *a.* et *s.* gueux.
Gréer, *v.* équiper un vaisseau.
Greffe, *sm.* bureau.
Greffer, *v.* enter.
Greffier, *sm.* écrivain.
Grégeois, *sm.* feu. [gelée.
Grêle, *a.* menu ; pluie con-
Grêler, *v.* frapper de la grêle.
Grêlon, *sm.* grain de grêle.
Grelot, *sm.* sonnette.
Grelotter, *v.* trembler.
Grenade, *sf.* fruit.
Grenadier, *sm.* arbre ; soldat.
Grenaille, *sf.* métal en grains.

Greneler, *v.* donner du grain.
Grener, *v.* réduire en grains.
Grènetier, *s.* md. de graines.
Grenier, *sm.* haut étage.
Grenouille, *sf.* reptile.
Grenu, *a.* plein de grains.
Grès, *sm.* pierre, poterie.
Grésil, *sm.* menue grêle.
Grésiller, *v.* faire des grésils.
Grève, *sf.* plage sablonneuse.
Grever, *v.* léser, imposer.
Gribouillage, *sm.* mauvais
    dessin.
Grief, *a.* grave.   [ment.
Grièvement, *ad.* excessive-
Grièveté, *sf.* énormité.
Griffe, *sf.* ongle.
Griffer, *v.* marquer avec
    l'ongle.
Griffon, *sm.* sorte de vautour
Griffonnage, *sm.* barbouil-
    lage.
Griffonner, *v.* mal écrire.
Grignon, *sm.* crouton.
Grignoter, *v.* ronger.
Grigou, *sm.* avare.
Gril, *sm.* ustensile de cuisine.
Grillade, *sf.* viande grillée.
Grille, *sf.* clôture.
Griller, *v.* cuire sur le gril.
Grillon, *sm.* insecte.
Grimace, *sf.* act. de
Grimacer, *v.* faire des con-
    torsions.
Grimoire, *sm.* écriture.
Grimper, *v.* monter.
Grincement, *s.* act. de
Grincer, *v.* les dents.
Grippe, *sf.* caprice.
Grippe-sou, *sm.* avare.
Gripper, *v.* attraper.
Gris, *a.* demi-ivre. *sm.* coul.
Grisâtre, *a.* tirant sur le gris.
Griser, *v.* rendre ivre.
Grison, *a.* gris.
Grisonner, *v.* blanchir.
Grive, *sf.* oiseau.
Grognard, *sm.* grondeur.
Grogner, *v.* cri du porc.
Grogneur, *s.* et *a.* qui grogne.
Groin, *sm.* museau de porc.
Grondement, *sm.* br. sourd.
Gronder, *v.* gourmander.
Gronderie, *sf.* criaillerie.
Grondeur, euse, *a.* qui
    gronde.
Gros, grosse, *a.* volumineux.
Groseille, *sf.* fruit du
Groseillier, *sm.* arbrisseau.
Grosseur, *sf.* volume.
Grossier, *a.* et *s.* épais.
Grossièrement, *ad.* avec
Grossièreté, *sf.* malhonnête.
Grossir, *v.* rendre gros.

Gros-temps, *sm.* orage.
Grotesque, *a.* ridicule.
Grotte, *sf.* caverne.
Grouillement, *sm.* action de.
Grouiller, *v.* remuer. *pop.*
Groupe, *sm.* assemblage.
Grouper, *v.* assembler.
Gruau, *sm.* avoine moudée.
Grue, *sf.* oiseau : machine.
Gruger, *v.* mordre ; manger
    son bien.
Grumeau, *sm.* sang caillé.
Grumeler (se) *v.* se cailler.
Gruyère, *m.* fromage suisse.
Gué, *sm.* passage.   [pied.
Guéable, *a.* qu'on passe à
Guenille, *sf.* haillon, chiffon.
Guenillon, *sm.* pet. guenille.
Guenon, *sf.* laide, singe fem.
Guêpe, *sf.* grosse mouche.
Guêpier, *sm.* oiseau, alvéole
    des guêpes.
Guère, Guères, *ad.* peu.
Guéridon, *sm.* petite table.
Guérir, *v.* rendre sain.   [rir.
Guérison, *sf.* action de gué-
Guérissable, *a.* qui peut se
    guérir.
Guérite, *sf.* petite loge.
Guerre, *sf.* lutte à main arm.
Guerrier, ère, *a.* de guerre.
Guet, *sm.* action de guetter.
Guêtre, *sf.* sorte de chauss.
Guêtrer, *v.* mettre des guêtr.
Guetter, *v.* épier. *fa.*   [haut.
Gueulard, *sm.* qui parle
Gueule, *sf.* bouche d'anim.
Gueuler, *v.* crier.
Gueusant, *a.* qui gueuse.
Gueuser, *v.* mendier.
Gueuserie, *sf.* indigence.
Gueux, se, *a.* et *s.* indigent.
Gui, *sm.* plante parasite.
Guichet, *sm.* petite porte.
Guichetier, *sm.* valet de geôl.
Guide, *sm.* conducteur.
Guide-âne, *sm.* livre, règle.
Guider, *v.* conduire.
Guidon, *sm.* enseigne.
Guigner, *v.* regarder de côté.
Guillaume, *sm.* esp. de rabot.
Guillemets, *sm. pl.* doub. virg.
Guillocher, *v.* faire du
Guillochis, *sm.* ornement
    d'architecture.
Guillotine, *sf.* instrument
    de supplice.
Guillotiner, *v.* couper la tête.
Guimauve, *sf.* sort. de mauv.
Guimpe, *sf.* vêtement de re-
    ligieuse.
Guindage, *sm.* action de
Guinder, *v.* tirer, affecter.
Guinguette, *sf.* cabaret.

Guirlande, *sf.* couronne,
    feston.
Guise, *sf.* manière, façon.
Guitare, *sf.* instr. à cordes.
Gustation, *sf.* sensation du
    goût.
Guttural, *a.* du gosier.
Gymnase, *sm.* lieu d'exerc.
Gymnastarque, *sm.* chef.
Gymnaste, *s.* off. du gymn.
Gymnastique, *a.* et *sf.* exerc.
Gypse, *sm.* pierre à plâtre.
Gypseux, se, *a.* de la nature
    du gypse.

H

On a indiqué par l'astérisque
tous les mots dont l'H est
aspiré.

H, *sm.* 6ᵉ consonne.
Habile, *a.* capable, adroit.
Habilement, *ad.* avec
Habileté, *sf.* capacité.
Habilité, *sf.* t. de pal., aptit.
Habiliter, *v.* rendre habile à.
Habillement, *sm.* vêtement.
Habiller, *v.* vêtir.
Habit, *sm.* vêtement.
Habitable, *a.* qu'on peut ha-
    biter.
Habitacle, *sm.* demeure.
Habitation, *sf.* demeure.
Habiter, *v.* faire sa demeure.
Habitude, *sf.* usage, démar.
Habitué, *sm.* qui fréquente.
Habituel, le, *a.* d'ordinaire.
Habituellement, *ad.*
Habituer, *v.* accoutumer.
*Hâbler, *v.* mentir, exagérer.
*Hâblerie, *sf.* mensonge.
*Hâbleur, euse, *s.* qui hâble.
*Hache, *sf.* outil tranchant.
*Hacher, *v.* couper.
*Hachette, *sf.* petite hache.
*Hachis, *sm.* viande hachée.
*Hachoir, *sm.* table, couteau.
*Hachures, *sf.* traits croisés.
*Hagard, *a.* rude, farouche.
*Haha, *sm.* ouverture au mur.
*Hahé, *int.* cri pour arrêter
    les chiens.
*Haie, *sf.* clôture.
*Haie, *int.* cri de charretier.
*Haillon, *sm.* vieux lambeau.
*Haine, *sf.* inimitié, aversion.
*Haineux, se, *a.* vindicatif.
*Haïr, *v.* avoir de la haine.
*Haire, *sf.* chemise de crin.
*Haïssable, *a.* odieux.
*Halage, *sm.* action de haler.
*Hâle, *sm.* impression de
Haleine, *sf.* air aspiré. [l'air.

*Halener, *v.* sentir l'haleine.
*Haler, *v.* tirer un bateau.
*Hâler, *v.* noircir le teint.
*Haletant, *a.* action de
*Haleter, *v.* être hors d'hal.
*Hallage, *sm.* droit de halle.
*Halle, *sf.* place de marché.
*Hallebarde,*sf.* sorte de piq.
*Hallebardier, *sm.* porte-
*Halte, *sf.* pause.   [halleb.
*Halter, *v.* faire halte.
*Hamac, *sm.* lit suspendu.
*Hameau, *sm.* petit village.
Hameçon, *sm.* instr. pour
   pêcher.
*Hanche, *sf.* où tient la cuis.
*Hangar,*sm.* remise de char.
*Hanneton, *sm.* scarabée.
*Hanter, *v.* fréquenter.
*Hantise,*sf.* action de hanter.
*Happer, *v.* saisir avidem.
*Haquet, *sm.* charrette.
*Harangue, *sf.* compliment.
*Haranguer, *v.* complimen-
Harangueur,*sm.*   [ter.
*Haras, *sm.* lieu où on élève
   des poulains.
*Harasser, *v.* lasser à l'excès.
*Harceler, *v.* provoquer, fa-
   tiguer.
*Hardes, *s. pl.* habillements.
*Hardi, *a.* courageux, au-
   dacieux.   [dace.
*Hardiesse, *sf.* courage, au-
*Hardiment, *ad.* avec har-
   diesse.
*Hareng, *sm.* (ran) poisson.
*Hargneux,se,*a.* querelleur.
*Haricot, *sm.* légume.
Harmonica,*sm.* inst.de mus.
Harmonie, *sf.* accord.
Harmonieusement, *ad.* avec
   harmonie.
Harmonieux, se, *a.* d'accord.
Harmonique, *a.* qui produit
   de l'harmonie.
Harmoniquement, *ad.*
Harmoniser (s'), *v.* en harm.
*Harnachement, *sm.* act. de.
*Harnacher, *v.* mettre les
*Harnais, *sm.* équipage de
   chevaux.
*Harpe,*sf.* inst. de musique.
*Harpie, *sf.* monstre fabu-
*Harpon, *sm.* croc.   [leux.
*Harponner, *v.* accrocher.
*Hasard, *sm.* fortune, sort.
*Hasarder, *v.* aventurer.
*Hasardeux, se,*a.* périlleux.
*Hâte, *sf.* promptitude.
*Hâter, *v.* dépêcher.
*Hâtif, ve, *a.* précoce.
*Hâtivement, *ad.* avec
*Hâtiveté, *sf.* précocité. *jar.*

*Hausse, *sf.* augmentation.
*Haussement, *sm.* action de
*Hausser, *v.* devenir haut.
*Haut, *a.* et *sm.* élevé, su-
   blime, fier.
Hautain, *a.* fier, orgueilleux.
*Hautainement, *ad.* av. fier.
*Hautbois, *sm.* inst. à vent.
*Haut-de-chausse, *sm.* cul.
*Haute-cour, *sf.* tribunal.
*Haute-futaie, *sf.* bois haut.
*Haute-justice, *sf.* juridict.
*Haute-lice, *sf.* tapisserie.
*Hautement, *ad.* hardiment.
*Hauteur, *sf.* éminence.
*Haut-mal, *sm.* épilepsie.
*Hâve, *s.* pâle, maigre.
*Havre-sac, *sm.* sac.
*Hé ! *interj.* pour appeler.
Hebdomadaire, *a.* de semain.
Héberger, *v.* loger chez soi.
Hébété, *a.* et *s.* stupide.
Hébéter, *v.* rendre stupide.
Hébraïque, *a.* des Hébreux.
Hébraïsme,*sm.* langage héb.
Hébreu, *a.* et *s.* Juif.
Hécatombe, *sf.* sacrifice de
   100 bœufs.
Hectare, *sm.* cent ares.
Hectogramme, *sm.* cent
   grammes.
Hectolitre, *sm.* cent litres.
Hectomètre, *sm.* cent mèt.
Hégire, *sf.* ère turque.
Hélas ! *interj.*
Hélice, *sf.* ligne en vis.
Helvétique, *a.* des Suisses.
Hem ! *interj.* pour appeler.
Hémisphère, *sm.* demi-sphè.
Hémistiche, *sm.* moit. de v.
Hémorragie, *sf.* perte de san.
Hémorroïdal, *a.* d'hémorroï.
Hémorroïde,*sf.* flux de sang.
Hendécagone, *sm.* à 11 côt.
*Hennir, (hanir) *v.* faire un
*Hennissement, *sm.* cri du
   cheval.
Hépatite,*sf.* inflammation du
   foie.
Heptagone, *a.* à 7 angles.
Heptaméron, *sm.* de 7 jours.
Heptarchie, *sf.* gouverne-
   ment de 7 rois.
*Héraut, *sm.* off. qui procla.
Herbages, *sm.* herbes, prés.
Herbe, *sf.* à tiges faibles.
Herbeiller, *v.* paître. *vén.*
Herbe,* *v.* exposer sur l'her.
Herbette, *sf.* herbe courte.
Herbeux, se, *a.* où croit l'h.
Herbier, *sm.* collection de
   plantes.
Herbière, *sf.* vendeuse d'her-
   bes.

Herbivore, *a.* qui vit d'herb
Herborisation, *sf.* action d'
Herboriser, *v.* chercher d
   herbes.
Herbu, *a.* couvert d'herbe.
*Hère, *sm.* hom. sans mérit
Héréditaire, *a.* qu'on hérit
Héréditairement, *ad.* par
Hérédité, *sf.* héritage.
Hérésiarque,*sm.* auteur d'
Hérésie, *sf.* doctrine erronée
Hérétique, *a.* de l'hérésie.
*Hérisser, *v.* dresser.
*Hérisson, *sm.* quadrupèd
Héritage,*sm.* ce qu'on hérit
Hériter, *v.* participer.
Héritier, *s.* qui recueille un
   succession.
Hermétique, *a.* t. d'alchim
Herminé, *a.* moucheté.
Herminette, *sf.* hache courb
Hermitage, *V.* Ermitage.
*Hernie, *sf.* descente des i
   testins.
Héroïne,*sf.* femme héroïqu
Héroïque, *a.* de héros.
Héroïquement, *ad.* avec
Héroïsme, *sm.* action illus
*Héron, *sm.* oiseau.
*Héros, *sm.* homme illus
*Hersage,*sm.* act. de hers
*Herschell, *sm.* planète.
*Herse, *sf.* instrument de l
   bourage.
*Herser, *v.* passer la herse
Hésitation, *sf.* action d'
Hésiter, *v.* être indécis.
Hétérodoxe,*a.* contraire à
Hétérogène, *a.* de différen
   nature.
*Hêtre, *sm.* arbre forestier
Heure, *sf.* 24e partie d'un jo
Heureusement, *ad.* av. bo
   heur.
Heureux,se,*a.* qui a du bo
   heur.
*Heurter,*v.* frapper, choqu
*Heurtoir, *sm.* marteau.
Hexaèdre, *sm.* cube.
Hexagone, *a.* et *s.* à 6 angle
Hiatus,*sm.* (s) choc de deu
   voyelles.
*Hibou, *sm.* oiseau de nui
*Hideusement, *ad.*
*Hideux, se, *a.* très-difform
*Hie, *sf.* instr. de paveur.
*Hiérarchie, *sf.* ordre.
*Hiérarchique, *a.* d'ordre.
*Hiérarchiquement, *ad.*
Hiéroglyphe,*sm.* carac. sym
   bolique.   [le
Hiéroglyphique,*a.* de symbo
Hilarité, *sf.* joie.   [crate
Hippocratique, *a.* d'Hippo

Hippodrome, *sm.* lice pour la course. [pède.
Hippopotame, *sm.* quadru-
Hirondelle, *sf.* oiseau.
*Hisser, *v.* hausser. *mar.*
Histoire, *sf.* narration.
Historial, *a.* historique.
Historien, *sm.* qui écrit l'histoire.
Historier, *v.* enjoliver.
Historiette, *sf.* petite histoire
Historiographe, *sm.* qui écrit l'histoire.
Historique, *a.* qui tient de l'histoire. [toire.
Historiquement, *ad.* d'his-
Histrion, *sm.* bateleur, comédien.
Hiver, *sm.* (*èr*) saison froide.
Hivernal. *a.* d'hiver.
Hiverner, *v.* passer l'hiver.
Ho ! *interj.* d'appel.
*Hoc, *sm.* jeu; qui convient.
*Hochepot, *sm.* ragoût.
*Hochequeue, *sm.* oiseau.
*Hocher, *v.* secouer la tête.
Hoguer, *v.* gronder. *pop.*
*Holà ! *interj.* pour appeler.
Holocauste, *sm.* sacrifice.
Hom ! exclamation.
*Homard, *sm.* poisson.
Hombre, *sm.* jeu.
Homélie, *sf.* instruction.
Homicide, *sm.* et *a.* meurtre.
Hommage, *sm.* devoir, res-
pect. [hommage.
Hommager, *sm.* qui doit
Homme, *sm.* être raisonnable
Homogène, *a.* de même na-
ture. [mogène.
Homogénéité, *sf.* qualité ho-
Homologation, *sf.* approba-
tion. [dant.
Homologue, *a.* correspon-
Homologuer, *v.* conformer.
Homonyme, *a.* semblable.
Honnête, *a.* et *sm.* bon, civil.
Honnêtement, *ad.* avec
Honnêteté, *sf.* bienséance.
Honneur, *sm.* vertu, probité.
Honnir, *v.* couvrir de honte.
Honorable, *a.* qui fait hon-
neur. [honneur.
Honorablement, *ad.* avec
Honoraire, *sm.* rétribution.
Honorer, *v.* rendre honneur.
Honorifique, *a.* d'honneur.
*Honte, *sf.* confusion.
*Honteusement, *ad.* avec honte.
*Honteux, se, *a.* infâme.
Hôpital, *sm.* hospice
*Hoquet, *sm.* mouvement convulsif.

Horaire, *a.* des heures.
*Horde, *sf.* peuplade errante.
*Horion, *sm.* grand coup.
Horizon, *sm.* cercle.
Horizontal, *a.* parallèle à l'horizon.
Horizontalement, *ad.*
Horloge, *sf.* machine qui marque les heures
Horloger, *s.* qui fait des horloges.
Horlogerie, *sf.* manufacture d'horloges.
Hormis, *prép.* hors, excepté.
Horographie, *sf. V.* gnomonique.
Horoscope, *sm.* prédiction.
Horreur, *sf.* (*rr*) indignation.
Horrible, *a.* extrême, excessif.
Horriblement, *ad.* d'une manière horrible.
*Hors, *prép.* excepté.
*Hors-d'œuvre, *sm.* en dehors
Hortolage, *sm.* jardin potager
Hospice, *sm.* asile des pauvres.
Hospitalier, *a.* qui exerce l'
Hospitalité, *sf.* loger gratis.
Hostie, *sf.* victime. *ant.*
Hostile, *a.* d'ennemi.
Hostilement, *ad.* en ennemi.
Hostilité, *sf.* act. d'ennemi.
Hôte, esse, *s.* qui loge.
Hôtel, *sm.* grande maison.
Hôtel de ville, *sm.* mairie.
Hôtel-Dieu, *sm.* hôpital.
Hôtelier, *s.* qui tient une
Hôtellerie, *sf.* auberge.
*Hotte, *sf.* sorte de panier.
*Hottée, *sf.* plein une hotte.
*Houblon, *sm.* plante.
*Houe, *sf.* inst. de vigneron.
*Houer, *v.* travailler avec la houe.
*Houille, *sf.* charbon de terre.
*Houle, *sf.* vague.
*Houlette, *sf.* bâton de berger.
*Houleux, se, *a.* agité.
*Houppe, *sf.* touffe.
*Houppelande, *sf.* casaque.
*Houppette, *sf.* petite houppe
*Hourdage, *sm.* maçonnerie.
*Hourder, *v.* faire le hourdage
*Houspiller, *v.* maltraiter.
*Houssard, *sm. V.* Hussard.
*Housse, *sf.* sorte de couverture.
*Housser, *v.* nettoyer.
*Houssine, *sf.* baguette.
*Houssoir, *sm.* balai de houe.
*Hoyau, *sm.* sorte de houe.
*Huche, *sf.* coffre pour le pain
*Hue, cri du charretier.

*Huée, *sf.* cris de derision.
*Huer, *v.* faire des huées.
*Huguenot, *a.* calviniste.
Huile, *sf.* liqueur grasse.
Huile, *v.* oindre d'huile.
Huileux, se, *a.* d'huile.
Huilier, *sm.* vase à huile.
Huis, *sm.* porte, (à huis clos).
*Huisserie, *sf.* dormant.
Huissier, *sm.* off. de justice.
*Huit, *a.* numéral.
*Huitaine, *sf.* huit jours.
*Huitième, *a.* ordinal.
Huitièmement, *ad.*
Humain, *a.* de l'homme.
Humaniser, *v.* rendre bon.
Humaniste, *a.* qui étudie.
Humanité, *sf.* nature humaine, études.
Humble, *a.* non orgueilleux.
Humblement, *ad.* avec humilité.
Humectant, *a.* qui rafraîchit
Humectation, *sf.* action d'
Humecter, *v.* rendre humide.
*Humer, *v.* avaler.
Humeur, *sf.* sorte de fluide.
Humide, *a.* aqueux.
Humidement, *ad.* avec
Humidité, *sf.* état humide.
Humiliant, *a.* qui humilie.
Humiliation, *sf.* action d'
Humilier, *v.* abaisser.
Humilité, *sf.* soumission.
*Hune, *sf.* guérite au haut du mât.
*Hunier, *sm.* mât de hune.
*Huppe, *sf.* oiseau.
*Huppé, *a.* qui a une huppe.
*Hure, *sf.* tête de sanglier.
*Hurlement, *sm.* act. d'
*Hurler, *v.* pousser des cris.
Hurluberlu, *a.* et *sm.* étourdi.
*Hutin, *sm.* mutin, débat.
*Hutte, *sf.* cabane, [hutte.
*Hutter (se), *v.* faire une
Hyacinthe, *sf.* pierre précieu.
Hydraulique, *a.* de l'eau.
Hydre, *sf.* serpent aquatique.
Hydrocèle, *sf.* maladie.
Hydrocéphale, *sf.* maladie.
Hydrogène, *a.* et *sm.* (gaz.)
Hydrographe, *a.* versé dans l'
Hydrographie, *sf.* descrip-
tion des mers. [graphie.
Hydrographique, *a.* d'hydro-
Hydromel, *sf.* breuvage.
Hydropique, *a.* et *s.* qui a une
Hydropisie, *sf.* maladie.
Hyène, *sf.* quadrupède féroce.
Hygiène, *sf.* de santé.
Hygiénique, *a.* de l'hygiène.
Hymen, *sm.* mariage.
Hymne, *s.* cantique.

Hyperbole, *sf.* exagération.
Hyperbolique, *a.* d'hyperbole
Hyperboliquement, *ad.*
Hypocondriaque, *a.* chagrin.
Hypocrisie, *sf.* vertu feinte.
Hypocrite, *s.* et *a.* fourbe.
Hypostase, *sf.* terme de médecine.
Hypostatique, *a.* de l'hyposta.
Hypoténuse, *sf.* opposé à l'angle droit.
Hypothécaire, *adroit* à hypot.
Hypothèque, *sf.* droit acquis.
Hypothéquer, *v.* assurer un droit.
Hypothèse, *sf.* supposition.

I

I, *sm.* 9e lettre de l'alphabet.
Iambe, *sm.* pied de vers.
Ibidem, *ad.* (*èm*), au même endroit.
Icelui, icelle, *pron. conjonctif*
Iconoclaste, *sm.* sectaire.
Idéal, *a. sans pl. m.* chimérique.
Idée, *sf.* notion, image, pensée
Idem, *a.* et *s.* (*èm*) le même.
Identifier, *v.* confondre.
Identique, *a.* le même.
Identiquement, *ad.* de même.
Identité, *sf.* état identique.
Idiome, *sm.* langue, dialecte.
Idiot, *a.* et *sm.* stupide.
Idiotisme, *sm.* particularité d'une langue.
Idoine, *a.* propre à. *pra.*
Idolâtre ; *s.* et *a.* qui idolâtre.
Idolâtrer, *v.* adorer les idoles.
Idolâtrie, *sf.* adoration des idoles, amour excessif.
Idolâtrique, *a.* de l'idolâtrie.
Idole, *sf.* figure qu'on adore.
If, *sm.* arbre toujours vert.
Ignare, *a.* sans étude.
Igné, *a.* (*ig*) de feu.
Ignoble, *a.* bas, vil.
Ignoblement, *ad.*
Ignominie, *sf.* infamie.
Ignominieusement, *ad.* avec ignominie.
Ignominieux, se, *a.* vil.
Ignoramment, *ad.* avec
Ignorance, *sf.* sans étude.
Ignorant, *a.* et *s.* ignare.
Ignorer, *v.* ne savoir pas.
Il, *pr.* de la 3e pers., lui.
Ile, *sf.* terre entourée d'eau.
Iliaque, *a.* des îles.
Illégal, *a.* non légal. [lois.
Illégalement, *ad.* contre les
Illégitime, *a.* non légitime.

Illégitimement, *ad.* avec
Illégitimité, *sf.* non légitime.
Illicite, *a.* non permis.
Illicitement, *ad.* d'une manière illicite.
Illimité, *a.* sans limites.
Illisible, *a.* mal écrit.
Illuminatif, tive, *a.* qui éclaire
Illumination, *sf.* action d'
Illuminer, *v.* éclairer.
Illusion, *sf.* apparence.
Illusoire, *a.* trompeur.
Illusoirement, *ad.* avec tromperie.
Illustre, *a.* célèbre, éclatant.
Illustrer, *v.* rendre illustre.
Illustrissime, *a.* très-illustre.
Ilot, *sm.* petite île.
Image, *sf.* estampe.
Imager, *s.* marchand d'images
Imaginable, *a.* qu'on peut imaginer.
Imaginaire, *a.* idéal.
Imaginatif, ve, *a.* qui imagine
Imagination, *sf.* idée.
Imaginer, *v.* inventer.
Imberbe, *a.* sans barbe.
Imbécile, *a.* et *s.* faible d'esprit
Imbécilement, *ad.* avec
Imbécillité, *sf.* (*ll*) folie.
Imbiber, *v.* mouiller. [ment.
Imbroglio, *sm.* embrouille-
Imbu, *a.* pénétré, rempli.
Imitable, *a.* qu'on peut imit.
Imitateur, trice, *a.* et *s.*
Imitatif, tive, *a.* qui imite.
Imitation, *sf.* act. d'imiter.
Imiter, *v.* prendre pour modèle.
Immaculé, *a.* sans tache. *fig.*
Immanquable, *a.* infaillible.
Immanquablement, *ad.*
Immatérialité, *sf.* sans matièr
Immatériel, le, *a.* sans matièr
Immatériellement, *ad.*
Immatriculer, *v.* enregistrer.
Immédiat, *a.* sans intermédiaire.
Immédiatement, *ad.* de suite.
Immémorial, *a.* très-ancien.
Immense, *a.* très-étendu.
Immensément, *ad.* sans bornes. [due.
Immensité, *sf.* grande éten-
Immersif, sive, *a.* par immersion. [plonger.
Immersion, *sf.* action de
Immeuble, *a.* et *sm.* bien-fonds.
Imminent, *a.* menaçent.
Immiscer (s'), *v.* s'ingérer.
Immobile, *a.* sans mouvem.
Immobilier, ère, *a.* des immeubles.

Immobilité, *sf.* état immobile
Immodéré, *a.* violent, excessif. [sion.
Immodérément, *ad.* par pas-
Immodeste, *a.* sans modestie.
Immodestement, *ad.* avec
Immodestie, *sf.* manque de modestie.
Immolation, *sf.* action d'
Immoler, *v.* sacrifier.
Immonde, *a.* impur.
Immondice, *sf.* ordure.
Immoral, *a.* contre les mœurs
Immoralité, *sf.* état immoral.
Immortaliser, *v.* rendre immortel. [pas.
Immortalité, *sf.* qui ne meurt
Immortel, le, *a.* qui ne peut mourir. [lité.
Immortification, *sf.* sensua-
Immortifié, *a.* sensuel.
Immuable, *a.* sans changem.
Immuablement, *ad.*
Immunité, *sf.* exemption.
Immutabilité, *sf.* sans changement.
Impair, *a.* qui n'est pas pair.
Impalpable, *a.* qu'on ne peut toucher. [pardon.
Impardonnable, *a.* indigne de
Imparfait, *a.* non parfait.
Imparfaitement, *ad.*
Impartial, *a.* (*ci*) sans égard.
Impartialement, *ad.* avec
Impartialité, *sf.* sans égard.
Impasse, *sf.* cul-de-sac.
Impassibilité, *sf.* de ce qui est
Impassible, *a.* qui ne peut souffrir. [pâte.
Impastation, *sf.* réduction en
Impatiemment, *ad.* (*cia*) avec
Impatience, *sf.* manque de patience.
Impatient, *a.* non patient.
Impatienter, *v.* fâcher.
Impayable, *a.* inestimable, qu'on ne peut payer.
Impeccabilité, *sf.* être
Impeccable, *a.* qui ne peut pécher.
Impénétrabilité, *sf.* act. d'être
Impénétrable, *a.* dense, dur.
Impénétrablement, *ad.* [ce.
Impénitence, *sf.* sans péniten-
Impénitent, *a.* et *s.* endurci.
Impératif, ve, *a.* impérieux.
Impérativement, *ad.* avec arrogance. [d'empereur.
Impératrice, *sf.* femme
Imperceptible, *a.* qu'on ne voit pas.
Imperceptiblement, *ad.*
Imperfection, *sf.* défaut.
Impérial, *a.* de l'empire.

Impérieusement, *ad.*
Impérissable, *a.* qui ne peut périr.
Impéritie,*sf.(cie)* peu habile.
Imperméable, *a.* impénétrable. [maire.
Impersonnel, *a.* t. de grammaire.
Impertinence, *sf.* contre la politesse.
Impertinent, *a.* qui choque.
Imperturbable, *a.* sans trouble.
Imperturbablement,*ad.*m.s.
Impétrant, *a.* qui impètre.
Impétration, *sf.* action d'
Impétrer, *v.* obtenir. *jur.*
Impétueusement, *ad.*
Impétueux, se, *a.* violent.
Impétuosité, *sf.* vivacité.
Impie, *a.* et *s.* sans religion.
Impiété, *sf.* vice de l'impie.
Impitoyable, *a.* sans pitié.
Impitoyablement, *ad.*
Implacable, *a.* vindicatif.
Implication, *sf.* contradiction, complicité.
Implicite, *a.* non explicite.
Implicitement, *ad.* compris.
Impliquer, *v.* envelopper.
Implorer, *v.* demander.
Impoli, *a.* sans politesse.
Impolitesse, *sf.* malhonnêteté.
Impolitique,*a.*sanspolitique.
Importance,*sf.* considérable.
Important,*a.*et*s.*qu'importe.
Importation, *sf.* action d'
Importer, *v.* du dehors,
Importun, *a.* et *s.* fâcheux.
Importunément, *ad.* act. d'
Importuner, *v.* tourmenter.
Importunité, *sf.* d'importuner. [pôts.
Imposable, *a.* sujet aux impôts.
Imposer, *v.* mettre, inspirer.
Imposition,*sf.*act.d'imposer.
Impossibilité, *sf.* ce qui est
Impossible, *a.* et *sm.* qu'on ne peut faire.
Imposte,*sf.* t. d'architecture.
Imposteur, *a.* et *sm.* trompeur. [per.
Imposture, *sf.* act. de tromper.
Impôt, *sm.* droit imposé.
Impotent, *s.* et *a.* estropié.
Impraticable, *a.* non praticable. [tion.
Imprécation, *sf.* malédiction.
Imprégner, *v.* pénétrer, imbiber. [prendre.
Imprenable, *a.* qu'on ne peut
Imprescriptible,*a.*non prescriptible.
Impression, *sf.* effet.

Imprévoyance, *sf.* qu'on ne prévoit pas.
Imprévoyant,*a.* sans prévoy.
Imprévu, *a.* non prévu.
Imprimer,*v.*faire empreinte.
Imprimerie, *sf.* art. d'impr.
Imprimeur, *sm.* qui imprim.
Improbable,*a.*non probable.
Improbateur, trice, *a.* et *s.* qui improuve. [bation.
Improbation, *sf.* désapprobation.
Impromptu, *sm.* sans préméditation. [pre.
Impropre, *a.* (mot) non propre.
Improprement, *ad.*
Improuver,*v.*désapprouver.
Improvisateur, trice, *s.*
Improviser,*v.*parler de suite.
Improviste (à l'), *ad.* d'improviser.
Imprudemment, *ad.* (da)
Imprudence, *sf.* défaut de prudence. [dence.
Imprudent, *a.* et *s.* sans prudence.
Impudemment, *ad.* (da)
Impudence, *sf.* effronterie.
Impudent, *a.* et *s.* effronté.
Impudeur, *sf.* défaut de pureté.
Impudicité, *sf.* impureté.
Impudique,*a.*et *s.*luxurieux.
Impugner, *v.* disputer.
Impuissance,*sf.* déf.de pouv.
Impuissant, *a.* sans pouvoir.
Impulsion, *sf.* instigation.
Impunément,*ad.* d'impunité
Impuni, *a.* sans punition.
Impunité,*sf.*manquer de punition.
Impur, *a.* qui n'est pas pur.
Impureté, *sf.* luxure.
Imputation, *sf.* accusation.
Imputer, *v.* attribuer. [ble.
Inabordable, *a.* non abordable.
Inaccessible, *a.* non accessible.
Inactif, ve, *a.* sans activité.
Inaction,*sf.*sans mouvement
Inadmissible, *a.* qu'on ne peut admettre.
Inadvertance,*sf.* inattention.
Inaliénable, *a.* qu'on ne peut aliéner. [allier.
Inalliable, *a.* qu'on ne peut
Inaltérable, *a.* qui ne peut s'altérer. [se perdre.
Inamissible, *a.* qui ne peut
Inamovibilité,*sf.* qui ne peut changer. [geant.
Inamovible, *a.* non changeant.
Inanimé, *a.* sans mouvem.
Inanition, *sf.* faiblesse. [pas.
Inaperçu,*a.* qu'on n'aperçoit
Inapplicable,*a.* non applicab.

Inapplication,*sf.*inattention.
Inappliqué, *a.* non appliqué.
Inappréciable,*a.* très-estima.
Inaptitude, *sf.* sans adresse.
Inattaquable,*a.*nonattaquab.
Inattendu, *a.* non attendu.
Inattentif,ve,*a.*sans attentio.
Inattention,*sf.*défautd'atten.
Inauguration, *sf.* solennité.
Inaugurer, *v.* dédier, sacrer.
Incalculable, *a.* nombreux.
Incapable, *a.* non capable.
Incapacité, *sf.* défaut de capacité.
Incarcération, *sf.* action d'
Incarcérer, *v.* emprisonner.
Incarnat, *a.* et *sm.* sorte de rouge.
Incarnation, *sf.* act. d'
Incarner (s'), *v.* prendre un corps.
Incartade, *sf.* brusquerie.
Incendie, *sm.* embrasement.
Incendier, *v.* mettre le feu.
Incertain, *a.* et *s.* non sûr.
Incertitude, *sf.*sans certitud.
Incessamment,*sf.*au plus tôt.
Inceste, *sm. a.* péché.
Incident,*a.*et*sm.*événement.
Incidenter, *v.* faire naître des obstacles.
Inciser, *v.* tailler.
Incisif, ve, *a.* qui taille.
Incision, *sf.* taillade.
Inciter, *a.* exciter.
Incivil, *v.* impoli.
Incivilité, *sf.* impolitesse.
Inclémence, *sf.* rigueur.
Inclinaison, *sf.* qui varie.
Inclination, *sf.* penchant.
Incliner, *v.* pencher.
Inclus,*a.* enfermé.
Inclusivement,*ad.*y compris.
Incognito,*a.*sans être connu.
Incohérence, *sf.*sans liaison.
Incohérent, *a.* sans liaison.
Incombustible, *a.* qui ne peut brûler. [mesurable.
Incommensurable, *a.* non
Incommode, *a.* gênant.
Incommoder, *v.* gêner.
Incommodité, *sf.* peine.
Incommunicable, *a.* qu'on ne peut communiquer.
Incomparable, *a.* sans comparaison.
Incomparablement, *ad.*
Incompatibilité, *sf.* état
Incompatible, *a.* non compatible. [de pouvoir.
Incompétence, *sf.* manque
Incompétent, *a.* non compétent.
Incomplet, *a.* non complet,

Incomplexe, *a.* non complexe.

Incompréhensible, *a.* qu'on ne peut comprendre.

Inconcevable, *a.* qu'on ne peut concevoir. [ble.

Inconciliable, *a.* non conciliable.

Inconduite, *sf.* défaut de.

Incongru, *a.* contre l'honnêteté.

Incongruité, *sf.* incivilité.

Inconnu, *a.* non connu.

Inconséquence, *sf.* irréflexion. [dément.

Inconséquent, *a.* et *s.* qui se

Inconsidération, *sf.* imprudence. [réfléchi.

Inconsidéré, *a.* et *s.* non

Inconsolable, *a.* très-chagrin.

Inconstamment, *ad.* avec

Inconstance, *sf.* inégalité.

Inconstant, *a.* et *s.* changeant.

Incontestable, *a.* certain.

Incontesté, *a.* assuré.

Incontinence, *sf.* contre la chasteté.

Incontinent, *a.* qui n'est pas chaste, *ad.* aussitôt.

Inconvenance, *sf.* incivilité.

Inconvenant, *a.* qui ne convient pas. [fâcheux.

Inconvénient, *sm.* incident

Incorporation, *sf.* mélange.

Incorporel, le, *a.* spirituel.

Incorporer, *v.* mêler.

Incorrect, *a.* imparfait.

Incorrigible, *a.* qui ne peut se corriger.

Incorruptibilité, *sf.* ce qui est

Incorruptible, *a.* qui ne peut se corrompre. [pas.

Incrédule, *a.* et *s.* qui ne croit

Incrédulité, *sf.* défaut de foi.

Incréé, *a.* qui n'a pas été créé.

Incroyable, *a.* impossible à croire.

Incrustation, *sf.* action d'

Incruster, *v.* couvrir, enchâs.

Inculpation, *sf.* action d'

Inculper, *v.* accuser, charger.

Inculquer, *v.* graver dans l'es-

Inculte, *a.* stérile. [prit.

Incurable, qu'on ne peut guérir.

Incursion, *sf.* course. [tem.

Indécemment, *ad.* malhonnê-

Indécence, *sf.* act. contre la décence. [cence.

Indécent, *a.* contre la décence.

Indéchiffrable, *a.* illisible.

Indécis, *a.* irrésolu.

Indécision, *sf.* irrésolution.

Indéclinable, *a.* qu'on ne peut décliner.

Indécrottable, *a.* difficile.

Indéfini, *a.* sans bornes.

Indéfiniment, *ad.* sans bornes.

Indélébile, *a.* ineffaçable.

Indélibéré, *a.* irréfléchi.

Indemniser, *v.* dédommager,

Indemnité, *sf.* dédommage.

Indépendamment, *ad.* d'une manière indépendante.

Indépendance, *sf.* état de l'

Indépendant, *v.* qui ne dépend de personne.

Indestructible, *a.* qu'on ne peut détruire.

Indéterminé, *a.* non déterm.

Indévot, *a.* et *s.* non dévot.

Indévotion, *sf.* défaut de dévo-

Index, *sm.* 2e doigt. [tion.

Indicateur, trice, *a.* qui indiq.

Indicatif, *a.* qui indique, *sm.* t. de gramm.

Indication, *sf.* démonstration.

Indice, *sm.* signe.

Indicible, *a.* inexprimable.

Indiction, *sf.* convocation.

Indifféremment, *ad.* l'un ou l'autre.

Indifférence, *sf.* insouciance.

Indifférent, *a.* ni pour ni contre.

Indigence, *sf.* pauvreté.

Indigène, *s.* et *a.* du lieu.

Indigent, *a.* nécessiteux.

Indigeste, *a.* difficile à digérer

Indigestion, *sf.* mauvaise coction des aliments.

Indignation, *sf.* colère.

Indigne, *a.* et *s.* non digne.

Indignement, *ad.* avec outrage. [noucer.

Indigner, *v.* irriter, cour-

Indignité, *sf.* outrage.

Indigo, *sm.* plante, bleu.

Indiquer, *v.* montrer.

Indirect, *a.* détourné.

Indirectement, *ad.* avec détour. [gible.

Indisciplinable, *a.* incorri-

Indiscipliné, *a.* volontaire.

Indiscret, ète, *a.* et *s.* imprudent,

Indiscrètement, *ad.* avec

Indiscrétion, *sf.* imprudence.

Indispensable, *v.* nécessaire.

Indispensablement, *ad.*

Indisposer, *v.* fâcher.

Indisposition, *sf.* malaise.

Indissoluble, *a.* bien uni.

Indistinct, *a.* confus.

Indistinctement, *ad.*

Individu, *sm.* être, personne.

Individuel, le, *a.* d'individu.

Individuellement, *ad.*

Indivisibilité, *sf.* qualité de ce qui est [diviser.

Indivisible, *a.* qu'on ne peut

Indocile, *a.* insoumis.

Indocilité, *sf.* insoumission.

Indolemment, *ad.* (la) avec

Indolence, *sf.* nonchalance.

Indolent, *a.* nonchalant.

Indomptable, *a.* insoumis.

Indompté, *a.* non dompté.

Indu, *a.* contre la règle.

Indubitable, *a.* assuré.

Indubitablement, *ad.*

Induire, *v.* exciter.

Indulgemment, *ad.* avec

Indulgence, *sf.* bonté.

Indulgent, *a.* qui pardonne.

Indult, *sm.* (t) privilége.

Indûment, *ad.* contre l'ordre.

Industrie, *sf.* adresse.

Industriel, le, *a.* d'industrie.

Industrieux, se, *a.* adroit.

Inébranlable, *a.* ferme.

Inébranlablement, *ad.*

Inédit, *a.* (livre) non publié.

Ineffable, *a.* inexprimable.

Ineffaçable, *a.* qu'on ne peut effacer.

Inefficace, *a.* sans effet.

Inefficacité, *sf.*

Inégal, *a.* pas égal.

Inégalement, *ad.*

Inégalité, *sf.* défaut d'égalité.

Inéligible, *a.* non éligible.

Inénarrable, *a.* qu'on ne peut dire.

Inepte, *a.* sans aptitude.

Ineptie, *sf.* absurdité.

Inépuisable, *a.* qu'on ne peut épuiser.

Inerte, *a.* sans ressort.

Inertie, *sf.* (cie) inaction.

Inespéré, *a.* inattendu.

Inestimable, *a.* très-estimé.

Inétendu, *a.* sans étendue.

Inévitable, *a.* qu'on ne peut éviter.

Inexact, *a.* (t), pas exact.

Inexcusable, *a.* non excusable. [exécuter.

Inexécutable, *a.* qu'on ne peut

Inexécution, *sf.* défaut d'exécution. [fléchir.

Inexorable, *a.* qu'on ne peut

Inexpérience, *sf.* défaut d'expérience. [rience.

Inexpérimenté, *a.* sans expé-

Inexplicable, *a.* qu'on ne peut expliquer.

Inexprimable, *a.*

Inextinguible, *a.* qui ne s'éteint pas. [errer.

Infaillibilité, *sf.* qui ne peut

Infaillible, *a.* certain.

Infailliblement, *ad.*
Infaisable, *a.* (*fé*) impratic.
Infamant, *a.* déshonorant.
Infamation, *sf.* note d'infam.
Infâme, *a.* et *s.* diffamé.
Infamie, *sf.* flétrissure.
Infanterie, *sf.* fantassins.
Infanticide, *sm.* tuer un enf.
Infatigable, *a.* courageux.
Infatigablement, *ad.* coura-
   geusement.
Infatuation, *sf.* prévention.
Infatuer, *v.* trop prévenir.
Infect, *a.* puant, corrompu.
Infecter, *v.* rendre infect.
Infection, *sf.* puanteur.
Inférer, *v.* conclure de.
Inférieur, *a.* et *s.* qui a un
   maitre.   [rieur.
Inférieurement, *ad.* d'infé-
Infériorité, *sf.* rang inférieur
Infernal, *a.* d'enfer.
Infester, *v.* incommoder.
Infidèle, *a.* et *s.* déloyal.
Infidélité, *sf.* manque à son
   devoir.
Infiltration, *sf.* action de
Infiltrer (s'), *v.* passer.
Infini, *a.* sans bornes.
Infiniment, *ad.* sans bornes.
Infinité, *sf.* qualité infinie.
Infinitif, *sm.* mode du verb.
Infirmatif, *a.* qui infirme.
Infirme, *a.* et *s.* malade.
Infirmer, *v.* déclarer nul.
Infirmerie, *sf.* lieu pour les
   malades.   [rie.
Infirmier, *s.* chef d'infirme-
Infirmité, *sf.* maladie.
Inflammable, *a.* qui peut
   s'enflammer.
Inflammation, *sf.* act. d'enfla.
Inflammatoire, *a.* qui s'enfla.
Inflexible, *a.* inexorable.
Inflexion, *sf.* changement.
Infliger, *v.* imposer.
Influence, *sf.* vertu, pouv.
Influencer, *v.* avoir influen.
Influer, *v.* être cause que.
Information, *sf.* enquête.
Informe, *a.* mal conformé.
Informer, *v.* avertir, prév.
Infortune, *sf.* malheur.
Infortuné, *a.* malheureux.
Infracteur, *sm.* qui a enfr.
Infraction, *sf.* transgression.
Infructueux, se, *a.* stérile.
Infus, *a.* donné par la nat.
Infuser, *v.* faire tremper.
Infusion, *sf.* act. d'infuser.
Ingambe, *a.* dispos, alerte.
Ingénieur, *sm.* off. du génie.
Ingénieusement, *ad* avec a-
Ingénieux, *a.* adroit. [dresse.

Ingénu, *a.* naïf, simple.
Ingénuité, *sf.* naïveté.
Ingénument, *ad.* naïvement.
Ingérer (s'), *v.* se mêler.
Ingrat, *a.* et *s.* sans recon-
   naissance, stérile.
Ingratitude, *sf.* manque de
   reconnaissance.
Ingrédient, *sm.* partie d'un
   mélange.
Inhabile, *a.* incapable.
Inhabitable, *a.* non habitab.
Inhabité, *a.* non habité.
Inhérence, *sf.* union.
Inhumain, *a.* cruel.
Inhumanité, *sf.* cruauté.
Inhumation, *sf.* action d'
Inhumer, *v.* enterrer un
Inimitable, *a.* parfait. [mort.
Inimitié, *sf.* haine.
Inintelligible, *a.* obscur, em-
   brouillé, indéchiffrable.
Inique, *a.* injuste.
Iniquement, *ad.* avec injust.
Iniquité, *sf.* injustice.
Initial, *a.* (*ci*) qui commen.
Initiative, *sf.* commencem.
Initié, *s.* et *a.* qui est initié.
Initier, *v.* admettre.
Injonction, *sf.* commandem.
Injure, *sf.* insulte.
Injurier, *v.* dire des injures.
Injurieux, se. *a.* diffamant.
Injuste, *a.* contraire à la
   justice.   [tice.
Injustement, *ad.* avec injus-
Injustice, *sf.* action injuste.
Inné, *a.* né avec nous.
Innocemment, *ad.*
Innocence, *sf.* état innoc.
Innocent, *a.* non coupable.
Innocenter, *v.* absoudre.
Innombrable, *a.* (*n*)
Innovation, *sf.* action d'
Innover, *v.* introduire.
Inoccupé, *a.* non occupé.
Inoculation, *sf.* act. d'
Inoculer, *v.* communiquer.
Inodore, *a.* sans odeur.
Inondation, *sf.* action d'
Inonder, *v.* submerger.
Inopiné, *a.* imprévu.
Inopinément, *ad.*
Inouï, *a.* rare.
Inquiet, ète, *a.* soucieux.
Inquiéter, *v.* troubler.
Inquiétude, *sf.* trouble.
Inquisition, *sf.* enquête.
Insatiable, *a.* qu'on ne peut
   rassasier.
Inscription, *sf.* action d'
Inscrire, *v.* écrire.
Insecte, *sm.* petit animal.
Insensible, *a.* et *s.* pas sensibl.

Insensiblement, *ad.* peu à p.
Inséparable, *a.* non séparab.
Inséparablement, *ad.*
Insérer, *v.* mettre parmi.
Insertion, *sf.* action d'insér.
Insidieux, se, *a.* trompeur.
Insigne, *a.* signalé.
Insignifiance, *sf.* sans carac-
   tère propre.
Insignifiant, *a.* insipide.
Insinuer, *v.* introduire.
Insipide, *a.* sans goût.
Insister, *v.* faire instance.
Insociable, *a.* sauvage.
Insolence, *sf.* effronterie.
Insolent, *a.* et *s.* effronté.
Insoluble, *a.* non soluble.
Insolvable, *a.* qui ne peut
   payer.   [sommeil.
Insomnie, *sf.* privation de
Insouciance, *sf.* état de l'
Insouciant, *a.* et *s.* indiffér.
Insoutenable, *a.* non soute.
Inspecter, *v.* surveiller.
Inspecteur, *sm.* qui inspec.
Inspection, *sf.* surveillan-
Inspiration, *sf.* conseil. [ce.
Inspirer, *v.* respirer, sugér.
Instabilité, *sf.* non stable.
Installation, *sf.* action d'
Installer, *v.* mettre en place.
Instamment, *ad.* avec
Instance, *sf.* sollicitation.
Instant, *a.* pressant, moment.
Instar, *ad.* à la manière de.
Instigateur, trice, *s.* act. d'
Instigation, *sf.* suggestion.
Instiguer, *v.* exiter à.
Instinct, *sm.* sentiment.
Instituer, *v.* établir.
Institut, *sm.* règle, académ.
Instituteur, trice, *s.* qui en-
   seigne.   [blie, pensée.
Institution, *sf.* chose éta-
Instructif, ve, *a.* qui instruit.
Instruction, *sf.* conseil.
Instruire, *v.* enseigner.
Instrument, *sm.* outil.
Instrumental, *a.* d'instrum.
Insu, *ad.* sans qu'on le sach.
Insubordination, *sf.* révolte.
Insuffisance, *sf.* manque.
Insuffisant, *a.* qui ne suffit
   pas.   [île.
Insulaire, *a.* habitant d'une
Insultant, *a.* qui insulte.
Insulte, *sf.* injure.
Insulter, *v.* attaquer. [ble.
Insupportable, *a.* désagréa-
Insurger, *v.* révolter.
Insurmontable, *a.* difficile.
Insurrection, *sf.* soulève-
Intact, *a.* entier.   [ment.
Intarissable, *a.* inépuisable.

Intégral, *a.* partie finie.
Intégralité, *sf.* chose entière.
intégrant, *a.* (partie).
Intégrité, *sf.* probité.
Intellect, *sm.* entendement.
Intellectuel, le, *a.* spirituel.
Intelligemment, *ad.* avec
Intelligence, *sf.* perception.
Intelligent, *a.* qui comprend.
Intelligible, *a.* qu'on compr.
Intelligiblement, *ad.* m. s.
Intempérance, *sf.* débauche.
Intempérant, *sm.* déréglé.
Intempérie, *sf.* déréglement.
Intempestif, ve, *a.* à contre-
temps.   [tion.
Intendance, *sf.* administra-
Intendant, *s.* administrateur.
Intense, *a.* grand, fort.
Intension, *sf.* force, véhé-
mence.
Intensité, *sf.* degré de force
Intenter, *v.* commencer.
Intention *sf.* volonté, pen-
sée.
Intercalaire, *a.* ajouté.
Intercalation, *sf.* addition.
Intercaler, *v.* insérer.
Intercéder, *v.* prier.
Intercepter, *v.* ouvrir par
surprise.   [cède.
Intercesseur, *sm.* qui inter-
Intercession, *sf.* act. d'int.
Interdiction, *sf.* action d'
Interdire, *v.* prohiber.
Interdit, *sm.* censure.
Intéressant, *a.* qui intéresse.
Intéresser, *v.* prendre intér.
Intérêt, *sm.* ce qui importe.
Intérieur, *a.* et *sm.* au ded.
Intérieurement, *ad.* au ded.
Intérim, *sm.* (im) entre-
temps.
Interjection, *sf.* t. de gram.
Interjeter, *v.* (appel), en ap-
peler.
Interligne, *sm.* entreligne.
Interligner, *v.* espacer.
Interlocuteur, *sm.* person-
nage.
Interloquer, *v.* ordonner,
embarrasser.
Intermédiaire, *a.* entre deux.
Interminable, *a.* sans fin.
Intermittence, *sf.* par pé-
riodes.   [reprend.
Intermittent, *a.* qui cesse et
Interne, *a.* au dedans.
Interpellation, *sf.* action d'
Interpeller, *v.* sommer.
Interposer, *v.* mettre entre.
Interprétatif, ve, *a.* qui in-
terprète.   [tion.
Interprétation, *sf.* explica-

Interprète, *a.* qui explique.
Interpréter, *v.* expliquer,
traduire.
Interrègne, *sm.* intervalle.
Interrogant, *a.* (r). d'
Interrogation, *sf.* question.
Interrogatoire, *sm.* d'
Interroger, *v.* questionner.
Interrompre, *v.* faire cesser.
Interruption, *sf.* cessation.
Intersection, *sf.* rencontre.
Intervalle, *sm.* distance.
Intervenir, *v.* s'intéresser.
Intervention, *sf.* action d'in-
tervenir.   [dre.
Intervertir, *v.* changer l'or-
Intestin, *a.* interne ; *sm.*
boyau.
Intestinal, *a.* des intestins.
Intime, *a.* et *s.* (ami).
Intimement, *ad.* avec intim.
Intimer, *v.* signifier.
Intimider, *v.* épouvanter.
Intimité, *sf.* liaison intime.
Intituler, *v.* donner un titre.
Intolérable, *a.* non tolérable.
Intolérance, *sf.* défaut de
tolérance.
Intolérant, *a.* qui a ce défaut.
Intolérantisme, *sm.* système
d'intolérance.   [tonner.
Intonation, *sf.* act. d'en-
Intraitable, *a.* difficile.
Intransitif, *a.* act. qui ne se
passe pas hors du sujet.
Intrépide, *a.* courageux.
Intrépidité, *sf.* fermeté.
Intrigant, *a.* et *s.* qui se
mêle d'intrigues.
Intrigue, *sf.* cabale.
Intriguer, *v.* embarrasser.
Intrinsèque, *a.* de soi ; intér.
Introducteur, trice, *s.*
Introduction, *sf.* préface.
Introduire, *v.* donner entrée.
Introït, *sm.* comm. de la m.
Intronisation, *sf.* action d'
Introniser, *v.* installer.
Introuvable, *a.* rare.
Intrus, *a.* usurpateur.
Inusité, *a.* qui n'est pas d'u-
sage.
Inutile, *a.* qui ne sert à rien.
Inutilité, *sf.* non utilité.
Invalide, *a.* soldat estropié.
Invalidité, *sf.*
Invariable, *a.* fixe.
Invasion, *sf.* irruption.
Invective, *sf.* censure.
Invectiver, *v.* dire des invect.
Inventaire, *sm.* examen.
Inventer, *v.* trouver.
Invention, *sf.* découverte.
Inventorier, *v.* faire l'invent.

Inverse, *a.* contre-sens.
Inversion, *sf.* transposition.
Investir, *v.* installer, environ.
Investiture, *sf.* installation.
Invétérer, *v.* s'enraciner.
Invincible, *a.* qu'on ne peut
vaincre.
Invinciblement, *ad.* m. s.
Inviolable, *a.* qu'on ne peut
violer.
Inviolablement, *ad.*
Invisible, *a.* qu'on ne voit
Invisiblement, *ad.*   [pas.
Invitation, *sf.* action d'invit.
Inviter, *v.* prier, exciter.
Invocation, *sf.* act. d'invoq.
Involontaire, *a.* sans volonté.
Involontairement, *ad.*
Invoquer, *v.* prier, appeler.
Invraisemblable, *a.* non vrai-
semblable.
Invraisemblance, *sf.*
Invulnérabilité, *sf.* état d'
Invulnérable, *a.* qu'on ne
peut blesser.
Ionique, *a.* (ordre) d'archit.
Iota, *sm.* 9e lettre de l'alpha-
bet grec.
Ipso-facto, *loc. ad.* par le fait.
Irascible, *a.* qui excite ; colé-
Ire, *sf.* colère. *v.*   [rique.
Iris, *sm.* (s) arc-en-ciel.
Ironie, *sf.* raillerie fine.
Ironique, *a.* d'ironie.   [nie.
Ironiquement, *ad.* avec iro-
Irraisonnable, *a.* sans raison.
Irréconciliable, *a.* vindicatif.
Irréconciliablement, *ad.* ms.
Irrécusable, *a.* qu'on ne peut
rejeter.   [peut réduire.
Irréductible, *a.* qu'on ne
Irréfléchi, *a.* étourdi.
Irréformable, *a.* sans réform.
Irréfragable, *a.* irrécusable.
Irrégularité, *sf.* manque de
formes.
Irrégulier, *a.* non régulier.
Irréligieux, se, *a.* impie.
Irréligion, *sf.* impiété.
Irrémédiable, *a.* sans remède
Irrémissible, *a.* sans rémiss.
Irrémissiblement, *ad.*
Irréparable, *a.* qu'on ne peut
réparer.
Irrépréhensible, *a.* sans re-
proche.   [proche.
Irréprochable, *a.* sans re-
Irrésistible, *a.* non résistible.
Irrésolu, *a.* indécis. [volonté.
Irrésolution, *sf.* manque de
Irrévéremment, *ad.* (ran)
avec   [respect.
Irrévérence, *sf.* manque de
Irrévérent, *a.* sans respect.

Irrévocabilité, *sf.* état de ce qui est

Irrévocable, *a.* qu'on ne peut changer.

Irrigation, *sf.* arrosem. par rigoles.

Irritabilité, *sf.* état

Irritable, *a.* qui provoque.

Irritation, *sf.* état irrité.

Irriter, *v.* exciter, provoquer.

Irruption, *sf.* invasion des ennemis.

Islamisme, *sm.* mahométis.

Isocèle, *a.* (triangle) à deux côtes égaux.

Isolé, *a.* solitaire, séparé.

Isolement, *sm.* état isolé.

Isolément, *ad.* séparément.

Isoler, *v.* séparer de tout.

Israélite, *s.* juif.

Issu, *a.* descendu, originaire.

Issue, *sf.* sortie. *fig.*

Isthme, *sm.* langue de terre.

Italique, *a.* et *sm.* caractère couché. (*Imprim.*)

Item, *ad.* (*èm*) de plus.

Itinéraire, *a.* et *sm.* de chemin.

Ivoire, *sf.* dent d'éléphant.

Ivraie, *sf.* mauvaise herbe.

Ivre, *a.* troublé par le vin.

Ivresse, *sf.* ivrognerie.

Ivrogne, *a.* et *s.* buveur.

Ivrogner, *v.* s'er ivrer.

Ivrognerie, *sf.* act. de. s'eniv.

J

J. *sm.* (*ji* ou *je*) 10e lettre de l'alphabet.

Jà, *ad.* déjà. *v.*

Jabot, *sm.* ornement.

Jachère, *sf.* terre en repos.

Jactance, *sf.* vanterie.

Jaculatoire, *a.* (oraison).

Jadis, *ad.* (*s*) autrefois.

Jaillir, *v.* s'élancer.

Jaillissant, *a.* qui jaillit.

Jaillissement, *sm.* action de Jale, *sf.* grande jatte. [jaillir.

Jalon, *sm.* bâton.

Jalonner, *v.* mettre des jalons.

Jalouser, *v.* avoir de la

Jalousie, *sf.* chagrin, envie.

Jaloux, se, *a.* et *s.* qui jalouse.

Jamais, *ad.* en aucun temps.

Jambage, *sm.* ligne droite.

Jambe, *sf.* du genou au pied.

Jambon, *sm.* cuisse ou épaule de porc.

Janissaire, *sm.* soldat turc.

Jante, *sf.* partie d'une roue.

Janvier, *sm.* 1er mois de l'an.

Japper, *v.* crier.

Jacquemart, *sm.* marteau.

Jaquette, *sf.* habillement.

Jardin, *sm.* lieu pour cultiver des fleurs, etc.

Jardinage, *sm.* art de

Jardiner, *v.* travailler le jardin.

Jardinet, *sm.* petit jardin.

Jardinier, *s.* cultivateur.

Jargon, *sm.* mauvais langage.

Jargonner, *v.* parler jargon.

Jarret, *sm.* pli de la jambe.

Jarretière, *sf.* lien.

Jars, *sm.* mâle de l'oie.

Jaser, *v.* babiller, causer.

Jaserie, *sf.* babil, caquet. *fa.*

Jaseur, euse, *s.* causeur.

Jasmin, *sm.* plante.

Jaspe, *sm.* sorte d'agate.

Jasper, *v.* bigarrer.

Jaspure, *sf.* action de jasper.

Jatte, *sf.* vase rond.

Jauge, *sf.* contenance.

Jauger, *v.* mesurer.

Jaunâtre, *a.* presque jaune.

Jaune, *a.* et *sm.* couleur d'or.

Jaunir, *v.* rendre jaune.

Jaunisse, *sf.* sorte de maladie.

Javeler, *v.* mettre en javelles.

Javeline, *sf.* dard long.

Javelle, *sf.* poignée de blé scié.

Javelot, *sm.* sorte de dard.

Je, *pro.* (*pers.*) 1re personne.

Jéhovah, *sm.* nom de Dieu.

Jérémiade, *sf.* plainte.

Jésuite, *sm.* religieux.

Jésuitique, *a.* de Jésuite.

Jet, *sm.* action de jeter.

Jet d'eau, *sm.* eau qui jaillit.

Jetée, *sf.* digue de pierres.

Jeter, *v.* lancer, produire.

Jeton, *sm.* pièce pr compter.

Jeu, *sm.* récréation.

Jeudi, *sm.* 5e jour de la semaine. [gé.

Jeun (à), *ad.* sans avoir man-

Jeune, *a.* et *s.* peu âgé.

Jeûne, *sm.* abstinence.

Jeûner, *v.* faire abstinence.

Jeunesse, *sf.* âge.

Jeûneur, euse, *a.* qui jeûne.

Joaillier, *s.* ouvrier en joyaux.

Jocko, *sm.* grand singe.

Joie *sf.* plaisir.

Joindre, *v.* approcher.

Joint, *sm.* articulation.

Jointure, *sf.* joint du corps.

Joli, *a.* qui plaît à l'œil.

Joliment, *ad.* avec beauté.

Jonc, *sm.* (*jon*) plante, canne.

Joncher, *v.* parsemer, couvrir

Jonction, *sf.* action de joindre.

Jonglerie, *sf.* charlatanerie.

Joue, *sf.* partie du visage.

Jouer, *v.* se divertir, s'amuser

Jouet, *sm.* qui sert à amuser.

Joug, *sm.* sujétion, bois pour atteler.

Jouir, *v.* posséder.

Jouissance, *sf.* act. de jouir.

Joujou, *sm.* jouet.

Jour, *sm.* clarté, 24 heures.

Journal, *sm.* relation quotid.

Journalier, ère, *a.* de chaque jour. [journal.

Journaliste, *sm.* qui fait un

Journée, *sf.* durée d'un jour.

Journellement, *ad.* tous les jours, [sement.

Joute, *sf.* sorte de divertis-

Jouter, *v.* lutter.

Jouvenceau, *sm.* adolescent.

Jovial, *a.* sans pl. m. gai.

Joyaux, *sm.* bijou.

Joyeusement, *ad.* gaiement.

Joyeux, se, *a.* qui est gai.

Jubé, *sm.* tribune d'église.

Jubilation, *sf.* réjouissance.

Jubilé, *sm.* indulgence.

Juda, *sm.* petite ouverture.

Judaïser, *v.* vivre en juif.

Judaïsme, *sm.* état de juif.

Judas, *sm.* traître.

Judicature, *sf.* état de juge.

Judiciaire, *a.* fait en justice.

Judiciairement, *ad.* de justice

Judicieusement, *ad.* avec sagesse.

Judicieux, se, *a.* sage.

Juge, *sm.* magistrat, arbitre.

Jugement, *sm.* sentence.

Juger, *v.* rendre la justice.

Juif, *sm.* et *a.* Hébreu.

Juillet, 7e mois de l'année.

Juin, *sm.* 6e mois de l'année.

Juiverie, *sf.* quartier des Juifs.

Jujube, *sm.* fruit du jujubier.

Jumeau, melle, *pl.* eaux, né avec.

Jument, *sf.* femelle du cheval.

Jupe, *sf.* vêtement de femme.

Jupon, *sm.* jupe de dessous.

Juré, *sm.* membre du jury.

Jurement, *sm.* serment.

Jurer, *v.* affirmer, ratifier.

Jureur, *sm.* qui jure.

Juri ou Jury, *sm.* commission

Juridiction, *sf.* pouvoir, res-

Juridique, *a.* de droit. [sort.

Juridiquement, *ad.* ms. [droit

Jurisconsulte, *sm.* docteur en

Jurisprudence, *sf.* science du droit.

Jus, *sm.* suc exprimé. *ad.*

Jusque , *prép.* de lieu.
Justaucorps, *sm.* vêtement.
Juste, *a.* équitable, exact. .
Justement, *ad.* avec justice.
Justesse, *sf.* précision
Justice, *sf.* vertu morale.
Justiciable, *a.* soumis.
Justicier, *v.* rendre justice.
Justicier, *s.* et *a.* qui rend justice. [cence.
Justifier, *v.* prouver l'inno-

K

K, *sm.* (*ca* ou *ke*) 11ᵉlettre.
Kan, *sm.* commendant tartare
Kanguroo, *sm.* quadrupède.
Kermès, *sm.* (s) excroissance du chêne.
Kilo, *sm.* mille unités. [me.
Kilogramme, *sm.* 1000 gram-
Kirsch-Wasser, *sm.* (*kirsch*) eau-de-vie de cerises sauvages.
Koran, *sm.* V. Alcoran.
Kyrielle, *sf.* litanies de choses ennuyeuses.

L

L, *sm.* (*èle*) et *m.* (le) 12ᵉlettre de l'alphabet.
La, *art.* et *pron. rel.* fém.
Là, *ad.* démonstration de lieu
Lala, *ad.* tout beau.
Labarum, *sm.* (*om*) étendard.
Labeur, *sm.* travail.
Labial, *a.* des lèvres.
Labié, *a.* découpé en lèvres.
Laboratoire, *sm.* cabinet.
Laborieusement, *ad.* péniblement.
Laborieux, se, *a.* vaillant.
Labour, *sm.* façon donnée.
Labourable, *a.* de
Labourage, *sm.* art. de
Labourer, *v.* remuer la terre.
Laboureur, *sm.* qui laboure.
Labyrinthe, *sm.* embarras.
Lac, *sm.* grand amas d'eau.
Lacer, *v.* serrer.
Lacération, *sf.* action de
Lacérer, *v.* déchirer. *pal.*
Lacet, *sm.* cordon ferré.
Lâche, *a.* et *s.* non tendu ; poltron.
Lâchement, *ad.* mollement.
Lâcher, *v.* diminuer.
Lâcheté, *sf.* poltronnerie.
Laconique, *a.* concis.
Laconisme, *sm.* façon brève.
Lacrymal, *a.* des larmes.
Lacs, *sm.* (*la*) piége.

Lacune , *sf.* espace vide.
Ladre, esse, *a.* et *s.* lépreux.
Ladrerie, *sf.* lèpre, avarice.
Laïc, *a.* et *sm.* V. Laïque
Laid, *a.* désagréable à voir.
Laideur, *sf.* défaut de beauté.
Lainage, *sm.* de laine.
Laine, *sf.* poil de mouton.
Lainer, *v.* donner le lainage.
Laïque, *a.* et *s.* séculier.
Laisse, *sf.* corde, cordon.
Laisser, *v.* quitter, céder.
Lait, *sm.* liqueur de mamelle.
Laitage, *sm.* aliment fait de lait.
Laiteux, se, *a.* qui a un suc.
Laitière, *sf.* march. de lait.
Laiton, *sm.* cuivre jaune.
Laitue, *sf.* plante potagère.
Lambeau, *sm.* pièce déchirée
Lambin, *a.* et *s.* qui lambine.
Lambiner, *v.* agir lentement.
Lambourde, *sf.* pièce de bois.
Lambris, *sm.* revêtement.
Lambrissage, *sm.* action de
Lambrisser, *v.* couvrir.
Lame, *sf.* table mince.
Lamentable, *a.* déplorable.
Lamentation, *sf.* cris plaintifs
Lamenter, *v.* déplorer.
Laminer, *v.* réduire en lame.
Laminoir, *sm.* outil.
Lampe, *sf.* vase à huile.
Lampion , *sm.* lampe pour illuminer.
Lance, *sf.* arme à long bois.
Lancer, *v.* jeter avec force.
Lancette, *sf.* instrument.
Lancier, *sm.* cavalier.
Lande, *sf.* terre inculte.
Langage, *sm.* idiome, style.
Lange, *sm.* morceau d'étoffe.
Langoureux, se, *a.* de langueur.
Langue, *sf.* organe, langage.
Languette, *sf.* petite pièce.
Langueur, *sf.* abattement.
Languir, *v.* souffrir.
Languissamment , *ad.* avec langueur,
Lanière, *sf.* courroie.
Lanterne, *sf.* ust., tourelle.
Lanterner, *v.* importuner.
Lantiponner, *v.* dire des riens
Laper, *v.* manière de boire du chien.
Lapereau, *sm.* jeune lapin.
Lapidaire, *sm.* md de pierres précieuses.
Lapidation , *sf.* action de
Lapider, *v.* tuer à coups de pier-
Lapin, *sm.* quadrupède. [res.
Laps, *sm.* (s) temps.
Laquais , *sm.* valet à pied.

Larcin, *sm.* act. de dérober.
Lard, *sm.* graisse de porc.
Larder, *v.* mettre des lardons.
Lardoire, *sf.* ustensile pour larder.
Lardon, *sm.* morceau de lard.
Large, *a.* non étroit.
Largesse, *sf.* libéralité.
Largeur, *sf.* étendue.
Larme, *sf.* eau sort. de l'œil.
Larmier, *sm.* saillie, *arch.*
Larmoiement, *sm.* pleurs.
Larmoyant, *a.* qui pleure.
Larmoyer, *v.* pleurer.
Larron, — nesse, *s.* qui vole.
Las, se, *a.* lassé, importuné.
Lascif, ve, *a.* impur.
Lasser, *v.* affaiblir, ennuyer.
Lassitude , *sf.* fatigue.
Latent , *a.* caché.
Latéral, *a.* qui app. au côté.
Latéralement , *ad.* de côté.
Latin, du Latium, *sm.* langue.
Latiniser, *v.* mettre en latin.
Latinisme, *sm.* locut. latine.
Latiniste, *s.* qui sait le latin.
Latinité, *sf.* langage latin.
Latitude, *sf.* distance de l'équateur.
Latrie, *sf.* culte de Dieu seul.
Latrines, *sf. pl.* lieu d'aisance.
Latte, bois long et étroit.
Latter, *v.* garnir de lattes.
Laudes, *sf. pl.* office.
Lauréat, *a.* et *sm.* couronné.
Laurier, *sm.* arbre, symbole.
Lavabo, *sm.* linge d'autel.
Lavandière, *sf.* blanchisseuse
Lave, *sf.* matière volcanique.
Lavement , *sm.* clystère.
Laver, *v.* nettoyer.
Lavis , *sm.* act. de laver un dessin.
Lavoir, *sm.* lieu où l'on lave.
Layetier, *sm.* ouvr. en caisses.
Layette, *sf.* coffre, tiroir.
Lazaret , *sm.* lieu de quarantaine.
Le, La, Les, *art.* et *pron.*
Lé , *sm.* largeur d'étoffe.
Lécher, *v.* passer la langue.
Leçon, *sf.* instruction.
Lecteur, trice, *s.* qui lit.
Lecture , *sf.* action de lire.
Légal, *a.* selon la loi.
Légalement, *ad.* d'une manière légale.
Légalisation, *sf.* act. de
Légaliser, *v.* rendre authentique.
Légat, *sm.* envoyé du pape.
Légataire, *s.* qui reçoit un legs
Légation, *sf.* charge de légat.
Légende , *sf.* vie des saints.

Léger, *a.* qui pèse peu.
Légèrement, *ad.* avec légè-reté.
Légèreté, *sf.* être léger.
Légion, *sf.* corps militaire.
Légionnaire, *sm.* soldat.
Législateur, trice, *s.* aut. de
Législatif, ve, *a.* de   [lois.
Législation, *sf.* gouvernem.
Législature, *sf.* corps légis-latif.
Légiste, *sm.* jurisconsulte.
Légitime, *a.* légal, équitable.
Légitimer, *v.* rendre légitime.
Légitimité, *sf.* qualité.
Legs, *sm.* don.
Léguer, *v.* donner, assurer.
Légume, *sm.* herbe potagère.
Légumineux, se, *a.* de légu.
Lendemain, *sm.* le jour d'a-près.
Lent, *a.* tardif, sans vitesse.
Lente, *sf.* œuf de pou.
Lentement, *ad.* avec
Lenteur, *sf.* manq. d'activi.
Lentille, *sf.* légume.
Léopard, *sm.* quadrupède.
Lèpre, *sf.* maladie.
Lépreux, se, *a.* qui a la lèpre.
Léproserie, *sf.* lieu destiné aux lépreux.
Lequel, laquelle, *pron. rel.*
Les, *art. et pron.*
Lèse, dérivé du *v.* léser.
Léser, *v.* faire tort.
Lésine, *sf.* épargne sordide.
Lésiner, *v.* user de lésine.
Lésinerie, *sf.* acte de lésine.
Lésion, *sf.* tort, dommage.
Lessive, *sf.* eau de cendre.
Lessiver, *v.* faire la lessive.
Lest, *sm.* poids au fond du navire.
Lestage, *sm.* act. de lester.
Leste, *a.* léger.
Léthargie, *sf.* assoupissement
Léthargique, *a.* inanimé.
Lettre, *sf.* figure, écrit.
Leur, pronom personnel.
Levain, *sm.* ferment.
Levée, *sf.* action de
Lever, *v.* hausser, dresser.
Levier, *sm.* bâton, barre.
Levis, *sm.* (pont-) qui se lève.
Lévite, *sm.* prêtre juif.
Levraut, *sm.* jeune lièvre.
Lèvre, *sf.* part. de la bouche.
Lévrier, *sm.* chien.
Levûre, *sf.* ferment.
Lézard, *sm.* reptile.
Lézardé, *a.* (mur) crevassé.
Liaison, *sf.* union, ce qui lie.
Liard, *sm.* petite monnaie.

Liasse, *sf.* papiers liés.
Libation, *sf.* effusion.
Libelle, *sm.* écrit injurieux.
Libera, *sm.* (è), prière pour les morts.
Libéral, *a.* qui aime à donner.
Libéralité, *sf.* largesse.
Libérer, *v.* se décharger.
Liberté, *sf.* pouvoir d'agir.
Libertin, *a.* et *s.* déréglé.
Libertinage, *sm.* débauche.
Libertiner, *v.* être dissipé.
Libraire, *sm.* md de livres.
Librairie, *sf.* magasin de livr.
Libre, *a.* indépendant.
Librement, *ad.* avec liberté.
Lice, *sf.* lieu p. les combats.
Licence, *sf.* permission, li-berté trop grande. [études.
Licencié, *sm.* qui a fait ses
Licenciement, *sm.* action de
Licencier, *v.* congédier.
Licencieux, se, *a.* déréglé.
Licitation, *sf.* act. de liciter.
Licite, *a.* permis par la loi.
Licitement, *ad.* av. permiss.
Liciter, *v.* vendre à l'encan.
Licou, *sm.* lien à la tête d'un cheval.   [pris.
Lie, *sf.* dépôt, terme de mé-
Liège, *sm.* arbre, son écorce.
Lien, *sm.* ce qui lie.
Lier, *v.* serrer.
Lieu, *sm.* espace, endroit.
Lieue, *sf.* mesure itinéraire.
Lieutenant, *sm.* qui rempl.
Lièvre, *sm.* quadrupède.
Ligament, *sm.* lien.
Ligature, *sf.* bandes.
Ligne, *sf.* trait simple.
Ligue, *sf.* union d'état; cabale.
Liguer, *v.* coaliser.
Ligueur, euse, *s.* factieux.
Lilas, *sm.* arbre, couleur.
Limace, *sf.* machine; *m.* mollusques.   [lusques.
Limas, Limaçon, *sm.* mol-
Limaille, *sf.* ce qu'ôte la lime.
Limbe, *sm.* bord. — séjour.
Lime, *sf.* citron; outil pour
Limer, *v.* polir avec la lime.
Limite, *sf.* borne.
Limiter, *v.* borner.
Limitrophe, *a.* voisin.
Limon, *sm.* boue.
Limonade, *sf.* boisson.
Limonadier, ère, *s.* mar-chand de limonade.
Limpide, *a.* clair, net (eau).
Lin, *sm.* plante, ses filaments.
Linceul, *sm.* drap.
Linéaire, *a.* de lignes.
Linéament, *sm.* trait du visag.
Linge, *sm.* toile.

Linger, *s.* marchand de linge.
Lingerie, *sf.* lieu où est le ling.
Lingot, *sm.* métal en masse.
Liniment, *sm.* topique onc-
Linon, *sm.* toile fine. [tueux.
Linot, te, *s.* oiseau de volière.
Linteau, *sm.* dessus de fenêtr.
Lion, ne, *s.* quadrupède.
Liquéfaction, *sf.* (ké) act. de
Liquéfier, *v.* rendre liquide.
Liqueur, *sf.* subst. liquide.
Liquidation, *sf.* acquit.
Liquide, *a.* et *sm.* qui coule.
Liquider, *v.* rend. clair, payer.
Liquoreux, se, *a.* (vin) qui par-ticipe de la liqueur.
Lire, *v.* parcourir des yeux ce qui est écrit.
Liseur, euse, *a.* qui lit.
Lisible, *a.* facile à lire.
Lisiblement, *ad.* d'une ma-nière lisible.
Lisière, *sf.* bord d'étoffe.
Lisse, *a.* uni et poli.
Lisser, *v.* rendre lisse.
Liste, *sf.* catalogue de noms.
Listel, *sm.* bande. *archit.*
Lit, *sm.* meuble pour coucher
Litanie, *sf.* prières.
Litharge, *sf.* oxyde de plomb.
Lithographe, *s.* dessinateur sur pierre.   [pression.
Lithographie, *sf.* sorte d'im-
Lithographier, *v.* dessiner sur pierre, impr. p. décalque.
Litière, *sf.* chaise couverte.
Litigeant, *a.* qui plaide.
Litige, *sf.* procès.
Litigieux, se, *a.* qui peut se
Litre, *sm.* mesure. [contester.
Litron, *sm.* mesure.
Littéraire, *a.* des belles-lettr.
Littéral, *a.* selon la lettre.
Littéralement, *ad.* à la lettr.
Littérateur, *sm.* savant.
Littérature, *sf.* belles-lettres.
Littoral, *a.* de rivage.
Liturgie, *sf.* ordre ecclésias.
Livide, *a.* (peau) plombée.
Livraison, *sf.* act. de livrer.
Livre, *sm.* volume, registre.
Livrée, *sf.* habits des valets.
Livrer, *v.* donner, abandonn.
Livret, *sm.* petit livre.
Local, *a.* du lieu.
Localité, *sf.* circonstance loc.
Locataire, *s.* qui tient à louag.
Locatif, ve, *a.* qui regarde le locataire.
Location, *sf.* à louage.
Loch, *sm.* (lok) instrument pour mesurer la vitesse.
Locution, *sf.* façon de parler.
Logarithme, *sm.* sort. de calc.

Loge, *sf.* petite hutte, réduit.
Logeable, *a.* où l'on p. loger.
Logement, *sm.* lieu où on log.
Loger, *v.* habiter.
Logette, *sf.* petite loge.
Logeur, euse, *s.* qui loge.
Logicien, *sm.* qui sait la
Logique, *sf.* art de raisonner.
Logiquement, *ad.* selon la
    logique.
Logis, *sm.* habitation, mais.
Logogriphe, *sm.* énigme.
Loi, *sf.* règle, autorité.
Loin, *ad.* prép. de lieu.
Lointain, *a.* et *sm.* qui est loin
Loisible, *a.* permis.
Loisir, *sm.* temps disponible.
Lombes, *sm. pl.* partie infé-
    rieure du dos.
Long, ue, *a.* et *sm.* (lon)étend.
Longanimité, *sf.* clémence.
Longe, *sf.* lanière de cuir.
Longer, *v.* aller le long.
Longévité, *sf.* longue vie.
Longimétrie, *sf.* art de mesu-
    rer les longueurs.
Longitude, *sf.* distance d'un
    lieu au premier méridien.
Longtemps, *ad.* espace.
Longuement, *ad.* longtemps.
Longueur, *sf.* étendue, durée.
Looch, *sm.* potion pectorale.
Loquacité, *sf.* babil.
Loque, *sf.* pièce, lambeau.
Loquet, *sm.* sort. de fermetur.
Loqueteau, *sm.* petit loquet.
Lorgner, *v.* regarder de côté.
Lorgnette, *sf.* petite lunette.
Lorgneur, euse, *s.* qui lorgn.
Loriot *sm.* sorte de passe-
    reau, baquet.
Lors, *ad.* alors.
Losange, *sf.* figure à 4 côtés.
Lot, *sm.* portion.
Loterie, *sf.* espèce de banque.
Loto, *sm.* esp. de loterie.
Louable, *a.* digne de louange.
Louange, *sf.* éloge.
Louanger, *v.* flatter.
Louche, *a.* qui a la vue de
    travers.   [vers.
Loucher, *v.* regarder de tra-
Louer, *v.* flatter.
Loueur, euse, *s.* qui loue.
Louis, *sm.* monnaie d'or.
Loup, *sm.* quadrupède.
Loup-cervier, *sm. V.* Lynx.
Loupe, *sf.* tumeur.
Loup-garou, *sm.* sorcier.
Lourd, *a.* pesant.
Lourdaut, *a.* grossier.
Lourderie, *sf.* faute grossière.
Loutre, *sf.* quadrupède.
Louve, *sf.* femelle du loup.

Louveteau, *sm.* petit loup.
Louvoyer, *v.* aller çà et là.
Louvre, *sm.* palais.
Loyal, *a.* suivant la loyauté.
Loyalement, *ad.* avec loyauté.
Loyauté, *sf.* fidélité, probité.
Loyer, *sm.* prix du louage.
Lucarne, *sf.* fenêtre sur le toit
Lucide, *a.* (moment) de rai-
    son.
Lucifer, *sm.* chef des démons.
Lucratif, ve, *a.* qui profite.
Lucre, *sm.* gain, profit.
Lueur, *sf.* faible clarté.
Lugubre, *a.* funèbre.
Lui, *pron.* de la 3e personne.
Luire, *v.* éclairer, briller.
Luisant, *a.* qui luit.
Lumière, *sf.* ce qui éclaire.
Lumignon, *sm.* bout de mè-
    che.
Luminaire, *sm.* cierges.
Lumineux, se, *a.* de lumièr.
Lunaire, *a.* de la lune.
Lunaison, *sf.* cours de la lun.
Lunatique, *a.* capricieux.
Lundi, *sm.* 2e jour de la sem.
Lune, *sf.* satellite de la terre.
Lunette, *sf.* verre p. la vue.
Luron, *s.* bon vivant. *fa.*
Lustrale, *a.* (eau) pour pu-
    rifier.
Lustration, *sf.* act. de purifier
Lustre, *sm.* éclat, girandole.
Lustrer, *v.* donner de l'éclat.
Lut, *sm.* enduit pour boucher
Luter, *v.* mettre du lut.
Luthéranisme, *sm.* hérésie.
Luthérien, *a.* hérétique.
Lutin, *sm.* démon; têtu.
Lutrin, *sm.* pupitre d'église.
Lutte, *sf.* combat.
Lutter, *v.* combattre.
Luxation, *sf.* déboîtement.
Luxe, *sm.* somptuosité.
Luxer, *v.* déboîter un os.
Luxure, *sf.* incontinence.
Luxurieux, se, *a.* lascif.
Luzerne, *sf.* herbe.
Lycée, *sm.* académie.
Lynx, *sm.* quadrupède.
Lyre, *sf.* inst. de musique.

M

M, *sm.* 13e lettre de l'alphab.
Ma, *a.* pos. *fs.* de *Mon.*
Macaron, *sm.* pâtisserie.
Macaroni, *sm.* pâte.
Macération, *sf.* action de
Macérer, *v.* mortifier.
Mâche, *sf.* herbe potagère.
Mâchefer, *sm.* scorie du fer.

Mâchelière, *a.* et *sf.* (dent).
Mâcher, *v.* écraser.
Machiavélisme, *sm.* finesse.
Machinal, *a.* naturel.
Machinalement, *ad.* m. s.
Machine, *sf.* instrument.
Machiner, *v.* comploter.
Mâchoire, *sf.* os où sont les
    dents.   [noir.
Mâchurer, *v.* barbouiller de
Maçon, *sm.* qui maçonne.
Maçonner, *v.* bâtir.
Maçonnerie, *sf.* bâtisse.
Maculature, *sf.* feuille ma-
    culée, mal tirée.
Maculer, *v.* tacher.
Madame, *sf.* titre des femmes.
Mademoiselle, *sf.* tit. des filles
Madré, *a.* tacheté, et *s.* rusé.
Madrier, *sm.* ais fort épais.
Magasin, *sm.* réunion de mar-
    chandises.
Magasinier, *sm.* garde-magas.
Mage, *sm.* savant, juge.
Magicien, *sm.* qui professe la
Magie, *sf.* illusion.
Magique, *a.* de la magie.
Magister, *sm.* (èr) maître.
Magistral, *a.* de maître.
Magistralement, *ad.*
Magistrat, *sm.* officier.
Magistrature, *sf.* charge.
Magnanime, *a.* grand d'âme.
Magnanimement, *ad.* avec
Magnanimité, *sf.* grandeur
    d'âme.
Magnésie, *sf.* sorte de terre.
Magnétique, *a.* de l'aimant.
Magnétiser, *v.* donner du ma-
    gnétisme.   [té.
Magnificence, *sf.* somptuosi-
Magnifier, *v.* exalter Dieu.
Magnifique, *a.* somptueux.
Magnifiquement, *ad.*
Magot, *sm.* argent caché.
Mahométan, *a.* de Mahomet.
Mai, *sm.* 5e mois de l'année.
Maigre, *a.* sans graisse.
Maigrelet, *a.* maigre.
Maigrement, *ad.*
Maigreur, *sf.* état maigre.
Maigrir, *v.* devenir maigre.
Mail, *sm.* jeu, promenade.
Maille, *sf.* de fer.
Mailler, *v.* faire des mailles.
Maillet, *sm.* marteau de bois.
Mailloche, *sf.* gros maillet.
Maillot, *sm.* enveloppe.
Main, *sf.* extrémité du bras.
Main-d'œuvre, *sf.* façon.
Main-forte, *sf.* aide à la justice
Main-levée, *s.* levée de justice
Maintenant, *ad.* actuellement
Maintenir, *v.* tenir en état.

Maintien, *sm.* conversation.
Maire, *sm.* magistrat.
Mairie, *sf.* hôtel du maire.
Mais, conjonction. *ad.*
Maïs, *sm.* (s) blé de Turquie.
Maison, *sf.* bâtiment p. loger.
Maisonnette, *sf.* pet. maison.
Maître, esse, *s.* supérieur, re.
Maîtrise, *sf.* qualité de maître
Maîtriser, *v.* se rendre maître.
Majesté, *sf.* grandeur suprêm.
Majestueusement, *ad.*
Majestueux, se, *a.* qui a de
  la grandeur.
Majeur, *a.* en âge de jouir
  de ses droits.
Major, *sm.* officier militaire.
Majorité, *sf.* état de majeur.
Majuscule, *a.* et *sf.* gr. lettre.
Mal, *sm. pl.* Maux, malheur.
Malade, *a.* et *s.* mal portant.
Maladie, *sf.* infirmité.
Maladif, ve, *a.* souvent malad.
Maladresse, *sf.* défaut d'adres.
Maladroit, *a.* et *s.* qui man-
  que d'adresse.
Maladroitement, *ad.*
Malaise, *sm.* état fâcheux.
Malaisé, *a.* difficile.
Mal à propos, *ad.* à contre-
  temps.
Malavisé, *a.* et *s.* imprudent.
Malbâti, *a.* et *s.* mal fait.
Malcontent, *a.* mal satisfait.
Mâle, *sm.* opposé à la femelle.
Malédiction, *sf.* imprécation.
Maléfice, *sf.* sort prétendu.
Malencontre, *sf.* malheur.
Malencontreux, se, *a.* ·
Malentendu, *sm.* méprise.
Mal-être, *sm.* état de langueur
Malfaire, *v.* faire du mal.
Malfaisance, *sf.* malignité.
Malfait, *a.* non selon les form.
Malfaiteur, *sm.* méchant.
Malgracieux, se, *a.* incivil.
Malgré, *prép.* contre le gré.
Malheur, *sm.* accident.
Malheureusement, *ad.*
Malheureux, se, *a.* pas heu-
  reux.
Malhonnête, *a.* non honnête.
Malhonnêtement, *ad.* avec
Malhonnêteté, *sf.* incivilité.
Malice, *sf.* méchanceté. [lice.
Malicieusement, *ad.* avec ma-
Malicieux, se, *a.* porté au mal.
Malignement, *ad.* avec malice
Malignité, *sf.* inclinat. au mal.
Malin, ligne, *a.* malicieux.
Malintentionné, *a.* et *s.*
Malle, *sf.* coffre, valise.
Malotru, *a.* et *s.* maussade.
Malplaisant, *a.* désagréable.

Malpropre, *a.* sale.
Malproprement, *ad.* avec
Malpropreté, *sf.* saleté.
Malsain, *a.* qui n'est pas sain.
Malséant, *a.* messéant.
Maisonnant, *a.* choquant.
  théol.
Maltraité, *a.* traité durement.
Malveillance, *sf.* haine.
Malveillant, *a.* et *s.*
Malversation, *sf.* action de
Malverser, *v.* abuser.
Maman, *sf.* mère, *enfantin.*
Mamelle, *sf.* sein.
Mammifère, *a.* et *s.* mamelle.
Manant, *sm.* paysan, rustre.
Manche, *sf.* du bras, d'un outil
Manchette, *sf.* ornement.
Manchon, *sm.* fourrure.
Manchot, *sm.* estropié d'une
  main.
Mandat, *sm.* rescrit, ordre.
Mandataire, *sm.* chargé de
  pouvoir.
Mandement, *sm.* ordre.
Mander, *v.* faire savoir.
Mandrin, *sm.* outil.
Manducation, *sf.* act. de mang.
Manége, *sm.* ruse.
Mânes, *sm. pl.* âme d'un mort.
Mangeable, *a.* qu'on peut
  manger.
Mangeaille, *sf.* nourriture.
Mangeoire, *sf.* auge de cheval
Manger, *v.* avaler, détruire.
Mangeur, euse, *s.* qui mange
  beaucoup.
Maniable, *a.* aisé à manier.
Maniaque, *a.* et *s.* sombre,
  noir, possédé de manie.
Manie, *sf.* folie, passion.
Maniement, *sm.* act. de
Manier, *v.* tâter, gouverner.
Manière, *sf.* façon, usage.
Maniéré, *a.* plein d'affectation
Manifestation, *sf.* démons-
  tration.
Manifeste, *a.* notoire.
Manifestement, *ad.*
Manifester, *v.* montrer, publi.
Manigance, *sf.* manœuvre
  secrète.
Manigancer, *v.* tramer.
Manique, *sf.* gant de savetier.
Manivelle, *sf.* tourniquet.
Manne, *sf.* panier.
Mannequin, *sm.* panier.
Manœuvre, *sm.* aide.
Manœuvrer, *v.* travailler.
Manoir, *sm.* demeure.
Manouvrier, *sm.* aide.
Manque, *sm.* défaut.
Manquement, *sm.* omission.
Manquer, *v.* s'absenter.

Mansarde, *sf.* étage en ram-
  pant.
Mansuétude, *sf.* bonté. [teau.
Mantelet, *sm.* sorte de man-
Manuel, le, *a.* avec la main.
Manuellement, *ad.* de la main
Manufacture, *sf.* fabrication
Manufacturer, *v.* fabriquer.
Manufacturier, *s.* qui fabriqu.
Manuscrit, *sm.* écrit à la main
Manutention, *sf.* maintien.
Mappemonde, *sf.* carte géo-
  graphique.
Maquereau, *sm.* poisson.
Maquignon, *sm.* md de che-
  vaux, intrigant.
Maquignonner, *v.* vendre des
  chevaux, intriguer.
Maraîcher, *sm.* cultivateur de
Marais, *sm.* terre humide.
Marasme, *sm.* consomption.
Marâtre, *sf.* mère cruelle.
Maraud, *s.* coquin, impudent.
Marauder, *v.* voler.
Marbre, *sm.* pierre calcaire.
Marbrer, *v.* imiter le marbre.
Marbrier, *sm.* qui travaille le
  marbre. [ture.
Marbrure, *sf.* sorte de pein-
Marc, *sm.* poids.
Marchand, *s.* qui vend.
Marchander, *v.* débattre.
Marchandise, *sf.* obj. en vente.
Marche, *sf.* act. de marcher.
Marchepied, *sm.* tapis, etc.
Marcher, *v.* aller, venir.
Marcheur, euse, *a.* qui marche
Mardi, *sm.* 3e jour de la sem.
Mare, *sf.* (d) eau stagnante.
Marécage, *sm.* lieu humide.
Marécageux, se, *a.* humide.
Maréchal, *s.* qui ferre.
Maréchaussée, *sf.* gendarme-
Marée, *sf.* flux et reflux. [rie.
Marge, *sf.* blanc autour de
  la page.
Margelle, *sf.* rebord d'un puits
Marger, *v.* marquer la marge.
Marginal, *a.* en marge.
Marguerite, *sf.* perle, fleur.
Marguillier, *sm.* fabricien.
Mari, *sm.* époux.
Mariage, *sm.* union légale.
Marier, *v.* unir par mariage.
Marin, *a.* qui navigue.
Marine, *sf.* de mer.
Mariner, *v.* assaisonner.
Marinier, *sm.* qui conduit
  des bateaux.
Marionnette, *sf.* petite figure
  mobile.
Maritime, *a.* de la mer.
Marmaille, *sf.* petits enfants.
Marmelade, *sf.* fruits cuits.

Marmite, *sf.* ust. de cuisine.
Marmiton, *sm.* valet de cui-sine. [çon.
Marmot, *sm.* singe, pet. gar-
Marmotte, *sf.* quadrupède.
Marmotter, *v.* grondonner.
Marmouset, *sm.* grotesque.
Marne, *sf.* terre calcaire.
Maroquin, *sm.* peau de chèvre
Maroquiner, *v.* façonner en maroquin.
Maroufle, *sm.* fripon, rustre.
Marque, *sf.* tache.
Marquer, *v.* indiquer.
Marqueter, *v.* tacheter.
Marqueur, euse, *s.* qui marq.
Marquis, *s.* titre de dignité.
Marquisat, *sm.* dignité de marquis.
Marraine, *sf.* celle qui tient sur les fonts baptismaux.
Marri, *a.* fâché.
Marron, *sm.* fruit du marron.
Marronner, *v.* murmurer.
Marronnier, *sm.* arbre.
Mars, *sm.* (*s*) dieu, 5e mois.
Marsouin, *sm.* cétacé.
Marteau, *sm.* outil de fer.
Marteler, *v.* frapper du mart.
Martial, *a.* (*ci*) guerrier.
Martinet, *sm.* discipline.
Martyr, *sm.* confess. de la foi.
Martyre, *sm.* mort de martyr
Martyriser, *v.* faire souffrir.
Martyrologe, *sm.* catalogue de martyrs.
Mascarade, *sf.* déguisement.
Mascaron, *sm.* tête grotesque
Masculin, *a.* du mâle.
Masque, *sm.* faux visage.
Masquer, *v.* cacher, déguiser.
Massacre, *sm.* carnage.
Massacrer, *v.* tuer, gâter.
Masse, *sf.* totalité, massue.
Masser, *v.* faire une masse.
Massif, ve, *a.* sans creux.
Massivement, *ad.* pesamment
Massue, *sf.* sorte de bâton.
Mastic, *sm.* colle.
Mastication. *sf.* act. de mâcher
Mastiquer, *v.* mettre du mastic
Masure, *sf.* maison en ruine.
Mat, *a.* (*t*) sans lustre.
Mât, *sm.* (*mâ*) grande pièce.
Matador, *sm.* homme riche.
Matamore, *sm.* fanfaron.
Matelas, *sm.* coussin piqué.
Matelasser, *v.* garnir de matela
Matelassier, *s.* qui fait des matelas.
Matelot, *sm.* homme de mer.
Matelotte, *sf.* mets de poisson.
Mater, *v.* rendre mat.
Mâter, *v.* garnir de mât.

Matérialisme, *sm.* système du
Matérialiste, *s.* qui n'admet que la matière.
Matérialité, *sf.* matière.
Matériaux, *sm. pl.* matière.
Matériel, le, *a.* grossier.
Maternel, *a.* de la mère.
Maternité, *a.* qualité de mère.
Mathématicien, *s.* qui sait les
Mathématiques, *sf. pl.* science
Mathématiquement, *ad.*
Matière, *sf.* substance.
Matin, *sm. et ad.* de bonne heu
Mâtin, *sm.* gros chien.
Matinal, *a.* qui se lève matin.
Matinée, *sf.* du matin à midi.
Matines, *sf. pl.* office.
Matineux, se, *a.* du matin.
Matois, *a. et sm.* rusé. *fa.*
Matrice, *sf.* moule, étalons.
Matricule, *sf.* registre, liste.
Maturité, *sf.* qui est mûr.
Maudire, *v.* faire des impré-cations.
Mausolée, *sm.* tombeau.
Maussade, *a.* désagréable.
Mauvais, *a. et s.* méchant.
Mauve, *sf.* plante médicinale.
Maxime, *sf.* proposition.
Maximum, *sm.* le plus haut.
Mazette, *sm.* mauvais.
Mécanicien, *s.* qui sait la
Mécanique, *sf.* science des lois du mouvement.
Méchamment, *ad.* avec
Méchanceté, *sf.* malice.
Méchant, *a. et s.* mauvais.
Mèche, *sf.* coton, amadou.
Mécompte, *sf.* erreur.
Mécompter (se), *v.* se tromper
Méconnaissable, *a.* changé.
Méconnaissance, *sf.* ingratitu
Méconnaissant, *a.* ingrat.
Méconnaître, *v.* nier.
Mécontent, *a. et s.* fâché.
Mécontenter, *v.* fâcher.
Mécréant, *sm.* incrédule.
Médaille, *sf.* pièce de métal.
Médaillon, *sm.* écusson.
Médecin, *sm.* qui exerce la
Médecine, *sf.* art de guérir, potion. [mèdes.
Médeciner, *v.* donner des re-
Médiat, *a.* par intermédiaire.
Médiateur, trice, *s.* interméd.
Médiation, *sf.* intervention.
Médical, *a.* de la médecine.
Médicament, *sm.* remède.
Médicamenter, *v.* prendre des remèdes.
Médiocre, *a.* passable.
Médiocrement, *ad.*
Médiocrité, *sf.* état médiocre.
Médire, *v.* dire du mal.

Médisance, *sf.* action du
Médisant, *a. et s.* qui médit.
Méditatif, ve, *a.* qui médite.
Méditation, *sf.* considération.
Méditer, *v.* délibérer en soi.
Méditerranée, *a. sf.* mer.
Méfiance, *sf.* soupçon en mal.
Méfiant, *a.* qui se méfie.
Méfier (se), *v.* ne pas se fier.
Mégarde, *sf.* inattention.
Mégisserie, *sf.* métier de
Mégissier, *s.* qui prépare les peaux. [mable.
Meilleur, *a. et sm.* plus esti-
Mélancolie, *sf.* tristesse.
Mélancolique, *a. et s.* tristé.
Mélancoliquement, *ad.* m. s.
Mélange, *sm.* choses mêlées.
Mélanger, *v.* faire un mélange
Mélasse, *sf.* résidu du sucre.
Mêlée, *sf.* combat, dispute.
Mêler, *v.* brouiller.
Mélodie, *sf.* harmonie.
Mélodieusement, *ad.*
Mélodieux, se, *a.* harmonieux
Melon, *sm.* plante cucurbi-tacée.
Membrane, *sf.* enveloppe.
Membre, *sm.* partie du corps.
Membrure, *sf.* terme de me-nuiserie.
Même, *a.* qui n'est pas autre.
Mêmement, *ad.* même.
Mémento, *sm.* souvenir.
Mémoire, *sf.* faculté de l'âme.
Mémorable, *a.* extraordinaire
Mémoratif, vé, *a.* qui fait souvenir.
Mémorial, *sm.* placet.
Menace, *sf.* parole ou geste.
Menacer, *v.* inspirer la crainte
Ménage, *sm.* gouvernement domestique.
Ménagement, *sm.* égard.
Ménager, *v.* épargner.
Ménager, ère, *a.* économe.
Ménagerie, *sf.* loges d'anim.
Mendiant, *s.* qui mendie.
Mendicité, *sf.* act. de
Mendier, *v.* demander l'au-mône.
Mener, *v.* conduire.
Meneur, euse, *s.* qui mène.
Menotte, *sf.* fers aux mains.
Mensonge, *sm.* tromperie.
Mensonger, *a.* faux, trompeur
Mental, *a.* qui se fait en
Mentalement, *ad.* [esprit.
Menterie, *sf.* mensonge.
Menteur, euse, *a. et s.*
Menthe, *sf.* plante aromatiq.
Mention, *sf.* commémoration
Mentionner, *v.* rappeler.
Mentir, *v.* dire un mensonge.

Menton, sm. partie inférieure du visage.
Mentor, sm. guide.
Menu, a. délié.
Menuiserie, sf. art du [bois.
Menuisier, sm. ouvrier en
Méphitisme, sm. exhalaison.
Méprendre (se), v. se tromper.
Mépris, sm. mésestime.
Méprisable, a. digne de mé-pris.
Méprise, sf. erreur.
Mépriser, v. avoir du mépris.
Mer, sf. amas d'eau.
Mercantille, sf. petit négoce.
Mercenaire, a. intéressé.
Mercenairement, ad.
Mercerie, sf. marchandises.
Merci, ad. remerciement; à discrétion. [nerie.
Mercier, ère, s. md de rouen-
Mercredi, sm. 4e jour de la semaine.
Mercure, sm. planète.
Mercuriale, sf. réprimande.
Mère, sf. qui a mis au monde.
Méridien, a. du midi.
Mérinos, sm. (s) laine.
Merise, sf. fruit.
Merisier, sm. cerisier des bois
Mérite, sm. bonnes qualités.
Mériter, v. se rendre digne.
Méritoire, a. profitable.
Méritoirement, ad. m. s.
Merlan, sm. poisson.
Merle, sm. oiseau.
Merlin, sm. cordage, outil.
Merluche, sf. morue sèche.
Merveille, sf. chose rare.
Merveilleusement, ad.
Merveilleux, se, a. admirable.
Mes, pronom. V. Mon.
Mesquin, a. chiche, pauvre.
Mesquinement, ad. m.s de
Mesquinerie, sf. avarice.
Message, sm. char.
Messager, sm. envoyé.
Messagerie, sf. emploi, voitur
Messe, sf. sacrifice.
Messéance sf. inconvenance.
Messéant, a. inconvenant.
Messie, sm. le Christ promis.
Messieurs, sm. pl. de Mons.
Messire, sm. titre d'honneur.
Mesurable, a. qu'on peut mesurer. [surer.
Mesurage, sm. act. de me-
Mesure, sf. règle, moyen.
Mesurer, v. dét. une quantit.
Mesureur, sm. qui mesure.
Mésuser, v. abuser.
Métairie, sf. ferme.
Métal, sm. subst. minérale.
Métallique, a. de métal.

Métamorphose, sf. change.
Métamorphoser, v. changer.
Métaphore, sf. fig. de rhétor.
Métaphysique, a. et sf. chose idéale, abstraite.
Métaphysiquer, v.
Métayer, s. fermier.
Métempsycose, sf. transmigration prétendue des âm.
Météore, sm. phénomène.
Méthode, sf. règle, usage.
Méthodique, a. sel. les règl.
Méthodiquement, ad.
Méthodiste, s. sectaire.
Méticuleux, se, a. craintif.
Métier, sm. profession.
Métope, sf. ornem. d'arch.
Mètre, sm. mesure de long.
Métrique, a. de mètre.
Métropole, a. et sf. princip.
Métropolitain, a. archevêque.
Mets, sm. ce qu'on mange.
Mettable, a. qu'on peut met.
Mettre, v. poser.
Meuble, a. qui garnit. [bles.
Meubler, v. garnir de meu-
Meule, sf. pierre à aiguiser.
Meulière, sf. (pierre).
Meunier, ère, s. qui a un moulin à blé.
Meurtre, sm. homicide.
Meurtrier, a. qui tue.
Meurtrir, v. tuer, froisser.
Meurtrissure, sf. contusion.
Meute, sf. troupe de chiens.
Mi, particule indécl., demi.
Miasmes, sm. pl. vapeurs.
Miauler, v. cri du chat.
Miche, sf. petit pain.
Micmac, sm. intrigue, confusion. fa.
Microscope, sm. instrument d'optique.
Midi, sm. milieu du jour, sud.
Mie, sf. part. molle du pain.
Miel, sm. suc doux des ab.
Mielleux, se, a. de miel.
Mien, ne, pr. a. qui est à moi.
Miette, sf. parcelle de pain.
Mieux, ad. comparatif, plus.
Mièvre, a. vif, remuant.
Mignard, a. mignon, gentil.
Mignardement, ad. [resser.
Mignarder, v. dorloter, ca-
Mignardise, sf. cajolerie.
Mignon, ne, a. délicat, gâté.
Mignonnement, ad.
Mignoter, v. délicater. pop.
Mignotise, sf. flatterie. fa.
Migraine, sf. maladie de la tête.
Migration, sf. émigration.
Mil, a. num. pour la date.

Mil, Millet, sm. plante graminée.
Milan, sm. oiseau de proie.
Milice, sm. art de la guerre.
Milicien, sm. soldat de milice.
Milieu, sm. centre d'un lieu.
Militaire, a. et sm. de la guerre.
Militairement, ad. en soldat.
Militante, af. (église), qui combat.
Militer, v. combattre. pal.
Mille, a. num. card. (l).
Millénaire, a. (ll) de mille.
Millepertuis, sm. herbe médicinale.
Millésime, sm. (ll) date.
Milliard, sm. mille millions.
Millième, a. la 1000e partie.
Millier, sm. mille.
Milligramme, sm. 1000e partie du gramme.
Million, sm. mille fois mille.
Millionième, a. ord. [riche.
Millionnaire, a. et s. très-
Milord, sm. V. Lord.
Minauderie, sf. affectation.
Mince, a. peu épais.
Mine, sf. apparence.
Miner, v. creuser une mine.
Minerai, sm. métal mêlé de terre.
Minéral, sm. corps solide.
Minéralogie, sf. science des minéraux.
Minet, tte, s. petit chat.
Mineur, sm. en tutelle.
Miniature, sf. dessin.
Minime, a. et sm. petit.
Minimum, sm. le moindre.
Ministère, sm. emploi.
Ministériel, le, a. de minist.
Ministre, sm. qui gouverne.
Minois, sm. (joli) visage.
Minorité, sf. de mineur.
Minot, sm. mesure.
Minuit, sm. milieu de la nuit.
Minuscule, sf. et a. pet. lettre.
Minute, sf. 60e de l'heure.
Minuter, v. faire la minute.
Minutie, sf. (cie) bagatelle.
Minutieux, se, a. vétilleux.
Miracle, sm. prodige.
Miraculeux, se, a. merveilleux. [der.
Mire, sf. point pour regar-
Mirer, v. viser.
Mirmidon, sm. petit homme.
Miroir, sm. glace pr se mirer.
Miroitier, sm. marchand de miroirs.
Misanthrope, s. et a. qui ne songe qu'à soi.
Misanthropie, sf. haine.

Mise, *sf.* ce qu'on met.
Misérable, *a.* malheureux.
Misérablement, *ad.* d'une manière misérable.
Misère, *sf.* pauvreté.
Miséricorde, *sf.* intérêt, pitié.
Miséricordieusement, *ad.* avec miséricorde. [ment.
Miséricordieux, se, *a.* clé-
Missel, *sm.* livre de messe.
Mission, *sf.* charge de faire.
Missionnaire, *sm.* prédicat.
Missive, *sf.* (lettre).
Mitaine, *sf.* gant sans doigts.
Mitigation, *sf.* adoucissem.
Mitiger, *v.* adoucir (une loi).
Miton, *sm.* gant d'avant-bras.
Mitonner, *v.* tromper.
Mitoyen, ne, *a.* moyen.
Mitraille, *sf.* ferrailles
Mitrailler, *v.* tirer à mitraille.
Mitre, *sf.* ornement de prélat.
Mitron, *sm.* garçon boulan-
Mixte, *a.* mélange.   [ger.
Mixtiligne, *a.* de diff. lignes.
Mixtion, *sf.* (ti) mélange.
Mixtionner, *v.* mélanger.
Mnémonique, *sf.* art d'aider la mémoire.
Mobile, *a.* qui se meut.
Mobilier, ère, *a.* des meubl.
Mobiliser, *v.* ameublir.
Mobilité, *sf.* état mobile.
Mode, *sf* manière.
Modèle, *sm.* exemple.
Modeler, *v.* imiter.
Modérateur, trice, *a.* et *s.* qui modère.
Modération, *sf.* retenue.
Modérer, *v.* tempérer.
Moderne, *a.* nouveau.
Moderner, *v.* restaurer.
Modeste, *a.* retenu.
Modestement, *ad.* avec
Modestie, *sf.* retenue.
Modicité, *sf.* état modique.
Modificatif, ve, *a.* et *sm.* qui modifie.
Modifier, *v.* modérer.
Modillon, *sm.* console.
Modique, *a.* peu considérable.
Modiquement, *ad.*
Module, *sm.* demi-diamètre.
Moduler, *v.* former un chant.
Moelle, *sf.* substance des os
Moelleusement, *ad.* de
Moelleux, se, *a.* douceur.
Moellon, *sm.* pierre à bâtir.
Mœurs, *sf. pl.* habitude.
Moi, pronom, de la 1re pers.
Moignon, *sm.* reste d'une main coupée.
Moindre, *a.* plus petit.
Moine, *sm.* religieux.

Moins, *ad.* pas autant.
Moirer, *v.* lustrer, onder.
Mois, *sm.* 12e partie de l'an.
Moisir, *v.* corrompre.
Moisson, *sf.* récolte.
Moisissure, *sf.* altération.
Moissonner, *v.* faire la moiss.
Moissonneur, euse, *s.* qui moissonne.
Moite, *a.* un peu humide.
Moiteur, *sf.* légère humidité.
Moitié, *sf.* portion d'une chose divisée en deux.
Molaire, *a.* (dent).
Molécule, *sf.* petite partie.
Molester, *v.* tourmenter.
Molette, *sf.* étoile d'éperon.
Mollasse, *a.* trop mou.
Mollement, *ad.* avec
Mollesse, *sf.* sans vigueur.
Mollet, *sm.* gras de jambe.
Molleton, *sm.* étoffe mollette.
Mollière, *sf.* terre grasse.
Mollir, *v.* devenir mou.
Moment, *sm.* un instant.
Momentané, *a.* instantané.
Momentanement, *ad.*
Monerie, *sf.* hypocrisie.
Mon, ma, mes, *a. possessif.*
Monacal, *a.* de moine.
Monarchie, *sf.* état.
Monarchique, *a.* gouv. royal.
Monarque, *sm.* roi.
Monastère, *sm.* couvent.
Monastique, *a.* de monastèr.
Monceau, *sm.* amas.
Mondain, *a.* et *s.* du monde.
Mondainement, *ad.* avec
Mondanité, *sf.* vanité, affectation.
Monde, *sm.* l'univers.
Monder, *v.* nettoyer.
Monétaire, *sm.* monnayeur.
Moniteur, *sm.* qui avertit.
Monition, *sf.* avertissement.
Monnaie, *sf.* (aie) argent de cours.
Monnayer, *v.* battre monnaie.
Monnayeur, *sm.* qui bat mon.
Monogramme, *sm.* lettres initiales en écusson.
Monologue, *sm.* discours d'un seul.
Monopole, *sm.* exclusif.
Monopoleur, *sm.* qui fait le monopole.
Monosyllabe, *sf.* d'une syl.
Monotone, *a.* ennuyeux.
Monotonie, *sf.* uniformité.
Monseigneur, *sm.* titre d'h.
Monsieur, *sm.* Messieurs, *pl.*
Monstre, *sm.* contre nature.
Monstrueusement, *ad.*
Monstrueux, se, *a.* excessif.

Monstruosité, *sf.*
Mont, *sm.* montagne.
Montagne, *sf.* hauteur.
Montée, *sf.* escalier.
Monter, *v.* s'élever.
Monticule, *sm.* petit mont.
Montre, *sf.* horloge portative.
Montrer, *v.* faire voir.
Montueux, se, *a.* qui monte.
Monture, *sf.* bête pr monter.
Monument, *sm.* édifice.
Moquer (se), *v.* railler.
Moquerie, *sf.* raillerie.
Moqueur, *a* qui se moque.
Moral, *a.* qui regarde les
Moralement, *ad.*   [mœurs.
Moraliser, *v.* instruire.
Moraliste, *s.* écrivain sur les mœurs.
Moralité, *sf.* sens moral.
Morceau, *sm.* partie.
Morceler, *v.* mettre en morc.
Mordicant, *a.* médisant. âcr.
Mordicus, *ad.* (s) obstiném.
Mordre, *v.* serrer, médire.
Morfil, *sm.* barbe qui reste à une lance aiguisée.
Morfondre, *v.* refroidir.
Morgue, *sf.* fierté.   [ment.
Morguer, *v.* regarder fière-
Moribond, *a.* qui va mourir.
Morigéner, *v.* reprendre.
Morille, *sf.* champignon.
Morne, *a.* triste, sombre.
Morose, *a.* chagrin, maladif.
Morosité, *sf.* caractère mo-
Morpion, *sm.* vermine. [rose.
Mors, *sm.* fer de bride.
Morsure, *sf.* incision faite avec les dents.
Mort, *a.* fin de la vie.
Mortaise, *sf.* entaillure.
Mortalité, *sf.* de mort.
Mortel, le, *a.* périssable.
Mortellement, *ad.* à mort.
Mortier, *sm.* vase, pièce d'artillerie.
Mortification, *sf.* privation.
Mortifier, *v.* affliger.
Mortuaire, *a.* des morts.
Morue, *sf.* poisson de mer.
Morve, *sf.* humeur du nez.
Morveux, se, *a.* qui a la morv.
Mosquée, *sf.* temple de mahométans.
Mot, *sm.* assemblage de let.
Motet, *sm.* paroles dévotes mises en musique.
Moteur, trice, *s.* qui meut.
Motif, *sm.* cause.
Motion, *sf.* act. de mouvoir.
Motiver, *v.* dire pour quoi.
Motte, *sf.* morceau de terre.

Motus, *interj*. ne dites pas mot.
Mou, *sm*. poumon de veau.
Mou, Molle, *a*.
Mouchard, *sm*. espion.
Mouche, *sf*. insecte.
Moucher, *v*. ôter la morve.
Moucheron, *sm*. petite mou.
Moucheter, *v*. marqueter.
Mouchette, sorte de ciseau.
Moucheture, *sf*. étoffe mouchetée.
Moucheur, *sm*. qui mouche.
Mouchoir, *sm*. linge.
Moudre, *v*. broyer.
Moue, *sf*. grimace.
Moufle, *sm*. poulies.
Mouillage, *sm*. act. de
Mouiller, *v*. humecter.
Mouillette, *sf*. tranch. de pain
Moule, *sm*. modèle.
Mouler, *v*. jeter en moule.
Moulin, *sm*. mach. à moud.
Mouliner, *v*. préparer la soie.
Moulinet, *sm*. petit moulin.
Moulure, *sf*. ornement d'ar.
Mourir, *v*. cesser de vivre.
Mousquet, *sm*. fusil.
Mousqueterie, *sf*. fusillade.
Mousse, *a*. jeune matelot, plante, écume.
Mousseline, *sf*. toile fine.
Mousser, *v*. écumer.
Mousseux, se, *a*. qui mouss.
Moussons, *sm*. vent des Ind.
Moustache, *sf*. barbe sur la lèvre supérieure.
Moutarde, *sf*. sénevé.
Mouton, *sm*. bélier.
Moutonner, *v*. s'agiter.
Mouture, *sf*. act. de moudre.
Mouvant, *a*. qui meut.
Mouvement, *sm*. transport.
Mouver, *v*. remuer la terre.
Mouvoir, *v*. remuer.
Moyen, ne, *a*. médiocre, s. qui sert à.
Moyennant, *ad*. à l'aide.
Moyennement, *ad*. médiocre.
Moyeu, *sm*. milieu de la roue
Muable, *a*. inconstant.
Mue, *sf*. act. de muer.
Muer, *v*. changer de peau, de plumes.   [role.
Muet, te, *s*. privé de la pa-
Mufti, *sm*. prêtre mahomét.
Mugir, *v*. crier.
Mugissement, *sm*. cri aigu.
Muid, *sm*. mesure.
Mule, *sf*. mulet femelle.
Mulet, *sm*. animal métis.
Muletier, *sm*. conducteur de mulets.
Mulet, *sm*. espèce de rat.

Multiple, *a*. qui contient plusieurs fois.
Multipliable, *a*. qu'on peut multiplier.
Multiplicande, *sm*. à multip.
Multiplicateur, *sm*. qui multiplie.
Multiplication, *sf*. opération d'arithmétique.
Multiplicité, *sf*. grand nomb.
Multiplier, *v*. augmenter.
Multitude, *sf*. gr. nombre.
Municipal, *a*. officier de
Municipalité, *sf*. mairie.
Munificence, *sf*. grande libéralité.
Munir, *v*. approvisionner.
Munition, *sf*. provision.
Mur, *sm*. clôture.
Mûr, *a*. bon à cueillir.
Muraille, *sf*. mur.
Mural, *a*. de mur.
Mûre, *sf*. fruit du mûrier.
Mûrement, *ad*. de propos
Murer, *v*. entourer. [délibéré.
Mûrier, *sm*. arbre fruitier.
Mûrir, *v*. devenir mûr.
Murmure, *sm*. bruit sourd.
Murmurer, *v*. grondonner.
Musc, *sm*. quadrup., parfum.
Muscade, *a*. fruit aromatiq.
Muscadin, *sm*. fat, pédant.
Muscle, *sm*. fibre.
Museau, *sm*. la gueule.
Musée, *sm*. collection.
Museler, *v*. emmuseler.
Muselière, *sf*. objet pour museler.
Musical, *a*. de la musique.
Musicalement, *ad*. de musiq.
Musicien, s qui sait la musiq.
Musique, *sf*. chant gradué.
Musquer, *v*. parfumer.
Mutabilité, *sf*. état muable.
Mutation, *sf*. changement.
Mutilation, *sf*. act. de
Mutiler, *v*. couper.
Mutin, *a*. opiniâtre.
Mutiner (se), *v*. s'opiniâtrer.
Mutuel, le, *a*. réciproque.
Mutuellement, *ad*. réciproquement.
Myope, *s*. qui a la vue courte.
Myopie, *sf*. état de myope.
Myriagramme, *sm*. 10,000 gr.
Myrrhe, *sf*. gomme odorante
Myrte, *sm*. plante odorifér.
Mystère, *sm*. secret caché.
Mystérieusement, *ad*.
Mystérieux, se, *a*. secret.
Mysticité, *sf*. gr. dévotion.
Mystificateur, *sm*. qui mystif.
Mystification, *sf*. act. de
Mystifier, *v*. faire croire.

Mystique, *a*. allégorique.
Mystiquement, *ad*. d'une manière mystique. [dieux.
Mythologie, *sf*. science des
Mythologique, *a*. de la myth.

N

N, *sm*. 14e lettre.
Nacelle, *sf*. petit bateau.
Nacre, *sf*. coquille à perles.
Nadir, *sm*. opposé au zénith.
Nage, *ad*. en nageant.
Nageoire, *sf*. membrane du poisson.
Nager, *v*. mouvoir sur l'eau.
Nageur, se, *s*. qui nage.
Naguère, *ad*. autrefois.
Naïf, *a*. naturel, sans fard.
Nain, *a*. de très-petite taille.
Naissance, *sf*. act. de naître.
Naître, *a*. venir au monde.
Naïvement, *ad*. avec naïveté.
Naïveté, *sf*. ingénuité.
Nankin, *sm*. étoffes.
Nantir, *v*. donner des gages.
Nantissement, *sm*.
Nappe, *sf*. linge de table.
Nard, *sm*. plante.
Nargue, *sf*. mépris.
Narguer, *v*. faire nargue.
Narine, *sf*. ouverture du nez.
Narration, *sf*. discours.
Narré, *sm*. récit.
Narrer, *v*. raconter.
Nasal, *a*. sans pl. du nez.
Nasarder, *v*. donner des nasardes.
Naseau, *sm*. narine d'anim.
Nasiller, *v*. parler du nez.
Nasse, *sf*. sorte de panier.
Natal, *a*. lieu où on est né.
Natation, *sf*. act. de nager.
Natif, ve, *a*. où on est né.
Nation, *sf*. habitants.
National, *a*. de la nation.
Nativité, *sf*. naissance.
Natte, *sf*. tissu de jonc.
Natter, *v*. couvrir de natte.
Naturalisation, *sf*. action de
Naturaliser, *v*. rendre natu-
Naturaliste, *sm*.   [rel.
Nature, *sf*. l'univers.
Naturel, le, *a*. selon la nature.
Naturellement, *ad*. aisément.
Naufrage, *sm*. submersion.
Naufragé, *a*. qui a péri.
Nausée, *sf*. envie de vomir.
Nautique, *a*. de la navigation.
Nautonnier, *sm*. conducteur.
Naval, *a*. de mer.
Navet, *sm*. plante potagère.
Navette, *sf*. inst. de tisserand.

Navigable, a.qui port.bateau
Navigateur,sm.qui navigue.
Navigation, sf. act. de
Naviguer, v. aller sur mer.
Navrer, v. blesser, affliger.
Ne, particule négative.
Néanmoins, ad. pourtant.
Néant, sm. rien. [nuages.
Nébuleux, se, a. couvert de
Nécessaire, a. besoin. [ment.
Nécessairement, ad. absolu-
Nécessité, sf. contrainte.
Nécessiter, v. contraindre.
Nécessiteux, se, a. pauvre.
Nectar, sm. parfum.
Nef, sf. partie d'église.
Négatif, ve, a. qui nie.
Négation, sf. act. de nier.
Négativement, ad.
Négligemment, ad. avec né-gligence.
Négligence, sf. nonchalance.
Négligent, a. sans soin.
Négliger, v. ne pas soigner.
Négoce, sm. commerce.
Négociable, a. qui peut se négocier.
Négociant, sm. qui fait le négoce. [gocie.
Négociateur, trice, qui né-
Négociation, sf. action de
Négocier, v.faire négoce, mé-nager, traiter une affaire.
Nègre, Négresse, s. noir.
Neige, sf. vapeur gelée.
Neiger, v. neige qui tombe.
Nenni, ad. de négation.
Néoménie, sf. nouvelle lune.
Néophyte, a. nouv. converti.
Néphrétique, a. colique.
Nerf, sm. organe des sensa-tions.
Nerver, v. garnir de nerfs.
Nerveux, se, a.plein de nerfs.
Net, Nette, a. propre.
Nettement, ad. net, clair.
Netteté, sf. propreté.
Nettoiement, sm. action de
Nettoyer, v. rendre net.
Neuf, a. num. sm. [servi.
Neuf, Neuve, a. qui n'a pas
Neutralement, ad.de neutre.
Neutralisation. sf. action de
Neutraliser, v. rendre nul.
Neutralité, sf.état de neutre.
Neutre, a. sans parti.
Neuvaine,sf.prière de 9 jours
Neuvième, a. ord. sm.
Neuvièmement, ad. en 9e lieu.
Neveu, sm. fils du frère.
Névrologie, sf. science des nerfs.
Nez, sm. partie saillante.

Ni, particule conj. et neg.
Niable, a. qui peut être nié.
Niais, a. idiot.
Niaisement, ad. de niais.
Niaiser, v. s'amuser.
Niaiserie, sf. bagatelle.
Niche, sf. espièglerie.
Nicher, v. faire son nid.
Nichée, sf. petits dans le nid.
Nicotiane, sf. (ci) tabac.
Nid, sm. logem. des oiseaux.
Nièce, sf. fille du frère.
Nielle, sf. mauvaise herbe.
Nieller, v.gâter par la nielle.
Nier, v. révoquer.
Nigaud, a. et s. sot.
Nigauder, v. faire une
Nigauderie, sf. niaiserie.
Nimbe, sm. auréole.
Nipper, v. fournir de nippes.
Nique, sf.signe de moquerie.
Nitouche (sainte), sf.hypocr.
Nitre, sm. salpêtre.
Nitreux, se, a. de nitre.
Niveau, sm. inst de math.
Niveler, v. aplanir.
Niveleur, sm. qui nivelle.
Nivellement,sm.act.de nivel.
Noble, a. et s. de haut rang.
Noblement,ad.avec noblesse
Noblesse, sf. qualité noble.
Noce, sf. mariage.
Nocturne, a. de nuit.
Nodus, sm. (s) tumeur.
Noël, sm. fête de la Nativité de J.-C.
Nœud,sm.(neu) enlacement.
Noir, a. et s. livide.
Noirâtre,a.tirant sur le noir.
Noiraud, a. un peu noir.
Noirceur, sf. noire atrocité.
Noircir, v. rendre noir.
Noise, sf. querelle.
Noisetier, sm. arbre.
Noisette, sf. fruit.
Noix, sf. fruit, glande.
Nom, sm.mot pour désigner.
Nomade, a. et s. errant.
Nombre, sm. coll. d'unités.
Nombrer, v. compter.
Nombreux, se, a.beaucoup.
Nombril, sm. cavité.
Nomenclature, sf. classifi-cation.
Nomie, sf. règle.
Nominal, a. de nom.
Nominateur,sm.qui nomme.
Nominativement, ad.
Nomination, sf. act. de
Nommer, v. dire le nom.
Non, ad. et sm.
Nonagénaire,a.âgé de 90 ans.
Nonante, a. num. 90.
Nonce,sm. ambass. du pape.

Nonchalamment, ad. avec
Nonchalance, sf.négligence.
Nonchalant, a. et s. lent.
None, sf. office.
Nonobstant, prép. malgré.
Nonpareil, le, a. sans pareil.
Non-plus-ultra, sm. qu'on ne peut passer.
Nord, sm. septentrion.
Normal, e, a. qui règle, qui dirige, (école).
Nostalgie, sf.maladie du pays
Nota, sm. remarque.
Notable, a. remarquable.
Notablement, ad.beaucoup.
Notaire, sm.qui passe les act.
Notamment,ad.spécialement
Notariat,sm.étude de notaire
Notarié, a. par notaire.
Note, sf. marque, souvenir.
Noter, v. remarquer.
Notice, sf.catalogue, extrait.
Notification, sf.signification, ordre.
Notifier, v. faire savoir.
Notion, sf. connaissance.
Notoire, a. manifeste.
Notoirement, ad. évidemm.
Notoriété, sf. évidence.
Notre, a. poss.qui est à nous.
Nouer, v. faire un nœud.
Noueux, se,a. (bois) à nœuds.
Nourrice, sf. qui allaite.
Nourricier,ère,a.qui nourrit
Nourrir,v.sustenter,fournir.
Nourrissant, a. qui nourrit.
Nourrisson, sm. enfant en nourrice.
Nourriture,sf.ce qui nourrit.
Nous,pron. de la 1re pers. pl.
Nouveau, Nouvel, le, a. non ancien.
Nouvelle, sf. avis, conte.
Nouveauté,sf.ce qui est nouv.
Nouvellement,ad.depuis peu
Nouvelliste,s.qui dit des nou-velles,curieux d'en savoir.
Novateur, sm. qui innove.
Novelles,sf. pl.droit romain.
Novembre, sm. 11e mois.
Novice, a. et s. nouveau.
Noviciat, sm. état de novice.
Noyau, sm. partie dure des fruits. [l'eau.
Noyer, v. faire mourir dans
Nu, a. qui n'est pas couvert.
Nuage,sm. amas de vapeurs.
Nuance, sf. de
Nuancer, v. assortir les cou-leurs.
Nudité, sf. état nu.
Nue, sf. nuage.
Nuée, sf. nuage, multitude.
Nuire, v. faire tort.

Nuisible, *a.* qui nuit.
Nuit, *sf.* temps d'obscurité.
Nuitamment, *ad.* de nuit.
Nul, Nulle, *a.* pas un.
Nullement, *ad.* en aucune manière.
Nullité, *sf.* défaut qui annulle.
Nûment, *ad.* avec droiture.
Numéraire, *a.* (valeur) fictiv.
Numéraire, *sm.* fictif, argent.
Numérateur, *sm.* nombre d'une fraction.
Numération, *sf.* action de nombrer.
Numérique, *a.* des nombres.
Numéro, *sm.* pour compter.
Numéroter, *v.* marquer avec des chiffres.
Nuptial, *a.* (*ci*) des noces.
Nuque, *sf.* creu entre la tête et le cou.
Nutation, *sf.* balancement.
Nutritif, *a.* qui nourrit.
Nutrition, *sf.* aliment.
Nymphe, *sf.* jeune femme. *fab.*

O

O, *int.* signe du vocatif.
Oasis, *sf.* île fertile au milieu des sables.
Obédience, *sf.* obéissance.
Obéir, *v.* se soumettre.
Obéissance, *sf.* action d'obéir.
Obélisque, *sm.* pyramide.
Obérer, *v.* endetter.
Obier, *sm.* arbrisseau.
Objecter, *v.* alléguer.
Objectif, ve, *sm.* et *a.* verre.
Objection, *sf.* difficulté.
Objet, *sm.* ce qu'on voit.
Oblation, *sf.* offrande.
Obligation, *sf.* devoir.
Obligatoire, *a.* qui contraint.
Obligeamment, *ad.* avec
Obligeance, *sf.* service.
Obliger, *d.* rendre service, forcer.
Oblique, *a.* incliné.
Obliquement, *ad.* de biais.
Obliquité, *sf.* inclinaison.
Oblong, gue, *a.* en long.
Obole, *sf.* anc. monnaie.
Obreptice, *a.* par surprise.
Obreption, *sf.* réticence.
Obscène, *a.* impur.
Obscénité, *sf.* même sens.
Obscur, *a.* sombre, vil.
Obscurcir, *v.* rendre obscur.
Obscurcissement, *sm.*
Obscurément, *ad.* avec.
Obscurité, *sf.* défaut de clarté.
Obséder, *v.* tourmenter.

Obsèques, *sf. pl.* enterrement
Observance, *sf.* pratique.
Observateur, trice, *s.* qui observe.
Observation, *sf.* remarque.
Observatoire, *sm.* pour
Observer, *v.* épier, considérer
Obsession, *sf.* sortilége.
Obstacle, *sm.* empêchement.
Obstination, *sf.* opiniâtreté.
Obstinément, *ad.*
Obstiner, *v.* opiniâtrer.
Obstruction, *sf.* act. d'
Obstruer, *v.* interposer.
Obtempérer, *v.* obéir, défér.
Obtenir, *v.* se faire accorder.
Obtention, *sf.* act. d'obtenir.
Obtus, *a.* peu spirituel, angle de plus de 90 degrés.
Obtusangle, *a.* à angle obtus.
Obus, *sm.* (*z*) petite bombe.
Obusier, *sm.* mortier.
Occasion, *sf.* conjoncture.
Occasionnel, le, *a.* qui occ.
Occasionnellement, *ad.*
Occasionner, *v.* causer.
Occident, *sm.* couchant.
Occidental, *a.* de l'occident.
Occision, *sf.* tuerie, meurtre.
Occulte, *a.* caché.
Occupation, *sf.* emploi, travail
Occuper, *v.* remplir.
Occurrence, *sf.* rencontre.
Occurrent, *a.* qui survient.
Océan, *sm.* la grande mer.
Océanie, *sf.* 5e part. du monde
Ocre, *sf.* terre jaune.
Octant, *sm.* inst. de 45 degrés.
Octave, *sf.* huitaine.
Octavo, (in-) *sm.* format en 8 feuillets.
Octobre, *sm.* 10e mois.
Octogénaire, *a.* et *s.* de 80 ans
Octogone, *a.* et *sm.* à 8 angles.
Octroi, *sm.* impôt.
Octroyer, *v.* concéder.
Oculaire, *a.* (témoin) qui a vu
Oculairement, *ad.*
Oculiste, *s.* et *a.* médecin des yeux.
Ode, *sf.* poëme lyrique.
Odéon ou Odeum, *sm.* théâtre
Odeur, *sf.* senteur.
Odieusement, *ad.* d'
Odieux, se, *a.* haïssable.
Odorant, *a.* qui a de l'odeur.
Odorat, *sm.* sens. [l'odeur.
Odoriférant, *a.* qui répand
Œcuménique, *a.* universel.
Œcuméniquement, *ad.*
Œil, *sm.* organe de la vue.
Œil-de-Bœuf, *sm.* petit fenêt.
Œillade, *sf.* regard.
Œillet, *sm.* plante.

Œillette, *sf.* graine de pavot.
Œuf, *sm.* corps organiq. pondu par une femelle.
Œuvre, *sf.* ouvrage.
Offensant, *a.* qui offense.
Offense, *sf.* injure, outrage.
Offenser, *v.* outrager.
Offensif, *a.* qui attaque. [se.
Offertoire, *sm.* part. de la mes-
Office, *sm.* assistance, emploi.
Office, *sf.* garde-manger.
Official, *sm.* qui juge.
Officiel, le, *a.* authentique.
Officiellement, *ad.*
Officier, *v.* faire l'office divin.
Officier, *sm.* qui a un office.
Officieusement, *ad.* d'
Officieux, se, *a.* obligeant.
Offrande, *sf.* ce qu'on offre.
Offre, *sf.* action d'offrir.
Offrir, *v.* présenter.
Offusquer, *v.* empêcher.
Ognon, *sm.* racine bulbeuse.
Ogre, esse, *s.* monstrueux.
Oh! *interj.* de surprise.
Oie, *sf.* oiseau de basse-cour.
Oindre, *v.* frotter d'huile.
Oint, *sm.* qui a reçu une onc- tion.
Oiseau, *sm.* bipède ailé.
Oiseler, *v.* dresser un oiseau.
Oiseleur, *a.* et *sm.* chasseur.
Oiseux, *a.* oisif, inutile.
Oisif, *a.* qui ne fait rien.
Oisivement, *ad.* inutilement.
Oisiveté, *sf.* état oisif.
Oléagineux, se, *a.* huileux.
Olibrius, *sm.* (*s*) pédant, fa- quin.
Oligarchie, *sf.* gouvernement d'un petit nombre.
Oligarchique, *a.*
Olivâtre, *a.* couleur d'olive.
Olive, *sf.* fruit de l'olivier.
Olivier, *sm.* arbre.
Olographe, *a.* écr. par l'auteur
Olympe, *sm.* le ciel. *poét.*
Olympiade, *sf.* espace de 4 ans
Ombrage, *sm.* ombre, soup- çon.
Ombrager, *v.* faire ombrage.
Ombrageux, se, *a.* peureux.
Ombre, *sf.* obscurité.
Ombrer, *v.* mettre les ombres
Oméga, *sm.* dernière lettre de l'alphabet grec.
Omelette, *sf.* œufs bat. cuits.
Omettre, *v.* manquer.
Omission, *sf.* manquement.
Omnibus, *sm.* grande voiture
On, *pron.* indéfini.
Once, *sf.* ancien poids.
Oncle, *sm.* frère du père.
Onction, *sf.* action d'oindre.

Onctueusement,ad.av. onct.
Onctueux, se, a. huileux.
Onctuosité,sf.ce qui est gras
Onde, sf. flot, la mer.
Ondé, a. façonné en onde.
Ondée, sf. averse passagère.
Ondoyer, v. baptiser, flotter.
Ondulation, sf.mouv.p.onde
Onduler,v. façonner en onde
Onéreux, se,a. à charge.
Ongle, sm. corne des doigts.
Onglé, a. qui a des ongles.
Onglée, sf.engourdissement aux doigts.
Onguent, sm. médicament.
Onze, a. num, sm. dix et un.
Onzième, a. ord. sm.
Onzièmement,ad.en 11e lieu.
Opacité, sf qualité opaque.
Opaque, a. non transparent.
Opéra, sm. drame lyrique.
Opération, sf. act. d'
Opérer, v. produire,calculer.
Opiner, v. dire son avis.
Opiniâtre, a. et s. obstiné.
Opiniâtrément. ad.
Opiniâtrer, v. soutenir avec
Opiniâtreté, sf. entêtement.
Opinion, sf. croyance.
Opportun, a. à propos.
Opportunité, sf. qualité de l'à-propos.
Opposer, v. faire obstacle.
Opposite, sm. l'opposé.
Opposition, sf. obstacle.
Oppresser, v. presser fortement.
Oppresseur, sm. tyran.
Oppressif, a. qui opprime.
Oppression, sf. action d'
Opprimer, v. tyranniser.
Opprobre, sm. ignominie.
Opter, v. choisir.
Opticien,s.qui enseig.l'optiq
Option, sf. action d'opter.
Optique, a. science de la lumière.
Opulence, sf. richesse.
Opulent, a. très-riche.
Opuscule,sm. petit ouvrage.
Or, sm. métal jaune. conj.
Oracle,sm.réponse,décision.
Orage, sm. tempête.
Orageux, se, a. d'orage.
Oraison, sf. discours, prière.
Oral, a. transmis par la parole.
Orange, sf. fruit, sa couleur.
Orangé, a. et sm.en orange.
Orangeat, sm. confiture d'écorce d'orange.
Oranger,sm.arbre. [rangers.
Orangerie,sf.lieu planté d'o-
Orang-outang, sm. singe.

Orateur, sm. qui harangue.
Oratoire, a. et s. d'orateur.
Orbiculaire, a. rond.
Orbite, sf. cercle.
Orchestre,sm.chœurde mus.
Ordinaire, a. de coutume.
Ordinairement, ad.
Ordinal, a. marque d'ordre.
Ordination, sf. consécr. des prêtres. [l'office divin.
Ordo, sm. manière de réciter
Ordonnance, sf. disposition.
Ordonnancer, v. ordonner.
Ordonner, v. disposer.
Ordre, sm. disposition.
Ordure, sf. excrément.
Oreille, sf. organe de l'ouïe.
Oreiller, sm. coussin de lit.
Oremus, sm. (s) prière.
Orfévre, sm. mdd'ouvrage d'
Orfévrerie,sf.art de l'orfévre
Organe, sm. sens.
Organique, a. d'organe.
Organisation.sf.constitution
Organiser, v. arranger.
Organiste, a. qui joue de l'orgue.
Orge, sf. sorte de grain.
Orgie,sf. débauche de table.
Orgue, sm. inst. de musique
Orgueil, sm. fierté.
Orgueilleusement, ad. avec orgueil.
Orgueilleux,se,a. hautain.
Orient, sm. levant.
Oriental, a. d'orient.
Orienter, v. disposer.
Orifice, sm. ouverture.
Oriflamme, sf. étendard.
Originaire, a. d'origine.
Originairement, ad.
Original,a.l'origine, unique.
Originalement,ad.
Originalité, sf. caractère.
Origine, sf. principe.
Originel, le, a. péché.
Originellement, ad.
Orme, sm. arbre forestier.
Ormeau, sm. petit orme.
Ornement, sm. décoration.
Orner, v. parer, embellir.
Ornière, sm. trou de la roue.
Orphelin, a. et s. sans père ni mère.
Orteil,sm.gros doigt du pied.
Orthodoxe,a.et sm. catholiq.
Orthodoxie, sf. catholicité.
Orthographe, sf. action d'
Orthographier, v. écrire selon les règles.
Orthographique, a. selon l'orthographe.
Orthographiste, sm. qui sait l'orthographe.

Orthopédie, sf. art de guérir les difformités du corps.
Orthopnée,sf.sorte d'atshme
Ortie,sf.plante,insecte marin
Ortolan, sm. petit oiseau.
Os,sm. partie dure du corps.
Oscillation, sf. mouvement.
Oscillatoire, a. d'oscillation.
Osciller, v. se balancer.
Osé, a. hardi, effronté.
Oseille, sf. plante.
Oser, v. avoir la hardiesse.
Osier, sm. arbrisseau.
Osselet, sm. petit os.
Ossements,sm.os décharnés.
Osseux, se, a. qui a des os.
Ostensible,a. visible. [ment.
Ostensiblement, ad. visible-
Ostensoir ou oire, sm. vase pour exposer l'hostie.
Ostentation.sf.présomption.
Ostrogot, a. grossier.
Otage, sm. garant.
Oter, v. tirer de la place.
Ottoman, a. Turc.
Ou, conj. alternative.
Où, ad. en quel lieu.
Ouaille, sf. brebis, fidèle.
Oubli, sm. manque de souvenir.
Oublier,v.perdre le souvenir
Oublieur, euse, s. qui oublie.
Oublieux, se, a. sujet d'oubli
Ouest, sm. couchant.
Ouf, int. de douleur.
Oui, ad. d'affirmation.
Ouï-dire, sm. nouvelles.
Ouïe, sf. organe.
Ouïr, v. recevoir les sons.
Ouragan, sm. orage.
Ourdir, v. disposer.
Ourdissoir, sm. outil.
Ourler, v. faire un ourlet.
Ourlet, sm. repli.
Ours, s. quadrupède.
Outil, sm. instrument.
Outiller, v. garnir d'outils.
Outrage, sm. injure grave.
Outrager, v. faire outrage.
Outrageusement, ad.
Outrageux,se,a. outrageant.
Outrance, sf. à l'excès.
Outre, sf. sac, nonobstant.
Outrecuidance, sf. présomption. [tueux.
Outrecuidant, a. présomp-
Outrément, ad. d'une manière outrée. [mers.
Outre-mer, ad. au delà des
Outre-mesure. ad. à l'excès.
Ouverture, sf. fente.
Ouvrable, a. jour de travail.
Ouvrage, sm. façon.
Ouvrer, v. travailler.

Ouvrier, *s.* qui travaille.
Ouvrir, *v.* rendre ouvert, ou opposé à fermer.
Ouvroir, *sm.* atelier.
Ovale, *a.* rond et oblong.
Ove, *sm.* ornement en forme d'œuf.
Ovipare, *a.* produit par l'œuf.
Oxyde, *sm.* rouille.
Oxyder, *v.* rouiller,
Oxygène (gaz), *a.* air vital.
Oxymel, *sm.* miel et vinaigre

P

P. *sm.* douzième consonne.
Pacha, *sm.* magistrat turc.
Pacificateur, *sm.* qui pacifie.
Pacification, *sf.* action de
Pacifier, *v.* établir la paix.
Pacifique, *a.* qui aime la paix.
Pacifiquement, *ad.* en paix.
Pacotille *sf.* marchandises.
Pacte, *sm.* convention.
Padou, *sm.* sorte de ruban.
Paganisme, *sm.* idolâtrie.
Page, *sm.* serviteur, *f.* feuillet
Pagination, *sf.* numéroter les pages.
Pagnotte, *sm.* poltron. *fam.*
Pagnotterie, *sf.* lâcheté.
Pagode, *sf.* temple ou idole.
Paiement, *sm.* act. de payer,
Païen, enne, *a.* et *s.* idolâtre.
Paillasse, *sf.* sac plein de paille pour un lit.
Paillasson, *sm.* natte.
Paille, *sf.* tuyau de blé.
Paillet, *sm.* (vin) rouge pâle.
Paillette, *sf.* parcelle de métal
Pailleux, se, *a.* métal.
Pain, *sm.* aliment de farine.
Pair, *a.* et *sm.* (pèr) égal.
Paire, *sf.* couple.
Pairie, *sf.* dignité.
Paisible, *a.* pacifique.
Paisiblement *ad.* sanstroubl.
Paître, *v.* brouter l'herbe.
Paix, *sf.* tranquillité.
Palais, *sm.* maison de roi.
Palanquin, *sm.* litière indien.
Pale, *sf.* le plat de la rame.
Pâle, *a.* blême, peu coloré.
Palefrenier, *sm.* valet d'écuri.
Palet, *sm.* pierre plate.
Palette, *sf.* raquette.
Pâleur, *sf.* couleur pâle.
Palier, *sm.* repos d'escalier.
Palinodie, *sf.* rétractation.
Pâlir, *v.* devenir pâle.
Palissade, *sf.* clôture de pieux
Palissader, *v.* clore.

Palliatif, ve, *a.* et *sm.* qui soulage.
Palliation, *sf.* action de
Pallier, *a.* déguiser, excuser.
Pallium, *sm.* (om) distinction pontificale.
Palme, *sf.* branche de palmier
Palmette, *sf.* petite palme.
Palmier, *sm.* arbre exotique.
Palpable, *a.* qu'on touche.
Palpablement, *ad.* clairement
Palper, *v.* toucher, sentir.
Palpitation, *sf.* mouvement.
Palpiter, *v.* trembler.
Pâmer, *v.* défaillir.
Pâmoison, *sf.* défaillance.
Pampe, *sf.* feuille de blé.
Pamphlet, *sm.* brochure.
Pampre, *sm.* branche de vigne
Pan, *sm.* partie d'un mur, d'un vêtement.
Panache, *sm.* plumet.
Panacher, *v.* mettre des plumets. [soupe.
Panade, *sf.* pain mitonné,
Panais, *sm.* plante, sa racine.
Panaris, *sm.* mal au doigt.
Pancarte, *sf.* affiche, écrit.
Pané, *a.* où l'on a trempé du pain.
Panégyrique, *a.* et *sm.* éloge.
Panégyriste, *s.* qui loue.
Paner, *v.* couvrir de pain.
Panier, *sm.* ustens. d'osier.
Panique, *a.* (terreur).
Panneau, *sm.* pièce de menuiserie. [clef.
Panneton, *sm.* partie d'une
Panorama, *sm.* collection de tableaux.
Pansement, *sm.* action de
Panser, *v.* soigner une plaie.
Pantalon, *sm.* culotte longue.
Panthéon, *sm.* temple.
Pantin, *sm.* mannequin.
Pantomime, *a.* et *s.* jeu muet.
Pantoufle, *sf.* chaussure.
Paon, *sm.* (pan) oiseau.
Papa, *sm.* père.
Papal, *a.* du pape.
Papauté, *sf.* dignité du pape.
Pape, *sm.* souverain pontife.
Paperasse, *sf.* tas de papiers.
Paperasser, *v.* feuilleter.
Papeterie, *sf.* manufacture.
Papetier, *sm.* qui fait du
Papier, *sm.* feuille p. écrire.
Papillonner, *v.* voltiger.
Papillotte, *sf.* enveloppe de cheveux. [les yeux.
Papilloter, *v.* friser, cligner
Paquebot, *sm.* navire.
Papyrus, *sm.* plante d'Egypt.
Pâques, *sf.* fête.

Paquet, *sf.* assemblage.
Paqueter, *v.* mettre en paquet
Par, *prép.*
Parabole, *sf.* discours hyperbolique.
Parachever, *v.* achever.
Parachute, *sm.* machine.
Paraclet, *sm.* le Saint-Esprit.
Parade, *sf.* étalage.
Paradis, *sm.* jardin délicieux.
Paradoxe, *sm.* et *a.* opposé.
Parafe, ou Paraphe, *sm.* marq.
Parafer ou Parapher, *v.*
Paragraphe, *sm.* section d'un discours.
Paraître, *v.* se montrer.
Parallaxe, *sf.* arc céleste.
Parallèle, *a.* et *sf.* (ligne).
Parallèlement, *ad.*
Parallélipipède, *sm.* solide.
Parallélisme, *sm.* qui est parallèle. [géom.
Parallélogramme, *sm.* t. de
Paralyser, *v.* rendre immobil.
Paralysie, *sf.* maladie.
Paralytique, *a.* et *s.* malade.
Parapet, *sm.* mur d'appui.
Paraphrase, *sf.* glose.
Paraphraser, *v.* gloser.
Parapluie, *sm.* petit pavillon.
Parasite, *sm.* gourmand.
Parasol, *sm.* petit pavillon
Paratonnerre, *sm.* baguette
Paravent, *sm.* abri.
Parc, *sm.* enclos.
Parcelle, *sf.* petite partie.
Parce que, *conj.* à cause que
Parchemin, *sm.* peau prépar.
Parcheminier, *s.* fab. ou marchand de parchemin.
Parcimonie, *sf.* avarice.
Parcimonieux, se, *a.* avare.
Par conséquent, *ad.* par suit.
Parcourir, *v.* aller et venir.
Pardon, *sm.* rémission.
Pardonnable, *a.* qu'on peut pardonner.
Pardonner, *v.* remettre.
Pareil, le, *a.* et *sm.* semblable.
Pareillement, *ad.* de même.
Parement, *sm.* qui pare.
Parent, *s.* uni par le sang.
Parenté, *sf.* qualité de parent.
Parenthèse, *sf.* crochet, phrase incidente.
Parer, *v.* décorer, orner.
Paresse, *sf.* fainéantise.
Paresser, *v.* faire le paresseux
Paresseux, se, *a.* et *s.*
Parfaire, *v.* achever.
Parfait, *v.* complet.
Parfaitement, *ad.* avec perfection.
Parfois, *ad.* quelquefois. *fa.*

Parfum, *sm.* (*un*) senteur.
Parfumer, *v.* embaumer.
Parfumeur, euse, *s.*
Pari, *sm.* gageure.
Parier, *v.* faire un pari.
Parieur, euse, *s.* qui parie.
Parisien, ne, *s.* de Paris.
Parité, *sf.* égalité.
Parjure, *sm.* faux serment.
Parjurer (se), *v.* se maudire.
Parlement, *sm.* conseil d'état.
Parlementaire, *a.* et *sm.*
Parlementer, *v.* négocier.
Parler, *v.* articuler des mots.
Parleur, euse, *s.* qui parle.
Parloir, *sm.* lieu pour parler.
Parmi, *prép.* [que.
Parodie, *sf.* imitation burles-
Parodier, *v.* faire une parodie
Paroi, *sf.* mur, côté.
Paroisse, *sf.* territoire d'une
cure.
Paroissial, *a.* de la paroisse.
Paroissien, enne, *s.* fidèle.
Parole, *sf.* mot prononcé.
Parpaing, *sm.* qui soutient.
Parquer, *v.* mettre un parc.
Parquet, *sm.* compartiment.
Parquetage, *sm.* ouvrage de
parquet. [quet.
Parqueter, *v.* mettre un par-
Parrain, *sm.* qui tient sur les
fonts baptismaux.
Parricide, *a.* et *s.* qui tue
son père.
Parsemer, *v.* répandre, jeter.
Part, *sf.* portion, intérêt.
Partage, *sm.* division.
Partager, *v.* faire le partage.
Parterre, *sm.* jardin à fleurs.
Parti, *sm.* union.
Partial, *a.* qui favorise un par-
ti. [tice.
Partialement, *ad.* avec injus-
Partialiser (se), *v.* se mettre
d'un parti.
Partialité, *sf.* prévention.
Partibus (in), *ad.* titr. d'évêc.
Participation, *sf.* qui a part.
Participe, *sm.* t. de gram.
Participer, *v.* prendre part.
Particulariser, *v.* détailler.
Particularité, *sf.* circonstan.
Particule, *sf.* petite partie.
Particulier, *a.* individu.
Particulièrement, *ad.*
Partie, *sf.* portion d'un tout.
Partiel, le, *a.* (*ci*).
Partiellement, *ad.* par parties.
Partir, *v.* se mettre en che-
min.
Partisan, *sm.* complice.
Partitif, ve, *a.* (mot) qui
partage.

Partout, *ad.* en tous lieux.
Parure, *sf.* ce qui pare.
Parvenir, *v.* arriver à ses
fins.
Parvis, *sm.* place.
Pas, *sm.* mouvement.
Pascal, *a.* de Pâques.
Pasquinade, *sf.* raillerie.
Passable, *a.* admissible.
Passablement, *ad.* [tion.
Passage, *sm.* chemin, cita-
Passager, ère, *a.* et *s.* qui
passe.
Passagèrement, *ad.* [ser.
Passavant, *sm.* permis de pas-
Passe-droit, *sm.* injustice.
Passementer, *v.* chamarrer.
Passementier, ère, *s.* ouvrier.
Passe-partout, *sm.* clef.
Passe-port, *sm.* permission.
Passer, *v.* aller d'un lieu à
l'autre.
Passereau, *sm.* moineau.
Passe-temps, *sm.* amusement
Passeur, *s.* batelier.
Passible, *a.* qui peut souffrir.
Passif, ve, *a.* et *sm.* opposé
à actif.
Passion, *sf.* souffrance, in-
clination.
Passionnément, *ad.* avec pas-
sion.
Passionner, *v.* intéresser.
Passivement, *ad.* sans agir.
Passoire, *sf.* ust. de cuisine.
Pasteur, *sm.* berger.
Pastille, *sf.* composit. de pâte.
Pastoral, *a.* des pasteurs.
Pastoralement, *ad.* [ture.
Patache, *sf.* petit navire, voi-
Pataraffe, *sf.* écriture inform.
Patard, *sm.* petite monnaie.
Patate, *sf.* pomme de terre.
Pâte, *sf.* farine pétrie.
Pâté, *sm.* pâtisserie.
Patelin, *a.* et *s.* flatteur.
Pateliner, *v.* agir en patelin.
Patène, *sf.* vase sacré.
Patenôtre, *sf.* prière.
Patent, te, *a.* et *sf.* visible.
Patenté, *a.* pourvu de patente.
Pater, *sm.* (*ère*) prière.
Paternel, le, *a.* de père.
Paternellement, *ad.* en père.
Paternité, *sf.* état de père.
Pâteux, se, *a.* en pâte.
Pathétique, *a.* et *sm.* véhé-
ment.
Pathétiquement, *ad.*
Patibulaire, *a.* de supplice.
Patiemment, *ad.* (*cia*) de
Patience, *sf.* résignation.
Patient, *a.* doué de patience.
Patienter, *v.* prendre patience

Patin, *sm.* soulier pour glis-
Patiner, *v.* glisser. [ser.
Patineur, *sm.* qui patine.
Pâtir, *v.* souffrir. [née.
Pâtisserie, *sf.* pâte assaison-
Pâtissier, ère, *a.* et *s.*
Patois, *sm.* langage rustique.
Patraque, *sf.* machine usée.
Pâtre, *sm.* gardien de bétail.
Patriarcal, *a.* de patriarche.
Patriarcat, *sm.* dignité de
Patriarche, *sm.* prélat.
Patricien, ne, *a.* et *sm.* noble.
Patrie, *sf.* lieu où l'on est né.
Patrimoine, *sm.* biens du père
Patrimonial, *a.* de père.
Patriote, *a.* et *sm.* ami de
la patrie.
Patriotique, *a.* même sens.
Patriotisme, *sm.* de patrie.
Patron, ne, *s.* protecteur.
Patronage, *sm.* protection.
Patronal, *a.* du patron.
Patrouille, *sf.* escouade.
Patrouiller, *v.* faire patrouille
Patte, *sf.* pied des animaux.
Pâturage, *sm.* lieu pour pâ-
Pâture, *sf.* nourriture. [tre.
Pâturer, *v.* brouter l'herbe.
Paume, *sf.* dedans de la main.
Pause, *sf.* cessation. [syllabe.
Pauser, *v.* appuyer sur une
Pauvre, *a.* et *s.* indigent.
Pauvrement, *ad.* avec
Pauvreté, *sf.* indigence.
Pavage, *sm.* act. de paver.
Pavaner (se), *v.* marcher
fièrement.
Pavé, *sm.* pierre, rue.
Paver, *v.* couvrir de pierres.
Paveur, *sm.* qui pave.
Pavie, *sm.* sorte de pêche.
Pavillon, *sm.* logement.
Pavot, *sm.* plante soporifiq.
Payable, *a.* qui doit être payé.
Paye, *sf.* solde, salaire.
Payer, *v.* acquitter.
Pays, *sm.* (*péi*) région.
Paysage, *sm.* étendue, aspect.
Paysan, anne, *s.* habitant
de village.
Péage, *sm.* droit.
Peau, *sf.* enveloppe d'animal.
Peaussier, *sm.* marchand de
peaux. [pécher.
Peccable, *a.* (*kk*) qui peut
Peccadille, *sf.* faute légère.
Peccavi, *sm.* bon repentir.
Péché, *sm.* transgression.
Pêche, *sf.* fruit, art.
Pécher, *v.* transgresser la loi.
Pêcher, *sm.* arbre.
Pêcher, *v.* prendre du poisson
Pêcherie, *sf.* act. de pêcher.

Pécheur, Pécheresse, s.
Pécore, sf. personne stupide.
Pectoral, a. de la poitrine.
Péculat, sm. concussion.
Pécule, sm. profit d'industr.
Pécune, sf. argent. v.
Pécuniaire, a. d'argent.
Pécunieux, se, a. qui a de l'argent.
Pédagogie, sf. éducation.
Pédagogique, a. de l'éducat.
Pédagogue, sm. qui enseigne.
Pédant, sm. faux savant.
Pédanterie, sf. manière
Pédantesque, a. de pédant.
Pédantesquement, ad.
Peigne, sm. inst. à dents.
Peigné, a. ajusté, soigné.
Peigner, v. démêler.
Peignoir, sm. linge pour se peigner.
Peindre, v. représenter.
Peine, sf. douleur, punition.
Peiner, v. chagriner.
Peintre, sm. qui sait peindre.
Peinture, sf. art, action de peindre.
Pêle-mêle, ad. confusément.
Peler, v. perdre le poil.
Pèlerin, s. voyageur.
Pèlerinage, sm. voyage de dévotion.
Pélican, sm. oiseau.
Pelisse, sf. fourrure.
Pelle, sf. instrument plat à long manche.
Pellée, Pellerée, Pelletée, sf.
Pelleterie, sf. comm. de peaux
Pellicule, sf. peau très-mince
Pelote, sf. boule, coussinet.
Peloter, v. jouer, battre de paroles.
Peloton, sm. pelote, réunion.
Pelotonner, v. réunir.
Pelouse, sf. gazon.
Pelure, sf. écorce.
Pénal, a. des peines légales.
Pénates, a. dieux domestiques
Penchant, a. qui penche, inclinaison.
Penchement, sm. act. de
Pencher, v. incliner.
Pendable, a. digne du dernier supplice.
Pendant, a. qui pend.
Pendre, v. suspendre.
Pendule, sf. horloge, sm. balancier.
Pêne, sm. lame de serrure.
Pénétratif, ve, a. qui pénètre.
Pénétration, sf. sagacité.
Pénétrer, v. passer à travers.
Pénible, a. difficile.
Péniblement, ad. avec peine.

Péninsule, sf. presqu'île.
Pénitence, sf. repentir.
Pénitent, a. et s. qui fait pénitence.
Pénitentiaux, a. et m. pl. de pénitence.
Pénitentiel, sm. de pénitence.
Pensée, sf. projet, idée, fleur.
Penser, v. imaginer, croire.
Penseur, euse, s. qui pense.
Pensif, ve, a. même sens.
Pension, sf. réunion, rente.
Pensionnaire, s. qui est en pension.
Pensionnat, sm. établissement d'éducation.
Pensionner, v. payer pension.
Pensum, sm. surcroît d'ouvr.
Pentagone, a. et sm. figure à 5 côtés.
Pentateuque, sm. les 5 livr. de Moïse.
Pente, sf. penchant, inclinais.
Pentecôte, sf. fête chrétienne
Penture, sf. bande de fer.
Pénultième, a. et s. avant-dernier.
Pénurie, sf. extrême disette.
Pépie, sf. maladie des oiseaux
Pépin, sm. semence de fruit.
Pépinière, sf. plantation de jeunes arbres. [pépinière.
Pépiniériste, sm. qui a une
Percée, sf. ouverture.
Percement, sm. act. de percer
Percepteur, sm. receveur.
Perceptibilité, sf. état de ce qui est
Perceptible, a. qu'on peut percevoir. [voir.
Perception, sf. act. de perce-
Percer, v. pénétrer, s'avan-
Percevoir, v. recevoir. [cer.
Perche, sf. mesure, gaule.
Percher, v. élever.
Perclus, a. impotent.
Perçoir, sm. pour percer.
Percussion, sf. renvoi du son.
Perdition, sf. dégât, réprobation.
Perdre, v. être privé.
Perdrix, sf. (dri) oiseau.
Père, sm. qui a engendré.
Péremptoire, a. décisif.
Péremptoirement, ad.
Perfection, sf. qualité parf.
Perfectionnement, sm. act. de
Perfectionner, v. rendre parf.
Perfide, a. et s. traître.
Perfidemment, ad. avec
Perfidie, sf. déloyauté.
Perforation, sf. act. de
Perforer, v. percer.
Péricliter, v. dépérir.

Péril, sm. risque, danger.
Périlleusement, ad. avec péril.
Périlleux, se, a. de péril.
Périmètre, sm. contour.
Période, sf. révolution.
Périodique, a. par époque.
Périodiquement, ad.
Périphrase, sf. circonlocution
Périr, v. prendre fin.
Périssable, a. sujet à périr.
Péristyle, sm. galerie.
Perle, sf. coquillage précieux.
Permanence, sf. stabilité.
Permanent, a. stable.
Perméable, a. qu'on peut traverser.
Permettre, v. accorder.
Permis, a. juste, non défendu.
Permission, sf. accord.
Permutation, sf. act. de
Permuter, v. changer.
Pernicieusement, ad.
Pernicieux, se, a. nuisible.
Péroraison, sf. conclusion.
Pérorer, v. discourir.
Perpendiculaire, a. d'aplomb.
Perpendiculairement, ad.
Perpendicularité, sf.
Perpétuel, le, a. continuel.
Perpétuellement, ad.
Perpétuer, v. continuer.
Perpétuité, sf. continuité.
Perplexité, sf. irrésolution.
Perquisition, sf. enquête.
Perron, sm. escalier extér.
Perroquet, sm. oiseau.
Perruque, sf. faux cheveux.
Perruquier, s. coiffeur.
Persécuter, v. vexer, inquiéter.
Persécuteur, trice, s. tyran.
Persécution, sf. vexation.
Persévéramment, ad. avec
Persévérance, sf. durée.
Persévérer, v. persister.
Persienne, sf. abat-jour.
Persiflage, sm. raillerie fine.
Persifler, v. railler finement.
Persifleur, sm. qui persifle.
Persil, sm. (si) plante potagère.
Persistance, sf. act. de
Persister, v. insister.
Personnage, sm. homme, rôle.
Personnaliser, v. nommer.
Personnalité, sf. qualité.
Personne, sf. homme ou fem.
Personnel, le, a. de la pers.
Personnellement, ad.
Personnifier, v. donner la qualité de personne.
Perspectif, ve, sf. aspect.

Perspicacité, sf. pénétration.
Persuader, v. convaincre.
Persuasif, ve, a. qui persuade.
Persuasion, sf. act. de persua.
Perte, sf. privation, domma.
Pertinemment, ad. (na)
Pertinent, a. convenable.
Pertuis, sm. ouverture.
Perturbateur, trice, s. boû-te-feu.
Perturbation, sf. trouble.
Pervers, a. et sm. méchant.
Perversion, sf. dépravation.
Perversité, sf. méchanceté.
Pervertir, v. changer en mal.
Pesamment, ad. avec
Pesanteur, sf. qualité pe-sante. [poids.
Pesée, sf. évaluation au
Peser, v. comparer.
Peson, sm. inst. pour peser.
Peste, sf. maladie épidémiq.
Pester, v. exhaler son hu-
Pestiféré, a. infecté [meur.
Pestilence, sf. mauvais air.
Pet, sm. vent, bruit.
Pétard, sm. mach. de guerre.
Pétaudière, sf. désordre.
Péter, v. faire un pet.
Pétillement, sm. act. de
Pétiller, v. éclater avec bruit.
Petit, a. de peu d'étendue.
Petit-fils, Petite-fille, s.
Petit-lait, sm. sérosité du lait.
Petit-maître, sm. fat, pédant.
Petitement, ad. avec petitesse
Petitesse, sf. peu d'étendue.
Pétition, sf. demande,
Pétitionnaire, s. qui demande
Pétrification, sf. act. de
Pétrifier, v. changer en pier.
Pétrir, v. faire de la pâte.
Pétrissage, sm. act. de pétr.
Pétrisseur, euse, s. qui pétr.
Pétulance, sf. impétuosité.
Pétulant, a. brusque.
Peuplade, sf. tribu, habi-tants.
Peuple, sm. nation, populace.
Peupler, v. remplir d'habit.
Peur, sf. crainte, frayeur.
Peureux, se, a. ombrageux.
Phalange, sf. corps d'infan-terie.
Phare, sm. gr. fanal de mer.
Pharisaïque, a. qui tient du
Pharisaïsme, sm. hypocrisie
Pharisien, s. sectaire.
Pharmacie, sf. dépôt de mé-dicaments.
Pharmacien, s. et a. qui prépare les médicaments.
Phase, sf. aspect des planèt.
Phénix, sm. oiseau fabuleux.

Phénomène, sm. chose extra-ordinaire.
Philanthrope, s. ami des hom.
Philanthropique, a. même sens.
Philosophe, sm. savant, sage.
Philosopher, v. raisonner.
Philosophie, sf. science des causes.
Phosphore, sm. subst. qui s'enflamme.
Phosphoreux, se, a. qui a du phosphore.
Phosphorique, a. de phos-phore [cours.
Phrase, sf. partie d'un dis-
Phraser, v. faire des phras.
Phthisie, sf. consomption.
Phthisique, a. étique.
Phylactère, sm. bandelette.
Physicien, s. qui sait la phy-
Physionomie, sf. air [sique.
Physique, sf. science.
Physiquement, ad.
Piailler, v. criailler, fa.
Piaillerie, sf. criaillerie.
Piano, sm. inst. de musique.
Piastre, sf. monnaie.
Piauler, v. cri des poulets.
Pic, sm. instrument acéré.
Picorée, sf. maraude.
Picorer, v. aller en maraude.
Picotement, sm. act. de
Picoter, v. chatouiller.
Picotin, sm. mesure.
Pie, sf. oiseau.
Pie-grièche, sf. oiseau.
Pièce, sf. portion, chambre.
Pied, sm. (pié) membre du corps pour marcher.
Pied-à-terre, sm. logem. pas.
Pied-de-roi, sm. mesure.
Piédestal, sm. support.
Pied-douche, sm. orn. d'arch.
Piége, sm. machine, embûche
Pierre, sf. caillou.
Pierreries, sf. pl. diamants.
Pierreux, se, a. plein de pierre.
Pierrier, sm. petit canon.
Piété, sf. dévotion.
Piétiner, v. remuer les pieds.
Piéton, s. qui va à pied.
Piètre, a. chétif. fa.
Piétrement, ad. chétivement.
Pieu, sm. bois pointu.
Pieusement, ad. av. piété.
Pieux, se, a. plein de piété.
Pigeon, sm. oiseau domestiq.
Pigeonneau, sm. jeune pigeon
Pigeonnier, sm. colombier.
Pignon, sm. mur en pointe.
Pilastre, sm. colonne carrée.
Pile, sf. amas.

Piler, v. écraser
Plier, v. mettre en plis.
Pillage, sm. action de piller.
Pillard, a. qui aime à piller.
Piller, v. voler.
Pilleur, sm. pillard, voleur.
Pilon, sm. inst. pour piler.
Pilori, sm. gibet.
Pilotage, sm. art de la navig.
Pilote, sm. conduct. de vaiss.
Piloter, v. enfoncer des
Pilotis, sm. gros pieu ferré.
Pilule, sf. bol médicinal.
Pin, sm. arbre résineux.
Pinacle, sm. faîte.
Pinceau, sm. faisceau de poil.
Pincée, sf. ce qu'on tient entre les doigts.
Pincer, v. serrer.
Pincettes, sf. pl. inst. de foyer.
Pinson, sm. oiseau.
Pinte, sf. mesure de liquide.
Pioche, sf. inst. aratoire.
Piocher, v. fouir la terre.
Pique, sf. brouillerie, arme.
Piquer, v. percer.
Piquet, sm. petit pieu, jeu.
Piquette, sf. petit vin.
Piqûre, sf. légère blessure.
Pirate, sm. voleur de mers.
Pirater, v. voler en mer.
Piraterie, sf. métier de pirate.
Pire, a. plus mauvais.
Pirouetter, v. tourner.
Pis, sm. plus mauv.; mamelle.
Piscine, sf. fontaine.
Pissat, sm. urine des anim.
Pisser, v. uriner.
Pistache, sf. fr. du pistachier.
Piste, sf. vestiges de pas.
Pistole, sf. monnaie.
Pistolet, sm. arme à feu.
Piston, sm. cylindre.
Piteux, se, a. digne de pitié.
Pitié, sf. compassion.
Piton, sm. fiche à tête.
Pitoyable, a. humain, piteux.
Pitoyablement, ad.
Pittoresque, a. effet naturel.
Pituite, sf. humeur visqueuse
Pituiteux, se, a. qui a la pi-
Pivot, sm. support. [tuite.
Pivoter, v. tourner.
Placard, sm. écrit, armoire.
Placarder, coller des pla-cards.
Place, sf. lieu, endroit.
Placement, sm. mise en plac.
Placer, v. situer, fixer.
Placet, sm. demande.
Plafond, sm. ciel de chamb.
Plafonner, v. mettre le plaf.
Plafonneur, sm. qui plafonne
Plage, sf. rivage, contrée.

Plagiaire, *a.* qui pille.
Plagiat,*sm.* act. du plagiaire.
Plaider, *v.* contester.
Plaideur, euse, *s.* qui plaide.
Plaidoyer,*sm.* écrit de procès
Plaie,*sf.* blessure, cicatrice.
Plain, *a.* uni, plat,
Plain-chant, *sm.* chant uni.
Plaindre, *v.* avoir pitié.
Plaine, *sf.* plate campagne.
Plain-pied (de), *ad.* -
Plainte,*sf.* lamentation, grief.
Plaintif, ve, *a.* dolent.
Plaintivement , *ad.* avec
　plainte.
Plaire, *v.* agréer à.
Plaisamment, *ad.* pour rire.
Plaisance, *sf.* lieu, maison.
Plaisant, *a.* agréable.
Plaisanter, *v.* railler, badiner.
Plaisanterie, *sf.* raillerie.
Plaisir, *sm.* sensation agréa.
Plan, *sm. a.* plat, projet.
Planche,*sf.* morc. de bois plat.
Planchéier,*v.* mettre des plan.
Plancher, *sm.* sol en bois.
Planchette,*sf.* petite planche.
Plane, *sm.* platane, arbre.
Planer, *v.* polir, se soutenir
　en l'air.
Planétaire, *a.* et *sm.* de
Planète, *sf.* astre.
Planimétrie, *sf.* mesure des
　plans.
Plantain, *sm.* plante.
Plantation, *sf.* terrain planté
　d'arbres.
Plante, *sf.* végétal.
Planter, *v.* mettre des végé-
　taux en terre.
Plantoir, *sm.* inst. aratoire.
Plaque, *sf.* table de métal.
Plaquer, *v.* appliquer.
Plastron, *sm.* qui pare les
　coups, corselet.
Plastronner, *v.* garn. d'un
　plastron.
Plat, Plate, *a.* uni, insipide.
Plateau, *sm.* terrain plat.
Plate-bande, *sf.* bordure.
Plate-forme, *sf.* toit plat.
Platement, *ad.* bassement.
Platitude, *sf.* bassesse.
Platras, *sm.* débris de plâtre.
Plâtre, *sm.* sorte de pierre.
Plâtrer, *v.* enduire, déguiser.
Plâtrier, *s.* qui fait le plâtre.
Plausible, *a.* spécieux.
Plebéien, ne, *a.* et *s.* du
　peuple.
Plein, *sm.* l'opposé de vide.
Pleinement,*ad.* entièrement.
Plénière,*ad.* entière. [nistre.
Plénipotentiaire , *sm.* mi-

Plénitude, *sf.* surabondance.
Pléonasme, *sm.* répétition
　de mots.
Pleurer, *v.* regretter.
Pleurésie, *sf.* inflammation.
Pleureur, euse, *s.* qui pleure.
Pleurs, *sm. pl.* larmes.
Pleutre, *sm.* homme de rien.
Pleuvoir, *v.* jaillir, couler.
Pli, *sm.* double, habitude.
Pliable, *a.* pliant, flexible.
Plier, *v.* courber.
Plieur, euse, *s.* qui plie.
Plinthe, *sf.* ou *m.* socle.
Plioir, *sm.* couteau de bois.
Plissement, *sm.* act. de
Plisser, *v.* faire des plis.
Plissure,*sf.* man. de plisser.
Plomb, *sm.* métal.
Plomber, *v.* appesantir.
Plomberie, *sf.* de plombeur.
Plombier,*sm.* ouv. en plomb.
Plongeon, *sm.* act. de
Plonger,*v.* se jeter dans l'eau.
Plongeur, *sm.* qui plonge.
Ployer, *v.* courber.
Pluie, *sf.* eau qui tombe.
Plumasseau, *sm.* houssoir.
Plumage, *sm.* de plume.
Plume, *sf.* ce qui couvre les
　oiseaux.
Plumeau, *sm.* houssoir.
Plumer, *v.* ôter les plumes.
Plumet, *sm.* panache.
Plupart (la), *sf.* beaucoup.
Pluralité, *sf.* plusieurs.
Pluriel, *a.* et *sm.* plusieurs.
Plus, *ad. sm.* davantage.
Plusieurs, *a.* et *s.* un certain
　nombre.
Plus-que-parfait, *sm.* terme
　de grammaire.
Plutôt, *ad.* préférablement.
Pluvieux, se, *a.* abondant en
　pluie.
Pneumatique , *a.* machine
　pour pomper l'air.
Poche, *sf.* petit sac.
Poêle, *sm.* chauffoir ; drap
　mortuaire.
Poêlier,*s.* qui fait des poêles.
Poêlon, *sm.* petite poêle.
Poëme, *sm.* ouvrage en vers.
Poésie, *sf.* art du poète.
Poëte, *s.* qui fait des vers.
Poétique, *a.* de vers.
Poids, *sm.* pesanteur.
Poignant, *a.* piquant.
Poignard, *sm.* arme.
Poignarder, *v.* assassiner.
Poignée, *sf.* plein la main.
Poignet, *sm.* joint du bras.
Poil, *sm.* fils déliés.
Poinçon,*sm.* pointe, tonneau.

Poindre, *v.* paraître.
Poingt, *sm.* main fermée.
Point, *sm.* tissu, signe de
　grammaire.
Pointe, *sf.* côte aiguë.
Pointer, *v.* diriger.
Pointiller, *v.* disputer.
Pointilleux, se, *a.* difficile.
Poiré, *sm.* cidre de poire.
Pois, *sm.* légume. [netise.
Poison, *sm.* substance véné-
Poisser, *v.* enduire de poix.
Poisson, *sm.* animal aqua-
　tique. [poisson.
Poissonnerie, *sf.* marché au
Poissonneux, se, *a.* qui a du
　poisson.
Poissonnier,ère,*s.* mêmesens
Poitrail, *sm.* poitrine du
　cheval. [de la
Poitrinaire, *a.* et *s.* malade
Poitrine, *sf.* cavité qui ren-
　ferme les poumons.
Poivre, *sm.* sorte d'épicerie.
Poivrer,*v.* mettre du poivre.
Poix, *sf.* suc résineux.
Polaire, *a.* des pôles.
Pôle, *sm.* extrémité de l'axe
　du globe.
Polémique, *a.* de dispute.
Poli, *a.* uni et luisant.
Police, *sf.* ordre d'une ville.
Policer, *v.* établir la police.
Polichinel, *sm.* marionnette.
Poliment, *ad.* avec politesse.
Polir, *v.* rendre poli.
Polisseur, euse, *s.* qui polit.
Polissoir,*sm.* inst. pour polir.
Polissoire, *sf.* décrottoire.
Polisson, ne, *a.* pet. vagab.
Polissonner, *v.* mal agir.
Polissonnerie,*sf.* de polisson.
Polissure, *sf.* action de polir.
Politesse, *sf.* civilité.
Politique, *sf.* art de gou-
　verner.
Politiquer,*v.* parler politique
Polluer, *v.* souiller.
Poltron, *a.* et *s.* sans courage.
Poltronnerie, *sf.* lâcheté.
Polyèdre, *sm.* figure géomét.
Polygame, *s.* marié à plu-
　sieurs. [game.
Polygamie, *sf.* état du poly-
Polygarchie, *sf.* gouverne-
　ment de plusieurs.
Polygone, *a.* et *sm.* figure à
　plusieurs côtés.
Polytechnique, (tek) *a.*
　(école) de plusieurs arts.
Polytyper, *v.* multiplier les
　caractères.
Polythéisme, *sm.* adoration
　de plusieurs dieux.

Pommade, *sf.* graisse.
Pomme, *sf.* fruit.
Pommeau, *sm.* pomme d'épée
Pommer, *v.* grossir en boule.
Pompe, *sf.* instr., vanité.
Pomper, *v.* tirer de l'eau.
Pompeusement, *ad.* av. pomp
Pompeux, se, *a.* majestueux.
Pompier, *sm.* ouv. en pompe
Pompon, *sm.* touffe en laine.
Pomponner, *v.* mett. en touffe
Ponce, *sf.* (pierre) t. légère.
Poncer, *v.* marquer.
Poncis, *sm.* dessin poncé.
Ponction, *sf.* act. de piquer
Ponctualité, *sf.* exactitude.
Ponctuation, *sf.* art de ponc-tuer.
Ponctuel, le, *a.* exact.
Ponctuellement, *ad.*
Ponctuer, *v.* mettre les points
Pondre, *v.* faire ses œufs.
Pont, *sm.* passage sur l'eau, sur un fossé. [siastique.
Pontife, *sm.* dignitaire ecclé-
Pontifical, *a.* et *sm.* de pontife
Pontificalement, *ad.*
Pontificat, *sm.* dignité.
Populace, *sf.* le bas peuple.
Populaire, *a.* du peuple.
Populairement, *ad.*
Populariser (se), *v.* se conci-lier le peuple.
Popularité, *sf.* de populaire.
Population, *sf.* nombre des habitants.
Populeux, se, *a.* très-peuplé.
Porc, Porc-épic, *sm.* cochon.
Porcelaine, *sf.* pâte vitrifiée.
Poreux, se, *a.* qui a des pores.
Pore, *sm.* trou imperceptible.
Porosité, *sf.* qualité poreuse.
Port, *sm.* relâche des navires.
Portable, *a.* qu'on peut porter
Portail, *sm.* façade de l'église.
Portatif, ve, *a.* aisé à porter.
Porte, *sf.* ouverture pour passer.
Porte chape, *sm.* chapier.
Porte-clefs, *sm.* anneau, geô-lier. [porte.
Porte-cochère, *sf.* grande
Porte collet, *sm.* pour porter le collet. [le crayon.
Porte crayon, *sm.* pour fixer
Porte-croix, *sm.* qui porte la croix. [crosse.
Porte-crosse, *sm.* qui porte la
Portée, *sf.* distance.
Porte faix, *sm.* porteur de fardeaux. [cases.
Porte feuille, *sm.* carton à
Portement, *sm.* act. de porter.
Porte manteau, *sm.* valise.

Porte-mouchettes. *sm.* pla- [teau.
Porter, *v.* soutenir.
Porte-respect, *sm.* arme.
Porteur, se, *s.* qui porte.
Porte-voix, *sm.* instrument.
Portier, ère, *s.* concierge.
Portion, *sf.* partie d'un tout.
Portique, *sm.* sorte de galerie
Portrait, *sm.* image.
Poser, *sf.* action de poser.
Posément, *ad.* doucement.
Poser, *v.* mettre, placer.
Positif, ve, *a.* certain.
Position, *sf.* situation.
Positivement, *ad.* précisé-ment.
Posséder, *v.* avoir à son pou-voir.
Possesseur, *sm.* qui possède.
Possessif, ve, *a.* qui marque la possession.
Possession, *sf.* act. de possé-der.
Possibilité, *sf.* état possible.
Possible, *a.* et *sm.* qui se peut.
Postcommunion, *sf.* prière.
Poste, *sm.* emploi, relais.
Poster, *v.* placer dans un lieu.
Postérieur, *a.* opposé à anté-rieur.
Postérieurement, *ad.* après.
Postérité, *sf.* les descendants
Posthume, *a.* et *sm.* né après la mort de son père.
Postiche, *a.* et *sm.* ajouté, faux.
Postillon, *sm.* valet de poste.
Post-scriptum, *sm.* après l'écrit.
Postulant, *a.* et *s.* qui postule.
Postulation, *sf.* demande.
Postuler, *v.* demander, aspi-rer.
Posture, *sf.* situation.
Pot, *sm.* vase pour div. usages
Potable, *a.* qu'on peut boire.
Potage, *sm.* soupe.
Potasse, *sf.* oxyde.
Poteau, *sm.* pièce de bois.
Potence, *sf.* inst. de supplice.
Potentat, *sm.* souverain.
Poterie, *sf.* vaisselle.
Potier, *sm.* qui fait la vaisselle
Potion, *sf.* breuvage. *méd.*
Potiron, *sm.* citrouille.
Pou, *sm.* insecte.
Pouce, *sm.* le plus gros doigt.
Poudre, *sf.* poussière.
Poudrer, *v.* couvrir de poudre
Poudreux, se, *a.* couvert de poussière. [poudre.
Poudrière, *sf.* magasin de
Pouf, *ad.* bruit sourd.
Pouffer, *v.* éclater de rire.

Poulain, *sm.* jeune chev.
Poule, *sf.* femelle du coq
Poulet, *sm.* petit de la poule
Poulie, *sf.* petite roue.
Pouls, *sf.* battement des ar-tères. [respiration
Poumon, *sm.* organe de
Poupe, *sf.* l'arrière d'un na-vire.
Poupée, *sf.* petite figure.
Poupin, *sm.* affecté.
Poupon, *sm.* enfant potelé.
Pour, *prép.* et *conj.*
Pour boire, *sm.* don au gar-çon.
Pourceau, *sm.* cochon.
Pourparler, *sm.* conférence.
Pourpoint, *sm.* anc. vêtement
Pourpre, *sm.* rouge foncé.
Pourrir, *v.* se gâter, se cor-rompre.
Pourriture, *sf.* état pourri.
Poursuite, *sf.* perquisition.
Poursuivre, *v.* courir après.
Pourtant, *conj.* néanmoins.
Pourtour, *sm.* circuit. *arch.*
Pourvoir, *v.* avoir soin, garnir
Pourvoyeur, *sm.* qui pourvoit
Pourvu que, *conj.* à condition
Pousse, *sf.* bourgeons.
Poussée, *sf.* de pousser.
Pousser, *v.* presser, inciter.
Poussier, *sm.* débris.
Poussière, *sf.* terre pulvérisée
Poussif, ve, *a.* à courte haleine
Poussin, *sm.* petit poulet.
Poussoir, *sm.* instrument.
Poutre, *sf.* pièce de bois.
Poutrelle, *sf.* petite poutre.
Pouvoir, *v.* avoir autorité.
Pragmatique (sanction), *a.* et *sf.*
Prairie, *sf.* grand pré.
Praticable, *a.* qu'on peut pratiquer.
Praticien, *sm.* expérimenté
Pratique, *sf.* opposé à théorie.
Pratiquer, *v.* exercer.
Pré, *sm.* petite prairie.
Préalable, *a.* et *sm.* avant.
Préalablement, *ad.* av. tout.
Préambule, *sm.* avant-propos
Préau, *sm.* espace découvert.
Prébende, *sf.* canonicat.
Précaire, *a.* momentané.
Précairement, *ad.* d'une ma-nière précaire.
Précaution, *sf.* prévoyance.
Précautionner, *v.* prémunir.
Précédemment, *ad.* (da)
Précédent, *a.* qui précède.
Précéder, *v.* aller devant.
Précepte, *sm.* règle, conseil.
Précepteur, *sm.* qui instruit

Prêche, *sm.* sermon, temple.
Prêcher, *v.* annoncer la parole de Dieu.
Précieusement, *ad.* av. soin.
Précieux, se, *a.* grand prix.
Précipice, *sm.* gouffre.
Précipitamment, *ad.* à la hâte.
Précipitation, *sf.* vitesse.
Précipité, *sm.* dissolution.
Précipiter, *v.* jeter, hâter.
Préciput, *sm.* avantage.
Précis, *a.* fixe, formel, juste.
Précisément, *ad.* exactement.
Préciser, *v.* déterminer.
Précision, *sf.* exactitude.
Précoce, *a.* prématuré.
Précocité, *sf.* qualité précoce.
Préconiser, *v.* louer extraor.
Préconiseur, *a.* qui préconise.
Précurseur, *sm.* qui précède.
Prédécesseur, *sm.* venu avant.
Prédestiner, *v.* destiner au salut.
Prédicateur, *sm.* qui prêche.
Prédication, *sf.* act. de prêcher.
Prédiction, *sf.* act. de prédire.
Prédilection, *sf.* préférence.
Prédire, *v.* annoncer l'avenir.
Prédominer, *v.* prévaloir.
Prééminence, *sf.* prérogative.
Prééminent, *a.* qui excelle.
Préface, *sf.* disc. préliminaire.
Préfecture, *sf.* dignité de préf.
Préférable, *a.* plus estimable.
Préférablement, *ad.* par préférence.
Préférence, *sf.* action de.
Préférer, *v.* donner l'avantage.
Préfet, *sm.* magistrat.
Préjudice, *sm.* tort, dommage.
Préjudiciable, *a.* nuisible.
Préjudiciel, le, *a.* à juger avant.
Préjudicier, *v.* nuire.
Préjugé, *sm.* opinion hasardée.
Prélat, *sm.* évêque. [dée.
Prélever, *v.* lever une somme.
Préliminaire, *a.* et *sm.* précéd.
Préliminairement, *ad.* préalablement.
Prélude, *sm.* ce qui précède.
Préluder, *v.* annoncer.
Prématuré, *a.* avant le temps.
Prématurément, *ad.* avec le temps. [vance.
Préméditer, *v.* prévoir d'avance.
Prémices, *sf. pl.* prem. fruits.
Premier, ère, *a.* av. les autres.
Premièrement, *ad.* en premier lieu. [tionner.
Prémunir (se), *v.* se précautionner.
Prendre, *v.* saisir, avaler.
Prénom, *sm.* nom de baptême.
Préoccupation, *sf.* prévention.

Préoccuper, *v.* inquiéter.
Préopinant, *sm.* qui a opiné.
Préopiner, *v.* dire son avis avant.
Préparatif, *sm.* apprêt.
Préparation, *sf.* action de.
Préparer, *v.* disposer.
Prépondérance, *sf.* influence.
Prépondérant, *a.* influent.
Préposer, *v.* commettre pour.
Préposition, *sf.* partie du disc.
Prérogative, *sf.* privilége.
Près, *prép.* non loin.
Présage, *sm.* augure, signe.
Présager, *v.* indiquer. [riale.
Presbytère, *sm.* maison cu-.
Presbytérien, ne, *a.* et *sm.* protestant d'Angleterre.
Prescriptible, *a.* de.
Prescription, *sf.* droit de long usage, ordonnance.
Prescrire, *v.* ordonner.
Préséance, *sf.* (ss) prérogative.
Présence, *sf.* (z) existence locale.
Présent, *a.* et *sm.*
Présentable, *a.* de.
Présentation, *sf.* act. de présenter. [nant.
Présentement, *ad.* mainte-.
Présenter, *v.* offrir.
Préservatif, ve, *sm.* et *a.* de.
Préserver, *v.* garantir, dispenser.
Présidence, *sf.* qualité de.
Président, *s.* qui préside.
Présider, *v.* dominer, diriger.
Présomptif, ve, *a.* (héritier.)
Présomption, *sf.* conjecture.
Présomptueux, *a.* et *s.* fat.
Presque, *ad.* peu s'en faut.
Presqu'île, *sf. V.* péninsule.
Pressamment, *ad.* de.
Pressant, *a.* qui presse.
Presse, *sf.* foule, machine.
Pressentiment, *sm.* sentimen.
Pressentir, *v.* prévoir.
Presser, *v.* serrer avec force.
Pressier, *sm.* ouv. à la presse.
Pression, *sf.* act. de presser.
Pressoir, *sm.* instrument pour presser. [fruits.
Pressurer, *v.* presser des.
Prestance, *sf.* bonne mine.
Prestation, *sf.* redevance.
Prestige, *sm.* illusion.
Presto, *ad.* vite. *mus.*
Présumer, *v.* juger. [le lait.
Présure, *sf.* ce qui fait cailler.
Prêt, e, *a.* disposé.
Prétendre, *v.* aspirer.
Prétention, *sf.* droit, espoir.
Prête-nom, *sm.* qui représente.

Prêter, *v.* donner à charge.
Prétérit, *sm.* (t) temps passé.
Prétexte, *sm.* motif supposé.
Prétexter, *v.* alléguer.
Prétoire, *sm.* tribunal.
Prêtre, *sm.* ministre du culte.
Prêtrise, *sf.* sacerdoce chrétien.
Preuve, *sf.* témoignage.
Prévaloir, *v.* tirer avantage.
Prévaricateur, *sm.* de.
Prévarication, *sf.* action de.
Prévariquer, *v.* manquer à son devoir.
Prévenance, *sf.* obligeance.
Prévenir, *v.* devancer.
Prévention, *sf.* préjugé.
Prévenu, *a.* et *sm.* accusé.
Prévision, *sf.* vue de l'avenir.
Prévoir, *v.* voir l'avenir.
Prévôt, *sm.* juge, surveillant.
Prévoyance, *sf.* act. de prévoir.
Prie-Dieu, *sm.* sorte de pupitre avec marche-pied.
Prier, *v.* demander.
Prière, *sf.* act. de prier.
Primaire, *a.* (école) du premier degré.
Primauté, *sf.* premier rang.
Prime abord (de), *ad.*
Primer, *v.* dominer.
Primitif, ve, *a.* le premier.
Primitivement, *ad.* originairement.
Primordial, *a.* et *s.* primitif.
Prince, Princesse, *s.* dignitaire.
Principal, *a.* maître, titre.
Principalement, *ad.* surtout.
Principalité, *sf.* office de principal.
Principauté, *sf.* dignité.
Principe, *sm.* règle.
Printanier, ère, *a.* du.
Printemps, *sm.* 1re saison.
Prisée, *sf.* estimation.
Priser, *v.* mettre le prix.
Priseur, *sm.* qui prise.
Prisme, *s.* solide, terminé par 2 bases.
Prison, *sf.* lieu de punition.
Prisonnier, ère, *a.* et *s.* mis en prison.
Privation, *sf.* perte.
Privé, *a.* particulier.
Priver, *v.* ôter.
Privilége, *sm.* faveur.
Privilégié, *a.* et *sm.* qui jouit d'un privilége.
Privilégier, *v.* distinguer.
Prix, *sm.* valeur.
Probabilité, *sf.* vraisemblance.

Probablement, ad.
Probation, sf. épreuve.
Probe, a. qui a de la probité.
Probité, sf. droiture de cœur.
Problématique, a. douteux.
Problématiquement, ad.
Problème, sm. question.
Procédé, sm. manière d'agir.
Procéder, v. provenir.
Procédure, sf. discussion.
Procès, sm. instance judi-
  ciaire.   [ligieuse.
Procession, sf. cérémonie re-
Processionnellement, ad.
Prochain, a. proche.
Prochainement, ad. bientôt.
Proche, a. voisin, et sm. pl.
  parents.
Proclamation, sf. publication
Proclamer, v. publier.
Procurateur, trice, s. chargé
  de procuration.
Procuration, sf. pouvoir.
Procure, sf. off. de procureur.
Procureur, sm. procurateur.
Prodigalité, sf. profusion.
Prodige, sm. effet surprenant
Prodigieusement, ad. à l'ex-
  cès.
Prodigieux, se, a. extraordin.
Prodigue, a. et s. dissipateur.
Prodiguer, v. donner av. prof.
Production, sf. ouvrage.
Produire, v. causer.
Produit, sm. rapp. d'une terre
Profanateur, sm. qui profane
Profanation, sf. act. de pro-
  faner.   [pect.
Profane, a. contraire au res-
Profaner, v. souiller.
Proférer, v. prononcer.
Profès, Professe, a. et s. reli-
  gieux qui a fait des vœux.
Professer, v. avouer.
Professeur, sm. qui enseign.
Profession, sf. déclaration.
Profil, sm. contour.
Profiler, v. représenter au
  profil.
Profit, sm. gain, utilité.
Profitable, a. utile.
Profiter, v. gagner, croître.
Profond, d. très-creux, savant
Profondément, ad. avec [prit.
Profondeur, sf. étendue, es-
Profusément, ad. avec   [se.
Profusion, sf. excès de dépen-
Progéniture, sf. les enfants.
Programme, sm. description.
Progrès, sm. mouvement.
Progressif, ve, a. qui avance.
Progression, sf. progrès.
Progressivement, ad. par
Prohiber, v. défendre. [degrés

Prohibitif, ve, a. défendu.
Prohibition, sf. défense.
Proie, sf. butin.
Projection, sf. dessin.
Projet, sm. dessein.
Projeter, v. former le dessein.
Prolétaire, sm. citoyen.
Prolixe, a. trop long.
Prolixité, sf. diffusion.
Prolongation, sf. act. de pro-
  longer.
Prolongement, sm. extension
Prolonger, v. étendre la durée
Promenade, sf. action de se
Promener, v. aller çà et là.
Promenoir, sm. pour se pro-
  mener.
Promesse, sf. assurance.
Promettre, v. s'engager à fair.
Promission, (terre de) sf.
Promontoire, sm. pointe de
  terre.
Promotion, sf. élection.
Prompt, a. diligent, colère.
Promptement, ad. vite.
Promptitude, sf. diligence.
Promulgation, sf. action de
Promulguer, v. publ. une loi.
Prône, sm. instruct. de curé.
Prôner, v. vanter, faire le
  prône.
Prôneur, euse, s. qui prône.
Pronom, sm. partie du disc.
Pronominal, a. de pronom.
Prononcer, v. articuler.
Prononciation, sf. manière
  de parler.
Pronostic, sm. conjecture.
Pronostiquer, v. prévoir.
Propagateur, sm. qui propag.
Propagation, sf. accroissem.
Propager, v. étendre.
Propension, sf. pent. naturelle
Prophète, Prophétesse, s.
  qui prédit.
Prophétie, sf. (cic) prédict.
Prophétique, a. de prophète.
Prophétiser, v. prédire.
Propice, a. favorable.
Propitiation, sf. sacrifice.
Propitiatoire, a. qui rend
  propice.
Proportion, sf. rapport.
Proportionnel, a.
Proportionnellement, ad.
Proportionner, v. garder la
  proportion.
Propos, sm. discours.
Proposer, v. soumettre.
Proposition, sf. chose propos.
Propre, a. convenable, net.
Proprement, ad. convenable.
Propreté, sf. netteté.
Propriétaire, sm. qui possède.

Propriété, sf. ce qui appart.
Prorata (au), ad. à proportion
Prorogation, sf. délai.
Proroger, v. prolonger.
Proscription, sf. action de
Proscrire, v. condamner.
Prosélyte, a. et s. nouveau
  partisan.
Prospectus, sm. programme.
Prospère, a. propice, heureux
Prospérité, sf. état heureux.
Prosternation, sf. action de
Prosternement, sm. action de
Prosterner (se), v. à genoux.
Prote, sm. chef d'imprimerie.
Protecteur, trice, a. et s.
  qui protège.
Protection, sf. action de
Protéger, v. prendre la défen-
  se.
Protestant, a. et s. sectaire.
Protestation, sf. déclaration.
Protester, v. assurer.
Protêt, sm. recours en justice
Protocole, sm. formulaire.
Prototype, sm. original.
Protubérance, sf. éminence.
Prouesse, sf. act. de valeur.
Prouver, v. constater la vérit.
Provenir, v. émaner.
Proverbe, sm. comparaison.
Proverbial, a. de proverbe.
Proverbialement, ad.
Providence, sf. sagesse de
  Dieu.
Provigner, v. coucher les ceps
Provin, sm. rejeton provigné
Province, sm. portion d'état.
Provincial, a. et s. de province
Proviseur, sm. chef de collège
Provision, sf. amas.
Provisoire, a. préalable.
Provisoirement, ad.
Provocation, sf. action de
Provoquer, v. inciter, défier.
Proximité, sf. voisinage.
Prudemment, ad. (da).
Prudence, sf. circonspection.
Prune, sf. fruit du prunier.
Pruneau, sm. prune sèche.
Prunelle, sf. pupille de l'œil.
Prunier, sm. arbre fruitier.
Prytanée, sm. palais, collège.
Psalmodier, v. chanter.
Psalmodie, s. plain-chant.
Psaume, sm. cantique.
Psautier, sm. liv. de psaumes.
Puanteur, sf. mauvaise odeur
Public, que, a. notoire.
Publicain, sm. fermier, etc.
Publication, sf. manifestation
Publiciste, sm. qui publie.
Publicité, sf. notoriété.
Publier, v. rendre public.

Publiquement, *ad.* en public.
Puce, *sf.* insecte aptère.
Pudeur, *sf.* chasteté.
Puer, *v.* sentir mauvais.
Puéril, le, *a.* de l'enfance.
Puérilement, *ad.* avec enfantillage.
Puérilité, *sf.* chose puérile.
Puiné, *a.* et *s.* né après.
Puis, *ad.* ensuite.
Puisard, *sm.* puits de citerne.
Puiser, *v.* prendre de l'eau.
Puisque, *conj.* parce que.
Puissamment, *ad.* avec
Puissance, *sf.* pouvoir.
Puissant, *a.* qui a du pouvoir.
Puits, *sm.* trou profond.
Pulluler, *v.* multiplier.
Pulmonaire, *a.* du poumon.
Pulmonie, *sf.* maladie.
Pulmonique, *a.* et *s.* qui a
　　les poumons attaqués.
Pulsation, *sf.* battement du
　　pouls.
Pulvérisation, *sf.* action de
Pulvériser, *v.* réduire en poudre.
Punaise, *sf.* insecte puant.
Punir, *v.* châtier.
Punissable, *a.* qui mérite
Punition, *sf.* châtiment.
Pupitre, *sm.* meuble pour
　　écrire.
Pur, re, *a.* sans mélange.
Purée, *sf.* pâte tirée des légumes.
Purement, *ad.* d'une manière
　　pure.
Pureté, *sf.* qualité pure.
Purgatif, ve, *a.* qui purge.
Purgation, *sf.* évacuation.
Purgatoire, *sm.* lieu de souffrance.
Purger, *v.* purifier.
Purificatoire, *sm.* linge d'église.
Purifier, *v.* rendre pur.
Pus, *sm.* humeur corrompue.
Pusillanime, *a.* (ll) craintif.
Pusillanimité, *sf.* défaut de
　　courage.
Pustule, *sf.* tumeur.
Putatif, ve, *a.* réputé.
Putréfaction, *sf.* corruption.
Putréfait, *a.* corrompu.
Putréfier, *v.* corrompre.
Putride, *a.* avec pourriture.
Putridité, *sf.* état putride.
Pygmée, *sm.* nain.
Pyramide, *sf.* colonne.
Pyrrhonien, *a.* et *s.* incrédule
Pyrrhonisme, *sm.* incrédulité.
Pythonisse, *sf.* devineresse.

Q

Q, *sm.* 17e lettre de l'alphab.
Quadragénaire, *a.* qui a 40 ans
Quadragésimal, *a.* du carême
Quadragésime, *sf.* premier
　　dimanche de carême.
Quadrangulaire, *a.* à 4 angles
Quadrature, *sf.* réduct. géom.
Quadrilatère, *a.* et *sm.*
Quadrupède, *sm.* et *a.* à 4
　　pieds.
Quadruplé, *a.* et *sm.* 4 fois.
Quadrupler, *v.* multip. par 4.
Quai, *sm.* levée.
Qualification, *sf.* act. de
Qualifier, *v.* attribuer une
Qualité, *sf.* caractère.
Quand, *ad.*
Quanquan, *sm.* discours friv.
Quant à, locution ad.
Quantième, *sm.* et *a.* rang.
Quantité, *sf.* qu'on peut éval.
Quarantaine, *sf.* 40 jours.
Quarante, *a. num.* 4 fois dix.
Quarantième, *a.* et *s.*
Quarré, *V.* Carré, etc.
Quart, *sm.* le 4e d'un tout.
Quarte ou Quartaine, *sf.*
Quarteron, *sm.* 4 onces.
Quartier, *sm.* quart.
Quartier-maître, *sm.* officier
Quarto (in-), *sm.* format.
Quasi, *ad.* presque.
Quasimodo, *sf.* dimanche
　　d'après Pâques.
Quatorze, *a.* nombre dix et 4.
Quatorzième, *a.* et *sm.*
Quatrain, *sm.* stance de 4 vers
Quatre, *a. num.* 2 fois 2.
Quatre-Temps, *sm. pl.* jeûne.
Quatrième, *a.* 4e classe.
Quatrièmement, *ad.* en 4e lieu
Que, *pron. conj.* ou *absolu.*
Quel, le, *a.* pour demander.
Quelconque, *a.* quel qu'il soit
Quellement, *ad.*
Quelque, *a.* et *ad.*
Quelquefois, *ad.* parfois.
Quelqu'un, *a.* et *sm.*
Qu'en dira-t-on, *sm. fam.*
Quenouille, *sf.* baguette pour
　　filer.
Querelle, *sf.* vive contestation
Quereller, *v.* faire querelle.
Querelleur, euse, *a.* et *s.*
Quérir, *v.* chercher.
Questeur, *sm.* qui cherche.
Question, *sf.* (ti) demande.
Questionnaire, *sm.*
Questionner, *v.* interroger.
Quête, *sf.* collecte.

Quêter, *v.* faire une collecte.
Quêteur, euse, *s.* qui quête.
Queue, *sf.* extrémité.
Qui, *pron. relat.* et *interrog.*
Quiconque, *pron.* indéfini.
Quidam, *sm.* (kidan), certain homme.
Quiétude, *sf.* repos.
Quille, *sf.* cône de bois.
Quincaille, *sf.* ust. de fer.
Quincaillerie, *sf.* marchandise
Quinconce, *sm.* plant en échiquier.
Quinquet, *sm.* lampe. (fuge.
Quinquina, *sm.* écorce fébrifuge.
Quintal, *sm.* 100 liv. pesant.
Quintessence, *sf.* l'essentiel.
Quintuple, *a.* et *sm.* 5 fois.
Quintupler, *v.* multipl. par 5.
Quinzaine, *sf.* quinze fois.
Quinzième, *a. ord. sm.*
Quiproquo, *sm. f.* méprise.
Quittance, *sf.* acte d'acquit.
Quittancer, *v.* donner quitt.
Quitte, *a.* libéré de sa dette.
Quitter, *v.* se séparer.
Qui va-là? Qui vive? *sm.*
Quoi, *pron. rel. int.* et *interjection.*
Quoique, *conj.* bien que.
Quolibet, *sm.* basse plaisant.
Quote (part), *a. f.* la part de
　　chacun.
Quotidien, ne, *a.* de chaque
　　jour.
Quotient, *sm.* (ci) résultat
　　de la division.
Quotité, *sf.* part individuelle.

R

R, *sm.* 18e lettre de l'alphab.
Rabâchage, *sm.* action de
Rabâcher, *v.* répéter trop.
Rabâcheur, euse, *s.* qui rép.
Rabais, *sm.* diminution.
Rabaissement, *sm.* rabais.
Rabaisser, *v.* déprécier, avilir.
Rabat, *sm.* collet rabattu.
Rabat-joie, *sm.* qui trouble
Rabattre, *v.* rabaisser.
Rabbin, *sm.* docteur juif.
Raboter, *v.* polir avec le rabot
Raboteux, se, *a.* inégal.
Rabougri, *a.* mal conformé.
Rabougrir, *v.* rester petit.
Raboutir, *v.* met. bout à bout.
Racaille, *sf.* populace, rebut.
Raccommodage, *sm.* act. de
Raccommoder, *v.* réparer.
Raccordement, *sm.*
Raccorder, *v.* faire le raccord.
Raccourcir, *v.* accourcir.
Raccourcissement, *sm.*

Raccrocher, *v.* accrocher de nouveau.
Race, *sf.* espèce, nature.
Rachat, *sm.* action de
Racheter, *v.* délivrer.
Racine, *sf.* principe, origine.
Racler, *v.* ratisser.
Racleur, *sm.* qui racle.
Raclure, *sf.* ce qu'on a raclé.
Raconter, *v.* faire un récit.
Raconteur, euse, s qui raconte
Racornir, *v.* rendre dur.
Rade, *sf.* abri des vaisseaux.
Radeau, *sm.* sorte de barque.
Radial, *a.* formé de rayons.
Radiation, *sf.* act. de
Radier, *v.* rayer, effacer.
Radieux, se, *a.* joyeux.
Radis, *sm.* sorte de raifort.
Radotage, *sm.* act. de
Radoter, *v.* parler sans suite.
Radoteur, euse, *a.* qui radote.
Radoterie, *sf.* extravagance.
Radoucir, *v.* rendre plus doux
Radoucissement, *sm.*
Raffermir, *v.* devenir ferme.
Raffermissement, *sm.*
Raffinage, *sm.* act. de raffiner
Raffinement, *sm.* act. de
Raffiner, *v.* subtiliser.
Raffinerie, *sf.* où l'on raffine.
Raffineur, *sm.* qui raffine.
Raffoler, *v.* se passionner.
Rafle, *sf.* grappe sans grains ;
  act. de
Rafler, *v.* enlever tout.
Rafraîchir, *v.* réparer.
Rafraîchissement, *sm.*
Rage, *sf.* hydrophobie, fureur
Ragoût, *sm.* mets appétissant
Ragoûtant, *a.* qui ragoûte.
Ragoûter, *v.* donner du goût.
Ragrandir, *v.* rendre grand.
Raide, *a.* fort tendu, difficile.
Raideur, *sf,* qualité raide.
Raidir, *v.* rendre raide.
Raie, *sf.* trait, ligne.
Raifort, *sm.* plante.
Railler, *v.* plaisanter.
Raillerie, *sf.* moquerie.
Railleur, euse, *a.* et *s.*
Rainette, Reinette, *sf.*
Rainure, *sf.* entaille.
Raiponce, *sf.* plante.
Rais, *sm.* rayon de roue.
Raisin, *sm.* fruit de la vigne.
Raisiné, *sm.* confit. de raisin.
Raison, *sf.* faculté.
Raisonnable, *a.* doué de rai-
Raisonnablement, *ad.* [son.
Raisonnement, *sm.* argu-
  ment.
Raisonner, *v.* discuter.
Raisonneur, euse, *a.* et *s.*

Rajeunir, *v.* rendre jeune.
Rajuster, *v.* ajuster de nouv.
Rajustement, *sm.* raccom-
  modement.
Râle, *sm.* bruit fait en râlant.
Râlement, *sm.* râle, action
  de râler.
Ralentir, *v.* devenir plus lent.
Ralentissement. *sm.* relâche-
  ment.
Râler, *v.* respirer avec bruit.
Ralliement, *sm.* action de
Rallier, *v.* rassembler.
Rallongement, *sm.*
Rallonger, *v.* rendre plus
  long. [veau.
Rallumer, *v.* allumer de nou-
Ramadan, *sm.* jeûne turc.
Ramage, *sm.* rameau, chant.
Ramas, *sm.* amas.
Ramasser, *v.* relever, réunir.
Ramassis, *sm.* amas sans
  choix.
Rame, *sf.* support, papier.
Rameau, *sm.* branche.
Ramener, *v.* amener de nouv.
Ramer, *v.* tirer à la rame.
Rameur, *sm.* qui rame.
Rameux, se, *a.* à branches.
Ramification, *sm.* embran-
  chement.
Ramifier (se), *v.* s. partager.
Ramollir, *v.* rendre mou.
Ramonage, *sm.* action de
Ramoner, *v.* nettoyer la che-
  minée.
Ramoneur, *sm.* qui ramone.
Rampe, *sf.* d'un escalier.
Ramper, *v.* se traîner.
Rance, *a.* et *sm.* gâté, odeur.
Rancir, *v.* devenir rance.
Rançon, *sf.* prix pour la dé-
  livrance.
Rançonnement, *sm.* act. de
Rançonner, *v.* exiger trop.
Rançonneur, euse, *s.* qui
  rançonne.
Rancune, *sf.* ressentiment.
Rancunier, ère, *a.* et *s.*
Rang, *sm.* ordre, dignité,
  place.
Rangée, *sf.* rang sur une
  ligne.
Ranger, *v.* mettre en rang.
Ranimer, *v.* rendre la vie,
  encourager.
Rapace, *a.* avide.
Rapacité, *sf.* avidité.
Rapatrier, *v.* réconcilier.
Râpe, *sf.* ustensile dentelé.
Râper, *v.* pulvériser.
Rapetasser, *v.* rapiécer.
Rapetisser, *v.* devenir petit.
Rapide, *v.* avec vitesse.

Rapidement, *ad.* avec vitesse
Rapidité, *sf.* grande célérité.
Rapine, *sf.* pillage.
Rapiner, *v.* piller.
Rappareiller, *v.* assortir.
Rappel, *sm.* action de
Rappeler, *v.* faire revenir,
  appeler de nouveau.
Rapport, *sm.* revenu, récit.
Rapporter, *v.* remettre au
  lieu.
Rapporteur, euse, *s.* qui rap-
  porte, instrum. de géomé-
Rapprendre, *v.* [trie.
Rapprochement, *sm.* act. de
Rapprocher, *v.* approcher.
Rapsode, *sm.* chantre de
  rapsodie. [der.
Rapsoder, *v.* mal raccommo-
Rapsodiste, *s.* qui rapsode.
Râpure, *sf.* ce que la râpe
  enlève.
Raquette, *sf.* instr. p. jouer.
Rare, *a.* précieux.
Raréfier, *v.* dilater, étendre.
Rarement, *ad.* peu souvent.
Rareté, *sf.* disette, ce qui
  est rare.
Rarissime, *a.* très-rare.
Ras, *a.* à poil court.
Rasade, *sf.* verre tout plein.
Raser, *v.* tondre, couper.
Rasibus, *ad.* (*us*) tout près.
Rasoir, *sm.* inst. pour raser.
Rassasiement, *sm.* satiété.
Rassasier, *v.* satisfaire.
Rassemblement, *sm.*
Rassembler, *v.* réunir.
Rasseoir, *v.* asseoir de nouv.
Rassis, *a.* calme.
Rassurer, *v.* raffermir.
Rat, *sm.* petit quadrupède.
Ratafiat, *sm.* liqueur.
Ratatiner (se), *v.* rapetisser.
Râteau, *sm.* outil de jardinier
Râtelée, *sm.* coup de râteau.
Râteler, *v.* ramasser.
Râteleur, *sm.* qui râtelle.
Râtelier, *sm.*
Rater, *v.* manquer à tirer.
Ratier, *a.* et *s.* capricieux.
Ratification, *sf.* action de
Ratifier, *v.* approuver.
Ration, *sf.* portion de vivres.
Rationnel, le, *a.* fondé sur
  le raisonnement.
Ratisser, *v.* racler les ordures
Ratissure, *sf.* ce qu'on ôte.
Rattacher, *v.* attacher de
  nouveau.
Rattraper, *v.* reprendre.
Rature, *sf.* effaçure en ra-
Raturer, *v.* effacer. [yant.
Rauque, *a.* (son de voix) rude

Ravage, *sm.* dommage, dégât.
Ravager, *v.* faire du ravage.
Ravalement, *sm.* crépi.
Ravaler, *v.* avaler, crépir.
Ravaudage, *sm.* raccommodage.
Ravauder, *v.* raccommoder.
Ravauderie, *sf.* niaiseries.
Ravaudeur, euse, *s.*
Rave, *sf.* plante, sa racine.
Ravigoter, *v.* remettre en force.
Ravin, *sm.* chemin pierreux.
Ravine, *sf.* torrent subit.
Ravir, *v.* enlever, charmer.
Raviser (se), *v.* changer d'avis.
Ravissement, *sm.* admiration.
Ravisseur, *sm.* qui ravit.
Ravitaillement, *sm.* act. de
Ravitailler, *v.* donner des vivres.
Raviver, *v.* rendre plus vif.
Ravoir, *v.* avoir de nouveau.
Rayer, *v.* faire des raies.
Rayon, *sm.* trait de lumière.
Rayonnement, *sm.* act. de
Rayonner, *v.* briller.
Rayure, *sf.* marque en long.
Ré, *sm.* note de musique.
Réactif, ve, *a. et sm.* qui réagit.
Réaction, *sf.* act. de réagir.
Réalisation, *sf.* action de
Réaliser, *v.* rendre réel.
Réalité, *sf.* existence réelle.
Rebaptiser, *v.* baptiser de nouveau.
Rebâtir, *v.* bâtir de nouveau.
Rebattre, *v.* battre de nouv.
Rebelle, *a. et sm.* insoumis.
Rebeller (se), *v.* se révolter.
Rébellion, *sf.* révolte.
Reblanchir, *v.* blanchir de nouveau.
Rebondir, *v.* faire un bond.
Rebord, *sm.* bordure.
Reborder, *v.* border de nouveau.
Reboucher, *v.* boucher de nouveau.
Rebouillir, *v.* bouillir de nouveau.
Rebours (au), *ad.* à contresens. [de nouveau.
Reboutonner, *v.* boutonner
Rebrousser, *v.* retourner en arrière.
Rebuffade, *sf.* mauvais accueil.
Rebut, *sm.* action de
Rebuter, *v.* rejeter, déplaire.
Récalcitrant, *a.* rétif.
Récapitulation, *sf.* résumé.
Récapituler, *v.* résumer.

Récèlement, *sm.* action de
Recéler, *v.* cacher,
Receleur, euse, *a.* qui recèle.
Récemment, *ad.* (ça) nouvell.
Recensement, *sm.* dénombrement.
Recenser, *v.* relever les noms.
Récent, *v.* nouveau.
Récépissé, *sm.* reçu de papier.
Réceptacle, *sm.* lieu de rassemblement.
Réception, *sf.* act. de recevoir.
Recette, *sf.* ce qui est reçu.
Recevable, *a.* admissible.
Receveur, euse, *s.* qui reçoit.
Recevoir, *v.* prendre, admettre. [ture.
Rechampir, *v.* terme de pein-
Rechange, *sm.* droit d'un nouveau change.
Rechanger, *v.* changer de nouveau.
Réchapper, *v.* être délivré.
Recharger, *v.* charger de nouveau.
Réchaud, *sm.* ustensile pour chauffer.
Réchauffer, *v.* chauffer de nouveau.
Réchauffoir, *sm.* fourneau.
Rechausser, *v.* remonter.
Recherche, *sf.* perquisition.
Rechercher, *v.* chercher de nouveau.
Rechigner, *v.* gronder.
Rechute, *sf.* nouvelle chute.
Récidive, *sf.* rechute.
Récidiver, *v.* faire récidive.
Récif, Rescif, *sm.* écueils.
Récipiendaire, *s.* aspirant.
Récipient, *sm.* vase à distiller.
Réciprocité, *sf.* ce qui est
Réciproque, *a.* mutuel.
Réciproquement. *ad.*
Récit, *sm.* narration.
Récitateur, *sm.* qui récite.
Récitation, *sf.* action de
Réciter, *v.* dire par cœur.
Réclamation, *sf.* action de
Réclamer, *v.* implorer.
Reclouer, *v.* clouer de nouv.
Reclus, *a. et s.* solitaire.
Réclusion, *sf.* détention.
Recoin, *sm.* coin caché.
Récolter, *v.* recueillir.
Récolte, *sf.* action de
Récolter, *v.* faire une récolte.
Recommandation, *sf.* act. de
Recommander, *v.* demander.
Recommencer, *v.* commencer de nouveau. [ge.
Récompense, *sf.* prix, louan-
Récompenser, *v.* donner un prix.

Recomposer, *v.* composer de nouveau.
Recompter, *v.* compter de nouveau.
Réconciliateur, trice, *a.* de
Réconciliation, *sf.* act. de
Réconcilier, *v.* raccommoder.
Reconduire, *v.* ramener.
Réconfort, *sm.* consolation.
Réconforter, *v.* fortifier.
Reconnaissance, *sf.* gratitude.
Reconnaître, *v.* rappeler, convenir.
Reconquérir, *v.* conquérir de nouveau.
Reconstitution, *sf.* réorganisation.
Reconstruction, *sf.* act. de
Reconstruire, *v.* rebâtir.
Recontracter, *v.* contracter de nouveau.
Recopier, *v.* copier de nouv.
Recoquillement, *sm.* act. de
Recoquiller, *a.* mettre en coquille. [nouveau.
Recorriger, *v.* corriger de
Recoucher, *v.* coucher de nouveau.
Recoudre, *v.* coudre de nouv.
Recourber, *v.* courber.
Recourir, *v.* implorer.
Recours, *sm.* refuge.
Recouvrer, *v.* retrouver; percevoir. [veau.
Recouvrir, *v.* couvrir de nou-
Récréatif, ve, *a.* amusant.
Récréation, *sf.* action de se
Récréer, *v.* réjouir; divertir.
Recréer, *v.* créer de nouv.
Recrépir, *v.* crépir de nouv.
Recreuser, *v.* creuser de nouveau.
Récrier (se), *v.* se plaindre.
Récrimination, *sf.* action de
Récriminer, *v.* se venger.
Recroqueviller (se), *v.* se recoquiller.
Recru, *a.* harassé.
Recrue, *sf.* augmentation.
Recrutement, *sm.* action
Recruter, *v.* faire une recrue.
Recruteur, *sm.* qui recrute.
Recta, *ad.* ponctuellement.
Rectangle, *a. et sm.* fig. géo.
Rectangulaire, *a.* en rect.
Recteur, *sm.* chef.
Rectifier, *v.* redresser. droite.
Rectiligne, *a.* en lig.
Rectitude, *sf.* er page du
Recto, *sm.* l.
feuillet. llection.
Recueil, *sr, sm.* act. de se
Recueille, ramasser.
Recueil

Recuire, v. cuire de nouv.
Recuit, a. trop cuit.
Reculer, v. tirer; pousser.
Récupérer (se), v. se dédommager.
Reculons (à) ad. en arrière.
Récuser, v. rejeter.
Rédacteur, sm. qui rédige.
Rédaction, sf. act. de rédiger.
Reddition, sf. act. de rendre.
Redemander, v. demander de nouveau.
Rédempteur, sm. qui rachète.
Rédemption, sf. rachat.
Redevance, sf. dette. [veau.
Redevenir, v. devenir de nou-
Redevoir, v. être en reste.
Rédiger, v. mettre par écrit.
Rédimer (se), v. se dédomm.
Redingote, sf. vêtement.
Redire, v. dire de nouveau.
Redite, sf. répétition.
Redondance, sf. superfluité.
Redonder, v. surabonder.
Redonner, v. de nouveau.
Redoubler, v. réitérer.
Redouter, v. craindre fort.
Redresser, v. rendre droit.
Réductif, ve, a. qui réduit.
Réduction, sf. action de
Réduire, v. restreindre.
Réel, le, a. et sm. qui est en effet.
Réellement, ad. véritablem.
Refaçonner, v. façonner de nouveau.
Refaire, v. faire de nouveau.
Réfection, sf. réparation.
Réfectoire, sm. salle à manger. [ger.
Refend, sm. cloison.
Refendre, v. fendre de nouv.
Référendaire, sm. rapporteur. [teur.
Référer, v. rapporter.
Refermer, v. fermer de nouv.
Réfléchir, v. repousser.
Reflet, sm. action de [mière.
Refléter, v. renvoyer la lu-
Réflexion, sf. réverbération.
Refluer, v. retourner vers.
Reflux, sm. mouvem. réglé.
Refondre, v. fondre de nouv.
Refonte, sf. act. de refondre.
Réforme, sf. rétablissement.
Refouler, v. fouler; bourrer.
Réfractaire, a. et sm. rebelle.
Refrain, sm. répétition.
Refrogner (se), v. rider.
Refroidir, v. rendre froid.
Refroidissement, sm. dimi-
nution [la chaleur.
Refuge, sm.
Réfugier (se), asile; retraite.
Refuser, v. se mettre en
Réfutation, ser. [sûreté.
cours.

Réfuter, v. combattre.
Regagner, v. gagner de nouv.
Régal. sm. festin.
Régaler, v. donner un régal.
Regard, sm. act. de la vue.
Regarder, v. jeter la vue.
Régence, sf. dignité.
Régénérer, v. réformer.
Régent, sm. qui enseigne.
Régenter, v. enseigner.
Régicide, sm. assassin.
Régie, sf. administration.
Regimber, v. ruer; résister.
Régime, sm. conseil; manière de vivre.
Régiment, sm. compagnie.
Région, sf. étendue; pays.
Régir, v. gouverner.
Registre, sm. livre. [cipe.
Règle, sf. instrument; prin-
Règlement, sm. statut.
Réglément, ad. avec règle.
Régler, v. tirer des lignes.
Réglisse, sf. plante.
Règne, sm. gouvernement.
Régner, v. gouverner.
Régnicole, a. naturel.
Regorger, v. déborder.
Regret, sm. chagrin.
Regretter, v. s'affliger.
Régulariser, v. rendre régul.
Régularité, sf. état régulier.
Régulier, a. selon les règles.
Réhabiliter, v. remettre dans le même état.
Rehausser, v. exhausser.
Réimprimer, v. imprimer de nouveau.
Rein, sm. viscère.
Reine, sf. femme du roi.
Réinstaller, v. installer de nouveau.
Réintégrer, v. rétablir.
Réitérer, v. dire de nouveau.
Rejaillir, v. jaillir.
Rejaillissement, sm. action de rejaillir.
Rejet, sm. action de rejeter.
Rejeter, v. repousser.
Rejeton, sm. jet; descendant.
Rejoindre, v. réunir.
Réjouir, v. divertir.
Réjouissance, sf. amusement
Relâché, sm. repos.
Relâcher, v. se ralentir, s'arrêter.
Relais, sm. changement.
Relancer, v. riposter, lancer de nouveau.
Relaps, a et s. (s) apostat.
Relargir, v. élargir de nouv.
Relater, v. raconter.
Relatif, ve, a. qui a rapport.
Relation, sf. rapport.

Relativement, ad.
Relaver, v. laver de nouveau.
Relaxation, sf. relâchement.
Relaxer, v. remettre.
Reléguer, v. exiler.
Relever, v. remettre.
Relier, v. cercler, coudre.
Relieur, euse, s. qui relie.
Religieusement, ad. avec
Religion, sf. culte, foi.
Reliquaire, sm. boîte à reliques.
Reliquat, sm. reste.
Relique, sf. reste de saint.
Reluire, v. briller.
Remanier, v. manier de nouveau.
Remarque, sf. observation.
Remarquer, v. observer.
Rembourrer, v. grossir de bourre.
Rembourser, v. rendre.
Rembrunir, v. rendre brun.
Remède, sm. qui sert à guérir
Remédier, v. app. remède.
Remêler, v. mêler de nouveau.
Rémémoratif, ve, a. qui fait ressouvenir.
Remémorer, v. rappeler.
Remercier, v. rendre grâces.
Remerciement, sm. action de grâces.
Remettre, v. rétablir.
Remeubler, v. meubler de nouveau.
Remise, sf. abri, retraite.
Rémission, sf. pardon.
Remmener, v. emmener de nouveau.
Remonte, sf. de chevaux.
Remonter, v. monter de nouveau.
Remontrance, sf. act. de
Remontrer, v. représenter.
Remords, sm. chagrin.
Remouleur, sm. qui remoule.
Rempailler, v. empailler.
Rempailleur, euse, a. qui rempaille.
Rempart, sm. levée.
Remplacer, v. tenir lieu.
Remplir, v. achever.
Remplissage, sm. remplage.
Remporter, v. reprendre.
Remuer, v. déplacer.
Rémunérateur, trice, a. et s.
Renaître, v. naître de nouveau.
Renard, sm. quadrupède.
Renchérir, v. enchérir.
Rencontre, sf. aventure.
Rencontrer, v. trouver.

Rendez-vous *sm.* invitation.
Rendre, *v.* remettre.
Rêne, *sf.* courroie.
Renégat, *sm.* apostat.
Renfermer, *v.* enfermer.
Renflement, *sm.* act. de
Renfler, *v.* grossir.
Renfoncement, *sm.* cavité.
Renfoncer, *v.* enfoncer.
Renforcer, *v.* fortifier.
Renfort, *sm.* secours.
Rengorger (se), *v.* faire l'important.
Renier, *v.* désavouer.
Renieur, euse, *s.* qui renie.
Renifler, *v.* renâcler.
Renom, *sm.* réputation.
Renommée, *sf.* renom.
Renommer, *v.* nommer avec éloge ; nommer de nouveau.
Renoncer, *v.* renier.
Renonciation, *sf.* abandon.
Renouement, *sm.* act. de
Renouer, *v.* renouveler.
Renouveler, *v.* faire de nouveau.
Renouvellement, *sm.* de
Rénovation, *sf.* act. de renouveler.
Renseignement, *sm.* indice.
Rente, *sf.* revenu annuel.
Renter, *v.* créer des rentes.
Rentier, *s.* qui a des rentes.
Rentrée, *sf.* action de
Rentrer, *v.* revenir.
Renversé (à la), *ad.* de
Renversement, *sm.* de
Renverser, *v.* bouleverser.
Renvoi, *sm.* action de
Renvoyer, *v.* congédier.
Réorganiser, *v.* organiser de nouveau.
Répaire, *sm.* retraite de voleurs, de bêtes.
Répandre, *v.* verser.
Reparaître, *v.* paraître de nouveau.
Réparateur, trice, *a.* et *s.* qui répare.
Réparer, *v.* rétablir,
Répartie, *sf.* réplique.
Repartir, *v.* répliquer.
Répartir, *v.* partager, expliquer.
Répartition, *sf.* distribution.
Repas, *sm.* nourriture réglée
Repassage, *sm.* action de
Repasser, *v.* aiguiser.
Repaver, *v.* paver de nouveau.
Repeindre, *v.* peindre de nouveau.
Repentance, *sf.* repentir.

Repentir, *sm.* regret.
Répercussion, *sf.* action de
Répercuter, *v.* réfléchir le son
Répertoire, *sm.* liste, légende.
Repeser, *v.* peser de nouveau.
Répétailler, *v.* répéter trop.
Répéter, *v.* réciter. [citer.
Répétiteur, *sm.* qui fait ré-
Répétition, *sf.* redite.
Repeupler, *v.* peupler.
Répit, *sm.* relâche, délai.
Replacer, *v.* placer de nouv.
Replanter, *v.* planter de nouv.
Replâtrer, *v.* recrépir.
Replet, ète, *a.* qui a de l'embonpoint.
Réplétion, *sf.* plénitude.
Repli, *sm.* ourlet, secret.
Replier, *v.* plier de nouveau
Réplique, *sf.* réponse.
Répliquer, *v.* répondre.
Replonger, *v.* plonger de nouveau.
Repolir, *v.* polir de nouveau.
Répondre, *v.* repartir.
Répons, *sm.* sorte de réponse.
Réponse, *sf.* réplique.
Report, *sm.* action de
Reporter, *v.* porter de nouv.
Repos, *sm.* cessation de travail.
Reposer, *v.* poser, cesser.
Reposoir, *sm.* autel postiche.
Repousser, *v.* rejeter.
Repoussoir *sm.* p' repousser
Répréhensible, *a.* digne de
Répréhension, *sf.* blâme.
Reprendre, *v.* gronder.
Représentation, *sf.* observer.
Représenter, *v.* présenter.
Répressif, ve, *a.* qui réprime.
Répression, *sf.* action de réprimer
Réprimande, *sf.* reproche.
Réprimander, *v.* gronder.
Réprimer, *v.* corriger.
Reprise, *sf.* action de repr.
Réprobation, *sf.* action de réprouver.
Reproche, *sm.* réprimande.
Reprocher, *v.* objecter.
Reproduire, *v.* refaire.
Réprouver, *v.* condamner.
Reptile, *a. sm.* animal ramp.
Républicain, *a.* et *s.* de
République, *sf.* sorte de gouvernement.
Répudier, *v.* divorcer.
Répugner, *v.* être opposé.
Répulsif, ve, *a.* qui repousse.
Répulsion, *sf.* action de repousser.
Réputation, *sf.* renommée.

Réputer, *v.* présumer.
Requérir, *v.* prier, demander.
Requête, *sf.* demande.
Requiem, *sm.* (*rékième*), prière pour les morts.
Requin, *sm.* poisson.
Requinquer (se), *v.* se parer trop.
Requis, *a.* convenable.
Réquisition, *sf.* requête.
Rescription, *sf.* mandat.
Rescrit, *sm.* réponse. [crét.
Réserve, *sf.* exception, dis-
Réserver, *v.* garder, excepter
Réservoir, *sm.* pour réserver.
Résidence, *sf.* habitation.
Résider, *v.* habiter.
Résidu, *sm.* le restant.
Résigner, *v.* se soumettre.
Résiliation, *sf.* action de
Résilier, *v.* casser un contrat.
Résine, *sf.* substance.
Résineux, se, *a.* de résine.
Résipiscence, *sf.* repentir.
Résistance, *sf.* action de
Résister, *v.* ne pas céder.
Résolu, *a.* et *s.* décidé.
Résolûment, *ad.*
Résolution, *sf.* décision.
Résolvant, *a.* et *sm.* qui résout
Résonnement, *sm.* de
Résonner, *v.* renvoyer le son.
Résoudre, *v.* détruire, déterm.
Respect, *sm.* (*èk*) vénération.
Respecter, *v.* révérer.
Respectable, *a.* de respecter.
Respectif, tive, *a.* réciproque.
Respectueux, se, *a.* plein de respect.
Respiration, *sf.* action de
Respirer, *v.* vivre.
Resplendir, *v.* briller.
Responsabilité, *sf.* garantie.
Responsable, *a.* qui est garant
Ressaisir, *v.* saisir de nouveau.
Ressasser, *v.* entasser.
Ressaut, *sm.* saillie de corniche.
Ressemblance, *sf.* de
Ressembler, *v.* être semblable
Ressemer, *v.* semer de nouveau.
Ressentiment, *sm.* souve-
Ressentir, *v.* sentir.
Resserrement, *sm.* a
Resserrer, *v.* rétréc. [ter.
Ressort, *sm.* élast., ajus-
Ressortir, *v.* dériver de nouveau.
Ressouder, *v.*
Ressource (se), *v.* se souve-
Ressouvenir

Ressuer, *v.* suer de nouveau.

Ressusciter, *v.* ramener à la vie. [taure.

Restaurant, *a.* et *sm.* qui res-

Restaurateur, trice, *s.* qui rétablit.

Restauration, *sf.* rétablissement.

Restaurer, *v.* rétablir.

Reste, *sm.* ce qui demeure.

Rester, *v.* être de reste.

Restituer, *v.* rendre.

Restitution, *sf.* act. de rendre.

Restreindre, *v.* resserrer.

Restriction, *sf.* modification.

Résultat, *sm.* ce qui résulte.

Résulter, *v.* s'ensuivre.

Résumer, *v.* réduire.

Résurrection, *sf.* action de revenir à la vie.

Rétablir, *v.* remettre.

Rétablissement, *sm.* act. de rétablir.

Retailler, *v.* tailler de nouv.

Retaper, *v.* retrousser.

Retard, *sm.* retardement.

Retardataire, *s.* qui est en retard.

Retarder, *v.* différer.

Retaxer, *v.* taxer de nouveau.

Retenir, *v.* tenir encore.

Rétention, *sf.* réserve.

Retenue, *sf.* réserve, modération.

Réticence, *sf.* tenir caché.

Rétif, ve, *s.* et *a.* qui résiste.

Rétine, *sf.* filets du nerf optique.

Retiration, *sf.* (imprimerie), action de

Retirer, *v.* tirer de nouveau.

Retomber, *v.* tomber encore.

Retordre, *v.* tordre de nouv.

Rétorquer, *v.* tourner contre

Retors, *a.* retordu, rusé.

Rétorsion, *sf.* act. de rétorquer

Retoucher, *v.* corriger.

Retour, *sm.* action de

Retourner, *v.* revenir sur ses pas.

Retracer, *v.* tracer de nouv.

Rétractation, *sf.* action de se

Rétracter, *v.* renoncer, changer d'avis.

Retrait, *sm.* act. de retraire.

Retraite, *sf.* act. de se retirer.

Retrancher, *v.* supprimer.

Rétrécir, *v.* rendre étroit.

Rètre, *a.* intrigant.

Rétrécissement, *sm.* état rétréci.

Retremper, *v.* tremper de nouveau.

Rétribution, *sf.* salaire.

Rétroactif, ve, *a.* qui agit sur le passé.

Rétroaction, *sf.*

Rétrogradation, *sf.* retour.

Rétrograde, *a.* en arrière.

Rétrograder, *v.* reculer.

Retrousser, *v.* trousser.

Retrouver, *v.* reconnaître.

Rets, *sm.* filet.

Réunion, *sf.* action de

Réunir, *v.* rejoindre. *fig.*

Réussir, *v.* avoir du succès.

Réussite, *sf.* bon succès.

Revanche, *sf.* compensation.

Revancher, *v.* rendre la pareille.

Rêvasser, *v.* rêver.

Rêve, *sm.* songe.

Revêche, *a.* rude, difficile.

Réveil, *sm.* cessation de sommeil, bruit.

Réveiller, *v.* éveiller.

Réveillon, *sm.* repas.

Révélation, *sf.* inspiration.

Révéler, *v.* découvrir, déclarer. [vend.

Revendeur, euse, *a.* qui re-

Revendication, *sf.* action de

Revendiquer, *v.* réclamer.

Revendre *v.* vendre de nouveau.

Revenir, *v.* venir de.

Revenu, *sm.* rente.

Rêver, *v.* penser, songer.

Réverbération, *sf.* éclat réfléchi.

Réverbère, *sm.* lanterne.

Réverbérer, *v.* réfléchir.

Reverdir, *v.* redevenir vert.

Révéremment, *ad.* (ra) avec

Révérence, *sf.* respect.

Révérer, *v.* honorer.

Rêverie, *sf.* pensée vague.

Revers, *sm.* coup; opposé au beau côté.

Reverser, *v.* verser de nouv.

Revêtement, *sm.* act. de

Revêtir, *v.* habiller.

Rêveur, euse, *s,* qui rêve.

Revirer, *v.* tourner.

Reviser, *v.* revoir.

Révision, *sf.* nouvel examen.

Revivre, *v.* ressusciter.

Révocable, *a.* de

Révocation, *sf.* act. de révoquer.

Revoir, *v.* voir, examiner.

Révolte, *sf.* insurrection.

Révolter, *v.* soulever.

Révolu, *a.* (temps) achevé.

Révolution, *sf.* mouvement.

Révolutionnaire, *a.*

Révolutionnairement, *ad.*

Révolutionner, *v.* troubler.

Révoquer, *v.* rappeler.

Revue, *sf.* inspection.

Révulsif, ve, *a.* qui détourne.

Révulsion, *sf.* retour des humeurs.

Rez, *prép.* tout contre.

Rhéteur, *sm.* professeur.

Rhétoricien, *sm.* qui suit la

Rhétorique, *sf.* art de bien dire.

Rhombe, *sm.* losange.

Rhomboïde, *sm.* fig. de géom.

Rhubarbe, *sf.* plante.

Rhum, *sm. V.* Rum.

Rhumatismal, *a.* de

Rhumatisme, *sm.* douleur.

Rhume, *sm.* fluxion.

Rhythme, *sm.* cadence.

Riant, *a.* qui marque la gaîté.

Ribambelle, *sf.* longue suite.

Ricaner, *v.* se moquer.

Ricanerie, *sf.* rire moqueur.

Ricaneur, euse, *a.* qui ricane.

Ric-à-ric, *ad.* à la rigueur.

Richard, *sm.* homme riche.

Riche, *a.* et *sm.* qui a du bien.

Richement, *ad.* de

Richesse, *sf.* abondance.

Richissime, *a.* très-riche.

Ride, *sf.* pli sur la peau.

Rideau, *sm.* pour cacher.

Ridelle, *sf.* râtelier de charrette.

Rider, *v.* faire des rides.

Ridicule, *a.* digne de risée.

Ridiculement, *ad.* [cule.

Ridiculiser, *v.* rendre ridi-

Rien, *sm.* nulle chose. [rire.

Rieur, euse, *sm.* qui aime à

Rigide, *a.* sévère, exact.

Rigidement, *ad.* avec

Rigidité, *sf.* sévérité.

Rigole, *sf.* tranchée.

Rigorisme, *sm.* sévérité.

Rigoriste, *a.* et *s.* sévère.

Rigoureusement, *ad.*

Rigoureux, se, *a.* sévère.

Rigueur, *sf.* sévérité.

Rime, *sf.* retour régulier.

Rimer, *v.* faire consonner.

Rincé, *a.* mouillé.

Rinceau, *sm.* feuillage.

Rincer, *v.* nettoyer en lavant.

Rinçure, *sf.* relavure.

Rioter, *v.* rire à demi. *pop.*

Rioteur, euse, *a.* et *s.*

Ripaille, *sf.* grande chère.

Ripopé, *sm.* discours trivial.

Riposter, *v.* repartir vivem.

Rire, *v.* divertir, railler.

Ris, *sm.* action de rire.

Risée, *sf.* grand éclat de rire.

Risibilité, *sf.* faculté de rire.

Risible, *a.* capab. de faire rire.

Risquable, a. périlleux.
Risque, sm. danger, péril.
Risquer, v. hasarder.
Rit (i), Rite, sm. cérémonial.
Ritournelle, sf. répétition.
Rituel, sm. livre de rites.
Rivage, sm. bord de la mer.
Rival, sm. concurrent. [rite.
Rivaliser, v. disputer de mé-
Rivalité, sf. concurrence.
Rive, sf. bord de l'eau.
River, v. abattre, aplatir.
Riverain, a. et s. des confins.
Rivet, sm. clou rivé. maré.
Rivière, sf. cours d'eau.
Rixe, sf. querelle, débat.
Riz ou Ris, sm. plante.
Robe, sf. vêtement long.
Robinet, sm. tuyau de font.
Roboratif, ve, a. qui fortifie.
Robuste, a. vigoureux.
Robustement, ad. [dure.
Roc, sm. masse de pierre
Rocaille, sf. cailloux
Rocailleur, sm. ouvrier en
  rocaille. - [cailloux.
Rocailleux, se, a. plein de
Roche, sf. Rocher, sm. roc.
Rochet, sm. sorte de surplis.
Rôder, v. errer çà et là.
Rôdeur, sm. qui rôde.
Rodomont, sm. fanfaron.
Rodomontade, sf. fanfaronn.
Rogations, sf. pl. prières.
Rogne, sf. gale, mousse.
Rogner, v. retrancher, ôter.
Rogneur, euse, s. qui rogne.
Rogneux, euse, a. et s. qui a
  la rogne.
Rognure, sf. ce qu'on a rogné.
Roi, sm. monarque.
Roitelet, sm. petit oiseau.
Rôle, sm. feuillet écrit.
Rôler, v. faire des rôles. pra.
Romain, a. et s. de Rome.
Roman, sm. récit d'aventur.
Romance, sf. chanson.
Romancier, sm. qui fait des
  romances.
Romanesque, a. de roman.
Romanesquement, ad.
Romantique, a. de roman.
Rompre, v. casser, se séparer.
Rond, a. circulaire, sincère.
Rondelet, ette, a. qui est rond.
Rondelle, sf. virole.
Rondement, ad. uniment,
  sans façon.
Rondeur, sf. forme ronde.
Rondin, sm. bûche ronde.
Ronfler, v. râler en dormant.
Ronfleur, euse, s. qui ronfle.
Ronger v. couper avec les
  dents

Rongeur, a. (ver) remords.
Rosace, sf. ornem. d'archit.
Rosaire, sm. sorte de chape-
Rose, sf. fleur, nœud. [let.
Rosé, a. d'un rouge faible.
Roseau, sm. plante.
Rosée, sf. pluie fine.
Rosette, sf. ornement.
Rosier, sm. arbrisseau.
Rosse, sf. cheval sans vigueur.
Rosser, v. battre violemm.
Rossignol, sm. oiseau.
Rot, sm. vent de l'estomac.
Rôt, sm. viande rôtie.
Rotation, sf. mouvement.
Roter, v. faire un rot. bas.
Rôtie, sf. tranche de pain
Rotin, sm. bâton. [grillé.
Rôtir, v. cuire devant le feu.
Rôtisseur, euse, s.
Rotonde, sf. bâtiment rond.
Rotondité, sf. rondeur.
Rotule, sf. os du genou.
Roture, sf. état roturier.
Roturier, ère, s. et a.
Rouage, sm. assemblage de
  roues.
Roucoulement, sm. act. de
Roucouler, v. cri du pigeon.
Roue, sf. machine ronde.
Roué, a. et s. supplicié.
Rouelle, sf. tranche ronde.
Rouenneries, sf. pl. étoffes.
Rouer, v. supplicier, plier.
Rouet, sm. mach. pour filer.
Rouge, a. de couleur de sang.
Rougeâtre, a. presque rouge.
Rougeaud, a. et s. qui a le
  visage rouge.
Rougeole, sf. maladie.
Rougeur, sf. couleur rouge.
Rougir, v. devenir rouge.
Rouille, sf. oxyde de fer.
Rouiller, v. couvrir de rouille.
Roulade, sf. action de rouler.
Roulage, sf. maison de trans-
  port.
Rouleau, sm. paquet roulé.
Roulement, sm. mouvement.
Rouler, v. plier, voyager.
Roulette, sf. petite roue.
Roulier, sm. charretier.
Roulis, sm. agitat. du navire.
Roupie, sf. goutte au nez.
Roupiller, v. sommeiller.
Roussâtre, a. presque roux.
Rousseur, sf. état roux.
Roussir, v. devenir roux.
Route, sf. voie, chemin.
Routier, sm. expérimenté.
Routine, sf. habitude.
Routiner, v. par habitude.
Routinier, s. par routine.
Rouvrir, v. ouvrir de nouv.

Roux, rousse, a. et sm.
Royal, a. de roi. fig. libéral.
Royalement, ad.
Royalisme, sm. de la royauté.
Royaliste, a. et s.
Royaume, sm. État.
Royauté, sf. dignité de roi.
Ruade, sf. action de ruer.
Ruban, sm. tissu de soie.
Rubanerie, sf. commerce de
  rubans.
Rubanier, s. qui fait des rub.
Rubis, sm. pierre précieuse.
Rubricaire, s. qui sait la
  rubrique.
Rubrique, sf. craie, ruse.
Ruche, sf. panier pour les
  abeilles.
Rude, a. âpre, difficile.
Rudement, ad. avec
Rudesse, sf. qualité rude.
Rudiment, sm. premiers
  principes.
Rudoyer, v. traiter rudement.
Rue, sf. chemin de ville.
Ruelle, sf. petite rue.
Ruer, v. jeter avec force.
Rugir, v. se dit du cri du lion.
Rugissement, sm. cri aigu.
Ruine, sf. destruction, débris.
Ruineux, se, a. qui ruine.
Ruisseau, sm. courant d'eau.
Ruisseler, v. couler en ruiss.
Rumeur, sf. bruit, querelle.
Ruminer, v. remâcher.
Rupture, sf. act. de rompre.
Ruse, sf. moyen adroit.
Rusé, a. fin, adroit.
Rustaud, a. et sm. rustre.
Rusticité, sf. grossièreté.
Rustique, a. grossier.
Rustiquement, ad.
Rustre, a. et sm. fort rustiq.
Rythme. V. Rhythme.

S

S, sm. (èce) 19e lettre de
  l'alphabet.
Sa, af. possessif.
Sabbat, sm. grand bruit.
Sabine, sf. plante.
Sable, sm. terre légère.
Sablé, a. garni de sable.
Sabler, v. couvrir de sable.
Sableux, se, a. mêlé de sable.
Sablier, sm. vase à sable.
Sablière, sf. pièce.
Sablon, sm. sable.
Sablonner, v. saupoudrer avec
  du sablon. [canon.
Sablonneuse, a.
Sablonnière, ouverture pour le
Sabord, s.

4*

Sabot, sm. chaussure de bois.
Saboter, v. jouer au sabot.
Sabotier, s. qui fait des sabots.
Sabouler, v. houspiller. pop.
Sabre, sm. arme en coutelas.
Sabrer, v. frapper d'un sabre.
Sac, sm. sorte de poche.
Saccage, sm. bouleversem.
Saccagement, sm. pillage.
Saccager, v. piller avec dégât.
Sacerdoce, sm. état ecclésiast.
Sacerdotal, a. du sacerdoce.
Sachée, sf. plein un sac.
Sachet, sm. petit sac.
Sacre, sm. action de sacrer.
Sacrement, sm. signe visible d'une grâce invisible.
Sacrer, v. oindre. [crime.
Sacrificateur, sm. qui sa-
Sacré, a. inviolable.
Sacrifice, sm. offrande.
Sacrifier, v. faire un sacrifice.
Sacrilége, sm. action impie.
Sacrilégement, ad.
Sacristain, sm. garde de sa-
cristie. [d'église.
Sacristie, sf. lieu p. les ornem.
Safran ou Crocus, sm. plante.
Safraner, v. jaunir.
Sagacité, sf. pénétration.
Sage, a. modéré, discret.
Sagement, ad. avec sagesse.
Sagesse, sf. prudence.
Sagouin, sm. singe, sale.
Saignée, sf. act. de saigner.
Saignement, sm. action de
Saigner, v. tirer du sang.
Saigneur, sm. partisan de la saignée.
Saillie, sf. sortie impétueuse.
Saillir, v. avancer.
Sain, a. non maladif. [porc.
Saindoux, sm. graisse de
Sainement, ad. d'une manière
Sainfoin, sm. plante. [saine.
Saint, a. consacré à Dieu.
Saintement, ad. avec
Sainteté, sf. qualité sainte.
Saisie, sf. arrêt sur les biens.
Saisir, v. arrêter, prendre.
Saisissable, a. qu'on peut saisir.
Saisissement, sm. surprise.
Saison, sf. 4e partie de l'année.
Salade, sf. herbes potagères.
Saladier, sm. pour la salade.
Salaire, sm. paiement.
Salaison, sf. salage.
Salant, a. (marais, puits).
Salarier, v. donner le salaire.
Sale, a. qui n'est pas net.
Salement, ad. malproprem.
Saler, v. assaisonner de sel.
Saleté, sf. qualité sale.

Salière, sf. vase pour le sel.
Saligaud, a. et s. sale. pop.
Salin, a. et sm.
Saline, sf. salaison.
Salique, a. (loi).
Salir, v. rendre sale.
Salive, sf. humeur aqueuse.
Saliver, v. cracher.
Salle, sf. salon.
Saloir, sm. vaiss. pour le sel.
Salon, sm. chambre.
Salpêtre, sm. nitrate.
Salpêtrier, sm. qui travaille le salpêtre.
Salpêtrière, sf. de salpêtre.
Salsifis, sm. plante potagère.
Saltimbanque, sm. bateleur, charlatan, bouffon.
Saluade, sf. act. de saluer.
Salubre, a. pour la santé.
Salubrité, sf. qualité salubre.
Saluer, v. témoigner le res- [pect.
Salure, sf. salée.
Salut, sm. respect, félicité.
Salutaire, a. utile.
Salutairement, ad. même s.
Salutation, sf. act. de saluer.
Salve, sf. décharge d'artill.
Salvé, sm. l. prière à la Vierge.
Samedi, sm. 7e jour de la semaine.
Sanctification, sf. act. de
Sanctifier, v. rendre saint.
Sanction, sf. confirmation.
Sanctionner, v. approuver.
Sanctuaire, sm. lieu saint et retiré.
Sandale, sf. chaussure.
Sandaraque, sf. gomme.
Sang, sm. race, liqueur.
Sang-froid, sm. flegme.
Sanglant, a. ensanglanté.
Sangle, sf. bande plate.
Sangler, v. serrer.
Sanglier, sm. porc sauvage.
Sanglot, sm. soupir redoublé.
Sangloter, v. pleurer.
Sangsue, sf. ver aquatique.
Sanguin, a. abondant en sang.
Sanguinaire, a. de sang.
Sanguine, sf. mine de fer.
Sanhédrin, sm. conseil juif.
Sanitaire, a. pour la santé.
Sans, préposition exclusive.
Sans-souci, s. i. négligent.
Sansonnet, sm. oiseau.
Santé, sf. état sain.
Saoul, Saouler. V. Soûl, etc.
Sape, sf. action de
Saper, v. détruire, attaquer.
Sapeur, sm. soldat qui sape.
Sapience, sf. sagesse.
Sapin, sm. arbre.
Sarcasme, sm. raillerie amère.

Sarcelle, sf. oiseau aquatique.
Sarcler, v. désherber.
Sarcleur, euse, s. qui sarcle.
Sarcloir, sm. inst. pour sar-
Sarcocèle, sm. tumeur. [cler.
Sardine, sf. poisson de mer.
Sarment, sm. rameau de vigne.
Sarrasin, a. et sm. blé noir.
Sas, sm. tissu pour passer la farine.
Sasser, v. passer au sas.
Satan, sm. le chef des démons.
Satanique, a. diabolique. fa.
Satellite, sm. homme armé.
Satiété, sf. (ci) réplétion.
Satin, sm. étoffe de soie, etc.
Satinade, sf. action de
Satiner, v. donner de l'éclat.
Satire, sf. censure.
Satirique, a. de la satire.
Satisfaction, sf. réparation.
Satisfactoire, a. prop. à expier.
Satisfaire, v. acquitter.
Satisfait, a. qui a satisfaction.
Saturer, v. combiner, mêler.
Sauce, sf. assaisonnement.
Saucer, v. mettre de la sauce.
Saucière, sf. vase à sauce.
Saucisse, sf. boyau plein de viande.
Saucisson, sm. même sens.
Sauf, Sauve, a. excepté.
Sauf-conduit, sm. passe-port.
Sauge, sf. plante aromatique.
Saule, sm. arbre.
Saumon, sm. poisson.
Saumure, sf. liquide salé.
Saunerie, sf. fabrique de sel.
Saunière, sf. coffre à sel.
Saupoudrer, v. poudrer de sel.
Saut, sm. action de sauter.
Sautelle, sf. sarment avec sa racine.
Sauter, v. s'élever avec effort.
Sauterelle, sf. insecte.
Sauteur, euse, s. qui saute.
Sautillement, sm. action de
Sautiller, v. faire de pet. sauts.
Sauvage, a. farouche.
Sauvageon, a. et sm.
Sauvegarde, sf. protection.
Sauver, v. garantir, éviter.
Sauveur, sm. libérateur.
Savamment, ad. avec savoir.
Savant, a. et s. très-instruit.
Savate, sf. vieux soulier.
Saveter, v. mal faire un ouvr.
Savetier, s. mauv. ouvrier.
Saveur, sf. goût.
Savoir, v. connaître.
Savon, sm. pâte p. nettoyer.
Savonnage, sm. action de
Savonner, v. nettoyer, grond.
Savonnerie, sf. fab. de savon.

Savonnette, *sf.* boule de sav.
Savonneux, euse, *a.* de sav.
Savourer, *v.* goûter.
Savoureux, se, *a.* qui a de la saveur.
Scabreux, se, *a.* rude.
Scalène, *a. t.* de geométrie.
Scandale, *sm.* occasion.
Scandaleusement, *ad.*
Scandaleux, se, *a.* de
Scandaliser, *v.* exposer.
Scapulaire, *sm.* vêtem. bénit.
Scarifier, *v.* inciser la chair.
Sceau, *sm.* cachet, empreinte.
Scélérat, *a. et s.* méchant.
Scélératesse, *sf.* méchanceté.
Scellé, *sm.* sceau apposé.
Scellement, *sm.* action de
Sceller, *v.* mettre le sceau.
Scène, *sf.* théâtre, querelle.
Schall, *sm.* grand fichu.
Schelling, *sm.* monnaie.
Schismatique, *a. et sm.*
Sciage, *sm.* action de scier.
Sciatique, *a. et sf.* névralgie.
Scie, *sf.* lame dentelée.
Sciemment, *ad.* de
Science, *sf.* connaissance.
Scientifique, *a.* des sciences.
Scientifiquement, *ad.*
Scier, *v.* couper avec la scie.
Scieur, *sm.* ouvrier qui scie.
Scintillation, *sf.* étincellement.
Scintiller, *v.* étinceler.
Scission, *sf.* division.
Scissionnaire, *sm.*
Sciure, *sf.* ce que la scie enlève.
Scolaire, *a.* des écoles.
Scolastique, *a. et sf.*
Scolie, *sf.* note, remarque.
Scorbut, *sm.* maladie.
Scorbutique, *a.* et *s.*
Scorification, *sf.* de   [ries.
Scorifier, *v.* extraire les sco-
Scribe, *sm.* docteur juif.
Scrofules, *sf. pl.* écrouelles.
Scrofuleux, se, *a.* de scroful.
Scrupule, *sm.* inquiétude.
Scrupuleusement, *ad.*
Scrupuleux, se, *a.* et *s.*
Scrutateur, *a. et sm.*
Scruter, *v.* pénétrer.
Scrutin, *sm.* suffrages secrets.
Sculpter, *v.* faire une figure.
Sculpteur, *sm.* qui sculpte.
Sculpture, *sf.* art du sculpt.
Se, *pron.* de la 3e personne.
Séance, *sf.* droit de siéger.
Séant, *a.* qui tient séance.
Seau, *sm.* vaiss. p. puiser de l'eau.
Sébile, *sf.* écuelle de bois.

Sec, Sèche, *a. et sm.* maigre.
Sécante, *sf.* ligne qui coupe.
Sèchement, *ad.* de
Sécher, *v.* devenir sec.
Sécheresse, *sf.* ce qui est sec.
Second, *a. et sm.* nombre ord.
Secondaire, *a.* accessoire.
Seconde, *sf.* classe de collége.
Secondement, *ad.*
Seconder, *v.* aider, favoriser.
Secouer, *v.* remuer.
Secoûment, *sm.* act. de rem.
Secourable, *a.* qui protége.
Secourir, *v.* aider.
Secours, *sm.* aide, assistance.
Secousse, *sf.* ébranlement.
Secret, ète, *a.* caché.
Secrétaire, *sm.* écrivain.
Secrète, *sf.* oraison dite tout bas.
Secrètement, *ad.* de secret.
Sectaire, *a.* qui est d'une secte
Sectateur, trice, *s.* partisan.
Secte, *sf.* corps de doctrine.
Secteur, *sm.* portion de cercle
Section, *sf.* division, ligne.
Séculaire, *a.* de siècle en siècle.
Sécularisation, *sf.* action de
Séculariser, *v.* rendre laïq.
Séculier, *s.* laïque.
Séculièrement, *ad.*
Sécurité, *sf.* tranquillité.
Sédentaire, *a.* qui sort peu.
Sédiment, *sm.* dépôt.
Séditieusement, *ad.* de sédit.
Séditieux, se, *a. et sm.* de
Sédition, *sf.* émeute populaire.
Séducteur, trice, *s. et a.*
Séduction, *sf.* action de
Séduire, *v.* tromper, plaire.
Séduisant, *a.* qui séduit.
Segment, *sm.* port. du cercle.
Ségrégation, *sf.* mise à part.
Seigle, *sm.* sorte de blé.
Seigneur, *sm.* titre.
Sein, *sm.* le haut du corps.
Seing, *sm.* signature.
Seize, *a. num.* dix et six.
Seize (in-) *sm.* format.
Seizième, *a. ord.* et *sm.*
Séjour, *sm.* demeure.
Séjourner, *v.* demeurer.
Sel, *sm.* acide pour assaisonner, finesse.
Selle, *sf.* siége de bois.
Sellier, *s.* qui fait des selles.
Selon, *prép.* d'après.
Semaille, *sf.* grains semés.
Semaine, *sf.* espace de 7 jours.
Semainier, *s.* de semaine.
Semblable, *a. et sm.* pareil.
Semblablement, *ad.*
Semblant, *sm.* apparence.

Sembler, *v.* paraître.
Semé ou Parsemé, *a.* plein.
Semelle, *sf.* dessous de soulier
Semence, *sf.* ce qu'on sème.
Semer, *v.* répandre.
Semestre, *a. et sm.* de 6 mois.
Semeur, *sm.* qui sème.
Sémillant, *a.* vif, éveillé.
Séminaire, *sm.* collége ecclés.
Séminariste, *sm.* élève ecclés.
Semonce, *sf.* réprimande.
Semoncer, *v.* réprimander. *fa*
Semoule, *sf.* pâte en grains.
Sénat, *sm.* corps de magistrats.
Sénateur, *sm.* de sénat.
Sénatorial, *a.* de sénateur.
Séné, *sm.* plante médicinal.
Sénevé, *sm.* plante à moutarde.
Sens, *sm.* faculté, opinion.
Sensation, *sf.* impression.
Sensé, *a.* raisonnable.
Sensément, *ad.* avec sagesse.
Sensibilité, *sf.* qualité par laquelle on est
Sensible, *a.* tendre, délicat.
Sensiblement, *ad.*
Sensitif, ve, *a.* qui peu sentir. *sf.* plante.
Sensualité, *sf.* plaisir des sens.
Sensuel, le, *a. et s.* voluptueux
Sensuellement, *ad.*
Sentence, *sf.* jugement.
Sentencieusement, *ad.*
Sentencieux, se, *a.*
Senteur, *sf.* odeur.
Sentier, *sm.* chemin étroit.
Sentiment, *sm.* perception.
Sentimental, *a.* d'esprit.
Sentine, *sf.* qui reçoit les ordures.
Sentinelle, *sf.* soldat qui fait le guet.
Sentir, *v.* éprouver, flairer.
Séparable, *a.* qu'on peut séparer.   [rer.
Séparation, *sf.* act. de sépa-
Séparément, *ad.* de
Séparer, *v.* désunir.
Sept, *ad. num. sm.*
Septante, *a. num.*
Septembre, *sm.* 9e mois.
Septénaire, *a.* de sept ans.
Septennal, *a.* (enné.)
Septentrion, *sm.* le nord.
Septentrional, *a.*
Septième, *a. ordinal.*
Septièmement, *ad.*
Septuagénaire, *a.* et *s.*
Septuple, *a. et sm.* sept fois autant.
Septupler, *v.* répété sept fois.

Sépulcral, *a.* de sépulcre.
Sépulcre, *sm.* tombeau.
Sépulture, *sf.* où l'on enterre.
Sequelle, *sf.* partisans.
Séquestration, *sf.* act. de
Séquestrer, *v.* enfermer.
Sérail, *sm.* palais turc.
Séraphin, *sm.* esprit élevé.
Séraphique, *a.* de séraphin.
Serein, *sm.* clair, calme.
Sérénade, *sf.* concert.
Sérénité, *sf.* état serein.
Serf (*f*), Serve, *a.* et *s.*
Serge, *sf.* étoffe légère.
Sergent, *sm.* sous-officier.
Sergenter, *v.* presser. *pra.*
Série, *sf.* suite, division.
Sérieusement, *ad.*
Sérieux, *a.* grave, dangereux.
Serin, *s.* oiseau, et *a.* i. jaune.
Serinette, *sf.* inst. de musique.
Seringue, *sf.* petite pompe.
Serment, *sm.* affirmation.
Sermon, *sm.* prédication.
Sermonner, *v.* prêcher.
Sérosité, *sf.* partie aqueuse
 du sang, du lait, etc.
Serpe, *sf.* inst.
Serpent, *sm.* reptile.
Serpenter, *v.* en tournoyant.
Serpette, *sf.* petite serpe.
Serpolet, *sm.* plante aromat.
Serre, *sf.* pied d'oiseau, lieu
 pour les plantes.
Serrement, *sm.* act. de serrer.
Serrément, *ad.* de
Serrer, *v.* étreindre.
Serre-tête, *sm.* coiffe de nuit.
Serrure, *sf.* machine pour
 fermer les portes.
Serrurerie, *sf.* art du
Serrurier, *sm.* qui fait des
 serrures.
Sertir, *v.* enchâsser. *lapid.*
Sertissure, *sf.* man. de sert.
Servante, *sf.* domestique.
Serviable, *a.* officieux.
Service, *sm.* assistance.
Serviette, *sf.* linge de table.
Servile, *a.* d'esclave.
Servilement, *ad.* de
Servilité, *sf.* esprit de ser-
 vitude.
Servir, *v.* faire le service.
Serviteur, *s.* domestique.
Servitude, *sf.* esclavage.
Session, *sf.* durée d'une as-
 semblée.
Setier, *sm.* mesure de grains.
Séton, *sm.* cordon dans la
 chair.
Seuil, *sm.*
Seul, le, *a.* verse.
Seulement, *ad.* compagnie,
 en de plus.

Séve, *sf.* humeur des plantes.
Sévère, *a.* rigoureux, austère.
Sévèrement, *ad.* avec
Sévérité, *sf.* rigueur, aus-
 térité.
Sévir, *v.* agir avec rigueur.
Sevrage, *sm.* action de
Sevrer, *v.* ôter la nourrice.
Sexagénaire, *a.* et *s.*
Sexe, *sm.* diff. mâle et fem.
Sextupler, *v.* répéter six fois.
Si, *conj. cond.*
Siamoise, *sf.* étoffe de coton.
Sibylle, *sf.* prophétesse, *ant.*
Sicaire, *sm.* assassin.
Sidéral, *a.* (année) des astres.
Siècles, *sm.* cent ans.
Siége, *sm.* meuble.
Siéger, *v.* occuper un siége.
Sien, Sienne, *a. poss.*
Sieur, *sm.* diminut. de *Mon-
 sieur.*   [flant.
Sifflement, *sm.* bruit en sif-
Siffler, *v.* former un son aigu.
Sifflet, *sm.* inst. pour siffler.
Signal, *sm.* de signe.
Signalé, *a.* remarquable.
Signalement, *sm.* description
Signaler, *v.* donner un signal.
Signataire, *sm.* qui signe.
Signature, *sf.* seing.
Signe, *sm.* indice, marque.
Signer, *v.* mettre son seing.
Signet, *sm.* petit ruban.
Signifiant, *a.* qui signifie.
Significatif, *a.* de
Signification, *sf.* notification.
Signifier, *v.* dénoter, notifier.
Silence, *sm.* act. de se taire.
Silencieux, se, *a.* taciturne.
Silice, *sf.* terre à verre.
Sillon, *sm.* trace de la charrue.
Sillonner, *v.* faire des sillons
Simagrée, *sf.* minauderie.
Similaire, *a.* de même nat.
Similitude, *sf.* ressemblance.
Simonie, *sf.* trafic de choses
 saintes.
Simple, *a.* non composé.
Simplement, *ad.* avec
Simplicité, *sf.* candeur, bon-
 homie.
Simplification, *sf.* action de
Simplifier, *v.* rendre simple.
Simulacre, *sm.* image.
Simulation, *sf.* déguisement.
Simuler, *v.* supposer, feindre.
Simultané, *a.* en même temps.
Simultanéité, *sf.* même sens.
Simultanément, *ad.* idem.
Sincère, *a.* franc, naïf.
Sincèrement, *ad.* de
Sincérité, *sf.* vérité, candeur.
Singe, *sm.* quadrumane.

Singer, *v.* imiter, contrefaire.
Singerie, *sf.* grimace, malice.
Singulariser (se), *v.* se dis-
 tinguer.
Singularité, *sf.* manière.
Singulier, *a.* unique, rare.
Singulièrement, *ad.*
Sinistre, *a.* malheureux.
Sinistrement, *ad.*
Sinon, *ad.* autrement.
Siphon, *sm.* tuyau courbé.
Sire, *sm.* seigneur.
Sirène, *sf.* monstre fabuleux.
Sirop, *sm.* liqueur sucrée.
Siroter, *v.* boire à petits coups.
Siropeux, se, *a.* de la nature
 du sirop.
Sis, *a.* situé. *pra.*
Site, *sm.* situation de paysage
Sitôt que, *conj.* dès que.
Situation, *sf.* position.
Situer, *v.* placer.
Six, *a.* numéro.
Sixième, *a. ord.*
Sixièmement, *ad.*
Sobre, *a.* modéré.
Sobrement, *ad.* avec sobriété.
Sobriété, *sf.* tempérance
Sobriquet, *sm.* surnom ridi-
 cule.
Soc, *sm.* fer de charrue.
Sociabilité, *sf.* ce qui est
Sociable, *a.* de bon accord.
Sociablement, *ad.*
Social, *a.* de la société.
Société, *sf.* réunion.
Socle, *sm.* base, piédestal.
Socque, *sm.* sorte de chauss.
Sodomie, *sf.* péché contre
 nature.
Sœur, *sf.* fille née d'un même
 père ou d'une même mère.
Sofa, Sopha, *sm.* lit de repos.
Soffite, *sf.* plafond.
Soi, *pron. sing.*
Soi-disant, *a.* se disant être.
Soie, *sf.* fil délié.
Soierie, *sf.* de soie.
Soif, *sf.* besoin de boire.
Soigner, *v.* garder.
Soigneusement, *ad.* avec soin
Soigneux, se, *a.* qui a du
Soin, *sm.* attention.
Soir, *sm.* opp. au matin.
Soirée, *sf.* durée du soir.
Soit, *conj. alternative.*
Soixantaine, *sf.* envir. 60.
Soixante, *a. num.*
Sol, *sm.* terrain.
Solaire, *a.* du soleil.
Soldat, *sm.* militaire.
Soldatesque, *sf.* les soldats.
Solde, *sf.* paie des militaires.
Solder, *v.* payer.

Solécisme, *sm*. faute de syntaxe.

Soleil, *sm*. l'astre du jour.

Solennel, le, *a*. public. (an)

Solennellement, *ad*. (an)

Solenniser, *v*. célébrer. (an)

Solennité, *sf*. cérémonie. (an)

Solfége, *sm*. livre, étude des notes.

Solfier, *v*. chanter les notes.

Solidaire, *a*. l'un pour l'autre.

Solidairement, *ad*. avec

Solidarité, *sf*. caution.

Solide, *a*. ferme.

Solidement, *ad*. avec solidité.

Solidifier, *v*. rendre solide.

Solidité, *sf*. ce qui est solide.

Solitaire, *a*. qui est seul.

Solitairement, *ad*. de

Solitude, *sf*. retraite.

Solive, *sf*. pièce de charpente.

Soliveau, *sm*. petite solive.

Sollicitation, *sf*. importunité.

Solliciter, *v*. inciter, postuler.

Solliciteur, euse, *s*.

Sollicitude, *sf*. souci, soin.

Solo, *sm*. i. par un seul.

Solstice, *sm*. repos apparent du soleil.

Soluble, *a*. qu'on peut résoudre.

Solution, *sf*. explication.

Solvabilité, *sf*. de

Solvable, *a*. qui peut payer.

Sombre, *a*. peu éclairé.

Sommaire, *a*. et *sm*. abrégé.

Sommairement, *ad*.

Sommation, *sf*. signification.

Somme, *sf*. charge, quantité.

Sommeil, *sm*. repos.

Sommeiller, *v*. dormir légèrement.

Sommer, *v*. signifier.

Sommet, *sm*. le haut.

Sommier, *sm*. matelas.

Sommité, *sf*. sommet.

Somnambule, *s*. qui agit en dormant.

Somno, *sm*. i. table de nuit.

Somptueusement, *ad*.

Somptueux, se, *a*. splendide.

Somptuosité, *sf*. faste.

Son, Sa, Ses, *a*. possessif.

Son, *sm*. bruit.

Sonde, *sf*. instrument pour

Sonder, *v*. fouiller.

Songe, *sm*. rêve.

Songer, *v*. rêver, penser à.

Songeur, euse, *s*.

Sonnailler, *v*. sonner souvent

Sonner, *v*. rendre un son.

Sonnerie, *sf*. accord de plusieurs cloches.

Sonnet, *sm*. pièce en 14 vers.

Sonnette, *sf*. petite cloche.

Sonneur, *sm*. qui sonne.

Sonore, *a*. qui a du son.

Sophisme, *sm*. argum. capt.

Sophiste, *sm*. faiseur de soph.

Sophistiquer, *v*. subtiliser.

Soporatif, ve, Soporeux, se, *a*.

Sorbonne, *sf*. faculté de théologie.

Sorcellerie, *sf*. opération de

Sorcier, ère, *s*. magicien.

Sordide, *a*. sale, avare.

Sordidement, *ad*. de

Sordidité, *sf*. avarice.

Sornette, *sf*. discours frivole.

Sort, *sm*. destinée.

Sortable, *a*. convenable.

Sorte, *sf*. espèce.

Sortie, *sf*. action de sortir.

Sortilége, *sm*. maléfice.

Sortir, *v*. passer au dehors.

Sot, Sotte, *a*. et *s*. peu spirit.

Sottement, *ad*. avec bêtise.

Sottise, *sf*. act. d'un sot.

Sottisier, *a*. et *s*. diseur de sottises.

Sou, *sm*. monnaie de cuivre.

Soubassement, *sm*. stylobate

Souche, *sf*. tronc où sont les racines.

Souci, *sm*. plante, inquiétude.

Soucier (se), *v*. s'inquiéter.

Soucieux, se, *a*.

Soucoupe, *sf*. dessous de tasse

Soudain, *a*. subit; *ad*. aussitôt.

Soudainement, *ad*.

Soude, *sf*. plante.

Souder, *v*. mettre ensemble.

Soudoyer, *v*. payer.

Soudure, *sf*. enture.

Soufflage, *sm*. de souffle.

Souffle, *sm*. agitation.

Souffler, *v*. faire du vent.

Soufflet, *sm*. coup sur la joue.

Souffletade, *sf*. action de

Souffleter, *v*. donner des soufflets.

Souffleur, euse, *s*. et *a*.

Soufflure, *sf*. bouffissure.

Souffrance, *sf*. peine.

Souffre-douleur, *sm*.

Souffrir, *v*. sentir la douleur.

Soufre, *sm*. minéral.

Soufrer, *v*. enduire de soufre.

Souhaitable, *a*. désirable.

Souhait, *sm*. désir, vœu.

Souhaiter, *v*. désirer.

Souiller, *v*. salir.

Souillure, *sf*. tache.

Soûl, *a*. et *sm*. (sou) rassasié.

Soulagement, *sm*.

Soulager, *v*. aider, décharger.

Soûler, *v*. rassasier.

Souleur, *sf*. frayeur subite.

Soulèvement, *sm*. émotion.

Soulever, *v*. élever.

Soulier, *sm*. chaussure.

Souligner, *v*. tirer une ligne.

Soumettre, *v*. réduire.

Soumission, *sf*. déférence.

Soumissionnaire, *s*. qui soumissionne.

Soumissionner, *v*. s'engager.

Soupape, *sf*. languette mobile

Soupçon, *sm*. doute désavantageux.

Soupçonner, *v*. avoir un soupçon.   [au soupçon.

Soupçonneux, se, *a*. enclin

Soupe, *sf*. potage.

Soupente, *sf*. retranchement.

Souper, *sm*. repas du soir.

Soupeser, *v*. soulever.

Soupière, *sf*. vase de cuisine.

Soupir, *sm*. respiration.

Soupirail, *sm*. ouverture pour aérer.

Soupirer, *v*. désirer.

Souple, *a*. qui se plie.

Souplement, *ad*. avec

Souplesse, *sf*. flexibilité.

Source, *sf*. principe, cause.

Sourcil, *sm*. poil des yeux.

Sourciller, *v*. remuer les sourcils.

Sourd, *a*. et *s*. qui n'entend pas.

Sourdaud, *s*. presque sourd.

Sourdement, *ad*. d'une manière sourde.

Sourdine, *sf*. qui affaiblit le son. — *A la sourdine, ad*. sans bruit.

Souricière, *sf*. piége pour les souris.

Sourire, *v*. rire sans éclater.

Souris, *sf*. petit quadrupède.

Sournois, *a*. et *s*. qui se cache.

Sous, *prép*.

Sous-bail, *sm*. cession.

Souscripteur, *s*. qui souscrit.

Souscription, *sf*. souscrire.

Souscrire, *v*. approuver.

Sous-diaconat, *sm*. ordre majeur.

Sous-entendre, *v*. supposer.

Sous-entente, *sf*. supposition

Sous-multiple, *sm*. division exacte.

Sous-ordre, *sm*. sous un autre

Soussigner, *v*. mettre son nom

Soustraction, *sf*. action de

Soustraire, *v*. ôter.   [tique

Soutane, *sf*. habit ecclésias-

Soutanelle, *sf*. petite soutane.

Soutenable, *a*. qu'on soutient

Soutenir, *v*. appuyer.

Soutenu, a. (style), soigné.
Souterrain, ne, a. et sm.
Soutien, sm. ce qui soutient.
Soutirage, sm. action de
Soutirer, v. transvaser.
Souvent, ad. plusieurs fois.
Souverain, a. et s. emp., roi.
Souverainement, ad.
Souveraineté, sf. autorité.
Spacieusement, ad. en grand espace.
Spacieux, se, a. vaste.
Spasme, sm. convulsion.
Spatule, sf. ust. de cuisine.
Spatulé, a. en form. de spatule
Spécial, a. particulier.
Spécialement, ad. particulièrement.
Spécialité, sf. détermination.
Spécieusement, ad. de
Spécieux, se, a. trompeur.
Spécifier, v. particulariser.
Spécifique, a. et sm. spécial.
Spectacle, sm. scène.
Spectateur, trice, s. témoin.
Spectre, sm. figure fantastiq.
Spéculateur, sm. qui spécule.
Spéculatif, ve, a. et sm.
Spéculation, sf. action de
Spéculer, v. observer.
Sphénoïde, sm. os du crâne.
Sphère, sf. globe.
Sphéricité, sf. forme.
Sphérique, a. en sphère.
Sphériquement, ad.
Sphéroïde, sm. t. de géom.
Spiral, a. et sm. roulé en
Spirale, sf. courbe partant du centre.
Spiritualiser, v. de
Spiritualité, sf.
Spirituel, le, a. incorporel.
Spirituellement, ad.
Spiritueux, se, a. volatil.
Splendeur, sf. éclat.
Splendide, a. magnifique.
Splendidement, ad.
Spoliateur, trice, a. et s.
Spoliation, sf. action de
Spolier, v. prendre de force.
Spongieux, se, a. d'éponge.
Spontané, a. volontairement.
Spontanéité, sf. de spontané.
Spontanément, ad.
Squelette, sm. ossement.
Stabilité, sf. état stable.
Stable, a. ferme, durable.
Stade, sm. mesure.
Stagnant, a. (ag) en repos.
Stagnation, sf. état stagnant.
Stalle, sm. et f. siége dans l'église.
Stance, sf. strophe de poésie.
Station, sf. demeure, repos.

Stationnaire, a. fixe.
Stationnal, a. de station.
Statistique, sf. situation.
Statuaire, s. sculpteur.
Statue, sf. figure.
Statuer, v. ordonner, régler.
Stature, sf. taille.
Statut, sm. règlement.
Sténographie, sf. act. de
Sténographier, v. écrire vite.
Stère, sm. mètre cube.
Stéréotypage, sm. act. de
Stéréotyper, v. clicher.
Stérile, a. qui ne produit rien.
Stérilité, sf. ne produit rien.
Stigmate, sm. marque.
Stigmatisé, a. qui est marqué.
Stimuler, v. exciter, pousser.
Stipulation, sf. act. de
Stipuler, v. spécifier.
Stomacal, a. de l'estomac.
Strangulation, sf. action d'étrangler.
Strapasser, v. barbouiller.
Stratagème, sm. ruse.
Stribord, vm. côté droit du vaisseau.
Strict, a. (kt) rigoureux.
Strictement, ad.
Strophe, sf. couplet d'ode.
Structure, sf. construction.
Studieusement, ad. de
Studieux, se, a. qui aime l'étude.
Stupéfaction, sf. surprise.
Stupéfait, a. interdit.
Stupéfier, v. engourdir.
Stupeur, sf. stupéfaction.
Stupide, a. et s. sot.
Stupidement, ad.
Stupidité, sf. bêtise.
Style, sm. poinçon, manière.
Styler, v. former. [d'écrire.
Stylet, sm. petit poignard.
Stylobate, sm. ornement d'architecture.
Su, sm. connaissance.
Suaire, sm. linceul.
Suave, a. doux, agréable.
Suavité, sf. qualité suave.
Subalterne, a. et s. subordonné.
Subdéléguer, v. envoyer.
Subdiviser, v. div. une partie.
Subdivision, sf. act. de subdi-
Subir, v. acquitter. [viser.
Subit, a. prompt.
Subitement, ad. soudainem.
Subjonctif, sm. t. de gramm.
Subjuguer, v. réduire.
Sublime, a. et sm. élevé.
Sublimé, sm. mercure.
Sublimement, ad.
Sublimer, v. volatiliser.

Sublimité, sf. élévation.
Submerger, v. inonder.
Submersion, sf. inondation.
Subordination, sf. dépendance
Subordonnément, ad.
Subordonner, v. soumettre.
Subornation, sf. action de
Suborner, v. tromper, séduire
Suborneur, euse, s.
Subreptice, v. furtif et illicite.
Subrepticement, ad. mêmes.
Subreption, sf. tromperie.
Subrogation, sf. de
Subroger, v. substituer.
Subséquemment, ad. de
Subséquent, a. qui vient après
Subside, sm. impôt.
Subsistance, sf. nourriture.
Subsister, v. continuer d'être.
Substance, sf. l'essentiel.
Substantiel, le, a. de substance.
Substantiellement, ad.
Substantif, sm. nom.
Substantivement, ad.
Substituer, v. mettre à la place
Substitut, sm. suppléant.
Substitution, sf. remplacem.
Subterfuge, sm. fuite, ruse.
Subtil, le, a. délié, rusé.
Subtilement, ad. avec adresse
Subtilisation, ad. de
Subtiliser, v. rendre subtil.
Subtilité, sf. finesse.
Subvenir, v. secourir.
Subvention, sf. sorte de secours.
Subversif, ve, a. qui renverse.
Subversion, sf. renversement
Subvertir, v. renverser.
Suc, sm. liqueur des corps.
Succéder, v. venir après.
Succès, sm. réussite.
Successeur, sm. qui succède.
Successif, a. qui se succède.
Succession, sf. biens laissés.
Successivement, ad. de suite.
Succinct, a. court.
Succinctement, ad.
Succomber, v. être accablé.
Succulent, a. plein de suc.
Succursale, a. et sf. qui dépend. [lèvres.
Sucer, v. attirer avec les
Suceur, euse, a. qui suce.
Sucre, sm. suc très-doux.
Sucrer, v. mettre du sucre.
Sucrerie, sf. choses sucrées.
Sucrier, sm. vase p. le sucre.
Sud, sm. l'opposé du Nord.
Suée, sf. inquiétude.
Suer, v. rendre de la sueur.
Sueur, sf. humeur.
Suffire, v. être suffisant.

Suffisamment, *ad.* assez.
Suffisance, *sf.* ce qui suffit.
Suffisant, *a.* qui suffit.
Suffocation, *sf.* action de
Suffoquer, *v.* ôter la respirat.
Suffragant, *a.* et *sm.* qui dé-
　pend.
Suffrage, *sm.* approbation.
Suggérer, *v.* inspirer.
Suggestion, *sf.* inspiration.
Suicide, *sm.* attentat à sa vie.
Suicider (se), *v.* se tuer.
Suie, *sf.* matière noire.
Suif, *sm.* graisse de mouton.
Suinter, *v.* couler peu à peu.
Suisse, *sm.* concierge d'hôtel.
Suite, *sf.* cortége.
Suiver, *v.* enduire de suif.
Suivi, *a.* avec ordre.
Suivre, *v.* être après.
Sujet, te, *a.* et *s.* soumis à.
Sujétion, *sf.* dépendance.
Sulfate, *sm.* sel.
Sulfureux, *a.* de soufre.
Superbe, *sf.* orgueil.
Superbement, *ad.*
Supercherie, *sf.* tromperie.
Superficie, *sf.* surface.
Superficiel, *a.* léger.
Superficiellement, *ad.*
Superfin, *a.* et *sm.* très-fin.
Superflu, *a.* et *sm.* inutile.
Superfluité, *sf.* abondance.
Supérieur, *a.* chef.
Supérieurement, *ad.* mieux.
Supériorité, *sf.* excellence.
Superlatif, *a.* et *sm.* très-haut
Superlativement. *ad.* [degré.
Superstitieusement, *ad.*
Superstitieux, *a.* et *s.*
Superstition, *sf.* vain présage
Supplantation, *sf.* action de
Supplanter, *v.* prendre la
　place d'un autre.
Suppléant, *sm.* qui supplée.
Suppléer, *v.* ajouter.
Supplément, *sm.* ce qu'on
Supplémentaire, *a.* [ajoute.
Supplication, *sf.* prière.
Supplice, *sm.* tourment.
Supplicier, *v.* tourmenter.
Supplier, *v.* conjurer.
Supplique, *sf.* requête.
Support, *sm.* ce qui soutient.
Supportable, *a.* qu'on peut
Supportablement, *ad.* [supp.
Supporter, *v.* soutenir.
Supposer, *v.* alléguer.
Supposition, *sf.* act. de supp.
Suppôt, *sm.* membre envoyé.
Suppression, *sf.* action de
Supprimer, *v.* retrancher.
Suppuratif, ve, *a.* et *s.*
Suppuration, *sf.* action de

Suppurer, *v.* jeter du pus.
Supputation, *sf.* calcul.
Supputer, *v.* compter.
Suprématie, *sf.* de
Suprême, *a.* au-dessus de tout
Sur, *prép.*
Sur, *a.* aigre, acide.
Sûr, *a.* certain, ferme.
Surabondamment, *ad.*
Surabondance, *sf.*
Surabonder, *v.* être abondant
Suranné, *a.* vieux.
Suranner, *v.* prescrire.
Surbaissé, *a.* qui baisse.
Surbaissement, *sm.*
Surcharge, *sf.* surcroît.
Surcharger, *v.* charger trop.
Surcroît, *sm.* augmentation.
Surcroître, *v.* trop accroître.
Surdité, *sf.* perte de l'ouïe.
Sureau, *sm.* arbre.
Sûrement, *ad.* avec sûreté.
Surérogation, *sf.* excédant.
Suret, *a.* diminut. de sur.
Sûreté, *sf.* abri du danger.
Surface, *sf.* extérieur.
Surfaire, *v.* demander trop.
Surgir, *v.* s'élever peu à peu.
Surhausser, *v.* élev. trop haut
Surhumain, *a.* au-dessus du
　pouvoir de l'homme.
Surintendance, *sf.* inspection
Surintendant, *sm.* inspec-
　teur.
Surjet, *sm.* espèce de couture
Surjeter, *v.* coudre en surjet.
Surlendemain, *sm.* après le
　lendemain.
Surmontable, *a.* qu'on peut
Surmonter, *v.* vaincre.
Surnager, *v.* se soutenir sur
　l'eau. [de la nature.
Surnaturel, le, *a.* au-dessus
Surnaturellement, *ad.*
Surnom, *sm.* nom ajouté.
Surnommer, *v.* donner un
　nom. [sus du nombre.
Surnuméraire, *a.* et *s.* au-des-
Surpasser, *v.* excéder.
Surplis, *sm.* vêtement ecclés.
Surplus, *sm.* le reste.
Surprendre, *v.* tromper.
Surpris, se, *a.* étonné.
Surprise, *sf.* étonnement.
Sursaut, *sm.* (réveiller en).
Surséance, *sf.* délai d'affaire.
Surseoir, *v.* remettre.
Sursis, *a.* délai.
Surtaxer, *v.* taxer trop haut.
Surtout, *ad.* sur toute chose.
Surveillance, *sf.* inspection.
Surveillant, *a.* et *s.* inspecteur
Surveille, *sf.* jour d'avant la
　veille.

Surveiller, *v.* observer.
Survenance, *sf.* arrivée im-
　prévue. [vient.
Survenant, *a.* et *s.* qui sur-
Survendre, *v.* vendre trop
　cher.
Survenir, *v.* arriver.
Survente, *sf.* act. de sur-
　vendre.
Survenu, *a.* venu inopiné-
　ment. [charge.
Survivance, *sf.* succession de
Survivant, *a.* qui survit.
Survivre, *v.* vivre après.
Sus, (s) *interj.* pour exhorter.
Susceptibilité, *sf.* qui est
Susceptible, *a.* sensible.
Suscitation, *sf.* instigation.
Susciter, *v.* faire naître.
Suscription, *sf.* adresse de lett.
Susdit, *a.* et *s.* déjà nommé.
Suspect, *a.* douteux.
Suspecter, *v.* soupçonner.
Suspendre, *v.* interdire.
Suspens, *sm.* interdit.
Suspense, *sf.* censure.
Suspensif, *s.* qui suspend.
Suspension, *sf.* surséance.
Suspensoir, *sm.* bandage.
Sustenter, *v.* nourrir.
Svelte, *a.* délié. peinture.
Sycomore, *sm.* arbre.
Syllabaire, *sm.* livre de l'en-
　fance.
Syllabe, *sf.* émission de voix.
Syllabique, *a.* des syllabes.
Syllepse, *sf.* fig. de syntaxe.
Syllogisme, *sm.* argument.
Symbole, *sm.* figure.
Symbolique, *a.* qui sert de
　symbole.
Symboliser, *v.* indiquer.
Symétrie, *sf.* proportion.
Symétrique, *a.* en symétrie.
Symétriquement, *ad.*
Symétriser, *v.* faire symétrie.
Sympathie, *sf.* convenance.
Sympathique, *a.* de la sym-
　pathie.
Sympathiser, *v.* convenir.
Symphonie, *sf.* concert.
Symptôme, *sm.* signe.
Synagogue, *sf.* assemblée
　juive. [que.
Synallagmatique, *a.* récipro-
Synchronisme, *sm.* simulta-
　néité.
Syncope, *sf.* défaillance.
Syncoper, *v.* défaillir, abréger
Syndic, *sm.* agent.
Synodal, *a.* du synode.
Synode, *sm.* assemblée ecclés.
Synonyme, *a.* et *sm.* de
　même sens.

Synonymie, *sf.* qual. des mots synonymes.
Synoptique, *a.* qui se voit d'un coup d'œil.
Syntaxe, *sf.* construction.
Systématique, *a.* à système.
Système, *sm.* opinion.
Syzigie, *sf.* nouvelle ou pleine lune.

T

T, *sm.* 20e lettre.
Ta, *a. pos.* fém. de Ton.
Tabac, *sm.* (fam. *taba*) plante.
Tabagie, *sf.* lieu pour fumer.
Tabatière, *sf.* boîte à tabac.
Tabernacle, *sm.* coffre.
Tablature, *sf.* marques.
Table, *sf.* meuble à pieds.
Tableau, *sm.* peinture, liste.
Tabler, *v.* compter sur.
Tabletier, *s.* marchand d'échiquiers.
Tablette, *sf.* agenda, planche.
Tablier, *sm.* pièce d'étoffe.
Tabouret, *sm.* siége sans dos.
Tache, *sf.* saleté.
Tâche, *sf.* ouvrage à faire.
Tacher, *v.* souiller.
Tâcher, *v.* s'efforcer.
Tacheté, *s.* marqueté.
Tacheter, *v.* marqueter.
Tachygraphe, *s.* qui sait la
Tachygraphie, *sf.* sténographie.
Tacite, *a.* sous-entendu.
Tacitement, *ad.*
Taciturne, *a.* qui parle peu.
Taciturnité, *sf.* humeur sombre.
Tact, *sm.* sens du toucher.
Tactique, *sf.* art militaire.
Taffetas, *sm.* étoffe de soie.
Taie, *sf.* pellicule sur l'œil.
Taillade, *sf.* coupure.
Taillader, *v.* faire des taillades
Taillanderie, *sf.* art du
Taillandier, *sm.* qui fabrique des instruments tranchants.
Taillant, *sm.* tranchant.
Taille, *sf.* façon des vêtem., bâton pour marquer.
Taille-douce, *sf.* gravure.
Tailler, *v.* couper.   [bits.
Tailleur, *sm.* qui fait les ha-
Taillis, *sm.* bois en coupe.
Tailloir, *sm.* tranchoir.
Taire, *v.* garder le silence.
Talent, *sm.* monnaie.
Talmud, *sm.* livre des Juifs.

Taloche, *sf.* coup sur la tête.
Talon, *sm.* derrière du pied.
Talonner, *v.* suivre de près.
Talus, *sm.* pente.
Tamarin, *sm.* arbre.
Tambour, *sm.* caisse, cylindre
Tambouriner, *v.* battre le tambour.
Tamis, *sm.* sas.
Tamiser, *v.* passer.
Tampon, *sm.* gros bouchon.
Tamponner, *v.* boucher.
Tan, *sm.* écorce pour tanner.
Tanaisie, *sf.* plante.
Tancer, *v.* réprimer.
Tanche, *sf.* poisson.
Tandis que, *conj.* pendant que.
Tangente, *sf.* terme de géométrie.
Tanière, *sf.* repaire de bêtes.
Tangage, *sm.* balancement.
Tanne, *sf.* bube dans les porcs
Tanner, *v.* préparer le cuir.
Tannerie, *sf.* où l'on tanne.
Tanneur, *sm.* qui tanne.
Tannin, *sm.* principe du tan.
Tant, *ad.* tant pis.
Tantale, *sm.* symbole du désir
Tante, *sf.* sœur du père ou de la mère.
Tantôt, *ad.* de temps.
Taon, *sm.* mouche diptère.
Tapage, *sm.* désordre.
Tapager, *v.* faire du bruit.
Tape, *sf.* coup de la main.
Tapé, *a.* fruit séché au four.
Tapecu, *sm.* bascule.
Taper, *v.* frapper.
Tapir, *v.* pour se blottir.
Tapis, *sm.* tissu.
Tapisser, *v.* couvrir de tapis.
Tapisserie, *sf.* étoffe de tenture.
Tapissier, ère, *s.* qui fait des tapis.
Tapoter, *v.* donner de petits coups.
Taquin, *a.* et *s.* querelleur.
Taquinement, *ad.* de
Taquiner, *v.* contrarier.
Taquinerie, *sf.* tracasserie.
Taraud, *sm.* outil pour
Tarauder, *v.* percer un trou.
Tard, *ad.* et *sm.* après le temps.
Tarder, *v.* différer.
Tardif, ve, *a.* qui tarde.
Tardivement, *ad.* d'une manière tardive.
Tare, *sf.* déchet.
Taré, *a.* vicié.
Tarer, *v.* causer du déchet.
Targette *sf.* verrou plat.

Targuer (se), *v.* se prévaloir, se moquer.
Tarière, *sf.* outil pour percer.
Tarif, *sm.* rôle de ses droits.
Tarifer, *v.* réduire à un tarif.
Tarir, *v.* mettre à sec.
Tarissable, *a.* qu'on peut tarir.
Tarissement, *sm.* desséchement.   [fer ancien.
Tartare, *sm.* grossier, en-
Tarte, *sf.* sorte de pâtisserie
Tartine, *sf.* tranche de pain beurré.   [par le vin.
Tartre, *sm.* dépôt salin causé
Tartufe, *sm.* hypocrite.
Tas, *sm.* amas.
Tasse, *sf.* vase à boire.
Tassée, *a.* (figure) trop courte
Tasseau, *sm.* support.
Tasser, *v.* mettre en tas.
Tâter, *v.* manier doucement.
Tatillonner, *v.* s'occuper à des riens.
Tâtonnement, *sm.* action de
Tâtonner, *v.* chercher.
Tâtons (à), *ad.* en tâtonnant.
Tatouer, *v.* barioler.
Taudis, Taudion, *sm.* petite maison.
Taupe, *sf.* petit quadrupède.
Taupière, *sf.* piège.
Taupinée, taupinière, *sf.* trou de taupe.
Taureau, *sm.* mâle de la vache.
Taux, *sm.* prix établi.
Taveler, *a.* moucheter.
Taverne, *sf.* cabaret.
Taxeur, *sm.* qui taxe.
Taxation, *sf.* act. de taxer.
Taxe, *sf.* règlement.
Taxer, *v.* régler, fixer.
Te, *pron. pers.* toi, à toi.
Technique, *a.* propre à un art.
Te Deum, *sm.* cantique.
Teigne, *sf.* maladie.
Teigneux, se, *a.* et *s.* qui a la teigne.
Teindre, *v.* colorer.
Teint, *sm.* teinture.
Teinte, *sf.* degré de couleur.
Teinture, *sf.* superficie.
Teinturerie, *sf.* atelier de
Teinturier, ère, *s.* qui teint.
Tel, le, *a.* pareil.
Télégraphe, *sm.* machine pour correspondre.   [phe
Télégraphique, *a.* de télégra-
Télescope, *sm.* sorte de lunette.
Tellement, *ad.* de telle sorte.
Téméraire *a.* et *sm.* hardi.

Témérairement, *ad.* avec
Témérité, *sf.* hardiesse.
Témoignage, *sm.* marque.
Témoigner, *v.* assurer.
Témoin, *sm.* qui a vu.
Tempe, *sf.* place entre l'oreille et le front.
Tempérament, *sm.* caractère.
Tempérance, *sf.* sobriété.
Tempérant, *a.* sobre.
Température, *sf.* état de l'air.
Tempérer, *v.* modérer.
Tempête, *sf.* vent impétueux.
Tempêter, *v.* faire grand
Temple, *sm.* édifice. [bruit.
Temporaire, *a.* de temps.
Temporairement, *ad.*
Temporel, le, *a.* et *s.* du temps.
Temporellement, *ad.*
Temporisation, *sf.* action de
Temporiser, *v.* attendre.
Temporiseur, *sm.* qui attend.
Temps, *sm.* espace.
Tenable, *a.* qu'on peut tenir.
Tenace, *a.* qui s'attache
Ténacité, *sf.* qualité tenace.
Tenaille, *sf.* inst. de fer.
Tenailler, *v.* pincer.
Tendance, *sf.* penchant.
Tendant, *a.* qui tend.
Tendon, *sm.* extrémité du muscle.
Tendre, *a.* sensible.
Tendre, *v.* présenter.
Tendrement, *ad.* avec
Tendresse, *sf.* sensibilité.
Tendu, *a.* bandé.
Ténèbres, *sf. pl.* obscurité.
Ténébreux, se, *a.* sombre.
Teneur, *sf.* contenu.
Tenir, *v.* avoir à la main.
Tenon, *sm.* bout de bois.
Tension, *sf.* état tendu.
Tentant, *a.* qui tente.
Tentateur, trice, *a.* et *s.*
Tentation, *sf.* désir.
Tentative, *sf.* essai.
Tente, *sf.* toile tendue.
Tenter, *v.* essayer.
Tenture, *sf.* tapisserie.
Tenue, *sf.* durée.
Ténuité, *sf.* qualité ténue.
Térébenthine, *sf.* résine.
Térébinthe, *sm.* arbre résin.
Tergiversation, *sf.* action de
Tergiverser, *v.* agir par détours.
Terme, *sm.* fin, borne.
Terminaison, *sf.* désinence.
Terminal, *a.* qui termine.
Terminer, *v.* borner.
Ternaire, *a.* du nombre trois.
Terne, *a.* sans éclat.

Ternir, *v.* ôter l'éclat.
Terrain, *sm.* espace de terre.
Terrasse, *sf.* levée de terre.
Terrassé, *a.* garni de terre.
Terrasser, *v.* jeter par terre.
Terrassier, *sm.* ouv. en terre.
Terre, *sf.* globe terrestre.
Terreau, *sm.* terre et fumier de terre.
Terrein, *sm.* V. Terrain.
Terre-plein, *sm.* amas de terre.
Terrer, *v.* enduire de terre.
Terrestre, *a.* de la terre.
Terreur, *sf.* grande crainte.
Terrible, *a.* effrayant.
Terriblement, *ad.*
Terrine, *sf.* vase de terre.
Terrinée, *sf.* plein une terrine
Territoire, *sm.* étendue.
Terroir, *sm.* qualité d'une terre.
Terroriste, *sm.* sévère.
Tes, *a. poss. pl.* de Ton.
Testacé, *a.* et *sm.* animal à coquilles. [volontés.
Testament, *sm.* dernières
Testamentaire, *a.* de testam.
Testateur, trice, *a.* qui teste.
Tester, *v.* faire son testam.
Testimonial, *a.* qui rend témoignage.
Têt, *sm.* corps de coquille.
Tête, *sf.* chef, partie du corps.
Tête-à-tête, *sm.* entretien.
Tétraèdre, *sm.* fig. de géom.
Têtu, *a.* et *s.* obstiné. [teur.
Texte, *sm.* paroles d'un auTextile, *a.* propre à tisser.
Textuaire, *sm.* livre de texte.
Textuel, le, *a.* du texte.
Textuellement, *ad.* à la lettre.
Thaumaturge, *a.* et *s.* grand faiseur de miracles.
Thé, *sm.* arbrisseau.
Théâtral, *a.* du théâtre.
Théâtre, *sm.* lieu de spectacle
Théière, *sf.* vase pour le thé.
Théisme, *sm.* de théiste.
Théiste *sm.* qui croit en Dieu.
Thème, *sm.* traduction.
Théocratie, *sf.* gouv. divin.
Théocratique, *a.* de théocratie
Théogonie, *sf.* relig. païenne.
Théologal, *a.* qui a Dieu pour objet.
Théologie, *sf.* science divine.
Théologien, *s.* qui sait la théologie.
Théologique, *a.* de théologie.
Théologiquement, *ad.*
Théorème, *sm.* proposition.
Théoricien, qui connaît la
Théorie, *sf.* spéculation.

Théorique, *a.* de la théorie
Théoriquement, *ad.* de théor.
Thériaque, *sf.* opiat. [chaudes
Thermal, *a.* eaux minérales
Thermomètre, *sm.* inst. pour indiq. le froid. et le chaud.
Thésauriser, *v.* s'enrichir.
Thésauriseur, euse, *s.* qui thésaurise.
Thèse, *sf.* proposition.
Thon, *sm.* poisson de mer.
Thuriféraire, *s.* qui porte l'encensoir. [matique.
Thym (tin), *sm.* plante aroTiare, *sf.* bonnet du pape.
Tic, *sm.* mouvement.
Tiède, *a.* ni chaud ni froid.
Tièdement, *ad.* avec
Tiédeur, *sf.* qualité tiède.
Tiédir, *v.* devenir tiède.
Tien, ne. *a.* et *sm.* qui est à toi.
Tiercer, *v.* hausser d'un tiers.
Tiers, Tierce, *a.* 3e partie.
Tige, *sf.* corps d'une plante.
Tigre, esse, *s.* bête féroce.
Tille, *sf.* écorce de chanvre.
Tiller, *v.* ôter l'écorce.
Tilleul, *sm.* arbre.
Timbale, *sf.* inst. de musique.
Timbre, *sm.* cloche; voix; droit
Timbré, *a.* marqué; imbécile.
Timbrer, *v.* même sens.
Timide, *a.* peureux.
Timidité, *sf.* peur.
Timon, *sm.* gouvernail.
Timonier, *sm.* matelot.
Timoré, *a.* craintif.
Tinette, *sf.* petite cuve.
Tintamare, *sm.* grand bruit.
Tintamarer. *v.* faire tapage.
Tintement, *sm.* act. de tinter.
Tinter, *v.* sonner lentement.
Tir, *sm.* lieu pour tirer une arme à feu.
Tirade, *sf.* suite de phrases.
Tirage, *sm.* act. de tirer.
Tiraillement, *sm.* act. de
Tirailler, *v.* tirer mal.
Tirailleur, *sm.* qui tiraille.
Tire-d'aile, *sm.* i. *Voler à*-*ad.*
Tire-balle, *sm.* instrument.
Tire-larigot, *ad.* excessivem.
Tire-ligne, *sm.* inst. d'archit.
Tire-lire, *sf.* tronc, bourse.
Tire-pied, *sm.* lanière.
Tirer, *v.* amener à soi.
Tiret, *sm.* trait.
Tireur, euse, *s.* qui tire.
Tiroir, *sm.* caisse emboîtée.
Tisane, *sf.* infusion. [lée.
Tison, *sm.* bûche à demi brûTisonné, *a.* tacheté de noir.
Tisonner, *v.* remuer les tiTisonneur, euse, *s.* [sons.

Tisser, *v.* faire un tissu.
Tisserand, *sm.* qui fait de la toile. [de tisserand.
Tisseranderie, *sf.* commerce
Tissu, *a.* et *sm.* ouvrage au métier.
Titiller, *v.* chatouiller.
Titre, *sm.* inscription.
Titrer, *v.* donner un titre.
Titulaire, *a.* et *s.* en titre.
Toast, *sm.* V. Toste.
Tocsin, *sm.* cloche d'alarme.
Toi, *pron.* de la 2e personne.
Toile, *sf.* tissu du fil.
Toilerie, *sf.* marchandise.
Toilette, *sf.* parure; meuble.
Toise, *sf.* mesure de 2 mètres
Toiser, *v.* mesurer. [environ.
Toison, *sf.* laine du mouton.
Toit, *sm.* couverture.
Tôle, *sf.* fer en feuille.
Tolérable, *a.* supportable.
Tolérance, *sf.* indulgence.
Tolérantisme, *sm.* système.
Tolérer, *v.* avoir la tolérance.
Tombe, *sf.* sépulcre.
Tombeau, *sm.* sépulcre.
Tomber, *v.* être renversé.
Tombereau, *sm.* charrette.
Tome, *sm.* volume.
Ton, ta, tes, *a.* possessif.
Ton, *sm.* degré d'un son.
Tondaison, *sf.* tonte.
Tondre, *v.* couper la laine.
Tonique, *a.* et *sm.* remède.
Tonne, *sf.* muid.
Tonneau, *sm.* petite tonne.
Tonnelier, *s.* ouvrier en tonn.
Tonnelle, *sf.* treille, filet.
Tonner, *v.* éclater.
Tonsure, *sf.* cheveux rasés.
Tonsurer, *v.* raser les cheveux en rond.
Tonte, *sf.* action de tondre.
Toper, *v.* consentir.
Topinambour, *sm.* plante.
Topique, *a.* et *sm.* remède; au *pl.* lieux communs.
Toque, *sf.* sorte de chapeau.
Toquer, *v.* toucher, frapper.
Torche, *sf.* flambeau.
Torcher, *v.* essuyer.
Torchis, *sm.* mortier.
Torchon, *sm.* serviette.
Tordre, *v.* tourner en long.
Tore, *sm.* astragale.
Torrent, *sm.* courant d'eau.
Torride, *a.* brûlant.
Tors, *a.* tordu.
Tort, *sm.* défaut.
Torticolis, *sm.* mal de cou.
Tortillage, *sm.* embarras.
Tortillement, *sm.* de
Tortiller, *v.* tordre, biaiser.

Tortu, *a.* de travers.
Tortue, *sf.* amphibie.
Tortuer, *v.* rendre tortu.
Tortueusement, *ad.*
Tortueux, se, *a.* tortu.
Torture, *sf.* gêne; tourment.
Torturer, *v.* tourmenter.
Toscan, *a.* ordre d'archit.
Toste, *sm.* act. de boire à la santé d'une personne.
Toster, *v.* porter des santés.
Tôt, *ad.* vite.
Total, *a.* entier. *sm.* le tout.
Totalement, *ad.* entièrement.
Totalité, *sf.* le total.
Touche, *sf.* ce qui met à l'épreuve.
Toucher, *v.* act. de contact.
Touffe, *sf.* amas d'herbes.
Touffu, *a.* épais; en touffe.
Toujours, *ad.* sans fin.
Toupet, *sm.* petite touffe.
Toupie, *sf.* jouet.
Toupiller, *v.* tournoyer. *fa.*
Tour, *sf.* construction élevée.
Tour à tour, *ad.*
Tour du bâton, *sm.* profit.
Tourbe, *sf.* mottes à brûler.
Tourbière, *sf.* fosse à tourbe.
Tourbillon, *sm.* eau, feu.
Tourelle, *sf.* petite tour.
Touret, *sm.* petite roue.
Tourillon, *sm.* gros pivot.
Tourment, *sm.* douleur.
Tourmente, *sf.* tempête.
Tourmenter, *v.* faire souffrir.
Tournailler, *v.* rôder.
Tournebroche, *sm.* machine.
Tournée, *sf.* voyage.
Tourner, *v.* aller en tournée.
Tournesol, *sm.* (ss) plante.
Tourneur, *sm.* artisan.
Tournevis, *sm.* (s) instrum.
Tourniquet, *sm.* croix mobil.
Tournoi, *sm.* fête militaire.
Tournoiement, *sm.* act. de
Tournoyer, *v.* tourner sans cesse.
Tournure, *sf.* manière.
Tourte, *sf.* sorte de pâtisserie.
Tourterelle, *sf.* oiseau.
Toussaint, *sf.* fête de tous les saints. [poitrine.
Tousser, *v.* faire effort de la
Tout, *a.* Tous, *pl.* l'intégrité de la chose.
Toutefois, *ad.* néanmoins.
Tou-tou, *sm.* petit chien. *enf.*
Toux, *sf.* mouvem. convulsif.
Tracas, *sm.* mouvement.
Tracasser, *v.* inquiéter.
Tracasserie, *sf.* chicane.
Tracassier, ère, *a.* et *s.*
Trace, *sf.* vestige.

Tracé, *sm.* trait d'un plan.
Tracement, *sm.* act. de tracer.
Tracer, *v.* marquer.
Tradition, *sf.* act. de livrer.
Traditionnel, le, *a.*
Traducteur, *s.* qui traduit.
Traduction, *sf.* action de
Traduire, *v.* citer en justice, transférer.
Trafic, *sm.* commerce.
Trafiquer, *v.* faire trafic.
Tragédie, *sf.* drame; événement funeste.
Tragique, *a.* de la tragédie.
Tragiquement, *ad.*
Trahir, *v.* manquer de foi.
Trahison, *sf.* manque de foi.
Traille, *sf.* sorte de bac.
Train, *sm.* allure.
Traînant, *a.* qui traîne.
Traîneau, *sm.* voiture sans roues.
Traînée, *sf.* traces.
Traîner, *v.* tirer après soi.
Traîneur, *sm.* qui traîne.
Traire, *v.* tirer le lait.
Trait, *a.* tiré à la filière.
Traitable, *a.* doux; docile.
Traite, *sf.* lettre de change.
Traité, *sm.* dissertation.
Traitement, *sm.* act. de
Traiter, *v.* discuter, servir.
Traiteur, *sm.* qui donne à manger.
Traître, tresse, *s.* qui trahit.
Trajet, *sm.* espace à traverser
Trame, *sf.* fils ourdis.
Tramer, *v.* passer la trame.
Tranche, *sf.* morceau coupé.
Trancher, *v.* séparer, creuser.
Tranchet, *sm.* outil de cord.
Tranquille, *a.* (*l*) calme.
Tranquillement, *ad.*
Tranquilliser, *v.* calmer.
Tranquillité, *sf.* état calme.
Trans, *prép.* au delà. [ger.
Transaction, *sf.* act. de transi-
Transcendance, *sf.* supériorité de moyen.
Transcendant, *a.* sublime.
Transcrire, *v.* copier.
Transe, *sf.* appréhension.
Transfèrement, *sm.* transport
Transférer, *v.* transporter.
Transfert, *sm.* transport.
Transfiguration, *sf.* changem.
Transfigurer, *v.* changer.
Transformation, *sf.* changement de forme.
Transformer, *v.* métamorphoser.
Transfuge, *sm.* qui passe à l'ennemi.
Transgresser, *v.* enfreindre.
Transgresseur, *sm.* violateur.

Transgression, sf. manque-
Transi, a. gelé. [ment.
Transiger, v. (zi) accommod.
Transir, v. pénétrer, saisir.
Transit, sm. (zit) même sens.
Transitif, a. marque une
 action qui passe au sujet.
Transition, sf. passage.
Transitoire, a. passager, ad.
Translation, sf. act. de trans-
Transmettre, v. céder. [férer.
Transmigration, sf. métemp-
 sycose. [transmettre.
Transmission, sf. action de
Transparence, sf. à voir au
 travers.
Transparent, a. même sens.
Transpercer, v. percer.
Transpiration, sf. sueur.
Transplantation, sf. action de
Transplanter, v. planter ail-
 leurs.
Transport, sm. changement,
 passion.
Transporter, v. changer, etc.
Transposer, v. changer de
 place.
Transposition, sf. même sens.
Transsubstantiation, sf. chan-
 gement.
Transvaser, v. verser ailleurs
Transversal, a. oblique.
Transversalement, ad.
Trapèze, sm. quadrilatère.
Trapézoïde, sm. fig. de géom.
Trappe, sf. porte horizont.
Trapu, a. gros et court.
Traquer, v. battre un bois.
Travail, sm. travaux, pl.
Travailler, v. faire un travail.
Travailleur, euse, s. qui
 travaille. [tres.
Travée, sf. entre deux pou-
Travers, sm. largeur.
Traverse, sf. pièce en trav.
Traversée, sf. trajet par mer.
Traverser, v. passer au trav.
Traversin, sm. oreiller en
Travestir, v. masquer. [long.
Travestissement, sm. m. sens.
Trébuchement, sm. de [pas.
Trébucher, v. faire un faux
Trébuchet, sm. piège, balance
Trèfle, sm. plante.
Treillage, sm. treillis en lattes
Treillager, v. faire un treil-
 lage. [treillages.
Treillageur, sm. qui fait les
Treille, sf. berceau.
Treilliser, v. garnir de treillis.
Treize, a. num. dix et trois.
Treizième, a. ordinal.
Treizièmement, ad.
Tréma, sm. accent.

Tremble, sm. arbre.
Tremblement, sm. agitation.
Trembler, v. être agité.
Trembloter, v. demi trembl.
Trémie, sf. auge.
Trémoussement, sm. act. de
Trémousser, v. s'agiter.
Trempe, sf. caractère.
Tremper, v. mouiller.
Trentaine, sf. de 30.
Trente, a. num. trois fois dix.
Trente-deux (in), sm. format.
Trentième, a. et s.
Trépaner, v. ouvrir le crâne.
Trépas, sm. décès.
Trépassé, sm. décédé.
Trépassement, sm. trépas.
Trépasser, v. mourir.
Trépied, sm. inst. à 3 pieds.
Trépignement, sm. act. de
Trépigner, v. frapper du pied.
Trépointe, sf. cuir entre deux
Très, particule ad. [autres.
Trésor, sm. amas.
Trésorier, sm. garde-trésor.
Tressaillement, sm. act. de
Tressaillir, v. être ému.
Tresse, sf. tissu plat.
Tresser, v. entrelacer.
Tresseur, euse, s. qui tresse.
Tréteau, sm. support.
Treuil, sm. inst. de mécaniq.
Trêve, sf. suspension.
Triangle, sm. fig. de géom.
Triangulaire, a. à trois angles.
Triangulairement, ad.
Tribord, sm. côté droit du na-
Tribu, sf. division. [vire.
Tribulation, sf. affliction.
Tribun, sm. magistrat.
Tribunal, sm. lieu pour juger
Tribune, sf. lieu élevé.
Tribut, sm. impôt.
Tributaire, a. qui paie tribut.
Tricher, v. tromper au jeu.
Tricherie, sf. tromperie.
Tricheur, euse, s. qui trompe.
Tricolore, a. de trois couleurs
Tricot, sm. tissu, bâton.
Tricotage, sm. action de
Tricoter, v. faire du tricot.
Tricoteur, euse, s.
Trictrac, sm. jeu.
Trident, sm. fourche à 3 dents.
Triennal, a. (ène), de 3 ans.
Triennalité, sf. de 3.
Triennat, sm. de 3.
Trier, v. choisir.
Trieur, euse, s. qui trie.
Trigauder, v. finasser.
Trigauderie, sf. mauv. finesse
Triglyphe, sm. ornem. d'arch.
Trigonométrie, sf. science.
Trigonométrique, a.

Trigonométriquement, ad.
Trillion, sm. mille billions.
Triloculaire, a. à 3 loges.
Trimer, v. faire beaucoup.
Trimestre, sm. de 3 mois.
Tringle, sf. baguette.
Trinité, sf. divinité.
Trinome, sm. de trois termes.
Trinquer, v. boire en cho-
 quant les verres.
Triomphal, a. du triomphe.
Triomphalement, ad. [phe.
Triomphateur, sm. qui triom-
Triomphe, sm. honneur.
Triompher, v. l'emporter sur.
Tripe, sf. boyaux d'un animal
Triperie, sf. mauv. boucherie
Triple, a. trois fois autant.
Triplement, sm. action de
Tripler, v. 3 fois plus.
Triplicité, sf. nombre triplé.
Tripoli, sm. sorte de terre.
Tripotage, sm. mauv. mélange
Tripoter, v. faire un tripotage
Trique, sf. gros bâton.
Triste, a. affligé. [bisaïeul.
Trisaïeul, s. père ou mère de
Tristement, ad. [grin.
Tristesse, sf. affliction, cha-
Triturer, v. réduire en poud.
Triumvirat, sm. de trois.
Trivial, a. commun, bas, po-
Trivialement, ad. [pulaire.
Trivialité, sf. chose triviale
Troc, sm. échange.
Trogne, sf. visage plein.
Trognon, sm. milieu d'un fr.
Trois, a. num. deux et un.
Troisième, a. ord. de trois.
Trombe, sf. tourbillon d'eau.
Trombone, sm. sorte de
 trompette.
Trompe, sf. instrument de
 musique, f.
Tromper, v. induire en erreur
Tromperie, sf. act. de tromp.
Trompeter, v. publier.
Trompette, sf. inst. de mus.
Trompeur, euse, a. et s, qui
 trompe.
Tronc, sm. (c) tige d'arbre.
Tronçon, sm. morceau.
Tronçonner, v. couper en
 tronçon.
Trône, sm. siège royal.
Tronquer, v. retrancher.
Trop, ad. plus qu'il ne faut.
Trophée, sm. signe de vic-
Tropique, sm. cercle. [toire.
Troquer, v. changer.
Troqueur, euse, s.
Trot, sm. allure de cheval.
Trotte, sf. espace de chemin.
Trotte-menu, a. à petits pas.

Trotter, *v.* aller le trot.
Trotteur, *sm.* qui trotte.
Trottin, *sm.* petit laquais.
Trottoir, *sm.* chemin élevé.
Trou, *sm.* ouverture.
Trouble, *a.* non clair.
Trouble-fête, *sm.* importun.
Troubler, *v.* rendre trouble, inquiéter.
Trouée, *sf.* ouverture.
Trouer, *v.* percer.
Troupe, *sf.* multitude.
Troupeau, *sm.* d'animaux.
Trousseau, *sm.* linge nécess.
Trousser, *v.* replier.
Troussis, *sm.* pli.
Trouvaille, *sf.* chose trouvée.
Trouver, *v.* rencontrer.
Trucheman, *sm.* interprète.
Trucher, *v.* mendier.
Truelle, *sf.* outil de maçon.
Truellée, *sf.* plein une truelle.
Truffe, *sf.* légume.
Truffer, *v.* garnir de truffes; tromper. *fam.*
Truie, *sf.* femelle du porc.
Truite, *sf.* poisson.
Trumeau, *sm.* glace, espace entre deux fenêtres.
Tu, *pron.* de la 2e personne.
Tuable, *a.* qu'on peut tuer.
Tuant, *a.* très-fatigant.
Tu autem, *sm.* la difficulté.
Tube, *sm.* tuyau.
Tubercule, *sm.* excroissance.
Tuberculeux, se, *a.*
Tuer, *v.* ôter la vie.
Tuerie, *sf.* carnage.
Tue-tête (à), *ad.* crier fort.
Tuf, *sm.* pierre blanche.
Tuile, *sf.* terre cuite.
Tuileau, *sm.* morceau de tuil.
Tuilerie, *sf.* manuf. de tuiles.
Tuilier, *sm.* md de tuiles.
Tulipe, *sf.* fleur liliacée.
Tumeur, *sf.* enflure. *méd.*
Tumulte, *sm.* désordre.
Tumultuaire, *a.* avec tumult.
Tumultueusement, *ad.*
Tunique, *sf.* vêtement.
Turban, *sm.* coiff. turque.
Turbe, *sf.* troupe.
Turbot, *sm.* poisson de mer.
Turbulence, *sf.* caractère.
Turbulent, *a.* sémillant.
Turc, Turque, *a.* et *s.*
Turelure, *sf.* (la même chose).
Turlupin, *sm.* farceur.
Turlupiner, *v.* railler.
Turpitude, *sf.* honte.
Tutélaire, *a.* qui protége.
Tutelle, *sf.* surveillance.
Tuteur, trice, *s.*
Tutoiement, Tutoiment, *sm.*

Tutoyer, *v.* dire *tu*, *toi*.
Tuyau, *sm.* tige creuse.
Tympan, *sm.* partie de l'oreille; ornement d'archit.
Tympaniser, *v.* décrier.
Tympanon, *sm.* inst. de mus.
Type, *sm.* figure originale.
Typhon, *sm.* *V.* trombe.
Typhus, *sm.* fièvre maligne.
Typographe, *sm.* qui sait la
Typographie, *sf.* imprimerie.
Typographique, *a.* d'imprim.
Tyran, *sm.* mauvais maître.
Tyrannie, *sf.* vexation.
Tyrannique, *a.* de tyran.
Tyranniquement, *ad.*
Tyranniser, *v.* vexer.

U

U, *sm.* 21e lettre de l'alphab.
Ulcération, *sf.* d'ulcère.
Ulcère, *sm.* plaie.
Ulcéré, *a.* formé en ulcère.
Ulcérer, *v.* causer un ulcère.
Ultérieur, *a.* après.
Ultérieurement, *ad.* par de là.
Un, *sm.* le premier nombre.
Unanime, *a.* de concert.
Unanimement, *ad.*
Unanimité, *sf.* conformité.
Uni, *a.* simple, égal.
Unième, *a.* de un.
Uniforme, *a.* toujours égal.
Uniformément, *ad.* avec
Uniformité, *sf.* ressemblance.
Uniment, *ad.* tout uni.
Union, *sf.* jonction.
Unique, *a.* seul.
Uniquement, *ad.* seulement.
Unir, *v.* joindre.
Unisson, *sm.* accord de ton.
Unité, *sf.* non pluralité.
Unitif, ve, *a.* (vie) dévote.
Univers, *sm.* le monde.
Universalité, *sf.* généralité.
Universel, le, *a.* partout.
Universellement, *ad.*
Université, *sf.* corps enseig.
Urbanité, *sf.* politesse.
Urgence, *sf.* nécessité.
Urgent, *a.* pressant.
Urinal, *sm.* vase pour uriner.
Urine, *sf.* humeur séreuse.
Urne, *sf.* vase antique.
Usage, *sm.* coutume.
Usance, *sf.* terme de 30 jours.
User, *v.* consommer.
Usine, *sf.* forge, moulin.
Usité, *a.* en usage.
Ustensile, *sm.* petit meuble.
Usuel, le, *a.* d'un usage ord.
Usuellement, *ad.* même sens.

Usufruit, *sf.* jouissance du revenu.
Usufruitier, *s.* qui jouit.
Usuraire, *a.* où il y a usure.
Usurairement, *ad.*
Usure, *sf.* intérêt illégitime.
Usurier, ère, *s.* d'usure.
Usurpateur, trice, *s.* et *a.*
Usurpation, *sf.* action d'
Usurper, *v.* s'emparer.
Utérin, *a.* né d'une même mère.
Utile, *a.* profitable.
Utilement, *ad.* avec utilité.
Utiliser, *v.* rendre utile.
Utilité, *sf.* avantage.
Utopie, *sf.* plan imaginaire de gouvernement.

V

V, *sm.* (*vé* ou *ve*) 22e lettre de l'alphabet. [jeu.
Va, *loc. ad.* soit. terme de jeu.
Vacance, *sf.* suspension.
Vacant, *a.* pas occupé.
Vacarme, *sm.* grand bruit.
Vacation, *sf.* vacances judiciaires.
Vaccin, *sm.* virus de vache.
Vaccinateur, *a.* et *sm.* de
Vaccination, *sf.* de
Vaccine, *sf.* act. de
Vacciner, *v.* inoculer le vaccin
Vache, *sf.* quadrupède, coffre.
Vacillation, *sf.* act. de
Vaciller, *v.* chanceler.
Vade, *sf.* mise au jeu.
Vade-mecum, *sm.* livre.
Vagabond, *a.* et *s.* de
Vagabondage, *sm.* act. de
Vagabonder, *v.* errer çà et là.
Vague, *sf.* flot. *a.* indéfini.
Vaguement, *ad.* de
Vaguer, *v.* errer çà et là.
Vaillamment, *ad.* avec courage.
Vaillance, *sf.* bravoure. [rage.
Vaillantise, *sf.* idem.
Vaille que vaille, *loc. adv.*
Vain, *a.* orgueilleux. En vain, *ad.* inutilement.
Vaincre, *v.* surmonter.
Vainement, *ad.* en vain.
Vainqueur, *sm.* et *a.* qui a vaincu.
Vaisseau, *sm.* vase, navire.
Vaisselle, *sf.* plats, etc.
Val, *sm. pl.* vaux, vallée.
Valable, *a.* admissible.
Valablement, *ad.* même sens.
Valet, *sm.* serviteur.
Valétudinaire, *a.* maladif.

Valeur, sf. bravoure, courage.
Valeureusement, ad.
Valeureux, se, a. vaillant.
Valide, a. qui a les qualités.
Validement, ad. valablement.
Valider, v. rendre valide.
Validité, sf. qualité.
Valise, sf. sac de cuir.
Vallée, sf. (l) entre les monts.
Vallon, sm. petite vallée.
Valoir, v. avoir un prix.
Valser, v. danser.
Valve, sf. écaille.
Valvule, sf. membrane.
Vampire, sm. revenant. fig.
Van, sm. inst. pour vanner.
Vandalisme, sm. pillage.
Vanille, sf. fruit du
Vanillier, sm. arbre exotique.
Vanité, sf. inutilité.
Vaniteux, se, a. qui est vain.
Vanne, sf. écluse.
Vanneau, sm. oiseau.
Vanner, v. nettoyer le grain.
Vannerie, sf. de vanneur.
Vanneur, sm. qui vanne.
Vannier, s. ouvrier en osier.
Vantail, sm. volet.
Vanter, v. louer.
Vapeur, sf. exhalaison.
Vaporeux, se, a. et s. qui a
  des vapeurs.
Vaporiser (se), v. réduire
  en vapeurs.
Vaquer, v. être vacant.
Variabilité, sf. de
Variable, a. sujet à varier.
Variation, sf. changement.
Varice, sf. veine dilatée.
Varier, v. changer.
Variété, sf. diversité.
Variole, sf. petite vérole.
Variolique, a. de la variole.
Varlope, sf. rabot.
Vase, sm. ustensile, boue.
Vaseux, se, a. boueux.
Vasistas, (s), sm. fenêtre mob.
Vassal, s. dépendant.
Vaste, a. grande étendue.
Vatican, sm. palais du pape.
Vaurien, sm. fainéant.
Vautour, sm. gros oiseau.
Vautrer, v. se rouler.
Veau, sm. petit de la vache.
Vedette, sf sentinelle à cheval
Végétable, a. qui peut végéter
Végétal, a. et sm. qui pousse.
Végétatif, ve, a. qui fait végét.
Végétation, sf. action de
Végéter, v. pousser, languir.
Véhémence, sf. impétuosité.
Véhément, a. impétueux.
Véhicule, sm. qui aide à l'act.
Veille, sf. avant le jour.

Veillée, sf. act. de
Veiller, v. soigner, ne pas
  dormir.
Veilleur, sm. qui veille.
Veilleuse, sf. petite lumière.
Veine, sf. canal, sillon.
Veiné, a. qui a des veines.
Veineux, se, a. même sens.
Vélin, sm. peau préparée.
Velléité, sf. volonté faible.
Véloce, a. très-rapide.
Vélocifère, sm. voiture légèr.
Vélocité, sf. grande vitesse.
Velours, sm. sorte d'étoffe.
Velouté, a. et sm. ce qui
  imite le velours.
Velte, sf. mesure.
Velter, v. mesurer.
Velu, a. couvert de poil.
Venaison, sf. chair de bêtes
  fauves.
Vénal, a. qui se vend.
Vénalement, ad. de
Vénalité, sf. par intérêt.
Vendable, a. qu'on peut
  vendre.
Vendange, sf. récolte de raisin
Vendanger, v. cueillir le rais.
Vendangeur, euse, s. qui ven-
  dange.
Vendeur, euse, s. qui vend.
Vendre, v. céder.
Vendredi, sm. 6e jour.
Venelle, sf. petite rue.
Vénérable, a. respectable.
Vénération, sf. respect.
Vénérer, v. révérer.
Vénerie, sf. réserve de bêtes
  fauves.
Venez-y-voir, sm. attrape. fa.
Vengeance, sf. action de
Venger, v. tirer raison.
Vengeur, Vengeresse, a. et s.
  qui venge.
Véniel, le, a. qui ne prive
  pas de la grâce.
Véniellement, ad.
Venimeux, se, a. de
Venin, sm. suc délétère. fig.
Venir, v. arriver, croître.
Vent, sm. air agité.
Vente, sf. action de vendre.
Venter, v. faire du vent.
Venteux, se, a. sujet aux vents
Ventilateur, sm. qui donne
  du vent.
Ventilation, sf. action de
Ventiler, v. évaluer.
Ventouse, sf. ouverture.
Ventre, sm. capacité du corps
Ventricule, sm. cavité.
Ventrière, sf. sangle [ventre.
Ventriloque, a. et s. cri du
Ventru, a. à gros ventre.

Venue, sf. arrivée.
Vêpres, sf. pl. office du soir.
Ver, sm. (er) insecte.
Véracité, sf. de vérité.
Verbal, a. de vive voix.
Verbalement, ad. même s.
Verbaliser, v. faire un procès.
Verbe, sm. partie d'oraison.
Verbération, sf. choc de l'air.
Verbiage, sm. mauvais lan-
  gage.
Verbiager, v. parler mal.
Verbiageur, euse, s. qui ver-
  biage.
Verdâtre, a. presque vert.
Verdelet, ette, a. presque vert
Verdir, v. rendre vert.
Verdoyant, a. de
Verdoyer, v. devenir vert.
Verdure, sf. herbes.
Véreux, se, a. mauvais.
Verge, sf. baguette.
Verger, sm. enclos.
Vergeter, v. nettoyer.
Vergette, sf. brosse de poils.
Vergeur, sm. (ju) raie au
  parquet.
Verglas, sm. gelée.
Vergne, sm. V. Aune.
Vergogne, sf. honte.
Véridicité, sf. ce qui est
Véridique, a. vrai.
Vérificateur, sm. de
Vérification, sf. action de
Vérifier, v. s'assurer.
Véritable, a. vrai.
Véritablement, ad. selon la
Vérité, sf. certitude.
Verjus, sm. raisin vert.
Vermeil, le, a. d'un rouge
  foncé.
Vermicelle, sm. pâte.
Vermiculé, a. traces de vers.
Vermifuge, a. sm. contre les
  vers.
Vermiller, v. fouiller la terre.
Vermillon, sm. rouge.
Vermillonner, v. marquer
  de rouge.
Vermine, sf. insectes sales.
Vermisseau, sm. petit ver.
Vermouler (se), v. se piquer
  des vers.
Vermoulure, sf. piqûre de
  vers.
Vernir, v. mettre un vernis.
Vernis, sm. lustre, éclat.
Vernisser, v. vernir de la po-
  terie.
Vernisseur, sm. qui vernit.
Vernissure, sf. application de
  vernis.
Vérole (petite), sf. maladie.
Véronique, sf. plante.

Verre, *sf.* corps transparent.
Verrerie, *sf.* manufacture de verres.
Verroterie, *sf.* menus verres.
Verrou, *sm.* fermeture de porte.   [verrou.
Verrouiller, *v.* tourner le
Verrue, *sf.* durillon.
Vers, *sm.* rimes.
Versant, *a.* sujet à verser.
Versatile, *a.* fig. variable.
Versatilité, *sf.* changement.
Verseau, *sm.* signe du zodiaq.
Verser, *v.* épancher.
Verser, *sm.* partie du disc.
Versification, *sf.* action de
Versifier, *v.* faire des vers.
Version, *sf.* interprétation.
Verso, *sm.* ¿. revers.
Vert, *a.* couleur.
Vert-de-gris, *sm.*
Vertèbre, *sf.* chacun des 24 os de l'épine du dos.
Vertement, *ad.* avec force.
Vertical, *a.* d'aplomb.
Verticalement, *ad.* perpendiculairement.
Vertige, *sm.* étourdissement.
Vertigo, *sm.* caprice.
Vertu, *sf.* propriété.
Vertueusement, *ad.*
Vertueux, se, *a.* qui a de la vertu.
Verve, *sf.* force d'imagination
Vesce, *sf.* plante.
Vésicatoire, *a.* et *sm.* médicament extérieur.
Vésiculeux, Vésiculaire, *a.*
Vésicule, *sf.* petite vessie.
Vesse, *sf.* vent.
Vessie, *sf.* sac membraneux.
Veste, *sf.* habillemens.
Vestiaire, *sm.* dépense pour habillement.
Vestibule, *sm.* pièce d'entrée.
Vestiges, *sm.* restes.
Vêtement, *sm.* habits.
Vétéran, *sm.* en retraite.
Vétérance, *sf.* de retraite.
Vétille, *sf.* bagatelle.
Vétiller, *v.* chicaner.
Vétillerie, *sf.* chicanerie.
Vétilleux, se, *a.* minutieux.
Vêtir, *v.* couvrir.
Véto, *sm.* (é) opposition.
Vêtu, *a.* habillé.
Vêture, *sf.* prise d'habit.
Vétusté, *sf.* ancienneté.
Veuf, veuve, *a.* et *s.* qui a perdu son époux, ou son épouse.
Veuvage, *sm.* état de veuf.
Vexation, *sf.* de
Vexatoire, *a.* qui vexe.

Vexer, *v.* tourmenter.
Viager, ère, *a.* et *sm.* de la vie.
Viande, *sf.* chair, nourriture
Viatique, *sm.* provision.
Vibralité, *sf.* tremblement.
Vibration, *sf.* mouvement.
Vibrer, *v.* trembler.
Vicaire, *sm.* suppléant, adjoint d'un curé.
Vicariat, *sm.* emploi de vicaire
Vice versa (et) *loc. ad.* réciproquement.
Vicié, *a.* gâté, corrompu.
Vicier, *v.* altérer.
Vicieusement, *ad.* de
Vicieux, *a.* contre l'ordre.
Vicissitude, *sf.* instabilité.
Victime, *sf.* sacrifice.
Victimer, *v.* rendre victime.
Victoire, *sf.* avantage.
Victorieusement, *ad.*
Victorieux, se, *a.* qui remporte la victoire.
Vidange, *sf.* act. de vider.
Vidangeur, *sm.* qui vidange.
Vide, *sm.* non plein.
Vider, *v.* rendre vide.
Viduité, *sf.* état de veuvage.
Vie, *sf.* opposé à mort.
Vieil ou Vieux, Vieille, *a.*
Vieillard, *sm.* ancien.
Vieillerie, *sf.* chose usée.
Vieillesse, *sf.* être vieux.
Vieillir, *v.* devenir vieux.
Vieillot, otte, *a.* et *s.* petit [vieux.
Vierge, *a.* pure.
Vieux, *a.* et *s.* V. Vieil.
Vif, Vive, *a.* vivant.
Vif-argent, *sm.* mercure.
Vigilamment, *ad.*
Vigilance, *sf.* attention.
Vigilant, *a.* attentif.
Vigile, *sf.* veille de fête.
Vigne, *sf.* plante à raisin.
Vigneron, *sm.* qui cultive la vigne
Vignette, *sf.* petite estampe.
Vignoble, *sm.* terrain à vigne.
Vigoureusement, *ad.* de
Vigoureux, se, *a.* et *s.* de
Vigueur, *sf.* force, ardeur.
Vil, *a.* abject, méprisable.
Vilain, *a.* qui déplaît.
Vilainement, *ad.*
Vilebrequin, *sm.* outil.
Vilement, *ad.*
Vilenie, *sf.* ordure, injure.
Vilipender, *v.* déprimer.
Village, *sm.* hameau.
Villageois, *a.* et *s.* de village.
Ville, *sf.* cité.
Vin, *sm.* jus de raisin.
Vinaigre, *sm.* vin aigre.
Vinaigrer, *v.* mettr. du vinaig.

Vinaigrier, *sm.* fabricant de vinaigre.
Vindicatif, ve, *a.* qui se venge
Vindication, *sf.* vengeance.
Vineux, se, *a.* de vin.
Vingt, *a. num.* (vin), 2 fois 10.
Vingt-quatre, (in), *sm.* (vint)
Vingtaine, *sf.* nombre de 20.
Vingtième, *a.* ord. et *sm.*
Violateur, *sm.* qui viole la loi.
Violation, *sf.* action de
Violement, *sm.* infraction.
Violemment, *ad.* (la). de
Violence, *sf.* force injuste.
Violent, *a.* furieux.
Violenter, *v.* contraindre.
Violer, *v.* enfreindre.
Violet, *a.* et *sm.* couleur.
Violette, *sf.* plante, sa fleur.
Violir, *v.* devenir violet.
Violon, *sm.* inst. de musique.
Vipère, *sf.* sorte de serpent.
Virer, *v.* tourner.
Virginal, *a.* de vierge.
Virginité, *sf.* état de vierge.
Virgule, *sf.* signe de ponctuation.
Viril, *a.* d'homme.
Virilement, *ad.*
Virole, *sf.* rondelle.
Virtuel, le, *a.* qui agit.
Virtuellement, *ad.*
Virus, *sm.* (s) venin. *méd.*
Vis, (s) *sf.* univalve.
Vis-à-vis, *ad.* et *prép.* en face.
Visa, *sm.* vu.
Visage, *sm.* figure.
Viscéral, *a.* des viscères.
Viscère, *sm.* organe.
Visée, *sf.* direction de la vue.
Viser, *v.* mirer.
Visibilité, *sf.* de
Visible, *a.* évident.
Visiblement, *ad.*
Visière, *sf.* du casque.
Vision, *sf.* apparition.
Visionnaire, *a.* et *s.* qui a des visions.
Visitation, *sf.* fête.
Visite, *sf.* act. d'aller voir.
Visiter, *a.* faire visite.
Visiteur, *sm.* qui visite.
Visqueux, se, *a.* gluant.
Visser, *v.* attacher avec des vis.
Visuel, le, *a.* de la vue.
Vital, *a.* de la vie.
Vite, *a.* promptement.
Vitement, *ad.* vite.
Vitesse, *sf.* avec célérité.
Vitrage, *sm.* de vitres.
Vitrail, *sm.* pl. vitraux.
Vitre, *sf.* carreau de verre.
Vitré, *a.* garni de vitres.

Vitrer, *v.* garnir de vitres.
Vitrerie, *sf.* art du vitrier.
Vitreux, euse, *a.* de verre.
Vitrier, *s.* ouvrier en vitres.
Vitrification, *sf.* action de
Vitrifier,*v.*couvertiren verre
Vitriol, *sm.* sulfate.
Vitriolé,*a.*où il y a du vitriol
Vitupérer, *v.* blâmer.
Vivace, *a.* de plus d'un an.
Vivacité, *sf.* promptitude.
Vivandier, ère, *s.* marchand
de vivres.
Vivant, *a.* et *sm.*bon vivant.
Vivat, *sm.* souhait.
Vivement, *ad.* avec vivacité.
Vivier,*sm.*bassin, bateau pê-
cheur.
Vivification,*sf.*act.de
Vivifier, *v.* donner la vie.
Vivifique, *a.* qui vivifie.
Vivipare,*a.*qui fait ses petits
tout vivants.
Vivoter,*v.* vivre pauvrement
Vivre, *v.* être en vie.
Vocabulaire, *sm.* liste alpha-
bétique des mots d'une
langue, d'une science.
Vocabuliste, *sm.* de vocab.
Vocal,*a.* de la voix.
Vocation, *sf.* profession.
Vocifération,*sf.*malédiction.
Vociférer, *v.* maudire.
Vœu, *sm.* promesse à Dieu.
Vogue, *sf.* mouvement.
Voguer, *v.* ramer.
Vogueur, *sm.* rameur.
Voici, *pr.*
Voie, *sf.* chemin.
Voilà,*pr.*propos. elliptique.
Voile, *sm.* prétexte, linge
pour se couvrir; *sf.* toile
pour le vent.
Voilé, *a.* couvert d'un voile.
Voiler, *v.* couvrir d'un voile.
Voilerie, *sf.* manufacture de
voiles.
Voilier,*sm.*qui fait les voiles.
Voir, *v.* examiner.
Voirie, *sf.* grand chemin.
Voisin, *a.* qui est proche.
Voisinage, *sm.* proximité.
Voisiner, *v.* fréquenter.
Voiture,*sf.*pour transporter.
Voiturer, *v.* transporter.
Voiturier, *sm.* roulier.
Voiturin, *sm.* roulier.
Voix, *sf.* son, suffrage.
Vol, *sm.* act. de dérober.
Volage, *a.* et *s.* inconstant.

Volaille, *sf.* oiseau de basse-
cour.
Volatile, *a.* qui s'évapore.
Volatile, *a.* et *sm.* qui vole.
Volatilisation, *sf.* action de
Volatiliser, *v.* rendre volatil.
Volatilité, *sf.* état de ce qui
est volatil.
Volcan, *sm.* embrasement.
Volée, *sf.* bande d'oiseaux.
Voler, *v.* dérober.
Volerie, *sf.* larcin.
Volet, *sm.* contrevent.
Voleur, euse, *a.* qui dérobe.
Volière, *sf.* grande cage.
Volontaire,*a.*sans contrainte
Volontairement.*ad.*deborne
Volonté,*sf.* faculté de vouloir
Volontiers, *ad.* de bon cœur.
Volte,*sf.*mouvement en rond
Voltiger, *v.* voler çà et là.
Voltigeur, *sm.* qui voltige.
Volubilité, *sf.* abondance de
paroles.
Volume, *sm.* grosseur.
Volumineux, euse, *a.* fort
étendu.
Volupté, *sf.* plaisir.
Voluptueusement, *ad.* avec
volupté.
Voluptueux, euse, *a.* qui
aime, qui inspire la vo-
Volute,*sf.*en coquille.[lupté.
Vomir, *v.* rejeter,
Vomissement,*sm.*act.de vo-
mir.   [vomir.
Vomitif, *a.* et *sm.* qui fait
Vorace, *a.* qui a de la
Voracité,*sf.*avidité à manger
Votant, *sm.* qui vote.
Votation, *sf.* act. de voter.
Vote,*sm.*vœu émis, suffrage.
Voter, *v.* donner son suf-
frage.
Votif, *a.* qu'on vote.
Vôtre, *a.* poss. de vous.
Vouer, *v.* consacrer.
Vouloir, *v.* avoir la volonté.
Vous, *pr.* du *pron.* tu, toi.
Voussure, *sf.* courbure.
Voûte, *sf.* en arc.
Voûter, *v.* faire une voûte.
Voyage, *sm.* chemin, trajet.
Voyager, *v.* faire un voyage.
Voyageur, euse, *s.* qui vo-
yage.
Voyant, *a.* et *s.* qui voit.
Voyelle, *sf.* qui a un son.
Voyer, *sm.* officier de police.
Vrai,*a.* conforme à la vérité.

Vraiment,*ad.*véritablement.
Vraisemblable, *a.* et *s.* qui
paraît être vrai.
Vraisemblablement,*ad.* avec
Vraisemblance,*sf.*apparence
du vrai.
Vrille, *sf.* outil pour percer.
Vrillette, *sf.* petite vrille.
Vu, participe, de Voir,et *sm.*
vérification,
Vue, *sf.* faculté.
Vulgaire, *a.* commun.
Vulgairement. *ad.* commu-
nément.   [Bible.
Vulgate, *sf.* traduction de la
Vulnérable, *a.* qu'on peut
blesser,   [plaies.
Vulnéraire, *a.* et *s.* pour les
W, *sm.* double v.

X

X, *sm.* 18e consonne.
Xénélasie, *sf.* défense de sé-
journer.   [fruits.
Xérophage, *sm.* qui vit de
Xérophagie, *sf.* même sens.

Y

Y, *sm.* 6e voyelle.

Z

Z, *sm.* 19e consonne.
Zélateur, trice, *s.* qui agite.
Zèle, *sm.* affection ardente.
Zélé, *a.* qui a du zèle.
Zénith, *sm.* opposé au nadir.
Zéphyr, *sm.* vent doux.
Zéphire,*sm.*dieu de la Fable.
Zéro, *sm.* rien.   [quer.
Zest, (*t*) *interj.* pour se mo-
Zeste, *sm.* cloison de noix.
Zigzag, *sm.* en tournoyant.
Zinc, *sm.* métal gris.
Zizanie, *sf.* discorde.
Zodiaque, *sm.* grand cercle
de la sphère.
Zone, *sf.* chacune des cinq
divisions de la terre entre
les pôles.
Zoologie, *sf.* histoire natu-
relle des animaux.

9 782329 147727